◎知识产权经典译丛

国家知识产权局专利复审委员会组织编译

日本专利案例指南

（原书第4版）

［日］增井和夫　［日］田村善之◎著

李扬　等◎译　　李扬　许清◎校

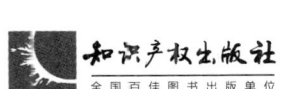

图书在版编目（CIP）数据

日本专利案例指南/（日）增井和夫，（日）田村善之著；李扬等译．—北京：知识产权出版社，2016.1

（知识产权经典译丛）

ISBN 978-7-5130-3923-9

Ⅰ.①日… Ⅱ.①增… ②田… ③李… Ⅲ.①专利权法—案例—日本 Ⅳ.①D931.33

中国版本图书馆CIP数据核字（2015）第280112号

Tokkyo hanrei guide（daiyonban）
by Masui Kazuo, Tamura Yoshiyuki
Copyright © 2012 by Masui Kazuo, Tamura Yoshiyuki
Simplified Chinese translation copyright © 2015 by Intellectual Property Publishing House, Co., Ltd.
All rights reserved
Original Japanese language edition published by Yuhikaku. Simplified Chinese translation rights arranged with Yuhikaku. through Beijing Hanhe Culture Communication Co., Ltd.

责任编辑：齐梓伊　　　　　　　　责任校对：韩秀天
装帧设计：张　冀　　　　　　　　责任出版：卢运霞

知识产权经典译丛

国家知识产权局专利复审委员会组织编译

日本专利案例指南

（原书第4版）

[日] 增井和夫　[日] 田村善之　著
李扬　等译，李扬　许清　校

出版发行：	知识产权出版社有限责任公司	网　　址：	http://www.ipph.cn	
社　　址：	北京市海淀区马甸南村1号（邮编：100088）	天猫旗舰店：	http://zscqcbs.tmall.com	
责编电话：	010-82000860转8176	责编邮箱：	qiziyi2004@qq.com	
发行电话：	010-82000860转8101/8102	发行传真：	010-82000893/82005070/82000270	
印　　刷：	北京科信印刷有限公司	经　　销：	各大网上书店、新华书店及相关专业书店	
开　　本：	720mm×1000mm 1/16	印　　张：	39.5	
版　　次：	2016年1月第1版	印　　次：	2016年1月第1次印刷	
字　　数：	695千字	定　　价：	128.00元	
ISBN 978-7-5130-3923-9				
京权图字：01-2014-2820				

出版权专有　侵权必究
如有印装质量问题，本社负责调换。

序

当今世界,经济全球化不断深入,知识经济方兴未艾,创新已然成为引领经济发展和推动社会进步的重要力量,发挥着越来越关键的作用。知识产权作为激励创新的基本保障,发展的重要资源和竞争力的核心要素,受到各方越来越多的重视。

现代知识产权制度发端于西方,迄今已有几百年的历史。在这几百年的发展历程中,西方不仅构筑了坚实的理论基础,也积累了丰富的实践经验。与国外相比,知识产权制度在我国则起步较晚,直到改革开放以后才得以正式建立。尽管过去三十多年,我国知识产权事业取得了举世公认的巨大成就,已成为一个名副其实的知识产权大国。但必须清醒地看到,无论是在知识产权理论构建上,还是在实践探索上,我们与发达国家相比都存在不小的差距,需要我们为之继续付出不懈的努力和探索。

长期以来,党中央、国务院高度重视知识产权工作,特别是十八大以来,更是将知识产权工作提到了前所未有的高度,作出了一系列重大部署,确立了全新的发展目标。强调要让知识产权制度成为激励创新的基本保障,要深入实施知识产权战略,加强知识产权运用和保护,加快建设知识产权强国。结合近年来的实践和探索,我们也凝练提出了"中国特色、世界水平"的知识产权强国建设目标定位,明确了"点线面结合、局省市联动、国内外统筹"的知识产权强国建设总体思路,奋力开启了知识产权强国建设的新征程。当然,我们也深刻地认识到,建设知识产权强国对我们而言不是一件简单的事情,它既是一个理论创新,也是一个实践创新,需要秉持开放态度,积极借鉴国外成功经验和做法,实现自身更好更快的发展。

自2011年起,国家知识产权局专利复审委员会携手知识产权出版社,每年有计划地从国外遴选一批知识产权经典著作,组织翻译出版了《知识产权经典译丛》。这些译著中既有涉及知识产权工作者所关注和研究的法律和理论问题,也有各个国家知识产权方面的实践经验总结,包括知识产权案件的经典判例等,具有很高的参考价值。这项工作的开展,为我们学习借鉴各国知识产权的经验做法，了解知识产权的发展历程，提供了有力支撑，受到了业界的广泛好评。如今，我们进入了建设知识产权强国新的发展阶段，这一工作的现实意义更加凸显。衷心希望专利复审委员会和知识产权出版社强强合作，各展所长，继续把这项工作做下去，并争取做得越来越好，使知识产权经典著作的翻译更加全面、更加深入、更加系统，也更有针对性、时效性和可借鉴性，促进我国的知识产权理论研究与实践探索，为知识产权强国建设作出新的更大的贡献。

当然，在翻译介绍国外知识产权经典著作的同时，也希望能够将我们国家在知识产权领域的理论研究成果和实践探索经验及时翻译推介出去，促进双向交流，努力为世界知识产权制度的发展与进步作出我们的贡献，让世界知识产权领域有越来越多的中国声音，这也是我们建设知识产权强国一个题中应有之意。

2015 年 11 月

《知识产权经典译丛》
编审委员会

主　任　申长雨

副主任　杨铁军

编　审　葛　树　诸敏刚

编　委（以姓氏笔画为序）

　　　　于　萍　马文霞　王润贵　石　竞
　　　　卢海鹰　刘　铭　汤腊冬　李　琳
　　　　李人久　杨克非　高胜华　蒋　彤
　　　　温丽萍　樊晓东

译 者

李　扬　深圳大学法学院教授、博士研究生导师，最高人民法院知识产权司法保护研究中心研究员
（第4版序、第4编第1~3章）

孙友容　北海道大学法学研究科博士研究生
（第1编第1~2章）

许　清　北海道大学法学研究科博士研究生
（第2编第1章第1~2节、第2编第2章）

刘　影　北海道大学法学研究科博士研究生
（第2编第1章第3~5节、第2编第3章第6~8节）

丁文杰　北海道大学法学研究科助教
（第2编第3章第1~5节）

顾　昕　北海道大学法学研究科博士研究生
（第2编第4章）

陈信至　北海道大学法学研究科博士研究生
（第3编第1~3章）

第4版序

本书的第3版发行后，转眼间已过了6年。

在知识产权高等法院设立后不久发行的第3版中，由于脱稿时间的关系，使得该法院的判例没能全部被引用，但这期间的判例动向却有值得重视的地方。有关权利用尽、医药品的专利权有效期间的延长、职务发明的准据法等，最高法院都作出了判决。此外，有关间接侵权、参数专利、权利用尽、除外权利要求、方法限定产品权利要求等，知识产权高等法院大合议判决也相继出现。还有，诸如是否需要引用例中存在有关创造性的暗示、损害额的推定被推翻后以合理使用费进行赔偿的可能性、采用开放的实施许可策略时职务发明补偿金的计算等不少领域中，都出现了包括地方法院判例在内的各式各样的判例。

为了在这种变动激烈的专利法的世界中保持实务性价值，本书不能一直处于第3版的状态。于是，与合著作者于2010年2月着手本书的改订工作。此后的1年多，多次召开编辑会议，终于得以将第4版呈现给各位读者。

在此期间，平成23年对专利法中的多个关键问题进行了修改。由于施行日的关系，本书脱稿之时虽然未能将基于新法作出的判决纳入，但鉴于其重要性，本书中也提到平成23年的专利法修改情况。当然，由于过渡措施（译者注：指为了减小新修改的法律生效时及生效后带来的不利益而设置的暂时性的应对措施等）的关系，当前一段期间内，涉及专利法修改前的条文的判例也并不丧失实务性价值；因此，在必要的情况下，本书已对专利法修改前的判例做了详细介绍。

这次改订致力于压缩叙述篇幅，但在需要掌握有关判例的情况下，也许将第3版亦留在手中会比较好。

本书出版之际，包括排版的全面改订，受到了铃木淳也为代表的有斐阁书籍编辑第 1 部各位的照顾，将如此厚重的书整理得易于阅读，多亏了编辑部的功劳，在此表示感谢。

增井和夫、田村善之

2012 年 2 月

初版序

专利法领域与其他法律领域一样，判例研究对于实务和学习的重要性毋庸置疑。从教科书中的知识出发向前一步踏入实务界，不参照判例将难以有所作为的情况比比皆是。

本书涵盖昭和50年以来到最近（平成7年4月）的主要判例集（民集、无体集、判例时报、判例タイムズ）上登载的专利和实用新型的判例，努力做到无一遗漏。与此同时，对于其他资料（判例工业所有权法、特许与企业、特许管理别册判例集）上登载的判例及昭和50年以前的判例，从中选取对当前实务具有参考价值的判例进行引用，另外对于就专利法上的共通问题进行了判示的外观设计法方面的判例，也根据需要尽可能予以引用。将具有代表性的104件判例作为标题判例，分别按照〈案件事实〉、〈判决要旨〉、〈评论〉的顺序进行介绍。

由于意在引用大量判例，因此对于各个判例的分析较为简化（为了客观地把握判例的状况，也努力控制作者的主观见解），采取了容易把握整体走向的表述结构。关于各个问题点的把握，只要对本书引用的判例进行分析，就能准确把握判例的现状，对此作者本人有信心。不过，我国的判例数量比美国等其他国家的绝对数量少，判例中几乎未被讨论到的问题点较多。仅仅依靠判例覆盖专利法的整个领域是不可能的。本书旨在成为有助于实务的判例导引，因此与通常的专利法教科书在体系上有些许不同，对于判例多的领域较类似书籍进行了更加详细的解说，但是对于判例少的领域只好忍痛割爱。本书除了未涉及有关申请程序的细节部分（因为该领域中有审查标准、复审决定的案例等专利局的指导书作为实务的主要指南），有关专利法学习及实务的必要内容均有所涉及。当学习者抱有"实践中究竟是如何处理的"这样的疑问时，通过对众多判例的阅读，将有助其获得具体的印象。

特别是对于发明的同一性、创造性、技术范围的解释标准，在进行法律上讨论的同时，技术上的讨论也成为主要内容，或许因为这点，所以类似书籍对此少有深入说明，鉴于此，本书在篇幅允许的范围内尝试着进行包含技术层面分析的体系化解说。此外，诸如间接侵权、先使用权、损害赔偿的计算标准、无效宣告的审理对象、许可合同的效果等领域，虽然实务中出现的争议较多，但市面上对这些领域进行网罗式全面解说的资料却很少，希望本书能够符合实务工作者的需求。

按照本系列图书的方针，书中各处设有"实务指南"的专栏。虽然这部分内容也许并不一定称得上是指南，但却汇集了实务中的参考事项及本书的补充事项。

本书筹备之时正好与平成 5 年、平成 6 年大幅度的专利法修改的时日相重合。由于本书中的判例都是基于平成 5 年专利法修改前的旧法作出的，因此为了在今后的实务中参照这些内容，需要充分理解与专利法修改点之间的关系。本书中考虑到旧法与修改后的法的关系，尽可能在文中附上了提示，"实务指南"中也尝试进行整体性的说明，可供参照。

另外，关于本书的内容，合著作者之间虽然进行了详细的意见交换，但各自撰写部分中的观点仍由各作者分别承担，对此事先予以说明。

最后，从本书的企划到完成的整个过程，一直受到有斐阁编辑部的大桥将、藤本依子、大和诚二的照顾，在此向各位表示感谢。

增井和夫、田村善之
1995 年 9 月

凡　例

【判例集、文献的简称及出版社】

民录＝大审院民事判决录（法曹会）
民集＝最高裁判所民事判例集（法曹会）
无体集＝无体财产权关系民·行政裁判例集（法曹会）
知裁集＝知的财产权关系民事·行政裁判例集（法曹会）
行集＝行政事件裁判例集（法曹会）
下民集＝下级裁判所民事裁判例集（法曹会）
判时＝判例时报（判例时报社）
判タ＝判例タイムズ（判例タイムズ社）
判不竞＝判例不正竞业法（新日本法规出版）
速报＝知的财产权判决速报（发明协会）

判例工业所有权法〔第1期版·第2期版〕（第一法规出版）
判例特许·实用新案法（第一法规出版）
特许与企业（日本科学振兴财团）
知财管理（日本知的财产协会）
特许消息（经济产业调查会）
发明（发明协会）
特许研究（工业所有权情报·研修馆）

本书中，对于判例的引用，不仅附上了判决的年月日，同时也尽可能地附上了使读者能够容易知晓案件内容的案件名。案件名用［　］予以标示。

目 录

第一编 专利权的成立及其有效性

第一章 认可专利登记的要件 ………………………………………… 3
第一节 发明的成立 ……………………………………………… 3
一、自然规律的利用 ……………………………………………… 3
二、产业上的可利用性 …………………………………………… 6

判例 1 最高法院平成 12 年 2 月 29 日判决・民集
54 卷 2 号第 709 页 ［桃子新品种Ⅰ］ ……………… 6

判例 2 知识产权高等法院平成 20 年 6 月 24 日判决・判时
2026 号第 123 页 ［双向牙科治疗网络］ …………… 7

三、不授予专利权的事由 ………………………………………… 8
四、发明的完成与未完成 ………………………………………… 9

判例 3 最高法院昭和 52 年 10 月 13 日判决・民集
31 卷 6 号第 805 页 ［药物制品］ …………………… 10

第二节 新颖性Ⅰ——公知、公用、出版物记载 ……………… 13
一、概说 …………………………………………………………… 13
二、公知、公用、出版物记载该当性的相关案例 ……………… 14
三、内容漏知型 …………………………………………………… 14

判例 4 东京高等法院昭和 49 年 6 月 18 日判决・无体集
6 卷 1 号第 170 页 ［壁式建筑物的构造装置］ …… 16

四、公然实施型 …………………………………………………… 17

判例 5 东京高等法院昭和 37 年 12 月 6 日判决・行集
13 卷 12 号第 2299 页 ［润滑油调节器］ …………… 19

五、文献记载型 ·· 20
　　六、丧失新颖性的例外 ··· 27
　　七、实务指南 ·· 31
第三节　新颖性Ⅱ——发明的同一性 ································ 33
　　一、发明的要旨 ·· 33
　　判例 6　东京高等法院昭和 58 年 8 月 16 日判决・判时
　　　　　　1099 号第 135 页［数位差寄存器运算电路］············· 34
　　判例 7　最高法院平成 3 年 3 月 8 日判决・民集
　　　　　　45 卷 3 号第 123 页［"脂肪酶"判决］·················· 35
　　判例 8　知识产权高等法院平成 21 年 1 月 27 日判决・
　　　　　　平成 20（行ケ）10166［热粘合造粒方法］·············· 42
　　二、实务指南 ·· 44
　　三、与公知发明的同一性 ··· 45
　　判例 9　东京高等法院平成 3 年 12 月 26 日判决・判时
　　　　　　1421 号第 106 页［轻量涂布纸］·························· 47
　　判例 10　东京地方法院平成 20 年 11 月 26 日判决・判时
　　　　　　2036 号第 125 页［高纯度阿卡波糖］·················· 49
第四节　创造性 ·· 52
　　一、概说 ·· 52
　　判例 11　知识产权高等法院平成 21 年 1 月 28 日判决・判时
　　　　　　2043 号第 117 页［用于电路连接的构件］············· 54
　　二、构成或技术原理存在不同 ···································· 56
　　判例 12　东京高等法院平成 5 年 1 月 26 日判决・判时
　　　　　　1463 号第 150 页［同轴 TEM 共振器］·················· 57
　　三、目的或解决课题存在不同 ···································· 58
　　判例 13　知识产权高等法院平成 20 年 5 月 30 日大合议判决・
　　　　　　判时 2009 号第 47 页［阻焊膜］························· 60
　　判例 14　东京高等法院昭和 61 年 6 月 26 日判决・判时
　　　　　　1209 号第 132 页［隔板调整法］························· 61

目 录

四、作用效果 ·· 62

判例15　知识产权高等法院平成18年4月27日判决·判夕
1236号第307页［酸性水中油型乳化调味料］ ············· 65

五、组合现有技术的容易性 ·· 66

判例16　东京高等法院平成13年5月23日判决·判时
1756号第128页［涂布装置］ ·································· 69

判例17　东京高等法院昭和60年5月7日判决·判夕
600号第115页［使用液晶的电子光学装置］ ················ 70

判例18　东京高等法院昭和61年11月27日判决·无体集
18卷3号第432页［蓬松纱的制造方法］ ···················· 71

六、新数值条件（参数）的创造性 ·· 72

七、数值限定发明的创造性 ·· 73

八、化学发明的创造性 ·· 76

判例19　东京高等法院平成4年11月5日判决·知裁集
24卷3号第980页［含有氧化氮的废气处理方法］ ········· 78

九、创造性有无的举证 ·· 80

判例20　东京高等法院平成元年11月28日判决·
特许与企业253号第40页［搬运装置］ ····················· 80

第五节　与在先申请的关系 ·· 84

一、概说 ·· 84

二、与在先申请的同一性（第39条） ······································ 85

判例21　最高法院平成5年3月30日判决·判时
1461号第150页［数值控制通电加工装置］ ················ 86

三、在先申请范围的扩大 ·· 87

判例22　东京高等法院平成3年1月21日判决·知裁集
23卷1号第1页［胶带］ ··· 88

判例23　东京高等法院昭和60年9月30日判决·无体集
17卷3号第428页［胆固醇定量法］ ·························· 90

第六节　说明书记载 ·· 92

— 3 —

一、概说 …………………………………………………………………… 92
二、明确性（第36条第6款第2项）……………………………………… 92
三、记载要件（支持要件）（第36条第6款第1项）…………………… 94

判例 24　知识产权高等法院平成17年11月11日大合议判决·
　　　　　判时1911号第48页［参数专利］…………………………… 97

判例 25　知识产权高等法院平成22年1月28日判决·判时
　　　　　2073号第105页［性障碍治疗中氟班色林的使用］………… 98

四、实施可能要件（第36条第4款第1项）……………………………… 99

判例 26　东京高等法院平成13年5月17日判决·判时
　　　　　1775号第132页［小孢子形成的控制］…………………… 104

五、实务指南 …………………………………………………………… 105

第二章　专利申请程序 …………………………………………………… 108
　第一节　专利申请程序概要 …………………………………………… 108
　第二节　说明书的补正 ………………………………………………… 109
　　一、概说 ……………………………………………………………… 109
　　二、补正的标准 ……………………………………………………… 111

判例 27　东京地方法院平成18年4月13日判决·判时
　　　　　1955号第108页［电话的通话控制系统］………………… 115

判例 28　东京高等法院平成6年3月22日判决·判时1501号
　　　　　第132页［除草剂咪唑、吡唑及异噁唑诱导体］…………… 117

　　三、最后的驳回理由通知以后的补正 ……………………………… 119

判例 29　知识产权高等法院平成17年4月25日判决·
　　　　　特许消息11601号［防火结构体］……………………………… 120

　　四、旧法下申请公告后的补正 ……………………………………… 121
　　五、实务指南 ………………………………………………………… 123
　第三节　申请的分割 …………………………………………………… 125
　　一、概说 ……………………………………………………………… 125

判例 30　最高法院昭和56年3月13日判决·判时
　　　　　1001号第41页［丁二烯聚合方法］…………………………… 127

　　二、分割申请是否在原申请范围内成为争议焦点的案例………… 128

| 判例 31 | 东京地方法院平成 18 年 10 月 18 日判决·判时 1976 号第 104 页 [用于喷墨记录装置的墨盒] ············ 130

三、分割申请是否与原发明为同一发明成为争议焦点的案例 ········ 131
四、实务指南 ·· 132
第四节　优先权 ··· 133
一、有关巴黎公约优先权的案例 ·· 134
二、有关国内优先权的案例 ··· 136
第五节　不受理决定与程序的驳回 ··· 137

第二编　专利侵权的攻防

第一章　专利权的范围 I——技术范围的解释 ························ 143
第一节　何谓专利侵权 ··· 143
第二节　基于对专利权利要求的用语的解释认定
　　　　专利侵权（文言侵权）的案例 ·· 144
一、概说 ·· 144
二、有关机械、工具以及电气领域发明的侵权认定的案例 ········ 144

| 判例 32 | 知识产权高等法院平成 21 年 2 月 18 日判决·判时 2063 号第 108 页 [电话号码信息的自动生成装置] ········ 149

三、认定侵害方法发明的案例 ·· 150

| 判例 33 | 大阪地方法院昭和 62 年 10 月 26 日判决·判时 1304 号第 118 页 [轻量耐火物的制造方法] ················ 152

四、认定侵害化学物质和组合物质发明的案例 ························· 153

| 判例 34 | 东京地方法院昭和 62 年 7 月 10 日判决·
　　　　无体集 19 卷 2 号第 231 页 [除草剂] ·················· 154

五、认定侵害化学物质制造方法的案例 ··································· 155

| 判例 35 | 大阪地方法院平成 4 年 11 月 26 日判决·判时 1458 号第 141 页 [1α–羟基维生素 D 的制造方法] ········ 155

六、认定侵害生物工程的发明的案例 ······································· 157

七、关于方法限定产品的发明的解释例 ……………………………… 158
　　八、实务指南 ……………………………………………………………… 159
　第三节　扩张技术范围的理论 ……………………………………………… 160
　　一、等同原则的应用 ……………………………………………………… 160
　　判例36　最高法院平成10年2月24日判决·民集52卷1号
　　　　　　第113页 [无限滑动用滚珠栓槽轴承上告审] ……………… 161
　　判例37　大阪高等法院平成8年3月29日判决·知裁集28卷1号
　　　　　　第77页 [重组人体组织纤溶酶原活化因子Ⅱ控诉审] …… 162
　　判例38　知识产权高等法院平成21年6月29日判决·判时
　　　　　　2077号第123页 [空心高尔夫球杆头] …………………… 165
　　二、不完全利用论 ………………………………………………………… 171
　　三、附加、利用与侵权 …………………………………………………… 172
　　判例39　大阪地方法院昭和63年3月17日判决·
　　　　　　判时1300号第114页 [芯地] ………………………………… 174
　　四、实务指南 ……………………………………………………………… 176
　第四节　限缩解释权利要求的思考方式 …………………………………… 177
　　一、参照说明书（发明的说明书和附图）……………………………… 177
　　判例40　知识产权高等法院平成22年3月30日判决·判时
　　　　　　2074号第125页 [便携式交互器] …………………………… 183
　　判例41　东京高等法院昭和53年12月20日判决·判时
　　　　　　381号第165页 [中间品自动选择装配装置] ……………… 185
　　判例42　东京地方法院平成15年6月17日判决·判时
　　　　　　1838号第121页 [麦芽糖醇含蜜结晶] …………………… 186
　　二、参照公知技术 ………………………………………………………… 187
　　三、参照申请经过（禁止反悔原则）…………………………………… 190
　　判例43　东京高等法院平成12年2月1日判决·判时
　　　　　　1712号第167页 [血清CRP简易迅速定量法] …………… 195
　　判例44　大阪地方法院平成3年5月27日判决·知裁集
　　　　　　23卷2号第320页 [二轴强制混合机] ……………………… 196

四、参照物的发明或者实用新型中的方法的技术特征……………… 199

　　五、认定技术范围应该考虑的其他事项……………………………… 200

　第五节　专利无效的抗辩………………………………………………… 202

　　一、概说…………………………………………………………………… 202

　　二、侵权诉讼中对于专利有效性判断的缓和…………………………… 203

　　　判例 45　最高法院平成 12 年 4 月 11 日判决·民集

　　　　　　　54 卷 4 号第 1368 页［半导体装置］…………………… 203

　　　判例 46　知识产权高等法院平成 17 年 9 月 30 日大合议判决·

　　　　　　　判时 1904 号第 47 页［一太郎］…………………………… 207

　　三、主张抗辩的其他情形………………………………………………… 208

第二章　专利权的范围 II——间接侵权、侵权行为的证明………………… 209

　第一节　间接侵权………………………………………………………… 209

　　一、概说…………………………………………………………………… 209

　　二、独立说与从属说……………………………………………………… 210

　　三、"唯一"型间接侵权…………………………………………………… 211

　　　判例 47　大阪地方法院昭和 54 年 2 月 16 日判决·无体集

　　　　　　　11 卷 1 号第 48 页［装饰化妆板］……………………… 214

　　　判例 48　大阪地方法院平成元年 4 月 24 日判决·无体集

　　　　　　　21 卷 1 号第 279 页［制砂机铁锤］…………………… 217

　　　判例 49　东京地方法院昭和 56 年 2 月 25 日判决·无体集

　　　　　　　13 卷 1 号第 139 页［单反照相机］…………………… 220

　　四、多机能型间接侵权…………………………………………………… 221

　　　判例 50　知识产权高等法院平成 17 年 9 月 30 日大合议判决·

　　　　　　　判时 1904 号第 47 页［一太郎］…………………………… 224

　　五、间接侵权不成立时是否构成共同侵权……………………………… 226

　　六、多个主体的实施行为………………………………………………… 227

　　　判例 51　东京地方法院平成 19 年 12 月 14 日判决·平成

　　　　　　　16（ワ）255576［电镀图像的形成方法］………………… 229

　第二节　侵权行为的证明………………………………………………… 231

　　一、概说…………………………………………………………………… 231

|判例 52| 大阪高等法院平成 9 年 11 月 18 日判决·知裁集
　　　　29 卷 4 号 1066 号［生理活性物质测定法］……………… 234

二、文书提出………………………………………………………… 235

|判例 53| 东京高等法院平成 9 年 5 月 20 日决定·判时
　　　　1601 号第 143 页［曲尼司特制剂 I］………………………… 237

三、生产方法的推定………………………………………………… 238

|判例 54| 东京高等法院昭和 57 年 6 月 30 日判决·无体集
　　　　14 卷 2 号第 484 页［嘧啶并［5.4-d］嘧啶］……………… 241

|判例 55| 东京地方法院昭和 59 年 10 月 26 日判决·无体集
　　　　16 卷 3 号第 710 页［金刚石烧结体的制造方法］………… 242

四、迟延的攻击防御方法…………………………………………… 243

五、实务指南………………………………………………………… 244

第三章　被告方的防御手段………………………………………… 246

第一节　先使用权………………………………………………… 246

一、概说……………………………………………………………… 246

二、专利申请时……………………………………………………… 246

三、事业的准备……………………………………………………… 247

四、发明的完成……………………………………………………… 251

五、发明以及事业的范围…………………………………………… 252

|判例 56| 最高法院昭和 61 年 10 月 3 日判决·民集
　　　　40 卷 6 号第 1068 页［步进梁式加热炉］………………… 254

六、可以利用先使用权的范围……………………………………… 256

|判例 57| 最高法院昭和 44 年 10 月 17 日判决·民集
　　　　23 卷 10 号第 1777 页［地球仪形状收音机］……………… 257

七、是否限于二重发明……………………………………………… 259

八、实务指南………………………………………………………… 260

第二节　中用权…………………………………………………… 261

|判例 58| 名古屋地方法院平成元年 10 月 20 日判决·判时
　　　　1354 号第 141 页［一体式连接器］………………………… 262

第三节　以试验、研究为目的的实施…………………………… 263

一、概说 ·· 263

二、专利权到期后以制造销售为目的的认定申请试验 ············ 263

|判例 59| 最高法院平成 11 年 4 月 16 日判决·民集

53 卷 4 号第 627 页 [胍基安息香酸诱导体Ⅲ] ············ 267

第四节 其他防御手段 ·· 268

一、专利权行使的抗辩、先申请的抗辩 ························· 268

|判例 60| 东京地方法院昭和 54 年 3 月 12 日判决·无体集

11 卷 1 号第 134 页 [手套] ································ 270

二、专利权的用尽 ·· 272

|判例 61| 最高法院平成 19 年 11 月 8 日判决·民集

61 卷 8 号第 2989 页 [液体收纳容器] ··················· 279

第五节 专利权的有效期 ·· 281

一、概说 ·· 281

二、专利权有效期间的延长登记 ··································· 285

|判例 62| 最高法院平成 23 年 4 月 28 日判决·平成

21（行ヒ）326 [医药] ······································ 291

第六节 无效宣告请求 ·· 293

一、概说 ·· 293

二、无效宣告的请求人 ··· 294

三、被请求人 ·· 296

四、审理 ·· 296

五、无效宣告请求的复审决定 ······································ 301

六、请求撤销复审决定的行政诉讼 ································ 303

|判例 63| 最高法院平成 14 年 2 月 22 日判决·民集

56 卷 2 号第 348 页 [ETNIES（商标）] ··············· 306

|判例 64| 最高法院昭和 51 年 3 月 10 日大法庭判决·民集

30 卷 2 号第 79 页 [袜子编织机] ······················· 312

|判例 65| 最高法院昭 55 年 1 月 24 日判决·民集

34 卷 1 号第 80 页 [食品包装容器] ····················· 317

| 判例 66 | 最高法院平成 4 年 4 月 28 日判决·民集

46 卷 4 号第 245 页 [高速旋转滚筒研磨方法] ············ 323

七、复审决定的确定 ··· 325

| 判例 67 | 东京高等法院平成 15 年 3 月 17 日判决·年判时

1820 号第 121 页 [地板面板接线] ···························· 330

第七节 专利授权后对说明书等进行订正 ································ 332

一、订正的意义 ·· 332

二、权利要求范围的缩减 ··· 333

| 判例 68 | 知识产权高等法院平成 20 年 5 月 30 日大合议

判决·判时 2009 号第 47 页 [防焊] ························· 337

三、误记的订正 ·· 339

| 判例 69 | 最高法院昭和 47 年 12 月 14 日判决·年民集 26 卷

10 号第 1888 页 [吩噻嗪衍生物的制造方法] ············ 341

四、对不明确记载的解释说明 ··· 342

五、订正程序和效果 ··· 343

| 判例 70 | 最高法院平成 11 年 4 月 22 日判决·判时

1675 号第 115 页 [6 辊压延机的结构] ···················· 345

| 判例 71 | 最高法院平成 20 年 7 月 10 日判决·判时

2019 号第 88 页 [发光二极管模块] ························· 348

六、实务指南 ··· 349

第八节 以不当起诉、信用诋毁为由的上诉 ····························· 351

一、不当起诉 ··· 351

二、信用诋毁 ··· 353

| 判例 72 | 东京高等法院平成 14 年 8 月 29 日判决·判时

1807 号第 128 页 [磁信号记录金属粉末] ·················· 359

| 判例 73 | 知识产权高等法院平成 19 年 10 月 31 日判决·

判时 2028 号第 103 页 [有源矩阵型显示装置] ············ 360

第四章 权利行使的过程 ·· 365

第一节 差止和预防侵害 ··· 365

一、概说 ·· 365
二、侵权预备阶段的差止请求 ·· 367
  判例 74　东京地方法院平成 10 年 2 月 9 日判决·判时
         1632 号第 119 页［干扰素］····································· 368
三、专利侵权行为中止后重新开始的可能性和
    判决差止请求的必要性 ·· 368
  判例 75　大阪地方法院平成 3 年 3 月 1 日判决·判例工业所有权法
         ［2 期版］2399 之第 111 页［纸状取出装置］············· 369
四、差止请求以及废弃请求的范围 ······································ 370
  判例 76　东京地方法院昭和 63 年 12 月 9 日判决·判时
         1295 号第 121 页［文字桦固定装置］······················· 371
  判例 77　东京地方法院平成 4 年 10 月 23 日判决·知裁集
         24 卷 3 号第 805 页［过敏性哮喘的预防剂］············· 372
  判例 78　最高法院平成 11 年 7 月 16 日判决·判时 1686 号
         第 104 页［生理活性物质的测定方法终审］··············· 373
五、差止请求对象的确定（如何记载侵权请求对象的目录）········ 374
  判例 79　大阪地方法院昭和 62 年 11 月 25 日判决·无体集
         19 卷 3 号第 434 页［镶木图案制作材料的制造方法］··· 376
六、实务指南 ·· 377

第二节　诉前临时禁令 ·· 378
一、概说 ·· 378
二、诉前临时禁令的必要性 ·· 379
  判例 80　名古屋地方法院昭和 60 年 5 月 20 日决定·无体集
         17 卷 2 号第 239 页［全自动式脱桦装置］················· 380
  判例 81　高知地方法院昭和 59 年 4 月 20 日决定·判时
         543 号第 278 页［过山车空翻］······························· 380
三、诉前临时禁令命令的撤销程序 ······································ 382
  判例 82　大阪高等法院平成 4 年 7 月 31 日判决·知裁集
         24 卷 2 号第 451 页［人体组织纤溶酶原激活物］······· 383

判例 83　大阪地方法院昭和 59 年 9 月 20 日判决·无体集

16 卷 3 号第 613 页［输送机式自走车］ ················· 384

四、违法的诉前临时禁令和损害赔偿 ······················· 385

五、实务指南 ·· 387

第三节　损害赔偿 ··· 388

一、概说 ··· 388

二、过失的认定 ·· 389

三、逸失利益额的赔偿 ·· 392

判例 84　东京高等法院平成 11 年 6 月 15 日判决·判时

1697 号第 96 页［蓄热材料的制造方法］ ············ 401

四、侵权人利益额的推定 ······································· 404

判例 85　大阪地方法院昭和 56 年 3 月 27 日判决·判例工业

所有权法 2305 之 143 之第 63 页［电子监控设备］ ······· 406

判例 86　东京地方法院平成 7 年 10 月 30 日判决·判时

1560 号第 24 页［系统科学］ ····························· 412

五、相当于实施许可费的赔偿 ································· 416

判例 87　东京地方法院平成 12 年 7 月 18 日判决·判例

工业所有权法［2 期版］第 2199 页［铰链Ⅲ］ ········ 427

六、考虑到因为是轻过失而减少赔偿额度 ················· 431

七、有附随销售的产品时损害赔偿数额的计算 ··········· 432

八、仅产品的一部分使用专利权的情况下如何计算损害赔偿数额 ····· 434

九、权利人为多人时损害赔偿额的计算 ···················· 440

判例 88　大阪地方法院平成 3 年 5 月 27 日判决·知裁集

23 卷 2 号第 320 页［双轴强制搅拌机］ ·············· 448

十、间接侵权和损害赔偿额的计算 ·························· 451

十一、侵权人为复数时损害赔偿数额的计算 ············· 452

十二、其他损害 ·· 460

十三、用于计算的书类资料的提出命令 ··················· 465

十四、举证损害赔偿数额的容易化 ·························· 468

十五、信用回复措施请求 ······································· 469

第四节　不当得利 469
　　一、概说 469
　　二、返还金额 470
　　三、其他问题 472

第五节　基于公开申请的补偿金请求 472
　　一、概说 472
　　二、警告、恶意的含义 473
　　三、与补正的关系 474
　　判例89　最高法院昭和63年7月19日判决·民集
　　　　　　42卷6号第489页［接地带］ 475
　　四、其他论点 476

第三编　专利权的经济利用

第一章　专利权的原始归属 481

第一节　专利申请权人 481
　　一、概观 481
　　二、发明人的认定 482
　　判例90　东京高等法院平成3年12月24日判决·判时
　　　　　　1417号第108页［自动煮沸虾子的成型设备］ 485
　　三、冒认专利申请 489
　　四、发明人记载的修改 495

第二节　共有 496
　　判例91　仙台高等法院秋田支部昭和48年12月19日
　　　　　　判决·判时753号第28页［马蹄铁］ 499

第三节　职务发明 501
　　一、概说 501
　　二、职务发明的认定 502
　　判例92　最高法院昭和43年12月13日判决·民集
　　　　　　22卷13号第2972页［石灰氮制造炉］ 505

三、基于职务发明而取得法定普通实施权……………………………506

四、基于合同、勤务规则等而取得专利申请权、
发明专利权、独占实施权……………………………………………507

五、相当对价请求权………………………………………………………510

判例93　最高法院平成15年4月22日判决·民集
57卷4号第477页［奥林巴斯光学工业］………………516

判例94　东京地方法院平成16年1月30日判决·判时
1852号第36页［青色发光二极管］……………………544

六、实务指南………………………………………………………………548

第二章　实施许可………………………………………………………551

第一节　概说………………………………………………………………551

第二节　通常实施权人的差止、损害赔偿请求…………………………552

一、非独占的普通实施权人的差止、损害赔偿请求……………………552

判例95　大阪地方法院昭和59年4月26日判决·无体集
16卷1号第271页［架构材的安装金属零件］…………553

二、独占的普通实施权人的差止、损害赔偿请求………………………554

判例96　大阪地方法院昭和59年12月20日判决·无体集
16卷3号第803页［发刷］………………………………558

三、独占性的认定…………………………………………………………559

第三节　围绕实施许可合同的诸问题……………………………………561

一、许可范围………………………………………………………………561

二、专利实施许可合同的对象和发明专利的技术范围
并不相同时的处理……………………………………………………562

三、实施权的登记…………………………………………………………565

四、其他诸义务……………………………………………………………566

五、与违反独占禁止法间的关系…………………………………………568

六、有关实施许可合同纷争的案例………………………………………570

七、实务指南………………………………………………………………572

第三章　转让……………………………………………………………573

第四编　专利法的国际层面

第一章　准据法 ……………………………………………………… 577
　第一节　侵害专利权 …………………………………………………… 577
　　一、属地原则 ………………………………………………………… 577
　　二、共同侵权行为 …………………………………………………… 577
　　判例97　最高法院平成14年9月26日判决·民集
　　　　　　56卷7号第1551页[FM信号复原装置Ⅱ] …………… 579
　第二节　职务发明 ……………………………………………………… 581
　　判例98　最高法院平成18年10月17日判决·民集
　　　　　　60卷8号第2353页[日立制作所] …………………… 583
　第三节　实施许可合同 ………………………………………………… 585
　第四节　转让合同 ……………………………………………………… 586

第二章　国际审判管辖 ………………………………………………… 587
　第一节　与属地原则的关系 …………………………………………… 587
　第二节　侵权诉讼 ……………………………………………………… 588
　　一、被告所在地（民诉法第4条第1款、第5款）
　　　　法院管辖的可能性 ……………………………………………… 589
　　二、主观合并（民诉法第7条、第38条前段）的管辖可能性 …… 589
　　三、侵权行为地（民诉法第5条）的管辖可能性 ………………… 589
　第三节　请求权利的归属和转移的诉讼 ……………………………… 591
　第四节　请求无效登记的诉讼 ………………………………………… 592

第三章　平行进口 ……………………………………………………… 593
　　判例99　最高法院平成9年7月1日判决·民集51卷
　　　　　　6号第2299页[BBS专利平行进口] ………………… 594

译后记 …………………………………………………………………… 598

第一编 专利权的成立及其有效性

若要基于某一发明而成立专利权,则该发明必须是值得保护的,并且必须向专利局提出申请并通过审查进行登记。而即使是经过登记的专利权,在其被判明不值得保护的情况下,也可通过复审程序认定其无效(第123条)。专利权成立的基本要件如下(第49条)。

一、发明的内容

(1)属于利用了自然规律的,具有高度技术思想的创造;(2)具有产业上的可利用性;(3)未被排除在专利权对象之外(第一章第一节)。

二、与现有技术的关系

(1)具有新颖性(第一章第二节、第三节);(2)具有创造性(第一章第四节)。

三、与其他专利申请的关系

(1)与在先申请不相同;(2)与已经公开的在先申请说明书中的记载不相同(第一章第五节)。

四、申请说明书的记载适当(第一章第六节)

五、申请人为正当的权利人,即为发明人自身或为已继受该发明专利申请权的人(第三编第一章)

第一章 认可专利登记的要件

第一节 发明的成立

发明专利法的目的在于通过保护发明而对产业发展做出贡献（第1条），对于值得保护的发明进行专利登记并赋予一定期间的独占权。某一发明若要成为专利，首先必须符合发明专利法所设定的一般性"发明"要件。另外，虽然与法律条文没有明确联系，但是判例实践在否定可专利性时会使用"未完成发明"这一概念。

一、自然规律的利用

发明必须是"利用了自然规律的，具有高度技术思想的创造"（第2条第1款）。所谓利用自然规律，是指利用自然科学的规律来获得一定效果（即属于科学技术领域的发明），并且不违反自然规律。

常见的不属于科学技术领域发明的事例有：密码方法（最高法院昭和28年4月30日判决·民集7卷4号461页［电信密码生成法］），广告方法（东京高等法院昭和31年12月25日判决·行集7卷12号3157页［电柱广告方法］）等。另外，数学法则（东京高等法院平成16年12月21日判决·判时1891号139页［回路模拟实验方法］）、体育和游戏规则等也不属于发明。还有案件认定：墓地的构造是否构成对亡魂的无礼，与利用了自然规律的技术思想方案无关（东京高等法院平成10年10月1日判决·特许与企业354号55页［墓地构造］）。此外，有关资金单位资产负债表的技术方案也被认为不属于"利用了自然规律的技术思想"（东京地方法院平成15年1月20日判决·判时1809号3页［资金单位资产负债表］）。而知识产权高等法院平成19年6月14日判决·平成19（行ケ）10067［以罗列符号化的反义词来将宇宙论、生命诞生、人类诞生、文明开化进行理论化的方法］案件中，认为仅仅对语言（反义词）进行了整理的发明没有利用自然规律。

但是，对于卡拉 OK 视频记录媒介的发明的案件，由于该媒介仅仅是单纯地记录声音、文字、图像等信息，因此其是否属于技术思想，成为案件争议的焦点。东京高等法院平成 11 年 5 月 26 日判决•判时 1682 号 118 页［视频记录媒介］案中认定："将应演唱的歌词作为文字进行记录，并且采用把所记录文字中即刻应演唱的文字进行变色记录以与其他文字相区别之结构，并提供相应结果"的方案具有技术特征。

一般认为，单纯的发现不属于利用自然规律的发明。东京高等法院平成 2 年 2 月 13 日判决•判时 1348 号 139 页［锦鲤及金鱼的饲育方法］案是少有的针对上述论点作出判决的案件。给锦鲤喂食钝顶螺旋藻以改善锦鲤的颜色的方法虽然是一种发现，但其具体的喂食方法以及将对象限定为锦鲤，使该方法可被认定为利用了自然规律的发明。

违反了自然规律的代表例是永动机的发明（东京高等法院昭和 48 年 6 月 29 日判决•判夕298 号 255 页［无限动力发生法］），判决认为该发明是"不可能实施"的。东京高等法院平成 6 年 12 月 12 日判决•判例工业所有权法（2 期版）253 之 65 页［抽水发电所］案中也认为，违反能量守恒定律的不属于发明。

关于发明是否利用了自然规律这一论点，引起特别讨论的问题中，就有关于如何处理包含了计算机程序的发明的问题。之所以引起特别讨论，是因为将数学规则和游戏规则（一直以来被认为不属于专利发明的对象）与计算机这样一种科学技术装置相结合，就具有了技术特征，并可就此申请专利。在美国，联邦最高法院判决以及许多联邦巡回上诉法院的判决在处理该问题时，倾向于逐渐改变当初最高法院的 Benson 判决［409 U. S. 63（1972）］的否定态度，扩大可作为专利对象的发明范围。关于利用计算机的证券公司系统的 State Street 判决［149 F. 3d 1368（Fed. Cir. 1998）］甚至明确认为，经营方法属于专利法上的发明（2010 年的 Bilski 案件的美国联邦最高法院判决中，虽然并未否定经营方法发明的可专利性本身，但认定该案的发明只是抽象的思想）。受该案影响，日本对这种类型专利的关注高涨，并且倾向于宽松地认可其发明该当性，但鉴于创造性要求，基于这种发明要成立专利并不容易。

最近，判例2比较宽松地认定了自然规律的利用。知识产权高等法院平成 20 年 8 月 26 日判决•判时 2041 号 124 页［音素索引多要素行列构造英语与其他语言对译辞典］案中，关于即使不知道拼写，仅凭发音就可以进行单词检索的一种查字典方法,法院认为:本案发明利用人类所自然拥有的能力中的特定认知能力(对辅音的优势识别能力),提供了解决确定英语单词含义这一课题的方法,因此可以认定其利用了自然规律。但是,考虑到该案发明并不以计算机的使用为要件,因此不得不认为该案比较特别,然而也并非不存在问题。对于游戏机的相关发明,即使游戏规则不属于自然规律,但作为机器发明而认可其自然规律利用性的案件是知识产权高等法院平成21年6月16日判决·判时2064号124页[游戏机]案。另外,知识产权高等法院平成21年5月25日判决·判时2105号105页[会计处理装置]案也采用了相同理由。与经营模式有关的案例,有知识产权高等法院平成20年8月28日判决·平成19(行ヶ)10327[利用因特网销售商品的方法]案(该案判决认为虽然在否定使用因特网的销售方法发明具有自然规律利用性这一点上审查决定有误,但该发明不具有创造性,因而维持了专利局的驳回决定),知识产权高等法院平成19年11月7日判决·平成18(行ヶ)10564[美术品销售辅助系统]案(创造性否定例),东京地方法院平成12年12月12日决定·判时1734号110页[因特网限时利用收费系统]案(在关于经营模式专利的这一侵权诉讼中,并未专门讨论发明是否成立,而将其作为构成要件该当性问题而否定了侵权成立)等。对于此类发明未将其自然规律利用性作为问题,而直接认定侵害专利权的案件有东京地方法院平成10年10月30日判决·特许与企业352号66页[卡片游戏玩具]案(关于该专利的有效性问题,参照东京高等法院平成9年10月9日判决·判例工业所有权法[2期版]1375之370页以及东京高等法院平成11年11月16日判决·特许与企业362号44页[卡片游戏玩具]审决撤销诉讼)。

另一方面,认定未利用自然规律的案件亦不少。值得关注的有东京高等法院平成16年12月21日判决·判时1891号139页[模拟回路的方法]案,该案判决认定该案发明内容"仅仅是纯粹地明确记载了数学计算顺序",因而没有利用自然规律。另外,还有知识产权高等法院平成20年2月29日判决·判时2012号97页[比特组压缩生成法]案,该案判决认定,"数学计算顺序(演算法)本身是纯粹的学术法则,并未利用任何自然规律……使用现有的演算装置来演算计算公式,不过是上述数学课题的解法或者说实施数学计算顺序的结果而已。这样的结果并不是利用了自然规律并与技术思想结合的结果"。而知识产权高等法院平成18年9月26日判决·平成17(行ヶ)10698[积分管理装置]案中,法院以该案的经营模式发明中的动作也可以由人来进行为由，否定了该发明的自然规律利用性。

另外，2002 年的发明专利法修改中，明确规定计算机程序以及准计算机程序的信息属于发明专利法上所规定的"物"（发明专利法第 2 条第 3 款第 1 项）。

二、产业上的可利用性

能够成为专利的发明必须具有"产业上的可利用性"（第 29 条第 1 款）。一般而言，日本对产业上的可利用性这一要件的解释比较缓和，很少有因为不符合这一要件而被驳回申请或者被认定无效的情况（产业上可利用性的肯定例中就有 判例 1，即东京高等法院平成 2 年 12 月 18 日判决·判时 1378 号 107 页 [装有米饭加工食品中袋的取出方法]）。

发明的再现性低并不能成为否定产业上可利用性的依据（判例 1）。另外，东京高等法院昭和 61 年 12 月 25 日判决·无体集 18 卷 3 号 579 页 [纸币] 案认为：在纸币上凿孔的技术方案虽然不会被国家采用，但并不能因此否定其作为发明而具有产业上的可利用性。

但是，旧法下有判例针对不具有安全性的发明，否定其产业上的可利用性。东京高等法院昭和 43 年 5 月 28 日判决·判夕 225 号 198 页 [附夹子的灯头构造] 案认为：具有通常应当可预测的不安全性或者危险性的技术方案，必须具有防范于未然的方法。另外，最高法院昭和 44 年 1 月 28 日判决·民集 23 卷 1 号 54 页 [能量产生装置] 案认为：利用原子核分裂的能量产生装置很难稳定而安全地实施，应认定其为技术上未完成的发明，并且，该能量产生装置也并未达到可产生产业上效果的程度。但是，也有案例针对化学发明，将产业上的可利用性和发明的完成这一概念相结合，采用了严格的标准（作为发明未完成的案例进行后述）。

判例 1 最高法院平成 12 年 2 月 29 日判决·民集 54 卷 2 号第 709 页 [桃子新品种 I]

【即使发明的再现性低，也不否定其产业上的可利用性】

〈案件事实〉

有主张认为，通过对多种桃子品种进行杂交和选拔淘汰的方式，育种具有特定形态和性质的新品种桃子，并对其进行无性繁殖的本案发明，由于其通过杂交而育种的过程再现性极低，不具有产业上的可利用性，而应认定其无效。

在原审中未认可上述主张，本案为该诉讼的上告审。

〈判决要旨〉

"发明是以利用自然规律为基础，与一定技术有关的创造性思想。但是，被创造出的技术内容必须具体化、客观化到某种程度，以致只要是该技术领域中具有普通知识经验的人，均可以反复实施，并实现该发明目的所指的技术效果。所以，发明的技术内容若未达到上述程度，则属于未完成发明，不能认定为发明专利法第 2 条第 1 款所规定的'发明'（参照最高法院昭和 39 年（行ツ）第 92 号同 44 年 1 月 28 日第三小法庭判决・民集 23 卷 1 号 54 页）。因此，若要成为该条文中所规定的'利用了自然规律'的发明，必须是可以由该行业人员反复实施并得到同一结果的发明，也就是必须具有反复可能性。而在'植物新品种育种繁殖方法'相关发明的育种过程中，鉴于该过程的特性，上述所言反复可能性，只要该行业人员科学再现相关植物是可能的就足够，而并不要求其高概率性。因为上述发明中只要培养出新品种，之后就可以使用一直以来的繁殖方法进行再生产，在这种情况下，只要新品种的育种是可能的，即使其概率较低，该发明目的所指的技术效果也是可以实现的"。

"发明的反复可能性只要在专利申请的时候满足即已足够，而在之后作为母本的晚黄桃即使不明所在也不影响上述判断"。

〈评论〉

再现性的程度和发明的成立性之间的关系须依发明的性质而定，不能一概而言。只要当前的结果是新颖并有用的，并且找到了获得同一结果的手段，即使仍有必要为再现该结果而反复进行试验，也不能否定其为有用的技术。对于本案发明而言，只要通过数次的试验能得到一次符合要求的形态和性质，这之后的无性繁殖就成为可能，因此发明的目的即告达成。在另一案件中关于本案同一专利是否违反发明专利法第 36 条规定成为案件焦点，但该案的结果仍然是维持了该专利的有效性（东京高等法院平成 11 年 5 月 11 日判决・判时 1687 号 119 页［桃子新品种Ⅱ]）。另外，有些发明的本质就在于精确达成再现性（特别是与机械有关的发明）。在这类案件中，如果发明的再现性较低，就需要讨论发明是否完成或者发明专利法第 36 条的问题。

判例2　知识产权高等法院平成 20 年 6 月 24 日判决・判时 2026 号第 123 页［双向牙科治疗网络］

【肯定了计算机相关发明的自然规律利用性】

〈**案件事实**〉

以往的牙科治疗中,由于可以使用的材料和技术的数量有限,因此治疗方式的选择比较简单。而近年来,随着新材料和新技术的开发,可选择的处理方式也急剧增多。因此,对于牙科医生而言,为确定每个病例选择最合适的材料和最合理的治疗方法,现有的信息量过大。针对这一课题,某发明为牙科医生和牙科技工可以作出牙科治疗计划和最合理的牙科修复治疗计划,并使用最合适的材料而提供辅助方法和系统。本案是针对专利局审查决定而引起的争议,审查决定认为:"该发明的特定事项是把由牙科医生依据其主体性精神活动而进行的判断和计划……作为'手段'而表达出来而已……因此,不属于利用了自然规律的技术性创造。"

〈**判决要旨**〉

"即使权利要求中记载了一定的技术手段,但如果整体考察权利要求中记载的内容,发现该发明的本质须服从于精神活动本身,则该发明不符合发明专利法第2条第1项所规定的'发明'。但是,即使包含了由人的精神活动决定的行为,或者是与精神活动相关的情况下,如果发明的本质是为辅助人的精神活动,或者是提供替代精神活动的技术手段,则不得以不属于'发明'为由而将其排除在专利的对象之外"。

"虽然为实施本案发明1,需要进行评估和判断等精神活动,但参照说明书中记载的发明目的和发明的详细说明可知,本案发明1不能说是服从于精神活动本身的,综合观察后,不如说该发明是具有'装备了数据库的网络服务器'、'通信网络'、'设置在牙科治疗室的计算机'以及'可以显示和处理图像的装置'的,基于计算机而运行的,为辅助牙科治疗而提供技术手段的技术方案"。

〈**评论**〉

该案是针对计算机相关发明而较为宽松地肯定了其"发明"该当性要件的案例。

三、不授予专利权的事由

出于产业政策的考虑,各国针对某些特定的发明不授予专利。日本在1975年发明专利法修改之前,针对化学物质发明、医药发明、需用原子核变换方法而制造的物质并不授予专利(旧法第32条第1项)。其中,针对需用原子核变换方法而制造的物质的限制,持续到1994年发明专利法修改时才被废止。

另外,对于具有危害公序良俗之虞的发明也不能授予专利(第32条)。针对以人体为构成要件的发明(如医疗行为发明等),专利局实践中一般以其不属于"产业上可利用的发明",或者以其属于"具有危害公序良俗之虞的发明"为由,驳回专利申请。东京高等法院昭和45年12月22日判决·判夕260号334页[离子牙刷的使用方法]案判决认为:利用了离子化氟人体导入法的"离子牙刷的使用方法"这一发明,以人体的存在为构成要件,因此不具有可专利性。

东京高等法院平成14年4月11日判决·判时1828号99页[为使外科手术可以重现并光学显示的方法及装置]案中,原告主张应认定该与医疗行为有关的发明具有可专利性,但法院认为:由于现行发明专利法并未规定必要措施以作为承认这种发明的可专利性的前提,因此在法律解释上不能采用原告的上述主张。该判决引起了立法上的讨论。另外,知识产权高等法院平成21年1月21日判决·平成20(行ケ)10299号[细胞再生方法]案中,对于认定作为医疗行为而实施的发明不具有产业上的利用可能性这一专利局的审查决定,法院予以了肯定。

四、发明的完成与未完成

(一) 发明未完成论的根据

与上述各要件时有相关或重叠,判例上常常使用"发明未完成"这一用语。

发明专利法第36条规定了发明的记载要件和实施可能要件,因此所谓"发明未完成"的情况可按违反上述规定来处理。而说明书记载缺陷比较严重时,则一般适用发明未完成论来处理。然而最近,以违反记载要件来认定专利无效的例子有所增加,因而以未完成为由来认定专利无效的必要性降低了。判例3则确认了可以依据第29条第1款柱书来认可发明未完成这一驳回理由。

认定了发明未完成的其他案例还有:东京高等法院昭和52年11月30日判决·无体集9卷2号738页[用作泳道绳的浮标]案;东京高等法院平成3年4月11日判决·判时1393号129页[微波炉]案;认定作为优先权主张基础的国外专利申请为未完成发明,因而驳回了优先权主张的东京高等法院昭和52年1月27日判决·无体集9卷1号16页[醋酸乙烯]案;以及东京高等法院平成5年10月20日判决·知裁集25卷3号622页［MB－530A诱导体］案。而撤销了认定发明未完成的专利局审查决定的案例有：东京高等法院昭和59年6月21日判决·无体集16卷2号375页［有害生物防除剂］案，以及参照现有技术水平而认定并非未完成的东京高等法院昭和62年12月24日判决·判例工业所有权法2029之51之70页［静电复写装置］案。另外，东京高等法院昭和62年10月29日判决·无体集19卷3号409页［鼓形制动器的制动支持器］案判决认为："实用新型法所规定的技术方案，是指利用了自然规律的技术思想的创造。因此，只要该创造利用了自然规律，并可以反复持续得到一定效果即已足够。即使该技术方案的设计者对于解决手段及其作用效果之间的因果关系和理论关联缺乏科学认识，或者是包含错误认识，也不影响该技术方案性。"东京高等法院平成5年9月28日判决·判例工业所有权法（2期版）253之28页［蕺菜除臭方法］案判决也表明，要使发明成立，并不需要在学术意义上对自然规律有正确和全面的认识。最近，判例13中，原告以关于发明范围的实施例过少为由主张该案发明未完成并且违反记载要件，但法院认为基于说明书的记载可以实现其作用和效果，因此该发明并非未完成。

判例3　最高法院昭和52年10月13日判决·民集31卷6号第805页［药物制品］

【肯定了"发明未完成"这一概念】

〈案件事实〉

原审判决（东京高等法院昭和49年9月18日判决·无体集6卷2号281页）认为：发明专利法上不存在"发明未完成"这一拒绝理由。被告专利局因此上告。

〈判决要旨〉

"发明专利法（以下简称'法'）第2条第1款规定：本法所称'发明'，是指利用了自然规律的，具有高度技术思想的创造。虽然'发明'必须是技术思想，即与技术有关的思想，但是鉴于专利制度的宗旨，其技术内容的结构必须是具体和客观的，以至于该技术领域中具有普通知识经验的人可以反复实施，并实现该发明目的所指的技术效果。而该技术内容的结构未达到上述程度的情况下，应认定其为未完成的发明，不属于法第2条第1款所称'发明'（参照本法院昭和39年（行ツ）第92号，即昭和44年1月28日第3小法庭判决·民集 23 卷 1 号 43 页)。法第 49 条第 1 项规定,专利申请中的发明(以下简称'申请发明')若属于依法第 29 条不应授予专利的,则可以此作为专利申请的驳回理由。而法第 29 条第 1 款柱书规定,申请发明必须具备'产业上可利用的发明'这一专利要件,这里所称'发明'应理解为和法第 2 条第 1 款为同义。因此,申请发明若属于未完成发明的,则以不属于法第 29 条第 1 款柱书所称'发明'为由驳回专利申请,是法律当然所预设和要求的"。

〈评论〉

根据判决要旨,"发明未完成"这一拒绝理由的依据是发明专利法第 29 条第 1 款柱书。另外,所谓发明已经完成,是指发明的内容必须已经达到"可以反复实施,并实现该发明目的所指的技术效果"的程度。这一标准关系到先行实施等许多情况。例如,为决定职务发明的归属而需要确定发明完成的时间时,有案例认为设计实施图完成的时间即立体停车场发明完成的时间(名古屋地方法院平成 8 年 9 月 2 日判决·判时 1609 号 137 页[斜坡自驾式立体停车场的楼层构造Ⅰ])。

(二)化学、医药发明与未完成

必须注意的是,对于化学、医药发明的成立以及完成的认定标准,相比于其他领域要更为严格。例如,原本在说明书里没有记载某化合物的具体数据,通过补正程序追加数据的,是否属于将未完成的发明转变为已完成发明的不当补正成为争议焦点(判例28)。值得关注的是,判例28明确示明,对于化学物质有用性的公示而言,实际的试验结果是必要的。知识产权高等法院平成 17 年 8 月 30 日判决·特许消息 11699 号[吡唑并吡啶]案判决指出,为了解医药发明的有用性,必须有关于药理数据的记载或者同等程度的记载。

知识产权高等法院平成 17 年 10 月 19 日判决·平成 17(行ヶ)10013[核酸分子]案判决中有以下叙述:"一般而言,化学物质发明的本质在于提供新颖的、可以在产业上利用的化学物质(即具有有用性的化学物质)。但如果某化学物质是基因等在自然界业已存在的物质,则单纯明确或确认其所在的行为不过是发现而已,将其从存在于自然界的状态进行分离和一定加工的行为,也尚不足以认定其提供了产业上可利用的化学物质这一物质发明。只有明确其有用性,加入了以往技术中没有的新技术视角,才可以作为产业上可以利用的发明从而认定其已完成。"这里所说的产业上可以利用的发明的含义等同于已完成的发明。大阪地方法院平成 20 年 10 月 6 日判决·平成 18(ワ)

7760［趋化因子受体］案件的争议焦点在于，优先权的有效性问题，但该案判决以受体的有用性未被记载为由，认定发明尚未公开。同样的案件还有东京高等法院平成 9 年 3 月 6 日判决・判例工业所有权法（2 期版）253 之 71 页［多肽］案、东京高等法院平成 13 年 3 月 13 日判决・特许消息 10533 号和 10536 号［脑尿钠肽］案。最高法院主页上也时有刊登关于医药和农药方面的具有相同要旨的判决。对于与机械相关的发明而言，通常只要阅读其说明书中公开的构造本身就可以理解其作用和效果，但对于化合物而言，仅仅是查看其化学式是无法判断其性质的，在这一点上，化学物质发明具有特殊性。

知识产权高等法院平成 23 年 3 月 23 日判决・判时 2111 号 100 页［超氧阴离子分解剂］案判决中关于用途发明的成立性有以下论述："对于基于对物质性质的发现、实证和构造的解析而产生的新利用方法，在判断是否应当将其作为物质发明之一的用途发明予以保护之时，必须针对每一个发明，具体探讨其发明人所公开的方法（或用途）中被认为具有新颖性的内容、意义以及有用性、将其作为发明进行保护的情况下对第三者的影响、与公共利益的协调等因素，并从是否可以认为该与物质相关的方法（用途）发现等属于具有高度技术思想的创造这一观点来判断。"

另外，以下两个案件均以没有记载相关反应的具体数据为由，认定了发明未完成。其中，东京高等法院昭和 52 年 1 月 27 日判决・无体集 9 卷 1 号 16 页［醋酸乙烯］案以没有具体公开反应条件为由认定发明未完成，东京高等法院平成 5 年 10 月 20 日判决・知裁集 25 卷 3 号 622 页［MB－530A 诱导体］案则以没有记载非公知的原料物质的制造方法为由认定发明未完成。

针对公知例发明的完成问题，东京高等法院平成 10 年 9 月 29 日判决・判时 1670 号 66 页［唾液 α－淀粉酶试验方法］案判决认定，由于说明书中实施例的记载不够具体，3 名引用例的验证人虽然具有制作单克隆抗体的技术和经验，但亦未能再现该发明，因而该发明属于尚未完成。

关于木薯淀粉的用途发明，东京高等法院平成 13 年 4 月 25 日判决・特许消息 10619 号、10629 号、10621 号［木薯淀粉］案判决认为：被引用的在先申请发明中印证作用效果的数据不足，因而属于未完成的发明，不具有在先申请的地位。

东京高等法院平成 17 年 1 月 18 日判决・平成 15（行ヶ）166［特应性皮炎治疗外用剂］案的案情虽然比较特殊，但该案判决认为关于发明完成的举证责任由专利权人（申请人）负担。

第二节 新颖性Ⅰ——公知、公用、出版物记载

一、概说

对于既已公开，即使申请专利也不会使技术更为丰富的发明而言，没有必要以赋予该本可自由利用的技术以排他性权利而招致产业的停滞为代价，来促进由专利权所带来的公开。因此，发明专利法第29条第1款规定：在专利申请之前，在日本国内或国外已被公然知晓的发明［公知（狭义）（第1项）］、在日本国内或国外已被公然实施的发明［公用（第2项）］、在日本国内或国外发行的出版物中被记载的或者是通过电子通信回路已成为可被公众利用的发明［出版物记载（第3项）］不能取得专利（国外公知、国外公用、通过电子通信回路的新颖性丧失事由于1999年发明专利法修改之时导入）。以上即所谓的发明新颖性要件（实用新型法第3条第1款亦有相同规定）。但第29条第1款各项所称的公知、公用和出版物记载的技术也被合称为公知（广义）技术。

发明专利法第29条第1款各项的事由同时也是驳回专利申请以及认定专利无效的事由，因此，基于不具有新颖性的发明进行的申请将被驳回（第49条第2项），并且，即使错误地被赋予了专利权，这样的专利登记也可由专利无效宣告进行撤销（第123条第1款第2项）。

并且，发明人自己将发明公开并导致了第29条第1款所规定的结果的，也属于丧失新颖性的情况，因而不能取得专利权。这是因为，既然并未经由主张排他权的程序，就使该技术可被一般性利用，则说明专利权的赋予并未起到促进发明公开这一作用，如此一来，也就不必赋予已经可以利用的技术以排他权从而招致产业的混乱。然而，如后所述，第30条规定了这一原则的例外情况（即丧失新颖性的例外）。

新颖性、创造性要件的判断以专利申请之时为准。在专利申请之时，必须满足新颖性、创造性等各要件。

而《保护工业产权巴黎公约》（以下简称《巴黎公约》）规定了上述标准的例外情况。原则上，专利一般由每一个国家进行授予，其效力也限定在各国之内（即属地主义）。因此，若要取得国际专利，则必须在意欲得到保护的国家——申请专利。然而，用各国语言来制作申请书甚为繁琐，在翻译等事务所需花费的期间里可能被其他的发明人抢先，甚至也有自己发明变成公知技术的可

能。为了在一定程度上缓解由于在各国进行申请而给发明人带来的不便，《巴黎公约》规定了优先权制度［公约第 4 条 A（1）］。据此，若在《巴黎公约》的任何一个成员国进行了申请，则在该申请之后的 12 个月内［公约第 4 条 C（1）］，再在其他成员国进行申请的，即使在上述期间内该发明被他人进行申请或者有丧失新颖性情况的，亦可取得专利权（公约第 4 条 B）。日本发明专利法第 26 条规定了公约的适用，为了直接适用《巴黎公约》，关于优先权制度除了程序规定以外并无详细规定（第 43 条）。

二、公知、公用、出版物记载该当性的相关案例

与第 29 条有关的案例依案情分类，大致有以下三种。

第一，将发明内容泄露给周围人的情况下，知晓内容的人的范围达到何种程度才符合第 29 条第 1 款所规定的丧失新颖性因而不能取得专利权（内容漏知型）。这种类型属于第 1 项规定的情况，但在发明的实施品被人知晓的情况下，也可作为第 2 项规定的情况进行处理。

第二，发明在其申请之前既已被实施的情况下，其公然实施达到何种程度才符合第 29 条第 1 款的规定（公然实施型）。针对这种情形，既有作为第 1 项公知的问题进行处理的案例，也有作为第 2 项公用的问题进行处理的案例，但是无论依据哪一项进行处理，判断标准并无二致。这有可能是因为，从 1885 年的专卖特许条例到 1921 年旧法为止，公知和公用一直是作为关于丧失新颖性的同一项事由进行规定的。

第三，在发明的内容被记载于文献的情况下，该文献公开到何种程度才符合第 29 条第 1 款的规定（文献记载型）。如果发明被记载于向政府机关提交的文书中，则由于该文书很难被认定为"发行的出版物"，因而这种情况会作为第 1 项而不是第 3 项的问题进行处理。与此相对，如果发明被记载于杂志或广告中，则作为第 3 项的问题进行处理。这种类型最常见的是发明被记载于专利公报的情况，这种情况原则上作为第 3 项的问题进行处理，但也有作为第 1 项的问题进行处理的例外案件。

三、内容漏知型

一般而言，使得别人知晓发明内容的情形，如果向对方泄露发明内容之时明确表示该内容是秘密，并且与其约定保密的，不属于第 1 项规定的公知。即使没有明确的约定，默示以保密为当然前提的情况亦同。稍早的大判昭和 3 年

9月11日判决·民集7卷10号749页［干燥用回旋座网］案中，实用新型的申请权人为寻求资金提供和销售援助，向2、3人内部开示了该技术方案，法院认为，即使其没有明确表示该技术方案为秘密，也没有明确说明对方应当保守秘密，但由于该交涉是以取得实用新型专利权为前提的，显而易见，行为人是意图秘密进行该交涉，因此否定了公知性。

与此相对，如果知晓发明内容的对方并不负有保密义务，则原则上该发明成为公知发明（判例4）。但是，即使没有与知晓该发明内容的对方进行保密的约定，但在对方知道该发明采取了保密方针的特殊情形下，则该发明不会被认为是第1款的公知。在有的案件中，即使没有保密约定，从发明人以外之他人接受了制造技术方案产品委托的某公司代表人，此后该技术方案被申请实用新型专利的情形下，由于该代表人以前有过数次申请实用新型专利的经验，也推定其应该知道只有具有新颖性的技术方案才可以取得实用新型专利，因而否定了公知性（东京高等法院昭和30年4月12日判决·行集6卷4号994页［带锯机］）。

与此相关的案例中，是否存在默示保密义务有时成为案件的争点。有的案件否定了默示保密义务的存在。例如，日本电机工业会的冰箱氯氟烃对策研究委员会举办的冰箱对策研究技术发表会中，空气压缩机分科会（由9个公司构成）用于研究发表的资料中记载了某发明。即使出席了该发表会的只有经手冰箱的5个公司，但考虑到上述委员会被标记为"主办者"，并且使用了投影仪等要素，应认定上述发表会不仅是针对该委员会成员的9个公司，而是以更大范围内的主体为对象而主办的。鉴于以上情况，要求参加者就所发表的事项负保密义务是不自然的，因此，认定该项目中所记载的发明已于上述发表会的主办日成为公知发明（知识产权高等法院平成18年7月12日判决·平成17（行ケ）10486［冷冻装置］）。该案也可作为第3项的问题，讨论相关资料是否为发行的出版物（如将在五、（六）中介绍的知识产权高等法院平成22年6月29日判决·平成21（行ケ）10323［洗衣机的检查装置］；东京地方法院平成19年3月23日判决·判夕1294号183页［供应溶解金属的容器］；知识产权高等法院平成22年7月20日判决·平成19（ネ）10032［供应溶解金属的容器控诉审］）。另外，亦有案件认为，对含有生产机械领域的新开发技术产品进行有关洽谈之时，即使没有明示的合意和要求，但若作为社会常识、商业习惯，以默示要求对方不向第三人开示该新技术为前提，应对顾客的咨询或为评估而进行商谈的，则即使在没有明示需要进行保密的情况下交付了发明图纸的，也不丧失新颖性（东京高等法院平成 12 年 12 月 25 日判决・判例工业所有权法（2 期版）531 之 50 页 [6 滚筒轧光机的构造及其使用方法 I]）。但是，该案判决要旨所说的商业习惯是否被普遍承认还存在疑问。

判例4　东京高等法院昭和 49 年 6 月 18 日判决・无体集 6 卷 1 号第 170 页 [壁式建筑物的构造装置]

【开示发明并让渡了实施品，而受让方不负有保密义务的情况下，肯定了公用】

〈案件事实〉

壁式建筑物的构造装置的发明人在专利申请前，向住宅公团（译者注：住宅公团为日本政府为实施住宅保障而设立的特殊法人）进行了开示，并就实施了该发明的建筑物进行了让渡。公团将该建筑物作为职员住宅而使用。

〈判决要旨〉

"由于知晓本案发明内容的公团取得了本案住宅的所有权，并在不负有保密义务的情况下开始使用，因此应认定本案发明自此开始处于可为不特定第三人所知悉的状态。这是因为，公团可以应外部人士的要求而对本案住宅的构造甚至建筑方法进行说明，没有理由需接受原告的异议。另外，第三人若要了解本案发明只需接受公团的说明即可，并无必要特地破坏本案建筑来了解其构造。因此，显而易见，本案发明……因本案住宅的让渡和使用而成为公然实施的发明"。

〈评论〉

针对本案住宅的使用属于公然实施这一原审查决定，申请人反驳：作为发明主要特征的结合部分在建筑完工之后完全被混凝土覆盖，从而处于从外部完全无法窥知的状态。但是，判决要旨其实是抓住从向住宅公团开示了发明内容这一点，从而导出本案发明丧失新颖性这一结论的。假设本案中公团负有保密义务，则由于唯一的建筑物不存在实施品流通于市场这一问题，并且只要不破坏该建筑就无法得知发明内容，因此认定公知、公用是存在困难的。如果本案属于上述情况，则允许发明人进行申请以促使其公开该技术这一必要性并未丧失。

然而，虽然根据判决要旨，本案属于第 2 项公用的问题，但因为该案的重点在于向公团开示了发明的内容，因此作为第 1 项公知的问题进行处理更为合理。判决要旨或许是为迎合以第 2 项处理本案的原审查决定，但即使在判决中

以第1项来处理本案,由于作为第29条该当性问题的判断依据的技术事实并无变更,所以应认为是可以更换适用款项的。❶

四、公然实施型

即使发明业已实施,要达到丧失新颖性的程度则至少需要处于可被不特定多数人认识的状态(作为旧实用新型法第3条第1项规定的公知问题:东京高等法院昭和23年7月12行裁月报23号208页[中空助燃器])。

具体而言,若实施品保管于秘密状态,并在秘密状态下运行,则不认为是公然知晓。例如,若发明在工厂内部实施,并未被大范围的主体所见到,只有如亲属等极为内部的人(上述东京高等法院[中空助燃器]),或者是明示或默示负有保密义务的人见到的情况下,则尚不认为属于公知或公用(东京高等法院昭和30年8月9日判决·行集6卷8号20C7页[精纺机用真空清纱器])。另外,即使有人见过试制品的运行,但其是材料供应商并且是约定保密后才在场的情况下,也不能判断发明已经公知(大判昭和17年4月17日判决·民集21卷7号374页[女式鞋跟削成装置])。

与此相对,判例认为只要实施品被置于可为不特定多数人认知的场合,则不管是否实际有人见过,一律认定公知或公用(判例5;东京高等法院平成16年3月24日判决·平成14(行ケ)213[微泡])。

例如,即使是在工厂内部实施的发明,只要没有采取保密措施,则丧失新颖性。如果机器被置于任何人都可进入的酿造厂,则即使不证明有人为查看机器的使用情况而实际入场,也不妨碍认定公知、公用(大判大正9年12月28民录26辑2129页[麹原料调整方法])。若装置被置于有正当事由的人均可自由进入的工厂内,除非对装置所具体展现的发明采取保密方针,并且原则上不允许一般人对装置进行参观,否则该发明应认定为已被公然实施(东京高等法院平成15年4月10日判决·平成13(行ケ)264[干年糕片原料制造装置];同样要旨的判决还有东京高等法院昭和59年9月27日判决·判夕543号177页[电弧炉辅助溶解方法])。在此情况下,实际上出入工厂的人是否为少数特定者,或者实际上是否有人自发参观了工厂都不予以考虑(上述东京高等法院[干年糕片原料制造装置])。

---

❶ 染野义信:"评释",见《特许判例百选》,日本有斐阁1985年第2版,第49页。

不仅在工厂内实施，并且观看了发明实施的第三人以及收到实施品的对方不负保密义务的情况下，应认可公知、公用。例如，若第三人对发明相关试制品的实验进行了调查、摄影，则认为该发明已被公然实施（东京高等法院平成 12 年 9 月 4 日判决·判例工业所有权法（2 期版）531 之 45 页［双向犁碎土装置］）。专利发明贴标签机由于在申请专利之前已为 A 公司的大船市工厂和 B 公司的峡山市工厂所收货，并且从外部对该装置进行观察便可了解其构造及性能，接受交付机器的各工厂负责人可直接了解其构造却不负有保密义务。显而易见，由于上述各个装置是在脱离保密状态下进行了让渡，或者说该技术思想因上述各个交付行为而脱离了秘密状态，因此，该发明被认定属于公知公用的技术思想（东京高等法院昭和 60 年 3 月 29 日判决·判例工业所有权法 2101 之 21 页［贴标签机］；最高法院昭和 60 年 12 月 20 日判决·判例工业所有权法 2101 之 43 页［贴标签机上告审］）。另外，在实施品已经流通的案件中，当然应认可公知、公用（东京高等法院昭和 40 年 9 月 28 日判决·判夕 188 号 198 页［塑料管包装方法］；东京高等法院平成 10 年 9 月 10 日判决·判例工业所有权法（2 期版）531 之 15 页［折叠被晾晒工具］）。

上述情况下，并不考虑现实中是否有人对实施品进行解析从而知晓了发明的内容。例如，装备了润滑油装置这一技术方案实施品的两台三轮消防车，已于申请日前 10～20 日发送并于申请日前 4～9 日就已使用，判例认为上述情况导致丧失新颖性（判例5）。

然而，如果对实施品无法进行解析的情况则另当别论。例如，如果使用相关业者通常可能利用的分析技术，很难对市场上所销售的发明实施品制剂中含有的分支氨基酸的粒径进行解析，从而很难得知其属于发明的构成部分，并通过发明方法制造而成这一事实，这种情况下则不丧失新颖性（作为第 29 条第 1 款第 2 项的问题：东京地方法院平成 17 年 2 月 10 日判决·判时 1906 号 144 页［医药用颗粒制剂的制造方法］）。

与此相反，实施品的解析如果较为容易，则一般肯定新颖性的丧失。例如，对作为试验样品而让渡的 SolderonNF 进行分析并明确其成分较为容易的情况下，则肯定其已公然实施（东京高等法院平成 16 年 6 月 7 日判决·平成 14（行ケ）196［高速电镀方法］）。对于发明的构成要件中包含了化学结构以及 RO/RO2 之比的情形，有案例肯定了新颖性的丧失（该案中，申请日前 1 年以上的国内销售成为案件焦点，上述东京高等法院［微泡］）。另外，即使对产品进行分解、解析仍有一部分构成要件无法得知，但业者基于解析结果容易想到该发明的,则否定其创造性(东京地方法院平成 17 年 6 月 17 日判决·判时 1920 号 121 页［低周波治疗器］；知识产权高等法院平成 17 年 10 月 26 日判决·平成 17（ネ）10096［低周波治疗器控诉审］)。

判例 5　东京高等法院昭和 37 年 12 月 6 日判决·行集 13 卷 12 号第 2299 页［润滑油调节器］

【实施品已被公然实施的情况下,即使现实中发明的内容并未被公众所知晓,也认可了公知、公用】

〈案件事实〉

装备了 X 的实用新型润滑油装置的三轮消防车在实用新型申请日之前的 10～20 天左右已经发送,并在申请日之前的 4～9 天之中,由宫城县玉造郡鸣子町以及静冈县引佐郡三日町的消防团收货,并开始用于消防活动。专利局作出了实用新型无效的决定。X 在针对该决定提起的撤销诉讼中主张：由于润滑油调节器装配于链传动箱的内侧,并被齿轮以及链传动箱的外盖所覆盖,因而无法从外部窥见,因此装备了该润滑油调节器的三轮消防车的公然使用并不等于该调节器的公然使用。

〈判决要旨〉

"旧实用新型法第 3 条第 1 项所规定的公知公用,并不考虑现实中一般公众是否已经知晓,而应理解为处于一般公众可以知晓的状态以及在此状态下的使用。既然装备了上述润滑油调节器的三轮消防车已经公然使用,则应当认为该润滑油调节器也处于一般公众可以知晓的状态中并使用"。

〈评论〉

本案中,关于两台三轮消防车在发送后使用了的十多天中,是否有人实际见过装备在这两台消防车中的润滑油调节器,这一点并不明确,至少可以说是事实不清的。本判决的意义就在于,尽管如此,仍然肯定了公知和公用。可以认为本判决的立场是：只要实施品被公然使用,则不管现实中是否有人了解发明的内容,均符合公知和公用要件。于是,可以得出这样的结论：在这样的情况下,已经没有促使发明人就相关技术申请专利从而公开发明的必要,也就不需要特意以公众的不利为代价赋予其专利权这样的排他性权利。

五、文献记载型

（一）概说

发明的内容记载于文书中，并不直接导致新颖性的丧失，还需要构成第 1 项规定的公知事实，或者符合第 3 项规定的出版物记载。不管出版物出版的时间如何久远，都可构成丧失新颖性的事由。即使是 90 年前法国的专利说明书中所记载的事项，也不影响该所记载的技术是在先技术这一结论（东京高等法院平成 14 年 3 月 14 日判决·平成 13（行ケ）244［被子筐］）。

具体而言包括以下问题：(1) 向政府机关提交的文件；(2) 向专利局提交的申请文件；(3) 向外国专利局提交的申请文件；(4) 在杂志等上发表的文书分别以何种标准为基础判断新颖性的丧失。其中，(1)(2) 的情况作为第 1 项公知性的问题处理。因为这之中未公布的文件不适合作为第 3 项"出版物"来处理（在发行了公报的情况下则为第 3 项的问题）。与此相对，到目前为止，(3) 的情况基本上是作为第 3 项出版物记载的问题来处理。这是因为，第 3 项不仅包括国内发行的出版物，还包括国外发行的出版物，而第 1 项直到 1999 年发明专利法修改之前都是以"在国内"公知为要件的，因此仅仅在外国专利局公开了的信息不可能符合第 1 项的规定。(4) 的情况基本是作为第 3 项出版物的问题来处理的，但是对于适用 1999 年修改后的发明专利法的专利申请而言，当不能作为出版物的问题来解决之时，也可能出现适用第 1 项规定的案件。

此外，有的案例中，在学会中分发的资料和用于经营活动的小手册之类是否为发行的出版物成为案件争点。

另外，在条文上，1999 年发明专利法修改后，新设了通过电子通信线路而可为公众利用这一丧失新颖性的事由。典型的例子即因特网上的信息。

（二）第 1 种类型

发明的内容仅仅记载于向政府机关提交的文件中，并不直接导致新颖性的丧失（作为旧实用新型法第 3 条第 1 项的问题：大判昭和 17 年 5 月 18 日判决·民集 21 卷 10 号 560 页）。但若接收文件的政府机关将文书保管于不特定多数人可以阅览的状态之下，则公知成立。为获得道路占用许可而提交的申请书附有实现技术方案的设计书，并受东京都知事之命存放于建设局道路部管理课，对于任何希望阅览的人并不进行特别的资格审议均供其阅览，有案例认为在这样的情况下，设计书已经处于不负有特定保密义务也不期待其保密的一般第三人可阅览的状态，从而肯定了旧实用新型法第 3 条第 1 项规定的公知性（东京高等法院昭和 34 年 8 月 18 日判决·行集 10 卷 8 号 1552 页 [街道屋顶排水装置]）。

(三) 第 2 种类型

向政府机关提交的文件中，最经常作为丧失新颖性事由而引用的是向专利局提交的发明专利、实用新型专利以及外观设计专利的申请文件。

毫无疑问，这些申请文件中所记载的内容通过申请公开、申请公告等登载于专利公报的情况下，或者是实用新型专利登记和外观设计专利登记登载于实用新型公报、外观设计公报的情况下，上述各公报当然属于发明专利法第 29 条第 1 款第 3 项所规定的"发行的出版物"。

然而，问题在于在公报发行前，申请文件已经可供阅览的情况下，是否成为第 1 项规定的公知。例如，没有申请公开、申请公告制度的外观设计的情况下，外观设计权的设定登记之时，即公众可以阅览申请文件之时（外观设计法第 63 条）开始，到现实中外观设计公报发行为止多少会存在一定间隔。在这个时间差内，与上述已经登记的外观设计具有同样内容的发明、技术方案也进行发明专利申请或实用新型登记申请之时，是否会因丧失新颖性而被拒绝或被认定登记无效就成为问题。案例对此并无一致处理。有的判决认为即使是公报发行之前，但由于外观设计的登记原簿已经可供阅览，因此应当肯定实用新型法第 3 条第 1 款第 1 项所规定的公知性，从而认定实用新型专利登记无效（东京高等法院昭和 51 年 1 月 20 日判决·无体集 8 卷 1 号 1 页 [弹子球用计数器]）。对此持反对意见，从而否定了外观设计法第 3 条第 1 款第 1 项规定的公知性的判决亦存在两件（东京高等法院昭和 54 年 4 月 23 日判决·无体集 11 卷 1 号 281 页 [气动砂纸机]；东京高等法院昭和 54 年 5 月 30 日判决·判例特许实用新案法 2288 之 3 页 [电子风琴]）。但是，后两个案件都是在后申请与在先申请均为针对同一外观设计而申请，因此只要以存在在先申请为由即可驳回在后申请，没有必要特意以新颖性丧失为由来驳回（不过，在 1999 年发明专利法修改之后，现在在先申请被驳回之后即失去在先申请这一地位，在此情况下，这种解释则不能适用）。

另外，1993 年法律修改之时，废除了申请公开、申请公告制度的实用新型制度虽然也与外观设计制度同样存在时间差的问题，但是与外观设计制度不同的是，在先的实用新型申请对于在后的发明专利申请以及实用新型申请具有在先申请的地位（发明专利法第 39 条第 3 款、第 4 款），因此在时间差内提交的申请属于在后申请，依然不可能进行专利登记。从这一点而言，讨论该论点的现实意义并不大，但是在先申请成为专利登记阻却事由的前提是在后申请与在先申请为同一发明或同一技术方案的情况，因此时间差内的在后申请与在先申请并非同一发明或同一技术方案之时，则在先申请不能成为驳回或撤销专利登记的理由。因此，在上述情况下，就有必要将在先申请中所记载的技术内容，作为判断在后申请的创造性、容易想到的基础资料，用以判断其是否为公知（广义）的技术（发明专利法第29条第2款、实用新型法第3条第2款）。

（四）第3种类型

在发明记载于向外国专利局提交的申请文件中的情况下，是否丧失新颖性亦成为问题。如上所述，1999年发明专利法修改之前，发明专利法第29条第1款第1项所规定的公知性是以国内公知为要件，对于仅在外国公然知晓的发明并不适用。因此，针对向外国专利局提交的申请文件中记载的发明，仅作为第29条第1款第3项规定的出版物记载问题来处理。而对适用1999年修改后的发明专利法的发明申请而言，涉及第29条第1款第1项规定的外国公知的问题中，与国内公知相同，也存在处于可为不特定多数人进行阅览的状态之下是否应该肯定新颖性的丧失这一问题。

如果登载了申请文件内容的专利公报在外国发行，则根据第29条第1款第3项而丧失新颖性这一点并无异议。但是，受复制技术发展水平的制约，有的国家并不从一开始就发行公报，而是将向专利局提交的申请文件原件进行保存，然后应请求进行个别的复制。在此情况下，是否也属于第3项规定的"发行的""出版物"就成为问题。

首先，关于"出版物"，最高法院昭和55年7月4日判决·民集34卷4号570页［单镜头反射式照相机］案件的观点是：当原件被公开，并应公众的要求立即交付复印件的情况下，该复印件属于第29条第1款第3项所规定的"出版物"。具体而言，西德专利局将申请文件供公众阅览，希望入手实用新型说明书等申请文件的原件复印件的任何人，均可在请求之后大约两周内收到该文件。在这种情况下，这样的复制品就是出版物（最高法院昭和61年7月17日判决·民集40卷5号961页［水准标尺］案对此进行了再次确认）。

其次，是"发行"这一要件。实际上，有数家公司对复制件进行了请求并收到了该复制件的情况下，可以认定该复制件"已发行"（上述最高法院［单镜头反射式照相机］案）。而原件虽公开，但尚未有公众提出请求因而也尚未有复制件交付的情况下，是否也可认定"已发行"？东京高等法院昭和58

年 7 月 21 日判决・无体集 15 卷 2 号 598 页［水准标尺］案对此持否定意见。但此后，同案最高法院判决［水准标尺］则明示：虽然不是原件本身，但由于作为原件复制件的缩微胶卷已被置于澳大利亚专利局总局以及 5 处分局，这种情况可以认为属于"已发行"。因此，至少可以说，依据判例，只要原件以外缩微胶卷复制件已经分发至专利局总局和分局，则即使尚未有公众获得该缩微胶卷复制件，也可以认定"已发行"（还可参照知识产权高等法院平成 19 年 11 月 14 日判决・平成 18（行ケ）10546［图书保管管理装置］案的理解）。然而，只有原本存放于专利局总局，缩微胶卷复制件尚未分发至分局，而此时若尚未有公众获得复制件的情形，最高法院对此并未表明态度。因此，还不能认为上述东京高等法院［水准标尺］案判决完全被最高法院判决所否定。

其后的案例中，判决认定属于"已发行的出版物"的有：在中国台湾地区事实上被认可的可由公众自由阅览誊写情形下的实用新型申请文件中说明书等公告本（东京地方法院平成 20 年 12 月 3 日判决・平成 19（ワ）26898［气泵］；知识产权高等法院平成 21 年 12 月 24 日判决・平成 21（行ケ）10110［气泵］）；并非发明专利相关文件，但由图书馆接收并进行缩微胶卷化以供阅览，并且一般利用者均可获得其复制件的情形下的缩微胶卷（东京高等法院平成 13 年 9 月 27 日判决・判例工业所有权法（2 期版）537 之 56 页［电流换向器装置的驱动线路］）；同样并非发明专利相关文件，而是由加利福利亚州立大学北岭校区准备和保管的，处于公众可以阅读和誊写状态下的数套使用说明书中的一套（上述知识产权高等法院［图书保管管理装置］）。另外，还有判决认为：向外国大学提交的学位论文由图书馆置于可供申请者自由阅览的状态，并可应其要求交付论文复印件的情形下，可以认定其为"已发行的出版物"（还认定了实际上已经向第三人寄送了复印件这一事实，东京高等法院平成 5 年 7 月 29 日判决・知裁集 25 卷 2 号 439 页［电梯间呼叫分配方法］；东京高等法院平成 5 年 11 月 17 日判决・判例工业所有权法（2 期版）537 之 26 页［电梯服务预测时间计算装置］）。以上判决均可视为正面否定了上述东京高等法院［水准标尺］案件判决。

以上是对原件的阅览加上复制件的可立即交付这种公开制度相关案例的介绍。只可阅览原件，但不能获得复制件这样的情况虽然可以预想，但尚无直接的案例。但是，由于比利时专利局事务性工作的迟延，以致复制件的请求人实际收到的日期比原件公开之日迟延数月乃至将近 1 年的情况下，有案例否定了专利说明书原件本身具有"出版物"性质（东京高等法院昭和53年10月30日判决·无体集10卷2号499页［改良聚合方法］）。

顺带说明，旧1921年发明专利法规定的出版物记载与公知和公用均仅适用于国内发行。另外，现行1959年发明专利法最初针对外国出版物的记载，规定了无效审查必须自登记起5年内提出这一除斥期间（1987年法律修改前第124条）。因此，这个时代的案例中，外国专利公报的发行不会直接成为问题，而是当外国专利公报由日本专利局等资料馆或者公开图书馆接收，并可供阅览的情况下才构成丧失新颖性的事由。这种情形下，既有认定为已发行出版物的判决（东京高等法院昭和43年4月30日判决·判夕224号264页［编织机自动选择装置］；东京高等法院平成2年11月29日判决·判例工业所有权法（2期版）537之5页［自走式立体停车场］），也有认定国内公知的判决（东京高等法院昭和48年4月27日判决·判夕297号261页［贴纸制造方法］）。必须注意的是，即使是在废除了上述外国出版物限制的当下，对1987年6月1日以前登记的发明专利权提起无效审查请求之时，由于须遵循上述第124条关于除斥期间的规定（附则第2条第2款），因此关于外国专利公报仍采用国内公知或出版物国内发行标准。然而，最高法院昭和38年1月29日审决取消诉讼判决集38～39年19页中曾经论述，既然专利局资料馆已经收入了法国的专利说明书，则不管申请之时是否能为一般公众所阅览，都符合旧法第4条第2项所规定的"国内发行的出版物"。虽然如此，在此之后的案例的论理中均以公众可以阅览为前提（上述东京高等法院［编织机自动选择装置］；上述东京高等法院［贴纸制造方法］；上述东京高等法院［自走式立体停车场］）。

但是，对于适用1999年修正法的申请（2000年1月1日以后的申请）而言，即使不构成出版物记载，也可以作为第29条第1款第1项所规定的外国公知问题进行处理。这和国内公知的情况一样，只要处于不特定多数人可以阅览的状态，就足以肯定新颖性的丧失。然而，关于这一点，很早就有判决对于外观设计法第3条第1款第1项的"在外国公然知晓的外观设计"丧失新颖性这一规定作出判断，认为专利说明书从公众可在比利时国家工业产权局图书馆阅览之时起17天后的阶段，还不能认为记载于其中的外观设计已在国外公然知晓（本案是侵犯外观设计权诉讼，判决驳回了侵权人关于应参酌公知外观设计来决定权利范围这一主张，东京地方法院昭和48年9月7日判决·无体集5卷2号280页［喷枪］）。

此外，关于在日本的专利公报、公开公报中记载的发明，即使不考虑新颖性问题，也可以适用在先申请的扩大（第 29 条之 2）这一规定。但适用在先申请扩大的规定，其前提是记载于公报的发明与在后申请的发明为同一发明。与此相对，若作为新颖性问题来考虑有其优势，即使不为同一发明，只要对于从业者来说属于容易发明的范围，就可以缺乏创造性为由驳回发明专利申请。在此情况下，第 29 条第 1 款第 3 项所规定的"出版物中记载的发明"，并不仅限于专利请求范围中记载的发明，还包括发明详细说明中所记载的旧有技术（东京高等法院平成 13 年 3 月 28 日判决·判例工业所有权法（2 期版）537 之 50 页［具有激光熔断导线的固态电路］），因此在这一点上于第 29 条之 2 的效果并无二致。但是，在后申请如果于在先申请的公报公开之前进行，则只能依据第 29 条之 2 来驳回该申请。

（五）第 4 种类型

发明如果记载于公开发行的杂志，则当然属于第 3 项规定的记载于已发行出版物。但是，要符合该项所规定的"已发行"出版物，该杂志必须处于可供公众阅览的状态。一般而言，如果是具有发行日期的杂志，除有特别情形以外均推定该发行日或者临近该发行日的日期为发行日期（关于外观设计法第 3 条第 1 款第 3 项，有判决认为若要主张 1983 年 6 月 29 日在 1983 年 7 月 21 日前尚未发行则需要证明存在特别情形。东京高等法院平成 3 年 4 月 16 日判决·判例工业所有权法（2 期版）6161 之 2 页［汽车用方向盘Ⅰ（外观设计）］，最高法院平成 4 年 3 月 27 日判决·判例工业所有权法（2 期版）6161 之 28 页［汽车用方向盘Ⅰ（外观设计）上告审］维持了该判决。另外，东京高等法院平成 3 年 6 月 11 日判决·判例工业所有权法（2 期版）6161 之 21 页［汽车用方向盘Ⅱ（外观设计）］，最高法院平成 4 年 3 月 27 日判决·判例工业所有权法（2 期版）6161 之 28 页［汽车用方向盘Ⅱ（外观设计）上告审］亦持同样立场）。1963 年 3 月 25 日下午，向图书馆等订阅了直邮杂志的主体邮寄出该杂志，而 3 月 27 日以后送达的情况下，由于在西德进行申请的日期也就是作为优先权日的 1963 年 3 月 26 日尚不能认为该杂志已经处于可为一般公众阅览的状态，因此不能认定其为"已发行的出版物"（东京高等法院昭和 50 年 2 月 26 日判决·判例特许实用新案法 2331 页［苄胺制造法］）。

此外，外国出版物被收入日本国内的图书馆，处于一般公众可以阅览的状态之下，则丧失新颖性（东京高等法院昭和 36 年 4 月 27 日判决·行集 12 卷 4 号 884 页［受重力水作用保护的建筑物］；东京高等法院昭和 40 年 2 月 25 日判决·行集 16 卷 2 号 247 页［卷曲仿羊毛尼龙线的制造方法］），在此情况下，现实中是否有人阅读了该杂志不予考虑（东京高等法院昭和 39 年 10 月 22 日判决·判夕 172 号 174 页［用于产生高次谐波的水晶振动器］；上述东京高等法院［贴纸制造方法］）。上述均是没有规定外国发行的出版物作为丧失新颖性事由的旧法下的案件，因而或认定为国内发行的出版物，或认定构成国内公知从而判断新颖性的丧失。现在，若针对适用 1987 年发明专利法修改前第 124 条的在 1987 年 6 月 1 日之前进行的发明专利登记提起无效审查请求，仍然要适用关于外国出版物记载的 5 年除斥期间的规定，因此与外国专利公报有关的判断必须依据上述同样的逻辑结构来判断。

（六）其他类型

有判决认为：洗衣机的制造商制作了关于洗衣机的"技术指南"并向洗衣业者分发，即使其并未预定分发至消费者手中，但由于其与洗衣业者之间没有缔结保密协定，不能认定其间存在默示的保密协定，因此该技术指南属于已发行的出版物（知识产权高等法院平成 22 年 6 月 29 日判决·平成 21（行ケ）10323［洗衣机检查装置］）。同样，还有判决认为：并未向参加投标者课以保密义务即予提供的海上自卫队说明书属于已发行的出版物（知识产权高等法院平成 21 年 1 月 28 日判决·平成 20（行ケ）10180［金属板］）。

另外，有判决认为：由于交易负责人之间明显将开发中的产品设计图视为商业秘密，因此即使没有明示的合意，交易负责人之间基于诚实守信原则也当然产生保密义务。并且，对于基于应对火灾事故的必要而提交的设计图，基于诚实守信原则，在接收该图的负责人之间也当然产生保密义务。据此，应该否定该设计图属于出版物（东京地方法院平成 19 年 3 月 23 日判决·判夕 1294 号 183 页［供应溶解金属的容器］；知识产权高等法院平成 22 年 7 月 20 日判决·平成 19（ネ）10032［供应溶解金属的容器控诉审］）。

（七）记载的程度

关于在出版物中记载的发明需要到何种程度，一般而言，"若要认定某技术思想记载在出版物中，必须将该技术思想的内容开示到以下程度：以发明专利申请当时的技术水平为基础，相关业者只要阅读该出版物，不需要特别思考就可容易地实施该技术思想"（东京高等法院平成 3 年 10 月 1 日判决·判时 1403 号 104 页［置换苯甲醇］；东京地方法院平成 20 年 11 月 26 日判决·判时 2036 号 125 页［高纯度阿卡波糖］）。

具体而言，若申请发明为物质发明，并且引用的出版物中仅将其作为物质而记载，而并未公开其制造方法，但只要该制造方法属于技术常识，则符合第29条第3款的规定（由于外消旋分割（即光学分割）属于技术常识，因此只要记载了外消旋体，则申请的光学触媒剂发明即丧失新颖性，上述东京高等法院［置换苯甲醇］）。此外，以由大量原材料进行反复精制从而得到高纯度化学物质的手法属于技术常识为由的判决是上述东京地方法院［高纯度阿卡波糖］。另外，引用例中记载的"® テルミールソフト"（译者注：日本 TERUMO 公司生产的营养流食的一种）属于可从市场上轻易入手的商品，对这一事实进行了斟酌的判决是知识产权高等法院平成22年12月22日判决·平成22（行ケ）10163［管饲营养液］。反言之，在不具备上述技术常识的情况下则不丧失新颖性（知识产权高等法院平成22年8月19日判决·平成21（行ケ）10180［二磷酸或二磷盐的制造方法以及二磷酸的特定盐］）。

此外，若引用例中记载的发明属于不能实施的发明，则关于第29条第1款第3项的出版物记载的主张并不充分，这种情况下，如果基于引用例的提示可以容易得出可实施发明，则可依此否定第29条第2款规定的创造性（东京高等法院平成元年11月28 昭和63（行ケ）275［搬运装置］；东京地方法院平成18年1月30日判决·判时1931号137页［高周波数螺栓加热器］）。

六、丧失新颖性的例外

（一）概说

2011年，对于丧失新颖性的例外规定，特别是由发明专利权人的行为引起的新颖性丧失进行了大幅的修改。尽管如此，由于该修改施行以前的申请仍然适用修改前的法律（2011年发明专利法修改附则第2条第1款），因此法律修改前的案例仍然对实践有重要的地位。

根据2011年发明专利法第30条第2款的规定，与以往不同，针对由于享有发明专利申请权的人的行为而丧失了新颖性的发明，不再区分发表的媒体，而广泛地认定为新颖性丧失的例外。但是，通过工业产权相关公报而丧失新颖性的情况除外（第30条第2款括号内规定）。

另外，对于违反享有发明专利申请权者的意思从而丧失了新颖性的发明，和以往相同，广泛地规定属于新颖性丧失的例外（第30条第1款）。

然而，由于这样的情况仍然是没有提出专利申请就丧失了新颖性的情形，为了防止经过很长期间之后突然出现针对本已公知的技术提出发明专利要求而引起的混乱，法律规定必须在丧失新颖性事由产生之后的6个月内提出申请。

根据判例，在这种情况下，即使该申请同时主张优先权，只要距离优先权日尚未超过 6 个月即可，并不要求在日本国内的申请日尚未超过 6 个月（关于 2011 年发明专利法修改前的第 30 条第 2 款（相当于现行法第 30 条第 1 款），东京高等法院平成 9 年 3 月 13 日判决·知裁集 29 卷 1 号 434 页［血液沉积诱发病的治疗剂］）。

对于违反意思的公知以外的事由，第 3 款规定了程序要求。即在发明专利申请的同时，必须将希望适用第 2 款规定的要求记载于书面并提交，还必须在发明专利申请之日起 30 日内，向专利局长官提出证明该专利申请中的发明属于第 2 款所规定发明的资料（第 30 条第 3 款）。在分割申请和变更之时，必须重新履行上述程序（关于第 44 条第 2 款但书，第 46 条第 5 款；2011 年发明专利法修改前第 30 条第 3 款，东京高等法院昭和 55 年 5 月 20 日判决·无体集 12 卷 1 号 211 页［同轴型粒子测定装置］）。

（二）因享有发明专利申请权的人的行为而丧失新颖性的例外

2011 年发明专利法修改后，除记载于工业产权相关公报的情形之外，因享有发明专利申请权的人的行为而丧失新颖性的发明，一般可以作为新颖性丧失的例外来处理。

2011 年发明专利法修改前，享有发明专利申请权的人自己在出版物上发表，或者是通过电子通信线路发表，或者在研究集会上以书面发表（2011 年修改前第 30 条第 1 款），或者是在规定的博览会上展出的情形（该条第 3 款），不视为丧失新颖性。因为这些行为均是以简单易懂的方式积极公开其技术的行为，如果因为有丧失新颖性之虞而削弱其做出上列行为的意欲，反而违背发明专利法促进技术公开这一目的。另外，作为享有发明专利申请权的人自己进行试验的结果，即使导致第 29 条第 1 款各项规定的情形，也不丧失新颖性（2011 年修改前第 30 条第 1 款）。发明完成后为了申请专利而有必要验证发明的效果（有判决认为本款适用于申请前为确认技术效果而进行的试验，该案是补偿金请求权诉讼中新颖性是否丧失成为案件焦点的案件，名古屋地方法院平成 4 年 7 月 24 日判决·判例工业所有权法（2 期版）2399 之 296 页［用于海苔调合液浓度控制的显示盘］），而试验中有必须公开进行的步骤，上述规定一般理解为应对这一情形的救济手段，但对于为发明行为本身而进行的试验也应该适用本款规定。

2011 年修改前，与发明专利法第 30 条第 1 款相关的问题记载于专利公报，是否属于该款所规定的"发表于出版物"。在已经提出发明专利申请的前提下，对于日本国内的专利公报主张适用新颖性丧失的例外规定并没有意义。但发明若记载于外国专利公报，则即使怠于履行《巴黎公约》第 4 条的优先权主张程序而未在 12 个月之内提出发明专利申请，但只要之后外国专利公报发行了，便可以此为契机享受本条的恩惠从而获得申请发明专利权的机会，在这种情况下的主张就是有意义的。然而，关于在外国专利公报上的记载，下级审判中相继出现否定第 30 条第 1 款该当性的判决（东京高等法院昭和 57 年 6 月 22 日判决·无体集 14 卷 2 号 468 页 [水平无铁芯型感应电炉]；东京高等法院昭和 62 年 6 月 30 日判决·无体集 19 卷 2 号 216 页 [一线保险盒]）。其次，在导入物质发明专利制度以前，进行的物质制造方法发明申请的公开公报在物质发明专利制度导入后，成为申请专利的物质发明的新颖性丧失事由，而在最高法院平成元年 11 月 10 日判决·民集 43 卷 10 号 1116 页 [第三级环式胺]案中，当事人主张基于上述特殊情况，应认定该专利公报中的记载属于新颖性丧失的例外。然而，判决认为：即使是国内外专利公报上的记载，也不能认为其是"发表于出版物"，因而否定这种情况为新颖性丧失的例外。如前所述，虽然记载于专利公报的发明属于第 29 条第 1 款第 3 项所规定的"记载于出版物"这一规定非常明确，伹 2011 年修改前第 30 条第 1 款所规定的"发表于出版物"不包括专利公报（根据《专利合作条约》，在国际公开手册中的公开亦同，知识产权高等法院平成 19 年 8 月 30 日判决·平成 18 （行ケ） 10559 [二元重碳酸盐基础溶液]）。要理解该判决的适用范围，需斟酌上述专利公报的相关特殊性。即使向杂志等的投稿是否能够刊登需由编辑决定，但应该保障发明人以简单易懂的形式公开技术的意愿，因而应认为其可作为新颖性丧失的例外。与此相反，如果是不能理解为以技术公开为目的的行为（例如，由行政机关的程序而公开技术），或者是与发明人并没有相应参与因而也并非简单易懂地公开技术的行为（例如，报纸新闻中的介绍）等，没有必要将此作为新颖性丧失的例外来保障公开意愿，因此不应理解为符合 2011 年修改前第 30 条第 1 款的规定（但是否属于违反意思的公知则另当别论）。

关于 2011 年修改前发明专利法第 30 条第 1 款规定的"在专利局长官指定的学术团体主持的研究集会中以书面发表的"行为，同样有判决认为，如果享有发明专利申请权的人自主性地进行发表，则可以认定为新颖性丧失的例外。具体而言，对于并未从发明人处获得发明专利申请权的三人在研究集会上的发表，发明人仅仅是事前从三位发表人接到要进行发表的通知并同意其发表，是不能认定为"该发明专利申请权人自己自主性的发表"的情形的，据此而否定了 2011 年修改前第 30 条第 1 款的该当性（东京高等法院平成 4 年 3 月 16 日判决・知裁集 24 卷 1 号 372 页 ［导管钻孔部位加固法］；最高法院平成 4 年 9 月 25 日判决・判例工业所有权法（2 期版）1044 页 ［导管钻孔部位加固法上告审］）。

（三）违反意思的公知

关于违反意思公知的处理的有关条文，仅仅发明专利法从第 30 条第 2 款移动到第 30 条第 1 款，修正前后的实质内容并无变化。

条文上规定的前提是违反了享有发明专利申请权人的意思而公然知晓的发明。因此，如果发明人将发明专利申请权让渡给他人，则在此之后只要是违反发明专利申请权受让人意思的公知，就属于新颖性丧失的例外，并不要求违反发明人亦即让渡人的意思（关于外观设计法第 4 条第 1 款，东京高等法院平成 8 年 6 月 11 日判决・判例工业所有权法（2 期版）6391 页 ［汽车用方向盘］）。同样，外观设计专利登记权让渡后，设计人违反受让人的意思将外观设计公开的情形，也属于违反意思的公知（在侵权诉讼中认定无效事由不存在的案件，大阪高等法院平成 6 年 5 月 27 日判决・知裁集 26 卷 2 号 447 页 ［夹子（外观设计）］）。

在因为享有发明专利申请权的人不注意而成为公知的情况下，并不一定就不属于违反意思的公知。具体而言，由于发明人的长子擅自将发明人的实施品于展览会上展出的行为属于违反了发明人的意思，因而属于违反意思的公知（东京高等法院昭和 47 年 4 月 26 日判决・无体集 4 卷 1 号 261 页 ［农用牵引车的前进停止装置］）。因接受了发明专利申请权人担任董事长的公司所委托的人而导致公知的情况，并不立即导致不能认定违反意思的公知（作为附带意见❶，见上述东京高等法院案件）。为获得建筑基准法规定的建设大臣认定，发明人委托自己担任董事长的公司的营业部部长 A 办理相关的事务性程序之时，在载有是否承诺公开提交文件一栏的申请资料中签名并盖章，而轻率地并未注意到该栏，由于 A 错误的指示在上述栏内标记了圈印从而导致提交的文件被公开。即使在这种情况下，由于提交文件的公开并非原告的意思，从而可认定该公开属于违反意思的公知（东京高等法院昭和 56 年 10 月 28 日判决・无体集 13 卷 2 号 780 页 ［人身安全系统］）。

---

❶ "附带意见"一词对应的日文是"傍論"，原是英美法中的概念，是指判决书的判决理由部分所体现的法院（法官）意见中，不属于判决主文的直接理由、不具有法拘束力的非核心部分的理由。

然而，如果享有发明专利申请权的人允许了公开，则不成立违反意思的公知。事前收到了在研究发表会上将进行包括公开发明等实验结果的发表的通知，并同意该发表，从而导致公知的，就不属于违反意思的公知（东京高等法院平成4年3月16日判决・知裁集24卷1号372页［导管钻孔部位加固法］）。发明人接受了为销售新机型而进行的开发委托，则当然应该知道在开发完成后其所开发的商品会被销售，在这种情况下也同样不属于违反意思的公知（东京地方法院平成17年6月17日判决・判时1920号121页［低周波治疗器］）。在此情形下，即使由于上司的妨碍而导致专利申请迟延，但因为享有发明专利申请权的人可以不理会上司而进行申请，因此该主张不能成立（知识产权高等法院平成17年10月26日判决・平成17（ネ）10096［低周波治疗器控诉审］）。另外，申请人在法国进行申请时所提交的发明专利申请说明书被日本国内所收入并导致公知的情形下（旧法下的案件），即使法国的申请公告公开得比申请人预想的要早，也不能认为是违反其意思的公知（东京高等法院昭和42年11月21日判决・判夕215号184页［防水性水龙头的改良］）。其理由是：法国的专利申请说明书被日本国内收入、何时公开，都是与申请人意思无关的，被动地、机械地决定的事项，因此是否违反其意思并不能成为问题。

在发明专利申请权共有的情况下，有案例认为：共有人中的一部分将发明公开的，除共有人之间有保密协定等限制发明公开的合意的情形之外，不属于违反意思的公知（作为附带意见，见东京地方法院平成17年3月10日判决・平成16（ワ）11289［用于二木工程的激光测定器］）。诚然，鉴于就发明提出专利申请必须由共同发明人共同提出（第38条）。若共有人的一部分采取了与取得发明专利相矛盾的行为，则可理解为仅凭此就不应该赋予发明专利权。

七、实务指南

新颖性成为焦点的案件可分为：（1）内容漏知型；（2）公然实施型；（3）文献记载型三种。

（1）内容漏知型。若泄露了发明内容的对方负有保密义务，或者有期待其保密的特殊情形，不丧失新颖性。但是，若对方不负有保密义务，并且也没有上述特殊情形，则丧失新颖性。在此情况下，是否实际有公众知晓该发明内容并不予考虑（判例4）。

（2）公然实施型。若发明的实施仅是在负有保密义务的人在场并秘密进行的情况下不丧失新颖性。但是，若发明的实施是在任何人都可进入的场所进行，或者是交付给不负有保密义务的人，即处于不特定多数人可以知晓的状态而进行，则丧失新颖性。在此情况下，也不需考虑是否实际有公众知晓该发明的内容（判例5）。

（3）文献记载型。若文献放置于日本国内的政府机关等或者图书馆中，以致其处于不特定多数人可以阅览的状态，则丧失新颖性。在此情况下，也不需考虑是否实际有公众知晓该发明的内容。另外，文献于国内外发行的情况下也导致新颖性的丧失。若是申请文件中记载的发明，则在申请公开等公报公开的情形下也当然导致新颖性的丧失。若是向外国专利局提交的申请文件中记载的发明，则外国专利公报的发行也导致新颖性的丧失。进一步说，案例认定了新颖性丧失的情况有：即使专利公报并未发行，只要原件在专利局处于阅览可能的状态，并且可应请求交付复制件，现实中存在接受复制件的人的情况（最高法院昭和55年7月4日判决·民集34卷4号570页［单镜头反射式照相机］），或者是作为原件复制件的缩微胶卷存放于专利局总局及支局等数处，处于阅览可能、复制可能的状态的情况（最高法院昭和61年7月17日判决·民集40卷5号961页［水准标尺］）。若是适用1999年修正案的专利申请，涉及第29条第1款第1项规定的外国公知的问题中，与国内公知相同，也存在处于可为不特定多数人进行阅览的状态之下是否应该肯定新颖性的丧失这一问题。

因此，意欲申请发明专利的人，为避免丧失新颖性，在申请之前即使不得不向他人公开发明，也应该先与其约定保密，另外，申请之前若实施发明，必须禁止无关人员进入实施场所，并且与在场人员约定保密。在采取了以上的保密措施之后发明的内容仍然被知晓，或者发明在申请之前已记载于出版物之中，则丧失新颖性。但是，如果上述公然知晓若与发明专利申请权人的行为相关，则还有可能符合新颖性丧失的例外事由。

反言之，若攻击发明专利权为无效，则需要搜寻能证明发明的内容或其实施处于可为不特定多数人认知的状态，比如发明已向不负有保密义务的人开示，或者发明在任何人均可自由进入的场所实施，或者实施品处于流通状态等。此外，还应调查是否记载于公开的公报等出版物之中。

第三节　新颖性 II——发明的同一性

一、发明的要旨

（一）概说

进行专利申请的发明若要取得专利权，其首先必须相对于公知发明（现有技术）具有新颖性和创造性。专利申请由专利权请求范围和对发明的详细说明以及附图构成。因此，将申请中的发明与公知发明进行比较之时，如何把握该申请的内容（实践中把这一过程称为"发明的要旨认定"）就成为首当其冲的问题。审查决定若对要旨认定有误，为了以正确的要旨认定为前提来判断新颖性和创造性，就有必要撤销该审查决定（东京高等法院平成13年6月26日判决·判时1790号148页）。

1994年发明专利法修改后第36条第5款、第6款规定：发明专利请求的范围中必须"记载可以特定发明专利申请人希望获得专利权的发明的全部必要事项"，并且，"希望获得专利权的发明须记载于发明详细说明中"。换言之，该规定明确了对专利发明进行定义的是发明专利请求范围中所记载的事项，而并非发明详细说明中所抽出的内容。

对于发明专利请求范围与发明详细说明之间的关系，1994年修改前第36条的规定亦实质相同。但1994年修改前第36条规定了发明专利请求范围中应记载"发明详细说明记载的内容中，对发明的构成而言不可欠缺的事项"（关于第36条修改的沿革参照第105页"实务指南"）。因此，在发明详细说明中所包含的技术事项未被记载于发明专利请求范围中的情况下，发明详细说明是否优先于发明专利请求范围中的记载这一问题曾经引起讨论。具体而言，有观点认为：发明的详细说明中所记载的重要事项若未被包含在发明专利请求范围之内，则违反第36条的规定。然而，这样的解释并不正确。在以往的判例中，均以记载于发明专利请求范围中的内容作为"发明要旨"，判断发明要旨的各要件是否存在于公知发明之中，则是一直以来所确立的，判断新颖性、创造性的方法（判例7）。发明详细说明中所记载事项中的一部分未被记载于发明专利请求范围中，并不能得出发明专利请求范围的记载不完全这一结论（东京高等法院平成7年5月17日判决·特许与企业316号41页［记录装置］；知识产权高等法院平成18年9月14日判决·平成17（行ケ）10614［圆筒缝纫机］）。

在发明专利申请的审查阶段，即使发明详细说明所记载的内容与发明专利请求范围所记载的内容有出入，或者并未与发明专利请求范围所记载的内容全部对应，也应脱离发明详细说明所记载的内容，将发明专利请求范围所记载的内容作为申请人的主张来判断可专利性。原则上，不得基于发明详细说明所记载的内容而忽略发明专利请求范围所记载的一部分内容，也不得附加本来没有包含在发明专利请求范围中的内容。如此认定发明要旨的后果：如果发明要旨（发明专利请求范围）与发明详细说明中的记载存在不一致的情况，则另外作为违反第36条规定或者以发明未完成的问题来处理（判例6）。

但是，即使发明要旨是依据发明专利请求范围所记载的内容来认定，接下来仍需确定依何标准来正确解释发明专利请求范围的记载。由于多数情况下发明专利请求范围的记载简单而抽象，根据解释的不同而导致该范围大幅变化的可能性事实上非常大。在解释过程中应参考何种资料，特别是与发明详细说明之间的关系则成为问题。

发明要旨的认定，不仅对于发明的新颖性、创造性而言是重要问题，对于说明书的补正、分割申请、修改程序而言也是共同的重要问题。

判例6　东京高等法院昭和58年8月16日判决·判时1099号第135页
[数位差寄存器运算电路]
【作为发明专利申请直接对象的发明的具体内容，认为应当根据发明专利请求范围栏的记载来理解】
〈案件事实〉
关于下述发明专利请求范围的记载内容，发明的要旨是仅以制作数位差的电路为对象（申请人的主张），还是在于运行乘除运算的电路构成（专利局的主张）成为争议焦点，本案结论为撤销审查决定。

"使用电子计算机将数字以2进制0和1进行表示，并在写入寄存体等记忆元件时，将同一数值按顺序将每一位数错开，从而形成数个数列的台阶状构造"。

〈判决要旨〉
"发明专利请求范围栏中，应该记载作为申请人意欲申请专利的对象发明，并且，应该仅记载对于发明构成中不可或缺的部分，因此，可作为发明专利申请直接对象的发明的具体内容当然应该基于发明专利请求范围栏的记载来理解和审查。而如果从发明专利请求栏的记载而理解的发明具体内容，同发明详细说明栏中记载的发明的目的和效果不相对应,则当然可以认定说明书记载不完全。而如果无视发明专利请求范围的记载,仅从发明的目的及其效果的记载来确定作为专利申请直接对象的发明的内容,并以此作为审查的对象是不妥当的"。

〈评论〉

本案专利局的审查决定重视发明详细说明的内容,从而脱离发明专利请求范围的记载,对发明的要旨进行了认定。本案例判决明示了对于应作为审查对象的发明内容,归根结底要基于发明专利请求范围的记载来理解。本判决虽然是昭和50年代(译者注:昭和50年到59年,对应公历1975年到1984年)的判决,但上述原则到现在也并未改变。

(二)发明专利请求范围的记载与发明详细说明的关系("脂肪酶"判决的登场)

虽然发明的要旨需依据发明专利请求范围的记载来认定,但为明确发明专利请求范围记载的含义本身,而适当地参酌发明详细说明以及附图,也是持续至今的一贯原则。但是,关于这一原则的运用,1991年出现的 判例7 (由于该案通称为"脂肪酶"判决,因此本书也使用该通称)对其有重要的影响。

关于发明要旨的认定,掌握"脂肪酶"判决登场前后至近期的判例动向是十分重要的。

"脂肪酶"判决在判断新颖性、创造性之时作出如下说明:"只有在发明专利请求范围的记载的技术意义无法明确作出唯一理解之时,或者,对照说明书中关于发明详细说明的记载明显可知该记载中存在错误等特殊情况之下,才允许参酌说明书中关于发明详细说明的记载。"

在"脂肪酶"判决之前的实践中,一般的理解是:即使发明要旨的认定应基于发明专利请求范围的记载,但为解释发明专利范围的记载本身,可以参照发明详细说明以及附图。但是"脂肪酶"判决认为:在解释发明专利请求范围之时,原则上不得参酌发明详细说明,仅在有特殊情况之时才允许参酌。

判例7 最高法院平成3年3月8日判决·民集45卷3号第123页["脂肪酶"判决]

【认为在发明专利请求范围的记载的含义只有明确唯一理解之时,关于发明要旨的认定不得参酌发明详细说明】

〈案件事实〉

本案焦点是，发明专利请求范围中记载的"脂肪酶"这一用语，是否应该限缩解释为发明详细说明中所记载的"Ra 脂肪酶"这一特定的脂肪酶。脂肪酶是存在于体内的一种酵素，可以将甘油三酯（即脂肪）分解为脂肪酸和甘油。发明的目的在于：通过脂肪酶将脂肪分解，并测定产生的甘油量从而用于脂肪的定量。

原审判决认为：由于发明详细说明只记载了使用 Ra 脂肪酶的方法，因此将"脂肪酶"限缩解释为"Ra 脂肪酶"是正确的，从而认可了创造性。

〈判决要旨〉

"发明专利法第 29 条第 1 款以及第 2 款所规定的发明专利的要件，即对发明专利申请中发明的新颖性和创造性进行审查之时，必须以该发明与本条第 1 款各项所规定发明进行对比为前提，从而认定发明专利申请中发明的要旨。在该要旨认定过程中，除有特别情形以外，应基于申请书中添附的说明书中关于发明专利请求范围的记载而进行。只有在发明专利请求范围所记载的技术意义无法明确地作出唯一理解之时，或者，对照说明书中关于发明详细说明的记载明显可知该记载中存在错误等特殊情况之下，才允许参酌说明书中关于发明详细说明的记载"。

〈评论〉

如本案所示，关于"使用脂肪酶"这一要件，将其广义解释为"脂肪酶"，还是狭义（限定于发明详细说明中所公开的形态）解释，会产生不同结论。换言之，参酌发明详细说明的程度会对现实产生极大的影响。本判决通过撤销进行限缩解释的原审判决，显示了最高法院对发明专利请求范围记载的重视态度，因此值得关注。然而，也有观点认为，因为原审判决的要旨认定过于狭隘，即使不采用本判决所示的一般结论，也应该被撤销。

如果将本判决限定理解为：基于本案特殊案情，即将"脂肪酶"替换成"Ra 脂肪酶"过于参酌了发明的详细说明，则并不会给以往的实践带来重大变更，但是实际上本判决的一般结论对最近十几年的实践带来了重大的影响甚至混乱。

（三）"脂肪酶"判决以前的状况

"脂肪酶"判决以前关于要旨认定的判决中，既有认为应当参酌发明详细说明来合理解释发明专利请求范围记载的判决，也有同本案一样，认为不应当将发明详细说明中记载的事项理解到发明专利请求范围之中的判决。但是，后者也并未否定对发明详细说明的参酌，而只是驳回申请人或专利权人超过解释限度的主张，即实际上等于变更发明专利请求范围记载的主张。

"脂肪酶"判决以前的判例中，参照发明详细说明或者附图对发明专利请求范围的记载进行了解释的案例有：东京高等法院平成2年12月18日判决·判时1378号107页［装纳米饭加工食品的中袋的取出方法］；东京高等法院昭和58年9月29日判决·判时1109号128页［同时具有上钩和下钩的钓具］；东京高等法院昭和57年3月31日判决·判时1051号137页［用于无机玻璃的防水手表盖的构造］等。

另外，排除了基于发明详细说明记载的限缩解释的案例有：东京高等法院昭和60年5月23日判决·无体集17卷2号251页［天然气产生法及其合成物］，该案认为发明详细说明中记载的反应条件不过是理想条件，不能作为发明的必须要件，从而否认了与引用例的不同之处。东京高等法院昭和57年4月27日判决·无体集14卷1号276页［中空容器的连续制造方法］，该案认为基于与发明专利请求范围相矛盾的发明详细说明记载来左右发明专利请求范围的款项是不合理的。东京高等法院昭和57年1月28日判决·判时1047号140页［弹性铺路材料的制造方法］，该判决驳回了申请人关于将发明专利请求范围中记载的"旧轮胎粉碎后的碎片"，参酌发明的详细说明，限缩解释为以特定方法而粉碎的碎片这一主张。东京高等法院昭和53年12月20日判决·判夕381号168页［螺帽］，该判决认为："一般而言，不管实用新型登记请求范围的记载为何，附图中所示事项一律不得解释为对技术方案要旨的限定。"

在发明专利请求范围的记载中有错误以及不明确之处时，进行了解释的案例有：东京高等法院昭和58年9月27日判决·无体集15卷3号607页［对车辆目的地进行指示的显示装置］，该案认为对技术方案的要旨认定之时应对错误进行改正。东京高等法院昭和58年11月16日判决·无体集15卷3号742页［具有热还原性的合金］，该案认为：虽然"针对不特定的合金发明，仅依据发明专利请求范围中的记载，发明的构成要件尚不明确，其主旨尚未充分表达的情况下，不应该禁止依需要参酌说明书中的其他记载、附图等来补充解释"，但是，"若更进一步附加限定热还原的转移点这一要件来进行要旨认定，则应当认定其已超过了可允许的对发明专利请求范围进行解释补充的限度"。东京高等法院平成元年7月25日判决·无体集21卷2号599页［独立式回转燃料泵］，该案认为："在审查决定中，发明要旨的认定作为判断申请中发明是否具备可专利性的手法，是为了明确该发明的专利请求范围中所记载的技术事项而进行的，因此，并不需要严格依照发明专利请求范围中记载的文字来进行。对于发明专利请求范围记载中无法进行合理解释的表述，有必要参酌发明的详细说明以及申请书的附图，修正为可以准确描述该发明中技术思想的表述"，从而纠正了发明专利请求范围的错误，否定了创造性。

然而，东京高等法院昭和 57 年 5 月 25 日判决·判时 1061 号 110 页［安装脚手架管的金属零件］案判决认为：对于发明专利请求范围的构成要件中，即使阅读发明详细说明仍无法特定的记载，应认定其没有技术含义，并予以无视。东京高等法院昭和 53 年 8 月 27 日判决·判夕 377 号 171 页［合成橡胶、合成树脂的制造方法］案判决认为：发明专利请求范围中即使记载了"制造方法"字样，但发明专利请求范围以及发明详细说明中均没有关于该制造方法的具体记载，在此情况下，则可以将该发明视为物质发明，并认定其与公知发明具有同一性。

另外，在方法发明和装置发明进行合并申请的情况下，有案例认为不得参照装置发明，以并非方法发明构成要件之一为由而予以无视（东京高等法院昭和 59 年 1 月 19 日判决·无体集 16 卷 1 号 1 页［高精度演算方法及其装置］）。

（四）"脂肪酶"判决之后的动向

"脂肪酶"判决之后不久，作出判决的最高法院平成 3 年 3 月 19 日判决·民集 45 卷 3 号 209 页［夹子］案是关于订正复审之效果的案件。该案认为：对发明专利请求范围的记载并不进行修改，而是从发明详细说明和附图中删除特定的实施形态，也应认定发明要旨中不包括该实施形态。

另外，在"脂肪酶"判决之后，1994 年发明专利法进行了修改，其中第 70 条第 2 款规定：在解释专利发明的技术范围之时，应当"考量发明专利请求范围以外的部分中的记载以及附图，以解释发明专利请求范围中所记载用语的含义"（该规定同样适用于修改前进行了申请的专利）。关于"脂肪酶"判决与该规定的关系，一般理解为：第 70 条第 2 款规定的是判断侵权是否成立之时的标准，而"脂肪酶"判决是在新颖性和创造性成为问题时的判断标准。不管在上述何种情形下，如果发明专利请求范围记载的用语本来就只有明确唯一的解释之时，则以发明专利请求范围的记载优先，即使参酌发明专利请求范围以外的记载也没有其他解释的余地。但如果对于用语的解释有争议时，判断新颖性和创造性之时，原则上不参酌发明详细说明的记载，而侵权诉讼之时，如第二编第一章所述，原则上参酌发明详细说明的记载。

"脂肪酶"判决后，审查决定的撤销诉讼中，关于要旨认定的动向大致分为以下三个时期。

第一个时期为"脂肪酶"判决后的数年间，尽管将本判决作为原则论而援用，但在解决具体案件之时，以"脂肪酶"判决所示明的，发明专利请求范围记载的含义"并非唯一明确的情形"为由，参酌了发明详细说明的判决引人关注。这种类型的代表例是东京高等法院平成3年9月19日判决·知裁集23卷3号681页［低温流动化轻油合成物］案。该案认为："关于本专利申请中的发明，其专利请求范围中虽然只记载了'常压蒸馏混合基原油后所得石蜡含量'、'石蜡基原油'以及'混合油中的石蜡'等，但关于本案发明所指的'石蜡'是指何种物质，其'含量'是通过何种方法来测定，石油化学技术领域的从业者无法从上述记载得出唯一的理解，因此，在这种情况下，应当允许参酌说明书中对发明的详细说明来理解该发明的技术含义。"此外，还有东京高等法院平成4年7月28日判决·判时1434号121页［自适应预测形式的差动脉冲编码解码方法］案，该案中，虽然发明专利请求范围中并不存在"量子化比特数为复数比特数"这一限定，但判决参酌了发明的详细说明以及附图，从而认定应予以限定。另外，东京高等法院平成8年6月18日判决·判时1582号122页［镀金线的制造方法］案中，参酌发明的详细说明，将发明专利请求范围中仅仅记载的"镀金"这一用语限缩解释为"电镀"，从而与开示了"热镀"这一方法的引用例相区别。东京高等法院平成5年4月27日判决·知裁集25卷1号208页［钢缆支撑装置］案判决认为："在此所谓的'唯一而明确'，不应将其机械理解为单纯仅依字面意思而得出的理解，如果从实用新型登记请求范围的记载虽然可以理解技术方案整体所具有的技术含义，但从实用新型登记请求范围中的某一部分记载的表述本身难以理解该技术含义，就该部分的记载而言，应当允许参酌技术方案的详细说明中关于技术事项的记载，来明确该方案的技术含义。"

然而，此后的第二个时期，特别是从1998年前后开始，引用"脂肪酶"判决中的一般论，从而排除参酌发明详细说明对发明专利请求范围进行解释（限缩解释）的判决大量出现。要旨认定中的这种倾向，导致了判决偏向于得出专利无效或者驳回申请的结论。关于排除了对发明详细说明进行参酌的案件举例如下。

东京高等法院平成 13 年 10 月 23 日判决·判时 1813 号 127 页 ［反光膜］案判决认为：当发明专利请求范围的记载明确之时，不能支持专利权人关于依据发明详细说明来特定发明的主张。

东京高等法院平成 15 年 3 月 13 日判决·特许消息 11103 号 ［编织机的重启准备方法］案判决认为：请求项中采用了"所规定的"这样不明确的用语之时，即使发明详细说明中对该用语的含义进行了说明，但由于申请人在请求项中特意使用了不明确的用语，因而不得参酌发明详细说明来进行解释。

东京高等法院平成 16 年 3 月 11 日判决·特许消息 11350 号、11351 号 ［数据处理器］案中，申请人主张由于发明专利请求范围中存在错误，因此应该基于说明书进行正确的解读从而判断创造性。与此相对，判决认为："专利申请中发明的要旨应基于申请书添附的说明书中发明专利请求范围记载来认定，而不应直接基于说明书中发明详细说明栏的记载来认定。如果从发明专利请求范围的记载而理解的发明，与说明书中开示的实施例不相对应，则应认定其不满足'意欲申请专利的发明应与发明详细说明中的记载相对应'这一要件"，从而否定了替换解读。

知识产权高等法院平成 18 年 7 月 11 日判决·平成 17（行ケ）10609 ［用于高周波的滤波装置］案中，发明专利请求范围中的"谐振陷波器"这一用语是否应解释为包含了现有技术中的"压电元件"成为案件焦点。判决认为：说明书中虽然在"工业上利用的领域"中记载了"使用介质谐振器或者带状线谐振器的用于高周波的滤波装置"，但是并未记载排除"压电元件"，因此应当认定其包含了压电元件的使用。

知识产权高等法院平成 19 年 3 月 8 日判决·平成 18（行ケ）10277 ［用作记录媒体的磁盘的收纳盒］案中，关于"邻接"一词的解释成为争议焦点，审查决定参酌了实施例中的记载，从而将其限缩解释为特定的形态，但判决认为：既然该词的含义就是"相邻并相接"，则不应该将其理解为其他特定的意义，从而撤销了审查决定。

知识产权高等法院平成 19 年 9 月 13 日判决·平成 18（行ケ）10561 ［接收器］案中，关于"数据的记忆项目依数据的类型而进行指示"这一构成要件的解释，所谓数据进行的指示，是指附于发信器上的指示，还是附于接收器上的指示（现有技术）成为争议焦点。判决认为在发明专利请求范围中，没有对数据所附指示的时间进行限定，并不能视之为用语含义不唯一和明确，因此排除了限缩解释。

此外，拒绝对说明书进行参酌的案例还有东京高等法院平成 12 年 7 月 4 日判决·特许消息 10427 号、10431 号［用于记录磁性信号的金属粉末］；知识产权高等法院平成 17 年 8 月 25 日判决·平成 17（行ケ）10320［发光模组的组装方法］；知识产权高等法院平成 17 年 9 月 21 日判决·平成 17（行ケ）10026［分波器］等。

但是，第三个时期也就是从 2008 年前后，审查决定的撤销诉讼中的倾向开始出现变化。比如，对"脂肪酶"判决所示的可以参酌发明详细说明的情形进行扩张解释，或者甚至是避开于"脂肪酶"判决的关系而对说明书进行参酌，或者是直接阐述在判断新颖性和创造性之时应当参酌说明书等类型的判决，虽然仍属少数，但已经开始出现。关于要旨认定中的倾向以及受其影响的新颖性、创造性判断的动向，有必要谨慎关注判例。

以用语的含义并非唯一和明确为由参酌了说明书的案例有：知识产权高等法院平成 19 年 12 月 13 日判决·平成 18（行ケ）10537［具有防止冲撞配置的装置］（对"将符合条件的构成零件从上述驱动手段进行解除"的解释）；知识产权高等法院平成 21 年 2 月 24 日判决·平成 20（行ケ）10115［受远程监控的安全试验运行系统］（关于"试验监控数据"，判决在讨论了发明详细说明的记载之后认定了其与现有技术的不同，并指出，由于审查决定使用的是从发明专利请求范围的记载形式上导出的总括性概念，因此忽略了与现有技术的重要不同）；知识产权高等法院平成 21 年 7 月 29 日判决·平成 20（行ケ）10359［气泡连续的弹性体的制造方法］（将"粘土状相溶物"认定为"具有可使混炼后的组合物成形为所期形状的可塑性，同时还具有在成形之后，即使不使用模型也能保持形状的形状保持性的物体"，从而认可了与现有技术的不同）；知识产权高等法院平成 22 年 3 月 24 日判决·平成 21（行ケ）10179［发热粒］（关于"口袋"的解释）；知识产权高等法院平成 22 年 5 月 26 日判决·平成 21（行ケ）10250［可拆卸的插件］（关于"插件孔置于一角"的解释）。

知识产权高等法院平成 21 年 9 月 30 日判决·平成 20（行ケ）10390［游戏机］案判决认为：由于"事先决定的第三决定"用语不具有唯一和明确的含义，因此参酌发明详细说明，将其含义进行了特定。而对于无效审查申请人关于发明专利请求范围记载的含义不明确属于违反第 36 条的情况，因而具有无效理由这一请求，判决指出，即使是"脂肪酶"判决，也是允许对发明详细说明进行参酌的。

知识产权高等法院平成22年1月19日判决·平成20（行ケ）10333［车辆制动方法］案中，关于"通过给气来调节的扭矩离合器"这一记载的含义，虽然不包括在审查决定撤销理由之中，但判决将其作为问题点，自发地参酌了发明详细说明并进行解释（并未提及与"脂肪酶"判决的关系），并在此基础上与现有技术进行了比较（其结论是维持了驳回申请的审查决定）。

将参酌发明详细说明等作为原则的案例有 判例8 以及知识产权高等法院平成22年2月24日判决·平成21（行ケ）10139［使用了脉冲研磨技术的薄材料的化学机械研磨］（将"制造出脉冲状压力"的含义解释为依据发明详细说明和附图而得出的特定方法，从而认定了和现有技术的不同）。

根据以上判例，应该可以看出，最近的判例倾向于原则上对发明详细说明进行参酌。

判例8　知识产权高等法院平成21年1月27日判决·平成20（行ケ）10166［热粘合造粒方法］

【在解释包含在发明专利请求范围中的用语的含义之时，认为当然应该参酌发明详细说明】

〈案件事实〉

制成医药制剂颗粒的发明在其专利请求范围中所使用的"热粘合造粒方法"这一用语的解释成为争议焦点。判决在参酌了发明详细说明之上，赋予了该用语以特定含义，认定了其与现有技术的不同，从而撤销了驳回专利申请的审查决定。

〈判决要旨〉

"第三，综上所述，可以认为本申请说明书中的发明详细说明主要记载了以下内容。"

"以往的湿式造粒法由于需要大量的水或者需要添加有机溶剂，因而需要干燥过程。针对这一缺陷，本案发明的目的在于只需要少许水分或者有机溶剂即可造粒。具体而言，将各材料的混合物中所含有的初期水分或者有机溶剂（乙醇）的含量保持在10%～20%，在密闭的环境下进行加热并造粒，加热过程中由稀释剂等产生的蒸气并不向外部放出，而是在容器内壁的相对低温区域凝结，被吸湿性较高的聚维酮（PVP）等粘合剂所吸收，如此粘合剂产生粘性，并粘合周围的粒子从而进行造粒。上述造粒方法，作为与以往的湿式造粒法不同的新造粒法而开发，并被命名为'热粘合造粒方法'（thermal adhesion granulation）。"

"第四，因此，本案发明中所谓'热粘合造粒方法'，应当理解为利用在加热稀释赋形剂、药学活性成分、粘合剂等混合物时产生的蒸气在密闭环境下的凝结，并利用该凝结的水分使粘合剂产生粘性，粘合周围粒子的一种造粒方法。"

"尽管如此，被告主张：关于本案发明的发明专利请求范围记载并无任何不明确之处，因而不存在应当参酌发明详细说明记载的特殊事由，因此，审查决定认定本案发明'热粘合造粒方法'即用加热的方法制造粒状物并无不当。但是，所谓只要不存在特殊事由就不应允许对发明详细说明的记载进行参酌，归根结底是针对发明要旨的认定之时而言的，如上所述在解释发明专利请求范围中所记载用语的含义之时，对发明专利申请的同一份资料中所包含的发明详细说明的记载和附图进行参酌是理所应当的，因此，不能采用被告的上述主张。"

〔评论〕

虽然本判决对要旨认定和发明专利请求范围用语的解释进行了区别，但"脂肪酶"判决等很多判决是针对特定用语含义的解释而未允许对发明详细说明进行参酌。实际上，将要旨认定和用语解释进行完全区别是不可能的。应当认为本判决的意图在于：确认在"脂肪酶"判决的影响之下，应该排除对发明详细说明进行参酌的情形是：超过了对用语解释的限度，而等于对发明专利请求范围进行修改的要旨认定的情况。也就是对"脂肪酶"判决理论所适用的范围进行限定。不管是在谋求与"脂肪酶"判决共存的基础上，以用语不明确为由而原则上允许对发明详细说明的参酌，还是如本判决一样，认为关于用语解释方面参酌发明详细说明与"脂肪酶"判决并不矛盾，其结果并没有特别不同。

（五）关于目的和效果等的记载

通过1994年发明专利法的修改，发明专利请求范围中，取消了对发明构成以及发明的目的和效果等记载的限制，但是关于上述事项的记载是否可对发明进行限定，以及在判断新颖性和创造性时是否予以考虑则成为问题。将目的和效果记载于请求项中的做法在1994年法律修改前并非没有出现过，东京高等法院昭和59年10月25日判决·判时1146号133页［高速旋转盖德型真空泵］案判决认为：由于关于目的和效果的记载与发明构成的记载并不能进行明确的区分，因此不得轻易将与技术构成并非无关的记载从发明要旨中予以排除。而在最近的判决中，有少数判决认为：发明专利请求范围记载中包含的关于用途或者性质的部分不具有限定发明的功能。判例15 认为：对于发明专利请求范围的记载中所包含的 "用于煎炸用食品" 这一有关调味料用途的记载，由于从发明详细说明来看，应认为该调味料发明并非专用于 "煎炸用食品"，因此，该记载 "仅仅是表明了关于使用目的和属性的主观认识……而不能认为其具有限定本案发明1这一物质发明的构成的功能"。知识产权高等法院平成18年8月31日判决·平成17（行ケ）10665［用于静电潜像显象的色粉］案判决认为：发明专利请求范围的记载中所包含的，"将使用该色粉而成像的色粉像，与不具有清洁垫的加热定影辊相接触从而用作纸面定影方式" 这一描述，仅仅是表示适宜的使用形态，"只是表明关于本案发明中 '色粉' 使用目的的主观认识，不能认为其具有限定本案发明这一物质发明之构成的功能"。知识产权高等法院平成19年11月22日判决·平成18（行ケ）10303［血管内支架］案中，血管内支架发明具有被紫杉醇这一药剂覆盖的特征，而关于发明专利请求范围记载中所包含的，紫杉醇是 "抗血管形成因子" 这一关于用途和作用的记载，判决认为：该记载不能成为特定物质发明的要素，因而认定基于没有记载该作用的现有技术，该发明具有容易想到性。

另外，还存在一个比较特殊的问题。如果专利发明是以与其他装置相组合而使用为要件（即所谓的 "子组合体发明"）之时，则请求项中所记载的其他装置的构成是否可以作为与现有技术的不同点而予以考虑。关于这一点，知识产权高等法院平成23年2月8日判决·平成22（行ケ）10056［液体油墨收纳容器］案判决认为：发明的构成是，"以由液体油墨收纳容器以及搭载该容器的记录装置组合而成的系统为前提的，该液体油墨收纳容器的部分，显而易见，上述系统专用的特定液体油墨收纳容器，和与其相对应的记录装置的构成作为一套装置而构成本案发明。因此，在讨论本案发明1的容易想到性之时，将记录装置的存在排除在外的做法是错误的"。

二、实务指南

新发明专利申请的过程中，发明要旨的认定并不一定和侵权诉讼中发明技术范围的认定（发明专利发第70条）一致。在申请过程中，如 判例6 、判例7 所示，对发明专利请求范围中所记载的表述更为重视，而在侵权诉讼中，如第二编第一章的说明所示，以说明书记载等资料为依据，将权利限制到比发明专利请求范围的表述所认可的范围更窄的范围内这种做法并不少见。

申请过程中，如果对发明专利请求范围中记载的表述进行严格解释，很容易基于现有技术驳回申请。因此，虽然使用概括性的概念会提高申请被驳回的风险，但是考虑到侵权诉讼的需要，有必要确保发明专利请求范围记载的宽泛性。然而，由于在侵权诉讼的情形下，对专利有效性的判断要比无效审查时更为严格，在有的案件中，对于专利权人而言，宽泛的发明专利请求范围记载反而成为其负担。由于最近的侵权诉讼中专利的有效性往往成为案件的争议焦点，因此可以认为上述不同情形下的差异成为特别重大的问题。

1987年法律修改后的多项制专利请求中，可以同时记载概括性专利请求和具体性专利请求，因此相较于单项制专利请求的情形而言，在专利请求方面的可选择范围更宽泛了（也就是可以同时提出虽然有效性存在问题但宽泛的专利请求，和虽然狭隘但确实具有有效性的专利请求）。这也是在申请之时考虑到将来可能出现的纷争而必须予以研究的问题。

此外，如 判例8 所示，如果关于新颖性和创造性，在发明专利请求范围的用语解释上也以对发明详细说明的参酌为原则，则侵权诉讼中对发明专利请求范围的解释，与新颖性、创造性判断相关的发明专利请求范围的解释之间的差异问题也可以得到相当程度的解决。

三、与公知发明的同一性

（一）概说

如果申请中的发明与公知发明为同一发明，则因为不具有新颖性而不能获得专利授权。在此所谓发明的同一，原则上是指申请中发明的要旨（发明专利请求的范围）的所有要件都包含在一个公知发明（通常是记载于单一的出版物中）中。然而，现实中，申请中的发明的要件完全以相同的表达而被记载于公知文献中的情形非常罕见。由于发明属于技术思想，因此思想上的同一性认定十分重要，在此并不需要形式上完全一样的记载，只要具有实质上的同一性就足以认定。

然而，在与公知发明的同一性判断（第29条第1项）中，即使不能认定具有同一性，接下来还需要分析是否可以依据公知发明而很容易地发明出来（第29条第2项），因此，严密地讨论同一性的判断标准其实并无太大意义。与此相对，如果是涉及与在先申请发明的同一性（第39条），或者已经公开的在先申请发明的同一性（第 29 条之 2）的问题，由于没有讨论是否容易发明的必要，因此在这一情形下同一性的判断标准极为重要。

（二）同一性认定的原则

在判断同一性之时，构成的同一性即是充分且必要的，在构成具有同一性的情况下，主张目的和效果不同是无意义的（判例9；东京高等法院昭和50年2月18日判决・判夕324号234页［清洁剂合成物］；东京高等法院昭和57年6月30日判决・无体集14卷2号517页［高尔夫球俱乐部］）。最近的案例有东京高等法院平成15年4月10日判决・特许消息11123号［高周波立式线圈］；知识产权高等法院平成19年3月1日判决・平成17（行ケ）10818［以紫杉醇为有效成分的抗癌制剂］（关于发明专利法第29条第1款第3项，认为只有是否具有该发明相对应的构成才是上述条文所规范的问题）。知识产权高等法院平成23年3月23日判决・判时2111号100页［超氧自由基分解剂］案判决认为：发明专利权人所主张的铂粉的新用途虽然未被明确记载于现有技术中，但与现有技术所公开的使用方法并无差异，因而否定了其新颖性。知识产权高等法院平成23年3月23日判决・平成22（行ケ）10313［面包用米粉］案也同样认为，本案发明的作用效果并不一定要记载于现有技术，从而否定了新颖性。

这是因为，如果构成上具有同一性，即使本案发明与公知发明通常被认为使用于不同目的，具有不同效果，但二者必然会存在同样的作用和效果。然而，即使构成上具有同一性，也并不要求公知文献中存在完全同一的附图和表达，因此在是否具有同一性这一问题上产生争议之时，作为判断同一性的依据，对作用和效果进行参酌也是可能的。东京高等法院昭和58年1月25日判决・无体集15卷1号1页［无螺栓夹板以及波浪型屋顶和墙板的连接方法］案判决认为：引用例是使用工具的方法，而本案发明具有不使用工具这一作用和效果，在此情况下，因此即使该作用和效果并未记载于发明专利请求范围中，也可以否定二者具有同一性。东京高等法院昭和51年11月2日判决・判夕352号226页［可以收缩的伞］案判决认为：虽然审查决定以单纯的设计上变更为由认定属于同一的范围内，但参酌作用和效果上的差异应该认定二者并非同一发明。此外，同样撤销了关于同一性认定的案例还有东京高等法院昭和52年3月15日判决・判夕361号318页［高速角度自由切断机］；东京高等法院昭和52年6月28日判决・判夕361号322页［錾刀等敲打装置］（两案均认为基于附图而作出的认定不当）。

最近认定了同一性的案例是知识产权高等法院平成 18 年 8 月 31 日判决·平成 17（行ケ）10635［固体燃料火箭的燃烧室形状］案。该案判决认为：即使"用于增加燃烧面积"这一功能要件虽未被记载于引用发明中，从引用发明的构成本身来看是客观而明确的。

排除了对发明专利请求范围的限缩解释从而认定了同一性的案例有：知识产权高等法院平成 19 年 12 月 12 日判决·平成 18（行ケ）10414［分离了的 Der p3 蛋白质变应原］；大阪地方法院平成 20 年 10 月 9 日判决·平成 19（ワ）2980［酯化方法］；东京地方法院平成 22 年 1 月 22 日判决·判时 2080 号 105 页［食品材料连续加热装置］。

参酌技术常识来认定同一性的案例有：知识产权高等法院平成 21 年 10 月 8 日判决·判时 2082 号 112 页［用于太阳能电池的半导体晶圆制造方法］；知识产权高等法院平成 20 年 7 月 30 日判决·特许消息 12439［纤维增强复合塑料制球拍］。

判例9　东京高等法院平成 3 年 12 月 26 日判决·判时 1421 号第 106 页［轻量涂布纸］

【认为即使目的和效果不同，只要构成上具有同一性就可认定发明同一性】

〈案件事实〉

申请中发明的特征在于：针对用于凹版印刷的、具有良好压缩性的纸，限定了涂布于其上的颜料粒子大小（将大小为 0.25 微米以下的粒子控制在溶质质量分数 5% 以下）。引用例公开的同样也是用颜料涂布的纸，并将大小为 0.25 微米的粒子限定在溶质质量分数 20% 以下（关于数值范围，引用例与申请专利有重合），但是并未记载用于凹版印刷这一目的和效果。因此目的和效果的不同对于发明的同一性判断具有何种意义成为问题。

〈判决要旨〉

"如原告所主张，本案发明与引用例所记载发明在具体技术课题（目的）上确实不同。"

"但是，即使该发明是为解决不同的技术课题（目的），但从结果上看如与被公开的技术事项具有同一性的，应当认定二者具有同一性。"

〈评论〉

虽然专利局的审查决定否定了创造性，但上述判决要旨应理解为认定了同一性。由于发明要旨是依据发明的构成来进行定义，因此只要构成上具有同一性，即使技术课题和目的不同，逻辑上也当然应该认为属于同一发明。另外，本案中的数值范围与引用例只是重合，但只要与公知发明的一部分具有同一性的，就应该否定其新颖性。最近，基于数值范围的重复而否定了新颖性的案例有：知识产权高等法院平成19年4月25日判决·平成18（行ケ）10335［增强抗过敏效果的制造法］（专利发明所抽出的温度范围是50度到100度，而现有技术的温度是100度）；知识产权高等法院平成17年6月30日判决·平成17（行ケ）10119［良性前列腺增生的预防及治疗剂］。

（三）关于同一性认定的论点

关于这一论点，化学发明的例子比较多。虽然在公知文献中没有具体记载案件相关发明所特定的对象物质，但只要在制造条件中间接记载了相关内容，则应该认为该物质已经公开。此外，关于对公知文献中的记载进行验证从而得出的物质专利发明是否丧失新颖性，很多案件对此存在争议。反之，在公知文献中记载了作为发明的物但其未记载其制造方法的情况下是否丧失新颖性，对此也存在争议。

判例10 中，作为专利发明构成要件的纯度，因公知文献中关于活性数值的记载而公知，并且虽然制造方法未被记载，但依据技术常识而属于制造可能的情况下，否定了其新颖性。东京高等法院平成3年10月1日判决·判时1403号104页［光学活性置换苯甲醇］案中，关于光学活性体发明，公知文献中公开了与其相对应的外消旋体，即使该公知文献中并未记载光学的分割方法，但只要在依据技术常识就可以取得光学活性体的情况下，就应该否定该发明的新颖性。

基于现有技术中的间接记载而认定了同一性的案件有：东京高等法院平成10年6月9日判决·知裁集30卷2号426页［一氧化碳与烯烃的新聚合体］案中，"包括催化剂在内的本案发明的制造条件与引用例的制造条件并不存在区别"，因此应该认定本案的聚合体发明与引用例所公开的聚合体具有同一性。东京高等法院平成16年12月21日判决·平成16（行ケ）78［人工肾脏灌流用剂］案中，参照对公知例的验证实验结果，认定了公知例中并未明示的事项与专利发明的同一性。知识产权高等法院平成17年6月30日判决·平成17（行ケ）10280、10285［用于层压陶瓷电容器的超细镍粉］案中，由于本案发明专利的实施例与引用例的实施例"基本采用了同一制造方法"，而且对于作为本案焦点的特性而言，"并不存在足以产生不同结果的条件上的差异"，在此情况下应认定该物质具有同一性。

东京高等法院平成 11 年 1 月 28 日判决·特许消息 10018 号、10021 号［成纤维细胞干扰素］案中，提纯精制而成的干扰素 β 的可专利性成为案件焦点。判决认为该发明不过是具有与引用例的方法所产生的干扰素 β 具有同等精制度而已，因而否定了其新颖性。但是，东京高等法院平成 12 年 2 月 17 日判决·特许与企业 366 号 46 页［人类蛋白质荷尔蒙重组］案中，专利局审查决定认为："不包含其他荷尔蒙"这一构成要件的含义是不包含不纯物质，是无意义的记载，因而在判断新颖性之时应予以无视。而判决认为：对于用于医疗用途的蛋白质发明而言，是否含有不纯物质具有技术意义，因而在发明的要旨认定中不得无视。

另外，东京高等法院平成 2 年 12 月 20 日判时 1377 号 116 页［甜叶菊甙 A］案中，关于具有复杂构造的甜味剂（化合物），根据引用例中所开示的薄层色谱法表面展开图、熔点、产量和甜度数据（也就是没有确认化学构造的情况下），判决认为可以认定引用例与申请中发明的对象物具有同一性。东京高等法院昭和 59 年 6 月 28 日判决·判夕 536 号 290 页［过氧化酯的制造方法］案判决认为：本案发明的内容虽未明确记载于引用例中，但使用市场上所销售的原料来实施引用例，则会因为市场原料中不纯物质的反应而自然变成对本案发明的实施，因而否定了发明的新颖性。

关于通过验证公知文献的记载而产生的专利发明是否具有新颖性的案例有：知识产权高等法院平成 21 年 2 月 18 日判决·平成 20（行ケ）10125［地板构造体］案判决对于树脂进行切断时的伸展度等数值要件，认为其只是为验证公知文献在参照技术常识后得出的适当条件，因此不具有新颖性。但是，东京高等法院平成 16 年 8 月 24 日判决·平成 13（行ケ）392［双轴定向聚酰胺薄膜的制造法］案以及知识产权高等法院平成 20 年 4 月 21 日判决·平成 19（行ケ）10120［结晶性阿奇霉素二水合物］案中，以公知文献中的验证条件中没有依据为由，认定专利发明具有新颖性。东京地方法院平成 19 年 3 月 13 日判决·判时 1997 号 122 页［头孢地尼结晶］案中，也以通过验证实施例而得到专利发明的结晶并不容易为由，肯定了该发明的新颖性。

判例 10　东京地方法院平成 20 年 11 月 26 日判决·判时 2036 号第 125 页［高纯度阿卡波糖］

【依据公知文献的活性数值而认定了专利发明所指纯度的同一性，并且参酌技术常识，认定不需要公知发明中记载制造方法】

〈案件事实〉

本案发明是以纯度在溶质质量分数93％以上为要件的高纯度阿卡波糖合成物发明，而公知文献中所记载的阿卡波糖纯度不明。本案焦点：是应该依据公知文献中所记载的比活性数值来认定纯度的同一性，还是应该要求认定的前提是公知文献中有关于具有该活性的阿卡波糖的记载。

〈判决要旨〉

"乙1文献中记载了比活性68000SIU/g的阿卡波糖，而乙2文献以及乙3文献中记载了比活性77000SIU/g的阿卡波糖，由于后者的抑制比活性较高，因而明显可知是纯度更高的物质。而由于具有比活性77000SIU/g这一特性的阿卡波糖在本专利申请之前既已存在，因此即使是在本案专利申请之后，基于其特性才使计算纯度（溶质质量分数100％或者极其接近的纯度）成为可能（该计算方法本身具有相应技术意义的另当别论），也不得不承认，否定由比活性所规定的阿卡波糖和该纯度的阿卡波糖为同一物质的认定是不合理的。"

"对于化学物质一般而言，以大量的原材料为前提，通过进行反复精制，不管产量如何，都能得到高纯度化学物质。这一手段对于业者而言是技术常识，而本案中，通过使用强酸性阳离子交换柱的柱层析法而分离精制阿卡波糖的手法一直以来都为人知晓，因此也就可以推测通过使用该手法对阿卡波糖反复进行精心的分离和分种，来不断提高阿卡波糖的纯度（原告自己也承认，虽然乙2文献和乙3文献中记载的精制方法不明，但依据以往技术来进行精制的可行性很高）。"

"综上所述，应认为相关业者也可以通过使用该以往技术等方法，来精制乙2文献和乙3文献中所记载的阿卡波糖。"

〈评论〉

本判决表明：第一，即使专利发明的构成并未被明确记载，也可以通过相关数据来认定；第二，即使没有关于制作方法的具体记载，只要援用技术常识可以制作的亦可认定。上述两个观点均为通说。此外，本判决还认定了违反记载要件这一无效理由。

（四）选择发明的成立性

关于这一论点，化学发明的例子比较多。在作为上位概念（如统括性的化学公式）的公知发明记载了比较宽泛的物质群之时，以发现了上位概念所包含的特定物质（下位概念）具有比公知发明所公开的效果更优的效果为理由，而主张其有新颖性和创造性。在此情况下，如果下位概念发明并未被公知发明所具体公开，并且具有相比于公知发明的效果更显著的效果，则肯定其新颖性和创造性，这就是所谓的"选择发明论"。

认定了选择发明的初期的判例是东京高等法院昭和 38 年 10 月 31 日判决·行集 14 卷 10 号 1844 页［对恒温动物毒性极小的杀虫剂］案。属于选择发明的专利大量存在。东京高等法院平成 7 年 3 月 29 日判决·判例工业所有权法（2 期版）259 之 44 页［新的地毯垫材］案判决认为：审查决定没有判断无机填充剂是否为选择发明这一点，未能正确评价发明的意图，因此予以撤销。

传统上判例的做法是，如果下位概念不满足上述选择发明的成立要件，则认为该下位概念对于公知发明不具有新颖性（并非不具有创造性）。东京高等法院昭和 56 年 11 月 5 日判决·无体集 13 卷 2 号 816 页［新的青霉素及其盐的制造方法］案判决认为，被选择的全部化合物都必须具有显著效果。东京高等法院昭和 62 年 9 月 8 日判决·无体集 19 卷 3 号 309 页［非晶态合金］案判决认为：与在先发明具有同种性质的发明必须在量上具有极为显著的卓越效果，因而否定了选择发明的成立。其他否定了选择发明的案例还有：东京高等法院昭和 50 年 2 月 25 日判决·无体集 7 卷 1 号 14 页［聚氨酯树脂的安定化方法］；东京高等法院平成 2 年 8 月 30 日判决·无体集 22 卷 2 号 489 页［附有颜料的荧光体Ⅰ］；东京高等法院昭和 53 年 3 月 30 日判决·判夕369 号 393 页［光学明色化剂］。

然而，由于 2000 年专利局审查基准的变更，是否具有作为选择发明的作用和效果开始被作为创造性的问题来处理。换言之，即使上位概念已经公知，也并不否定下位概念的新颖性，而当不具有显著的作用和效果之时，以不具有创造性为由认定无效（或驳回）。判例中的多数均采用上述观点，如知识产权高等法院平成 20 年 6 月 4 日判决·平成 19（行ケ）10373［热传导性硅胶合成物］案，该案判决明确表示，即使化合物的宽泛的一般公式为公知，个别的化合物也不丧失新颖性（肯定创造性的例子）。知识产权高等法院平成 20 年 1 月 31 日判决·平成 18（行ケ）10346［用于放射线感光材料的树脂的制造方法］案判决认为：审查决定中关于包含在公知例的一般公式中的化合物属于由公知例所公开的化合物这一认定是错误的，因此应予以撤销。然而，通过化合物的选择而产生显著的作用和效果这一点要得到肯定并不容易。否定了创造性的案例有：知识产权高等法院平成 18 年 1 月 25 日判决·平成 17（行ケ) 10438 [健康食品]；知识产权高等法院平成 18 年 4 月 27 日判决·平成 17 (行ケ) 10546 [相移掩模]；知识产权高等法院平成 19 年 5 月 16 日判决·平成 18 (行ケ) 10291 [用于化妆品或者皮肤病的合成物]。

另外，最近的案例中，东京高等法院平成 15 年 12 月 25 日判决·平成 14 (行ケ) 524 [染色合成物] 案判决中虽然言及新审查基准，但以不具有显著的作用效果为由认定下位概念发明不具有新颖性。同样的判决还有东京高等法院平成 17 年 3 月 28 日判决·平成 16 (行ケ) 427 [室温硬化性合成物]。

第四节 创 造 性

一、概说

发明要获得专利登记，在满足新颖性的基础之上还必须满足创造性。所谓创造性，是指对于"该发明所属技术领域中具有一般知识的人"（一般称为"从业者"）而言，以公知发明为基础并非容易发明（容易推测）（第 29 条第 2 款）。

对发明的评价要依据目的（课题）、构成和效果来进行。对于发明的同一性判断而言，构成上的同一性是决定性的。而对于创造性而言，与公知发明的构成上的类似性依然是最重要的要素，但是目的和效果上的差异也非常重要（判例 11）。

在构成明显不同的情况下，据此就足以认定具有创造性。但既然产生了诉讼上的争议，则相关发明必然具有一定的类似性。从外观上观察的构成只具有很小差异之时，该差异是否具有重要的技术意义则常常通过其效果上的差异程度来判断。如果构成上的差异很小，又希望获得创造性的认可，则在效果上必须具有足够显著的差异，否则很难认定具有创造性。另外，对于构成类似，但目的乃至领域不相同的发明而言，则要依据技术的转用是否容易这一标准来判断。

创造性有无的判断通常依照以下顺序来进行。首先，选出与要进行判断的发明最为接近的现有技术（多数情况下是出版物，也有公然实施的技术的情况）作为基本现有技术，明确发明与该基础现有技术的一致点和不同点。其次，通过将提及上述不同点的现有技术或周知技术与基本现有技术进行组合，判断是否容易得出发明。另外，针对不同点，有的情况下并不特别引用证据，而依据技术常识来判断将现有技术转变为发明的构成是否容易（是否只是单纯的设计问题）。

关于创造性的判断基本如上所述，但是一般认为对于创造性判断要进行预测非常困难，很多判例的逻辑以及结论中，既有对发明比较严格的处理，也有对发明比较宽松的评价，判断的幅度很大。在表现出不同倾向的案例中，具体的不同观点列举如下。

第一，关于对发明要旨的认定中，是否排除对说明书的参酌。关于要旨认定，如本章第三节一所述，如果对发明专利请求范围的用语进行抽象解释，则发明的范围扩张，要主张与现有技术的区别和作用效果会变得困难。相反，若依据说明书中所记载的实现目的和效果的形态来解释发明专利的请求范围，则容易与现有技术区别开来。

第二，关于现有技术（周知技术）的组合，对于进行组合的动机要求到何种程度。对发明而言最为严格的观点是，只要是属于同一技术领域的现有技术，则除非有特别的阻却事由，一般认为进行组合是容易的。与此相对，有的立场是，在技术领域的同一性之外，还应参酌课题的共通性和手段的近似性等，要求积极地说明存在将公知技术进行组合的动机。

第三，关于现有技术的认定，是重视具体的开示，还是认可抽出上位概念来和发明进行比较，不同的做法也会影响结论。

第四，是否注意排除事后的评价（事后诸葛亮）。虽然对发明的创造性判断，应该基于发明尚不存在的时候进行，但是现实中一般是在了解作为判断对象的发明之后，从很多的公知文献中搜集该发明的构成要件，然后基于该发明的相关知识来判断是否容易组合。在进行这样的判断之时，为了防止事后诸葛亮而使用的手段包括验证在现有技术中是否有进行组合的根据（美国联邦巡回上诉法院的判例中经常使用），以及分析现有技术中是否存在发明的课题（最近，利用了这一点的案例引人注目）（判例11）。

第五，作用和效果的评价方法。根据对发明较为严格的观点，对于将现有技术进行了组合的发明，如果只要符合发明的构成，就可以预想到其作用和效果，则不认为其具有创造性（不过是现有技术的作用和效果的拼凑而已）。

第六，组合试验的容易性与发明的容易性的关系。有观点认为：如果组合现有技术（组合试验）很简单，则不需要重视通过该组合而得到的作用和效果的创造性（东京高等法院平成16年9月16日判决·平成15（行ケ）405［具有抗病毒性的置换1,3－氧硫杂环戊烷］）。另一方面，如果结果的可预测性很低，则即使组合试验很简单也并不意味着发明很容易（判例11）。

第七，设计问题以及单纯的最优化可以在何种程度上否定创造性。有的情况下，如果很难找出证据证明发明的构成要件中有公知的部分，则将其认定为不过是从业者会通常进行的设计和最优化的结果，而在何种程度上认定为设计问题则会影响到结论。

关于上述的论点，由于各个案件有其具体情况，因而不能一概地说在何种程度上是适当的。但是，从整体上说，对于发明是以严格的方向为原则还是以宽松的方向为原则，是关系到专利制度以及专利政策之根基的问题。如果创造性的标准过于严格，则会减少对发明活动的激励，而如果过于宽松，则专利权会过度阻碍新参入者从而降低竞争。

任何国家在制定法上关于创造性的规定都很抽象，允许存在解释上的幅度，因而从判例的动向可以看出不同时代的变迁。以美国为例，从20世纪50年代到80年代前期是严格标准的时代，与此相对，从20世纪80年代后期到近期，则是由联邦巡回上诉法院所主导的宽松标准时代。而最近又有对联邦巡回上诉法院的标准进行修正的趋势。比如，2007年4月30日的KSR案联邦最高法院判决认为：在判断组合现有技术的根据之时，过于严格而形式化的标准并不妥当。

在日本，从昭和（译者注：1926年为昭和元年）时代到平成（译者注：1989年为平成元年）的最初几年，并没有特别之处（可以说比较宽松地认定了专利），但从1998年前后到2008年前后之间，对创造性进行严格要求的案例大量出现。但是，最近（从2008年左右开始）采取了宽松标准的案例又开始增多。分析判例之时，在理解具体案件的内容的同时，也要注意该案在司法实践整体倾向中所处的位置。

判例11 知识产权高等法院平成21年1月28日判决·判时2043号第117页［用于电路连接的构件］

【指出在判断容易想到性之时，要排除事后分析式思考】

〈案件事实〉

与本案发明的合成物成分双酚F型苯氧基树脂相对应的引用例成分是苯氧基树脂。判决认为：本案发明的课题是"提高连接的信赖性与修补性"，而由于用双酚F型苯氧基树脂来解决该课题这一事实并未公然知晓，因而否定该树脂的使用是容易想到的。判决关于上述判断的前提，即关于判断容易想到的一般方法做了如下说明。

〈判决要旨〉

"发明专利法第29条第2款所规定的要件充足性，即从业者是否基于现有技术而容易想到申请中的发明，应当以下述标准来判断，即从现有技术出发，从而达到该申请中发明相对于现有技术而具有的特征（与现有技术不同的构成）这一终点是否容易。然而，因为申请中发明的特征（与现有技术不同的构成）是该发明为解决其目标课题而产生的，因此为客观判断容易想到的有无，正确把握该发明的特征，换言之，正确把握该发明的目标课题是不可或缺的。而在容易想到的判断过程中，必须排除事后分析式的非逻辑性思考，为此，在试图把握该发明的目的'课题'之时，有必要注意不得无意识地将'解决手段'乃至'解决结果'等要素包括进来。"

"再者，如果要认定该发明为容易想到，在分析现有技术的内容之时，如果只有'可能存在能达到该发明特征的试验'这一推测尚不充分，而当然必须存在'为达到该发明的特征，应当已经实施'这样的启示。"

〈评论〉

从很多的公知文献中搜集该发明的构成要件，然后附上适当的理由来认定该组合是容易的，这种做法就是事后分析式的判断手法（事后诸葛亮）。对于避免事后分析式判断的必要性，理论上当然不存在反对意见，但在日本的判例中，几乎没有对这一点的明确论述（而与此相对，美国联邦巡回上述法院的案例中经常出现关于这一点的论述）。虽然对于现有技术的调查当然必须了解相关发明，但在判断容易想到之时，必须判断从现有技术来看发明是否容易达成。但是，要做到这一点实际上非常困难。一般认为，本判决提出了通过现有技术中是否可发现相关发明的课题这一判断标准，来更为准确地排除事后分析这一提案。知识产权高等法院平成22年3月24日判决・平成20（ネ）10085[对信息页进行链接的方法]案判决也同样认为：'假设脱离开引用例中所公开事项的技术意义，仅仅基于'重定向'这一用语的抽象含义来与本案发明的'REDIRECT命令'用语进行对比，则不可否认的是，以此为前提是无法避免本应排除的'事后诸葛亮'思考掺杂进来的"，从而说明了排除事后诸葛亮这一原则。

二、构成或技术原理存在不同

如果专利发明构成的一部分与任何公知文献都不同，并且具有独特的作用和效果，则当然比较容易认定创造性。大阪地方法院平成 19 年 4 月 19 日判决·判时 1983 号 126 页［护目镜］案中，原告所拥有的数个专利中的三件由于通过对现有技术的组合而被认定为容易想到，但对于包含现有技术中不存在的构成要件的某一专利，肯定了其创造性。知识产权高等法院平成 20 年 4 月 17 日判决·判时 2039 号 78 页［一次性纸尿裤］案判决也认为：引用例与专利发明之间存在构成上的不同，而该不同也并非必然变更为专利发明所示的状态，并且亦不存在可适用的周知技术，因而认定了创造性。判例 32 除指出了构成的不同之外，还指出了技术思想的不同。知识产权高等法院平成 18 年 6 月 29 日判决·判夕 1229 号 306 页［纸叶类识别装置的光学检测部位］案判决认为：本案发明与现有技术之间存在不同，而该不同点也并非单纯的设计变更，因而肯定了创造性。而考虑了构成（手段）差异较大这一点的是判例 12。此外，从表面上看虽然构成相似，但在技术原理不同的情况下，仍应认定构成不同，具有创造性（东京高等法院昭和 58 年 6 月 20 日判决·判时 1089 号 127 页［将金属管固定到金属管板的方法］）。还有案例使用了"技术思想不同"这一表达（东京高等法院平成 2 年 2 月 13 日判决·特许与企业 256 号 9 页［铁酸盐系不锈钢熔接构造元件］，本案可以说是综合评价了课题的不同和手段的不同的案件）。在上述案件中，作用和效果的不同也当然被提到。

即使组合现有技术，发明的构成中有无法达成的部分之时肯定了创造性的最近案例有：知识产权高等法院平成 22 年 12 月 22 日判决·平成 22（行ケ）10112［数据显示装置］；知识产权高等法院平成 22 年 12 月 28 日判决·平成 21（行ケ）10370［用于化学机械抛光的装置］；知识产权高等法院平成 23 年 4 月 27 日判决·平成（行ケ）10246［麹的培养方法］。

另外，即使表面上与公知文献之间存在构成的差异，但通过解释可以认定其实质上具有相同内容的情况下，否定创造性相对容易（知识产权高等法院平成 21 年 9 月 29 日判决·判时 2078 号 117 页［层压板构造体］）。而驳回了申请人关于技术思想不同的主张的案例是知识产权高等法院平成 21 年 5 月 26 日判决·判时 2052 号 96 页［摁钉及其匣子］。

判例12 东京高等法院平成 5 年 1 月 26 日判决·判时 1463 号第 150 页
[同轴 TEM 共振器]
【依据构成的不同以及因此所带来的显著作用效果而认定了创造性】
〈案件事实〉
　　作为本发明对象的共振器是如图 A 所示的产品,该产品的绝缘体(如陶瓷)的圆筒和外周表面有涂布后的导体,绝缘体的尺寸和形状不同则导致共振周波数的不同。而由于圆筒的尺寸误差,目标周波数也会产生误差,因此在制造之后还需要对尺寸进行调整。

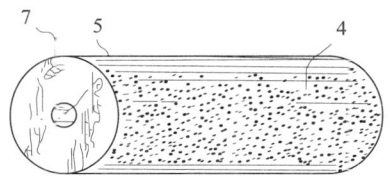

图 A 本案申请中的发明

　　本案发明最开始制造出无孔的圆筒,然后根据需要如图 A 的 7 所示,在端面上凿沟,从而调整周波数。与此相对,引用例如图 B 所示,在圆筒的端面开孔,并将绝缘体调整棒插入孔内,以调整剩余空间的大小来调整周波数。

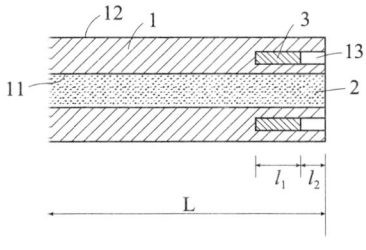

图 B 引用例

〈判决要旨〉
　　"本案发明中的沟是在绝缘体的端面上,以适当的方法重新做出一部分空间从而形成适当形状,而引用例中的孔,是在绝缘体的端面事先开孔,在孔中插入绝缘体调整棒,以留出部分空间从而形成的空间。因此,显而易见,本案发明与引用发明在部分空间(沟和空洞)的形状、形成方法以及与之成一体的共振周波数调整方法均不相同。……如此比较两个发明可知,本案发明与引用发明相比,具有良好的操作性,能够简单并且可靠地调整共振周波数,因此应认定本发明更为杰出,并且在作用和效果上的不同也很显著。"

〈评论〉

关于本案事实,如果仅仅观察制成后的产品,由于都是采用了在圆筒的端面形成小的空间这一方法,因而可能认为是基于同一原理而成的具有同一形态的物。但如果将其视为"调整方法"发明,则可以说在调整工艺上存在重大差异。虽然判决同时也提及作用和效果的显著性,但这只是指出基于构成差异而当然会产生的良好操作性和能够简单可靠调整共振周波数这一结果而已。本案是在构成上具有大致上不同之处的情况下认定了创造性的典型案例中的一例。

三、目的或解决课题存在不同

即使采用与现有技术类似的手段,但如果发明的目的或者要解决的课题不同,所得到的作用和效果也不同,则可以参酌上述不同而肯定创造性(判例11;判例13;东京高等法院平成2年12月27日判决·无体集22卷3号879页[中间镶沥青的制造法];东京高等法院平成元年9月26日判决·特许与企业251号34页[喷射式织机的引纬装置];东京高等法院平成元年9月12日判决·判例工业所有权法(2期版)771之15页[图像记录法])。最近的判例中,参酌目的和课题而肯定了创造性的案例很多,除了判例11、判例13以外,还有知识产权高等法院平成20年12月25日判决·判时2046号134页[雷达]("审查决定认为:虽然本案发明与引用发明具有不同的待解决课题和技术思想,以引用发明为前提,不会产生和本案发明共通的待解决课题,尽管如此,在设定了待解决课题之后,作为该课题的解决手段而使用周知技术则变得容易,因此从引用发明到本案发明是容易想到的。本院认为,上述审查决定的结论有误");知识产权高等法院平成21年6月29日判决·特许消息12608号[活塞圈](为解决课题的具体手段并非容易想到);知识产权高等法院平成21年3月25日判决·平成20(行ケ)10305[热封装置](该案判决虽然认为"关于本案发明与引用发明的不同点……乍看之下非常细微",但认定基于上述不同点而导致待解决课题以及解决手段上具有重大差异);知识产权高等法院平成23年1月31日判决·判时2107号131页[换气性过滤器](指出在有的情况下必须要求"待解决课题的设定是容易的")。另外，知识产权高等法院平成 22 年 9 月 30 日判决・平成 21（行ケ）10353 [金银毕产品] 案判决以作为现有技术的家庭菜谱中不存在市场中流通的发明产品的课题为由，肯定了创造性。知识产权高等法院平成 22 年 12 月 22 日判决・平成 22（行ケ）10167 [薄板收纳搬运容器] 案判决一方面否定了数值要件的临界性，又以引用文献中不存在发明的目的和课题为由肯定了创造性。其他的案例还有：否定了将火化炉技术用于碾米机的容易性的东京高等法院平成元年 9 月 19 日判决・判时 1349 号 140 页 [用于碾米回收的辅助筒]；东京高等法院平成元年 3 月 9 日判决・判时 1318 号 117 页 [废气的氯化氢消除方法] 案判决认为：即使将熟石灰作为废气氯化氢的吸收消除剂而使用这一点是相同的，但与引用例不同的是，本案发明的课题是以碱性钙水合物作为主要生成物，以其生成来解决反应后的灰尘清除问题。

知识产权高等法院平成 22 年 10 月 28 日判决・平成 22（行ケ）10064 [树脂浸透的环状带] 案判决关于课题认定时指出："审查决定未考虑发明的待解决课题这一技术观点，将不同点特别细分（本案分为了六点）认定后，认为通过组合其他现有技术得出各个不同点是容易的。采用如此判断手法，是不能对本来应该肯定其创造性的发明进行正确判断的，或许因此而导致了其否定创造性这一结论。"另外，知识产权高等法院平成 23 年 2 月 8 日判决・平成 22（ネ）10064 [液体油墨收纳容器] 案判决指出：对于发明，"没有主张关于其技术课题乃至基于技术课题的不同构成产生的动机，就主张其容易性"是不妥当的。

反之，课题发现的容易性则成为否定创造性的根据之一（东京地方法院平成 18 年 5 月 25 日判决・判时 1995 号 125 页 [分包包装体]）。知识产权高等法院平成 22 年 10 月 28 日判决・平成 22（行ケ）10050 [单离 DNA 分子] 案判决认为："在单离和精制了有用蛋白质的情况下，试图取得以该蛋白质编码的 DNA 分子则是从业者自然要解决的课题"，进而否定了创造性。在课题未被引用文献明示的情况下，有案例以该课题为周知课题、普遍课题为由否定了创造性（知识产权高等法院平成 23 年 1 月 11 日判决・平成 22（行ケ）10160 [贴片胶带]；知识产权高等法院平成 23 年 1 月 25 日判决・平成 22（行ケ）10034 [双臂式机扑]）。

此外，在手段（构成）基本相同的情况下，仅凭课题的不同很难认定其具有创造性（判例 14）。知识产权高等法院平成 22 年 3 月 24 日判决・特许消息 12768 号 [消除了触地冲击的游戏跷跷板] 案判决也认为：引用发明中的跷跷板同样也具有减少摩擦抵抗的目的和效果，即使与本案发明的目的和效果不同，由于引用发明的构成很容易变为本案发明的构成，而基于此在物理学上必然会达到本案发明的目的和效果，因此否定了创造性。知识产权高等法院平成23年3月23日判决·平成22（行ケ）10234［无水石膏的制造方法］案判决中也认为：现有技术处于专利发明的范围之内，并会自动解决课题之时，并不要求关于课题的认识已经由现有技术所明示。

基于不同目的而转用现有技术构成的发明的容易性也常常成为问题（判例14）。东京高等法院平成17年2月28日判决·特许消息11591号［生海苔的异物分离清除装置］案判决认定：将用于纸浆纤维悬浮液的异物分离装置用作生海苔混合液的异物分离装置是容易想到的（关于该案专利，适用等同原则从而认定了侵权的案件是东京高等法院平成12年10月26日判决·判时1738号97页）。

判例13　知识产权高等法院平成20年5月30日大合议判决·判时2009号第47页［阻焊膜］

【根据目的的不同，以及不存在关于技术课题和解决手段的启示为由肯定了创造性】

〈案件事实〉

关于混合了感光性预聚合物和环氧树脂的树脂合成物这一点，专利发明与引用例（甲第3项证据）是共通的，但是引用例的目的是提供使用稀碱水溶液而变得显象可能的液状抗电镀油墨合成物，而专利发明是以使用稀碱水溶液显象之时产生的问题为其课题的。

〈判决要旨〉

"甲第3项证据中的发明与本案发明1不仅目的不同，在甲第3项证据中，也不存在任何关于上述本案发明1的技术课题及其解决手段的任何启示。如原告所主张，'N-缩水甘油基型环氧树脂'与本案发明1中的'杂环式环氧树脂'是基于各自化学构造的不同而标记的名称，即使符合上述两者的公知化合物'异氰尿酸三缩水甘油酯'存在，也不能认为对于接触了甲第3项证据的从业者而言，认识到本案发明1要解决的技术课题的本质，并想到作为解决手段可以使用本案发明1与甲第3项证据发明的不同构成（作为成分（D）的环氧树脂化合物而使用'难溶于所使用的稀释剂的微粒状'这一构成）是容易的。"

〈评论〉

最近，依据发明专利中的课题不存在于引用例而肯定创造性的案例引人注目。而本判决作为强调了上述立场的大合议判决而值得关注。

判例 14　东京高等法院昭和 61 年 6 月 26 日判决·判时 1209 号第 132 页 [隔板调整法]

【以即使发明与现有技术的使用目的不同，但其本质构成相同为由否定了创造性】

〈案件事实〉

发明专利请求范围中记载的专利是"对隔板外周部分加力从而改变上述部分的倾斜度，用以调整隔板的开关动作特性的隔板开关动作调整法"，专利局参酌说明书中的发明详细说明将"隔板"这一用语解释为"应压力而动，使电开关变动的隔板"，从而认定了该发明相对于引用例的创造性。引用例是应热度而动的关于温度调节器的发明。

判决在认定发明的要旨之时，认为应当将"隔板"这一用语解释为"应压力而动从而使某种装置变动的隔板"，而不能如审查决定中解释到"使电开关变动的隔板"这一程度。进而关于创造性做出了以下判决。

〈判决要旨〉

"若总结本案发明的目的、课题及其解决方法的特征，明显可见其特征是：关于具有上述开关动作隔板构成的隔板开关动作特性调整法的技术思想。和上述认定一样，引用例也具有同样的技术思想。而隔板的开关动作的动作源是压力还是热度，与上述技术思想并无直接关系，因此二者的上述差异与本案发明的本质无关。将引用例所示的应热度而动的开关动作调整法转变为本案发明的应压力而动并适用于隔板这一构成，并不存在特别困难，应认为这对于从业者而言是容易达到的。此外，被告还主张，本案发明具有不会给电开关的动作带来有害影响这一效果，而引用例中没有关于这一效果的记载，因此二者的技术思想并非相同。然而，如上述之认定，本案发明与引用例的记载关于隔板开关动作调整法的构成乃至技术思想是相同的。而从关于本案发明的上述认定事实特征上明显可见，本案发明所具有的、被告所主张的作用和效果是基于上述构成和技术思想而来，即使引用例中没有记载被告所主张的作用和效果，也应当认定其具有同样的效果。"

〈评论〉

判决要旨认为即使发明的使用领域或者使用目的不同,但只要同样是隔板的调整方法,就不能认定其具有创造性。该案作为在技术转用容易的情况下做出判断的案例而具有参考性。

使用领域不同的引用例中没有记载本案发明的效果是理所当然的,但是如果构成相同,则转用到本案发明所属领域也理所当然会获得与本案发明同样的效果,因而本案也据此认定不存在创造性的根据。

四、作用效果

专利法的目的在于保护和奖励可利用于工业的有用发明。可利用于工业的内容即发明的效果。另外,虽然对于非技术专家的人而言,要评价发明与现有技术在构成上的不同意义常常是困难的,但与此相反,要评价发明的效果程度则较容易。

(一)对发明的作用效果做出评价从而肯定了创造性的案例

东京高等法院昭和 63 年 12 月 13 日判决·判时 1311 号 112 页[缓冲电路]案判决积极印证了在构成差异虽然细微但作用效果显著不同之时可以认可专利的理由。东京高等法院平成 8 年 5 月 14 日判决·判时 1572 号 119 页[电子照相方法]案也阐述了相同的理由。东京高等法院平成元年 12 月 26 日判决·判时 1343 号 136 页[可以变为具有彩纹下摆和服的成人式长袖和服]案判决认为:四个引用例单独都不具有的、需组合四个引用例才能产生的、超越通常可预测范围的作用和效果,可以认定为显著的作用和效果,从而成为肯定创造性的根据。东京高等法院昭和 52 年 9 月 7 日判决·无体集 9 卷 2 号 598 页[划线装置]案中,在各个构成要件均公知的情况下,判决肯定了通过组合方能得到的效果从而肯定了创造性。东京高等法院平成 14 年 6 月 18 日判决·平成 12(行ケ)91[发光元件]案中,发光二极管发明的发光亮度是现有技术的 2 倍,发光寿命是现有技术的 1.5 倍,判决认定有这些提升的发明具有创造性。东京高等法院平成 15 年 6 月 9 日判决·平成 13(行ケ)292[绝缘电线]案中,对于具有聚酰胺酰亚胺系膜被的电线发明,判决虽然否定了其对概括性化学构造进行规定这一请求项的创造性,但对于基于特定化学构造而在可挠性、相干性和损伤负重性方面较为杰出的请求项,肯定了其创造性。东京高等法院平成 16 年 1 月 28 日判决·平成 15(行ケ)89[用于地表埋设的带盖框架］案判决认为：基于其特定构成，在打开盖子时，内部积落的沙土会自动扫落这一效果是显著的，因而肯定了创造性。判例15是最近的认定了"加乘效果"创造性的判例。知识产权高等法院平成18年6月6日判决·特许消息11997号［键转换弹子锁］案中，审查决定认为本案发明不过是将周知的零件进行了一体化而已，而与此相对，判决认为采用具有上述作用和效果的发明构成不仅仅是设计问题，从而肯定了创造性。知识产权高等法院平成21年3月10日判决·平成20（行ケ）10257［防震装置］案中，将不同种类的树脂进行热融合从而使其一体化这一手段的适用容易性成为案件争点，判决认为：即使适用热融合这一手段是容易的，也不能认定利用其来一举解决复数课题是容易想到的（这是将课题和作用效果进行了组合评价的案例）。

（二）对作用效果的评价进行了限制的案例

在发明构成本身很难认定具有创造性的情况下，有判例要求作用和效果必须具有特别高度的差异（参照关于判例19第二发明的评价）。东京高等法院平成15年11月13日判决·平成13（行ケ）136［用于准分子激光照射处理的薄膜］案判决认为："对于构成本身是容易推想的发明而言，要依据其作用效果来认定其可专利性，则该作用效果必须是对于该构成而言难以预测或发现的，并且，必须是与该构成可预测或发现的效果相比是特别显著的。"东京高等法院平成16年9月16日判决·平成15（行ケ）405［具有抗病毒性的置换1，3-氧硫杂环戊烷］案判决认为："为确认药剂的有效性而进行实验对于从业者是容易想到的，并且进行实验也不存在特别的困难"，在这种情况下，仅凭主张"实验是否成功是不可预测的"这一点，不足以肯定创造性。一般认为，该案亦持同样观点，但因为是与医药发明有关的案例而引人注目。此外，以构成是容易想到的，并且作用和效果也处于预测范围之内为由否定了创造性的案例大量存在（东京高等法院平成16年7月8日判决·平成15年（行ケ）460［吸油纸的制造法］；东京高等法院平成16年7月6日判决·平成14（行ケ）115［片型电阻器］；知识产权高等法院平成22年9月29日判决·平成21（行ケ）10365［水晶体超音波抽吸装置］；关于材料置换容易性的知识产权高等法院平成22年10月12日判决·特许消息12939号［电磁波遮蔽积层体］等）。

（三）作用效果的证明

作用效果必须基于说明书的记载来证明。但是，关于说明书中记载的作用效果，是发明的作用效果还是仅仅为实施例的作用效果，经常产生争议。关于请求项中未记载事项的作用效果的主张一般不予认可（知识产权高等法院平成 23 年 3 月 23 日判决·平成 22（行ケ）10236 [以音乐一体化形式显示信息画面的方法]）。东京高等法院平成 13 年 11 月 1 日判决·特许消息 10719 号 – 10721 号 [碳膜涂层饮料用瓶] 案判决认为：专利权人所主张的数值"归根结底是本申请说明书中实施例的数值，而原告所提出的上述主张的前提，并不是对本案发明 1 的发明专利请求范围所记载的硬质碳膜膜厚、密度、形成方法以及阻气性等进行限定后而提出的广泛请求，因此上述主张是不当的"，"不能不说，作为本案发明 1 本身的效果而允许进行主张的，……仅限于符合本案发明 1 上述构成要件的范围"。另外，本判决还认为："如前所述，本案发明 1 的构成本身是容易想到的。对于构成具有容易想到的发明，若要依据其具有的效果而获得专利权，则要求该发明在现实中所具有的效果，必须与从该构成所能预想到的效果相比具有特别重大的差异。"和上述案件具有同样要旨的判例还有东京高等法院平成 13 年 6 月 13 日判决·特许消息 10677 号 [弯曲纠正仪] 案判决认为审查决定所认定的不同点不过是设计上的变更，是容易想到的，并且，审查决定认定为发明作用效果的是实施例的效果而并非发明的作用效果，因而撤销了审查决定。

对于实验报告中所记载的与现有技术的比较，认为特定条件下的数据不是发明效果的案例有知识产权高等法院平成 22 年 10 月 12 日判决·特许消息 12939 号 [电磁波屏蔽层压体]；知识产权高等法院平成 22 年 11 月 18 日判决·平成 21（行ケ）10096 [有机电致放光元件]。

否定了创造性的其他案例有东京高等法院平成 16 年 9 月 22 日判决·平成 14（行ケ）251 [手术用显微镜]。该案认为：即使要达到申请人所主张的作用效果是困难的，但若解决该困难的具体手段并未开示，则不过是单纯地表明愿望，不能据此认定具有创造性。另外，还有东京高等法院平成 13 年 3 月 28 日判决·平成 12（行ケ）294 [含有 α 类脂酸的调制剂及其制造方法] 案判决驳回了与发明专利请求范围的构成要件无关，并且也未在说明书中开示的关于作用效果的主张。

为证明作用和效果，在提交申请之后提出实验数据的，判例多对其进行否定评价（知识产权高等法院平成 20 年 3 月 31 日判决·平成 18（行ケ）10219 [作为家畜抗菌剂的 8a – azalide]；知识产权高等法院平成 17 年 6 月 22 日判决·平成 17（行ケ）10189 [有机电致放光元件]）。但是，知识产权高等法院平成 22 年 7 月 15 日判决·判时 2088 号 124 页［防晒剂合成物］案判决认为：如果说明书中有对作用效果的定性记载，则针对该作用效果可以参酌之后提交的实验结果。而 判例 24 所表明的对之后提交数据的强烈否定态度，是最近实务修正的方向。

（四）商业上的成功

美国在判断创造性之时，实务上确立了可以参酌的更为客观的标准（容易理解的标准），例如，商业上的成功、必要性被长期认知的事实以及他人获得许可的事实等。而日本的判例中不太考虑商业上的成功等要素（论述了不考虑商业上成功之理由的案例有东京高等法院平成 16 年 3 月 17 日判决·平成 15（行ケ）191［车辆用镜子］；东京高等法院平成 16 年 5 月 31 日判决·平成 15（行ケ）175［用于保护生态系统的天然石铁纱］等）。虽然对社会有用的发明即好的发明而言，上述要素是值得考虑的，但日本判例一贯持否定态度。

判例 15　知识产权高等法院平成 18 年 4 月 27 日判决·判タ 1236 号第 307 页［酸性水中油型乳化调味料］

【以通过材料的组合而得到加乘效果等为由肯定了创造性】

〈案件事实〉

本案发明是："产品中含有 10% 以上的食用油脂并且整体粘度在 10 万 mPa.s 以上的酸性水中油型乳化调味料；用于煎炸食品的酸性水中油型乳化调味料；以含有经过磷脂酶 A 处理的蛋黄和辛烯基琥珀酸淀粉为特征的酸性水中油型乳化调味料。"本案是针对异议审查决定提起的撤销诉讼，该审查决定以该发明的构成、作用和效果均是容易想到的为由撤销了专利。本案判决首先认为异议决定关于组合现有技术动机的认定有误，然后针对作用效果做出以下认定。

〈判决要旨〉

"本案发明 1 组合使用经过磷脂酶 A 处理的蛋黄和辛烯基琥珀酸淀粉，如此，与仅使用经过磷脂酶 A 处理的蛋黄和仅使用辛烯基琥珀酸淀粉相比，在进行煎炸等加热处理之时，具有不容易产生水油分离的效果。……而只使用经过磷脂酶 A 处理的蛋黄或只使用辛烯基琥珀酸淀粉的情况下，即使增加其调和量，一般推测其在煎炸时依然会产生水油分离从而导致无法保持形状。因此，本案发明 1 的上述效果可以认定为是组合使用经过磷脂酶 A 处理的蛋黄和辛烯基琥珀酸淀粉而产生的加乘效果。"

〈评论〉

超过了个别材料所具有的作用的和，而具有加乘效果这一新效果，通常可以认定其为预想不到的显著效果从而成为创造性的根据。但是，要判断该效果需要达到何种程度才可认定为加乘效果，则非常困难。

五、组合现有技术的容易性

在创造性的有无成为争议焦点的很多情况是，由于单一的现有技术并未公开该发明的全部，为以某种形式为弥补基本现有技术的不足，从多个现有技术中抽出其构成要素来进行组合。在这种情况下，组合现有技术是否困难就成为主要的争点。

是否肯定组合的困难，一般从是否有理由产生进行组合的动机，以及是否有阻却进行组合的事由两个方面来评价。

（一）产生组合动机的逻辑和根据

关于现有技术的组合，有判例认为：至少需要存在线索可以证明，为了达到发明与现有技术构成的不同点而应该进行了相关组合。知识产权高等法院平成 22 年 12 月 28 日判决·平成 22（行ケ）10187［移动限制装置］；知识产权高等法院平成 22 年 9 月 28 日判决·判时 2097 号 125 页［医疗用器具］；判例 11。而知识产权高等法院平成 21 年 12 月 22 日判决·判时 2085 号 125 页［呼吸装置］案判决认为：由于提示了与引用发明不同点的公知文献中所记载的待解决课题和功能与专利发明不同，因此否定了组合的容易性（撤销审查决定）。知识产权高等法院平成 22 年 5 月 27 日判决·平成 21（行ケ）10361［抗油污的评估方法］案判决认为：两份出版物均在待解决课题和技术思想方面与本案发明不同，因而不能认为有通过组合而达成本案发明的动机。本案判决更进一步表明一般性意见："对于如本案发明之类构成简单的发明，不同的判断者很可能作出不同的评价。因此，在要对该论点作出结论之时，必须避免依据主观和直觉作出判断，而应特别注意提高可预测性。"知识产权高等法院平成 22 年 12 月 22 日判决·平成 19（行ケ）10059［电子接线系统］；知识产权高等法院平成 22 年 9 月 30 日判决·平成 22（行ケ）10046［洗衣机］案也认定了没有进行组合的线索。另外，东京高等法院昭和 58 年 5 月 31

日判决·判时 1086 号 134 页［注模机上模安装装置］案判决认为：若审查决定中没有对如何将引用例与惯用技术进行组合从而想到本案发明进行说明，则不能否定创造性。还有很多情况下，以现有技术之间不存在课题的共通性为由，认定进行组合具有困难性（知识产权高等法院平成 22 年 11 月 24 日判决·平成 22（行ケ）10072［切割绘图仪］）。

而肯定组合的容易性之时所适用的典型情况是，当多个现有技术属于共通的技术领域并具有共通的课题之时。判例 16 即为此例，另外，东京高等法院平成 14 年 7 月 23 日判决·特许消息 10973 号、10974 号［引擎点火装置］案判决也认为：如果两个引用例在技术领域上有共通性，并且发明的课题是普遍或周知的课题，则应肯定存在进行组合的动机。知识产权高等法院平成 22 年 9 月 28 日判决·平成 21（行ケ）10415［金属面具的制造方法］案判决认定，鉴于技术领域的关联性和课题的共通性等，进行组合的动机当然存在。知识产权高等法院平成 18 年 3 月 27 日判决·判时 1939 号 98 页［中空纤维膜］案判决亦认定，为解决"普遍或周知的问题"，存在将引用发明进行组合的动机，并且进行组合并没有任何不利因素，因而也不存在进行组合的阻却事由。东京高等法院平成 9 年 3 月 19 日判决·知裁集 29 卷 1 号 417 页［桌子的支脚构造］案中，虽然审查决定否定了技术课题的共通性，但判决肯定了技术课题的共通性。

技术领域的共通性和课题的共通性并非总是必要的。判例 18 就反过来以组合要素之时并不一定要求相关公知文献具有同一目的为由，否定了该案发明的创造性。该案判决认为：即使目的和课题并不相同，但考虑到技术手段的类似性以及通过组合而解决的不同点的重要性，仍然可以肯定组合的容易性。知识产权高等法院平成 18 年 7 月 11 日判决·判时 2017 号 128 页［时尚增发用具］案判决认为：将关于假发套的出版物 3 与关于假发片的出版物 1 进行组合，虽然在是整体还是部分这一点上有差异，但二者均属于假发相关技术领域，因此进行该组合并不困难（该判决认为，若以出版物 1 为主要引用例则不能否定创造性，但若以出版物 3 为主要引用例则可以否定创造性。这一点也很值得关注。知识产权高等法院平成 18 年 7 月 11 日判决·判时 2017 号 141 页驳回了对同一发明专利进行补正的案例，与上述案件采用了相同的论理）。此外，平成 10 年代（1998～2008 年）中涌现的很多案例认为：只要技术领域是共通的，则只要没有进行组合的阻却事由，就可以认定组合的容易性（东京高等法院平成 16 年 6 月 20 日判决·平成 15（行ケ）534［半切割式圆筒研磨刷］；知识产权高等法院平成 17 年 10 月 12 日判决·平成 17（行ケ）10024［叶子板衬垫］；东京地方法院平成 18 年 1 月 30 日判决·判时 1931 号 137 页［高周波螺栓加热器］）。一般认为，这样的判断方法倾向于否定创造性。

东京高等法院平成 8 年 2 月 29 日判决·判例工业所有权法（2 期版）4711 之 122 页［冷冻集装箱］案判决认为：即使技术领域不同，也可以技术手段的类似性和课题的共通性为由肯定组合的容易性（该案的争议焦点是，对冷冻集装箱的公知例和卫生设备装置公知例进行组合的容易性）。

知识产权高等法院平成 22 年 12 月 28 日判决·平成 22（行ケ）10070［安全装置］案判决认为：现有技术之间的课题和手段具有类似性之时，应该肯定存在将其进行组合的动机。

另外，知识产权高等法院平成 22 年 12 月 22 日判决·平成 22（行ケ）10147［生物传感器］案判决认定了"对于从业者而言理所当然的技术课题"，从而认定为解决该课题而组合现有技术是容易的。

（二）现有技术的认定手法

若发明的构成要件在现有技术中以与该发明不同的形态（作为与其他手段的组合）所公开，则是否可以只抽出与该发明构成相同的部分（换言之，即将下位概念的公开认定为上位概念所指技术思想的公开），用来否定创造性也成为问题。如果单纯地认定将公知要素进行拼凑组合具有容易性，则与机械相关的发明通常很难满足创造性的要求。判例17指出，不能简单地适用上述创造性否定论。另外，认可了对现有技术中的公开进行抽象化或上位概念化的案例有：知识产权高等法院平成 17 年 6 月 20 日判决·特许消息 11709 号［鱼贝类处理装置］；知识产权高等法院平成 17 年 7 月 19 日判决·平成 17（行ケ）10063［穿透型屏幕］；知识产权高等法院平成 22 年 7 月 28 日判决·平成 21（行ケ）10294［电视节目表的用户界面］。

（三）阻却事由的有无

是否有阻却对引用例进行组合的事由也是重要的论点。东京高等法院平成 10 年 10 月 1 日判决·特许与企业 354 号 42 页［流体净化系统］案判决中，考虑到本案发明排除了对于引用例之一而言所必须的构成这一事实，以及本案发明的作用和效果，认定了创造性。东京高等法院平成 16 年 10 月 19 日判决·平成 13（行ケ）27［使用电解臭氧水的处理方法］案判决认为：将以避免使用高价装置为目的的引用例与高价装置进行组合这一方法具有阻却事由。

东京高等法院平成 16 年 11 月 9 日判决·平成 15（行ケ）498［3-5 族化合物半导体结晶的制造方法］案判决认为：将镓砷系化合物的公知例与氮化镓系的化合物进行组合，由于两种化合物的酸溶解性不同，因而具有阻却事由。

若将引用例进行组合之后的结果反而与引用例之一的目的产生矛盾，对于这种情况，很多案例认定具有狙却事由。例如，知识产权高等法院平成 18 年 6 月 28 日判决·特许消息 11963 号［置物架］；东京地方法院平成 19 年 2 月 15 日判决·判时 2039 号 106 页［一次性纸尿裤］；知识产权高等法院平成 22 年 11 月 10 日判决·平成 22（行ケ）10104［清洁剂合成物］；知识产权高等法院平成 23 年 2 月 3 日判决·平成 22（行ケ）10184［膨胀阀］。东京地方法院平成 19 年 3 月 23 日判决·判タ1294 号 183 页［供应溶解金属的容器］案判决认为：虽然将倾动式铁水桶的构成进行适当变更从而将其适用于加压式铁水桶是容易的，但是由于根据技术常识，在配置了用于调整内压的贯通孔（接通了管道的）之时，应安装不可动的大盖部分，因此在预设可以开闭的小盖上特意设置贯通孔这一方法并非容易想到（该判决同时还以现有技术与周知技术的组合为由，认定了多个发明专利的无效）。

判例 16　东京高等法院平成 13 年 5 月 23 日判决·判时 1756 号第 128 页［涂布装置］

【以课题的共通性等为由认定了引用例组合容易性】

〈案件事实〉

硅晶圆和印制电路板（被称为"工件"）的涂布装置发明在无效宣告中提出补正，审查决定认可了补正，并肯定了补正后发明的创造性。判决认为：说明书中只有正方形工件的例子，而补正中将包括长方形在内的"矩形工件"记载到请求项中，虽然可以认定其不属于新事项的追加，但补正后的发明不具有创造性，因而撤销了审查决定。

〈判决要旨〉

第一，"对于使用少量的涂布材料来形成均匀的涂层这一引用例发明 3 以及补正发明的共同课题，引用例 1 中明确显示，利用工件上所设置的狭槽来使用相向的狭槽涂布机从而在工件上形成涂层，解决上述课题。因此，应当认为，为解决上述课题，将引用例 3 中所记载装置的辊式涂布机替换成引用例 1 中记载的狭槽涂布机对于从业者而言是容易的"。

第二，"所谓的第二不同点，不过是反映了狭槽涂布机和辊式涂布机之间涂布手法的不同而已。将引用例 1 中记载的狭槽涂布机与引用例发明 3 中的辊式涂布机进行替换之时，依据狭槽涂布机的原理，将狭槽和工件分别按照所设置的狭槽置于相对的方向，是理所当然的。采用这样的构成对于从业者而言并不需要特别的创意"。

〈评论〉

本案中，关于创造性引用了三份公知文献，其中将引用例 3 作为基本的公知文献，将其与本案发明（补正发明）进行比较，抽出了两处不同点。而第一个判决要旨是针对第一个不同点，通过与其他引用例的组合来判断是否容易想到。以解决共通的课题为依据，通过其他引用例的手段来替换与基本引用例的不同之处这一判断方法是用来否定创造性的典型例。第二个判决要旨是第一个判决要旨所附带的判断。

判例17 东京高等法院昭和 60 年 5 月 7 日判决・判夕600 号第 115 页
[使用液晶的电子光学装置]
【依据各个引用例所记载装置的组合困难性，肯定了发明创造性】
〈案件事实〉

本案发明以液晶显示板（显示器）为对象，在不应用电压之时，利用全部液晶所具有的与显示板相垂直这一螺旋构造，偏振的入射光可以在不破坏偏振光性的情况下使偏光面旋转。而在应用电压之时，通过液晶排列的变化，偏振的入射光停止偏光面的旋转。

与本案发明相对，第一引用例中装置的全体构成虽然相似，但在液晶的排列状态中所公开的装置不同。而第二引用例中虽然液晶本身与本案发明采用了同样的排列状态，但装置全体构成不同，并且利用液晶排列变化的目的在于控制二色性染料的方位，也与本案发明不同。第三引用例并非通过对液晶应用电压来进行控制，而是机械地对玻璃板进行旋转来使偏光面旋转。

专利局通过对上述引用例的组合，否定了本案发明的创造性。

〈判决要旨〉

"第一项发明以及第一引用例所记载的装置是利用其所使用的液晶在应用电压和不应用电压之时的光学特性上的差异，来切换光是否穿透，从而进行明暗的显示。因此，对于液晶在应用电压和不应用电压之时的状态或是光学特性，应该总是将其作为一体的、成对的状态进行分析，而不能将其区别开来而进行讨论。对于使用了这种液晶的电子光学装置，在判断将其所使用的液晶替换成其他液晶是否容易之时，应该针对通过替换而使用的液晶在应用电压和不应用电压之时的状态或是光学特性，进行一体的、成对的分析，从而判断该替换是否容易。因此，以下基于上述观点进行分析"。

〈评论〉

本判决表明，在上述情况下，无视成为争议焦点的各个装置所使用的要素与该装置的其他要素的关系，抽象地提炼该要素的含义并进行组合是不妥当的。在此意义上本案值得参考。

本判决依据上述观点进行分析的结果是，将第一引用例中装置的液晶替换成第二引用例中的液晶，即使能够预见到可获得在应用电压和不应用电压之时在偏光面旋转程度上具有差异的装置，但是，对于可以利用该偏光面旋转程度的差异，从而获得可以切换穿透或不穿透入射偏振光的电子光学装置这一结果，以前并未存在相关见解。因此，组合三份公知例是容易的这一判断是错误的，从而撤销了审查决定。可以认为，对整体用途和效果不相同的公知装置进行组合之时，必须以存在对产生问题的要素进行组合的动机为条件。

判例18 东京高等法院昭和61年11月27日判决·无体集18卷3号第432页［蓬松纱的制造方法］

【针对以基于新型测定方法所得到的数值为构成要件的发明，通过组合目的不同的现有技术而否定了创造性】

〈案件事实〉

为从聚酯中获得用于纺织品的纤维，必须先对合成聚酯树脂进行热溶解，从而变成极细的长丝。然后将对该纤维进行冷却和拉伸之后，再进行假捻和加热（热定型）工序。本案发明的对象是将拉伸和假捻以及热定型同时进行的方法（同时拉、捻、结构化）。

根据引用例一，虽然同时拉、捻、结构化技术本身已经公知，但本案发明的特征在于：第一，使用具有特定数值范围内的结晶化度的线作为原料；第二，对长丝之间的摩擦系数进行测定并限定其数值；第三，特定拉伸倍率，将捻时的温度设置在200℃以上。这些具体的数值均未在引用例一中开示。

虽然专利局引用分别记载了各项条件的三份引用例二、引用例三、引用例四，驳回了专利申请，但在这些引用例中并没有与同时拉、捻、结构化这一目的直接相关的记载。

〈**判决要旨**〉

"某一发明是否为基于公知例中所记载和开示的技术事项的、容易完成的发明，要依据以下标准来判断：即对于该技术领域具有通常知识的人也就是从业者而言，基于公知例所记载和公开的技术事项或是以其为基础的技术思想，或者是依照申请当时的技术水平，或者是依据公知例所记载和公开的技术事项中启示的范围所包含的技术思想，是否可以完成该发明。在上述判断过程中，对该发明之目的（技术课题）的参酌虽然有必要，但并不意味着，若公知例中不指明其所公开的数值可以有效达到该发明所指向的特定目的，就不能采用该数值条件。这是因为，作为公知例的技术手段的目的与该发明的目的不同，作为公知例的技术手段一部分的数值条件本身即使并非为达到该发明目的的手段，但只要对于从业者而言，鉴于公知例中数值条件的技术合理性和泛用性等，不难从该数值条件获得相关启示，并进行必要的设计，从而将其作为具有特定目的的该发明的一部分而采用的情况下，则可以认定该发明是容易推测的"。

〈**评论**〉

如果像本案一样，基本公知文献（第一引用例）与本案发明的不同点如此之多的情况下，其实是较为容易肯定创造性的。但是，本判决详细认定了本案发明当时的技术水平，判断对引用例的组合是容易推测的。最近的判例更为倾向于认为本案这样的数值要件只是设计事项，对肯定创造性并不发挥作用。

六、新数值条件（参数）的创造性

随着技术的进步和精密化的深入，对于以往依据经验来进行选择的最优条件，现在有很多关于通过开发新的测定方法来进行数值化的研究正在进行。这样的研究如果能发现与以往技术不同的有用性和作用效果，则当然可以作为发明进行保护，但是如果仅仅是与以往技术的外表不同，而制造出的产品为同等水平，则不能肯定其创造性。判例18中的"长丝间的摩擦系数"即是后者的典型。基于这样的测定结果进行发明专利申请，则会由于该测定方法以往并未被使用过，而很难认定该构成要件属于公知。但是，对于这样的技术如果授予了专利，则本来可以自由实施的行为很容易变成侵害专利权的行为（虽然有的情况下可以证明在先使用权的存在，但仅仅如此并不能解决问题，实践中的问题也时有发生）。

judge判例19中的发明尽管具有公知文献中并未原样记载的多个数值限定要件，但判决依然支持了专利局的驳回申请决定，是关于这类发明的处理可参考的先例。实践中需要考虑到，发明最大的价值在于为社会提供新颖和有用的物质，而不能给予单纯的测定结果和对性质的发现以独占权。

同样地，东京高等法院平成7年2月8日判决·判时1558号121页[铬酸铅颜料]案中，对于包含多个数值条件的发明，判决认为其不过是对于颜料的公知性质所进行的数值限定，并不具有临界意义，因而否定了创造性。东京高等法院平成8年12月11日判决·特许与企业335号63页[用于食品容器的层压聚酯膜]案中，对于包含数值条件的发明，判决也认为即使引用例中并未明确记载数值，但从制造方法来看，应该认为引用例中的膜已经满足了该发明的物理特性。

另外，通过对发明技术限定至现有技术中所没有的参数而达成相关作用和效果的情况下，以下案例肯定了发明的创造性。例如：知识产权高等法院平成21年4月15日判决·平成20（行ケ）10300[纤维强化成形体]（对于弹性体合成物限定为100℃的50%系数这样的数值，指出其与引用发明在待解决的课题上不同）；知识产权高等法院平成18年3月1日判决·平成17（行ケ）10503[用于测试半导体装置的探针]（认为"表面粗糙度在$0.4\mu m$以下"这样的数值限定不仅在引用例中没有记载，还可以带来显著的作用和效果）；知识产权高等法院平成19年11月28日判决·平成18（行ケ）10250[用于船底涂料的防污剂]（针对将吡啶硫酮铜的平均粒子径限定在$1\sim 5\mu m$而达到相关作用效果的发明，判决指出虽然引用发明中开示了吡啶硫酮铜的使用，但没有关于平均粒子径的记载和启示）等。

七、数值限定发明的创造性

在特定了发明的材料和构造的基础之上，还包含用数值范围记载的发明非常多，因而关于数值范围的技术意义也成为讨论的对象。但必须注意的是，数值范围的性质并非总是一样的。

（一）具有临界效果的数值限定发明

如果发现与现有技术相比，公知的数值范围内的一部分存在显著的作用和效果，在此情况下有可能成立发明，这样的发明则被称为数值限定发明。这种发明中化学发明的例子比较多，但也存在于别的技术领域。这样的发明若要取得专利权，一般认为特定的数值范围与该边界值之外紧接的数值相比必须具有显著的作用和效果（临界效果）。数值限定发明是与选择发明相关的概念，如果与概括性的现有技术条件相比，特定的数值范围不具有显著效果，则认为该发明与现有技术是同一的，或是不具有创造性。东京高等法院平成2年9月25日判决·判例工业所有权法（2期版）309之11页［聚合用触媒］案判决对于这类发明的新颖性，认为"如本案发明与引用例所记载的发明，其触媒合成物的用途和构成成分的组成以及摩尔比方面并不存在差异，作为其构成成分之一的钡化合物的氮含量也有重叠。以上述氮含量溶质质量分数0.1%为边界值，对于在此之下和在此之上若要分别成立不同的发明，则至少需要在说明书中明确表示以该数值为界的两者具有质或者量上的本质不同的作用效果"。肯定临界效果存在的案件是东京高等法院平成10年2月24日判决·特许与企业346号55页［高纯度异麦芽糖的制造方法］。知识产权高等法院平成21年1月26日判决·平成20（行ケ）10210［汽车排气触媒载体］案判决认为：在对金属箔打蜡之时，以表面粗度Rmax在$0.7 \sim 2.0 \mu m$以上为要件具有显著的作用和效果，因而肯定了创造性。肯定了基于数值范围的创造性的案例还有东京高等法院平成9年10月16日判决·判时1635号138页［背面投影屏幕］案中，与0.3~0.7的现有技术的数值范围相比，发明的数值为0.35~0.43的情况下，判决肯定了创造性。对于该案中成为问题焦点的参数（为防止波纹的发生而选择特定的数值），现有技术认为0.5为最优，但本案发明发现了现有技术没有认识到的、在0.5之时会产生的问题，并为解决该问题而选择了0.43以下的范围，因而本案认定该发明具有现有技术难以预测到的作用和效果。东京高等法院平成15年12月10日判决·平成14（行ケ）418［用于电子元件处理的器材］案判决认为：有机物抽出量显著低于现有技术之时具有创造性。东京高等法院平成14年10月1日判决·平成13（行ケ）154［生牛粪尿急速发酵堆肥化法］案判决认为：相对于1~2天达到70℃的以往技术，8~12小时达到70~80℃的发明中的发酵法具有创造性。

（二）不以临界效果为必要的数值要件

然而，发明专利请求范围中包含了数值条件的发明并不一定都是上述的数值限定发明。东京高等法院昭和52年10月27日判决·无体集9卷2号634页［半导体装置的制造方法］案就是认定了数值限定并非认定新颖性和创造性之要件的案例。知识产权高等法院平成18年6月28日判决·判タ1223号257页［低噪音型遮光板散热器］案判决也同样认为：在依据数值以外的要件可以认定创造性的情况下，对数值加以临界效果的要求是错误的。作出同样判决的最近的案例是知识产权高等法院平成 20 年 3 月 26 日判决·平成 19（行ケ）10298［用于电磁阀的螺线管］。

与对公知的数值范围进行限定不同，对于特定为全新的数值范围的情况下，不需要证明临界效果就可以成为认定创造性的依据。根据 判例 19，并非对公知文献中的数值范围进行限定，而是对公知文献中的数值范围之外的数值范围进行特定的，不需要证明具有临界效果。知识产权高等法院平成 19 年 10 月 10 日判决·平成 18（行ケ）10232［低熔点光学玻璃］案判决认为：关于包含了对玻璃组成的数值限定、屈服点以及液相温度的数值限定的本发明，由于其与引用发明在组成上并不重复，因此"不属于选择发明的问题"，不能认为其关于特性的数值只是设计问题，从而肯定了创造性。知识产权高等法院平成 21 年 3 月 12 日判决·平成 20（行ケ）10205［强化导电性聚合体］案判决认为：关于对聚合体进行调配约碳原纤维凝集体的口径限定在 $35\mu m$ 以下这一点，任何引用发明中都没有相关启示，因而肯定了创造性。另外，知识产权高等法院平成 17 年 6 月 2 日判决·平成 17（行ケ）10112［拉伸成形容器］案判决则认为，为解决新的课题而设定的最优数值范围，除有特别情形以外，均应肯定创造性。知识产权高等法院平成 22 年 10 月 12 日判决·平成 12（行ケ）10330［经皮药剂的投递装置］案判决也同样认为，相对于数值本身的技术含义而言，鉴于以有效的涂抹厚度而附着这一视点，发明具有创造性。知识产权高等法院平成 23 年 1 月 31 日判决·平成 22（行ケ）10122［用于医药的具有安定性的制剂］案也同样是不考虑临界效果问题而肯定了创造性的案例。

知识产权高等法院平成 23 年 3 月 24 日判决·平成 22（行ケ）10214［滤嘴薄纱］案判决首先认定：关于"至少具有 0.01bar 的负压"这一数值范围，由于"对于为控制薄纱形状而使用的负压而言并不存在唯一的数值范围，在此情况下，上述数值范围实际上是关于负压的有意义的数值"，然后，以现有技术中不存在关于负压控制的任何启示为由肯定了创造性。

（三）关于数值限定没有肯定创造性的案例

东京高等法院昭和 61 年 10 月 30 日判决·无体集 18 卷 3 号 399 页［分散染料染色法］案判决中，对于在对纤维染色之时以特定比例进行苯甲酰化的发明，否定了其创造性。东京高等法院昭和 58 年 3 月 31 日判决·判时 1085 号 134 页［抵抗合成物］案同样也是没有认定数值限定的临界效果，从而认定没有创造性根据的案例。未肯定数值限定创造性的最近案例是东京高等法院平成 16 年 8 月 31 日判决·平成 15（行ケ）177［层压波长板］案（如果数值限定要件是通过材料选择而自动选定,则不能肯定创造性);东京高等法院平成16年7月22日判决·平成15(行ケ)198[燃料电池发电系统];东京高等法院平成16年9月14日判决·平成15(行ケ)216[辐射线照片记录系统的处理方法];知识产权高等法院平成19年3月30日判决·平成18(行ケ)10234[半导体曝光装置](本案中专利权人主张弹性模量在130GPa这一数值范围时具有临界效果,判决认为该数值不过是过度超出90GPa这一比较例的数值而已,因而认定其不具有临界效果);知识产权高等法院平成21年12月28日判决·平成21(行ケ)10182[用于喷墨打印机记录液的水性分散液](颜料的最大粒子径和平均粒子径分别均为周知技术,将这两者进行了组合的发明是容易想到的);知识产权高等法院平成18年2月28日判决·特许消息11925号[双层结构的实心高尔夫球](以高尔夫球的表面和内部的高度的数值限定属于周知范围或者设计问题为由否定了创造性);东京地方法院平成22年12月16日判决·平成21(ワ)3409[重金属固定剂的安定化方法](认定pH值范围与现有技术没有区别);知识产权高等法院平成23年4月27日判决·平成22(行ケ)10365[电力控制系统](认定由于没有记载数值范围的技术含义,因而是可以适当设定的)。

八、化学发明的创造性

(一)作用效果可预测性较低的发明

由于机械和器具相关发明的构成和作用效果之间的关系可预测性较高,因此如 判例14 所示,构成的类似性较高的情况下,即使用途不同也很难认定创造性。但与此相对,一般认为,化学发明特别是医药品和触媒发明的构成(化学构造和组成)和作用效果之间的关系是很难预测的。 判例19 中第一个发明的情形就是转用了上述观点从而肯定了该触媒发明具有创造性的情形。但是,该判例中第二个发明,虽然同样也是触媒发明,但判决认为其只是改变了载体而非有效成分本身,因此该构成对于从业者而言是容易想到的。

东京高等法院平成7年10月25日判决·判例工业所有权法(2期版)623之268页[邻羟烷基黄嘌呤]案中,对于否定了与公知化合物极为近似的化合物发明的创造性的审查决定,判决以其没有充分考虑作用效果的优劣和可预测性为由撤销了该决定。

知识产权高等法院平成21年1月27日判决·平成20(行ケ)10196[模

片键合材料］案中，针对通过使用由特定单体组合而成的聚酰亚胺树脂从而得到特定作用效果的发明，判决认定其相对于在同样的用途上使用了具有广泛构造的聚酰亚胺树脂的现有技术而言，具有创造性。知识产权高等法院平成 20 年 3 月 26 日判决·平成 19（行ケ）10138［含有气泡的热熔型粘着剂］案判决认为：即使不看防止气泡消失这一作用效果，仅关于添加碳酸钙这一点就不是容易想到的。

对于化学发明而言，还存在通过对成分进行组合是否具有加乘效果这一问题，判例15即为认定了这一问题的案例。知识产权高等法院平成 19 年 5 月 29 日判决·平成 18（行ケ）10396［环氧树脂合成物］案中，虽然专利权人主张通过组合使用所选择的材料具有提高阻燃性这一作用效果，但判决并未予以认可。知识产权高等法院平成 22 年 11 月 10 日判决·平成 22（行ケ）10108［两性分子复合体］案判决认为本案发明并非特定用于皮肤再生的用途发明，因此没有采纳申请人关于皮肤再生效果较高的这一主张。

知识产权高等法院平成 23 年 3 月 10 日判决·平成 22（行ケ）10170［缺陷重组病毒］案中，对于没有记载有用性的具体结果的发明，判决以公知文献示明了该技术的可能性为由否定了发明的创造性。

（二）中间体发明

在发明化学物质之时，有时会针对其中间体提出专利申请。而在判断中间体发明的创造性之时是否可以考虑最终生成物的创造性则成为问题。东京高等法院平成 9 年 5 月 29 日判决·知裁集 29 卷 2 号 564 页［d, 1－2－（6－甲氧基－2－萘基）丙酸的分割］案判决认为：针对以光学分割为目的的中间体发明，不应以其最终生成物的效果来判断其创造性。

（三）产品过程发明

有的化学发明记载为包含了制造方法的物质发明，这样的发明形式被称为产品过程发明。关于这种发明，在侵害专利权的案件中既有关于解释技术范围的议论，也有关于在判断新颖性和创造性之时对制造方法的部分应如何处理的问题。东京高等法院平成 14 年 6 月 11 日判决·判时 1805 号 124 页［用于光盘制造的聚碳酸酯成形材料］案中，关于采用产品过程形式的"发明，在判断专利要件之新颖性和创造性之时，虽然对于该制造方法要件作为特定发明对象物质构成的要件，有必要探讨和判断其具有何种意义，但并没有必要在此之上探讨该制造方法本身的新颖性和创造性等"。该案值得研究之处在于：判决认定该物质的构成要件是二氯甲烷的含量在 1ppm 以下，而引用文献中并未记载 1ppm 以下的数值，而是记载"可检测界限以下"，从而认定设定在 1ppm 以下是容易的。知识产权高等法院平成 18 年 12 月 7 日判决·平成 17（行ケ）10775［用于扬声器的振动板］案虽然不是与化学发明有关的案例，但该案判决指出以下一般结论：不得将产品过程发明中所包含的方法要件作为与公知物相区别的依据。

判例 19　东京高等法院平成 4 年 11 月 5 日判决·知裁集 24 卷 3 号第 980 页 ［含有氧化氮的废气处理方法］
【对于与触媒反应相关发明的创造性进行了判断】
〈案件事实〉
　　在补正无效宣告的审查决定撤销诉讼中，两个发明的创造性成为争议焦点。发明专利请求范围的记载如下所述。
　　第一个发明是"将含有氧化氮的废气置于与氨气共存的状态，在 150～250℃ 的状态下使之与活性炭相接触为特征的废气处理方法"。
　　第二个发明是"将含有氧化氮的废气置于与氨气共存的状态，在 150～250℃ 的状态下使之与附着有钛、铬、锰、铁、钴、镍、铜、钼以及钨中的一种元素的活性炭相接触为特征的废气处理方法"。
　　关于第一个发明的引用例一公开了"将含有氧化氮的废气置于与氨气共存的状态，使之与活性炭相接触为特征的废气处理方法"。换言之，其与第一个发明的不同点在于有无温度限定。判决将第一引用例的公开内容解释为其所指适合温度范围在 90～120℃，并以 130℃ 为限。在此基础上，判决对第一个发明中关于反应温度数值限定的意义进行了探讨。另外，原告援用引用例二（与氨气共存的状态下在 200℃ 使用活性炭）作为公开了第一个发明的温度条件的公知例，该引用例的目的是去除硫氧化物。
　　而关于第二个发明的引用例四和引用例五所公开的金属触媒载体并非活性炭，而是氧化铝和硅胶等，但其他的内容均与第二个发明相同，引用例三中则有将活性炭作为触媒载体而使用的启示。
〈判决要旨〉
　　第一，关于第一个发明。"显而易见，引用例二所记载的发明是使硫氧化物和氨气发生反应的方法，与补正的第一个发明和引用例一所记载的、使氧化氮和氨气发生反应的方法发明在反应系（反应的种类）上完全不同。一般而言，触媒被使用的反应系不同，其活性也会产生显著差异，转用于其他反应系的可能性很小，因此不能将引用例二记载的发明和引用例一记载的发明进行组合来判断补正的第一个发明的容易推测性"。

"在补正发明所属的化学发明领域中，如果对发明专利请求范围的数值加以限定，则该数值限定的技术含义一般依据该限定是否使该发明的作用效果具有显著性来决定。而该作用效果的显著性必须基于说明书的记载来判断。将本案发明所限定数值范围内的温度与上述认定的以最高限度为130℃的引用例相比，这种情况与将本案发明同没有限定的引用例相比不同，并不要求本案发明与该数值限定范围外紧接的数值相比具有作用效果上的急剧变化，而只要与130℃附近的温度相比明显具有显著的作用效果即可"。

第二，关于第二个发明。"若发明的构成是可以预测到的，则通过组合现有技术所达到的作用效果通常只是这些现有技术所具有的作用效果的总和。若要认定发明的作用效果是不可预测的，则必须要求该发明所具有的作用效果是超过了现有技术所具有的作用效果总和的特别作用效果。因此，仅仅比多个现有技术的结合中的某一构成（方法）优越并不足够"。

〈评论〉

本案是涉及与创造性判断有关的三个重要问题点的案例。

"触媒发明转用于其他反应系"。关于第一个发明，本判决没有认可将去除硫氧化物的引用例二作为容易推测性的判断依据。将触媒转用于其他反应系，构成会产生很大变化，因此原则上可以认定具有创造性。

"数值限定的意义"。如本判决所示，若引用例与本案发明限定了不同的数值范围，则只要本案发明相对于引用例的条件具有显著的作用和效果即可，而并无必要证明所谓的临界性。这一点也值得参考。

此外，如判决要旨所述，作用效果的显著性判断原则上应基于说明书记载进行。因此，在制作包含数值限定的发明的说明书之时必须特别注意。

"构成具有容易性的情形及其效果"。关于第二个发明的判决要旨中首先认定了对于从业者而言，将引用例四和引用例五中的触媒载体（氧化铝等）变换为引用例三中的活性炭是容易想到的。换言之，在通过组合现有技术而得的构成被判断为不具有创造性之时，该判决要旨还探讨了通过作用和效果来认定创造性的要件因而值得参考。

判决要旨表明，在上述情况下，该发明的作用和效果必须是超过了各个现有技术的作用效果总和的显著作用效果。一般可以理解为这是要求具有所谓的加乘效果。

九、创造性有无的举证

关于举证责任，东京高等法院昭和 60 年 3 月 28 日判决·判夕 553 号 274 页［三氧化锗］案判决认为：当驳回理由为缺乏创造性之时，须由专利局主张和证明发明专利请求范围中所记载的化合物和引用例所记载的化合物为同一物。

用以否定创造性的证据要件基本上与证明公知性的证据相同。使用公知文献（出版物）来证明的情形最多，但也有依据公然实施品而认定容易想到的案例（东京地方法院平成 17 年 6 月 17 日判决·判时 1920 号 121 页［低周波治疗器］）。另外，知识产权高等法院平成 19 年 9 月 26 日判决·判时 2013 号 131 页［波形显示装置］案判决认定，符合发明的各个构成要件的机器在同一场所组合、公然使用，并达到了发明同样的目的之时，将这些机器构成为一个装置是容易的。

然而，还存在以下几个特殊问题。

（一）无法实施或者实施困难的公知发明

若引用例记载的发明无法实施，则一般认为其作为同一性的证据尚不充分（申请中的发明应该为可能实施的，与引用例发明存在一定差异），但在判断创造性之时，即使现有技术本身是无法实施的，只要基于该现有技术的启示容易得到可能实施的发明，则逻辑上可以无法实施的现有技术为根据来否定创造性。依据上述观点就可理解 判例20 。东京地方法院平成 18 年 1 月 30 日判决·判时 1931 号 137 页［高周波螺栓加热器］案判决也同样认为，即使出版物的记载之中仅仅公开了实施困难的构成，但只要将其所公开的技术思想应用于其他引用发明并不存在困难，就应认定缺乏创造性。

另外，知识产权高等法院平成 22 年 12 月 22 日判决·平成 22（行ケ）10163［管饲营养液］案判决认为：对于作为现有技术而引用的出版物中的记载而言，若具有同一构成的物是可以入手的，则没有"必要具体公开物的性质和状态"。

判例20 东京高等法院平成元年 11 月 28 日判决·特许与企业 253 号第 40 页［搬运装置］

【即使引用例记载的发明无法实施，也可以将其作为判断创造性的资料】

〈案件事实〉

针对驳回申请决定，申请人主张专利局引用无法实施的第一引用例是错误的。

〈判决要旨〉

"由于上述引用例是作为对本案发明授予专利的驳回理由的根据而引用，而这不过是为判断本案发明创造性而用其技术思想作为比较对象而已。因此，该技术是否为可能实施的不予考虑（换言之，即使引用例记载的发明无法实施，只要其中记载有一定的技术思想，就可以将该思想作为比较的对象）"。

〈评论〉

本案是有关机械发明的案件，所谓无法实施的主张即引用例的记载欠缺具体性。与其说无法实施，不如说实施困难更为恰当。然而，即使某一引用例无法实施或者实施困难，仍然可以依据和其他引用例的组合而认定本案发明的容易性。判决肯定了驳回申请的审查决定。

（二）周知技术

主要以公知文献中周知技术的组合作为缺乏创造性无效理由的构成的审查决定和判决非常多。关于周知技术这一用语专利法中并没有规定，但是在实践中，如果是任何从业者都知道的技术，则一般被认定为现有技术，即使是在专利局审理的阶段没有提交审理的证据，也可以在诉讼阶段提出以证明周知技术（东京高等法院平成13年11月1日判决·特许消息10719号、10720号、10721号［碳膜涂层饮料用瓶］）。东京高等法院平成14年11月12日判决·特许消息11026号［电动工具］案判决认为：即使在审查决定以前告知专利权人相关周知技术的文献，也不构成违法。在这一点上，是通常所说的现有技术还是周知技术，在法律上的效果不同。另外，为证明申请当时的技术水平而提出申请之后的出版物也是被允许的（最高法院昭和51年4月30日判决·判夕360号148页［气体激光放电装置］）。

组合主要公知文献之时，实务中的倾向是相比于通常的公知文献，更容易认定周知技术的组合可能性。如判例46所示，专利发明中使用"图标"与主要公知文献中的"菜单项"不同，判决认定两者均是周知的技术事项，"作为运行所定信息处理功能的手段，采用'图标'或'菜单项'的任何一种，均是根据需要由从业者进行适当选择的技术性设计事项"，从而否定了专利发明的创造性。知识产权高等法院平成23年3月3日判决·平成22（行ケ）

10146［牙缝清洁器的制造方法］案判决认为：将大型产品的制造相关的周知技术适用于牙缝清洁器这样的小型产品的制造方法，应该只探讨该技术本身，这种情况不具有阻却事由。知识产权高等法院平成 23 年 3 月 8 日判决·平成 22（行ケ）10273［包装用铝箔］案判决认为：虽然对于通常现有技术的组合而言，相关启示和动机是必要的，但"不过是在应用惯用技术的情况下，则不一定要示明动机等"。

但是，周知技术的引用也存在限制。东京高等法院昭和 61 年 10 月 23 日判决·无体集 18 卷 3 号 381 页［废气净化装置］案判决认为："若要认定采用引用例记载发明中的一定周知技术就容易得出专利申请中发明的构成，则其前提条件是：该周知技术的内容是适合上述适用的（即适用上的适合性），并且，从技术合理性的角度来看，适用该周知技术从而得出专利申请中发明的构成是可能的，或者是相当于上述情况的情形。"

另外，东京高等法院平成 2 年 7 月 31 日判决·无体集 22 卷 2 号 457 页［叶片泵］案判决认为：单纯为了解技术水平或者为明确出版物记载的内容的另当别论，在专利局审查和诉讼阶段新提出关于容易性本身的周知技术文献的，等于提出新的驳回理由，因此在专利权人没有补正机会的请求撤销审查决定的诉讼中不能被允许。

东京高等法院昭和 60 年 3 月 12 日判决·无体集 17 卷 1 号 26 页［出租车顶显示装置］案虽然是认定在请求撤销审查决定的诉讼中可以新提出有关周知技术的证据的案例，但该案中的周知技术为"在汽车的顶部以可安装和拆卸的方式设置显示灯"等，将其认定为周知技术确实是妥当的。东京高等法院平成元年 5 月 25 日判决·无体集 21 卷 2 号 371 页［转向拉杆］案则是援用周知技术认定技术方案极为容易设计的案例。

以下举出一些通过适用周知技术或者技术常识而认定容易性的案例。东京高等法院平成 8 年 1 月 31 日判决·特许消息 9406［塑料成型机］案判决以周知技术为前提，认定想到发明构成的容易性。东京高等法院平成 11 年 11 月 16 日判决·特许与企业 362 号 44 页［纸牌玩具］案判决以计算机游戏发明的不同点是惯用技术等为由否定了创造性。东京高等法院平成 13 年 10 月 23 日判决·判时 1813 号 127 页［回归反射膜］案判决认定，从多个公知文献来看，应当认为本案专利发明"'当场硬化'结合部组织"这一想法并无特殊困难。这也是基于对技术水平的认定而判断容易性的案例。东京高等法院平成 15 年 2 月 25 日判决·特许消息 11064 号［单斗挖掘机］案就是针对关于实用新型的无效宣告援用了周知技术的例子。东京高等法院平成15年2月27日判决·特许消息11069号［小土豆］案判决认定，从现有技术和周知技术来看，选择安第斯山脉原产的马铃薯与一口大小的小土豆进行交配和制造的方法是容易的。东京高等法院平成15年3月17日判决·判时1820号121页［用于配线的地板镶板］案判决认为：当存在无效宣告的确定决定之时，追加周知技术以作为无效事由并不适用一事不再理原则，从而认定了容易想到性。东京地方法院平成18年3月22日判决·判时1987号85页［生理活性蛋白质的制造方法］案判决对于该案发明与现有技术的不同点，认为"以往的技术常识所确定的一般手法的使用，对于从业者是容易想到的"。最近的适用了周知技术的例子有：知识产权高等法院平成22年12月28日判决·平成22（行ケ）10126［电子地图信息提供方法］；知识产权高等法院平成22年12月28日判决·平成22（行ケ）10208［混凝土平板内部修补构造］；知识产权高等法院平成22年10月27日判决·平成22（行ケ）10071［算式编纂系统］；知识产权高等法院平成22年11月1日判决·平成22（行ケ）10035［口服液剂］；知识产权高等法院平成23年2月1日判决·平成22（行ケ）10133［综合营养输液制剂］等。

而认定对周知技术的引用不当的案例有知识产权高等法院平成21年12月22日判决·判时2091号75页［一次性身体温热带］案判决认为：将与引用发明在意义和功能上本质不同的参考例的一部分作为周知技术进行组合的无效事由并不妥当。知识产权高等法院平成22年5月12日判决·判时2095号108页［光照射处理装置］案中，对于将组合引用发明和周知技术而得到的装置X作为基本现有技术，再与其他引用发明进行组合，从而否定创造性的主张，判决认定其不成立。

（三）设计事项

认定缺乏创造性的情形中，标准的手段是将记载了主要公知文献中没有记载的专利发明构成要件的其他公知文献进行组合。但是，最近的判例中，有很多例子并不引用明确指出了不同点的其他公知文献，而是认定专利发明的构成"不过是从业者合理采用的设计事项"。这种情形即使不引用文献也容易想到该构成，与作用和效果并不相关（大阪地方法院平成17年9月22日判决·判时1935号148页［过滤装置］；知识产权高等法院平成21年8月25日判决·判时2059号125页［切削方法］；东京地方法院平成21年2月27日判决·判时2082号128页［笔夹装置］）。还有案例采用不同观点，认为说明书中没有示明技术含义的构成要件属于设计事项，在判断创造性之时不予考虑（知识产权高等法院平成 23 年 4 月 27 日判决·平成 22（行ケ）10194 [旋转插座]）。

然而，是否为设计事项成为判断的分歧点，在与引用例存在课题上差异的情形下，撤销了认为不同点只是设计事项的审查决定的案例有：知识产权高等法院平成 21 年 9 月 1 日判决·判时 2070 号 118 页 [墨盒]；知识产权高等法院平成 21 年 10 月 22 日判决·判时 2080 号 69 页 [化妆棉材料]。

第五节　与在先申请的关系

一、概说

对于希望获得专利登记的发明而言，不仅其与现有技术的关系成为问题，其与本人或他人提出的申请之间的关系也成为问题。在甲申请的申请日之后，在专利局公开该申请之前出现了针对同一发明的乙申请之时，由于对同一发明不得成立双重专利权，因此乙申请将被驳回（第 39 条第 1 款）。如果甲、乙申请在同一天提出，则交由申请人协商处理（该条第 2 款）。

发明专利法第 39 条所规定的排除在后申请的效力，其目的在于排除双重专利，因此只有记载于在先申请中的发明专利请求范围中的发明才具有效力。若在先申请被放弃、撤销、不予受理或者驳回申请的决定确定之后，则失去排除在后申请的效果（该条第 5 款。1998 年专利法修改以前，即使是被驳回的在先申请也具有在先申请的地位）。

然而，由于第 39 条规定的排除在后申请的效力不够充分，1970 年新设了第 29 条之 2 的规定，根据该规定，以在先申请的说明书已经公开或者公告（即已经公知）为条件，不仅发明专利请求范围中所记载的发明具有排除在后申请的效力，在先申请当时的说明书中所记载的发明也具有排除在后申请的效力。第 29 条之 2 不仅扩大了在先申请排除在后申请的技术范围，还使得迅速审查成为可能（根据第 39 条，在先申请的发明专利请求范围的记载确定之前，也就是对在先申请的处理确定之前，不能进行对在后申请的审查。但如果适用第 29 条之 2，则可以基于在先申请当时的说明书来进行对在后申请的审查）。由于该规定的设立，适用第 30 条的情形变得极为有限（除了处理基于同一申请人的先后申请之间的关系，以及同一天的申请之外没有必要适用）。

二、与在先申请的同一性（第39条）

适用第39条而判断在先申请和在后申请的发明专利请求范围所记载的发明同一性，并不是对发明专利请求范围的记载进行形式上的对比，而是对说明书和周知技术也一并考虑从而进行实质的同一性判断。

认定了第39条规定的同一性的案例除了 判例21，还有东京高等法院昭和61年9月9日判决·无体集18卷3号307页［无缝磁铁卷］。该案中，驳回申请的审查决定中引用了在先申请，而本案发明的申请人主张在先申请是无法实施的，而判决没有认可该主张，维持了驳回审查决定。另外，东京高等法院昭和58年6月23日判决·无体集15卷2号512页［单镜头反光照像机曝光量控制装置］案判决对周知技术进行考虑后认定，在先申请发明的上位概念与本案发明为同一发明。东京高等法院昭和57年1月26日判决·判时1046号116页［硅酸钙系成形体］案判决认为：对在先申请施以常规成形手段而得到的发明与在先申请为同一发明。东京高等法院昭和52年10月5日判决·判夕364号278页［充油电缆的制造方法］案判决认为：即使存在方法发明和装置发明这样发明类型的差异，本案申请与在先申请仍然具有同一性。

东京高等法院平成14年1月14日判决·判时1811号120页［建筑物的骨架构筑方法］案中，关于第39条规定的同日申请发明的同一性（装置发明与该装置的使用方法发明的情形），判决认为："若同日申请的装置发明的使用方法只有本案方法发明一种，则即使两发明类型不同，也应认定其为同一发明。但是，若同日申请的装置发明的使用方法不仅限于本案方法发明，则不能认为两发明为同一发明。"

东京高等法院平成13年3月28日判决·特许消息10729－10731号［Kilby275专利］案判决认为："虽然不得不承认，本案发明与原发明在说明书中关于发明专利请求范围的记载有差异，因而导致其所包含的范围产生差异，但对于从业者而言，并不能通过综合说明书中对发明的详细说明中所记载的发明目的、作用效果和实施例等，将该发明专利请求范围中记载的差异作为两发明技术思想的差异而理解。两发明即使在发明专利请求范围的记载上存在差异，也应当认定为实质上是同一的发明。"

判例21 最高法院平成5年3月30日判决·判时1461号第150页[数值控制通电加工装置]

【虽然发明专利请求范围的记载之间存在差异,仍然认定了与在先申请的同一性】

〈案件事实〉

所谓放电加工,是指通过放电在金属板上开孔或进行切断的技术。利用计算机对放电的电极轨道进行控制,可以制造形状复杂的金属制品。而由于电极与进行加工的金属材料极为接近,因而会发生短路。本案发明专利请求范围在记载了放电加工机的一般构成之上,还记载了该发明的特征是在发生短路之时,第一,使程序(记忆媒体)逆转;以及第二,使装置回退(可使加工材料或者加工电极与上述追踪轨迹呈相反方向前进)。

在先申请的发明专利请求范围虽然明确记载了放电加工机的一般构成,以及发生短路时使程序逆转这两点,但并未记载使装置回退这一点(判决的原文为"反方向轨迹的构成")。

因此,原审(东京高等法院)认定,在先申请不包括反方向轨迹的构成这一点与本案专利不同。

与此相对,上告人主张:在先申请的说明书中同样也公开了在发生短路时可使之进行反方向轨迹运动,在先申请的发明专利请求范围中"短路时使上述带子向反方向移动"这一记载的含义就是(按照逆转程序)使加工物或加工电极向反方向移动,因此反方向轨迹构成实质上已被记载于在先申请的发明专利请求范围中。

〈判决要旨〉

"本案发明与在先申请发明所指对象的通电加工装置中,特别是在使用线状电极而进行任意连续形状加工的形态上,若采用在先申请发明的'短路时使上述带子向反方向移动的控制装置'这一构成,则其作用不外乎在于使加工电极向与追踪轨迹相反方向前进,因此在先申请发明显然是包含有反方向轨迹这一构成的。毫无疑问,关于本案的通电加工装置,本案发明和在先申请发明系采用同一构成,作为结论,应当认为本案发明被在先申请发明所包含,与在先申请发明为同一发明"。

〈评论〉

本案专利发明与在先申请中发明专利请求范围的记载在形式上存在差异这一点毫无疑问。然而判决认为本案发明被在先申请发明所包含,并且对于在先申请而言，在短路时只要逆转程序，其结果只能是加工电极向追踪轨迹的反方向前进（其依据是在先申请说明书中，作为发明专利请求范围的实施形态而公示了与本案发明相同的构成），据此，认定了两发明的同一性。

三、在先申请范围的扩大

（一）概说

适用第 29 条之 2 的情况下，在先申请当时的说明书中在发明专利请求范围之外记载的发明也可成为排除在后申请的根据。在先申请说明书的同一性判断基本上和公知文献的同一性判断相同，但是由于这并不涉及是否具有创造性的问题，因此了解判例所认定的同一性的界限更为重要。

关于第 29 条之 2 的适用，存在以下两个重大的问题：一是可以排除在后申请的是否只有作为发明而记载的事项，而不包括比较例等事项（ 判例 22 ）。二是在先申请说明书中的公示可以在何种程度上通过其他文献进行补充（ 判例 23 ）。

另外，明示了在先申请的撤销并不影响第 29 条之 2 适用的案例是东京高等法院平成 2 年 7 月 19 日判决·无体集 22 卷 2 号 402 页［氯乙烯水性悬浮聚合法］。

适用在先申请的扩大之时的在先申请中若伴随有优先权主张的情况下，认定优先权无效、优先权日不能作为基准日的案例有东京高等法院昭和 60 年 12 月 19 日判决·判夕 620 号 175 页［采用液晶光学调变的显示器装置］；知识产权高等法院平成 19 年 12 月 26 日判决·判时 2008 号 122 页［无碱玻璃］。此外，关于第 29 条之 2 的适用，在先申请和在后申请的发明人同一性也成为问题。东京高等法院平成 10 年 9 月 22 日判决·特许与企业 353 号 51 页［高速电镀法］案判决认为：若在先申请的发明人承认其是在已经知晓本案发明的情况下作出在先申请的，则在先申请发明的真正发明人应为本案申请的发明人，因此不适用第 29 条之 2。关于实用新型法第 3 条之 2 的适用，有东京高等法院昭和 60 年 10 月 23 日判决·无体集 17 卷 3 号 493 页［具有双铰链连接体和中央焦点调节装置的望远镜］案（该判决认为：请求范围的语句中以括号形式附加的记号原则上不具有对请求范围所记载内容进行限定的功能，不能作为与在先申请进行区别的根据）。

若在先申请与本案申请的申请人为同一人，则不适用发明专利法第29条之2（实用新型法第3条之2）（该条但书）。但在共同申请的情况下，则要求全部申请人均相同（东京高等法院平成12年10月11日判决・判时1741号142页［附镜头胶片组］）。

（二）比较例的处理

关于第29条之2的适用，有观点认为并不及于在先申请当时的说明书全部记载，而是应该将其限定在主动作为发明而记载的部分。

认为比较例也可作为驳回在后申请之根据的案例是 判例22。另外，东京高等法院平成元年11月30日判决・特许与企业253号68页［热塑性弹性体］案中，对于基于"比较例"而驳回的审查决定，判决认为："既然基于说明书当时关于发明的记载而驳回在后申请，则该记载内容必须是针对特定技术事项公开具体技术思想，在补正或者分割的情况下，则该记载内容必须是可以记载在发明专利请求范围之中的事项。为证明该申请中发明的新颖性和创造性的说明资料和比较资料而使用的以往技术、其他的实验例以及发明的生成过程中关于中间物质的记载等，不能成为该法第29条之2所规定的可用以驳回在后申请的发明。"然而，在参考本判例时，必须注意本判决一般论的用语稍微过度，在事实关系上，用以认定发明公示的比较资料内容并不充分。

即使在先申请的发明人认为比较例（即劣于实施例而不符合发明目的的例子）并无专利请求的价值，也并不妨碍他人针对同样内容提出专利申请。问题的关键并不在于是否作为比较例而公开，而是在于是否公示了可认定为发明的内容。

判例22 东京高等法院平成3年1月21日判决・知裁集23卷1号第1页［胶带］

【在先申请中作为比较例而公示的发明也可成为排除在后申请之根据】

〈案件事实〉

在先申请说明书将本案申请所特定粘着力数值范围中的胶带作为"比较例"而公示。当事人主张在先申请中该"比较例"并非作为发明而公示。

〈判决要旨〉

"作为在先申请可以排除在后申请的技术方案或者发明，只要是'申请书所附说明书或者图像中记载'的内容即可，并不一定仅指发明专利请求范围中记载的技术方案和发明。"

"因此，如上所述，引用例中比较例 1 所记载的内容是一份发明，因此应当认定其为实用新型法第 3 条之 2 规定的可以排除在后申请的发明。"

〈评论〉

本案判决要旨意在说明：由于第 29 条之 2 规定的根本思想是，对于已经向专利局提交的在先申请说明书中向意图公众公示而记载的技术内容，没有必要再赋予他人专利权。因此无理由区别是作为实施例记载于在先申请的说明书中，还是作为比较例而公开。

（三）同一性的认定方法

虽然第 29 条之 2 赋予了在先申请的说明书全部以排除在后申请的效力，但这并不意味以基于在先申请容易达成的程度为依据就可排除在后申请。有的案例在参考在先申请说明书记载的基础上还参考其他现有技术，因而很难区别其为同一性的认定还是创造性的判断（东京高等法院平成 2 年 7 月 19 日判决・无体集 22 卷 2 号 402 页 [氯乙烯水性悬浮聚合法]）。还有案例认为对其他文献的参考应仅限于为解释在先申请本身这一目的（判例 23）。

关于第 29 条之 2 的适用，认定了与在先申请同一性的案例如下。东京高等法院平成元年 3 月 29 日判决・无体集 21 卷 1 号 255 页 [具有热绝缘膜的冷冻柜] 案判决认定了冷冻柜和贮藏库的同一性。东京高等法院昭和 63 年 9 月 13 日判决・无体集 20 卷 3 号 401 页 [导电性纺织品纤维] 案中，虽然相对于将导电性粒子以特定形态分布在长丝周围这一发明，在先申请的纤维仅记载了"含有进入纤维表面层中的导电性物质粒子"，但判决认定两者实质上是同一的。东京高等法院平成 8 年 7 月 31 日判决・特许与企业 332 号 57 页 [感热式打印机喷头] 案中，对于当事人关于认定与在先申请的实质同一性之时，须依据对实施例乃至产品化进行实验的结果这一主张，判决认为应当基于发明要旨来认定，从而驳回了上述主张。

东京高等法院平成 16 年 8 月 31 日判决・平成 13（行ケ）267 [ITO 溅射靶] 案判决依据与现有技术在制造工艺上的同一性，认定了与在先申请的物质发明的同一性。其他认定了同一性的案例还有：东京地方法院平成 13 年 4 月 25 日判决・判时 1755 号 151 页 [抗震闭锁装置]（驳回关于国内优先权的主张，认定与在先申请的实质同一性）；大阪地方法院平成 14 年 7 月 4 日判决・特许消息 10920 号 [压榨成形]（用于特定在后申请的事项，是针对用于特定在先申请的事项附加、删除和转换周知技术和惯用手法而成，并且也不产生新的效果，在此情况下上述不同点为实质同一）；知识产权高等法院平成 19 年 11 月 29 日判决·平成 19（行ケ）10022［喷墨打印方法］（对于在先申请和本案发明之间乍看之下的不同点，并不特别引用其他文献，仅凭技术常识认为本案申请的形态在在先申请发明中也可能产生，从而认定了同一性）。

然而，否定了与在先申请同一性的案例有：东京高等法院昭和 61 年 4 月 10 日判决·判时 1216 号 125 页［气体中的水银去除法］（参酌显著效果）；知识产权高等法院平成 19 年 2 月 6 日判决·平成 18（行ケ）10152［电子接线系统］（判决认为：虽然将无效宣告请求人所引用的公知文献中记载的周知技术应用于在先申请是容易想到的，但并不能基于在先申请的记载而认定这种应用是显而易见的）。

判例 13 的树脂合成物的发明中，对于为区别于技术思想不同，重复记载了树脂组成的在先申请，作出了所谓"除外要求"的专利发明，判决肯定了基于除外要求而产生的区别的有效性。知识产权高等法院平成 22 年 3 月 30 日判决·平成 21（行ケ）10144［含茶氨酸的合成物］案判决也认定用途发明中将与在先申请相重合的用途除外的要求是有效的。

关于化合物发明，在先申请中抽象地记载的化合物是否能够成为在后申请发明中关于具体化合物发明的驳回理由，知识产权高等法院平成 21 年 11 月 11 日判决·平成 20（行ケ）10483［六胺化合物］案判决认定，若要驳回在后申请，则在先申请中至少必须载明具体的化合物构造。

东京高等法院平成 13 年 4 月 25 日判决·特许消息 10619 号、10620 号［木薯淀粉］案判决认定若在先申请的发明尚未完成，则不具有排除在后申请的效力。

判例 23　东京高等法院昭和 60 年 9 月 30 日判决·无体集 17 卷 3 号第 428 页［胆固醇定量法］
【对解释在先申请说明书之时参酌现有技术进行了限制】
〈案件事实〉
本案申请发明专利请求范围记载如下：
"以使结合型胆固醇游离并继而用公知方法测定游离胆固醇，在对总胆固醇或结合型胆固醇进行定量之时，使用胆固醇酯酶使结合型胆固醇从微生物游离为特征的胆固醇定量法。"

在先申请发明中，虽然公开了与本案申请的方法具有同样原理的胆固醇测定法，但问题在于是否公开了下划线标出的"从微生物而得的胆固醇酯酶"。在先申请说明书中只记载了"具有胆固醇酯加水分解酵素活性的化学药品系"，而并未有从"微生物"所得胆固醇酯酶的相关具体记载。但是，专利局依据其他公知文献认定，在先申请提交时，从微生物所得的胆固醇酯酶已经公知，因此在先申请中的胆固醇酯酶中包含了从微生物所得之物，从而肯定了同一性。

〈判决要旨〉

"诚然，依据无争议的甲第五项证据（佳丽宝申请说明书，昭和48年1月9日公开），可以认定上述说明书中有关于从微生物所得胆固醇酯酶的记载。并且，在解释说明书记载之时，并不是不允许参酌在其申请之前（有优先权主张的情况下则在优先权日前）的现有技术或公知事实，但是，这种参酌仅限于可从该说明书本身知晓的具体内容。而对于如上引用的极为抽象的记载而言，采用上述解释方法则会在技术上不当扩大说明书记载的内容，给予当事人以相对于在后申请人的不当有利地位，因而是不妥当的。因此，针对本案申请中的发明，若是判断发明专利法第29条第2款所规定的创造性则另当别论，但若是判断本法第29条之2第1款所涉及的与在先申请发明的同一性之时，不应参酌佳丽宝申请说明书的上述记载。"

〈评论〉

本案原审的认定未明确区分同一性认定和创造性认定标准之间的差异，基本上相当于讨论了创造性的有无问题。本判决排除了通过其他公知文献来对在先申请进行补充，指明了创造性的判断和与在先申请同一性的判断标准不同。但是，最近的判决中与创造性判断的界限并不明确的案例亦有不少（知识产权高等法院平成19年3月26日判决·平成18（行ケ）10296［记忆体］；知识产权高等法院平成18年5月31日判决·平成17（行ケ）10681［多层配线基板的制造方法］；知识产权高等法院平成18年5月30日判决·平成17（行ケ）10420［信息供给系统］）。

第六节 说明书记载

一、概说

专利登记的其他要件中较为重要的是说明书记载的合法性。发明专利法第36条规定，发明专利请求范围的记载和发明详细说明的记载必须符合要求。判例上专利有效性的相关问题有发明详细说明的实施可能要件（第4款第1项）问题，以及发明专利请求范围的记载要件（第6款第1项）和明确性（第6款第2项）问题。1994年修改前的发明专利法中虽然表达略有差异，也规定了实施可能要件和记载要件（关于第36条修改的沿革参照第105页"实务指南"）。关于发明专利请求范围和发明详细说明相关问题则参照第一编第一章第三节一、（一）。

由于专利发明的含义需要以发明专利请求范围的记载来确定，因此该记载本身必须在即使脱离发明详细说明的情况下也是明确的。此外，对于发明专利请求范围中所记载发明的全部，必须在发明详细说明中有充分的公示。

由于申请人是以向公众公开发明为代价而取得独占性权利，而向公众的公开是通过专利说明书进行，因此可以说，说明书的记载符合要求是专利制度最为重要的事项。

申请人所取得的权利不得超过其所公开发明的范围。然而，另一方面，发明人可以取得的权利并不仅限于具体公开的事项这一点，也是发明专利法的常识。定义抽象的发明专利和说明书公开之间的关系经常成为问题。关于这一点，虽然条文有所不同，但1994年修改前第36条的相关判例在现行法下也具有参考价值。

二、明确性（第36条第6款第2项）

若发明专利请求范围中的用语本身不明确，就会导致专利权的范围不明确，因此要求其具有明确性是理所当然的。但是，判例允许在某些情况下通过参酌说明书来明确其含义。

有多个案例中，对于"平均粒径（平均粒子径）"这一用语是否具有明确性产生争议。东京高等法院平成17年3月30日判决·平成16（行ケ）290［线状低密度聚乙烯复合膜］；知识产权高等法院平成21年3月18日判决·平成 20（ネ）10013［远红外线辐射体］（原审大阪地方法院平成 19 年 12 月 11 日判决·平成 18（ワ）11880）均认定，关于平均粒子径在说明书中没有定义和测定方法的记载之时，违反明确性要求因而专利无效。而知识产权高等法院平成 19 年 2 月 21 日判决·平成 17（行ケ）10661［低密度乙烯－α－烯烃共聚物］案判决鉴于该案发明的相关具体情况，认定测定法已特定，因而专利具有有效性。

知识产权高等法院平成 22 年 8 月 31 日判决·判时 2090 号 119 页［具有伸缩性包衬复面纸的吸收性物品］案判决关于明确性指出："不允许将发明相关技能、特性、待解决课题和作用效果发明的技术含义公开解释为发明专利请求范围记载的要件。"知识产权高等法院平成 22 年 3 月 24 日判决·特许消息 12778 号［高强度合金化熔融镀锌钢板］案判决关于明确性的要件亦指出："如果对发明专利请求范围关于构成的记载可以作出唯一的理解，则视其为已经特定的问题是充分且必要的"，据此，判决认定"铁酸盐中混有容积率在 3% 以上 20% 以下的马氏体以及残留奥氏体"这一记载是明确的，驳回了被告关于没有规定马氏体和残留奥氏体的含量明细就不满足明确性要件这一主张。知识产权高等法院平成 22 年 8 月 9 日判决·判时 2101 号 113 页［合成树脂制窗材料］案就是参酌说明书记载和技术常识从而肯定了发明专利请求范围的明确性和实施可能性的案例。知识产权高等法院平成 22 年 9 月 30 日判决·平成 21（行ケ）10353［金银毕奶酪制品］案中，对"处于即使拉伸连结部分也不会剥落的状态的一体化"这一要件，审查决定认定该要件中拉伸连结部分的力量大小不明确，但判决撤销了上述决定，认为对其做一般性理解即可。知识产权高等法院平成 22 年 11 月 30 日判决·平成 22（行ケ）10085［具有按摩功能的医疗器械］案判决针对"保持安定"这一效果记载，认定其已明确到了容易理解的程度。

认定违反明确性要件因而专利无效的案例有：知识产权高等法院平成 21 年 9 月 30 日判决·平成 21（行ケ）10041［用于印刷液晶显示部分定向膜的低杯突性树脂凸版］（没有关于"可研磨弹性体"的说明）；知识产权高等法院平成 21 年 3 月 25 日判决·特许消息 12594［复合材料］（"物理性质"、"实质性"等记载不明确）；知识产权高等法院平成 18 年 12 月 21 日判决·特许消息 12054 号［不织布］（关于"线状式样的线数"要件，不织布的哪一部分为"线"这一点不明确）；知识产权高等法院平成 17 年 10 月 18 日判决·特许消息 11763 号［聚酯薄膜］（没有关于"变动"一语的定义）等。知识产权高等法院平成 23 年 4 月 26 日判决·平成 22（行ケ）10331［按摩机］案判决认为：关于"扶手部分"的"外罩部分中的至少第二个部分"成何种形状才可实现说明书所记载的作用效果这一点并不明确，因而属于违反明确性要件。本判决是在明确性问题上，将技术含义的明确性也作为要件的案例。

三、记载要件（支持要件）（第 36 条第 6 款第 1 项）

如果在发明详细说明中不存在与发明专利请求范围中记载的事项相对应的说明，则违反记载要件。如果发明专利请求范围的记载比发明详细说明中的公开范围广，则有可能产生违反记载要件的问题。

关于违反记载要件，既有观点认为只要存在与发明专利请求范围相对应的抽象记载即可，也有观点认为必须有具体的记载。如果依后者观点，则记载要件的违反和实施可能要件的违反基本上重合。

相对近期为止，以违反记载要件作为专利无效事由的案例很少，但 2005 年 判例 24 的大合议判决认定，作为参数依据的数据没有在说明书中充分记载违反了记载要件，以此为契机，基于违反记载要件而驳回申请或者认定专利无效的审查决定和判决开始大量出现。但最近，判决要旨中认为记载要件并不要求具体记载的判例有所增加。依据这一立场，具体解决手段的欠缺属于实施可能要件的问题。

对于过于宽泛的发明专利请求范围记载（如功能性要求等）应该如何处理这一问题，是与记载要件和实施可能要件有重大关系的论点。

如果发明专利请求范围的记载比发明详细说明中记载的发明范围窄，即使对申请人有所不利，但原则上也不影响发明专利请求范围记载的合法性。但通常认为，发明专利请求范围的记载范围广于发明详细说明中的具体公开，从而扩大发明专利请求的范围到何种程度，是申请专利的关键点。实际上，在用语上覆盖范围极大的专利，以所谓的功能性要求这一形式大量存在。如果严格适用记载要件，这些专利的大部分都可认定具有无效事由。但现状是，功能性要求并不会均被认定违反记载要件，在侵权诉讼的情形下，通过进行限缩解释寻求具体妥当性的例子更为普遍（第二编第一章第四节一（三））。

以下介绍认定了违反记载要件的案例。

以没有具体公开解决手段为由的案例：知识产权高等法院平成 19 年 3 月 1 日判决·平成 17（行ケ）10818［以紫杉醇为有效成分的抗癌制剂］（对于发明的范围而言药理数据不够充分）；知识产权高等法院平成 20 年 3 月 6 日判

决·平成 18（行ケ）10448［用于过滤空气的不织布］（对验证实验亦予以考量，认定无法证明作为发明专利请求范围要件的 Ra 值与"起毛"这一作用效果之间的关系）；知识产权高等法院平成 22 年 4 月 27 日判决·特许消息 12792 号［瘦肉鱼的处理方法］（没有记载能据以认定可解决课题的具体实施例）；大阪地方法院平成 21 年 12 月 24 日判决·平成 20（ワ）10854［水平传感器］（依据说明书的记载无法理解发明构成的技术含义）；知识产权高等法院平成 19 年 10 月 11 日判决·平成 18（行ケ）10509［中链分支界面活性剂］（没有可确认作用效果的具体实施例）；知识产权高等法院平成 20 年 9 月 10 日判决·平成 19（行ケ）10401［物品溶剂清洗方法］（没有可确认作用效果的具体实施例）；知识产权高等法院平成 23 年 4 月 26 日判决·平成 22（行ケ）10252［触摸屏］（没有关于构成要件和作用效果之间关系的记载）。

以发明专利请求范围过宽为由的案例：东京高等法院昭和 63 年 3 月 31 日判决·无体集 20 卷 1 号 111 页［用于放电加工的电极传送方式］（发明专利请求范围的数值范围中有些部分在说明书中没有依据）；知识产权高等法院平成 21 年 6 月 30 日判决·特许消息 12599 号、12600 号［有机发光装置构造］（关于"透明导电性氧化物"这一用语在 ITO 以外没有公开）；知识产权高等法院平成 21 年 8 月 18 日判决·判时 2094 号 92 页［用于配制树脂的氧气吸收剂及其合成物］（没有特定"用于配制树脂"所指树脂的该发明中，具体的记载中却限定为乙烯—乙烯醇共聚物）；东京高等法院昭和 58 年 6 月 30 日判决·判时 1091 号 132 页［金属屑处理法］（将金属废料用液态氮冷却使之变得易碎从而进行粉碎的方法发明虽然在发明专利请求范围中规定了进行冷却的温度为 −60°到 −120°，但发明详细说明记载的温度为 −75°到 −120°）。

相对于上述严格适用记载要件的判例，最近的判例倾向于适用较为宽松的标准。判例 25 即为其代表。此外，知识产权高等法院平成 22 年 1 月 20 日判决·平成 21（行ケ）10134［羟基自由基去除剂］案判决以医药用途发明不需要药理或临床的验证记载为由，依据一般性说明认定满足记载要件。知识产权高等法院平成 23 年 2 月 8 日判决·平成 22（行ケ）10109［烫发再造型方法］案判决也基于与判例 25 相同的一般论，在此基础上详细分析了说明书记载，从而撤销了认定违反记载要件的审查决定。

知识产权高等法院平成 20 年 6 月 4 日判决·平成 19（行ケ）10373［导热性硅胶合成物］案中，无机填充物的量为 40vol% 到 80vol%，而实施例只有

60vol%的情形，判决认为即使如此也可推定其在全部范围内的作用效果，另外即使没有关于"导热性"程度和"放热"程度的记载，由于从业者可以随意进行设定，因此不违反记载要件。

虽然对于抽象的表达可以提出违反记载要件的主张，但知识产权高等法院平成23年4月27日判决·平成22（行ケ）10246［麹的培养方法］案判决以"从业者可以通过对相关用语的通常理解来解释其含义"为由认定了有效性。

在 判例24 之前，特别是机械和电子发明方面，即使构成要件记载的手段远远抽象于发明详细说明中的记载，也有案例认定其不违法。东京高等法院平成2年11月28日判决·无体集22卷3号727页［放电加工方法］（以抽象的记载为依据认定具有发明的记载）即为其例。而东京高等法院昭和52年10月27日判决·无体集9卷2号634页［半导体装置的制造方法］案中，对于以抽象用语的含义不明确为由驳回了申请的审查决定，判决以其含义明确为由撤销了该决定。

关于抽象的发明专利请求范围的记载中，存在不能实施的部分（不起作用效果的部分）的情况下应当如何处理这一问题也经常被讨论。东京高等法院昭和60年12月10日判决·判时1194号116页［半导体记忆装置］案判决对发明专利请求范围进行合理解释，认为对于不能实施的部分应该通过解释将其排除在外。最近的例子则是知识产权高等法院平成21年9月30日判决·平成21（行ケ）10061［真空渗碳方法］案，该判决认为：对于说明书中记载了即使形式上满足发明专利请求范围的记载也无法得到的发明作用效果的情形，以及缺少具体数值的记载这两点，在解释该发明之时并不能认定其违反记载要件。诚然，由于专利说明书本来就是以从业者为对象而制作的，对于从业者而言不合理以及无益的形态反而会被认为是没有意义也不会被实施，因此对发明专利请求范围的记载进行单纯的形式逻辑解释，从而支持关于违反记载要件的主张是不妥当的。但是，对抽象的发明专利请求范围的记载进行合理解释从而给予其救济的做法，也存在纵容过宽发明专利请求范围记载的危险。

对于适用1994年修改前第36条的发明专利而言，当发明专利请求范围记载中的技术内容包含有不明确的部分之时，以其违反发明专利请求的范围必须"只记载对于发明的构成而言不可欠缺的事项"这一规定（修改前第36条第5款第2项）为无效事由的案例有：东京高等法院平成16年4月12日判决·特许消息11365号［谷物发酵方法］；东京高等法院平成16年3月11日判决·平成15（行ケ）113［从金属矿石制造金属的过程］；东京高等法院平成15年

3月13日判决·特许消息11103号［编织机重启准备方法］。在现行法下这种情况应当被作为违反记载要件而进行处理。

判例24 知识产权高等法院平成17年11月11日大合议判决·判时1911号第48页［参数专利］

【认定对于参数发明不符合支持要件】

〈案件事实〉

为通过拉伸聚乙烯醇系膜从而获得偏光性能以及耐久性都更为优秀的偏光膜，专利发明（偏光膜的制造方法）规定所使用的材料必须包含在由两个参数组成的方程式（即呈倾斜状的直线）所划定的范围内，但是依据说明书所记载的两个实施例和两个比较例并不能充分特定该方程式。

〈判决要旨〉

"专利制度的目的在于：以发明的公开为前提，赋予该发明以专利权，在一定期间内对以营业目的独占性地、排他地实施该发明进行保障，以此奖励发明、促进产业的发展。而基于该发明欲取得专利权的人在提交申请书时所添附的说明书，应当一般性地公开该发明的技术内容，并且具有在专利权成立之后明确该专利权效力范围（专利发明的技术范围）的功能。因此，若要记载为发明专利请求范围中的发明从而取得专利权，必须在说明书的发明详细说明中，以从业者可以理解的形式记载该发明所能解决的课题。发明专利法旧法第36条第5款第1项所规定的说明书的支持要件，之所以对发明专利请求范围的记载作出如上限定，是因为如果将发明详细说明中所未记载的发明记载于发明专利请求范围，则针对该未公开的发明将产生独占和排他的权利，如此会剥夺一般公众进行自由利用的权益，进而产生阻碍产业发展之虞，违背上述专利制度的目的。"

"本案发明的构成要件是由表示特性值的两个技术变量（参数）组成的特定方程式所划定的范围而特定的物，即所谓参数发明。应当认为，这种发明的发明专利请求范围记载若要符合说明书支持要件，则在该发明详细说明中，对方程式所划定范围与所得效果（性能）之间关系的技术含义的相关记载，必须达到在专利申请之时即使不开示具体例从业者也可以理解的程度，或者是对具体例的开示程度达到对于从业者而言，参酌专利申请之时的技术常识，只要处于该方程式的范围内就可以得到所期望的效果（性能）这一程度。"

〈评论〉

以本判例为契机，关于记载要件的审查决定和判决发生很大变化，倾向于对发明人而言更为严格。但是，如下述氟班色林案判例所示，现在也出现了对基于本案判决的实践进行重新认识的倾向。另外，虽然本判例强硬否定了通过追加在申请之后的实验数据来补充说明书记载的这一做法，但最近的实践中也出现了重新考虑的倾向。

判例25 知识产权高等法院平成22年1月28日判决·判时2073号第105页［性障碍治疗中氟班色林的使用］

【关于医药用途发明的记载要件，除特别情形以外，不以药理数据的记载为必须要件】

〈案件事实〉

本案医药用途发明的说明书中，没有关于药理数据等用于验证医药用途有用性的记载。审查决定以违反记载要件为由驳回了申请。

〈判决要旨〉

"发明专利法第36条第6款第1项规定的目的在于，防止对'发明专利请求范围'的记载赋予与'发明详细说明'的记载相比过于宽泛的独占权。"

"在解释发明专利法第36条第6款第1项规定之时，脱离'防止赋予与发明详细说明所公开的技术事项相比过于宽泛的独占权'这一本项规定的目的，而通过与判断发明专利法第36条第4款第1项规定的要件符合性同样的方法来进行解释和判断，则容易导致对同一事项进行双重判断。如果允许将发明详细说明的记载缺乏发明专利法第36条第4款第1项所规定的要件这一情形，解释为等同于缺乏该条第6款第1项所规定的要件，则作为独立于该条第6款第1项之外的专利要件而设立的该条第4款第1项规定就失去了其存在的意义。"

"审查决定对于依据发明详细说明而理解的技术事项范围，并未从其与发明专利请求范围的比较而进行分析，而仅仅探讨是否具有'药理数据或其相当程度的记载'，并以没有上述记载为由认定不符合发明专利法第36条第6款第1项的要件。审查决定并未具体分析本案申请的发明专利请求范围的记载是基于何种理由超过了发明详细说明所记载的技术事项范围，就认定了其不满足该条第6款第1项所规定的要件，在这一点上应当认定该审查决定理由不足，因而是违法的。"

〈评论〉

本判决指出有无药理数据是关于实施可能要件应当探讨的问题，而并不意味着药理数据是无用的。作为驳回理由或者无效理由，是认定违反记载要件还是认定违反实施可能要件，从发明人的立场来看也许不过是形式问题，但对记载要件进行宽松适用的立场，一般对于实施可能要件也具有同样的倾向（本判决附言指出对于实施可能要件而言，实施例也并不一定是必要的）。对于第36条所规定的说明书的全部要件进行严格适用还是宽松适用，是关系到专利制度的基础的重大论点，因此有必要关注以 判例24 和本判例为代表的两种倾向的后续发展。

四、实施可能要件（第36条第4款第1项）

由于发明必须具有有用的作用和效果，因此必须对作用和效果进行特定并充分具体地记载达成上述作用和效果的手段。 判例24 以后，对于之前往往作为实施可能要件的问题而予以处理的〈案件事实〉，将其作为违反记载要件问题而进行处理的案件大量出现（如上述严格适用了记载要件的案例）。关于实施可能要件的标准在最近20年内并未发生较大变动。问题集中在具体公开需要达到何种程度这一点上，因此依据发明类型来整理否定了实施可能性的案例是有益的。

（一）生物工程、化学领域

关于基因重组技术发明， 判例26 判决公示了容易实施的记载必要性。认定违反了生物工程相关实施可能要件的案例有：东京高等法院平成17年1月31日判决·平成15（行ケ）220［用于HCV抗体免疫化验的丙型肝炎病毒（HCV）抗原组合］（未对"抗原决定基"进行特定）；东京高等法院平成16年9月16日判决·平成15（行ケ）318［微生物油混合物以及使用］；知识产权高等法院平成21年9月2日判决·平成20（行ケ）10272［HCV抗体］（相对于发明专利请求范围中氨基酸序列的范围，说明书中的公开有所限定）。

大阪地方法院20年10月6日判决·平成18（ワ）7760［趋化因子受体］案判决是关于侵权诉讼中判断专利新颖性的前提——发明是否记载于优先权基础申请这一阶段的判断，该判决以与受体发明结合的配体没有包含在具体公开中，基础申请中没有记载可能实施的发明为由，否定了优先权的存在。

关于化学发明，很多案例认为如果没有对每个具体效果进行确认，则应认定说明书记载不足或发明未完成（参照第一编第一章第一节四）。若构成与效果之间关系的可预测性较低，则对效果进行确认并记载在说明书中就非常重要。特别是医药用途发明的情况下，要求在说明书中记载药理数据或其同等内容以验证有用性的案例引人注目（东京高等法院平成10年10月30日判决·特许与企业356号56页［止吐医药］；东京高等法院平成14年10月1日判决·平成13（行ケ）345［以吡咯烷诱导体为有效成分的药剂合成物］；东京高等法院平成15年12月26日判决·平成15（行ケ）104［速激肽拮抗体的医学新用途］；东京高等法院平成15年12月22日判决·平成13（行ケ）99［用于胰岛素抵抗性糖尿病的餐补物］）。

东京高等法院平成13年10月31日判决·特许消息10767号［聚全氟甲基异丙基醚］案中，关于降低聚合物分子的触媒发明，判决认为若说明书中对必要的限定条件进行了特定的实施例连一例都没有的情况下，属于违背法律规定的记载不足。知识产权高等法院平成22年3月30日判决·特许消息12783号［局部微量营养剂输送系统以及用途］案判决则认定为选择可以达成发明的补充酯类需要进行过度的反复试验。知识产权高等法院平成22年5月10日判决·特许消息12802号［抗血小板剂的筛查方法］案判决认定，通过筛查来对有效成分进行特定，对于从业者而言负担过重。判例10中，关于有效成分纯度在溶质质量分数93%以上（即包括溶质质量分数100%为止）的发明，而说明书中记载的实施例的精制纯度是溶质质量分数98%为止，判决对于超过溶质质量分数98%的纯度否认了其实施可能性。知识产权高等法院平成18年2月16日判决·平成17（行ケ）10205［乳果糖结晶三水合物］案判决认为：为获得目标结晶而使用的种晶的制造方法没有记载在说明书中，通过技术常识也不能实施。知识产权高等法院平成22年1月19日判决·平成20（行ケ）10276［七氟醚的贮藏方法］案中，对于通过用路易斯酸抑制剂覆盖容器从而防止七氟醚化合物分解这一发明，判决认定，关于"路易斯酸"以及"用路易斯酸抑制剂覆盖"这样具有广泛含义的用语，由于具体例的记载有限，因此违反了实施可能要件（本案专利涉及的侵权案件中，东京地方法院平成18年9月28日判决·平成17（ワ）10524认为专利有效，从而认定了侵权，但该案控诉审知识产权高等法院平成21年4月23日判决·平成18（ネ）10075撤销了该判决）。知识产权高等法院平成21年4月23日判决·平成18（行ケ）10489［麻醉药合成物］案中，关于七氟醚的安定剂中加水量的数值范围，在实施例中的量为 0.0206%，而专利发明的数值范围为"至少 0.015%"的情况下，判决认为由于要预测在 0.015% 之时是否产生相关作用和效果很困难，因此违反了实施可能要件。知识产权高等法院平成 21 年 8 月 18 日判决·判时 2094 号 92 页 [用于配制树脂的氧气吸收剂及其合成物] 案中，关于没有对"用于配制树脂"中的树脂进行特定的发明，判决认为，由于具体记载中限定为乙烯－乙烯醇共聚物，因此违反了实施可能要件和支持要件。

另外，关于实施例的必要性，或者关于发明专利请求范围中包含的化合物的数量与必要的实施例数量之间的关系，示明了相对缓和标准的案例举例如下。判例 13 中，关于专利发明中的成分，其组合选项有 60 种（根据计算方法不同还可能为 720 种）之时，仅凭三个实施例是否可以认为该发明已完成或者满足实施可能要件成为案件争议焦点。判决认为，对于实施例以外的选项可以预测到共通的效果，因此维持了专利的有效性。判例 25 中，作为附带意见，认为即便是医药用途发明也并非必须有实施例，而应进行综合判断。东京高等法院平成 7 年 11 月 28 日判决·知裁集 27 卷 4 号 827 页 [硝酸盐中毒预防方法] 案中，关于微生物的用途发明，判决认为，即使未记载该微生物的入手方法，只要公知文献中有相关记载因而可能入手，则不属于说明书记载不足。东京高等法院平成 16 年 10 月 6 日判决·平成 15（行ケ）467 [含有花生四烯酸的真菌油] 案判决对验证实验进行了考量从而认定不存在记载不足。知识产权高等法院平成 21 年 9 月 3 日判决·判时 2069 号 113 页 [过滤用丝束] 案中，对于包含数值限定的发明，审查决定认为，关于该发明的效果在实施例与比较例中均未记载，因此违反了实施可能要件，而与此相对，判决引用了发明详细说明中的一般性说明，通过与课题之间的关系认定数值限定的技术含义是可以理解的。昭和 50 年代（译者注：1975～1984 年）的判例中，东京高等法院昭和 55 年 12 月 25 日判决·无体集 12 卷 2 号 742 页 [杀昆虫和线虫剂合成物] 案判决认定，只要有关于一部分化合物的效果的记载，就不违反第 36 条第 4 款的规定。东京高等法院昭和 59 年 6 月 21 日判决·无体集 16 卷 2 号 375 页 [有害生物防除剂]。

关于以应有分析方法为要件的发明，如果由于没有对分析条件进行特定因而无法得到一定结果，则违反实施可能要件（知识产权高等法院平成 23 年 2 月 10 日判决·平成 22（行ケ）10153 [粘合剂] 案是 GPC 测定条件中记载不足的案例)。

(二) 机械、电子领域

东京高等法院平成 15 年 4 月 8 日判决·特许消息 11113 号 [电子门锁] 案中,关于"从门的横截面突出的侧板安插进螺丝从而使门锁开关的调节器" 这一要件,判决认为,使得上述要件得以实施的用于小型电力的螺线管及其传输装置既未在说明书中公开,亦非技术常识,因此认定违反了实施可能要件。

东京高等法院平成 14 年 7 月 2 日判决·特许消息 10935 号、10936 号 [液晶元件] 案中,关于"隔片具有粘着力和伸缩率的临界值,上述伸缩率的临界值为 10%~35%"这一要件,判决认为,如果没有公开任何一例符合该要件的隔片具体例,则属于违反实施可能要件。知识产权高等法院平成 23 年 1 月 25 日判决·平成 22 (行ケ) 10105 [内燃机的操作方法] 案中,判决认为,喷射燃料时机的决定对于从业者而言不得不进行过度的反复试验,由此否定了实施可能性。

东京高等法院平成 3 年 11 月 5 日判决·判时 1409 号 105 页 [电话转接装置] 案判决认为:若在实施例中没有关于达成所记载的效果而所必须的手段的具体记载,则该手段"必须被证明对于从业者而言是周知技术,或者属于可随意决定的设计事项"。

认定了具有使发明容易实施的记载的案例是东京高等法院平成 2 年 7 月 19 日判决·无体集 22 卷 2 号 371 页 [玻璃板倒角加工方法及其装置]。东京高等法院平成 16 年 10 月 27 日判决·平成 12 (行ケ) 484 [五相步进电机的五角接线 4~5 相驱动方式] 案判决通过补充对从业者而言显而易见的技术事项认定不存在记载不足。东京高等法院平成 16 年 9 月 28 日判决·平成 15 (行ケ) 159 [用于维持缓冲存储器和主存储器的内容的装置及方法] 案亦是撤销了以记载不足为由的驳回决定的案例。知识产权高等法院平成 21 年 10 月 31 日判决·平成 21 (行ケ) 10130 [氧化钛系热辐射性涂料] 案判决认为:虽然关于"无机粘合剂"这一用语在说明书中的记载不够充分,但通过技术常识进行选定和调整,发明是可以实施的。大阪地方法院平成 22 年 1 月 28 日判决·判时 2094 号 103 页 [组合计量装置] 案判决认定关于"每个漏斗"、"时时刻刻"这样用语的记载已经达到了可能实施的程度。

机械发明一般可以从其构成本身推定其作用和效果,因而对效果的记载并不会成为太重要的问题(东京高等法院昭和 60 年 11 月 28 日判决·无体集 17 卷 3 号 557 页 [分割皮革的皮革处理机械];东京高等法院昭和 62 年 7 月 29

日判决·无体集 19 卷 2 号 258 页［袋装包装机的机械对臂张开角度调节装置］）。东京高等法院昭和 52 年 7 月 13 日判决·无体集 9 卷 2 号 521 页［用于微波的天线］案判决亦认为：即使说明书中没有关于效果的记载，以周知事实为前提，实施技术方案是容易的，因此撤销了驳回申请的审查决定。东京高等法院昭和 55 年 12 月 22 日判决·无体集 12 卷 2 号 735 页［对交通工具车轮的改良］案是认定了效果记载具有缺陷的案例，该案发明的核心是数学公式，案情与数值限定发明类似。关于引用例中是否公开了技术思想成为争议焦点的情况下，东京高等法院昭和 53 年 11 月 22 日判决·判夕 383 号 145 页［平板印刷机版加湿装置］案判决认为："只要记载了构成就已足够，并不一定需要记载其目的和作用效果等。"

（三）合金、无机材料领域

东京高等法院平成 14 年 2 月 7 日判决·判时 1828 号 108 页［镍电极活性物质］案中，关于限定数值的特定氢氧化镍粉末，判决认为：由于"本案发明说明书中，仅仅示明了模糊不清的操作、pH 值以及温度范围，而并不存在对于制造本案粉末或包含该粉末的氢氧化镍粉末所必需的具体指南……制造是否可能尚不清楚，因而需要进行不必要的大量反复试验"，因此属于记载不足。

东京高等法院平成 12 年 7 月 4 日判决·特许消息 10427 号、10431 号［用于记录磁信号的金属粉末］案中，关于"平均两个以下的金属磁心"这一要件，判决以说明书中没有记载对金属磁心进行特定并计数的手段为由，撤销了认为上述要点为实施可能的审查决定。东京高等法院平成 16 年 7 月 22 日判决·特许消息 11472 号［硅蒸发膜的制造方法］案判决肯定了专利局关于"负离子化了的石英坩埚"这一要件含义不明的驳回理由。知识产权高等法院平成 22 年 11 月 24 日判决·平成 22（行ケ）10090［远红外线辐射陶瓷的制法］案判决认为：未公开可实现说明书所记载作用效果的制造手段违反了实施可能性。

肯定了实施可能性的最近案例是知识产权高等法院平成 19 年 10 月 10 日判决·平成 18（行ケ）10232［低熔点光学玻璃］案。该案中，关于包含了组成要件和特性要件的发明，在组成要件充足而特性要件不满足之时，是否违反实施可能性要求成为争议焦点。判决认为：由于只要对组成比例反复进行适当调整就可期待满足特性要件，因而不存在无效事由。

关于合金的案例有东京高等法院昭和 59 年 1 月 30 日判决·无体集 16 卷 1 号 41 页［磁性合金］案，该案判决认为"关于发明的实施例，只要在有必要的时候进行记载即可"。而与本判决相关联的东京高等法院昭和 59 年 2 月 28 日判决·判时 1128 号 119 页 [调幅分解型磁性合金] 案中, 尽管从发明专利请求范围来看实施形态 (成分组合的种类) 的数量非常多, 但判决仅凭三个实施例, 就认定: 关于发明的目的、构成以及效果的记载已经达到了从业者可容易实施的程度。对于此结论是否可以一般地适用于合金发明尚有疑问。对于合金发明的成立而言, 有的情况下 (也许是原则上) 仅仅是新颖的组合并不足够, 而需要基于新颖的组合从而得到相比于单纯混合而言超出预想的作用效果。在这样的情况下, 有必要通过实施例来确认具体的作用和效果。

判例26 东京高等法院平成 13 年 5 月 17 日判决·判时 1775 号第 132 页 [小孢子形成的控制]

【关于基因重组技术相关发明, 认定没有可使实施容易进行的记载】

〈案件事实〉

关于包含选择植物雄性育性基因的工序 (使用转座子标签法等) 和从植物染色体组中取出目标基因的方法 (使用同源重组法) 等的植物基因重组技术发明, 记载是否达到使从业者可以容易实施的程度成为争议的焦点。审查决定对此进行了否定, 而申请人主张通过一般性的技术是可以容易实施的, 最后东京高等法院维持了审查决定。

〈判决要旨〉

"根据甲第二号证据 (本案申请说明书), 可以认为: 本案申请说明书的发明详细说明一栏中, 完全没有关于本案申请第一发明实施例的记载。既然如此, 如果要认定发明详细说明一栏中, 对于发明构成的记载已经达到了从业者可以容易地实施本案申请第一发明的程度, 则在本案申请优先权日之时, 相关各项工序都必须为周知技术, 并且处于即使不特意记载作为实施例某一阶段的具体实施形态, 从业者也可以容易地实施的状态方可。"

"根据上述所认定的各个记载, 应当认为: 本案申请优先权日之时, 基因重组技术中, 即使是对于特定范围的生物而言已成为日常技法的技术, 其是否可以适用于其他生物也并不明确, 常常是纸上谈兵而落空的情形很多。单单针对特定生物的特定基因和形态特性而获得了成功的技术, 也并不能认为其可原样适用于该生物的其他基因和形态特性, 或者是适用于其他生物的基因和形态性质。一般认为, 若不花费时间和精力进行试验无法知晓是否可以适用, 该试验是否能够成功也由所使用的具体手段而决定。针对单子叶植物的基因重组技术的应用在高等真核生物中亦被认为是较难的，比动物和双子叶植物都要落后。以通过复杂机制而产生的形态性质为对象的基因重组技术的应用一直被认为是很困难的。"

"因此，对于本案申请第一发明而言，由于其目的在于对包含了单子叶植物的植物生命体进行的繁殖行为相关生命活动这样具有复杂机制的活动进行操作，因而即使在本案申请说明书的发明详细说明一栏中记载了关于各个工序的抽象手法，也不能就此认为对该发明的记载已达到从业者可以容易实施的程度。这是因为对于各个工序而言，即使存在抽象的手法而非具体的手法是可能获得成功的方法，但现实中没有出现成功例的情况下，对于从业者而言该工序就是连成功与否都无法知晓的。对于这样的工序，在本案申请说明书中没有公开具体手法的情况下，从业者必须进行反复验证。在这种情况下，认定本案申请说明书的公开具有值得赋予专利权这样独占权的价值，是明显不合理的。"

〈评论〉

在生物工程领域中，一般会详细说明具体实施例的存在之所以必要的理由。这样的观点应该也普遍适用于医药、化学领域。

五、实务指南

由于发明专利法第 36 条第 4 款以及第 6 款的规定经过了数次修改，因此在参照判例之时，需要对当时的条文进行确认。1959 年发明专利法的规定如下：

"4. 第 2 款第 3 项的发明详细说明中，对于该发明目的、构成以及效果的记载，必须达到该发明所属技术领域中具有通常知识的人可以容易地实施的程度。"

"5. 第 2 款第 4 项的发明专利请求范围中，只允许记载发明详细说明中所记载的对于发明的构成而言不可欠缺的事项。"

1975 年发明专利法修改导入了实施形态项这一制度，因此第 5 款中追加了"但是，不妨碍与该发明的实施形态进行一并记载"这一规定。

1985 年发明专利法修改废除了追加专利，之前的第 4 款变为第 3 款，第 5 款变为第 4 款。

1987 年发明专利法修改导入多项制，修改后的第 4 款如下：

"4. 第 2 款第 4 项的发明专利请求范围记载必须符合以下各项规定。

一、希望取得专利权的发明记载于发明详细说明中。

二、对仅仅记载了希望取得专利权的发明的构成中不可欠缺的事项的项目（以下简称'请求项'）进行区分。

三、遵照通商产业省令的其他规定进行记载。"

第1项与第2项对应以往的规定。以往的规定为"发明详细说明所记载的发明构成中不可欠缺的事项"，这样的规定也可理解为独立于发明专利请求范围，依据发明详细说明也可对发明进行认定。与此相对，修正法为避免上述有歧义的表达，变更了规定方式，规定仅发明专利请求范围中的记载才属于希望取得专利权的发明，并且以记载于发明详细说明中为其要件。然而，由于判例一直以来均拒绝将发明详细说明的记载解释为可以用来认定希望取得专利权的发明，因此并没有实质上的变更。1989年发明专利法在追加"摘要书"规定之时，将第2款分为第2款和第3款，因此原先的第3款变为第4款，第4款变为第5款（恢复到了最初的顺序）。

1994年发明专利法对第4款和第5款修改如下：

"4. 前款第3项的发明详细说明，必须根据通商产业省令的规定，明确且充分地记载，以达到使该发明所属技术领域中具有通常知识的人能够实施的程度。

5. 第3款第4项的发明专利请求范围中，必须区分请求项，并且各请求项中必须记载为特定专利申请人所希望取得专利权的发明而被认为必要的全部事项。在此情形下，并不妨碍某一请求项中的发明与其他请求项的发明为同一发明的记载。

6. 第3款第4项的发明专利请求范围记载必须符合以下各项规定。

一、希望取得专利权的发明记载于发明详细说明中。

二、希望取得专利权的发明明确。

三、各个请求项的记载简洁。

四、遵照通商产业省令的其他规定进行记载。"

首先，以往第4款中"达到容易实施的程度"这一发明的公开要件被变更为"明确且充分地记载达到……能够实施的程度"。一般认为，通过变更"容易"这一表述，缓和了公开的程度，但若需要"明确且充分"则并没有重大变更。

此外，此次修改的结果是在说明书中记载"效果"不再成为明示的要件，但不应该忽视的是，对于作用和效果的充分记载，在审查程序以及诉讼中具有其次，关于发明专利请求范围的记载，删除了以往在判例中亦屡有议论的"只有发明构成中不可欠缺的事项"这一要件，第 5 款中仅规定"必须记载为对希望取得专利权的发明进行特定而必要的全部事项"，并且违反该规定也不构成驳回申请的理由或者无效的理由（第 49 条第 4 款、第 123 条第 1 款第 4 项）。另外，第 6 款中增加了"希望取得专利权的发明明确"这一新的要件。违反这一要件构成驳回申请或者无效的理由（第 49 条第 4 款、第 123 条第 1 款第 4 项）。一直以来，关于对不明确的发明专利请求范围，如何对其范围进行解释的议论非常多，而现在直接成为了驳回理由。但是，1994 年发明专利法实施前的申请仍然适用旧法（附则第 6 条第 2 款），因此目前仍然需要继续参照旧法下的判例。

此后，关于第 36 条还有数次形式上的修改，2002 年的修改中，规定在说明书中必须记载现有技术，另外，在将发明专利请求范围与说明书规定为不同申请材料这一点上，属于较大的修改。但是，关于发明专利请求范围以及说明书记载内容的实质性要件仍与 1994 年修改后的一样。

第二章　专利申请程序

第一节　专利申请程序概要

如果提出专利申请，则在一年六个月之后该申请将自动公开（第64条）。自专利申请公开开始，申请人享有补偿金请求权（第65条）。

专利局并不对所有申请进行审查，而只对提出了审查请求的专利申请进行审查（第48条之2）。这是因为，在专利申请中有很多并不是为了取得专利权，而是为了防止他人针对同一发明取得专利权。但是，由于对申请是否赋予专利权对于第三人而言也是重要的问题，因此任何人都可以提出审查请求（第48条之3。1999年发明专利修改将对专利申请提出审查请求的期限从之前的7年缩短到3年）。

在专利申请之时，有时会伴有巴黎公约规定的优先权或者国内优先权的主张，这时需要注意优先权的效果以及有效性。

进行审查之后并未发现驳回理由之时，1994年修改之前专利申请应立即被公开（旧法第51条）。1994年修改后的发明专利法实施之后，则应立即作出授予专利权的审查决定（第51条）。

但是，如果发现了应当驳回申请的理由之时，审查员应当将驳回理由通知申请人（第50条。发现了公知文献的情形或者说明书记载不足的情形比较多）。对于驳回理由的通知，申请人应当陈述意见并在有必要的情况下对说明书进行补正（第17条之2）。审查员认为驳回理由依然存在的，则作出驳回的审查决定（第49条）。另外，申请人还可以在可以对说明书进行补正的期间内进行分割申请（第44条）。

申请人对于驳回申请的审查决定不服的，可以请求进行不服驳回申请审查决定的复审（第121条）。复审维持了驳回申请审查决定的，申请人可向知识产权高等裁判所提起撤销审查决定的诉讼（第178条）。

1994 年发明专利法实施前，进行审查和复审之后专利申请被公告的，可以对该公告提出异议。该修改之后，制度变更为在专利登记之后，从专利公报发行之日起 6 个月以内可以提起专利异议（1994 年修改后第 113 条、第 114 条）。授予专利权后的异议与无效宣告共存了一段时间，在 2003 年修改之时废除了异议制度之后，变为无效宣告的一元化制度。

关于专利申请程序，本书主要选择有一定判例积累并经常成为问题的说明书补正、专利申请的分割、优先权和不受理处分（退回处分）问题。

第二节　说明书的补正

一、概说

说明书的补正既是在专利申请程序中为取得专利登记的重要手段，也对日后成立的专利权技术范围的解释问题有重大影响（参照第二编第一章第四节三）。补正包括为解决说明书记载不足或者基于先行技术的驳回理由的补正，以及申请人自发地扩张和变更权利范围的补正。

在先申请主义之下，对于将最初专利申请时所公开的内容进行了实质性变更的专利申请，不能将其申请日认定为最初申请的日期。因此，对于可以进行补正的事项范围当然有所限制，关于这一点是否合法在许多判例中成为争议焦点。

关于补正的标准以及程序，1993 年和 1994 年均进行了较大的法律修改。虽然最近判例中的大多数都是依据修改后的法律而形成的，但由于今后的一段时期内，适用 1993 年修改之前的发明专利法（本节简称旧法）的专利权仍然存续，因此旧法下的判例依然重要（关于修改的详细情况和适用，参照第 123 页"实务指南"）。

（一）允许补正的标准以及法律修改

1993 年法律修改中，对专利申请公告决定副本送达前的补正（以下简称公告决定前的补正和公告决定后的补正）的标准和程序进行了重大变更。关于适用旧法的公告决定前的补正，只要不变更说明书的要旨，就可以对说明书的记载以及附图进行补正（旧法第 53 条第 1 款）。与此相对，1993 年修改后的第 17 条第 2 款（1994 年修改后的第 17 条之 2 第 3 款）关于说明书补正的原则，规定"必须是申请书最初添附的说明书或者附图中所记载的事项"。此次修改的意图在于废除以往"说明书的要旨变更"这样宽松的标准，修改为不认可新事项的追加这样严格的标准（参照第 123 页"实务指南"）。东京地方法院平成 11 年 12 月 21 日判决·特许消息 10274 号、10275 号［养殖贝类的垂吊式装置］案判决认为："虽然被告主张，对于从业者而言显而易见的事项即使没有记载于说明书或者附图中，也可视其为已记载的事项，因而属于可以补正的范围。然而，鉴于通过 1993 年法律第 26 号修正，新设了限定补正范围和禁止新事项追加的第 17 条第 2 款的发明专利法，应当认为上述的解释是不可取的。"

在旧法下，所谓说明书的要旨，原则上是指发明专利请求范围的记载。但在公告决定前的补正方面，只要仍在最初的说明书记载事项范围之内，变更发明专利请求范围的记载也不被视为发明要旨的变更（旧法第 41 条）。即使不变更发明专利请求范围的记载，但通过变更发明详细说明或者附图的记载，也可能会对解释发明专利请求范围产生影响，因此这样的补正应当属于要旨的变更（反言之，对于不影响发明专利请求范围解释的追加记载，则相对自由地进行了认可）。因此，因要旨变更而认定补正违法的情况是，变更发明专利请求范围记载以致将最初说明书记载中没有的事项包含进来的情形（例如，东京高等法院昭和 60 年 2 月 26 日判决·判时 1153 号 214 页［静电子影像形成方式］），以及虽然没有变更发明专利请求范围的记载，但由于变更了发明详细说明的记载因而导致变更发明专利请求范围解释的情形（东京高等法院平成 5 年 1 月 27 日判决·判时 1475 号 141 页［聚四氟乙烯细粉］）。

（二）不合法补正的效果

在旧法下，如果补正对说明书要旨进行了变更，并仍在申请程序中，则该补正不被受理。另外，如果公告决定前的补正在专利登记之后被认定为变更要旨的补正，则专利申请日顺延为补正程序之日。其结果是，新的公知文献可以作为无效事由而适用（很多情况下该申请的公开公报作为公知文献而被引用），因此专利权被认定无效的概率变大了。东京高等法院平成元年 11 月 28 日判决·无体集 21 卷 3 号 908 页［可变齿轮比转向装置］案就是由变更要旨的补正使得申请日顺延，从而导致产生无效事由的典型案例（此判例还认为：在合并申请的情况下，对数个发明中的一个发明进行了变更要旨的补正的，全部发明的申请日均顺延）。

同样，在侵害专利权诉讼中，由于补正而导致申请日顺延的，可能产生使被告获得在先使用权等效果（名古屋地方法院平成 3 年 7 月 31 日判决·判时 1423 号 116 页［薄型玉贷机］。另外，大阪地方法院平成 2 年 7 月 19 日判决·判时 1390 号 11 页［薄型玉贷机］案判决则以变更要旨的补正而导致申请日顺延的结果是专利发明已全部公知为由，采用实施例限定说从而否定了侵权）。关于旧法下的发明专利，是否有变更了要旨的补正常常成为争议焦点。

1993 年法律修改中，公告决定前的补正不属于最初说明书所记载实现的范围之内的情况下，即成为驳回申请的理由以及无效理由，因此不再采用顺延申请日的处理。1994 年修改则废除了申请公告制度。因此公告决定前的补正这一区别不复存在。对于收到最后的驳回理由通知之后进行的请求项补正，设立了与旧法下公告决定后的补正同样的限制（现行法第 17 条之 2 第 5 款）。此外，依据现行法，在授予专利权的决定之前，收到最后驳回理由通知之后的补正被认为是不合法的，作出不受理该补正的决定，对此决定不服的也不能提起申诉（第 53 条）。关于除此之外的补正并没有不受理的相关规定，因此专利局会对补正后的发明进行审查。

二、补正的标准

概观与是否允许补正有关的司法实践可以发现，1993 年法实施之前的补正甚至允许对发明详细说明进行大幅度地修改，宽松地认定了补正，而修改后的法律实施后的数年间，对于新事项的追加课以极为严格的限制。然而，最近的判例中，越来越倾向于通过对说明书进行合理解释，即使补正后的发明没有直接记载于说明书也予以准许（关于专利局审查基准的变更参照第 123 页"实务指南"）。一般认为，现在的判例均以知识产权高等法院大合议的 判例13 的立场（虽然本案是关于订正的案件，但该判决在解释第 17 条之 2 之时论述：所谓"说明书或者附图记载的事项"，是指从业者综合说明书或者附图的全体而导出的技术事项，若补正与如上所导出的技术事项的关系并非导入新的技术事项，则可以认为该补正"是在说明书或者附图所记载的事项范围之内的"）为原则。以下虽然按分类介绍与补正有关的判例，但注意思考整体的变迁也有助于理解个别的案例。此外，关于新事项的标准，原则上补正和订正程序中是共通的，因此关于专利权授予后的订正程序的判例（第二编第三章第七节）也需要进行参照。

（一）认定追加了新事项的案例（现行法）

以下介绍针对适用禁止新事项追加规定的 1994 年 1 月 1 日以后提出的专

利申请，认定了补正不合法的案例。

东京高等法院平成 14 年 10 月 24 日判决·平成 13（行ケ）557 ［洗衣机］案中，针对发明详细说明中关于与以往技术的不同点和作用效果的追加记载，判决认为补正之后，"具有气水分离室的浴池水吸水泵"这一构成要件产生了最初的说明书中既未记载亦未提示的作用和效果，因此该构成要件所具有的技术含义属于新追加的事项，是不合法的。

东京高等法院平成 14 年 11 月 14 日判决·平成 13（行ケ）436 ［预填充注射器］案中，申请人以关于垫圈接触面积的数值有误记为由进行了补正。对此，判决认为："通过认定误记所允许的情况应当理解为，从业者一看该数值即可比照正常数值判断该数值是技术常识上绝对不可能的等等与现实背离的情况。具体而言，例如，明显不可能实施或者在实用上不可能设想的数值的"，而本案补正不符合上述情形，不属于对最初的说明书记载事项范围之内进行的补正。

东京高等法院平成 15 年 10 月 6 日判决·平成 15（行ケ）120 ［水气转换型蒸馏装置］案判决认定追加最初的说明书中没有记载的旋转筒的补正属于新事项的追加。

东京高等法院平成 15 年 11 月 13 日判决·平成 14（行ケ）194 ［透光吸音板的组装构造］案判决认定，最初的说明书中作为网眼部件而公开的只有多孔金属网，因此可以包含其他网眼部件的"两枚网眼部件"这一构成要件并非之前表述可能导出的唯一结果。

知识产权高等法院平成 18 年 4 月 27 日判决·特许消息 11920 号、11921 号［透明材料的标记方法］案判决认为：即使最初的说明书中记载了以在薄透明材料上做标记为目的，但完全没有关于通过补正方才导入发明专利请求范围的、2mm 以下 1mm 以上厚度的透明版比较理想这一记载，因此补正不属于最初的说明书所记载事项范围之内。知识产权高等法院平成 23 年 2 月 24 日判决·平成 22（行ケ）10251 ［脑电波诱导睡眠治疗装置］案同样也是认定追加事项属于说明书中未记载事项的典型案例。

知识产权高等法院平成 19 年 9 月 26 日判决·特许消息 12206 号、12207 号［体内脂肪重量计］案判决认为：由于最初的说明书中记载的体重计仅限于包含了足底电极的装置，因此将不包含足底电极（使用脚踝电极）的体重计也加入到请求项中的补正，不属于最初说明书中所记载事项范围内的补正。最初的说明书中包含了可切换足底电极和脚踝电极而使用体重计的实施例，因此本案可以说是边界线上的案例。知识产权高等法院平成18年6月29日判决·平成17（行ケ）10607［用于锂蓄电池的非水电解液］案判决认定：将最初说明书中的比较例变更为实施例的补正属于新事项的追加。知识产权高等法院平成22年10月28日判决·平成22（行ケ）10117［自动安装机的操作方法］案则是认定了追加构成要件的补正并非进行限定而是追加新事项的案例。

（二）认定了不属于追加新事项的案例（现行法）

东京高等法院平成16年5月28日判决·平成16（行ケ）4［用于阳台的管道安装金属零件］案中，审查决定认为将申请当初的请求项中所包含的"形成固定部分的横向构件"这一要素变更为"横向构件"的补正不合法，与此相对，判决认为，本案申请发明中固定部分不过是附加的要素，因而不属于新事项的追加。

知识产权高等法院平成22年1月28日判决·判时2089号128页［地板下暖气系统］案中，对于将最初说明书中没有记载的数值限定追加到请求项中的补正，判决认定该补正"很难认为其包含有与本案发明待解决课题以及解决机制相关的技术事项"，以此为前提，判决认为最初的说明书中该"数值虽然未被明示，但本案中，该数值不过是一定程度上明确了'高绝热、高密封住宅'这一本案发明所要解决的课题对象而已，在本案发明的待解决课题以及解决手段的关系方面该数值也并不具有显著的意义，因此可以将该附加事项的内容视为本案申请最初的说明书中已经公开的内容"，认可了该补正。虽然该案的逻辑是不具有技术意义数值限定，不属于新事项，但对于认可了导入最初说明书中未记载的数值要件这一本案结论，应当理解为是由本案特殊案情决定的。

（三）关于旧法公告前补正，认定了补正不合法的案例

若变更发明专利请求范围的结果导致发明要旨超过了最初说明书所公开的范围，则当然应被认定不合法。判例27虽然是近期的侵权诉讼案件，但其认定了补正为要旨变更，从而以专利无效为由驳回了请求。东京地方法院平成22年2月24日判决·平成20（ワ）8086［量子阱半导体激光元件］案判决同样是在侵权诉讼中，认定专利申请过程中的补正变更了最初说明书中所记载发明的前提事项，从而认定补正不合法。对于发明专利请求范围的补正，认定其属于要旨变更的其他案例还有东京高等法院平成12年2月9日判决·特许消息10390号［用于电吸尘器的吸入装置］（将"小孔"补正为"孔"）；东京高等法院平成16年8月24日判决·平成15（行ケ）127［打印机油墨盒］

（将加法混色的发明补正为减法混色）；东京高等法院平成 16 年 10 月 28 日判决·平成 15（行ケ）404［用于电池的筒及其形成材料］（将两个数值限定要件中的一个补正为不需要的要件）；东京高等法院平成 7 年 9 月 27 日判决·知裁集 27 卷 3 号 658 页［自动干燥装置］；东京高等法院平成 3 年 4 月 26 日判决·知裁集 23 卷 1 号 239 页［半导体集成电路］（虽然从表面上看似乎包含在最初的公开中，但参酌目的和效果之后认定并不合法）；东京高等法院昭和 53 年 11 月 29 日判决·无体集 10 卷 2 号 594 页［钻石的合成方法］（认定虽然通过补正追加了温度和压力等具体条件，看起来似乎只是限缩了范围，但该限定条件中存在发明思想）。

　　未对发明专利请求范围进行补正，而是对发明详细说明和附图进行补充和补正的情况下，被认定不合法的案例也很多。在旧法下，申请人时常追加实施例或者测定结果，或者补充技术性说明。这样追加记载的结果导致本未完成的发明得以变为已完成发明的情形（东京高等法院平成 5 年 1 月 27 日判决·判时 1475 号 141 页［聚四氟乙烯细粉］），或者是，扩大发明详细说明所记载的技术事项，结果导致发明专利请求范围的解释范围也随之扩张的情形（东京高等法院昭和 59 年 6 月 20 日判决·判时 1132 号 163 页［鱿鱼钓钩］），判例认定属于要旨变更。没有认可对发明详细说明的补正的其他案例还有：东京高等法院平成 3 年 7 月 10 日判决·知裁集 23 卷 2 号 580 页［高尔夫球］（追加明显优于最初说明书记载的制造例）；东京高等法院昭和 57 年 10 月 25 日判决·无体集 14 卷 3 号 748 页［基于放电爆炸法的金属喷镀法］；东京高等法院平成 9 年 11 月 19 日判决·判时 1636 号 138 页［用于提炼硅单晶的石英坩埚］；东京高等法院平成 12 年 3 月 23 日判决·特许消息 10370 号［用于表面安装的网络型电子元件］（追加的事项不是显而易见的周知技术）。

　　对误记的补正是一种特殊的补正。这种情况下申请人的意图与最初的说明书记载存在出入，但说明书的要旨是依说明书记载而客观决定的，并不受申请人的主观认识而左右。因此，以往若在补正后方才记载的内容在当初的说明书中是不存在的，针对误记的补正则一般很困难，而针对相应外国申请的误译的补正亦不被认可（东京高等法院昭和 58 年 3 月 24 日判决·无体集 15 卷 1 号 236 页［扩散焊接技术］；东京高等法院平成元年 11 月 20 日判决·无体集 21 卷 3 号 865 页［用于钢筋混凝土的加强材料］；东京高等法院昭和 53 年 6 月 27 日判决·无体集 10 卷 1 号 308 页［电荷载体箔］）。但是，由于这对于申请人而言过于严苛，因此在 1994 年修改时，在认可以外语申请的同时，对误译的补正也进行了认可（第17条之2第2款）。然而，东京地方法院平成22年1月26日判决·平成21（行ウ）358案中，对于基于外语申请的分割申请，判决认定不适用误译的订正。另外，东京高等法院平成4年5月21日判决·判例工业所有权法（2期版）1369之32页［聚光镜］案中，对于误记的补正，判决认定，补正后的算式未在原来的说明书中明确记载，亦非周知事项，因此属于要旨的变更。东京高等法院平成6年6月7日判决·知裁集26卷2号1094页属于特殊的补正相关案例，该案判决认定，针对驳回申请的审查决定提起不服复审请求，而请求人一栏中存在明显误记的情况下，不允许补正请求人名称的决定是违法的。东京高等法院昭和59年10月31日判决·判时1145号127页［用于铺种苔藓的种子］案判决认为：对未完成的发明进行补正的结果仍然是在未完成发明的情况下，不应该认定要旨变更，而是针对未完成发明来判断是否予以准许。

判例27 东京地方法院平成18年4月13日判决·判时1955号第108页［电话的通话控制系统］

【针对适用旧法的发明专利，认定了补正属于对说明书要旨的变更】

〈案件事实〉

围绕适用旧法的发明专利权而产生的侵权诉讼中，补正是否变更了说明书要旨因而导致申请日顺延，从而致使专利无效成为案件争议的焦点。判决认定补正增加了新的发明。

〈判决要旨〉

"本案申请当初的说明书或者附图中，仅仅记载了在顾客支付委托保管金额之后，方才向特殊交换部位的记忆手段对特殊代码以及相关委托保管金额一并进行记忆的发明。然而，对本案申请1的补正新追加了顾客支付委托保管金额之前或者支付同时，即对特殊代码以及相关委托保管金额进行一并记忆的发明。也就是说，可以认为对本案申请1的补正，追加了在顾客支付委托保管金额之前就使特殊交换部位中的记忆手段预先对委托保管金额以及特殊代码进行记忆这一实施例的记载，追加记载了'在取得特殊代码时支付对应金额即可，完全不需要将存入金额等数据输入至特殊交换部位等工夫'具有这一本案申请最初说明书中未记载的新作用效果的发明。因此，对本案申请1的补正，不属于在申请最初的说明书或者附图所记载事项范围之内的，对发明专利请求范围进行增加、减少或变更的补正，而是变更了说明书要旨的补正，因此，根据旧发明专利法第 40 条，本案专利申请 1 应视为对本案申请 1 进行了补正的 1997 年 5 月 7 日进行的申请。"

〈评论〉

关于支付委托保管金额的时间和向记忆体中记忆相关信息的时间的关系，由于通过补正追加了补正前未记载的实施形态（发明），因此被认定为要旨的变更。关于本案发明专利的请求撤销审查决定的诉讼也采用同样的结论（知识产权高等法院平成 18 年 12 月 20 日判决·平成 17（行ケ）10832）。本案是旧法下的不合法补正的效果体现在近期的侵权诉讼中的案例，因而值得参考。

（四）关于旧法下的公告前补正，允许了补正的案例

最近的案例中，知识产权高等法院平成 20 年 4 月 17 日判决·判时 2039 号 78 页［一次性纸尿裤］案中，判决援用依据最初说明书中附图的记载、实施例记载、说明书记载显而易见的事项，认定了补正合法。知识产权高等法院平成 19 年 1 月 18 日判决·平成 17（行ケ）10325［隧道横截面的标记方法］案判决也认定，补正属于对从业者而言依据最初的说明书显而易见的事项范围，不属于要旨的变更。

允许对最初的说明书所记载发明进行更为具体说明的补正的案例是，东京高等法院昭和 62 年 2 月 26 日判决·无体集 19 卷 1 号 46 页［用于开罐头的拉片的安装方法］（允许将"管体"包含到"中空体"中的补正）；东京高等法院昭和 58 年 2 月 28 日判决·判时 1077 号 122 页［立铣刀］；东京高等法院平成 3 年 7 月 11 日判决·判例工业所有权法（2 期版）1375 之 104 页［基于砾岩和砂岩的研扫材料的制造方法］。

东京高等法院平成 7 年 9 月 21 日判决·判时 1546 号 94 页［安全鞋］案判决指出，应当参酌申请当时的说明书的课题、构成以及作用效果来客观地把握发明专利请求范围所记载的技术事项，从而与补正内容进行对比。东京高等法院平成 10 年 12 月 18 日判决·判时 1676 号 116 页［包装层压板的热封装置］案判决对实施例记载进行合理解释，认定补正后的发明在最初的说明书中已经公开。对于新追加了数值限定条件的补正，东京高等法院昭和 60 年 2 月 27 日判决·无体集 17 卷 1 号 6 页［玻璃纤维强化聚对酞酸乙二酯树脂合成物］案判决以补正的结果并未添加新的技术思想为由予以认可。

（五）化学物质发明的补正标准（旧法）

1993 年法律修改前的化学物质发明中，很多情况是在发明专利请求范围

中记载可包含多种化合物的一般性公式，而在最初说明书的实施例中对具体制造以及效果相关数据进行公开的化合物很少，之后通过补正程序追加大量化合物的新制造例及其效果的测定例。1993 年法律修改之后，对实施例的追加原则上变得困难（关于这一点的案例并不存在，但专利局实践中不认可实施例的追加）。

旧法下认可了追加实施例的补正的案例有：东京高等法院平成 1 月 11 月 28 日判决·特许与企业 253 号 53 页［四肽诱导体］；东京高等法院平成元年 11 月 14 日判决·判时 1342 号 129 页［C－076 化合物的 13－halo 以及 13－deoxy 诱导体］；东京高等法院昭和 59 年 6 月 21 日判决·无体集 16 卷 2 号 375 页［有害生物防除剂］（对用途发明试验结果的补充）；名古屋地方法院昭和 60 年 7 月 12 日判决·判时 1163 号 118 页［盘尼西林类以及头孢菌素类的制法］（对于作为侵权诉讼对象的特定头孢菌素化合物，在最初说明书中并没有具体公开，而是通过补正补充了该化合物的物理性质以及药效数据）。

另外，关于化合物发明，有观点认为，如果该化合物现实中未被制造，其有用性也未被测定，则属于发明未完成。依据此观点，追加化合物实施例的补正原则上属于要旨的变更。判例 28 就是相对严格地采用了上述见解的案例。

大阪地方法院昭和 55 年 5 月 20 日决定·判例工业所有权法 2327 之 99 之 13 页［杂环式苯酰胺的制法］案判决中，以向最初的说明书中追加未公开的化合物数据属于要旨变更这一见解为根据和理由，认为对于具有从最初的公开中无法预测的显著效果的发明，可以作为选择发明另外取得发明专利权。而根据 判例 28，即便是不属于选择发明的化合物，也不允许可以自由补充数据从而使发明完成。

判例 28 东京高等法院平成 6 年 3 月 22 日判决·判时 1501 号第 132 页［除草剂咪唑、吡唑及异噻唑诱导体］

【认定针对基于一般公式而定义了化合物群的新化合物发明追加实施例的，属于要旨变更】

〈案件事实〉

本案申请以下面一般公式（根据附带的取代基定义可包含约 1200 个化合物）所包含的化合物发明以及使用该化合物的除草剂发明为对象，最初的说明书中记载了 80 个化合物的熔点和除草活性测试的结果。申请人在提交申请后大约 3 年后，通过补正追加了记载有当初未具体公开的化合物的物理性质和除草活性测试结果的实施例，但专利局以该补正属于使未完成的发明得以完成，变更说明书要旨的补正为由，驳回了该补正。

$$Q-SO_2NHCN(\overset{O}{\overset{\|}{}})-A \quad \text{（对该公式中的 R、Q、A 进行了广泛的定义）}$$
$$\underset{R}{|}$$

〈判决要旨〉

"所谓化学物质发明，其本质在于提供新颖、有用，即可在产业上利用的化学物质，因此要肯定其成立性，仅仅确认其为化学物质，并可以制造并不足够，还必须由说明书开示其有用性。"

"而要认定使化学物质发明得以成立所必要的有用性，虽然并不需要如用途发明所必要的用途那样证明其严密的有用性，但依本裁判所来看，一般而言，仅凭化学物质发明的化学构造来预测其有用性是困难的，从业者一般认为不进行试验是无法进行判断的。因此，若要理解化学物质发明的有用性，需要通过实际的试验来证明其有用性，或者从业者可凭该试验结果认识其有用性。"

"如在最初的说明书中所示，'发现了公式一的化学物类具有作为植物生长抑制剂或者除草剂的有用性'，'本发明的化合物为强力除草剂'，虽然一般性公式一中所包含化合物的性质和用途已经公开，但仅凭上述一般性的公开，并不等于其基于一定可信赖性而公开了该一般性公式所包含的数量庞大的全部化合物均具有有用性这一结论。"

〈评论〉

判决基于上述见解，关于化学物质本身的确认方面，依据一般制造方法以及构造类似的化合物已有的制造例，从而确认了通过补正而追加的化合物本身，然而关于除草活性方面，认为从最初的说明书所公开的化合物数据不能获知与所追加的化合物活性有关的知识，据此而否定了最初说明书中发明的成立，并认为通过补正追加的实施例"不属于最初的说明书所记载技术事项的范围之内"，因此属于对说明书要旨的变更。可以认为，本判决为在现行法下示明了化合物发明成立性原则的判例。

三、最后的驳回理由通知以后的补正

1994 年的法律修改在废除了公告制度的同时，规定以往针对公告后补正的有关限制（仅限于发明专利请求范围的限缩、误记的订正、对不明确记载的释明）从申请程序的中途（接到最后的驳回理由通知之后）开始就可以适用（现行法第 17 条之 2 第 5 款）。但是，请求项的删除当然是被认可的。在实务中，在提起对驳回申请的审查决定不服的复审之时提出补正请求的情况很常见，而补正目的的妥当性成为争议焦点的判例也非常多。

有一些案例的争议焦点在于，如果提起对驳回申请的审查决定不服的复审之时进行的补正，实质上是对发明专利请求范围进行限缩的，则是否即使该补正中增加了请求项的数量也应当认可。判例 29 认为不应当认可此种补正。东京高等法院平成 16 年 4 月 14 日判决·平成 15（行ケ）230［具有磁性部件的电动机］案亦持相同见解。知识产权高等法院平成 21 年 8 月 23 日判决·判时 2071 号 100 页［用于自动安装机的可交换部件］案同样是关于增加请求项的补正的案件，审查决定认为补正前的一个请求项通过补正变为了两个请求项，因而不合法。然而对此，判决以该审查决定错误认定了补正前后请求项的对应关系为由撤销了该审查决定。

而认可了补正的案例有知识产权高等法院平成 21 年 5 月 26 日判决·判时 2052 号 96 页［摁钉及其容器］（补正前"摁钉"是否为发明的对象并不明确，而明确其为发明对象的补正属于"对不明确的记载进行释明"）；知识产权高等法院平成 21 年 9 月 1 日判决·平成 20（行ケ）10329［言语系不同的控制卡］（审查决定以用语意义不明为由，认定补正不合法。对此，判决参酌技术常识进行解释，从而认定该补正属于限缩补正，但是否定了该补正发明的创造性）。

认定不满足补正要件的案例有知识产权高等法院平成 20 年 6 月 24 日判决·判时 2026 号 123 页［牙科治疗系统］（将"所要求的牙科修复判定手段"这一补正前的要件修改为"……可通过通信网络而入手的初期治疗方法信息"的补正）；知识产权高等法院平成 22 年 3 月 24 日判决·平成 21（行ケ）10291［药液管理装置］（通过补正删除了补正前请求项中"基于记忆数据"这一要件）；知识产权高等法院平成 20 年 11 月 27 日判决·平成 20（行ケ）10168［容器］（通过补正增加了发明的形态）；知识产权高等法院平成 19 年 9 月 20 日判决·平成 18（行ケ）10494［全息光栅］（将以产品生产过程的方式

记载的物质发明，修改为方法发明的补正不符合任一补正目的）。

另外，如果最后的驳回理由通知之后的补正缺乏独立专利要件的，也会被驳回。知识产权高等法院平成18年11月7日判决・特许消息12029，12030〔清洗用具〕案判决维持了关于以补正发明缺乏创造性为由驳回了补正的审查决定；与此相反，东京高等法院平成15年2月12日判决・平成14（行ケ）441〔椅子型按摩机〕案中，审查决定以补正发明不具有创造性、不具有独立专利要件为由驳回了补正，而判决认为关于补正发明与引用例一致之处的认定有误，因而撤销了审查决定。知识产权高等法院平成22年1月17日判决・平成21（行ケ）10095〔显影机的电压供给装置〕案判决认为在驳回补正之时，可以不给予申请人提交意见书的机会。

在是否增加了新事项成为争议焦点的情形下，判断的标准与补正的时间并无特别联系。对于在针对驳回申请的审查决定提出不服复审之时的补正，撤销了认定其为新事项而驳回申请的审查决定的案例是知识产权高等法院平成22年6月22日判决・特许消息12849〔移动电话终端〕案（对于将当初的说明书中没有明确记载的各种功能追加至请求项的补正，判决认为该补正"与综合当初说明书等的全部记载而导出的技术事项之间的关系上"是合法的）；知识产权高等法院平成22年5月27日判决・平成21（行ケ）10321〔游戏信息提供装置〕（通过对当初的说明书附图等进行解释，认定了有关于补正事项的记载）；知识产权高等法院平成20年6月23日判决・平成19（行ケ）10409〔高度水处理方法〕（关于向发明专利请求范围中的"'关于'叙述"中追加的目的记载，审查决定认为由于说明书中没有记载仅通过利用发明专利请求范围中所记载手段就可实现该目的的发明，因而驳回了该补正，而判决认为该"'关于'叙述"中的目的记载并不具有严密的含义）。

知识产权高等法院平成17年12月19日判决・平成17（行ケ）10050〔双面混合DVD-CD光盘〕案中，对于层积的两种类型光盘的厚度比追加限定为大约3比2的补正，判决认定该数值由于没有记载于当初的说明书中，因而属于新事项的追加。

判例29 知识产权高等法院平成17年4月25日判决・特许消息11601号〔防火结构体〕

【判示了针对驳回申请审查决定的不服复审之时所提出的补正而限制其目的之理由】

〈案件事实〉

申请人的补正对补正前请求项 1 中的材料之一限定为其他内容，并将其作为新的请求项追加为请求项 4，虽然请求项数量增加，但申请人仍主张这属于内容限缩。对此，关于在提出对驳回申请审查决定不服的复审之时的补正目的应予限制的意义，以及不允许增加请求项数量的补正的理由，判决作出如下宣示。

〈判决要旨〉

"针对在审判请求之时进行的补正，发明专利法第 17 条之 2 从调整申请人的便利与实现迅速、适当且公平的审查之间的关系这一观点出发，仅在可以有效利用已经作出的审查结果的范围内允许进行补正。换言之，申请人在收到驳回申请的审查决定之前已经享有了进行补正的机会，而在对驳回申请的审查决定提起的不服复审这一申请审查的最终阶段，进行伴随有发明专利请求范围扩张等的补正，使得审查对象发生变更以及复杂化，如此容易招致审查迟延等事态，妨碍实现迅速和适当的审查。因此，在上述阶段进行的对发明专利请求范围的补正，应当只有在能够利用到该阶段为止的审查结果来对补正后的发明进行审查的范围之内，方能予以准许。"

"将原本记载于一个请求项中的发明分割为数个请求项从而追加新请求项的补正，会产生进行新审查的必要，或者需要对比补正后数个请求项整体与补正前的请求项从而判断是否对补正前请求项的发明进行了限缩，上述审查的复杂化是可以预见的，如此结果违反发明专利法第 17 条之 2 第 4 款对补正事项作出限定的目的，第 2 项不允许这样的情况发生是具有其合理性的。"

〈评论〉

对已经成立的专利权进行订正，对公众产生利害关系，因此对订正的范围进行限定是理所当然的，但对审查过程中的补正进行限定的理由并不明确。本判决基于实现迅速、适当的审查这一目的而说明了理由。申请人通过与分割申请制度的合用，来确保已经提出申请的发明的相关权利才是高明之举。

四、旧法下申请公告后的补正

（一）1994 年法律修改前的申请公告制度之下，对公告提出异议的情况大量出现，与此相对，公告后进行的补正也非常多，由此也产生了大量判决。但是今后成为问题的可能性很低，因此仅做简单介绍有案例（东京高等法院平成8年12月4日判决·特许消息9607［覆盖有热流动性氟树脂的圆柱形物品］）对于根据1987年修改前的发明专利法而具有实施形态项的发明专利，认定其增加请求项数量的补正为不合法。此外，对于异议理由中所指出的点进行补正而所伴随的、必要的记载补正，予以准许，但不允许对其他事项进行一并补正的案例是东京高等法院昭和59年4月27日判决·无体集16卷1号294页［蟑螂捕捉盒］。

（二）公告决定前进行补正之时，虽然须以当初的说明书为标准来判断是否存在要旨的变更，但对于公告后进行的补正而言，则须以申请公告的说明书或附图为标准来判断是否属于发明专利请求范围的限缩（最高法院平成3年9月17日判决·判时1400号115页［烯烃类聚合用触媒］）。

这是为了避免对公告公报的记载产生了信赖的第三人产生不利。东京高等法院昭和59年6月28日判决·无体集16卷2号406页［用于合成树脂膜成形的模具］案中，对于公告后的补正，判决认为即使是与当初的说明书相关的问题，也应当以公告公报记载为标准。另外，公告后进行的补正如果是增加发明专利请求范围的项的补正，则认定为不合法（东京高等法院昭和61年12月16日判决·无体集18卷3号530页［漂移补偿形模拟吸持电路］）。

（三）补正的标准

对于发明专利请求范围的限缩，认定其不合法的案例有：东京高等法院平成3年6月13日判决·特许与企业272号8页［塑料制烤箱器皿］（删除数值限定要件的补正）；东京高等法院昭和55年8月27日判决·无体集12卷2号427页［加热辊装置］（对发明专利请求范围添加限定条件的同时还添加了其他目的和效果）；东京高等法院平成8年2月22日判决·特许消息9456、9458［喷射成型机］（同上）；东京高等法院昭和57年4月27日判决·无体集14卷1号251页［蒸发式热交换机］（添加发明详细说明中未记载的事项）。还有侵权诉讼的东京地方法院平成16年5月14日判决·平成13（ワ）12933［交换镜头］（请求项中添加周知技术以外的技术）。

认定补正属于限缩的案例有：东京高等法院昭和58年3月23日判决·无体集15卷1号215页［具有电池供电式电子曝光控制装置的照相机］（新构成的附加被认定为是附属于补正前技术方案目的的、从属构成的附加）；东京高等法院平成11年7月15日判决·特许消息10184、10186［插座］（通过附加的事项而使发明更为明确的补正）；东京高等法院昭和55年6月25日判决·无体集12卷1号254页［压榨式过滤器］（通过整体判断认为属于限缩补正）。

认定属于对不明确记载进行释明的案例有：东京高等法院昭和60年11月28日判决·判夕616号174页［照相机测光信息显示装置］；东京高等法院平成5年6月3日判决·判时1483号128页［旋转体固定器具］；东京高等法院昭和57年7月15日判决·判时1059号134页［炭粉回收装置］。

关于对误记进行订正的案例请参照订正复审一项。

（四）不合法补正的效果

专利登记后，公告后的补正被认定为不合法的情况下，视为补正从未进行，在侵权诉讼中则基于公告公报记载进行审理（大阪地方法院昭和60年7月26日判决·判夕614号120页［行星齿轮装置］）。

五、实务指南

在参照与说明书补正有关的判例时，有必要先理解旧法与1993年法律修改以及1994年法律修改之间的关系。各次修改中与补正相关的要点整理如下。

（一）1993年法律修改

（1）说明书的补正，不论何时补正，均禁止追加新事项（限于当初的说明书中所记载的事项范围内（第17条第2款））。

在旧法下，对于追加不影响发明专利请求范围解释的事项（例如，目的和效果的说明）的限制较为缓和，本次修改变更了这一点。

（2）将驳回申请理由通知分为最初的驳回和最后的驳回，在最后的驳回理由通知之后，对发明专利请求范围进行扩张或变更的补正不被允许（第17条之2）。

在此之前，在不追加新事项的范围内，对发明专利请求范围进行扩张或变更的补正可以自由进行。旧法下，公告决定以前，可以进行对发明专利请求范围的扩张或变更。

（3）废止了针对驳回补正决定的复审。

（4）追加新事项的补正可以成为驳回、异议或无效的理由（第49条第1项、第123条第1款第1项）。

在旧法下，在专利登记之后发现的变更要旨的补正具有顺延申请日的效果，修改废止了该规定。

（5）对驳回申请审查决定提出的不服复审中进行补正的处理规定（第17条之2第3款）。

（6）关于补正的法律修改适用于该法律修改施行（1994 年 1 月 1 日）后的申请（附则第 2 条第 1 款）。法律修改施行前的申请则适用旧法。换言之，针对 1994 年以前提交的申请的补正须依据旧法，在专利权授予之后亦同。

（二）1994 年法律修改

（1）设置外语书面申请制度（第 36 条之 2），认可以订正误译为目的的补正（第 17 条之 2 第 2 款）。

（2）废止申请公告制度。作为申请公告异议制度的替代物，新设了专利权授予后的异议制度（第 113 条）。对于在该法律修改适用前提出的，但应当在 1996 年 1 月 1 日之后公告的申请，亦适用该规定。

与此相关，申请公告决定的副本送达后的补正也不复存在。

（三）关于禁止追加新事项

专利局于 1993 年公布的《说明书及附图补正的适用指南》中，关于具体适用的基本原则，规定"记载有从业者不能从申请书中最初附加的说明书或附图中所记载的事项直接且含义唯一地导出的事项（以下简称新事项）的补正……应认定其违反发明专利法第 17 条第 2 款等规定"。具体举例指出如果当初的说明书中仅有"弹性体"这一记载而完全没有关于具体例的记载的情况下，不允许将"弹性体"补正为"橡胶"。关于追加实施例，则指出"一般而言，如果追加的实施例并非从业者可从申请当时的说明书或附图所记载的事项直接且含义唯一地导出的事项，则属于新事项的追加"。

上述指南因过于严格而受到批判，因此专利局审查基准在 2003 年得到修订，将允许补正的范围从"直接且含义唯一地导出的事项"变更为"从当初的说明书显而易见的事项"。一般认为，这是对过于僵硬的标准的修正。与 1993 年法律修改后的补正相关的判例在修改后的一段时间内基于"直接且含义唯一"标准适用了严格解释，但在此之后出现了较为弹性的解释。而最近，如本书所述，"综合说明书或附图的整体而导出的技术事项"标准（判例 13）成为原则。说明书等中"所记载事项的范围内"的相关标准，则是与申请分割（下一节）以及专利权授予后的订正（第二编第三章第七节）有关的共通问题，请一并参照。

第三节　申请的分割

一、概说

申请人虽然在当初的说明书中记载了数个发明，但仅就其中一部分记载于发明专利请求范围中的情况下，在说明书补正尚被允许的期间内，可以其他发明为对象，另外提出专利申请（第44条第1款第1项）。2006年法律修改后进一步规定，在发明专利授权的审查决定副本送达后30日以内，以及驳回申请的审查决定副本送达后30日以内均可进行分割申请（同款第2项、第3项）。这种申请被称为分割申请，同时也被视为在原申请的申请日提交的，因此不会因为原申请日之后出现的现有技术而丧失新颖性和创造性。若分割申请不符合法律规定，则申请日不能溯及，其结果是产生无效事由的风险较大。此外，关于申请日的溯及，东京高等法院平成15年9月3日平成15（行ケ）65［混凝土埋设物］案中，关于处于母申请——子申请——孙申请这一关系中的分割申请群，判决认定，在子申请的申请日由于补正不合法而不溯及至母申请的申请日之时，孙申请的申请日仅溯及至子申请的申请日。东京高等法院平成16年2月13日判决·平成13（行ケ）593［附有吸液芯的容器］案判决也持相同见解，其认为子申请进行了变更要旨补正从而申请日变为该补正之日的情况下，孙申请的申请日也仅溯及至子申请的补正日。

另外，若分割不符合法律规定，在原申请之后开始侵权行为的人则可能成立在先使用权（东京高等法院平成4年3月20日判决·判例工业所有权法（2期版）2269之2页［整堤机］）。有案例（东京高等法院平成9年10月1日判决·知裁集29卷4号1043页［自动加载硬盘播放器］）认定在专利权授予的审查决定之后的分割申请不符合法律规定。虽然该判决当时认定没有理由为尊重分割申请的利益而致使发明专利审查决定迟延，但现行法上对申请人的救济成为可能。

通过程序补正而可以对发明专利请求范围进行变更的情况下，依据补正的情况亦可得到与分割申请同样的效果。1994年法实施以前存在以下重大区别，即针对申请公告之后的、对发明专利请求范围记载的补正进行了严格的限制，而对分割申请并未采取如此限制（判例30）。而现行法中对申请程序中的发明专利请求范围的补正进行限制的情况下（第17条之2第5款），可能也会采

用与 判例30 同样的见解。

在由于补正、订正而使分割申请中的分割不符合法律规定，从而不能适用原申请日的情形中，存在补正、订正等应适用原申请日的发明专利法，还是应适用分割申请日的发明专利法这一问题。判例27 认定：分割申请的原申请日为 1986 年，但因其进行了变更当初说明书要旨的补正，从而应作为 1997 年的申请加以处理，在此情形下，补正应适用 1993 年法律，补正因追加了新事项而无效。东京高等法院平成 14 年 11 月 20 日判决·平成 13（行ケ）134 ［投影光学装置］案中，对于因补正而使分割不符合法律规定，从而适用 1993 年法律的分割申请，判决认为专利局适用旧法而驳回补正的做法在 1994 年法律下并无驳回的理由，因而予以撤销。

作为与此相关的问题，知识产权高等法院平成 22 年 4 月 14 日判决·判时 2106 号 98 页［基于酶素的酯化方法］案判决对于分割申请后进行订正的情况，在分析了判断分割申请要件的有无之时应当依据分割申请时的说明书还是依据订正后的说明书之后，认定应当依据分割申请时的说明书进行判断。

关于适用旧法的申请公告后的分割申请，是以公告公报记载为标准判断补正是否适当，还是以当初的说明书记载为标准进行判断成为问题。东京高等法院平成元年 2 月 28 日判决·无体集 21 卷 1 号 64 页［新 S·S 型交换方式］案判决依据当初的说明书进行判断，而东京高等法院昭和 59 年 5 月 23 日判决·无体集 16 卷 2 号 344 页［插秧机的移植杆自动停止装置］案判决则以公告公报记载为标准。作为侵权诉讼判决的东京地方法院平成 12 年 7 月 26 日判决·特许消息 10432 号［电话卡］案判决则论述："原申请中当初的说明书在分割申请前得到补正并已进行申请公告的情况下，分割申请中的技术方案必须已经同时记载于原申请中当初的说明书中以及补正后的公告说明书中"，一般认为该判决是合理的。

对于分割申请而言，只要在其申请时存在原申请即可，即使分割申请之前的原申请在其后确定被驳回的情况下，亦不影响分割申请的适法性（东京高等法院昭和 58 年 2 月 28 日判决·无体集 15 卷 1 号 210 页［照明装置］）。

作为类似的程序，实用新型登记申请变为发明专利申请的情况下，仍适用与分割申请的情形同样的标准，若对原申请的要旨进行变更，则否定申请日的溯及（东京高等法院昭和 60 年 3 月 27 日判决·无体集 17 卷 1 号 104 页［电子闪烁器］）。

|判例30| 最高法院昭和 56 年 3 月 13 日判决·判时 1001 号第 41 页 [丁二烯聚合方法]

【认定了有关公告后补正的限制并不及于申请公告后的分割申请】

〈案件事实〉

在申请公告决定之后，针对发明专利请求范围中未记载而发明详细说明中记载的发明，进行分割申请的，是否应当准许成为争议焦点。作为上告人的专利局主张：第一，分割申请的对象仅限于发明专利请求范围中所记载的发明；第二，申请公告之后，关于补正存在严格的限制，若认可分割则与补正的有关规定存在矛盾。

〈判决要旨〉

"可以从原申请分割出而进行新的申请的发明，并不仅限于原申请的申请书中所附说明书中发明专利请求范围的记载，只要记载达到了一定程度，使得作为要旨的全部技术事项对于该发明所属领域中具有通常技术知识的人而言是可以正确理解并容易实施的，则上述说明书的发明详细说明甚至是上述申请书的附图中所记载的内容亦无妨。"

"只要不存在给第三人不当地造成不可预测的损害之虞，对于通过专利申请而将自己的发明内容公之于众的申请人，尽可能地给予其就其发明取得专利权的机会，是专利制度以及分割申请制度的一贯宗旨。基于以上宗旨，在关于原申请的审查决定或者复审决定确定之前，应当认为分割申请是可以进行的，即使做如此解释也不存在给第三人不当地造成不可预测的损害之虞。……有观点认为，对原申请作出申请公告的决定，并送达该副本之后，不得以分割申请为由对说明书或者附图进行补正，甚言之，有的情况下以说明书或者附图的补正为要件的分割申请在程序上是不被允许的。但是，由于分割申请制度的宗旨如上所述，因此上述观点的结果是不能认可的。因此，即使存在上述发明专利法第 64 条第 1 款的规定，也应当认为，单纯为完善分割申请的形式而所必需对说明书或者附图进行的补正是可以允许的。"

〈评论〉

虽然本案是关于 1970 年法律修改前的旧法第 44 条的判例，但旧法第 44 条与现行法第 44 条的规定在上述争点上不存在实质差异。本判决之后的实践中，关于公告后的说明书，也一直认可将发明专利请求范围未记载的发明进行分割申请。

二、分割申请是否在原申请范围内成为争议焦点的案例

（一）概说

分割申请的目的之一，是针对原申请中虽记载于说明书中但未作为发明而被认知的事项，其后该事项的重要性判明之后，仍有可能进行专利申请。而很多情况下，原申请中并不一定存在作为分割对象的发明的有关开示，由此会产生分割申请是否在原申请范围之内这一问题。

1993 年法律修改前的实践中，即使原申请中没有明确记载，也允许补充对于从业者而言显而易见的事项（东京高等法院昭和 53 年 8 月 30 日判决·无体集 10 卷 2 号 420 页［磁各向异性永久磁铁的制造装置］；东京高等法院昭和 58 年 10 月 20 日判决·特许与企业 180 号 14 页［光传送装置］）。有关合金发明的案例中，较为宽松地解释了分割的要件，并认定即使在原申请中没有与分割申请相对应的实施例亦无妨的案例是东京高等法院昭和 59 年 1 月 30 日判决·无体集 16 卷 1 号 41 页［磁性合金］。

另外，否定了以原申请中对应的上位概念为对象的分割申请的案例是东京高等法院昭和 59 年 5 月 23 日判决·无体集 16 卷 2 号 344 页［插秧机的移植杆自动停止装置］。

1993 年法律修改开始禁止在说明书补正时追加新事项，但是对于分割申请并未进行特别修正。1993 年修改以前，在分割申请时对于追加记载的行为作出相比于说明书补正时更为严格的限制这一做法并不存在。由此产生以下疑问，即导入对说明书补正时的限制之后，对分割申请也应课以同样限制，还是考虑到条文并未变更，应采取与以往同样的做法。关于这一点，东京地方法院平成 11 年 12 月 21 日判决·特许消息 10274、10275［养殖贝类的垂吊式装置］案判决认为"分割申请必须在针对原申请可以进行补正的范围内进行"。东京地方法院平成 16 年 4 月 23 日判决·判时 1877 号 116 页［扣子以及绳扣装置］案判决也指出："如果在不符合补正的要件的情况下也允许对申请进行分割，则实质上无异于容许通过分割程序来规避补正要件的规定，因而是不合理的。"

分割申请本来就以在原申请的范围内进行为其要件，这也与禁止追加新事项的立场一致。因此，虽然条文并未变更，在实务中对于在原申请的说明书中追加新事项的分割申请不予认可。2003 年修订的专利局审查基准采用的立场是：关于补正的新事项限制标准亦适用于"判断分割或变更申请的说明书是否处于原申请当初的说明书中所记载事项的范围之内"。1993 年法律修改后的

第一编　第二章　专利申请程序

请求撤销专利局审查决定的诉讼判决也适用与补正和订正的情形下同样严格的标准，但是，与最近出现的相对宽松地允许补正的倾向（判例13的标准）相同，对于分割申请也出现了较为宽松地解释原申请记载范围的倾向。

（二）认定违反了分割申请要件的案例

以原申请发明的上位概念化或者追加新事项为由认定分割不合法的案例有：东京高等法院平成13年5月30日判决·特许消息10672号、10673号［挡风玻璃的成形］（实施例的一般化）；东京高等法院平成15年3月13日判决·平成12（行ケ）296［氮化镓系化合物半导体发光元件］（追加基于技术水平的技术事项）；东京高等法院平成16年1月15日判决·平成13（行ケ）245［检测分析装置］（对于基于抗原抗体反应的分析装置发明，原申请说明书中仅记载了竞合法，而分割申请包含了层压法）；东京高等法院平成15年2月27日判决·平成13（行ケ）523［车辆导航方法］（附加周知的技术事项）；东京高等法院平成16年9月14日判决·平成15（行ケ）524［感光性树脂合成物］（原申请适用两种光引发剂，而分割申请将其中一种排除在要件之外）。

东京高等法院平成17年3月9日判决·平成16（行ケ）5［氨冷冻机］案判决认定使用了原申请中作为比较例而记载的材料进行分割申请不符合法律规定。

对于未包含原申请中作为必要事项而记载的内容的分割申请，认定其不合法的案例有：东京高等法院平成17年3月24日判决·平成16（行ケ）440［附有受液器的热交换器］；知识产权高等法院平成19年7月25日判决·平成18（行ケ）10247［用于形成氧化硅系膜被的合成物］（原申请中记载有基于（a）、（b）、（c）三种成分而解决课题的发明，因而分割申请中所记载的不包含（c）的合成物发明不是原申请中所记载的发明）；知识产权高等法院平成21年10月28日判决·平成21（行ケ）10049［切片机］（由于从原申请的装置去除了"连结材料"的分割申请发明没有说明即使去除原申请中作为必要构成的连结材料也可以解决课题，因而该分割申请不合法）；知识产权高等法院平成22年4月14日判决·判时2106号97页②案［基于酵素的酯化方法］（原申请中以"尽可能干燥的系"来进行是必要事项，而分割申请中"以水或者排出水及低级酒精的系"为条件）。

知识产权高等法院平成21年12月10日判决·平成21（行ケ）10272［铰链门的地震时上锁方法］案判决认定，当分割申请中包含将原申请中以不同图形记载的事项进行组合而构成的发明（原申请中没有关于组合的记载）之时，违反了分割的要件。

（三）符合法律的分割申请案例

东京高等法院平成 13 年 3 月 21 日判决·特许与企业 372 号 51 页［氮化镓系化合物半导体发光元件］案中，原申请书中记载有周知技术的某一具体例，而分割申请中记载有周知技术上位概念作为构成要件之一，判决对此予以允许，并且，认为即使该要件的作用效果未记载于当初的说明书中亦无妨。但是，一般认为，该案是 1993 年法律修改后认可了分割申请的、处于分界线上的案例。

东京高等法院平成 16 年 8 月 31 日判决·平成 14（行ケ）566［将包装层积品进行热封的装置］案判决以处理请求撤销审查决定的诉讼的法院不受侵权诉讼判决的拘束为由，驳回了依据侵权诉讼判决中关于分割申请专利的解释而认定分割不合法的主张。

东京地方法院平成 19 年 12 月 14 日判决·平成 16（ワ）25576［眼镜片的供应系统］案判决认定分割申请发明已经实质上记载于原申请中。

知识产权高等法院平成 22 年 2 月 25 日判决·平成 21（行ケ）10352［折叠式集装箱］案判决认为：审查决定所认定的"原申请发明构造"与本案发明的比较并不妥当，只要本案发明属于原申请中"综合发明专利请求范围的记载、当初说明书的发明详细说明以及附图的记载而可认定的发明"，则应认为已满足分割要件。最近的关于补正的判例亦持同样立场。

判例31　东京地方法院平成 18 年 10 月 18 日判决·判时 1976 号第 104 页［用于喷墨记录装置的墨盒］

【对于去除了原申请发明中的必要事项的分割申请，认定其不满足分割申请要件】

〈案件事实〉

发明的对象为用于喷墨式打印机的墨盒，对于去除了在原审发明中的特征性要素的分割申请，其是否满足分割申请的要件成为争议焦点。

〈判决要旨〉

"如下述（2）所示，本案原说明书中发明专利请求范围记载了'通过胶片使得取墨口的外缘突出'这一构成，而依据甲第 2 号证据以及辩论的整体内容可以认定，本案分割申请中发明专利请求范围中删除了上述构成。然而，在进行分割申请之时，新的专利申请（即分割申请）视为在原专利申请（原申请）之时就已提出（发明专利法第44条），为认可上述申请日的溯及，分割申请中的发明必须属于原申请的申请书中最初所添附的说明书或者附图所记载的事项范围之内，或者是基于该说明书等的记载事项显而易见的事项。因此，本案分割申请中删除上述构成的是否合法就成为问题。'

"应当认为，对于本案原说明书中的原发明而言，通过胶片使得取墨口的外缘突出这一构成是不必可少的，并且，该构成与将胶片作为取墨口的密封部件这一构成应视为一体。"

"而如上所述，本案原说明书以及附图中，对于原发明，没有任何关于不通过钾片使得取墨口的外缘突出的构成的记载，依据上述判断内容，可以认为亦不存在关于上述事项的任何启示，另外，也无法认为，在本案原说明书以及附图中，不采用上述构成的做法属于显而易见的事项。'

〈评论〉

控诉审判决（知识产权高等法院平成19年5月30日判决·判时1986号124页）亦持相同见解。虽然专利权人主张分割申请是以作为原申请的上位概念的发明为对象，在分割申请中除外的事项对于作用效果而言并非必须这一点是显而易见的，但判决没有认可这一主张。

三、分割申请是否与原发明为同一发明成为争议焦点的案例

判例45 的原审东京高等法院平成9年9月10日判决·知裁集29卷3号819页［半导体装置］案判决则以"若分割申请相关最终补正后说明书中的发明专利请求范围所记载的发明，与原申请的最终补正后说明书中的发明专利请求范围所记载的发明为实质同一，则基于不允许双重专利这一法律宗旨"为由认定分割不合法。东京高等法院平成8年12月4日判决·判例工业所有权法（2期版）393之41页［覆盖有热流动性氟树脂的圆柱形物品］也是持相同见解的案例。此外，针对认定 判例45 中的专利为无效的审查决定而提起的请求撤销审查决定诉讼的判决（东京高等法院平成13年3月28日判决·特许消息10729号~10731号［Kilby275发明专利］）中，并不直接认定若分割申请与原申请为同一发明则违反分割程序，而是在分析了通过适用发明专利法第39条第2款（同一发明在同一天进行申请的情形）则专利无效这一现行专利

局审查基准的意图之后,认定"两发明虽然在发明专利请求范围的记载方面有所差异,但实质上仍为同一发明",从而否定了分割申请的申请日溯及力。

知识产权高等法院平成 21 年 7 月 29 日判决·平成 20(行ケ）10373 [广告信息的供应方法] 案中,原告主张本案专利发明与其分割申请中发明的关系不过是附加了周知技术因而实质上为同一发明,因此具备第 39 条第 2 款的无效理由。对此,判决认定两发明并非实质同一。

有的情况下,原申请就抽象的权利进行请求,而就其中较为理想的形态进行分割申请。在此情形下,有案例认定针对原申请的发明专利请求范围所包含的发明进行分割申请不符合法律规定（东京高等法院昭和 61 年 12 月 2 日判决·无体集 18 卷 3 号 507 页 [光传送装置]；东京高等法院平成 2 年 7 月 19 日判决·特许与企业 261 号 14 页 [用于印染原型的原纸]；东京高等法院昭和 62 年 5 月 19 日判决·特许与企业 223 号 43 页 [投影方法]）。但是,上位概念与下位概念是否可以评价为同一发明应根据案情来判断。关于与原申请的同一性,有案例认为即使原申请以方法发明为对象,而分割申请以物质发明为对象,但只要其实质相同就不能认定其为合法的分割申请（东京高等法院平成 2 年 4 月 24 日判决·判例工业所有权法（2 期版）1423 之 12 页 [芳香族聚酰胺纤维或膜的制造方法]）。

有案例认为,若分割申请因与原申请为同一发明而被驳回申请之时,只要将原申请专利进行订正删除同一发明的部分,该分割申请的驳回理由就不复存在（东京高等法院昭和 59 年 12 月 13 日判决·判夕 550 号 274 页 [用于排出流体容器的阀门]）。另外,东京高等法院昭和 60 年 12 月 18 日判决·无体集 17 卷 3 号 585 页 [压力转换器] 案中,在同一天基于一个原申请进行了两个分割申请,因而需要判断这两个分割申请中的发明被认定为同一发明之时如何处理。判决认定若其中之一被授予专利权,则依据排除双重专利的原则必须作出驳回另外一个申请的审查决定。

四、实务指南

分割申请不仅包含一个阶段,分割（子申请）的分割（孙申请),甚至再次分割（曾孙申请）都是有可能的。因此,从一个原申请产生多个分割申请群,从原申请的请求项预想不到的发明专利也有可能成立。在专利的攻防之中,不论是哪方当事者,都有必要分析分割申请的可能性。

分割申请在以下情形下对于申请人而言是必要或者有效的手段,但同时也应留意其所带来的不利。

（1）原申请的一部分存在驳回理由之时，依原样持续下去则会被全部驳回。在此情况下，应当仅仅留下确实具有可专利性的发明，将有疑义的发明部分作为分割申请另外争取可专利性。其中包括将数个请求项的一部分移到分割申请的情形，以及对原申请的一个请求项进行限缩，针对排除的部分进行分割申请的情形。

但是，必须设想分割申请的过程将影响权利范围的解释。东京高等法院平成13年3月27日判决·特许消息10782号、10783号［录音机］案判决就考虑分割申请的过程，对发明的本质部分进行了限制性认定。

（2）针对原申请中存在的简单记载追加技术性说明，从而希望扩张或者追加发明专利请求范围。但如果依原申请的原样进行，则有可能被认定为要旨的变更，在此情况下，进行分割申请并将原申请中不存在的说明追加到该发明详细说明中。即使分割申请被认定为不符合法律规定，也会以分割日作为申请日从而成为有效的申请。然而，不能否认的是在新颖性和创造性方面较为不利。

（3）由于对于扩张或者变更原申请的发明专利请求范围存在限制，而进行分割申请。在适用旧法的情况下，在申请公告后，可以将在补正时不能添加的新专利请求作为分割申请而提出。在1993年法律修改之后，在最后的驳回理由之后不能进行扩张、变更发明专利请求范围的补正，因此在此时间以后就有进行分割申请的价值。

第四节 优 先 权

专利申请人通过主张基于自己在先申请的优先权，从而可以援用在先申请的申请日的情形有两种。

（1）基于巴黎公约第4条的优先权。

对于在日本进行专利申请的发明，如果已经在外国进行了专利申请的，从最早的国外申请一年以内就同一发明在日本进行专利申请的情形（程序方面参照发明专利法第43条、第43条之2）。

这是考虑到申请人要同时在多个国家进行专利申请负担过大而产生的制度。不过，这并不要求在后申请与最先申请（基础申请）完全一样，而是就基础申请所公开发明的范围内享有有效的优先权（部分优先）。另外，基于公开内容不同的数个基础申请而主张优先权（复合优先）也是可能的。

（2）国内优先权。从国内的在先申请一年以内进行专利申请的情形（发明专利法第 41 条、第 42 条）。

国内优先权制度的主要目的在于，在确保发明的原理部分享有较早申请日的基础上，可以很容易地概括性甚至无遗漏地取得权利这一点。若进行基于国内优先权的专利申请，则作为其基础的在先申请则会在申请日起一年三个月之后视为被撤回。主张国内优先权的在后申请会对先前的申请说明书进行追加或者变更记载，因此追加、变更的程度如果是在程序补正中亦被允许的程度，则在效果上与程序补正相同。然而，在追加了新事项的情况下，如果是在程序补正中则会被驳回或者是产生专利权无效的理由，但主张优先权的有利之处在于，在先申请中记载的发明适用在先申请日，基于追加、变更的发明则适用在后申请日。

优先权的有效性在关于作为驳回理由、无效理由的在先申请的基准日是否能成为优先权日这一争点时也需要讨论。

一、有关巴黎公约优先权的案例

要成立有效的优先权，要求基础申请中记载有已完成的发明，关于这方面化学领域的案例特别引人注目。知识产权高等法院平成 18 年 11 月 30 日判决・平成 17（行ケ）10737［杀菌剂］案判决如下所述，否定了未记载具体数据的化合物的优先权。"应当认为，化学物质若要享有巴黎公约规定的优先权主张的利益，在第一个国家的专利申请相关申请文书中仅仅示明化学公式和制造方法，明确理论上的制造可能性并不足够，而必须要求基于该申请文书整体可以实际地确认该化学物质存在于现实之中。这是因为，化学公式和制造方法很容易纸上谈兵，仅凭此不过能表明存在理论上的可能性，只要不能确认现实中可以制造，就不能将该发明作为可以实施的发明而认为其已经完成。"

东京高等法院昭和 52 年 1 月 27 日判决・无体集 9 卷 1 号 16 页［醋酸乙烯酯的制法］；东京高等法院平成 5 年 10 月 20 日判决・知裁集 25 卷 3 号 622 页［MB-530A 诱导体］（没有记载原料的制法）也是持相同见解的判例。

有关生物科技发明的优先权有效性，大阪地方法院平成 20 年 10 月 6 日判决・平成 18（ワ）7760［趋化因子受体］案判决认为在基础申请中必须有关于满足产业上可利用性以及实施可能要件的公开，而东京高等法院平成 13 年 3 月 15 日判决・平成 10（行ケ）180［免疫测定法］案判决则以基础申请中未包含关于实施在后申请发明的具体例记载为由，认定优先权无效。

有关部分优先、复合优先的案例有 判例 18 。对于基于三份申请日各异的美国专利申请而主张优先权的专利申请，申请人主张：发明专利请求范围的记载中，记载于第一美国申请中的事项适用第一美国申请的日期，记载于第二美国申请中的事项适用第二美国申请的日期，如此分项判断本案申请的创造性。然而，判决认为："本案发明是在与原申请发明相同的、作为第一优先权主张基础的美国专利申请中相关发明的构成要件 a 到 g 所构成的部分，与另一构成要件 h 所结合而产生之发明，各个构成要件作为不可分割的一体而构成了本案申请中的发明，因此，关于将本案发明分离为由 a 至 g 的要件构成的部分和由 h 要件构成的部分，基于各个构成部分所各自对应的第一国申请的优先权主张，不予认可。"与此相对，东京高等法院平成 5 年 6 月 22 日判决・知裁集 25 卷 2 号 225 页［光束信息读取装置］案中，关于由构成要件 a~f 构成的日本专利申请，申请人同时拥有记载了构成要件 a~e 的外国专利申请 A，以及其后提出的记载了构成要件 a~f（将公知的手段 f 与申请 A 相结合）的外国专利申请 B，但仅基于外国专利申请 B 而主张优先权，并且以与 B 同样内容进行日本专利申请，对此，判决认为对于构成要件 a~e，专利申请 A 才是最先的申请，因此基于专利申请 B 的优先权仅针对构成要件 f 有效。该案判决可以认为是针对特殊事实关系（造成等同于延长优先权期限的结果）的判断。

东京高等法院昭和 60 年 12 月 19 日判决・判タ 620 号 176 页［使用液晶光学调变的显示器装置］案中，作为发明专利法第 29 条之 2 所规定的驳回理由而引用的在先申请伴随有优先权主张的情形下，若要以在先申请的优先权日为基准，则关于被引用发明的优先权必须有效，但判决以该记载不存在于基础申请之中为由撤销了驳回申请的宣查决定。

知识产权高等法院平成 18 年 3 月 22 日判决・平成 17（行ケ）10296［覆盖皮膜的耐磨性部件］案中，在判断优先权日之后的出版物（无效理由）与优先权有效性之间的关系之时，审查决定的结论认为由于出版物的公开包含在基础申请的公开之内，因而不能成为无效理由。对此，判决以由于没有判断基础申请的优先权是否及于本案申请的全部、审查决定存在错误为由予以撤销。

主张基于美国部分持续申请的优先权之时，对于该优先权的效果，存在可能使之产生混乱的要素。东京地方法院平成 18 年 12 月 26 日判决・判时 2037 号 115 页［在支撑体上形成薄膜的方法］案判决认定，日本专利申请中的发明不仅被记载于作为基础申请的部分持续申请（美国第二申请）中，还被记载于更为在先的美国第一申请中，在此情况下优先权无效。

关于程序的案例是东京高等法院平成9年3月13日判决·判时1611号122页［用于血液沉积所致疾病的治疗剂］。该案中，关于在法国专利申请之前违反发明者意图而被公开的发明，虽然在法国申请时进行了适用违反意图公知规定的程序，但对于基于该申请提出优先权主张的日本申请，在法国进行的违反意图公知的相关程序的效果是否及于日本申请成为争议焦点。判决认为对于日本申请，有必要以在日本的申请日为基准进行日本法上的程序，从而认定专利无效。东京地方法院平成8年8月30日判决·判时1589号128页［庭院灯（外观设计）］案判决则认为专利申请时关于优先权主张的程序不完备的情况下对程序补正不予受理。

作为特殊的问题，有判例中，关于日本专利申请说明书的解释，申请人援用了基础申请，而判决未予参酌（东京高等法院昭和58年3月24日判决·知裁集15卷1号236页［扩散粘结工艺］；东京高等法院平成16年6月22日判决·平成13（行ケ）182［口香糖合成物］）。

二、有关国内优先权的案例

作为与国内优先权有关的困难论点之一是如何处理在后申请的实施例追加。东京高等法院平成15年10月8日判决·平成14（行ケ）539［人工乳头］案中，虽然与在后申请的发明构成要件相对应的记载已经包含在基础申请记载的实施例中（在此范围内优先权有效），但在后申请又追加了作用和效果不同的其他实施例。判决认为："即使可以认为在后申请中发明专利请求范围的表述已经记载于在先申请当时的说明书中，但如果通过在后申请说明书的发明详细说明中记载在先申请当初说明书等所未记载的技术事项，从而使得在后申请的发明专利请求范围所记载的、作为发明要旨的技术事项超过了在先申请当初说明书等所记载的技术事项的范围，则对于该超过的部分不能认可优先权主张的效果"，对于认定追加的实施例发明存在驳回理由并作出驳回申请结论的审查决定，判决予以维持。与此相对，东京高等法院平成17年1月25日判决·平成16（ネ）1563［附镜头的胶卷装置］案中，虽然在后申请中追加了基础申请中未记载的实施例，判决也没有认定优先权存在瑕疵（可能由于侵权人主要主张的是基于所追加实施例的限缩解释而影响了判决）。作为原审的东京地方法院平成16年2月26日判决·平成15（ワ）15702则更为直接地认为是否可以认可优先权主张，要看在后申请的发明构成要件是否记载于基础申请中，在后申请的实施例记载不成为问题。但是，在后申请所追加的实施例记载如果在程序补正中可以认为是追加新事项，则该判决结论尚存疑问。

判断了优先权有效性的案例有：东京高平成12年11月27日判决·平成12（行ケ）59［滑动调节器］案判决认为：由于在后申请所记载的目的以及实现该目的的实施例记载并不存在于在先申请中，因此不能认可优先权的效果。知识产权高等法院平成18年5月30日判决·平成17（行ケ）10420［信息供应系统］案判决认为：以因特网为要件的专利申请的优先权基础申请中虽然记载了适用电话线路的信息供应系统，但未记载因特网，因此认定优先权无效。

关于作为驳回理由而引用的在先申请的优先权，知识产权高等法院平成19年12月26日判决·判时2008号122页［无碱玻璃］案中，在先申请的合成物成分中CaO的数值范围为0~8.0%，优先权基础申请中的范围则为0~10.0%，判决认定由于在先申请以8.0%为上限这一含量范围"不存在示明其技术含义为何的记载"，因此优先权无效（不能成为驳回理由）。

第五节　不受理决定与程序的驳回

以前，专利局对于申请等程序中提出的相关资料，可作出不受理决定。发明专利法原则上规定在有程序上的不合法时允许进行补正（第17条第1款、第3款），但1996年法律修改以前，惯常作出不受理决定，而一旦收到不受理决定，连补正的机会也无法享有。

关于这一点，1996年法律修改时设置了驳回不合法的程序这一制度（第18条之2）。根据修改后的法律，以往的不受理决定解释为驳回，而进行该程序的主体被赋予提出辩明书的机会（该条第2款）。关于第18条之2第2款的程序问题的案例是东京高等法院平成14年3月28日判决·平成13（行コ）213（试图通过程序补正来主张优先权但该程序被驳回）。因而，以往的关于不受理决定的判例对于驳回决定的合法性也具有参考价值。

有许多案例以并不存在重大瑕疵的情况下不作出补正命令而作出不受理决定是违法的为由，撤销了决定（东京地方法院平成4年12月21日判决·判时1454号139页［聚酯合成物］；东京地方法院平成6年8月31日判决·判时1514号128页；关于商标申请的东京地方法院昭和57年10月15日判决·无体集14卷3号699页；东京地方法院昭和46年1月29日判决·无体集3卷1

号 11 页 ［卫生纸］）。东京高等法院昭和 59 年 11 月 28 日判决·无体集 16 卷 3 号 725 页案中，对于以程序补正书中的住所、名称存在错误为由的不受理决定，判决认定其"仅仅重视形式方面，不作出补正命令就以'请求人不同'为由，在意见书等的提出期限过后才对上述各资料作出不受理决定，因此上述各决定均因违法而不得不予以撤销"。而对意见书以及补正书错误地不受理的情况，则属于复审决定在要旨认定上有误（东京高等法院昭和 60 年 2 月 27 日判决·特许与企业 196 号 33 页 ［脱谷壳装置］）。

　　以前，作为另外一种不受理决定的类型，是对于在专利年费的追缴期间经过之后提出的专利年费缴纳书作出不受理决定的案件也常常发生（东京地方法院昭和 60 年 6 月 28 日判决·判夕 567 号 272 页 ［化学反应试验片］；东京地方法院昭和 59 年 12 月 10 日判决·判夕 543 号 199 页 ［尘埃焚化装置］）。但是，1994 年法律修改在一定程度上认可了通过追缴专利年费来恢复专利权（第 112 条之 2）。东京地方法院昭和 59 年 6 月 27 日判决·无体集 16 卷 2 号 394 页 ［手推车刹车装置］案判决维持了不受理决定，指出对于包含两个以上发明的专利，依每个发明单独收取专利年费是不可能的。关于其他程序亦同，在期限经过之后，不受理决定是不可避免的（东京地方法院昭和 59 年 5 月 28 日判决·判夕 536 号 302 页）。东京地方法院平成 9 年 7 月 25 日判决·知裁集 29 卷 3 号 808 页 ［新抗生素的制造方法］；东京高等法院平成 10 年 4 月 16 日判决·知裁集 30 卷 2 号 333 页 ［新抗生素的制造方法控诉审］案中，关于超过专利保护期间延长申请的期限，（虽然被认定的所谓无可避免超过申请期限的事由，并不仅限于天灾等不可避免的客观的不可抗力）判决认为申请人未尽通常期待的注意，因而认定不受理决定合法。东京地方法院平成 8 年 8 月 30 日判决·判时 1589 号 128 页 ［庭院灯（外观设计）］案判决认为：申请时未进行主张优先权的程序之时，其后对于经过程序补正的优先权主张作出不受理决定是合法的。导致了不受理决定的超过期限的情况中，与代理人的过失相关的情形应当不少。对这种情况下的责任问题进行了处理的罕见案例是大阪地方法院平成 9 年 9 月 26 日判决·判时 1639 号 79 页 ［期限管理义务］。而该案判决虽认定代理人违反义务，但是同时认定不存在损害。

　　对驳回申请审查决定不服的复审的请求书中记载不足而作出不受理决定，并与程序补正指令书一起送达至申请人，而由于申请人看漏了程序补正指令书而未进行程序补正，从而导致复审请求无效的，判决认定该无效决定是合法的（东京地方法院平成 8 年 11 月 1 日判决·判时 1595 号 128 页 ［农业用薄膜］）。

东京地方法院平成 2 年 7 月 30 日判决·无体集 22 卷 2 号 445 页认为：关于国际申请中指定国家的记载有误而未指定日本的，针对国际申请相关资料的不受理决定是合法的。另外，委托书中未盖印章，收到补正的命令也未进行补正的情况下作出申请无效决定也是合法的（东京地方法院昭和 62 年 3 月 30 日判决·无体集 19 卷 1 号 108 页［排烟处理法］）。

最近，有关超过专利年费缴纳期限（第 112 条之 2 的追缴期限）案例仍相继出现。依据现行法，在超过期限之后的缴纳程序将被驳回［知识产权高等法院平成 22 年 9 月 22 日判决·判时 2098 号 135 页；东京地方法院平成 22 年 3 月 24 日判决·判夕 1334 号 141 页；东京地方法院平成 19 年 7 月 5 日判决·平成 19（行ウ）56；东京地方法院平成 18 年 9 月 27 日判决·平成 18（行ウ）186；东京地方法院平成 16 年 3 月 29 日判决·平成 15（行ウ）514；东京高等法院平成 14 年 9 月 20 日判决·平成 14（行コ）19；东京地方法院平成 14 年 6 月 27 日判决·平成 13（行ウ）285；东京地方法院平成 14 年 4 月 24 日判决·平成 13（行ウ）385；东京地方法院平成 12 年 1 月 25 日判决·平成 11（行ウ）162］。认可了专利权人"自己没有责任"这种主张的案例尚不存在。

东京地方法院平成 18 年 6 月 28 日判决·判夕 1254 号 101 页案中，通过专利局的网络系统缴纳专利年费之时，由于代理人的事务所中没有从日本专利信息机构得到软件的更新版本，因而未能在终端阅览专利局关于预付金不足的补足指令书，从而导致专利权等被抹消。针对这一特殊案情，判决否定了国家责任，认可了代理人针对日本专利信息机构提起的一部分损害赔偿请求。

在超过了优先权证明书提出期限的情况下作出的程序驳回也被认为是合法的（通过东京地方法院平成 22 年 9 月 9 日判决·平成 22（行ウ）183；东京地方法院平成 22 年 10 月 8 日判决·平成 21（行ウ）540［控诉审］；知识产权高等法院平成 23 年 4 月 28 日判决·平成 22（行コ）10005 等判决，被认定亦不违反 TRIPS 协定）。东京高等法院平成 14 年 3 月 28 日判决·平成 13（行コ）213 的案情如下：1995 年进行的分割申请中未记载关于国内优先权的主张，在专利登记之后提出了追加该记载的程序补正书但被驳回（2000 年法律修改以后，在分割申请时不再需要书面提出优先权主张）。

东京高等法院平成 15 年 12 月 4 日判决·平成 15（行ケ）33 案中，对于在不服驳回申请审查决定的复审请求日起 30 日过后提出的程序补正书（第 17 条之 2 第 1 款第 4 项规定的超过期限），判决认为"对此进行驳回或者不受理的做法并不违法"。东京高等法院平成 16 年 4 月 27 日判决·平成 16（行ケ）

61 案也同样，在国外的人对于超过不服驳回申请审查决定的复审请求期限，主张其对延长期间的计算有误，但判决认定驳回决定是正当的。

东京地方法院平成 22 年 7 月 16 日判决·判时 2099 号 134 页案中，对于外语专利申请，在超过国内书面提出期间之后提交说明书等的译本的，判决认为没有进行补正命令的余地，程序的驳回决定是合法的［控诉审知识产权高等法院平成 22 年 11 月 30 日判决·平成 22（行コ）10003 亦持相同见解］。

第二编 专利侵权的攻防

专利权经由登记产生，自申请之日起 20 年届满（第 67 条第 1 款。1994 年专利法修改前，自申请公告起经过 15 年时也将届满）。专利权的本质在于禁止他人实施专利发明（"实施"的定义规定在第 2 条第 3 款）。当他人未经许可实施专利发明（侵害专利权）时，对于该行为将通过裁判程序予以禁止，而且对于过去的侵权行为也可以请求损害赔偿（第 100 条或第 102 条）。

有关侵权攻防的第一步，是确定专利权的范围。专利法规定，专利发明的技术范围依据专利权利要求的记载内容予以确定（第 70 条第 1 款），而关于专利权利要求范围的解释，在许多案件中都成为了争议的焦点，而且有不少判例对此做出过判示（第一章）。

即便是未完全落入专利发明的技术范围，专利法也有将其中一定的准备行为视为侵权行为。教学上称其为间接侵权（第 101 条），这也是有关侵权的一个重要问题（第二章第一节）。

有关侵权的其他方面，还有如何对被告行为进行举证的问题，从最近的法律修改的动向来看，在这个问题上有倾向于专利权人的趋势（第二章第二节）。另外，关于新物质生产方法的专利，许多判例是通过将被告产品推定为是以专利方法生产出来的物，从而实现对专利权人的保护（第 104 条）（第二章第二节）。

侵权诉讼中的被告方，除了就专利发明的技术范围的解释进行争论之外，也会主张先使用、以实验研究为目的的实施等抗辩（第三章第一节至第三节）。不仅如此，主张专利存在无效理由（第一章第五节）以及请求专利无效宣告（第三章第六节）这都是重要的对抗手段，通过专利无效的认定而终止的纠纷有不少。

当认定了侵害专利权时，关于专利权的效力也是应该予以讨论的事项。专利权的实效性依赖于制止侵害行为的范围和速度，以及认可的损害赔偿的金额。关于差止❶，除了通常的差止判决（第四章第一节），临时保全措施也发挥着重要作用（第四章第二节）。关于损害赔偿，专利法特别规定了损害赔偿的算定方法（第102条），这个领域最近也进行着重要的法律修改（第四章第三节）。作为损害赔偿之外的金钱请求，在损害赔偿请求过了消灭时效时，返还不当得利的请求（民法第703条）在实务中也经常被使用（第四章第四节）。此外，对于专利登记前的行为，也规定了基于申请公开的补偿金请求权（第四章第五节）。

---

❶ 译者注："差止"为日本法上特有的概念，日本专利法中的差止不仅仅是针对正在进行的侵权行为，也包括停止为了实施侵权行为而进行的预备行为（日本专利法第100条第1款），广义上甚至包括废弃构成侵权行为的侵权物、拆除用于侵权的设备以及要求进行其他必要的预防行为（日本专利法第100条第2款）。本书作者采纳的是狭义上的"差止"概念（参照第二遍第四章第一节—），即认为第100条第1款的规定为"差止请求"，具体包括停止侵害请求和预防侵害请求；而第100条第2款的规定为"废弃请求"。因此，不能将"差止"一词简单理解为我国的"停止侵害"。基于以上考虑，本书在翻译过程中援用"差止"一词。

第一章　专利权的范围 I
——技术范围的解释

第一节　何谓专利侵权

是否侵害专利权，要看被告产品（方法）是否落入专利发明的技术保护范围。专利发明的技术保护范围，原则上由专利权利要求的记载内容决定（第 70 条第 1 款）。在专利权利要求中记载的发明，即使比发明的详细说明中的记载内容的范围要小，专利权的保护也仅仅及于专利权利要求中所记载的发明（东京高等法院昭和 59 年 4 月 26 日判决・无体集 16 卷 1 号 228 页［预制钢筋混凝土构件板中埋入的插入物的取出方法］）。专利权利要求的记载内容与发明的详细说明书相矛盾时，以专利权利要求的记载内容为准（大阪地方法院昭和 61 年 5 月 23 日判决・无体集 18 卷 2 号 133 页［纤维分离装置］，二审大阪高等法院昭和 63 年 7 月 15 日判决・无体集 20 卷 2 号 323 页）。判断是否侵权，是将被告产品与专利权利要求的记载内容进行对比，而不是将原告的实施品与被告产品进行比较（大阪地方法院昭和 51 年 2 月 27 日判决・判夕 341 号 299 页［盖的嵌合构造］）。

若专利权利要求的记载内容很明确的只有一种含义，原则上是仅以此来确定技术保护范围，但现实中，仅仅以几行（多的也只有几十行）文字对发明进行概括的专利权利要求的记载内容，由于过于抽象，具有相当大的解释空间。通常用于解释专利权利要求的用语而被援用的包括，说明书的记载内容（根据第 70 条第 2 款，在对专利权利要求中记载内容的用语的含义进行解释时，应参考发明的详细说明书及附图）、专利的申请经过、申请时的技术水准等。只不过，由于解释的对象必须是专利权利要求中的记载内容所允许的范围，因此即使在专利权利要求的记载内容有误的情况下，原则上也不得认定为更正错误后的技术保护范围。大阪地方法院平成 22 年 4 月 15 日判决・平成 21

（ワ）2208［用于口服的头孢菌素水合物的结晶］中，虽然是专利权利要求中列举的 X 射线衍射的 2θ 值中混入了来自支撑杆的铂金中的数值，但对于以将其除去后的技术保护范围进行侵权判断的主张，法院未予认可。

对专利权的技术保护范围进行最扩张的解释时，超越专利权利要求的用语含义的解释范围并基于此认定专利侵权，这被称为等同原则的运用。另外，进行最限缩的解释时，也就是被限定于实施例的情形。由于从等同原则到实施例限定都是在解释的幅度内，因而专利权利要求的解释具有难度。接下来，首先将按照发明的类型对认定了专利侵权的案例分别予以介绍，然后对适用了扩大技术保护范围或缩小技术保护范围的理论的判例进行分析。

第二节　基于对专利权利要求的用语的解释认定专利侵权（文言侵权）的案例

一、概说

认定专利侵权的标准形式是，被告产品（方法）满足专利权利要求在通常用语的含义下的所有的技术特征。从原告胜诉的判决来看，主要包括因未认可限缩解释的主张从而肯定侵权的情况，以及用语的含义依照专利发明的背景进行合理（比通常的语义稍稍扩大）解释的情况。最近，这种基于合理解释认定侵权的例子经常出现。关于我国对于权利要求的解释，经常被认为过于严格，但从这一类型的判例来看，似乎并不能一概而论地认为过于严格。

二、有关机械、工具以及电气领域发明的侵权认定的案例

有关机械、工具以及电气领域发明的用语，由于无论是在广义上还是狭义上进行解释的空间都较大，因此若不采用被告主张的限缩解释论，认定侵权的情况将会有很多。对技术范围予以比较广泛的认定的例子，除了 判例32 、判例39 、判例44 以外，还有以下案例。

（一）在被告产品能够实现发明的目的效果的情况下，对专利权利要求的用语进行扩大解释的案例

如大阪地方法院平成 2 年 2 月 20 日判决·判时 1357 号 126 页［包装兼备的海苔卷饭团的制造工具］，大阪地方法院昭和 61 年 3 月 14 日判决·判时

1200号142页［电动剃刀］。还有认定了"嵌入固定"包含了"旋转固定"、"从下方将网架贴附固定"包含了将有网眼的冠栓安装在上端的大阪地方法院昭和54年2月28日判决·无体集11卷1号92页［用于人工植发的植发器］。

此外，还有认为专利权利要求中"椭圆形状"的用语，只要是实现发明目的的"近似于椭圆形状的形状即可"的东京地方法院平成10年8月28日判决·判时1672号119页［卷铁心］；对于"关门时"这一用语，未按照文字所写那样解释为"门关闭之时"，而是据目的及效果解释为"转轴几乎弯曲到最大限度的状态"的东京地方法院平成8年12月20日判决·知裁集28卷4号741页［铰链］；认为"环状体"包括四角形的东京地方法院平成8年10月18日判决·判时1585号106页［强化金属配件］；认定了即便是网状素材也符合"合适厚度"的素材的东京地方法院平成9年12月18日判决·判时1642号136页［假发片V］。

东京地方法院平成15年4月14日判决·特许消息11155、11156［核酸扩大反应检测装置］中认为，对于"光学系"的用语应理解为不限于说明书中记载的光纤维，也包括申请时已广为知晓的CCD相机。东京地方法院平成14年3月19日判决·判时1803号78页［老虎机］中认为，对于"与随机数的变化相应的停止控制"等技术特征，即使有例外的操作也无法否认侵权（认定了约74亿日元的损害额而成为话题的判决，但之后专利被无效了）。名古屋地方法院平成14年1月30日判决·判夕1127号255页［鲜花的杂叶去除装置］是专利局认定为不侵权，但法院判决认为侵权的案件。东京地方法院平成13年7月17日判决·特许消息10691.10692［记录纸］中，法院认为，虽然说明书中记载有"具有成膜性的水性高分子聚合物，是通过乳化聚合、溶液聚合、块状聚合等合成的高分子聚合物"，但仍将作为天然物质的酪蛋白认定为"具有成膜性的水性高分子聚合物"。

大阪地方法院平成17年9月26日判决·平成15（ワ）13703［头发处理装置］中，关于"半圆状"的用语，由于完全的半圆状在作用效果上没有意义，因此认定为也包括接近半圆状的情形。

东京地方法院平成19年2月15日判决·判夕1282号283页［一次性纸尿裤］中，法院认为，关于"热熔薄膜"的用语，对于不是连续的膜状而是螺旋状的物品上附着有粘合剂的领域，也具有专利发明的作用效果（虽然对于作用效果的实验数据也有争议，但最终认定被告实验的实验方法不合适）。二审知识产权高等法院平成20年4月17日判决·判时2039号78页中，对于在参考公知技术的基础上主张的限缩解释未予采纳，而且也未予认可专利无效的主张。

东京地方法院平成19年10月26日判决·平成18（ワ）474［胶囊销售装置］中，将被告产品与以往技术进行对比，基于其区别于以往技术实现了专利发明的作用效果为由认定了侵权。

东京地方法院平成19年10月31日判决·平成16（ワ）22343［音响振动板的制造方法］中，造纸装置的构造虽然与专利的实施例不同，但基于其实施了发明的原理从而认定了侵权。大阪高等法院平成19年11月27日判决·平成16（ネ）2563［储物架］中，法院认为，关于"圆形孔"的用语，由于其目的是区别于"部分开放的形状"，因此对于这一用语而言只要是周围完全包裹的形状即可，应包括半圆形、椭圆形、近似圆形等技术性概念的，进而基于等同原则认定了侵权。

东京地方法院平成21年9月15日判决·平成18（ワ）21405［具备回转式加压型分离器的粉碎机］中，在对"上方"、"放射状"的用语进行解释的时候，法院认为从与发明课题的关系来看，被告主张的限缩解释没有必要，而应采用通常的语义解释；另外，对于"规定距离"的用语含义不明的主张，法院认为只要是足以实现发明的目的和效果的距离就可以，而没必要予以具体限定。

知识产权高等法院平成22年4月28日判决·平成21（ネ）10028［框架柱的垂直度校正装置］中，撤销了认定专利无效的原审判决，在认定侵权时，将"在螺帽的上方处能够安置上述基座的边缘"的"螺帽的上方"，解释为包含"在螺帽的侧下方形成的凸起部分的上方"。东京地方法院平成22年12月24日判决·平成21（ワ）34337［捕鱼器］中，对于"摇动自由"、"回动控制"的用语，未予认可被告提出的限缩解释的主张。东京地方法院平成23年1月21日判决·平成21（ワ）18507［儿童用的辅助马桶］中，对于"切除部位"进行限缩解释的主张未予认可。

（二）对于被告关于专利权利要求的记载内容不明的主张，通过参考惯用技术和说明书的记载内容对专利权利要求做出合理解释，从而认定侵权的案例

如大阪地方法院平成16年9月30日判决·平成13（ワ）1334［根尖位置检出装置］，东京地方法院平成18年3月24日判决·判时1952号156页［半导体记忆装置］（二审知识产权高等法院原本预定采取大合议判决，但因当事人撤回了上诉就此终止），以及涉及对"2次元扩散频度数据"的用语进

行解释的东京地方法院平成 23 年 1 月 20 日判决・平成 20（ワ）36814［粒子画像分析装置］。

(三) 对基于实施例进行限缩解释的主张予以排除的案例也很多

东京地方法院平成 17 年 2 月 1 日判决・平成 16（ワ）16732［信息处理装置］中，对于电脑画面中显示的"图标"的解释产生了争议。被告主张应该基于实施例，认为"图标"必需是能够移动且在桌面上显示的限缩解释论，但法院认为不存在这种限定的基础，从而认定了侵权（本案是关于文字处理软件"一太郎"的案件，因而广受关注，二审 判例46 中关于侵权的判断，虽然维持了原审关于不应限定为实施例的认定，但认可了存在欠缺创造性的无效理由从而驳回了请求）。

同样地排除了实施例限缩解释的案例，还有东京地方法院昭和 63 年 12 月 9 日判决・判时 1295 号 121 页［文字框固定装置］，东京地方法院平成 17 年 4 月 18 日判决・判时 1903 号 127 页［水晶振动子］（在指出被告产品的构造实现了发明的作用效果的同时，又说道在销售具有专利发明构造的产品时，通过对专利发明的用途予以明确示出，购买者也没有必要使用该用途），知识产权高等法院平成 17 年 9 月 29 日判决・平成 17（ネ）1006［液体填充装置上的喷嘴］（指出说明书中并没有关于限定用语含义的记载内容），东京地方法院平成 18 年 6 月 23 日判决・平成 17（ワ）14346［顶部水平调整辅助工具］，东京地方法院平成 18 年 7 月 6 日判决・平成 16（ワ）20374［用于墙壁表面的接缝装置］，东京地方法院平成 19 年 2 月 27 日判决・判タ 1253 号 241 页［多关节搬送装置］，大阪地方法院平成 19 年 6 月 21 日判决・平成 18（ワ）2810［冲击式破碎机上的锤］，东京地方法院平成 23 年 2 月 24 日判决・平成 20（ワ）2944［流量控制阀］。

东京地方法院平成 21 年 1 月 30 日判决・平成 20（ワ）14530［液晶显示装置］中，被告主张虽然在专利权利要求中没有记载，但从说明书的记载中可得知"范围规制手段"正是由于具有斜面才得以产生发明的效果，对于该主张，法院认为具有斜面只不过是实施例的情况，因此未予认可限缩解释。

东京地方法院平成 20 年 3 月 31 日判决・平成 19（ワ）22449［消防水喉］中，关于"……移动脚部"的要件，即便是说明书中仅仅记载了"回动"的例子，但由于除此之外的移动方式也能很容易地理解，因此认定该要件不限于回动的方式。

大阪地方法院平成 22 年 1 月 28 日判决・判时 2094 号 104 页［组合计量

装置]中，关于拥有多个漏斗的装置，"分别按照漏斗"的记载内容，是需要按照一个一个的漏斗分别设置条件呢（实施例的情况如此），还是只要按照该种类设定条件即可，当事人对此产生争议。法院认为，从说明书中判断，也包含按照种类进行设定的情况，因此认定了侵权（认可了约 15 亿日元的损害额）。

（四）知识产权高等法院推翻了地方法院的驳回请求判决，进而认定侵权的情况

最近有 判例32 等好几个案例（可以看出知识产权高等法院在专利权的保护上显示出积极的姿态，对其今后如何展开需要予以留意）。知识产权高等法院平成 21 年 3 月 11 日判决・判时 2049 号 50 页［印章材料］中，推翻了原审（大阪地方法院平成 19 年 2 月 8 日判决・平成 17（ワ）3668）做出的非侵权判断，进而认定了侵权。原告拥有的专利发明是在透明的塑料筒体中注入树脂液，在其中插入有图案的和纸的筒状薄纸，使树脂硬化后，形成在透明的棒柱状塑料中封入图案的发明。被告产品是在棒状体中将有图案的和纸卷起后插入筒体中，在筒体与棒状体之间的间隙中注入树脂并使之硬化而形成的产品。双方就被告产品是否属于侵权产品产生争议。原审认为，对于"通过在筒体内注入透明的合成树脂所形成的芯材与在该芯材和上述筒体的内壁间插入规定的有图案的和纸"的构成，具有这种构成的产品不属于专利发明的对象产品（筒与棒状体的间隙中注入的合成树脂的芯材，不存在于和纸的内侧）。但知识产权高等法院认为，存在着浸透和纸并进入内测的树脂，并以这种情况符合专利发明的芯材为由认定了侵权。本案是对于"芯材"的用语进行了相当自由的解释的案例。

知识产权高等法院平成 22 年 3 月 24 日判决・平成 20（ネ）10085［接入信息页面的方法］中，关于原告拥有的为打开因特网的信息页面从用户输入的"描述符号"（不同于正式的 URL）中选择正确的 URL 反馈给用户的专利发明，知识产权高等法院撤销了原审法院做出的专利无效的判决，在肯定了发明具有创造性的基础上，认为被告的系统存在输入正式的 URL 的情况和输入非正式的 URL 的情况，而既然存在后一种情况，就构成专利侵权。

知识产权高等法院平成 23 年 9 月 7 日判决・平成 23（ネ）10002［饼］中，原告拥有为了很好地烘烤切饼而在饼的侧面表层设置刀切部分的发明，而被告制作的饼在饼的上面也设置了刀切部分。知识产权高等法院撤销了原审（东京地方法院平成 22 年 11 月 30 日判决・平成 21（ワ）7718）关于被告的

饼不属于侵权产品的判决，认为通过在侧面表层的基础上另外在上面也加上刀切部分而形成的产品，不能排除在侵权产品之外，从而认定了侵权。

（五）排除限缩解释的其他案例

比如，认为为了说明申请人是有意识将该发明的技术保护范围进行限定，应该需要具有明确将其限定于说明书及其他申请文书的想法的东京地方法院昭和60年4月26日判决·无体集17卷1号199页［物体搬送装置］；认为对于组合设计方案，即便是每一个要素都是公知的也不应该进行限缩解释的大阪地方法院昭和57年7月23日判决·无体集14卷2号545页［排烟连窗的复位装置］；指出被告所主张的不同点不是设计方案的本质部分的大阪地方法院平成17年2月10日判决·判时1909号78页［用于生成病理组织检查标本的托盘］。

判例32　知识产权高等法院平成21年2月18日判决·判时2063号第108页［电话号码信息的自动生成装置］

【推翻了原审基于说明书的记载内容所做出的限缩解释进而认定侵权成立】

〈案件事实〉

推翻了原审（东京地方法院平成20年7月24日判决·判时2063号119页）做出的非侵权判断，进而认定了侵权。关于电话的技术特征"对于连接信号中的应答消息作出应答"中的"应答消息"，原审认为由于说明书中仅仅记载了声音信号，因此限定于声音（可听音）进行解释，被告装置中处理的是用数字信号表示的号码（数字）信息，不符合通过声音能够识别一定含义的内容的传言信息，因而否定侵权。与此相对，知识产权高等法院认为，作为"连接信号"的一般含义，包括可视听信号和非可视听信号，而并没有依据仅限定于可视听信号，因此，应答消息也同样不能仅被限定于可视听信号。

〈判决要旨〉

"根据……证据，所谓'消息'是指'任意量的信息'或者'由言语或其他符号传达的信息内容'（广辞苑第6版2766页）。涉案发明的详细说明中，作为实施例，公开了用'应答音'区分3种类型的号码的方法。但是，如上述2部分所判断的那样，技术特征B中的'连接信号'并不限于可视听信号，应该理解成包含可视听信号和非可视听信号的上位概念，依此来看，技术特征C中的'应答消息'也没有理由被限定为可视听的内容，而应该理解为包含可视听的内容和非可视听的内容的上位概念。因此，'应答信息'可以理解为电话接通时通过应答语言或其他符号传达的信息（'信号'与'消息'都属于信息，将'应答消息'作为与'连接信号'性质不同的东西，从而将其限定在可视听的内容，这种处理方式不具有合理依据）。"

"①涉案专利的专利请求保护范围（技术特征 C）中，记载着'连接信号中的应答消息'，没有记载限于可视听的内容；②因此，可以理解为涉案发明对于根据'应答消息'来判断无效电话号码的这一技术思想进行了公开；③根据证据（甲 16、17），涉案专利申请时 ISDN 技术就已经存在，从 ISDN 的网路获取接受应答的信息并基于该信息判断电话号码的有效性的做法已广为知晓，由此来看，作为接触了涉案说明书的本领域技术人员，应该不会认为涉案发明是对于将 ISDN 技术排除后的上述技术思想进行的公开。因此，即便是涉案说明书中的实施例是关于依靠声音消息来判断无效电话号码的技术也好，这始终也不过只是作为实施例进行公开的内容，因此涉案发明的技术保护范围不能限定于声音消息。"

〈评论〉

关于说明书中没有明确记载的事项，应该认为没有作为发明进行公开，还是应该认为不具有从发明中排除的根据呢，对此不得不根据具体案件进行判断，本案显示了进行这种判断的难度。知识产权高等法院的理解是，对于信号种类的不同不影响制作电话号码一览表的目的以及被告装置的处理信号申请当时处于公知状的情况要予以重视。

三、认定侵害方法发明的案例

关于制造、加工具有特定形状和状态的产品的方法的发明，并不是将影响产品完成的全部工作都记载在专利权利要求中，一般只是将主要工程和条件予以记载。因此，未在专利权利要求中记载的工程是否对侵权的成立产生影响，对此产生争议的案例经常出现。

判例33 中，关于加热工程的条件，以专利权利要求中记载的温度范围以外的温度进行加热的情况是否构成侵权，对此双方产生争议。判例79 中，关于用"接下来"的用语将 3 个工程连接起来的寄木图案建材的制造方法的发明，被告主张 3 个工程是连续的且并不包括其他工程的介入，对此法院认为，有附随性工程介入的被告方法，落入了专利发明的技术保护范围。其他的侵权案例，比如东京高等法院平成 11 年 6 月 15 日判决·判时 1697 号 96 页［蓄热材料的制造方法］（对"混合搅拌"这一工程的目的进行了缓和解释），东京高等法院平成 8 年 5 月 23 日判决·判时 1570 号 103 页［位置调合的放置方法控诉审］，东京地方法院平成 6 年 7 月 29 日判决·判时 1513 号 155 页［混水精米法］，东京地方法院昭和 59 年 10 月 31 日判决·判夕 543 号 200 页［面条的连续煮方法］，浦和地方法院昭和 59 年 5 月 2 日判决·判夕 536 号 324 页［蜂窝芯制造方法］，以及对于被告产品用于不同于专利权利要求中记载用途的其他用途的情况认定了侵权的大阪地方法院昭和 55 年 10 月 31 日判决·无体集 12 卷 2 号 632 页［用于儿童乘坐工具的轮胎的制造方法］等。

最高法院平成 10 年 4 月 28 日判决·判例工业所有权法〔2 期版〕1761 之 12［熏瓦制造法］中，关于"1000℃～900℃左右的窑内温度"的技术特征中的"左右"的用语，最高法院指出，应该在考虑与说明书中所公开的作用效果相适应的窑内温度相关的技术标准的基础上，进行合理解释，进而撤消了否定侵权的原审判决（对于"左右"这种不明确的用语，应该从专利的有效性的观点进行分析，但本案判决没有涉及）。

东京地方法院平成 13 年 9 月 20 日判决·判时 1764 号 112 页［电镀图像的形成方法］中，没有认可对"剥离"这一用语进行限缩解释，而且，判示了在多个工程形成的方法中的一部分由被告之外的其他人实施的情况下，也将被评价为侵权行为。

与产品的制造没有直接关系的方法发明的案例虽然很少，但也不是没有。比如，东京高等法院平成 16 年 2 月 27 日判决·判时 1870 号 84 页［生物高分子—配体分子的稳定复合体结构的探索方法］中，关于"模拟原子"这一用语的解释，地方法院采纳了对于说明书中没有具体公开的形态予以排除的观点，但东京高等法院认为，作为这种限缩解释的基础的记载内容，只不过是对最佳实施例的说明，因此不存在进行限缩解释的依据，从而认定了侵权。

东京地方法院平成 18 年 9 月 28 日判决·平成 17（ワ）10524［七氟醚的储存方法］中，在通过抑制路易斯酸从而实现对不稳定的物质进行保存的方法发明中，关于在容器表面"覆盖路易斯酸抑制剂"这一技术特征的解释上产生争议，虽然路易斯酸抑制剂的实施例中仅仅是水，但还是认定了用"环氧酚醛树脂的涂漆"覆盖的对方产品构成其侵权。该判决作为对技术保护范围进行非常广阔解释的案例受到关注，但被二审知识产权高等法院平成 21 年 4 月 23 日判决·平成 18（ネ）10075 予以了撤消（二审判决参考了说明书，认为涉案发明的"路易斯酸抑制剂"只限于将容器本来含有的路易斯酸进行中和以防止七氟醚分解的东西，进而否定了侵权）。

东京地方法院平成 17 年 2 月 10 日判决·判时 1906 号 144 页［医药颗粒的制造方法］中，法院认为，关于"粒度"这一用语，在对说明书进行参考的基础上，如果"体积基准粒度中值"的数值满足请求项的数值范围，就构成侵权。

东京地方法院平成 17 年 3 月 10 日判决·判时 1918 号 67 页［隧道断面的标记方法］中，法院对于涉及测量顺序的技术特征采取了比较缓和的解释，从而认定了侵权。

判例 33　大阪地方法院昭和 62 年 10 月 26 日判决·判时 1304 号第 118 页［轻量耐火物的制造方法］

【未予认可对于加热工程的条件进行限缩解释】

〈案件事实〉

本案是关于如下发明的侵权诉讼，即通过预热工程（150℃～1000℃）以及烧制工程（1200℃～1500℃）将含有二氧化硅的工业废弃物加工成起泡的玻璃状的轻量耐火物品的方法发明。

被告方法由于在预热工程和烧制工程之间的温度（1000℃～1200℃）也进行加热，因此关于这个不同于专利发明的地方成为的主要争论点（也有主张存在附加工程），被告主张的依据是，参考公知技术，涉案发明的新颖性应解释为不包括 1000℃～1200℃，原告申请中陈述了不公开该温度范围的意见，以及参考了专利说明书中记载的目的效果。

〈判决要旨〉

"涉案发明的烧制工程需要 1200℃～1500℃的温度范围，是因为微粉二氧化硅在玻璃化的同时微粉二氧化硅中含有的易挥发的不纯成分会蒸发形成对产品的起泡，从而得到轻量耐火产品，因此只要加热到 1200℃以上时能产生涉案发明所预设的起泡现象，换言之只要仍残存起泡成分，在 1000℃～1200℃的温度范围内使产品成型应该不属于涉案发明所排除的事项。……涉案说明书上对于发明的详细说明的实施例 1 中，加载有'用 600℃的电炉加热约 30 分钟，接着将该电炉逐渐升温至 1300℃'，在 1000℃～1200℃的温度范围内制成产品的实施例有被公开。

由此可知，即使对涉案说明书的详细说明的记载内容进行参考，也不能理解为涉案发明没有公开1000℃～1200℃的温度范围内制成产品的条件。"

〈**评论**〉

专利权利要求中没有明确记载的工程和处理，往往都出现在生产方法的发明中。当被告方法直接实现专利发明的目的效果时，即使是与其他工程进行的组合，恐怕也很难免除承担侵权责任。

四、认定侵害化学物质和组合物质发明的案例

化学物质的名称很多时候具有模糊性。但是，化学物质在使用过程中发生变化的情况很常见，虽然外观看上去不同，但考虑发明的目的效果，能否认定为与专利发明同一，这成为一个问题（判例34）。另外，在组合物质中，对于与其他成分同时使用和组合进行限定的情况产生争议的案例有，东京地方法院平成2年2月9日判决·判时1347号111页［铬酸铅颜料］（关于颜料粒子用二氧化硅进行覆盖的发明，先是在颜料粒子表面形成氧化锆的皮膜，在此基础上形成二氧化硅的皮膜，依照发明的目的效果，这种形式的实施也被认定为侵权），东京地方法院昭和52年3月30日判决·无体集9卷1号300页［焊接溶剂］。此外，判例77是认定了侵害作为用途发明的药品发明的案例。

东京地方法院平成8年4月19日判决·知裁集28卷2号320页［洛索洛芬钠二水合物］、东京高等法院平成9年1月30日判决·知裁集29卷1号74页［洛索洛芬钠二水合物控诉审］中，法院认为，以化合物"以及其盐"为对象的专利发明的技术保护范围，也及于专利权利要求和发明的详细说明中没有具体记载的水和物（含水盐）。

东京地方法院平成10年3月30日判决·判时1646号143页［可固化树脂包覆的薄片材料］中，法院认定，在专利权利要求中规定了"润滑剂使该水硬化性树脂的粘黏性降低"的情况下，润滑剂不需要不同于水硬化性成分的材料，只要是水硬化性树脂的成分就可以。

东京地方法院平成11年11月4日判决·判时1706号119页［杀菌洗剂］中，关于含有特定香料的漂白剂的发明，对于被告产品仅少量含有的专利权利要求中记载的香料，同时还含有其他香料的情况下，认定了侵权。而且，被告产品中的成分在生产之后变成专利发明的成分的情况也认定为侵权。

东京地方法院平成22年11月18日判决·平成19（ワ）507［重金属固定

化处理剂]中，被告主张发明的处理剂应限定为只具有实施例中记载的作用效果，对此法院认为该主张不具有合理理由（认可了约12亿日元的损害赔偿额）。

判例34　东京地方法院昭和62年7月10日判决·无体集19卷2号第231页［除草剂］

【以作为除草剂进行使用时具有同一性为理由，认定了侵权】

〈案件事实〉

本案是有关除草剂的发明的比较有名的侵权案件。专利的技术特征中，与争议焦点相关的部分可以整理为"以有效成分是草甘膦或草甘膦的强酸盐（该强酸的pk值在2.5以下）为特征的除草剂"。被告的除草剂是以草甘膦的三甲基锍盐为有效成分。

草甘膦的三甲基锍盐不是专利权利要求中规定的强酸盐，单从用语上来看，可以说被告产品并未落入专利发明的保护范围。但是，判决在以下分析的基础上认定了侵权。

〈判决要旨〉

"涉案发明是以已知的物质草甘膦和具有新颖性的物质草甘膦的衍生物（涉案专利权利要求中记载的物）具有非常好的除草效果的这一知识为基础，提供以草甘膦或其衍生物为有效成分的除草剂。

被告除草剂呈水溶液状，如前所述，在水溶液中将解离成草甘膦离子和三甲基锍离子。

根据《证据略》，涉案说明书关于发明的详细说明中，作为涉案发明的实施例1，记载有将草甘膦的水溶液作为除草剂进行使用……涉案发明的上述除草剂采用水溶液的形态时，草甘膦在水溶液中解离成草甘膦离子和水离子，草甘膦离子作为除草剂的有效成分发挥功能。另一方面，呈水溶液状态的被告除草剂中，如前所述也存在着上述草甘膦离子（另外，由于是水溶液，被告除草剂中当然也存在水离子）。

被告除草剂如前所述还含有三甲基锍离子，但根据《证据略》，涉案发明除了作为有效成分的化合物，还可以作为辅助药物包容其他的除草剂（译者注：包括三甲基锍离子）……被告除草剂中的三甲基锍离子，在涉案发明最早的优先权日前，作为能够与其他除草剂同时使用的除草剂已经被广为知晓。"

"被告除草剂与涉案发明的其中一种实施例（上述水溶液）具有同一构成，'以有效成分是草甘膦为特征的除草剂'符合涉案发明的全部技术特征，因此落入涉案发明的技术保护范围。"

〈评论〉

判决的论述其实并非十分清晰,只是指出在水溶液的情况下被告产品和专利发明具有相同的有效成分,这似乎是其核心理由。原告没有主张草甘膦的三甲基锍盐符合专利权利要求的强酸盐。对于不符合专利权利要求中的定义的盐进行使用的情况,即便是在水溶液中将解离成与专利发明相同的有效成分(也许解离的程度有所不同),也不符合专利权利要求的记载内容的文字含义,一般来说这样理解是合理的。可以认为,本案判决实质上适用了等同原则认定侵权。但是,无论是否使用等同原则这一表达,对于本案判决使用了发明的本质部分(作为草甘膦这种化合物的除草剂的有效性)这点是无争议的,可以将本案评价为,对于试图以形式上的理由规避专利权的人,法院也对专利请求的范围作扩大解释的案例。

五、认定侵害化学物质制造方法的案例

在 1975 年导入物质发明制度前,化学物质的发明只能作为方法授予专利。直到不久前,1975 年之前申请的重要的药品专利都还有效,药品专利的诉讼中基于制造方法专利的案件有很多。现在这种形式的专利诉讼的重要性虽然降低了,但积累的判决作为今后侵害方法专利案件的先例还是具有参考价值的。

判例 35 是关于在以总括性表现的方式对方法的要素进行记载的情况下如何解释的案例,静冈地方法院平成 6 年 3 月 25 日判决·特许消息 8918 号、8922 号、8943 号、8948 号、8952 号、8953 号 [1α-羟基维生素 D] 是对于化学发明中特征性反应路径的认定情况产生争议的案例。其他认定了侵权的案例,还有名古屋地方法院昭和 60 年 7 月 12 日判决·判时 1163 号 118 页 [青霉素类和头孢菌素类的制法],富山地方法院昭和 45 年 9 月 7 日判决·无体集 2 卷 2 号 414 页 [三聚氰胺],东京地方法院昭和 51 年 6 月 30 日判决·判夕 346 号 279 页 [甲氧氯普胺]。

判例 35 大阪地方法院平成 4 年 11 月 26 日判决·判时 1458 号第 141 页 [1α-羟基维生素 D 的制造方法]

【对于有关总括性化学用语的侵权认定范围进行了判示】

〈**案件事实**〉

专利发明是关于比天然维他命 D 的药物活性更高的合成维他命 D（1α-羟基维他命 D）的制造方法，其技术特征是将含有羟基的原料本身或者是将其作为"酰化产物"（羟基"酰化"）进行反应。所谓酰化，是指将羟基（—OH）变成羧酸酯（—OCOR），其通常的目的在于防止在羟基发生反应的过程中产生副反应。被告主张，其是将羟基甲酯化，专利方法的酰化是指像乙酰化那样羧酸的 R 限于烃基的情况（狭义），而不包括 R 是含有酸基的甲氧的情况（广义）。

甲酯基 —OCO—OCH3　　　乙酰基—OCO—CH3

"酰化"这一用语，一般而言其狭义上的含义和广义上的含义都有使用，对于这点当事人均无争议。但对于专利上的"酰化"的含义应该在多大范围内进行理解存在争议。

〈**判决要旨**〉

"在对包含有总括性记载的权利要求进行解释的时候，首先，要看该说明书中是否有能够将该技术予以明确化的概念性的说明，然后根据技术常识分析是否能确认该含义，另外，在不充分的情况下，参考说明书中记载的实施例，通过掌握其中具体展现的技术思想来确定其含义。虽然受权利要求的文言的约束，不得将其解释为说明书中包含了未披露的本领域普通技术人员容易实施的程度的技术，但问题不在于是否采取了像在上述那样的总括性记载，而是涉及是否在说明书中得到了公开。"

"在确定专利发明的技术保护范围时，能够以如下事项作为判断的资料：对于申请当时的本领域普通技术人员而言在技术上是自明的事项，即本领域的普通技术人员当然具有的技术常识或者是对于本领域的普通技术人员来说属于广为人知的、惯用的技术。因此，在专利申请日（优先权主张日）时，若本领域的普通技术人员通过阅读上述说明书，能够很容易推想出该发明的'酰化'也是以作为保护基的烷氧基羰基为对象时，应该可以认为对技术思想进行了公开。"

"虽然是说明书中没有作为实施例予以明确记载的保护基，但在有机化学的领域，广义的酰化中，应该认为将通常能够与狭义的酰基进行替换的物作为保护基进行使用的酰化物，通过涉案专利申请的申请资料中的说明书进行了公开。于是，疑似侵权方法中使用的、将属于烷氧基羰基的甲氧羰基（CHOCO—）作为保护基使用的酰化物，在有机化学领域，广义的酰化中，也应该被认定为属于将通常能够与狭义的酰基进行替换的物作为保护基进行使用的酰化物。"

〈评论〉

对于机械的发明,关于抽象的专利权利要求的记载内容,是通过说明书中所公开的技术范围(不是限定为实施例)限定权利范围,这种观点是有说服力的(参照 判例41 及其说明)。本案判决将同样的观点运用到有关化学的发明的领域,对于实施例之外的公开的内容进行了积极认定。

涉及相同专利的上述静冈地方法院[1α-羟基维生素 D],其作为通过对反应过程中产生的中间体进行分析进而认定侵权的案例,值得关注。被告产品的制造方法,看上去使用的是不同于专利方法的原料。但是,在对反应过程中产生的中间体进行分析的结果是,其在反应过程中产生了专利发明的原料,由于通过专利方法生成了目标产品的大部分,因而认定构成专利侵权。上述东京地方法院[甲氧氯普胺]也是同样基于反应过程中产生的中间体认定侵权的案例。

六、认定侵害生物工程的发明的案例

大阪地方法院平成 3 年 10 月 30 日判决·判时 1407 号 34 页[人体组织重组纤溶酶原激活剂 I](二审大阪高等法院平成 6 年 2 月 25 日判决·判时 1492 号 25 页),是我国关于生物工程最早的侵权诉讼判决,而且是原告获得胜诉的判决。专利发明以通过生物工程制造的蛋白质为对象,专利权利要求的任意一项,都是除了将含有该蛋白质的氨基酸部分序列予以特定以外还由总括性的要件构成。被告产品也是像这样包含有被予以特定的氨基酸序列。被告主张了专利无效以及对总括性专利权利要求的记载进行限缩解释(基于公知技术、说明书的记载内容、有关外国申请的情况等,主张将专利权的对象限定在通过 DNA 重组技术获得的具有特定构造的物),但判决否定了被告的全部主张。已成立的专利权与发明者实际所做的发明相比,其范围也许会更广,关于这点也许确实存在问题,但既然专利权成立了,就应该尊重基于专利权利要求的文言所确定的技术保护范围。该案例虽然不是适用等同原则的案例,但通过对专利请求的范围进行解释,给予专利权以十分强大的保护。

另外,在 判例37 的关于同一专利的另一案件中,对于仅仅有 1 处存在不

同氨基酸序列的产品，适用了等同原则认定侵权。

关于涉及药品开发的分子设计的方法的发明，认定了侵权的案例，比如东京高等法院平成16年2月27日判决·判时1870号84页［生物高分子—配体分子的稳定复合体结构的探索方法］。

七、关于方法限定产品的发明的解释例

关于化学物质或通过生物工程获得的物质，在专利权利要求中有时会包含这些物质的制造方法的记载内容。这种情况下存在一个问题，即专利发明的技术保护范围，是限定在通过该制造方法生产出来的物呢，还是只要物是同一就不问制造方法的差别呢（以下的判例虽然是否定侵权的例子，但由于与化学发明关系密切，因此在此予以介绍）。

东京高等法院平成9年7月17日判决·知裁集29卷3号565页［人体白细胞干扰素］判示了"一般而言，专利请求的范围即便是通过生产方法予以特定的物，当作为对象的物能够被授予专利的情况下，专利的对象终究还是通过生产方法予以特定的物，这种理解从保护发明的观点来看是合适的"（原审东京地方法院平成6年3月25日判决·知裁集29卷3号670页认为，专利权限于产生人体白细胞的东西。东京高等法院判决则成为了关于等同原则的争论，最终否定了侵权，而且就事实关系而言，将其视为方法限定产品的案件是否合适，仍具有疑问）。

此后也有同样趣旨的判决，比如东京地方法院平成10年9月11日判决·知裁集30卷3号541页［聚乙烯拉伸丝］（通过该制作方法应该能够获得的构造或者性质的特征，需要在被告产品中存在，但是关于这一点没有举证，因而否定了侵权）、涉及生物工程的发明的东京地方法院平成11年9月30日判决·判夕1017号225页［促红细胞生成素］。

在知识产权高等法院平成24年1月27日大合议判决·平成22（ネ）10043［普伐他汀类酯等］中，法院对以下处理方式予以了明确，即认为在包含制造方法的物的发明中，对于不通过制造方法则很难将物质予以特定的发明，将其称作真正的方法限定产品权利要求，这种情况下技术范围不受制造方法的限定；另一方面，对于不认为只有通过制造方法才能将物质予以特定的情况，将其称为不真正的方法限定产品权利要求，这种情况下技术范围将受制造方法的限定（不真正型的案例，参照第一章第四节四）。

八、实务指南

（1）根据最近的统计（《法曹时报》上登载的各年度的《知识产权相关的民事行政案件的概要》），日本知识产权相关诉讼每年大约 500 件，其中发明专利和实用新型专利的案件数量大约 150 件。最高法院主页上公布的发明专利和实用新型专利案件的判决数量每年 35 件左右，而全部或部分认可了专利权人请求的案件数只有 5~10 件，实际状况是原告胜诉判决的数量比较少，通过判决以外的途径（大部分是诉讼上或诉讼外的和解）解决争议的案件所占比例较高。

另外，仅仅从判决数量来看，判定原告胜诉的难易程度过于轻率。裁判实务中，若法院形成有利于专利权人的心证时，往往会比较倾向于劝解当事人进行和解，如果被告也感受到风险，大多都会愿意和解。因此，到判决阶段的案件，大多是被告方认为没有和解的必要性（驳回原告请求的可能性较高）的情况，这应该是看上去专利权人胜诉案件数量较少的原因之一。

（2）1993 年修改前的实用新型法中，实用新型专利的侵权几乎是采取与发明专利侵权的情况下同样的程序及判断标准。本书中也是将有关实用新型专利的判例与发明专利的判例置于同等地位进行分析的。但是，通过 1993 年实用新型法修改，废除了实用新型专利的审查制度，变更成了在行使权利前需要预先提示技术评价书进行警告（第 29 条之 2）等程序。侵权的认定标准以及权利无效的抗辩的处理上，想必也会受到审查制度废止的影响，但目前还没有看到特别受到关注的案件。另外，有判决认为专利局对实用新型专利的技术评价不属于行政处分，因而不属于请求撤销复审决定的行政诉讼的审理对象（东京地方法院平成 11 年 12 月 24 日判决・特许消息 10270 [带照明装置的口腔镜]）。2004 年，进行了强化实用新型专利权的法律修改（权利有效期设为 10 年，授予实用新型专利之后也能够变更为专利申请），但关于权利行使的顺序仍维持 1993 年修改的实用新型法中的法律构成。

（3）种苗法的案例

关于专利法的邻接领域之一的种苗法，近些时涉及种苗法的植物育种者权的侵权诉讼也有出现，原告胜诉的案例，比如东京地方法院平成 21 年 2 月 27 日判决・特许消息 12513 [舞茸]，东京地方法院平成 20 年 8 月 29 日判决・判时 2026-138 [香菇]；驳回原告请求的案例，比如知识产权高等法院平成 18 年 12 月 21 日判决・判时 1961-150 [杏鲍菇]，东京高等法院平成 9 年 2 月 27 日判决・知裁集 29 卷 1 号 159 页 [金针菇]。

第三节 扩张技术范围的理论

一、等同原则的应用

（一）等同原则概说

所谓等同原则，是指将对权利要求进行字面解释时不包含在字面含义范围内的侵权产品（方法）也认定为侵害专利权。在日本，原来的通说是，即使专利发明的一部分技术特征被置换为其他手段，专利产品的技术手段和被置换的技术手段具有相同的作用效果（"置换可能性"），并且，采取该置换手段是显而易见的（"置换容易性"或者"显而易见性"），在这种情况下，侵权产品也属于专利发明的技术范围，但是，在判例中，在结论上否定主张等同原则也是很普遍的（例如，判例54）。如（三）的介绍，至今为止，也不是不存在通过适用等同原则来认定专利侵权的案件，另外，也存在如判例34一样实质上包含等同原则的成立要件的判决，但应仅限于特殊案例。

但是，最近，等同原则的状况发生了很大变化。成为该变化契机的是判例36，一审东京高等法院平成6年2月3日判决·知裁集26卷1号34页[无限滑动用滚珠栓槽轴承]，对于该机械发明做出了如下判示，"专利发明与被控侵权产品，应该解决的技术问题以及作为其基础的技术思想无不同之处，因此，被控侵权产品完全达到了专利发明的核心作用效果，与此相反，对于与此相关的一部分不同的技术特征，不能认定其具有达到显著效果等这样的特别技术意义，并且，基于该专利发明申请时的技术水平，可能置换上述一部分不同的技术特征，并且这种置换是容易的，在这种情况下，作为例外，应理解为被控侵权产品属于专利发明的技术范围而构成侵权，这种判断是合理的"，专利权人胜诉。

接着，大阪高等法院对生物技术发明适用了等同原则（判例37）。

并且，判例36中，最高法院明确判示在日本能够适用等同原则以及具体适用标准（具体案件事实为，撤销原判决，肯定适用等同原则）。

第二编　第一章　专利权的范围Ⅰ——技术范围的解释

判例36 最高法院平成10年2月24日判决·民集52卷1号第113页
[无限滑动用滚珠栓槽轴承上告审]
【对于等同原则的适用予以了肯定，并明示了等同原则的适用标准】

〈案件事实〉

该案件与下列装置发明相关，在滚珠栓槽的圆筒状部材中通过一条圆形轴承，在圆筒的内侧与轴承表面之间设置滚珠轴承，圆筒沿着轴能够滑行移动。滚珠在圆筒中像陆上竞技那样的通路中咕噜咕噜地循环旋转。因此，必须在圆筒内部设置形成这种通路的结构。本专利发明在圆筒内侧形成沟的同时，嵌合由其他圆筒状部件支撑形成滚珠通路的形状（支撑器）并进行使用。专利发明的支撑器被认定为中空筒体的一部分。

驳回一审请求，一审中，专利权人通过主张等同原则胜诉。

〈判决要旨〉

在权利要求书中记载的技术特征中，即使存在与被告产品不同的部分，但在如下情况下，由于被告产品与记载在权利要求书中的技术特征等同，因此包含在专利发明的技术范围内，即（1）该不同部分不是专利发明的本质特征；（2）如果将该不同部分置换为被告产品等中对应的部分，也能够达到专利发明的目的，起到同样的技术效果；（3）对于上述置换，在制造对象产品等时间点，对于该发明所属技术领域具有通常技术知识的技术人员（以下简称本领域技术人员）是容易想到的；（4）被告产品等与发明在申请时所存在的公知技术不同，或者该领域技术人员不容易想到；（5）在发明申请阶段没有有意地要求从权利要求书中去除该部分内容。

〈评论〉

对于该判决中列举出的5要件不存在特别大的争议。（2）相当于置换可能性，（3）相当于置换容易性。关于（3），明示了即使不是专利申请当时存在的置换手段也能够适用等同原则，在这一点上很具特征（以前，实务中通常对专利申请后的手段适用等同原则。学术界则与此相反，认为对专利申请后的手段也适用等同原则）。在日本，以前对（1）的本质部分要件不是一定要明示讨论的，但是理论上当然是要被讨论的（被认为是（2）、（3）的内在要件，或者被认为是是否存在不同技术思想的问题）。（5）相当于禁止反悔原则以及意识性限定，从前作为对等同原则进行限制的抗辩手段被主张。（4）一直以来不存在争议，根据公知技术容易想到的技术范围，即对于不具备专利性的发明是不应该赋予专利权的，理论上，这是理所当然的。在对权利要求书进行解释时，根据公知技术容易想到的技术范围应该被排除，被告的这种主张不太受法院重视，但是在与等同原则的关系上，可以作其他考虑。

在具体案件的处理上，最高法院的驳回理由是对公知技术的讨论不充分，但是本案在等同原则的适用上，被告产品的结构与专利产品存在很大差异，原审判决没有道理。原审判决强调被告产品没有产生独立的作用效果，但是轻易地认定作用效果的独占也是存在疑问的。等同原则的判断与发明的创造性的判断一样，容易主观认定，因此，等同原则的适用被认为有损于法律的稳定性。最近，美国对于过多地适用等同原则的检讨增多。

本判决的价值在于，明示了适用等同原则的五个要件。在本判决后的下级审判中，基于该五个要件来判断是否适用等同原则。东京地方法院平成 10 年 10 月 7 日判决·判时 1657 号 122 页［负荷装置系统］判示，原告对（1）至（3）负有举证责任，被告对要件（4）和（5）负有举证责任，关于要件（2）的容易想到性，与基于专利法第 29 条第 2 项规定的基于公知技术"能够容易作出发明"的情况不同，该容易想到性的程度应该理解为，只要是本领域技术人员根据权利要求书中的明示记载都能够想到。

判例37 大阪高等法院平成 8 年 3 月 29 日判决·知裁集 28 卷 1 号第 77 页［重组人体组织纤溶酶原活化因子Ⅱ控诉审］

【运用等同原则认定与权利要求书中规定的复方氨基酸不同的复方氨基酸序列的蛋白质侵权】

〈案件事实〉

专利发明的对象是被称之为遗传学工程 TPA 的蛋白质，在申请过程中，在权利要求书中增加了 69 号至 527 号复方氨基酸序列的具体限定。

被告产品的 245 号复方氨基酸与专利发明不同。

〈判决要旨〉

（1）置换可能性。

"A、B 发明的 t－PA 与被上诉人的 t－PA，二者的复方氨基酸序列中的 245 号，前者是缬氨酸（Val），后者是甲硫氨酸（Met），如前所述，在这一点上二者不同，此外，根据 A 和 B 发明的权利要求书的记载，二者的特性没有不同之处，被上诉人也没有争辩。因此，二者的特性相同，作用效果相同，从 A 和 B 发明的 t－PA 的缬氨酸（Val）置换为被上诉人的 t－PA 的甲硫氨酸（Met）被认为满足置换可能性。"

（2）容易想到性。

"认定本领域技术人员基于 A 和 B 发明的说明书以及本件优先权之日判决的通常技术常识，以探索具有更加优越特性的 t-PA 为目的，通过使权利要求书中记载的复方氨基酸序列中的一部分复方氨基酸残基发生变异，从而能够容易地制造出具有不同复方氨基酸序列的 t-PA，如果根据上述 7.4.3 的（6）和（7）中认定的事实，除非这种变异体具有比变异前的 t-PA 更加优越的特性，从科学观点来看 认定这种变异体不具有实用目的。

并且，在 t-PA 中，245 位这一部分对 t-PA 的功能来说不是极为重要，缬氨酸和甲硫氨酸的变异对蛋白质的功能不产生影响，并且制造变异体是容易的，因此通过使 245 位的缬氨酸变异为甲硫氨酸，在申请本件申请时（主张本件优先权日判决），获得与 A 和 B 发明的 t-PA 具有同等程度功能的 t-PA 的可预测性很高。"

（3）禁止反悔原则。

"从上述经过来看，在权利要求书中特定记载了复方氨基酸序列，根据记载在权利要求书中的复方氨基酸序列得到的变异体不是实际发现的物质，说明书中没有实际效果的明确记载，欲申请专利的发明需要记载在说明书中，应该满足专利法第 36 条的规定。在不具备新颖性和创造性而限定权利要求书的记载时，如果超出被限定的内容，则不具备新颖性和创造性，在主张权利的阶段不允许主张该超出部分属于权利要求的范围，但是，如果根据在上述过程中补正后的权利要求书而获得专利权，以确定发明的构成为目的，明确权利要求书的记载，但是在专利侵权诉讼中，只能主张将权利要求进行明确后的技术范围。"

（4）独立开发。

"是否侵犯专利权与被上诉人的意识无关，从这点来看，被告独自开发的主张应该证明被上诉人的技术与专利发明不构成等同物，并且不能成为被告方独立的主张"。

〈评论〉

在医药和化学领域，根据化学构造很难预测性质（作用效果），因此，在等同原则的适用上，比其他领域限定得更严格。值得注意的是，本案对与记载在权利要求书中的复方氨基酸序列明确不同的蛋白质适用了等同原则。但是，与位于低分子化合物的置换基等的差异不同，由多个复方氨基酸构成蛋白质时，被置换的复方氨基酸的位置虽然不同，但其作用效果没有差异，本案被告产品被认为是其中一例（最近，在专利局实务中，对于复方氨基酸序列，允许某个权利要求书进行一定程度的记载）。

在适用等同原则时，基于申请经过的禁止反悔原则的法理非常重要，但是，本判决判示，在申请过程中限定了复方氨基酸序列并不是用于限定权利范围的趣旨，这一点也很值得注意。明确发明内容的补正以及用于区别公知技术的补正，原来在美国是不被区别的，但在 2002 年 Feist 最高法院判决中，原则上对权利要求的所有补正都适用（参照特许消息 10876 号）。在日本，关于这一点，仍然没有进行明确的区别（本件原审大阪地方法院平成 6 年 10 月 27 日判决·判夕 868 号 80 页，重视该补正，否定了侵权）。

被上诉人强调，被告产品是独立开发的，但是判决并没有予以认可。等同原则的范围应被客观确定，因此，被告的主观意愿没有太被重视（即使美国出现了重视被告主观意愿的判例，最近发生的 Hilton Davis 案件中，最高法院判决也以客观认定为原则）。

（二）判例 36 以后，通过等同原则认定侵权的下级审判决

维持判例 36 判决思路的下级审判决中，在具体案件中，否定等同原则的适用的情况较多，最初适用等同原则的案件大阪地方法院平成 11 年 5 月 27 日判决·判时 1685 号 103 页［注射液的调制方法］。该案件关于注射器进行注射时调制药液的方法发明，为了防止调制药液时漏出药液，该发明专利中注射针在几乎垂直的状态下进行注射，有一定程序倾斜地注射与接近水平地注射的被告方法是否与发明专利等同，进行了争论，满足判例 36 的全部标准，最后适用了等同原则。

然后，出现以下认定侵权的案例（最近案例有判例 38）。东京地方法院平成 12 年 3 月 23 日判决，二审东京高等法院平成 12 年 10 月 26 日判决·判时 1738 号 97 页［生海苔的异物去除装置］，在组合旋转板和环状框板部形成用于过滤的空隙时，被告产品关于以上二者的位置关系与专利发明不同，但是，被告产品构成等同，认定侵权。

东京地方法院平成 13 年 5 月 22 日判决·判时 1761 号 122 页［电话用线路保安连接器布线装置］，关于配线装置发明，不同点在于"设置了穴的固所与绝缘块是不同的部件，是与无半田电线卷针平行安装的板状的部件或者是绝缘块自身"，则该点不算是本质部分。

大阪地方法院平成 14 年 4 月 16 判决·判时 1833 号 132 页 [肌肉组织状魔芋的生产方法及装置]，该发明为，从多孔喷嘴压出魔芋紫菜（こんにゃくのり）并使丝状的魔芋之间形成整体，被告装置使用了通过缩小连通孔将压出魔芋紫菜用的孔连接起来的地漏，但是被认定为构成等同。大阪地方法院平成 15 年 3 月 13 日判决·特许消息 11089、11090 以同样的趣旨对同一发明认定构成等同。

东京地方法院平成 15 年 3 月 26 日判决·判时 1837 号 101 页 [空气按摩机]，用空气袋从两侧夹住人体脚部，使空气袋膨胀和收缩，由此进行按摩，被告产品的技术手段为，将空气袋的一侧置换为人造橡胶，通过空气袋和人造橡胶产生两侧的夹揉效果，与专利发明的技术手段构成等同。二审知识产权高等法院平成 18 年 9 月 25 日判决平成 17（ネ）10047 也维持了适用等同原则的结论，但值得注意的是，二审将损害赔偿额从原审的 15 亿 4744 万日元减少至 1149 万日元。大阪地方法院平成 12 年 5 月 23 日判决·特许消息 10394 和 10395 [魔术铰链]，名古屋地方法院平成 15 年 2 月 10 日判决·平成 8（ワ）2964 [压流体液压缸] 也是运用等同原则的例子。

东京地方法院 19 年 12 月 14 日判决·平成 16（ワ）25576 [眼镜镜片供给系统] 是包含计算机和检测装置系统的发明，应该由计算机执行的处理包含在测定装置中的 CPU 执行的被告系统，不构成字面侵权，通过等同原则认定侵权（该案中，被告对于本质部分、置换可能性、置换容易性均没有争议）。该案中的专利是将发注者的行为和受注者的行为合并后实施发明，因此，在谁是侵权人的问题上存在争议，将系统支配管理的受注者单独认定为侵权人。

知识产权高等法院平成 23 年 3 月 28 日判决·平成 22（ネ）10014 [地下结构用圆模盖]，推翻了认定不侵权的地方法院判决，根据等同原则，将专利发明中盖的 "凹局面部" 变换为 "段部"，被认定为构成侵权。

最高法院判决后，至今适用等同原则的案件都是与机械发明的形状、材料相关的发明，渐渐地，案件数量也不断开始增加，因此，今后在诉讼实务中，需要经常考虑到适用等同原则的可能性。

[判例 38] 知识产权高等法院平成 21 年 6 月 29 日判决·判时 2077 号第 123 页 [空心高尔夫球杆头]

【近期认可适用等同原则的案例】

〈**案件事实**〉

推翻了原审（东京地方法院平成 20 年 12 月 9 日判决·平成 19（ワ）28614）认定不侵权的判决，根据等同原则认定侵权。

该案中专利发明如下，能否通过下线部的"缝合部"来连接，成为问题的焦点。

一种中空高尔夫球棒垫，其特征在于，将金属制的外壳部件和纤维强化塑料制的外壳部件连接，从而构成中空制造的头部本体，将上述纤维强化塑料制的外壳部件的连接部连接至上述金属制的外壳部件的连接部上，与此同时，在上述金属制的外壳部件的连接部上设置贯通孔，通过该贯通孔将纤维强化塑料制的缝合部材通过上述金属制外壳部材的上述纤维强化塑料制外壳部材的接触界面侧和其反面从而将上述纤维强化塑料制的外壳部材与上述金属制的外壳部材连接。

在原告的说明图中，专利发明的实施例的概念如下图 A 所示，长缝合部材连通为之字形从而连接两个部材。

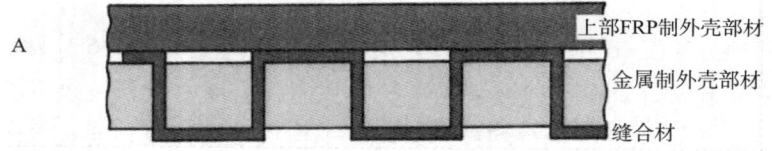

在被告产品中，如下图 E 所示，在一个贯通孔中使用一个短小带状片。

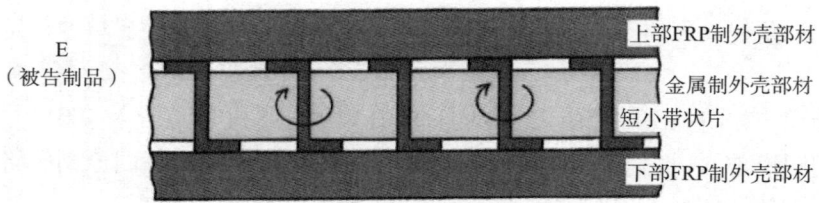

判决认定如下，短小带状片的使用不是发明的本质部分，因此，通过等同原则认定为侵权。

〈**判决要旨**〉

根据说明书的记载，本发明的目的，作用效果，……在于提高金属制的外壳部材和纤维强化塑料制的外壳部材的连接强度。如果参照权利要求书以及本说明书中关于发明的记载，本发明是通过在金属制的外壳部材的连接部上设置贯通孔并在贯通孔中通过纤维强化塑料制的部材由此达成上述目的的发明，用于解决本发明的课题的重要部分为如下技术特征,"通过该贯通孔""通到上述金属制外壳部材的上述纤维强化塑料制外壳部材的接触界面侧和其反面侧,并将上述纤维强化塑料制的外壳部材和上述金属制的外壳部材连接"。

在本发明的权利要求书中,连接部材表现为"缝合材"。

但是,如上述描述,(1)用于解决本发明的技术问题的重要部分为,技术特征(d)中的"通过该贯通孔""通至上述金属制外壳部材的上述纤维强化塑料制外壳部材的连接界面侧和其反面,并将上述纤维强化塑料制的外壳部材和上述金属制的外壳部材连接"这两个技术特征;(2)本发明的"缝合材"的技术用语用于形容将纤维强化塑料制的部材通至金属制外壳部材的形状或者实施例,与通常的意思明显不同,因此不能说重视"缝合"的语义是妥当的,如果从技术角度切入,"缝合材"的意思应理解为"通过金属制外壳部材的多个(两个以上)贯通孔,并且至少通过两处与纤维强化塑料制外壳部材连接的部材",但是该技术特征中"不是一个贯通孔而是多个(两个以上)贯通孔"的特征部分与"至少通过两处连接"的特征部分,综合考虑不能认为可以作为本发明特征的重要部分的情况,"缝合材"不能作为本发明用于解决技术问题的手段的技术思想核心的特征部分。

因此,本发明中通至贯通孔的部材是缝合材,不能认定为本发明的本质部分。

〈评论〉

在字面侵权时,如果重视发明的目的和效果来评价被告产品,则容易认定侵权,等同原则也是一样的,但是该案件对此存在怀疑。

(三) 判例36 以前适用等同原则来认定侵权的案例

除 判例37 以外,在 判例36 以前适用等同原则的案件如下。

旭川地方法院昭和58年3月24日判决·[原木皮舨装置](参照本间崇·ジュリスト903号[1988年]85页)是明示适用等同原则的案件。作为本案技术方法的原木皮舨装置,为了使原木上下移动,具有装载原木的腕,通过气缸的活塞杆使得腕上下移动。被告的装置在其他构成上与该方案相同,只是用曲柄轴(曲柄轴是将旋转运动变换为直线运动的装置)替换气缸的活塞盖,通过发动机的旋转使腕上下移动。

判决认定,曲柄结构作为变为直线运动的结构属于公知技术,是显而易见的,在申请本件实用新型时,置换为活塞对于本领域技术人员来说是容易想到的，因此侵权实用新型专利权（二审中侵权的结论也成立）。

大阪地方法院昭和 49 年 7 月 30 日判决·无体集 9 卷 1 号 466 页［盐酸甲氯芬酯］，对化学物质（医药）的制法认定构成等同。专利发明在使碳酸和氨基醇进行反应时，使一种原料变为卤化物进行反应，与此相对，被告方法不是卤化物反应，但生成物是一样的。然而，二审大阪高等法院昭和 52 年 4 月 27 日判决·无体集 9 卷 1 号 406 页认定不构成等同。

如 判例 37 和盐酸甲氯芬酯案件一审，关于生物技术和化学方法，过去存在适用了等同原则的案件，这是非常有趣的。在 判例 36 的基础上，期待对这种案件进行讨论。

（四） 判例 36 以后通过等同侵权没有认定侵权的案件

在 判例 36 以后，当事人主张适用等同原则的案例很多。但是，如果对最高法院主页上的案例进行讨论，专利权人胜诉的几率是非常低的，在判断本质部分时，请求被驳回。关于在第一章第四节中讨论的存在限缩解释理由的专利，通常，在认定发明的本质部分时，成为限缩解释根据的因素也被引用，因此，根据等同原则来认定侵权不作为主要原则。今后，关于本质部分的认定也成为了重要的争论点。

下面介绍阐述通过等同原则认定不侵权的理由的代表判例。

由于认定为本质部分而认定不侵权的案件，大阪地方法院平成 10 年 9 月 17 日判决·知裁集 30 卷 3 号 570 页［渐放性双氯芬酸钠制剂］，东京地方法院平成 10 年 10 月 7 日判决·判时 1657 号 122 页［负荷装置系统］。东京地方法院平成 11 年 1 月 28 日判决·判时 1664 号 109 页［渐放性双氯芬酸钠制剂］在解释本质部分时，参考了申请经过过程。东京高等法院平成 13·2·27 特许消息 10782，10783［胶囊填装装置］，关于与分案申请相关的专利发明，基于分案的经过来确定发明的本质部分，驳回请求。东京地方法院平成 13 年 5 月 14 日判决·判时 1754 号 148 页［眼压下降剂］，参照说明书的记载和公知技术，判示化合物整体构造是本质部分。东京地方法院平成 13 年 10 月 30 日判决·特许消息 10748、10749［重物上吊用钩装置］以及名古屋地方法院平成 12 年 8 月 9 判夕 1109 号 241 页［车椅子］，参考申请经过认定了本质部分。大阪地方法院平成 15 年 7 月 17 判夕 1134 号 282 页［扩管装置］以及东京地方法院平成 15 年 8 月 28 日判决·特许消息 11183，11184［暗渠形成装置］基于说明书的记载和公知技术来认定本质部分。

第二编　第一章　专利权的范围 I——技术范围的解释

东京地方法院平成 16 年 3 月 5 日判决・判时 1871 号 96 页 ［附带包装带的细口瓶］，根据申请经过和说明书的记载，数值限定的要件被认定为本质部分。东京地方法院平成 17 年 5 月 30 日判决・平成 15（ワ）25968 ［屋顶上配管的媒体液填充装置］，基于说明书的记载，在同一电路中进行介质的填充和补充，这一点被认为是本质部分。

东京地方法院平成 19 年 9 月 28 日判决・平成 18（ワ）15809 ［米勒倒角加工方法］，获得发明的作用效果所必要的技术特征是本质部分，欠缺该技术特征的产品不构成等同侵权。

东京地方法院平成 18 年 4 月 26 日判决・判时 1947 号 88 页 ［干燥装置］，多个根部设置在最下部被认定为本质部分，对于不具有该技术特征的被告产品否定构成等同侵权。该二审知识产权高等法院 19 年 3 月 27 日判决・平成 18（ネ）10052 ［干燥装置控诉审］ 判示，"专利发明的本质部分应根据与该专利发明相关的说明书的记载来进行把握"，客观上能够看得出时，在实际举动中主张与问题部分不同的被告产品具有不同的效果是错误的。知识产权高等法院平成 22 年 11 月 25 日判决・平成 21（ワ）13824 ［盖体］，由于"为了扩张到等同范围从而受到专利法的保护，应该认定，本质部分的技术思想必须被说明书公开"，因此，请求被驳回。

关于置换可能性、置换容易性的案件，上述东京地方法院平成 11 年 1 月 28 日判决・判时 1664 号 109 页 ［渐放性双氯芬酸钠制剂］，关于置换可能性，被认定为需要极为容易要件。东京高等法院平成 14 年 9 月 26 日判决・判时 1806 号 135 页 ［止具］，仅讨论了置换容易性，但在目的、目的效果、解决问题的时期、手段的选择上不同，以此为由否定构成等同侵权。

东京地方法院平成 19 年 10 月 23 日判决・平成 18（ワ）6548 ［安定器用集成电路］，没有对作用效果的相同性进行举证，由此排斥构成等同侵权。

作为意识性除外的案例（参照本章四（三）2），东京地方法院平成 20 年 1 月 22 日判决・平成 19（ワ）11981 ［压缩型豆乳、豆腐制造机］ 是适用禁止反悔原则的典型例。知识产权高等法院平成 21 年 8 月 25 日判决・判时 2059 号 125 页 ［切削方法］，以半导体晶圆为对象物的切削方法的专利是否能够通过主张等同原则来适用到半导体封装物的切削上，在这一点上存在争议，在该案中，专利权人在申请过程中，并没有限定半导体晶圆，记载上位概念的权利要求书是很容易的，但是却没有记载，这种情况则被认定为意识性限定，因此否定等同原则的适用。东京地方法院平成 21 年 12 月 16 日判决・判时 2110 号

114 页［光诊断装置］，在申请过程中，以构成三个频道的信号作为与公知技术的不同点，专利权人对只使用两个频道的信号的产品主张侵权，属于适用意识性除外。

知识产权高等法院平成 17 年 12 月 28 日判决·平成 17（ネ）10103［施工面铺设块］，对于能够记载在说明书中的明确手段没有给予记载，因此也属于意识性限定。与此相对，知识产权高等法院平成 18 年 9 月 25 日判决·平成 17（ネ）10047［椅子式按摩机］，仅因为未将容易想到的事项包含在权利要求中，不能认定为意识性除外。

（五）判例 36 以前的适用等同的否定例

现在来看，判例 36 以前的否定适用等同原则的判决缺乏作为前例的价值，但是参考作为理解判例的流程，简单对其进行介绍。

大阪地方法院昭和 55 年 10 月 31 日判决·无体集 12 卷 2 号 632 页［儿童交通工具用的轮胎的制造方法一审］认定，等同原则中的置换容易性应被考虑为比创造性中的非显而易见性要缩小。

东京高等法院平成 9 年 7 月 17 日判决·知裁集 29 卷 3 号 565 页［人类白细胞干扰素］，包含在干扰素中的糖链在量上存在差异，在不能说糖链的存在没有意义时，由于不符合置换可能性，因此否定等同原则的适用。

判例 54 是关于化学物质的制造方法，为如果原料的化学构造不同则认定不侵权的判决的代表例，对于"等同"、"利用"等进行详细的判示。

被告产品和专利发明的技术原理（思想）不同时不能适用等同原则的案例有，东京高等法院平成 4 年 9 月 29 日判决·知裁集 24 卷 3 号 727 页［梁吊上用夹具］，大阪地方法院昭和 51 年 8 月 20 日判决·无体集 8 卷 2 号 334 页［螺旋形纸管制造机］（根据说明书认定发明本质的解释不成立，作为设计上的微差论）等。

以作用效果不同为由认定不能适用等同原则的案例有，东京地方法院昭和 58 年 2 月 16 日判决·无体集 15 卷 1 号 49 页［门把手装饰］，大阪高等法院昭和 47 年 6 月 26 日判决·无体集 4 卷 1 号 340 页［拉链］（原审大阪地方法院昭和 44 年 4 月 2 日判决·判夕 278 号 82 页也认定了侵权）。

大阪地方法院昭和 50 年 6 月 20 日判决·判夕 329 号 284 页［长尺物移送装置］，关于被告产品，将专利申请公告后的事实作为被告产品非显而易见的根据而援用。

以存在最接近的现有技术为由从而排斥设计上的微差论的案例中，东京地方法院昭和 53 年 5 月 12 日判决·无体集 10 卷 1 号 173 页［印刷电路用覆铜箔层压板］，被认为是从公知的几个手段中选择了特定手段时，对其他公知手段不涉及适用等同原则的例子中，大阪地方法院昭和 54 年 3 月 23 日判决·无体集 11 卷 1 号 247 页［柱上安全带用绳索伸缩调节器］。

假设被告产品容易被想到，为了包含在原告的权利范围内，则应该事先在说明书中记载，因此否定适用等同原则，这种案例有，东京地方法院昭和 51 年 6 月 16 日判决·判夕346 号 272 页［汽车用滑雪汉堡缔轮安装装置］。通过意识性除外，主张适用等同原则欠缺前提的案件有，东京地方法院平成 4 年 9 月 25 日判决·判夕798 号 251 页［患者用移动援助装置］。

（六）迂回发明

在与等同原则相类似的思考方式上存在迂回发明论。这是一种为了回避与专利抵触而进行的不必要的附加或者变更，从而与专利发明不相同的思考方式。大阪地方法院昭和 33 年 9 月 11 日判决·判时 162 号 23 页［氯丙嗪］，首先制成没有记载在权利要求书中的中间生成物，最后却得到专利目的物（医药）的方法，以中间物具有独自用途为由，得出不与专利相抵触的结论。名古屋地方法院昭和 60 年 7 月 12 日判决·判时 1163 号 118 页［青霉素类及头孢菌素类的制法］，虽然没有使用迂回方法这种表现，但将权利要求书中没有规定的保护基（三甲基矽烷基）与反应原料结合，反应后将此取出并得到专利发明的目的的方法，由于包含在权利要求书中记载的方法因而被认定为侵权。实际上，应该认为是通过迂回方法认定侵权的案件。

二、不完全利用论

不完全利用论是一种对省去了专利发明的技术特征的一部分实施例主张侵权的思考方式，也称省略发明论或改恶发明论。专利权人主张被告省略的技术特征不是专利发明的必要技术特征，关于认定侵权，通说是需要满足记载在权利要求书中的所有事项，因此，这种主张很难成功。通过主张不完全利用论原告胜诉的案件有，大阪地方法院昭和 43 年 5 月 17 日判决·下民集 19 卷 5＝6 号 303 页［块状玩具］，福岛地方法院郡山派出法庭昭和 59 年 4 月 26 日判决·判例工业所有权法 2529 之 337 页［无机纤维隔热材］，最近没有案例。

不完全利用与等同原则的区别不是很明确，判例36 以后，现在，应该通过等同原则来主张，在通过等同原则没有成功的例子中，即使主张不完全利用也不被认可。

明示不完全利用论在现行法上不值得认可的案例有,东京地方法院昭和 58 年 5 月 25 日判决·无体集 15 卷 2 号 396 页［机器铰链］,即使不需要论述得那么极端,但作为结论,最近在实务中不完全利用论是不被承认的。有如下案件,名古屋高等法院昭和 57 年 3 月 23 日判决·无体集 14 卷 1 号 133 页［水耕栽培用床］(理论上不排斥不完全利用论,但是,被告产品产生了本件技术方案中没有的独特的技术效果,因此不属于不完全利用),东京高等法院平成 6 年 11 月 17 日判决·判例工业所有权法［二期版］2311 之 46［产业废弃填埋地造成工法］,知识产权高等法院平成 17 年 7 月 12 日判决·平成 17 (ネ) 10056［绿加·土壤稳定化的无机材料］(关于无机组成物发明,在未对发明的本质部分的成分含量进行举证时,不能适用不完全利用论)等。

三、附加、利用与侵权

(一) 概说

所谓附加是指对专利发明附加了其他技术特征或者方法,是专利发明独立存在形式上被认可的情况。在这种情况下,原则上应该属于专利侵权(在单纯附加时,判决中没有特别提及)。

所谓利用,对专利发明附加了其他要素这一点与附加相同,但是多被认为是其他要素与专利发明一体化的情况。对于由 A 和 B 制成的重合体的专利发明,由 A、B、C 制成的共重合体(京都地方法院昭和 43 年 3 月 27 判时 521 号 38 页［聚酯纤维］),通过 P、Q 来制造 R 的方法发明,在反应工程中添加触媒来改良收率的方法(作为利用而认定侵权的大阪高等法院昭和 39 年 12 月 26 日判决·下民集 15 卷 12 号 3121 页［乙烯聚丙烯］)等中,讨论是否构成专利侵权。存在与利用发明相关的规定(第 72 条),因此虽然利用行为看起来好像有特殊意义,但在侵权诉讼的情况下,仅讨论被告产品(方法)与专利发明的抵触关系。

附加也好利用也罢,按照文字实施专利发明,在认定侵权时是这样考虑的,不能超越权利要求书的范围认定侵权。但是,以前在实务中,有时对等同原则的适用过于慎重,这一点作为某种程度的补偿依存于利用论,与等同原则相比,法院对利用论更有好感。上述京都地方法院［聚酯纤维］判决指出,对第三成分加入摩尔浓度 12% 的共重合体属于利用了专利发明的产品(但是,关于类似的争论点,大阪地方法院昭和 42 年 10 月 24 日判决·判时 521 号 24

页［聚酯纤维］认定不侵权）。但是，上述大阪地方法院［乙烯聚丙烯］，尽管增加了第三成分，但是，专利发明的 2 成分触媒物理上仍然存在（严格适用"一模一样"说），认定专利权人没有尽到举证责任，驳回请求（目前，前例是否有价值成为疑问）。关于是否存在利用，一种立场是，要求在侵权行为中专利发明物理上一模一样地存在，另外一种立场是，只要认定利用了发明的技术思想就足矣。利用了技术思想就足矣的立场实质上与等同原则相重合，目前，在实务中，作为等同原则的案件被处理。

关于利用，选择发明是否为利用发明，在这一点上存在争论。如果考虑到，选择发明能够获得专利时，就意味着更为上位概念的发明没有公开选择发明，则会形成原来发明的专利权没有扩及到选择发明的部分。目前，还没有对该点进行明示判断的判例。恐怕不是应该从是否是选择发明这一点来直接确定的问题，关于上位概念的发明，应该从根据说明书的公开内容等进行限缩解释是否妥当的观点来考虑，应该进行个别讨论。

（二）关于附加、利用的侵权认定案例

东京高等法院平成 13 年 5 月 24 日判决・判时 1789 号 134 页［屋根雪止金具］（被告产品，具有本件技术方案的作用和效果，添加新的结构也能起到本案的作用和效果，因此认定技术思想相同），即 判例39 。 判例33 和 判例79 也是含有附加、利用的侵权案件。东京地方法院平成 11 年 11 月 4 日判决・判时 1706 号 119 页［芳香性液体漂白剂组合物］，在将权利要求书中记载的少量香料化合物和权利要求书中没有记载的香料并用时，认定为侵权。根据利用认定侵权的其他案件有，水户地方法院昭和 48 年 2 月 22 日判决・判夕 295 号 366 页［纳豆包装苞］（即使被告产品是实施了在后申请的实用新型，也认定侵犯在先申请实用新型）。

最近的案例，大阪地方法院平成 18 年 12 月 7 日判决・平成 18（ワ）1304［地下结构用盖子受框］，在被告产品起到技术方案的作用效果时，虽然存在其他用途的部件，但对侵权的结论没有影响（大阪地方法院平成 20 年 1 月 22 日判决・平成 19（ワ）2366 也是关于实用新型的同样类型的判决）。

东京地方法院平成 21 年 3 月 6 日判决・平成 20（ワ）14858［液晶表示装置的制造方法］，关于薄膜晶体管的结构，权利要求书中有"按照顺序将第一金属膜和第二金属膜层积后，进行一次拍照蚀刻"的记载，主张限于由两层金属膜构成的层积结构，但是判决指出，并没有明确记载在该两层结构上不允许附加，即使附加耐火金属膜，由于达到了发明目的，因此对三层的结构也认定为侵权。

东京地方法院平成21年10月8日判决・平成19（ワ）3493［径口吸附剂II］认定，关于球状活性炭，被解释为在说明书中没有酸化处理以及还原处理但具有高活性，但这并不意味着排除这种处理，而是认定在发明中也包含进行了附加处理的物质。

判例39 大阪地方法院昭和63年3月17日判决・判时1300号第114页［芯地］

【对于存在附加技术特征的情况认定了侵权成立】

〈案件事实〉

该案专利发明关于具有保形性的特殊构造的纤维物（芯地），在权利要求书中记载了具有"需要的编巾"这一结构。被告产品的芯地的大部分具有专利发明的结构，但是在下侧边部附加了不属于专利发明的柔软的耳组织（可以理解为在编巾上不具备专利发明的结构）。判决在对被告产品耳组织的作用效果作出了详细认定的基础上，作出了如下结论。

〈判决要旨〉

一号疑似侵权产品和二号疑似侵权产品的一条柔软的耳状编组织作为芯地起不到任何特别效果，不过是无用的附加物，起到芯地功能的是去除了右耳状编织组织部分的本体部分。

这样看，一号疑似侵权产品和二号疑似侵权产品被认定为不过是满足本发明所有技术特征的编织组织组成的本体部分附加了一条柔软的耳状编组织。并且，上述本体部分满足本发明所有技术特征的结果是，一号疑似侵权产品和二号疑似侵权产品被认定为，整体上起到了与本发明的作用效果相同的作用效果，很明显附加一条柔软耳状的编组织是不能被影响的。

〈评论〉

在权利要求书中"需要的编巾"这一记载，意味着从产品的编织物的一端至另一端，能够被解释为排除了与其他结构的编织物部分成为整体的产品，但是判决认为，附加的柔软的组织部分没有起到特殊效果，从而认定属于利用了专利发明。

虽然附加了要素，但是，专利发明的效果是否被维持、附加的要素制品的性质（作用效果）是否变质起到了重要的启示作用。如果作用效果在本质上发生变更，则与附加的要素与原来的结构成为一体并被解释为构成其他发明。

(三) 作为与附加相关的认定不侵权的案例

参照公知技术认定发明排除了附加实施例的案例，大阪地方法院平成 8 年 3 月 26 日判决·特许消息 9362 号、9367 号 [标签]，大阪地方法院平成 7 年 9 月 26 专利与企业 321 号 75 页 [标签]。大阪地方法院平成 8 年 4 月 30 特许消息 9503 号、9505 号 [克伦（ケレン）装置]，由于附加结构不是单纯的附加，因此认定不侵权。东京地方法院平成 12 年 2 月 29 日判决·特许消息 10341 号、10342 号 [立方晶型窒化硼素烧结体]，包含有权利要求书中没有记载的成分的酸化铝粒子的结果是，不满足技术特征，因此，被认为不是单纯的附加。

大阪高等法院平成 12 年 10 月 11 日判决·判タ 1085 号 274 页 [加热蒸散杀虫方法]，关于溶媒，在说明书中说明了只包含有机溶媒时，认定溶媒中含有 26.5% 的水的被告制品不属于附加、利用的侵权品（有些案件也考虑到专利中存在无效理由的可能性）。

东京高等法院平成 17 年 1 月 27 日判决·平成 16（ネ）25697 [液晶组合物]，权利要求书中"由 A 和 B 组成"的文字通常以排除了 A 和 B 以外的第三成分为由而被使用，因此只要不存在说明书中明确增加 A 和 B 以外的第三种成分的记载等特别情况，就不能解释为没有排除第三种成分的意思。

在合金发明中，关于没有在权利要求书中记载的成分，存在不少争论，大阪地方法院平成 20 年 3 月 3 日判决·平成 18（ワ）6162 [无铅焊料合金]，判决指出，如果一般合金的组成成分不同，则该特性明显不同是很正常的，因此在发明的构成中，如果合金组成因为被严格限定，在含有发明构成中不包含的成分时也起到发明的作用效果，因此不能直接构成附加或者利用关系。东京地方法院平成 16 年 2 月 25 日判决·平成 14（ワ）16268 [连接器用铜合金]，关于"实质上由……构成"这种形式的合金发明，权利要求书中没有记载的元素被判断为，基于在说明书中具体记载的某种元素以及说明书的具体记载，应该允许含有本领域技术人员容易想到的元素，但是，不应该被理解为允许含有超过了该范围并给合金的特性造成影响的元素（否定适用等同原则）。

否定了利用关系的旧案例有，大阪地方法院昭和 36 年 5 月 4 日判决·下民集 12 卷 5 号 937 页 [发泡性聚苯乙烯]、京都地方法院昭和 46 年 5 月 7 日判决·无体集 3 卷 1 号 197 页 [装配积木玩具]、山口地方法院昭和 39 年 4 月

30 日判决·判时 391 号 32 页［聚丙烯聚合触媒］等。最后两个判决，将被告产品作为在后申请的权利的实施品作为抗辩手段，但是即使现在没有采用该考虑方式（最近东京地方法院平成 21 年 2 月 18 日判决·平成 19（ワ）28506［混凝土结构的机械施工方法］），被告主张实施自己的专利发明，该抗辩不成立。

四、实务指南

在专利诉讼中，通常进行如下审理。

（一）通过被告产品（方法）的目录来确定

在日本的专利诉讼中，原告先将被告的产品或者方法与权利要求书的技术特征对照后，作成以该形式记载的目录是很普遍的。该目录确定侵权判断对象，同时为了确定差止判断对象而被使用（参照第二编第四章一（五））。将目录中记载的物和方法称之为疑似侵权物品和疑似侵权方法。如果有更多的被告产品，则依次被称之为二号疑似侵权物品（方法）、三号疑似侵权物品（方法）。但是，最近，在实务中，关于目录记载的议论变少，当事人之间对目录记载的意见不一致时，通过证据来认定。

（二）被告产品（方法）和专利发明的对比

是否侵权通过目录记载（技术特征）和权利要求书的技术特征对比而进行。在大多数情况下，二者一致，只残留着一点或者两点是否一致的讨论。这种程度的观点不同时，进入诉讼程序。虽然存在更多的不同，但有时也会提起诉讼（例如，大阪地方法院昭和 61 年 10 月 16 日判决·判夕 638 号 235 页［食品的烹饪、杀菌装置］，东京地方法院昭和 58 年 7 月 22 日判决·判夕 514 号 289 页［软弱地盘改良装置］），当然原告很难胜诉。另外，关于全部技术特征，被告产品（方法）包含在权利要求书，但却认定不侵权，这一问题也经常被讨论（专利权是否被限定）。

（三）对权利要求的认定的争议

关于是否属于技术特征存在争论，关于这点存在如下结论，将专利发明扩大解释为上述那样，或者如下面一样进行限缩解释。最近在实务中，与这种议论一样，争论专利的有效性也是很平常的。

（四）与专利的解释论平行，对技术事实的举证也同时进行（举证上的问题点在第 2 编第二章第二节总结）

虽然不是法律问题，但却是最像专利诉讼的场面。

（五）经过以上审理，对被告产品（方法）是否属于专利发明的技术范围进行判断

在原告请求损害赔偿时，法院一方存在侵权的心证时，在该阶段中指出进入损害额度计算的审理阶段，在法院认定不侵权时，不进行损害额度的审理，直接终结审理也很正常。即，应该留意在判断是否侵权后进行损害额度的审理（原告在只请求差止时，只需等待审理终结的判决）。

（六）此外，在法院对是否侵权作出心证的阶段，法院应适当考虑劝告进行和解

在最近的实务中，在进行和解协议时，法院的心证很少被公开（在请求职务发明对价的特殊情况下，和解劝告书中具体说明法院的考虑方法的例子，参照东京高等法院和解劝告案平成17年1月11日判决·判夕1167号98页）。和解内容揭载在判例杂志中的案例有，东京地方法院和解平成14年9月11日判决·判时1806号143页［窗帘吊具］。

第四节 限缩解释权利要求的思考方式

根据权利要求书的文字含义能够解释为包含在其权利范围，即使在这种情况下，也不能直接认定为侵权。基于各种资料将权利要求书的用语限缩解释为缩小的含义，或者认定专利权比权利要求书的文字范围更缩小从而认定不侵权，这样的案件更多。

一、参照说明书（发明的说明书和附图）

（一）概说

为了确定权利要求书的含义，当然应该参照说明书的记载进行判断（专利法第70条第2项、最高法院昭和50年5月27日判决·判时781号69页［桨］等），不仅如此，在解释权利要求书时，说明书也是最重要的资料。限缩解释也好，扩大解释也好，都可以根据说明书的记载而进行。

但是，在很多案件中，参照说明书记载的目的和效果等，将权利要求书的用语限缩解释，结果为认定不侵权。如 判例41 ，权利要求书的记载是抽象的且是功能性的，这一点被特别表现出来。

基于发明的说明书和附图来解释权利要求是专利权的原则。但是，平成3

年的胰脂酶案件的最高法院判决（判例7）中，审查程序中，权利要求书记载的意思不明确时应该参照说明书等，而在侵权诉讼中是否应该进行同样的解释却发生了混乱。判例7以后的下级审中，在侵权案件中也阐明了同样的一般论的案例（东京高等法院平成3年9月17日如判时1398号111页［冲浪］，大阪地方法院平成5年11月30日判决·判时1483号111页［诊疗受付票发行方法］等），结论为，应该参照说明书进行解释的特殊情况很多，东京高等法院平成7年2月14日判决·判时1539号126页［模块型电气连接器］，权利要求书的记载只有一个含义很明确，因此，不承认参照说明书是合理的解释，驳回请求（不赞成结论）。此外，即使参照说明书也不存在应解释为与用语的一般含义不同的根据时，根据一般含义来确定技术范围是理所当然的（大阪地方法院平成12年6月8日判决·特许消息10385号［打球具］）。

为了解决该混乱的局面，平成6年专利法修订中，虽然将第70条第2款中参照说明书和附图这一原则明文化，但仅仅是确定规定，根据该条款，胰脂酶判决并不会发生特别的变化。在最近的侵权诉讼的判决中，知识产权高等法院平成17年12月28日判决·平成17（ネ）10103［施工方铺垫块］等，在对专利发明的技术范围进行解释时，必须检讨说明书等则变得很明显。

（二）参照了说明书解释权利要求书的案例

基于说明书的记载来限定权利要求书用语的含义从而认定不侵权的案例非常多。可以说，请求驳回判决大部分都是这样。限定方法有几种类型（但是，在下列例子中包含有可以被认定为否定等同原则的案例）。

（1）确定权利要求书的用语含义的案例

参照本领域的技术常识和发明的说明书来确定将权利要求书的用语是权利要求解释的基础。上述东京高等法院［冲浪］，权利要求书中记载的"万向接头"的含义根据本领域从业人员的技术常识和说明书的记载来限缩解释，被告产品的"橡胶接头"认定为包含在此内。在与同一专利相关的东京地方法院平成2年7月20日判决·判时1365号113页［冲浪］中，说明书的公开更为直接地限定上述特定接口，参照申请经过，认定不侵权。

东京地方法院平成9年11月28日判决·知裁集29卷4号1194页［抗真菌外用剂］认定，关于组成物（膏剂）的发明，参照说明书的记载、申请经过和对应欧洲申请的记载，权利要求的范围被限定在中间经过溶液制造的制剂。东京地方法院平成11年7月15日判决·判夕1013号223页［分析实验装置]也参照说明书的记载和申请经过,将权利要求书的"中空"、"机壳"等的用语限缩解释的案例有,东京地方法院平成11年8月21日判决·判夕1017号238页[带有自动弹子弹供应机制的玩具枪],参照实施例等说明书的记载来限缩解释权利要求书中的"开关控制"用语的含义。另外,东京地方法院平成11年12月14日判决·判夕1021号245页[导管用导向钢丝绳]中,"超弹性金属体"这一用语的含义不明确,因此驳回参照说明书进行限缩解释的请求。东京地方法院平成12年1月28日判决·速报298-9288[气体蚀刻方法]也是"等离子蚀刻"用语的限缩解释例。

东京地方法院平成12年12月12日决定·判时1734号110页[互联网的定时利用收费系统]。对于所谓的商业方法专利,参照说明书明确了"终端服务器"等的用语的含义,从而驳回了申请。东京地方法院平成13年5月15日判决·判时1760号128页[氮化镓系化合物半导体发光元件],参照说明书,专利发明被限定为"双向异性构造",单向异性构造的空间很大的被告产品被认定为不是侵权产品。大阪地方法院平成13年11月8日判决·特许消息10809号[工事灯],被严柊地限定为"产生两束光的反射面"的光束的方向等。

东京地方法院平成17年2月17日判决·特许消息11596号、11597号[屋根瓦],参照说明书的解释与屋根瓦的屋根的纵栈相连接的部件的意思,认定不侵权。大阪地方法院平成17年9月22日判决·判时1935号148页[抽油烟机的过滤装置],参照说明书的作用效果的记载等,将"长方形"的用语解释为即使是长方形,但横竖比变大时也是不妥当的(同时认定专利无效)。

东京地方法院平成17年3月25日判决·平成16(ワ)6531[電源装置],详细地参照说明书,以实施例为基础来解释"间歇性地进行动作的脉冲发生器"等用语,认定为是与被告产品的不同点。

东京地方法院平成17年3月18日判决·平成15(ワ)18472[屋顶上配管的媒体液填充装置],参照说明书,认定在同一电路上进行媒体的填充和补充属于发明的本质部分之一,结论为,在其他电路上进行填充和补充的被告产品不构成字面侵权,另外没有成立等同侵权的空间。

东京地方法院平成17年7月7日判决·平成16(ワ)3905[游戏机],参照说明书来解释"停止表示实施例"用语含义,在此基础上,申请经过的审查意见书中,即使存在与说明书不同的记载,也当然认定说明书记载优先。

大阪地方法院平成 18 年 7 月 27 日判决·平成 17（ワ）3037［发生地震时的锁定方法］，对于在说明书中没有直接记载的技术特征，参照参考例进行限缩解释。与同一专利相关的东京地方法院平成 18 年 10 月 11 日判决·平成 17（ワ）22834［发生地震时的锁定方法］，只表示功能或作用效果的权利要求，被解释为技术范围被限定为能够实施的技术特征。

东京地方法院平成 19 年 5 月 22 日判决·平成 17（ワ）27193［游戏机］，关于"报知信息"这一用语，如果不能推导出说明书中记载的实施例的信息，则限缩解释为不属于"报知信息"。

东京地方法院平成 19 年 11 月 28 日判决·平成 16（ワ）10667［数据传送方式］，判决指出，牺牲了节约传送速度所需时间这一发明效果的实施例不属于该发明的技术范围。大阪地方法院平成 22 年 11 月 18 日判决·平成 19（ワ）10364［安全气囊用煤气发生剂成型体］，将"单孔圆筒状"限缩解释为获得作用效果的实施例。知识产权高等法院平成 23 年 1 月 31 日判决·平成 22（ネ）10009［水平传感器］，判决认定，没有起到说明书中记载的功能的实施例不侵权。

同样的案件，神户地方法院平成 2 年 10 月 29 日判决·判タ752 号 222 页［电子晴雨计］（功能和抽象用语的解释例），东京地方法院昭和 59 年 10 月 26 日判决·判タ543 号 222 页［矿石合成方法］（将合金作为触媒合成矿石的发明，最初使用的是作为合金的触媒还是在反应中合成合金，这一点是不明确的，参照说明书，被解释为最初就使用合金），东京地方法院昭和 55 年 10 月 31 日判决·无体集 12 卷 2 号 602 页［紫外线杀菌器］（认定专利发明的反射镜对紫外线的反射率很高），千叶地方法院平成 4 年 12 月 14 日判决·知裁集 24 卷 3 号 894 页［建筑用板材的连接器具］，大阪地方法院昭和 60 年 5 月 29 日判决·判时 1174 号 134 页［照片和废料用衬纸］。

东京地方法院平成 10 年 7 月 15 日判决·判时 1668 号 137 页［放入虾的加工食品］，参照说明书来将实用新型授权的权利要求书中的"半熟状态"解释为，在有淀粉的情况下，α 化达到 90% 以上时停止，虽然是通过鉴定被告产品是否处于该状态的案件，但是，在表示法院对鉴定结果的评价这一点上，该案件具有深刻意义。

（2）说明书中不存在将被告产品（方法）的记载作为认定不侵权的根据的案件中，东京地方法院平成 13 年 12 月 20 日判决·判时 1787 号 145 页［人类疾病的动物模型］，该二审东京高等法院平成 14 年 10 月 10 日判决·判タ

1119号215页（国立大学中的受托试验行为成为对象行为），东京地方法院平成10年10月23日判决·特许消息9996号、9997号［医疗用袋］，东京地方法院昭和51年9月13日判决·判夕353号223页［化妆板的制造方法］、东京地方法院昭和57年9月29日判决·判时1054号133页［手动式移动手动式仓库架］。后者参照被告产品的实施例与说明书中记载的不同的实施例（与申请人的在后申请的说明合在一起），由于被告产品超出了申请当时申请人的认识范围，因此认定不侵权。

大阪地方法院平成19年10月1日判决·平成18（ワ）4494［防灾瓦］，"圆弧"被限定为不是完全圆形，主张将变更方法要素的顺序的实施例也认定为侵权，由于说明书中没有对应的记载，从而被认定为不侵权。大阪地方法院平成21年6月30日判决·平成20（ワ）8611［滴水包］，与被告产品的实施例相当的记载在说明书和附图中也没有给出启示，因此认定不侵权。

东京地方法院平成22年1月27日判决·判时2079号107页［水系凝胶化剂］，权利要求书中记载使用了"烯烃—马来酸酐共聚合体"，但是被告产品使用了同共同重合体的铵。在判决中，在说明书中没有记载使用烯烃—马来酸酐共聚合体的盐和中和物，以这一点为主要根据，驳回请求。东京地方法院平成22年12月6日判决·平成21（ワ）35284［车载导航装置］，也是因为没有记载被告装置的实施例，从而认定不侵权。

（3）被告产品（方法）在没有起到在说明书中记载的发明主题或者作用效果时，不属于技术范围，这种案例很多。东京高等法院平成元年2月15日判决·无体集21卷1号12页［吊上洞孔的U字沟］，关于"防止脱落粗糙面"，参照目的和效果，判断为不包含形成"螺丝山"的面。大阪地方法院昭和62年8月19日判决·判时1260号37页［高尔夫球袋搬送循环轨道装置］，实用新型授权的权利要求的记载不明确，但根据技术方案的详细说明，技术方案中还存在防止高尔夫剪刀莒坪损伤的课题，在被告装置中，可以在草坪的场所内设置轨道，因此认定不侵权。东京高等法院昭和47年6月27日判决·无体集4卷1号384页［精麦装置］，在权利要求书中记载有"精麦装置"，作为精米装置，强调麦的精白效果的技术方案与被告产品无关。在其他案例中，神户地方法院昭和62年10月21日判决·判夕664号213页［桌子送料器］，大阪地方法院昭和58年2月25日判决·无体集15卷1号98页［接头自动组装机］。

大阪地方法院平成3年3月29日判决·知裁集23卷1号206页［车用轮

日本专利案例指南

胎的止滑具的制造方法]，起不到专利发明的作用效果，相反，对于起到了超过专利发明作用效果的被告方法，认定不构成侵权。

此外，大阪高等法院平成 14 年 11 月 22 日判决·平成 13（ネ）3840［空气溶胶制剂］，指出，被告产品应该是"起不到说明书中记载的作用效果意味着不具有将与该作用效果相结合的专利发明的技术特征的一部分或者全部，或者意味着将专利发明的技术特征的一部分或者全部作为构成阻碍该作用效果的产生的个别技术特征"，作用效果不成立的抗辩需要与构成上的不同点相关联。

东京地方法院平成 18 年 3 月 29 日判决·平成 17（ワ）1104［除湿装置］，是发挥作用效果的实施例的限缩解释例。

东京地方法院平成 18 年 4 月 26 日判决·判时 1947 号 88 页［干燥装置］，在权利要求书中，位置没有被确定的"多个基羽根"被解释为，作为解决发明的课题的手段需要配置在最下部，因此，认定不构成侵权。

（4）根据说明书认定在权利要求书中没有记载的限定条件，这样的案件如下，东京地方法院昭和 42 年 11 月 15 日判决·判タ 215 号 187 页［除草剂］，关于除草剂的用途发明，权利要求书中没有限定分布量的下限，但在说明书中认定了下限值。东京地方法院昭和 53 年 2 月 10 日判决·无体集 10 卷 1 号 1 页［反 -4 - 氨基甲酯环己烷 -1 - 羧酸的制造法］，根据说明书（以及与美国对应专利相关联的主张），基于没有记载在权利要求书中的热的举动的不同点，否定了专利发明的目的和被告产品的同一性。

其他案件还有，大阪高等法院平成元年 2 月 15 日判决·判タ 714 号 227 页［握剪刀的制造方法］，虽然在课题和作用效果上存在共性，但是认定技术思想不同，从而否定构成侵权。札幌高等法院昭和 60 年 12 月 23 日判决·判タ 616 号 167 页［天花板点检口］，根据发明的说明书来认定发明的特征部分，被告产品不满足该点。东京地方法院昭和 51 年 9 月 29 日判决·判タ 353 号 239 页［电极端子抽出部的加工方法］，说明书的用语应该统一，因此基于发明的说明书排除了原告解释的权利要求书的范围。东京地方法院昭和 50 年 8 月 27 日判决·判タ 332 号 364 页［被覆装备输送付烹调食品台］，参照附图来限缩解释技术方案的技术特征。东京地方法院平成 19 年 1 月 30 日判决·平成 17（ワ）5863［纸尿布］，参照说明书的现有技术的说明，将权利要求书的用语进行限缩解释。

东京地方法院平成 20 年 9 月 17 日判决·平成 198（ワ）21051［非接触传输装置］，是对索尼的 Felica 方式提起的侵权诉讼，参照说明书以及申请经过等，对与"控制固定侧装置的电力发送部的发送输出的功能"的技术特征，以"移动侧装置的接收信号均一的方式来控制发送信号的输出强度"为目的进行限缩解释，由于被告产品对象卡的接收电压在 3V 和 6V 之间变动，因此认定不侵权。

判例40 知识产权高等法院平成 22 年 3 月 30 日判决·判时 2074 号第 125 页［便携式交互器］
【参考发明所要解决的课题予以限缩解释】
〈案件事实〉
通过移动型计算机来选择公司和局厅等的电话号码的发明，专利发明根据内置在移动型计算机自身中的地图数据来进行选择，原审东京地方法院平成 21 年 7 月 10 日判决·判夕1308 号 269 页［便携式交互器］判定，由于不含有与外部数据库无线连接后进行选择的数据的手段（作为被告产品的移动电话的选择手段），对原审提起上诉。

〈判决要旨〉
本件订正发明为了解决不能全部携带原来的无线电话装置和移动型计算机和 GPS 利用者装置并且将其相互组合不能得到将其复合后的功能这一技术问题，以实用地获得复合后的功能为目的。本件订正发明的特征在于，移动型的信息装置具有使这些装置的功能复合后的功能，不能假定将功能的一部分置于其他服务器等上。

并且，如果根据上述被认定的本件订正发明的说明书，"移动型计算机"具备带有 CPU 的计算机和无线电话装置和 GPS 利用者装置，同时具备地图信息的地图数据 ROM，在通过 CPU 执行的发信处理中，首先输入目前位置的坐标和发信目的地的名称，接着根据地图数据 ROM 选择到目前为止最近的发新目的地的号码，这被认为是根据当前位置的坐标和地图数据 ROM 读入的地图信息选择的数据。因此，根据"选择手段"进行的"发信目的地的选择"，移动计算机的 CPU 使用在移动型交流器自身能够取得的数据，是执行与发信目的地的号码相关的处理。

〈评论〉
该案例基于在权利要求书中记载的课题和课题的解决手段的公开内容，确定权利要求书的含义，同时非除等同原则的适用。与计算机技术相关的发明，除了基于说明书的记载进行限缩解释的案例外，还有东京高等法院平成 6 年

12月20日判决·判时1529号134页［电子翻译机］，东京地方法院平成7年12月22日判决·专利和企业322号67页［确定客户服务列顺序的系统］。

（三）抽象的或者功能性的权利要求书的解释

有时，在权利要求书中没有确定具体的装置构成，或者通过抽象概念来记载，或者通过专用装置的功能（［形成……的手段］）来记载。如果将权利要求书的记载解释为用语的全部广泛含义都包含在技术范围内，则与说明书中具体公开的发明的内容显著不同的产品也会包括在专利权的技术范围内。对于这种专利发明，可以通过违反记载要件或者实施可能要件来宣告无效，但是，在侵权诉讼时，基于说明书中具体公开的发明认定技术范围的解释方法也是很多的。在这种情况下，极端地仅限于实施例的案例（东京地方法院昭和52年7月22日判决·无体集9卷2号544页［出租柜子的硬币投入口开关设备］），以与实施例等同的范围（本领域技术人员基于实施例能够容易实施的范围）为标准进行解释是妥当的（判例41）。

与判例41具有相同旨趣的案例有，东京地方法院昭和59年10月26日判决·判夕543号205页［钻石合成高温高压装置］，东京地方法院昭和62年12月4日判决·判夕662号218页［防烟用隔断墙的安装结构］，东京地方法院平成10年12月22日判决·判时1674号152页［磁介质读取器］，东京高等法院平成15年9月9日判决·平成14（ネ）3714［玩具枪］，东京高等法院平成15年2月27日判决·平成12（ネ）4200［多重字符图形］。

最近的案例，东京地方法院平成17年12月27日判决·判时1939号120页［图形显示装置］，判决为，"在不能将说明书中未公开的技术事项包含在权利要求书中的原则下，对'读出顺序数据'等抽象用语，除记载有唯一的实施例以外，没有达到能够实施程度的公开，采用限定实施例的解释"，认定不侵权。二审判决知识产权平成18年9月28日判决·平成18（ネ）10007判示，专利权侵权诉讼中，考察对方产品是否属于该专利发明的技术范围时，在该专利发明有效成立的基础上，在与发明的详细记载的关系上，该专利的权利要求书满足专利法第36条规定的说明书支持权利要求书要件或者实施可能要件，因此，"考虑到发明的详细记载等情况，则必须对权利要求的范围进行解释"，判示了与专利法第36条的要件相关联的参照说明书的原则的根据。东京地方法院平成20年8月28日判决·平成19（ワ）32196［图形显示装置］，通常参照说明书进行同样的限定。东京地方法院平成 18 年 4 月 14 日判决·平成 17（ワ）8673［混凝土模板保持方法］也是同样类型的案件。

知识产权高等法院平成 21 年 4 月 23 日判决·平成 18（ネ）10075［喜保福宁（Sevoflurane）的储存方法］，侵权诉讼中，参照说明书，将专利发明的［路易斯酸抑制剂］进行限缩解释认定不侵权的同时，在相应的审决取消诉讼（知识产权高等法院平成 22 年 1 月 19 日判决·平成 20（行ケ）10276）中，由于违反实施可能要件，因比将专利无效，在这点上具有很深刻的意义。

判例 41　东京高等法院昭和 53 年 12 月 20 日判决·判时 381 号第 165 页［中间品自动选择装配装置］

【以实施例为依据对功能性的专利权利要求的记载予以限缩解释】

〈案件事实〉

本案与将轴承环和轴承的内侧和外侧对应的一次部品和组入其中间的中间部品自动选择后组合的发明相关。权利要求书中包含有"测量手段和协助的组合手段"的抽象技术特征，因此，对该特征的解释成为了本案中的难题。

〈判决要旨〉

即使在表现为功能的、抽象的技术特征的技术含义内容根据说明书记载和技术常识不能直接明确的情况下，说明书和附图中应该公开具体结构和作用（如果没有公开，则不过是单纯地提示了发明的问题），该技术特征基于通过作用表示的具体的技术思想，应该将其作为内容明确的技术特征来理解。

如前述，上述技术特征表现为具有非常强的功能性和抽象性，而且其技术意思内容根据说明书的记载和技术常识不明确，在此基础上，应该通过记载在说明书中实施例中公开的具体技术思想明确其含义，即使不得不将其限定为一个实施例的装置的结构和作用……原本依托于表现为功能性的、抽象性的技术特征，在具有该发明所属的技术领域中的通常知识的人员能够很容易地实施的程度上，不将说明书中没有公开的技术思想也包含在内是自然的。

〈评论〉

根据上述一般论来讨论说明书的结果为，"与测量手段协作的组合手段"的技术特征认定为，实施例中公开的"测量手段和组合手段在作用上相互规制，即具有以所谓的 1 对 1 对应关系进行作用的不可分的关联性"，结论为，不具有这种关联性的被告产品不属于专利的技术范围。在机械和电气领域的发明中也偶尔会看到这种抽象的或者功能性的权利要求书。

美国专利法第 112 条第 6 款规定，功能性的权利要求被解释为"包含在说明书中记载的，构造、材料、动作或者其等同物"，上述判例的认定方法也基于与此相同的思考方式。

（四）发明内容不明确的情况

即使参照说明书，发明的内容也不明确，在本领域技术人员不容易实施的情况下，专利权人的请求被驳回。判例 42 中，关于权利要求书中记载的数值限定要件，测定该数值的方法在说明书中没有记载，即使根据本领域的技术常识也不能确定，无论通过哪个测量方法都需要满足权利要求的要件。在判例 29 中，基于同样的事实关系，认为不能行使专利权。知识产权高等法院平成 21 年 3 月 18 日判决·平成 20（ネ）10013［远红外线放射体］，在"平均粒子直径"的测量方法不明确时，维持了单方将专利无效从而驳回请求的原审判决。东京地方法院昭和 55 年 4 月 23 日判决·无体集 12 卷 1 号 126 页［水泥生瓦收取装置］，在不能够确定专利发明的技术特征时，很难判断被告产品属于专利权的技术范围。东京地方法院平成 16 年 3 月 5 日判决·判时 1871 号 96 页［附包装标签的细瓶口］，对数值的测量方法存在争议，提出了多个测量结果时，根据参照说明书的记载采用的测量条件不属于技术范围。大阪地方法院平成 12 年 10 月 19 日判决·特许消息 10604～10606［榻榻米的缝补方法］，参照说明书和附图技术特征的含义也不明确的情况下，不能认为被告方法属于专利权的技术范围。

判例 42　东京地方法院平成 15 年 6 月 17 日判决·判时 1838 号第 121 页［麦芽糖醇含蜜结晶］

【在数值限定发明中，明示了数值测量方法不能被确定时的判断方法】

〈案件事实〉

专利发明将粉末的外在比重用数值限定，如果根据 JISK6721 方法，被告产品的测定值包含在权利要求的范围中，但在其他公知方法的粉末测试法中，比专利的权利要求的数值范围要高。

〈判决要旨〉

关于数值限定的权利要求书，应该通过"已知方法"测定的情况下，原告已知方法有多个，通常来说，不能说使用哪个方法对于本领域技术人员都是显而易见的,而且根据测量方法在数值上产生有意义的差时,结果是,失去了数值限定的意义,不能说这种说明书的记载是充分的。在这种情况下,在与对象产品的技术特征充足性的关系上,虽然通常来说不能说使用哪个方法对于本领域技术人员都是显而易见的,但是,既然在说明书中没有明确专利权人应该通过特定的测定方法,则无论根据原来知道的任何一个方法来测量,只要不满足权利要求书中记载的数值则应该认定不构成侵权。

〈评论〉

包含数值范围的专利有多个,发明人将自己使用的测量方法作为当然的前提,有时会省略测量法的说明。在这种情况下,由于说明书的记载不充分可能成为无效理由,另外,在侵权诉讼中,如果不将专利无效则不能认定侵权的危险性较高。申请人在进行数值限定时,需要注意的是,不要忘记对测量方法进行说明。

二、参照公知技术

(一) 概说

在专利侵权诉讼中,出于各种目的援用公知技术。首先,为了认定专利申请当时的本领域从业人员的技术常识而使用。根据本领域技术人员的技术常识来解释说明书用语(东京高等法院平成3年9月17日判决·判时1398号111页[冲浪])。根据公知文献申请当时的本领域从业人员的认识内容被讨论的案件比较多,例如,东京地方法院平成16年8月31日判决·判时1876号136页[信息处理装置],对于如何解释计算机画面中表示的"图标"产生争议,根据公知技术,"图标"要是一种图画文字,诸如"?"、"表示"等,虽然在显示画面上表示了处理功能,但像这种没有经过设计的单纯的"记号"和"文字"则不属于图标。为了对申请当时的技术标准进行认定,参照申请后的出版物(最高法院昭和51年4月30日判决·判夕360号148页[气体红外线放电装置])。

另外,从对公知技术的单纯改良或者开拓发明的观点出发,使用了公知技术。原告大部分都是由于自己的专利是开拓发明(不存在类似技术的划时代的发明),因此应该主张将权利要求进行宽泛的解释,被告主张不过是单纯地改良发明,不应该进行宽泛的解释。法院没有特别说明是否是开拓发明,以及如果是开拓发明,不特别表示如何认定会发生变化的判断是很正常的,该优秀的发明，在具有这种心证的情况下，或者相反的情况，很多情况都是感觉自己的发明被反映到技术范围的解释中了。

但是，公知技术更为直接的影响是主张基于公知技术的限缩解释论的情况。根据平成12年的 判例45 ，侵权诉讼中能够主张专利无效的抗辩以后，根据公知技术否定专利的新颖性和创造性时，原则上，仅此案件就能够终结（本章五），以前在实务中，如果将专利发明的技术范围较宽地解释则会包含公知技术时，将技术范围进行缩小解释的案件也有多个。最高法院昭和37年12月7日判决·民集16卷12号2321页［煤车肥脱轨防止装置］，判决指出，在对是否赋予专利权进行考察时，必须考虑当时的技术水准。但是，既然对新颖的工业发明授予专利权，则当时为公知的部分就不能被认为是新颖的发明。最高法院昭和39年8年4月民集18卷7号1319页［液体燃料燃烧装置］，也参考了说明书的记载来认定技术方案的实质要旨，并且应该去除公知和公用的部分来明确新颖的技术方案的实质要旨。 判例45 以前的下级审判决，东京地方法院平成11年10月6日判决·特许消息10241［高尔夫球杆头］，如果解释为实用新型对公知技术有效，则需要进行限缩解释，因此认定不侵权。东京地方法院平成11年6月30日判决·判夕1025号277页［滑动铰链］，也以去除公知技术的方式来限缩解释"凸轮头部"的用语。大阪高等法院昭和61年8月27日判决·无体集18卷2号272页［高尔夫球袋搬送循环轨道装置控诉审］，考虑到公知技术，"在支柱上铺设轨条"被解释为限定在支柱上铺设轨条的情况。

（二）现在实务中基于公知技术进行限缩解释的例子

在目前的实务中，也不是只要存在公知技术的无效理由就会做出专利无效判决，为了进行宽范围的权利解释而使用公知技术的情况也不少见。

东京地方法院平成17年3月31日判决·平成16（ワ）10402［车辆坐垫用关节装置］，参照公知技术来认定专利发明的特征部分被限定为实施例的形状，含有具有公知技术的形状时，不存在不具备创造性的无效理由。大阪地方法院平成17年11月10日判决·平成16（ワ）14710［脚轮包］也排除了否定创造性的宽泛解释。

大阪地方法院平成19年2月8平成17（ワ）3668［印章基材］，为了认定专利侵权而解释专利权利要求书的用语时，由于具有缺乏创造性的无效理由因而被限缩解释（但是，二审知识产权高等法院平成21年3月11日判决·平成19（ネ）10025，因为专利有效，所以认定侵权）。

大阪地方法院平成20·11·27平成19（ワ）12940［介质搅拌型研磨机用的搅拌磁盘］，如果只是根据作用效果来判断"切掉的沟"这一用语，那么在可能包含公知技术的构成时，不应该以作用效果的同一性为根据进行解释。

基于公知技术或者申请当时的技术标准进行限缩解释的其他类型，在超越了申请当时的技术水平的手段中，存在不包含在技术范围内的技术方案（东京高等法院昭和54年4月24日判决·判タ395号146页［化妆板的制造方法］）。东京地方法院平成6年8月31日判决·判时1510号35页［半导体装置］，关于申请日判决为昭和34年（没有现行法中从申请日判决开始起20年的限制）的集成电路的专利，即使是在专利发明申请后出现的技术，如果属于该专利发明技术，同时在结论上限缩解释权利要求书的范围，根据现有技术认定与半导体产品不同。该二审判决（东京高等法院平成9年9月10日判决·知裁集29卷3号819页），考虑到当初的申请以及相关的美国专利法的情况等，得出同样的结论。知识产权高等法院平成22年12月3日判决·平成21（ワ）36145［电子节目指导］，基于申请当时存在的技术对用语进行限缩解释。

（三）自由技术的抗辩

引用公知技术来限制专利权，与公知技术抗辩手段不同的手段还有自由技术抗辩。被告实施的技术是根据专利申请当时的公知技术或者根据公知技术容易推导的技术，因此是全人类共有的财产，与专利权无关，任何人都能够使用。认定该主张的判例有，大阪地方法院昭和45年4月17日判决·无体集2卷1号151页［金属编筐的缘编织装置］（二审大阪高等法院昭和51年2月10日判决·无体集8卷1号85页［金属编筐的缘编织装置］否定自由技术的抗辩）。

但是，自由技术抗辩被考虑为是变形的专利无效论，因此，目前，在存在无效理由时，作出专利无效的判决时不需要援用自由技术抗辩。东京地方法院平成12年11月30日判决·特许消息10509、10510［氮化镓系化合物半导体发光元件］，主张了自由技术抗辩，判决质疑自由抗辩的有效性，由于欠缺前提而否定事实部分。东京地方法院平成13年12月21日判决·特许消息11074号、11075号［带钢卷取装置］也进行了相同的判决。大阪地方法院平成19年4月19日判决·判时1983号126页［风镜］，被告主张自由技术抗辩，对于此，具有创造性的专利发明的技术特征完全满足的产品，因此被认为是侵权产品。

三、参照申请经过（禁止反悔原则）

（一）概说

禁止反悔原则对于技术范围的认定也起到很重要的作用。申请人在专利申请过程中，为了克服申请被驳回，或者为了说明自己的发明与公知文献不同，或者为了明确发明的内容，可以进行各种与发明相关的主张。这种主张有时包含将发明的技术范围限定为更小的内容。然而，如果在专利成立后提起侵权诉讼，专利权人多会提出与申请过程中相反的主张，主张更宽泛的专利权的解释。所谓禁止反悔原则，是指在侵权诉讼中不允许主张与专利申请程序中的主张相矛盾的法理，也被称之为参照申请经过。

与申请过程相关的禁止反悔原则，是根据英美法的"禁止反悔原则"（estoppel）的法理基础上，在美国的专利实务中发展起来的思考方式，在日本以诚实守信原则为基础。禁止反悔原则适用于以下两种情况，即，为了解释权利要求的用语和用于排除等同原则的适用。

此外，也有如下案例，该案主张，专利权人在专利申请过程中阐述的意见是用于扩大权利的范围，但是没有被认可（东京地方法院平成22年11月30日判决·平成21（ワ）7718［饼］）。

（二）禁止反悔原则与等同原则

在美国专利法中，很多案件是通过适用等同原则超越权利要求的文字范围认定专利侵权，但是禁止反悔原则可以抑制等同原则的适用，在这一点上具有很重要的意义。即，专利申请人在申请程序中缩小了权利要求的范围（或者主张进行缩小范围的解释），从而获得专利权，然后又通过等同原则将申请过程中放弃的技术范围找回，这种行为原则上是不被允许的。

在日本，发生了多件通过禁止反悔原则来排除等同原则的适用的案件，最高法院也通过 判例36 确认了禁止反悔原则能够排除等同原则的适用。

东京地方法院平成8年9月30日判决·知识产权管理判例集Ⅰ平成8年651页［包装材料热密封］属于典型案例，判决指出，为了将热密封的突条的形状与公知技术进行区别，从而限缩解释为"具有几乎为矩形的平的尖端面的突条"，主张该形状的效果，从而获得专利授权，在这种情况下，不允许扩大解释为以包含此形状以外的形状。该案件的二审（东京高等法院平成9年6月17日判决·判例工业所有权法［2期版］2339之232），该案事实关系为，"为了避免申请被拒绝而对该技术特征进行限定，虽然该主张被认可，并且获得了专利授权,但是以等同为由将不包含在限定过的技术特征中的结构包含至该技术范围,违反了等同原则的旨趣,即等同原来为了消除按照权利要求书的文字来确定技术范围产生的不合理性"。

另外,大阪地方法院昭和61年12月25日判决·判夕634号218页[伸缩摇动自由的门扇],对于在申请中增加的以及补正的"枢支销"这一技术特征,不允许主张等同原则。大阪地方法院昭和59年6月28无体集16卷2号431页[膏状油脂组成物制造物],通过补正在权利要求书中限定成分的混合顺序,且如果主张过确定后顺序的效果,则不允许对与混合顺序不同的被告方法主张适用等同原则。

另外,静冈地方法院滨松派出法庭平成3年9月30日判决·知裁集23卷3号699页[粪便处理产物的利用方法],东京地方法院平成元年3月27日判决·无体集21卷1号200页[五角筒柱连结知育玩具](将"角筒"补正为"五角筒"时,权利范围不能延伸至"六角筒"),东京地方法院昭和61年3月31日判决·判时1185号1-1页[磁带等升降机],大阪地方法院昭和61年5月23日判决·无体集18卷2号133页[纤维分离装置],东京地方法院昭和51年8月30日判决·判夕353号211页[将天线埋入的保持器具](最初将"树脂系绝缘材料"的记载订正为"热固性绝缘物"时,则意味着"热固性绝缘物"被排除)。

东京地方法院平成11年5月29日判决·判时1686号111页[腋下吸汗垫],将"曲率小"的技术特征误记为相反的意思"曲率半径小",因此请求订正但是没有被允许,专利权人主张"曲率半径小"与"曲率小"等同时,适用与禁止反悔原则相同的思考方式,排除了等同原则的适用。在日本,原来积极适用等同原则是很少见的,对权利要求书的用语进行解释来确定技术范围,这是很常见的。为了抑制等同原则的适用不太需要依赖于禁止反悔原则,在这种案件中,禁止反悔原则仅作为补充。但是,以 判例36 为契机,适用等同原则的案件逐渐增加,因此,禁止反悔原则作为抗辩手段,其适用的重要性也增加了。在这种情况下,如 判例37 ,认为禁止反悔原则仅适用于回避公知例的主张和补正,还是如原审大阪地方法院平成6年10月27日判决·判夕868号80页那样,对于为了获取专利权而进行的修正也可以适用(包含为了消除说明书中的记载不充分而进行的修正)。在美国,2002年的Feist最高法院判决,改变了以前在实务中的做法,认定原则上适用禁止反悔原则与补正目的无关。即使在日本,也有如下趋势,补正目的不太被重视,补正和意见影响到专利审查时才会被重视。

但是,如本章第三节一(四)中指出,在 判例36 以后的下级审中,在认定本质部分时参考申请经过的案件较多,但是这也可以被认为是适用禁止反悔原则的一种方式。将禁止反悔原则作为主要理由否定等同原则的适用的案件数量也在不断增多。东京高等法院平成 14 年 2 月 27 日判决·平成 12(ネ)5335〔燻瓦的制造方法〕,通过补正增加了"多次分开附着"的技术特征,则认定"一回附着"方法被意识性地排除在外。大阪地方法院平成 14 年 10 月 3 日判决·平成 12(ワ)10170〔轮体滚动环成形装置〕,基于公知技术和订正请求的关系,认定被告产品通过订正被意识性地排除在外,对其他点不进行讨论,否定等同原则的适用。东京地方法院平成 15 年 1 月 30 日判决·平成 14(ワ)8839〔合成树脂包覆线的紧张机〕,鉴于公知技术与补正的经过,权利要求中采用具体且具有特征的构成,则认定其他构成被意识性地排除。大阪地方法院平成 15 年 12 月 25 日判决·平成 14(ワ)5107〔照片贴纸自动贩卖方法〕,根据补正的经过,认定意识性排除。

此外,即使存在补正等事实,也不主动适用禁止反悔原则。积极适用等同原则的 判例46 原审东京高等法院平成 6 年 2 月 3 日判决·知集 26 卷 1 号 34 页,禁止反悔原则也成为了该案的论点之一,但是,判决指出,"在答辩书中认为,作为一般记载,'断面 U 字状'的沟是必要技术特征,与上述各公知技术的关系上,被限定为'断面 U 字状',只有这种形状才能作为本发明的特征,很难找出足以认定将'断面半圆状'的沟形状意识性地排除的记载,根据上述程度的记载,上诉人的主张违反禁止反悔原则,未被允许"。

(三)根据禁止反悔原则来限缩解释权利要求书用语的案例

作为将权利要求书的用语限缩解释为比通常意思更为窄的根据而被适用时,在现在的实务中,禁止反悔原则具有更为实质性的意义。关于禁止反悔原则,将该原则适用于技术范围的解释,在这一点上存在消极的见解(富山地方法院昭和 45 年 9 月 7 日判决·无体集 2 卷 2 号 414 页〔三聚氰胺〕,东京地方法院昭和 47 年 9 月 18 日判决·判夕 288 号 378 页〔高尔夫用手套〕。无论是哪个案件,都以根据说明书自身能够确定技术范围为理由),但是,在最近的实务中,认为即使存在程度上的差异也不应该无视申请经过。为了限缩解释而引用了禁止反悔原则的案件中, 判例55 ,东京地方法院平成 15 年 6 月 17

日判决・判时1838号121页［芽糖醇含蜜结晶］，东京地方法院平成12年3月21日判决・判夕1028号221页［液体充填容器］，大阪高等法院平成12・10・11判夕1085号274页［加热蒸散杀虫方法］，东京地方法院平成11年7月15日判决・判夕1013号233页［分析实验装置］，东京地方法院平成9年6月26日判决・判时1619号119页［不具备活塞杆的流体压力汽缸装置］，东京高等法院平成7年2月22日判决・知裁集27卷1号23页［建筑用板材的连接器具控诉审］（根据申请经过来确定技术方案的技术思想，认定与被告产品的不同点），东京地方法院平成8年2月23日判决・特许消息9342号、9347号［轮转印刷机］（对于公告决定后的补正，基于补正前的说明书的记载进行限缩解释的例子），名古屋地方法院昭和63年5月27日判决・判夕682号219页［光电式纬纱探测装置］，名古屋地方法院昭和64年4月27日判决・判时1231号139页［石油燃烧器］，上述东京地方法院［防烟用隔断墙的安装结构］，东京地方法院昭和52年1月31日判决・判夕353号258页［速干性墨水笔］，东京地方法院昭和51年7月21日判决・判夕352号313页［二氮杂萘的制造方法］等。另外，大阪地方法院昭和51年1月27日判决・无体集8卷1号7页［机械接触手铸铁管］，即使按照权利要求书的记载实施起来很困难，但从禁止反悔原则的精神出发，缓和该实施的难易程度的主张不被允许。

最近的典型案例。大阪地方法院平成17年7月21日判决・平成16（ワ）10541［钢骨柱子倾斜调节装置］，在申请过程中，为了与公知技术相区别，被告产品包含本发明不包含的实施例，通过适用禁止反悔原则认定不侵权。大阪地方法院平成18年6月13日判决・平成17（ワ）11037［汽车轮胎用装修材料］也是典型案例。最初，在说明书中，作为实施例将内装材补正为比较例时，认定补正前的实施例的内装材被排除在技术范围外。

东京地方法院平成20年1月17日判决・平成19（ワ）17559［生海苔异物分离去除装置的异物分离机构］，"间隙"的方向在权利要求书中没有被确定，公知技术为垂直方向，与此相对，鉴于本件发明主张过水平方向的经过，认定垂直方向的"间隙"不构成侵权。

大阪地方法院平成21年4月7日判决・判时2055号115页［放热片］，判决指出，"暂且不论本件补正中原告的主观意图，至少从形式来看，增加了技术特征B的本件补正，相当于被解释为限定了进行连接处理后的热传导性无机填充物的体积分率，自发进行相关补正的同时，随后进行与此相反的主张，这有损信任本件补正的第三者的可预见性，与禁止反悔原则的法理相抵触，不被允许",无论根据字面侵权还是根据等同原则都不能认定侵权。

东京地方法院平成23年3月23日判决·平成21（ワ）19013 [炭化方法]，参照申请经过，对"通过该无机质粘结材覆盖原料的表面"技术特征覆盖的实施例进行限缩解释，认定被告产品不同。

能够适用禁止反悔原则的案件中，存在公知技术，或者在说明书中存在限定性的记载，与禁止反悔原则单独被采用相比，将其与参照说明书一起被采用，这更为普遍。

与等同原则相关的 判例36 ，由于使用了意识性排除的表现，关于根据禁止反悔原则进行限缩解释的案例，最近，最后判示属于意识性排除的案例也值得注意。东京地方法院平成11年6月30日判决·判夕1016号212页 [交流电源装置]，在最初的权利要求书中包含各种电路结构，通过补正限定为特定结构，这种补正被认为是意识性排除。

禁止反悔原则的适用，不仅可以适用于专利授权前的申请过程，也可以对无效宣告中的主张适用（东京地方法院平成12年9月27日判决·判时1735号122页 [连续壁体的制造方法]）。东京地方法院平成13年3月30日判决·判时1753号128页 [连续壁体的制造方法]，即使专利权人在无效宣告过程中撤回了阐述意见，撤回前的意见也可以另外作为参考。东京地方法院平成17年2月10日判决·判时1906号144页 [医疗用颗粒的制造方法]，押出颗粒时的温度范围，参照无效宣告的经过，最后认定不只是需要位于权利要求的温度范围内，还需要积极地进行温度调节，因此不构成侵权。反对意见有神户地方法院平成9年1月22日判决·判例工业所有权法 [2期版] 5385之75 [备用刀片式锯]，判决认定，在获得实用新型专利权时，技术范围客观地被确定，权利要求的范围不被之后的专利权人所左右，但既然禁止反悔原则的法理是基于诚实守信原则的，那么参照无效宣告过程中的主张也是妥当的。

东京地方法院平成16年4月23日判决·判时1877号116页 [止具和止带装置]，分案申请也被授权的专利，为了通过分案申请不逃脱补正要件，限缩解释为不包含在原申请的申请说明书或者附图中记载的事项范围以外的技术方案，这种限缩解释是妥当的。

东京地方法院平成17年5月31日判决·判时1969号108页 [感应电力分配系统]，通过补正增加的权利要求，基于成为补正根据的实施例进行限缩解释，认定不侵权。

东京地方法院平成18年10月30日判决·判时1960号112页 [付多页面

方法］，在原告主张的解释中，权利要求的要件中存在没有意义的部分，在补正经过中，认定将发明限定为特定实施例，认定不侵权。

大阪高等法院平成 21 年 3 月 19 日判决·判时 2054 号 132 页［点焊机器人用控制装置］，对于经过补正的发明，是否满足补正要件，在这点上是存在疑问的，在被补正的基础上，需要在补正被允许的范围内进行解释，并且不允许与异议意见书相关的主张，严格解释授权权利要求的范围，认定不侵权。

判例 43　东京高等法院平成 12 年 2 月 1 日判决·判时 1712 号第 167 页［血清 CRP 简易迅速定量法］

【在申请过程中指出与现有技术不同，基于该主张进行了限缩解释】

〈案件事实〉

以被验液、空白液等四种混合液为测量对象，以将测定值代入特定的公式为目的，得到 CRP 值的发明。根据对于申请过程中补正的经过和异议申请的答辩的内容，是否应该对混合液的调整方法和测定过程等进行限缩解释，这一点受到争论。

〈判决要旨〉

（1）根据上述认定的各个事实，在审查意见通知书和驳回决定中表示，本发明与作为本发明的基本原理的空白补正和免疫比浊法相关的现有技术不同，因此上诉人强调，本发明与公知的空白补正和免疫比浊法相关的现有技术不同，另外，该发明强调以下特征，四种类型的混合液、孵卵和空白液，吸光度测定的测定，规定式的代入进行计算的程序中，将本发明的权利要求书按照上述 1（译者注：指原判决书中的内容）进行补正，对于具有在权利要求书中记载的组成的混合液四液，在该权利要求书中记载的具体成分中将 CRP 定量的特定方法相关的发明。因此，本发明将补正后的权利要求书中记载的上述特定的方法自身作为必要技术特征，即本质特征，如原告主张，如在补正前的权利要求书中记载的那样，调制具有特定组成的混合液四液、孵化、测定各自的吸光度，在此基础上，代入到规定式通过免疫比浊法来简易迅速地定量血清 CRP，这种以一般形式表示的方法不作为本质特征，这是很明显的。

（2）根据上述认定的事实，上诉人对于高桥荣古的专利申请异议，担心专利局会做出如下认定，即，本发明与日立 705 形自动分析装置的分析方法相同，或者本发明根据安装到同一装置内的自动定量技术本领域技术人员容易想到，为了避免专利局做出这样的判断，主张日立 705 形自动分析装置中没有嵌入作为免疫比浊法的本发明的计算方法,自动定量技术与本件发明是分别不同的技术,专利局认同该主张并授予了专利权。一方面,上诉人主张自动定量技术与本发明是不同的技术,不容易想到,因此获取专利权;另一方面,作为自动定量技术的一种的被告侵权方法属于本发明的技术范围,参照禁止反悔原则的法理,很明显,这样的主张是不被允许的。因此,从禁止反悔原则的法理的层面来看,被告侵权方法不属于本发明的技术范围。

〈评论〉

(1) 根据补正的经过来限定权利范围。(2) 将不伴随补正(订正)的申请人对专利局的主张作为限缩解释根据。

(四) 限制禁止反悔原则适用的案例

申请人在专利局的过程中,例如 判例44 的案例,经常进行如下主张,在与公知技术进行比较时,将实施例的效果强调为发明的效果等,或者引用对技术范围进行限定后的权利范围。对于上述所有主张都能够适用禁止反悔原则,这对于申请人来说是很严格的,因此,在指出申请过程中的主张与侵权诉讼中的主张矛盾时,却不认同禁止反悔原则的抗辩,这样的案件有, 判例44 , 判例33 ,大阪地方法院昭和59年2月28日判决·判夕536号343页 [麻雀牌整理装置],东京地方法院平成6年9月21日判决·判时1515号150页 [挠性管]。如果禁止反悔原则是以诚实守信原则为基础,那么就必须讨论专利权人的主张是否违反诚实守信。强调这一点的案例有,大阪地方法院平成8年9月26日判决·判时1602号115页 [青果物包装体]。

最近的东京地方法院平成22年2月26日判决·平成17(ワ)26473 [固态高尔夫球],关于组成物的成分"五氯苯硫酚",在申请过程中,主张与作为加硫加速剂使用的公知技术的化合物进行区别,但是,在没有加硫加速效果的添加状态中,是否对发明进行限定,这引起了争论,判决中,以加硫加速剂以外的目的进行添加的记载被限定排除了也与加硫相关,因此认定侵权(该案例,认定损害额约为18亿日元)。

判例44 大阪地方法院平成3年5月27日判决·知裁集23卷2号第320页 [二轴强制混合机]

【判示了禁止反悔原则的适用仅限于例外情况】

〈案件事实〉

与用于混合水泥等的混合机相关的案件。混合机由混合槽、两根混合轴、使混合轴旋转的驱动发动机以及减速机构成。在权利要求中包含"混合槽1为独自支撑结构"的记载，该解释被争论。

原告的主张为，独自支撑结构意味着在混合槽中安装发动机和减速机的一体型的装置，与现有技术在其他本体上安装混合槽和发动机相比，更小型化，这一点具有特征。

参照申请经过，被告则主张独自支撑构成的含义是，两根混合轴在反方向上旋转时，来自在两根轴上产生的混合物的反作用力相互抵消，并且没有对混合槽产生作用，以特定的形态减速机被支撑在混合槽上，进行了限缩解释。

〈判决要旨〉

通过申请公告来公示在说明书中记载的事项和附图的内容（专利法第51条第3款），因此，在对"权利要求书"进行解释时，应该参照说明书和附图以及对本领域技术人员显而易见的技术事项。然而，与此不同，如专利异议答辩书中的记载这样的，申请人在申请经过中表示的认识和意见没有采用公示制度，另外，既然原来的发明通过专利审查的确定以及专利权的设定授权成功，那么就已经成为了脱离申请人的主观意图的客观存在，该技术范围应该被客观确定，因此，当然应该参照技术范围也是不妥当的。

但是，申请人在异议申请答辩书中对权利要求书中记载的文字进行一定的陈述，被专利局审查员接受的结果异议申请被否定，在专利通过审查后，在基于该专利权的侵权诉讼中，专利权人或者专用实施权人等主张与上述陈述相矛盾，并主张侵权，承认存在如下可能性，即存在根据诚实守信原则或者禁止反悔原则，主张不被允许的例外情况。

〈评论〉

通过上述一般论，本判决在申请经过中存以最优实施例来说明发明创造性的空间，不能肯定像被告主张的那样进行限定，而且，根据该主张不能通过专利审查，因此不适用禁止反悔原则。在说明书记载明确的情况下，参照申请经过仅限于如下情况，即专利局接受了申请人的某种意见进行专利审查，这一点很重要。对是否能够专利授权没有影响，事实上，专利局这种错误的主张等于剥夺了专利权人对专利权进行限缩解释的权利，这是不妥当的。很多专利都有如本发明这样的申请经过，是值得实务界参考的案件。

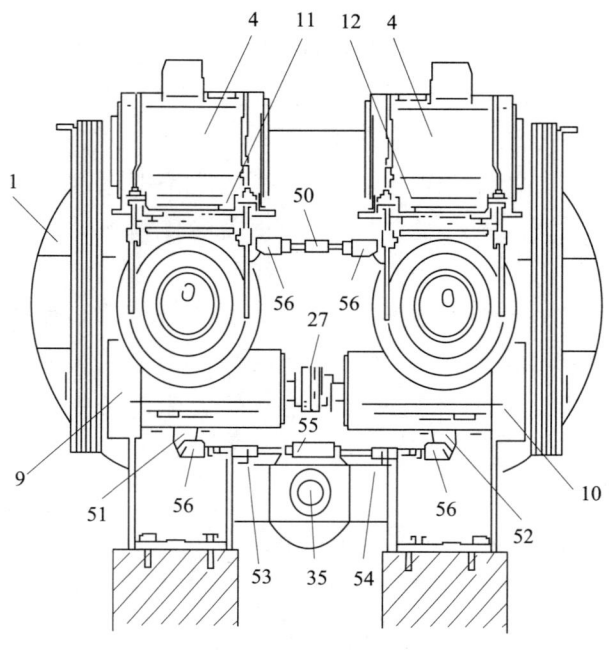

图 1

在 判例33 中，申请过程只指出了其中一个成为问题的意见，但是在之后的手续中，专门主张其他点时，则指出"这只被理解为，本发明过于强调将原材料的加热工序作为温度范围的差距的某个 2 阶段，即不过是不经意的描述，很难理解为是将上述要点进行限定"。

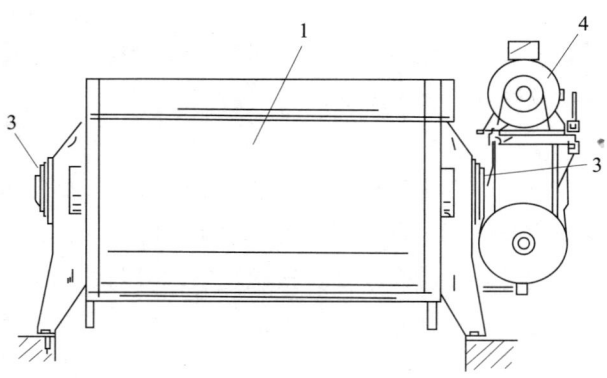

图 2

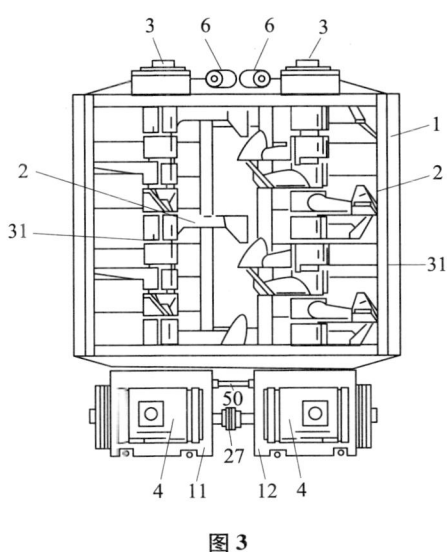

图 3

四、参照物的发明或者实用新型中的方法的技术特征

在一般的物的发明的权利要求中也有时会记载制造方法的要素。与产品方法发明（product by process）类似，不是用于定义目的物的方法的记载，在这一点上不同。东京地方法院平成 14 年 1 月 28 日判决·判时 1784 号 133 页[止具和止带装置]，关于该发明，参照申请经过，认定制造方法的记载是对发明进行的限定。但是，该二审东京高等法院平成 14 年 9 月 26 日判决·判时 1806 号 135 页判示，即使去除方法的技术特征，作为发明的物的特征也是能够被特定的，因此即使不是根据该发明制造出来的物，满足其他全部技术特征的物也包含在发明中（忽视了申请经过，在这一点上存在疑问）。但是，在结论上，不满足其他技术特征，因此维持了不构成侵权的结论。

大阪地方法院平成 21 年 3 月 27 日判决·平成 20（ワ）3277[钢筋用垫片]，判决指出，"在专利法第 2 条第 3 款第 1 项规定的物的发明中，该物的制造方法记载在权利要求中时，原则上，如果根据同一种制造方法得到的物是相同的，即使使用与此不同的制造方法得到的该物，也应该属于该专利发明的技术范围"的基础上，具体案件，将制造工序作为与公知技术的不同点，参照该申请经过，根据禁止反悔原则的法理主张制造工程不是技术特征，这是不被允许的。

东京地方法院平成 22 年 3 月 31 日判决·平成 19（ワ）35324[普伐他汀

钠］，根据记载在权利要求书中的精制工序得到的医药化合物的发明，参照申请经过，为了确保创造性需要方法的记载，应该限定为通过记载的精制工序制造而成的物，这种情况也是可能存在的。

另一方面，知识产权高等法院平成 21 年 3 月 11 日判决·判时 2049 号 50 页［印章基材］一案也不是为了确定物才需要方法的记载的发明，但是，对于该方法的要素，作出如下判断，"本案发明 1 是所谓的物的发明，通过物来特定。'在该芯材和上述筒体的内圆周面中间插入'的记载，通过制法来确定物，即所谓的通过产品方法发明权利要求（product by process claim）来特定，只要不认为上述记载存在特别的意思内容，则不能说对物的技术特征自身的解释存在影响"。

即使是关于实用新型的技术范围的解释，在授权请求范围内包含方法的记载时是否应该考虑该方法的技术特征，以前就有过讨论。这是因为实用新型法不承认方法的技术方案。最高法院昭和 56 年 6 月 30 日判决·民集 35 卷 4 号 848 页［长押］判示，在判断是否属于技术方案的技术范围时，不能将制造方法的不同点考虑在内。但是，如果完全无视方法的记载，由于实用新型专利权的范围可能会过大，因此在方法记载中，物品的形状、构造具有特定含义的解释，这种说明是有说服力的。松山地方法院平成 6 年 9 月 21 日决定·判时 1551 号 125 页［茶包实用新型］，在授权的权利要求书中记载有"应该解释为使用方法间接特定为茶包装的构造"。

五、认定技术范围应该考虑的其他事项

在侵权诉讼中被告主张的某种限缩解释的根据仅限于以上。在专利申请人（发明者）的陈述中，如果存在限定专利权的意思的陈述，则全部成为考虑的对象，但是对结论产生多大程度的影响，要视不同案件而定。对应的外国专利申请的经过（静冈地方法院 6 年 3 月 25 日判决·特许消息 8918 号、8922 号、8943 号、8948 号、8952 号、8953 号［1α－氢氧维他命 D］，参照各国专利独立原则，将与对应的德国专利相关的被告的主张认定为不妥，这是不妥当的。东京地方法院昭和 53 年 2 月 10 日判决·无体集 10 卷 1 号 1 页［反－4－氨基甲酯环己烷－1－羧酸的制造法］，参照对应美国专利的申请经过），发明者的演讲内容（东京地方法院平成元年 6 月 16 日判决·判例工业所有权法［2 期版］2407 页，发明者将在发明的 15 年后做出的演讲内容作为限缩解释的一个根据）等是一个例子。最近的东京地方法院平成 21 年 12 月 16 日判决·判

时2110号114页［光诊断装置］，将与专利发明相关的专利权人的论文与申请经过一起引用。

名古屋高等法院平成9年12月25日判决·判夕981号263页［渔网结节结构］认定，专利侵权产品中（不良部分）只包含一小部分专利侵权的结构时，上诉人贩卖的渔网中，被疑侵权结构的混入率大约为0.5%，这个数字非常小，实际上不能左右该渔网的品质或者价格，并且，如上所述，该混入比例被评价为，在渔网机进行编网的动作中不可避免地会伴随有"不良结节"，发生率的范围内是妥当的，因此，以该种程度的比例混入被疑侵权结节的渔网，被认定为被疑侵权结节相关结构侵犯专利权的侵权产品……这种认定是不妥当的。另外，应该参照专利权人在其他申请中的记载来解释权利要求书的用语。

参照了申请人的在先发明（在本专利中引用）的案例有，地方法院昭和61年12月22日判决·无体集18卷3号547页［可变渐进聚焦眼镜镜片］。该案件的二审（东京高等法院平成4年1月31日判决·知裁集24卷1号128页）中，专利权人对于定义"几乎圆型的曲线"的数值（曲率半径的差）主张，应该加入制造误差。即使本来的数值范围是0.5mm以下，但如果加入制造误差，则2.5mm也应该包含在专利范围内。但是，在判决中，由于"如果对发明专利的数值加减对象产品的公差或者制造商的误差，则根据对象制品的公差或者制造商的误差的大小，专利发明的技术特征的范围会发生变化，变得不合理"，因此没有采用。

援用了在后申请的公开内容的案例。大阪地方法院平成3年3月29日判决·知裁集23卷1号206页［汽车用轮胎的滑止具制造方法］，专利权人根据在后申请申请了与被告方法相同内容的专利，指出如果根据该说明书的说明则被告方法应被解释为与本案专利发明不同。但是，与在后申请相关的判决出现之前，做出根据说明书的记载自身也能够达到相同效果的结论。大阪地方法院昭和60年5月29日判决·判时1174号134页［照片和废料用衬纸］，除了参考说明书外，也引用了在后申请的记载。上述东京地方法院［手动式移动仓库架子］，根据在后申请的记载，确定在先申请中申请人的认识限度。

但是，东京地方法院平成15年4月14日判决·特许消息11155号、11156号［核酸放大反应监视器装置］，虽然可以参照本件说明书，但由于没有合理的理由，因此不允许考虑在后申请的说明书。

第五节 专利无效的抗辩

一、概说

判例45 以及以 判例45 为契机，平成16年进行的专利法修正中增加的第104条之3将专利的有效和无效的判断委任给了专利局的无效宣告程序，对无效宣告的结论不服，可以通过东京高等法院的审决取消诉讼来解决争议。因此，传统上，侵权诉讼的法院仅是将现在还未被无效的专利作为有效专利看待，进而对是否侵权进行判断（东京地方法院平成2年11月28日判决・无体集22卷3号760页［离子牙刷］）。但是，也不是完全不向对方主张专利无效，虽然无效理由不能作为抗辩，但也会对无效理由加以考虑。

至少在专利发明被认定为全部公知（明显无效）时，法院不会允许专利权人行使专利权。对于全部公知的发明，采用权利范围与实施例相同，即实施例限定说的案例较多（大阪地方法院平成2年7月19日判决・判时1390号113页［薄型玉贷机］，大阪高等法院昭和58年4月27日判决・判夕590号74页［精谷机的自动停止装置Ⅰ］，大阪地方法院昭和61年6月17日判决・判时1206号106页［窗户保持装置］，东京地方法院昭和47年9月29日判决・无体集4卷2号517页［作业用手套］，大阪高等法院昭和51年2月10日判决・无体集8卷1号85页［玻璃容器制造方法］等）。另外，适用权利滥用论的案例有，名古屋地方法院平成3年7月31日判决・判时1423号116页［薄型玉贷机］，名古屋地方法院昭和51年11月26日判决・判时852号95页［玻璃容器制造方法］。东京高等法院平成7年5月18日判决・知裁集27卷2号332页［混水精米法控诉审］也认定，一般而言，在发明是全部公知的情况下适用权利滥用论（该案件被认定为不是全部公知技术）。

此外，是否具有创造性成为争点时，一般趋向为，在无效判断中做出消极判断（大阪高等法院昭和60年5月28日判决・判夕590号71页［精谷机的自动停止装置Ⅱ］，大阪地方法院昭和62年8月19日判决・判时1260号37页［高尔夫球袋搬送循环轨道装置］，大阪地方法院昭和59年10月30日判决・判夕543号263页［手提袋的提手］，大阪地方法院平成8年9月26日判决・判时1602号115页［青果物的包装体］）。但是，大阪高等法院昭和58年4月27日判决・判夕590号74页［精谷机的自动停止装置Ⅰ］，对与公知文献的组合的容易性（不具备创造性）进行判断的基础上，将技术范围限缩解释为实施例。

二、侵权诉讼中对于专利有效性判断的缓和

在这种情况下，大阪高等法院平成 6 年 2 月 25 日判决·判时 1492 号 25 页［重组人体组织纤溶酶原活化因子 I 控诉审］，判示"以专利发明全部是公知等的理由，该专利授权后存在明显的无效理由时，会对专利发明的技术范围的认定判断或者是否主张专利权的判断产生影响，因此，审理专利权是否侵权的法院，为了作出判决，可以在必要限度内判断是否明显存在新颖性。另外，即使明显欠缺专利法第 29 条第 2 项规定的创造性，也同样会对专利发明的技术范围的认定产生影响，因此，进行侵权诉讼的法院，在必要限度内也可以对专利发明是否具备创造性进行讨论"（最终结论是认定了专利权有效）。

此外，东京高等法院平成 9 年 9 月 10 日·知裁集 29 卷 3 号第 819 页［半导体装置］，判示"在专利权极有可能被无效的情况下，基于这样的专利权对第三人行使权利，这属于权利的滥用，不应该得到认可"。而且，该案的上告审判决 判例45 也宣告了，在明确存在专利无效理由时，可以基于权利滥用的法理驳回请求。

判例45 最高法院平成 12 年 4 月 11 日判决·民集 54 卷 4 号第 1368 页［半导体装置］

【在专利明显存在无效理由时，行使专利权属于权利滥用行为】

〈案件事实〉

本件专利申请（キルビー专利）是在昭和 39 年的原申请（该申请则是基于昭和 35 年的更早的申请作出的）的基础上，在昭和 46 年提出的分案申请，专利权人将该专利作为半导体的基础专利主张权利，因此，原告提起债务不存在确认诉讼，二审适用了权利滥用论。

〈判决要旨〉

但是，本件专利明显存在无效理由，在提起无效宣告请求时，可以预见通过无效宣告能够确定该专利无效的情况下，也认定差止请求和损害赔偿等，鉴于如下各点，这种认定是不妥当的。

（1）认定基于该专利权的该发明的实施行为的差止请求与此相关的损害赔偿等，从实际来看，这给专利权人带来了不正当的利益，给实施上述发明的

人带来不正当的不利益，因此，在结果上违反了衡平的理念。

（2）希望在尽量短的时间内用一个程序来解决纷争，在基于上述专利权的侵权诉讼中，首先，如果不经过专利局的无效宣告来确定无效审决，该专利权存在无效理由却不允许作为行使专利权的防御方法，这对于没有将专利对世无效意愿的当事人来说，强加了无效宣告手续，此外，还违反了诉讼经济原则。

（3）《专利法》第168条第二款规定，即使专利明显存在无效理由，可以预见该专利可以被无效，也不能将该条款解释为应该中止诉讼程序。

因此，应该理解为，在专利无效审决前，对专利权侵权诉讼进行审理的法院能够对专利是否明显存在无效理由进行判断，审理结果为，在该专利中明显存在无效理由时，基于该专利权的差止和损害赔偿等的请求，只要没有特殊情况，不允许权利滥用是合理的。

本专利中明显存在无效理由，由于该理由不足以认定为存在请求订正复审等特殊的情况，因此，基于本专利权请求损害赔偿属于权利滥用行为，不被允许，允许被上诉人请求的原审判断是正当的。

〈评论〉

该案件可称之为，给日本的专利诉讼实务带来较大变革的划时代判决。但是，在该判决中，"明显存在无效理由"还存在如下问题，即在多大程度上明显，另外，阻碍权利滥用判决的"特殊情况"具体指哪些情况，如何处理侵权诉讼中无效的认定，以及在与专利局无效宣告的结论不同时，如何处理。

在 判决45 以后的下级审中，对无效理由进行积极判断的案件也有多个。

判决45 中，"无效理由的存在是否明显"的标准成为争论点，东京高等法院平成14年3月14日判决·特许消息10859号［气体压力调节器］判示，"在审理侵权案件的法院中，只要能够判断'明显存在无效理由'，这种程度的明确性就足够，不要求达到如上诉人主张的那样，任何人都认为无效理由的存在是毫无疑问的"。另外，没有找到允许订正复审以外的"特殊情况"的案件。

地方法院认定专利无效时，是否需要对侵权进行判断，以及是否需要考虑二审，并且是否应该对侵权进行判断，这成为问题，有以下三件案例。

只认定专利权无效的案件，东京地方法院平成12年7月14日判决·判时1734号121页［热转印打印机］（认定公然实施），大阪地方法院平成12年12月19日判决·特许消息10560号、10561号［加热蒸腾杀虫方法］（认定分案申请不合法），东京地方法院平成13年3月29日判决·判时1765号112页

［脱洛方法］（认定反应方法和用途不具备新颖性），东京地方法院平成15年2月26日判决·判时1825号99页［咸味茹毛豆的冷冻品］，东京地方法院平成16年3月4日判决·特许消息11296号、11297号［偏转线圈的绕线机］（认定不具备创造性），大阪地方法院平成16年9月27日判决·特许消息11487号［育种用壶］（认定违反了分案申请的要件等）。

既认定了侵权又认定专利无效的案件，东京地方法院平成13年1月30日判决·特许消息10639号、10640号［附带照片的制造装置］（由于冒认认定无效），东京地方法院平成14年12月12日判决·判时1824号93页［洗米］（由于不具备创造性认定无效）。东京地方法院平成16年5月14日判决·特许消息11411号、11412号［交换镜片］（在对技术范围进行详细检讨的基础上，认定侵权，在申请公告后的补正中对权利要求附加的事项，不属于缩减权利要求的范围，属于实质性变更，应该成为无效理由）。

不构成侵权但认定专利无效的案件，东京地方法院平成12年1月31日判决·特许消息10360号、10361号［丁酸细菌培养物整肠剂］（根据公然实施、无效、先使用，认定不构成侵权），东京地方法院平成12年9月27日判决·判时1735号122页［连续墙体的制成方法］（不具备创造性），大阪地方法院平成14年7月4日判决·特许消息10920号［成形型］（对先申请发明施加了周知技术、惯用手段，实施了删除、转换等的后申请发明与先申请发明相同，认定无效），东京高等法院平成14年3月27日判决·判时1799号148页［热交换用管］（通过公然实施认定无效，通过先使用认定不侵权），东京地方法院平成16年1月20日判决·判夕1168号252页［电磁波屏蔽塑料成形品的制造方法］。

虽然基于无效理由做出撤销请求的判决，但如果专利权人对专利订正，且订正成功，则在上诉中也能够做出是否侵权的判断。东京高等法院平成16年4月27日判决·平成14（ネ）4448［烧结轴承材料的制造法］，是经过该过程的案例。

在上诉中推翻仅认定专利无效的地方法院判决时，关于侵权的论点，地方法院没有进行判断，而是在高等法院进行审理，这意味着当事人失去了接受地方法院和高等法院两次审理的机会（理论上，考虑撤销原判决，在日本的专利诉讼中，还没有将侵权审理返回到地方法院的案例）。但是，从最近的趋势来看，认定无效的地方法院判决，不对侵权与否进行判决已经成为一般化的模式。此外，知识产权高等法院平成22年10月20日判决·平成19（ネ）10027［电子布线系统］，地方法院判决中只认定，由于不具备创造性从而将专利无效，与此相对，也有除了认定专利无效还进行不侵权判断的判决。作为上诉驳回案件，缺乏对是否侵权进行判断的必要性。

在平成16年的专利法修改中，明文规定侵权诉讼法院能够对专利无效进行判断（第104条之3）。在修改后的法律（第104条之3）中，对无效理由的明确性没有作出要求。但是，由于没有对与被关注的无效宣告制度的关系进行任何规定，因此存在两个专利无效手续，在很多专利侵权诉讼中，请求平行进行无效宣告，在知识产权高等法院中，同时进行侵权诉讼二审和审决取消程序。

无效宣告的专利无效是对世（绝对）无效，因此，侵权诉讼中的无效判决不过意味着，理论上在诉讼当事人之间无效。但是，在一个侵权诉讼中确定专利无效时，基于相同的专利权，对于其他被告提起侵权诉讼，在事实上是困难的。另外，还存在如下问题，在侵权诉讼中进行无效宣告后，而在无效宣告过程中，确定将专利维持有效，这时该如何解决。学术界认为，不属于民事诉讼法的再审理由，因此，不能够对侵权诉讼的判决改判（高林龙·法曹时报53卷3号541页、555页）。

在同时进行的地方法院和专利局的无效宣告手续中，对无效理由做出不同判断时，在知识产权高等法院进行统一判断。东京地方法院平成15年7月30日判决·平成14（ワ）2473［中空丝膜过滤装置］，虽然专利局做出了维持专利有效的审决，认定不具备创造性的无效理由，因此驳回请求，二审（知识产权高等法院平成18年3月27日判决·判时1939号98页）也由于无效而维持撤销决定。

对于存在属于公知技术的无效理由的专利，为了回避与公知技术重复，是否应该限缩解释，在最近的裁判实务中，趋势是，先对存在无效理由的专利进行无效判断。东京地方法院平成18年5月25日判决·判时1995号125页［内服用吸着剂的分包包装体］，认定不具备创造性的理由，因而驳回了请求。东京地方法院平成18年5月26日判决·平成17（ワ）2274［细沙沉淀处理液体的方法］，应该优先认定无效的理由为"在专利权人有胜诉可能性的案件中，在权利要求解释的基础上，进行这样的解释，即为了限制订正的时期和内容，不能通过订正回避无效，这导致了对应该整体无效的专利却肯定能够行使权利权的后果"。但是，即使专利无效的抗辩被法定化，属于权利要求书的文言范围但属于公知技术的实施例，也有通过限缩解释认定不构成侵权的案件（知识产权高等法院平成17年10月27日判决·平成17（ネ）10066［过滤器的安装方法］）。

在侵权诉讼中，最初很多案件都是以不具备新颖性和创造性为由认定专利无效，但是，最近也出现了以下案件，以没有以说明书为依据和不具备实施可能性为无效理由的案例。大阪地方法院平成18年7月20日判决·平成17（ワ）2649［水性粘接剂］，认定了违反实施可能性要件。东京地方法院平成18年7月13日判决·判时1955号108页［电话通话控制系统］，因为改变了补正的要旨和违反分案申请的要件，以此为无效理由，驳回请求。

知识产权高等法院平成21年3月18日判决·平成20（ネ）10013［远红外线放射体］（原审大阪地方法院平成19年12月11日判决·平成18（ワ）11880），由于在说明书中对平均直径没有定义，也没有测量法的记载，因此，以违反明确性要件为无效理由，驳回请求。

[判例46] 知识产权高等法院平成17年9月30日大合议判决·判时1904号第47页［一太郎］

【作为知识产权高等法院中的第一件大合议案件，认定了由于不具备创造性应将专利权无效，从而驳回请求】

〈案件事实〉

打字软件一太郎画面中的图标的功能说明的表示方法是否属于专利发明的表示方法，以及专利是否具备创造性受到争议，但是，原审认定专利有效，由此认定侵权。在上诉中，基于增加的公知技术主张无效。上诉中，基本的公知技术（乙18）与专利发明的不同点为，"执行表示图标的功能说明的功能的'功能说明表示手段'在本件第一发明中是'图标'，与此相对，在乙18发明中，是'扫描/菜单·帮助'项目"，对于专利的有效性，进行如下判断。

〈判决要旨〉

在申请本件专利时，作为用于执行规定的信息处理功能的手段，"图标"属于周知的技术事项，另外，根据《证据略》，作为同样手段的"菜单项目"也被认为是周知的技术事项。如果是这样，作为执行规定的信息处理功能的手段，采用"图标"或者"菜单项目"的任何一个项目，都应该是本领域技术人员根据需要能够适当选择的技术设计事项。

于是，在乙18发明中，作为执行表示图标的功能说明的机能的"功能说明表示手段"，代替"扫描/菜单·帮助"项目而采用"图标"对于本领域技术人员来说是容易想到的。

而且，本发明的技术特征带来的作用效果是，作为执行表示图标的功能说明的功能的"机能说明表示手段"采用周知的"图标"而当然能够预测的效果，不能说特别显著。

本件发明，即本件第一发明或者本件第三发明，是本领域技术人员基于乙18发明以及周知的技术事项能够容易想到的发明，因此，与本件发明相关的专利违反《专利法》第29条第2款，应该认为通过专利无效宣告而被无效。因此，作为专利权人的被告人根据该法第104条之3第1款，不能对被告人行使本件专利权。

〈评论〉

知识产权高等法院成立后最初的大合议案件选取了本案，虽然增加了证据，但是，颠覆了原审对专利权有效的判断，否定创造性从而适用第104条第3款，在这一点上，该案件具有很强争议性。

三、主张抗辩的其他情形

《专利法》第104条第3款也在其他知识产权法中被引用，在平成16年修改前，适用了权利滥用论的最高法院判决中，有一件与大力水手的商标权相关的判例，即最高法院平成2年7月20日判决·民集44卷5号876页。与漫画大力水手的著作权人无关的人取得大力水手的商标权，大力水手的商标权人主张大力水手的著作权人侵权，最后认定该行为属于商标权滥用。另外，大阪地方法院平成7年10月31日判决·知裁集27卷4号736页［金属板外观设计］，基于公知的外观设计的权利行使外观设计权，被认定为权利滥用，因此被驳回。

在与权利滥用论相关联的概念中还有权利失效的原则。专利权人长时间没有行使权利，因此，如果被告提出如下理由，即如果权利人没有行使权利这种可信赖的理由时，则能否行使专利权，成为问题。东京地方法院昭和38年9月14日判决·下民集14卷8号1778页［搬送装置］，这是原告进行警告后搁置了4年5个月的案件，但没有认定权利失效。

另外，同一诉讼反复进行时，也有因为诉权滥用而被驳回的案例（东京地方法院平成7年7月14日判决·判时1541号123页［刀装置胶带座］）。

东京地方法院平成20年3月27日判决·判夕1298号269页［食物］，被告主张了很多有矛盾的无效理由，但是哪个理由都没有被认定，最后认定侵权。法院向被告告知，尽量提出具有代表性的无效理由，但特别遗憾的是，判决中指出被告没有遵从法院给出的劝告，这一点很特别，在主张无效时可以作为参考。

第二章　专利权的范围Ⅱ
——间接侵权、侵权行为的证明

第一节　间　接　侵　权

一、概说

仅仅从事了制造、销售专利产品的零部件或用于实施方法发明的工具的行为，并不直接侵害专利权。这是因为有以下原则的存在，即只要没有包含专利权利要求记载的全部技术特征就不构成专利侵权（发明专利法第70条）。

只不过，若同时也从事了侵害专利权的行为，则权利人得以请求差止、预防侵害、废弃侵权物品、清除用于侵权的设备以及其他预防侵权所必要的行为（发明专利法第100条）。只要不属于在侵害专利权外还具有其他用途的物，权利人都可以根据该条制止侵权人当前对零部件的制造、销售行为或者请求废弃用于实施方法发明的工具（参照东京地方法院昭和43年9月4日判决·判夕229号242页［尼龙仿肠线的制造方法］）。但是，该请求要想得到支持，必须是请求的相对人自己从事了侵害专利权的行为。

当然，对于制造、销售专利产品的零部件等的人，即使无法直接要求其承担专利侵权的责任，但由于大多数都属于教唆、帮助专利侵权的行为，至少能够构成共同侵权行为（参照民法第719条）。但是，仅仅按照民法的规定，只要仍依照传统的理解就无法支持差止请求（大阪地方法院昭和36年5月4日判决·下民集12卷5号937页［发泡聚苯乙烯］，东京地方法院平成16年8月17日判决·判时1873号153页［切割叠加方法］，东京高等法院平成17年2月24日判决·平成16（ネ）4518［切割叠加方法控诉审］）。

由于非产业化的实施专利发明不构成专利侵权（发明专利法第68条），因此即使是在家庭内制造、销售用于组装专利产品的模具，行为人的行为也不成立共同侵权。这样的话，对于以给权利人带来的影响较小为前提才例外规定不侵害专利权的第 68 条来说，上述情况则背离了其立法目的。

因此，专利法为了完善对专利权的保护，规定了对于制造、销售唯一用于实施专利发明之物品的行为，视为侵权（唯一型间接侵权。专利法第 101 条第 1 款、第 3 款。类似规定还有实用新型法第 28 条第 1 款，外观设计法第 38 条）。

进而，在 2002 年的专利法修改中，为了能够规制同时具有多种用途而难以满足"唯一"要件的多机能型的物品，导入了新的间接侵权类型（多机能型间接侵权。专利法第 101 条第 2 款、第 5 款。类似规定还有实用新型法第 28 条第 2 款）。

此外，有关间接侵权与专利法第 103 条（过失的推定）、第 102 条（损害额的算定）的关系，请分别参照本编第四章第三节二、九。

需要指出的是，关于销售模具是否直接侵权，最近出现了与本书的理解不一致的判决。该法院做出了如下判示，即对于电动式直管弯曲机、导轨来说，虽然其中任何一个都未包含专利权利要求所记载的全部技术特征，但至少在将上述三个部件同时销售的情况下，作为共同构成的侵权装置，应该认为侵害了本案专利权（对于单独销售电动式直管弯曲机的情形，由于满足了"唯一"要件，基于该理由法院同时判示了构成间接侵权。大阪地方法院平成 13 年 10 月 9 日判决·平成 10（ワ）12899［电动式直管弯曲机］）。

二、独立说与从属说

发明专利法第 101 条的间接侵权的成立是否需要以直接侵权行为的存在为前提呢，这一直是个问题。对该问题的讨论，并不能脱离具体案情而一律认为需要直接侵权行为的存在（从属说）或是无须直接侵权行为的存在（独立说），而最好是通过对规定了不构成专利侵权的各条文的旨趣进行解读，具体进行考量（参照大阪地方法院平成 12 年 10 月 24 日判决·判夕 1081 号 241 页［面包烘焙机］）。

从判例来看，就体现了上述观点。一方面，存在着倾向于独立说的判例，比如虽然只是在判决的附带意见中进行的说明，但该说明认为，对于产业化的制造、销售，用于在家庭内组装专利产品的零部件的行为也构成间接侵权（判例49）；以及并未将被告产品只是供一般消费者使用的烤面包机这一情况特别视为问题，而直接肯定了间接侵权的判例（上述大阪地方法院［面包烘焙机])。另一方面，也存在着倾向于从属说的判例，比如用于供从权利人处购得专利产品的用户进行部件替换的零部件，对于制造、销售该零部件的行为是否构成间接侵权进行判断时，对于购买者实施的零部件替换行为是否属于不构成直接侵权行为的修理行为予以斟酌的判例（判例48、判例61）；以及对于直接实施专利发明的行为发生在国外的情况，否定了间接侵权成立的判例（上述大阪地方法院[面包烘培机]，东京地方法院平成19年2月27日判决·平成15（ワ）16924[铰接式传输设备]）。

三、"唯一"型间接侵权

(一) 概说

发明专利法第101条第1款、第4款中的"唯一"型间接侵权的对象行为是指，在专利发明是产品发明时，制造或向市场投放"唯一用于生产该产品之物品"的行为；以及在专利发明是方法发明时，制造或向市场投放"唯一用于实施该发明之物品"的行为。

为了防止专利权的保护范围被无限扩大，对于产品发明，只有用于生产该产品之物品才属于间接侵权的对象，而用于该产品的使用和转让的物品则不作为间接侵权的对象。

相关判例如下。

被告制造、销售的疑似侵权产品是厚度为0.525mm到0.313mm的炭化皮膜，购买者在使用该产品时会出现产品磨损，由于产品厚度将会磨损到原告专利发明的技术特征0.25mm的范围内，原告因此主张疑似侵权产品属于唯一用于生产专利发明产品之物品。法院认为，考虑到第102条第1款并未规制"使用"行为，这里所说的作为专利发明产品的"生产"要求将获得的物品作为素材进行某些加工，而不包括仅仅依照素材本身的用途进行使用的行为，从而否定了间接侵权（东京地方法院平成14年5月15日判决·判时1794号125页[刮墨刀]）。另外，被告产品向国外发货后，即使在干式混合的过程中必然会出现落入专利发明的技术范围的情形，但由于这是在国外的实施过程中产生的，法院因而没有认定间接侵权（大阪地方法院平成12年12月21日判决·判夕1104号270页[聚烯烃组合物]。二审法院认为，以出口为前提而在日本国内转让被告产品的行为的情况并不影响该结论，参照大阪高等法院平成13年8月30日判决·判例工业所有权法（2期版）2533之41页[聚烯烃组合物控诉审]）。另一方面，在另一个案件中（虽然不涉及间接侵权），制造时并未落入专利发明的技术范围的被告产品（家庭用除垢剂），在经过 28 天至 30 天的化学变化后必然落入专利发明的技术范围，而 28 天至 30 天的期间短于从产品生产出来并经过流通过程到达消费者手中这一期间，而且家庭用除垢剂通常都是长时间使用的，因此以被告产品在实际使用时落入了专利发明的技术范围为由，（直接）肯定了侵权（东京地方法院平成 11 年 11 月 4 日判决・判时 1706 号 119 页［芳香液体漂白剂组成物］）。仅从这些判决来看可做如下整理，即对于发货后必然会落入专利发明的技术范围的产品，在发货时是否成立侵权，最终关键要看使用者是否实施的是与专利发明的技术范围不相抵触的使用行为，是否定答案将不构成间接侵权（前一案件），若是肯定答案则最开始将构成直接侵权（后一案件）。正是在前一案件的否定例的二审中，二审法院也有以下理由否定间接侵权，即作为未落入专利发明的技术范围的产品，既然其能够发挥其本身的用途，就不满足"唯一"的要件（东京高等法院平成 15 年 7 月 18 日判决・平成 14（ネ）4193［刮墨刀控诉审］）。

（二）用于实施专利发明之物品

若不是用于实施专利发明之物品的情况则不成立间接侵权。

物品即使是被用于实施与专利发明等同范围内的某一技术，也同样成立间接侵权（大阪地方法院平成 11 年 5 月 27 日判决・判时 1685 号 103 页［注射液的调制方法及注射装置］，大阪高等法院平成 13 年 4 月 19 日判决・判例工业所有权法（2 期版）2311 之 500 页［注射液的调制方法及注射装置控诉审］，大阪地方法院平成 14 年 4 月 16 日判决・判时 1838 号 132 页［肌肉组织形状的魔芋的生产方法及装置］）。

稍稍有些特殊的情形是，对于专利发明的技术范围只在于相机本机侧面的构造时，由于在相机上安装交换镜头（被告产品）的行为本不属于生产专利发明产品的行为，因此被告产品不属于"唯一用于生产涉案专利发明产品之物品"，从而否定了间接侵权（东京高等法院昭和 58 年 7 月 14 日判决・判时 1095 号 139 页［单反相机控诉审］）。

另外，在具有多个工程阶段的方法专利发明中，由中间工程而得到的中间物质也有可能符合第 101 条第 2 款规定的间接侵权，但如果中间物质的制造工程与专利发明采取的是不同的方法，由于即使将该中间物质作为对象物质用于专利方法的其他工程也不构成对专利发明的实施行为，因此这种情况是不符合第 101 条第 2 款的规定的（大阪地方法院昭和 36 年 5 月 4 下民集 12 卷 5 号 937 页［发泡聚苯乙烯］）。

(三) 不存在其他用途

由于要求"唯一"要件，因此即使是用于实施专利发明之物品，但若其同时还具有其他用途，也将否定间接侵权。由于第101条第1款、第4款的旨趣是规制与实施专利发明必然相联系之物品的制造、销售行为，因此无论该物品是属于公知的物品也好，还是属于专利发明的本质构成要素之外的物品也好，仅以此为由并不能否认间接侵权的成立。最终的决定要素是看该物品是否具有其他用途。

当该物品具有其他用途时，特别是该物品本身属于多用途商品时，那么当然否定间接侵权的成立（大阪地方法院昭和55年4月10日决定·判例工业所有权法2319之22页［浴盆炉的清洗方法］，大阪地方法院昭和47年1月31日判决·无体集4卷1号9页［管垫］）。但是，装有过滤网和磁石并附有拉手的各个箱子，在作为套件商品部件①的组成部分的同时，虽然也能够单独使用，但对于套件整体而言除了用于实施专利发明之外难以想象其他的使用方式，这种情况下，部件①满足"唯一"要件（本案是针对差止请求权不存在的确认请求的判决，见大阪高等法院平成13年1月30日判决·判例工业所有权法（2期版）2215之62页［排气口过滤器的装卸方法控诉审］）。由于即使支持了对套件商品部件①的差止请求，也不能禁止单独销售装有过滤网和拉手的箱子，因此这个结论也说得过去。另外，对于基本的回路部分相同，但通过在该回路上附加各种功能的基础上做出不同型号的最终产品，并制造、销售该产品的情形，则要根据各型号分别判断是否具有其他用途（大阪地方法院平成14年8月29日判决·平成12（ワ）8545［供水系统］）。

虽然在观念中设想具有其他用途不是不可能，但倘若该用途尚未被实际投入使用，则不会否定"唯一"要件的成立（判例47）。比如，有判决认为，考虑到几乎没有什么物品是绝对无法用于他处的，既然从其构造上来看，其作为部件用于专利产品的情形是其发挥的本来功能，应该认定其属于唯一用于生产专利产品之物品（大阪地方法院昭和49年1月31日判决·判夕311号242页［可拆卸的紧固件］）。还有判决认为，被告主张的其他用途只会使实际作业的效率降低，而这里所说的是在技术上具有实用性的用途，既然现实中无法证明存在被告所主张的用途的实施例，则无法否定"唯一"要件的成立（东京地方法院平成6年7月29日判决·知裁集27卷2号346页参照［混水精米法］，东京高等法院平成7年5月18日判决·知裁集27卷2号332页［混水精米法控诉审］）。相反，既然实际上存在着用于其他用途的实例，则可以否

日本专利案例指南

定"唯一"要件的成立，而无须对该用途的效用进行科学验证（东京地方法院平成12年3月23日判决・判例工业所有权法（2期版）2533之20页［电解生成杀菌水］）。

顺便说一下，判决的遣词上说的是，"唯一"要件是指"不具有其他商业上、经济上的实用性用途"，但从判决的具体认定手法来看，并未将抽象的实用可能性作为要件进行考虑。而是考虑在各疑似侵权行为发生的时点，疑似侵权物品是否在其他用途方面已经投入了使用（判例47、判例48）。有判决表明，要想满足否定"唯一"要件成立的"其他用途"，"仅仅是理论上认为想实施时就能够实施还不够，原则上要求已经在经济上、商业上作为具有实用性的物品进行了实际使用"（京都地方法院平成12年7月18日判决・平成8（ワ）2766［五相步进电机的驱动方法］）。像这样明确表明需要实际投入使用的判例有不少（判例47、判例48，京都地方法院平成12年12月12日决定・判例工业所有权法〔2期版〕5573之52页［树脂模制机］）。当然，无论哪种情况，根据疑似侵权物品的构成来进行商业性、经济性的判断从而确定是否具有实用可能性的结果，应该可以作为判断是否具体投入了实际使用的证据进行使用。

此外，即使某物品也能用于改进发明的实施产品，但由于改进发明的实施产品也构成涉案专利发明的实施产品，因此不影响将其评价为仅用于实施涉案专利发明之物品（上述名古屋地方法院［瓦楞芯纸固定装置］）。

判例47　大阪地方法院昭和54年2月16日判决・无体集11卷1号第48页［装饰化妆板］

【只要其他用途并没有实际投入使用，就不否定"唯一"要件成立】

〈案件事实〉

本案的争议焦点是，"穿过由合成树脂弹性材料做成的柱状压接材料中部的铆钉"（参照图1），是否属于唯一用于实施装饰化妆板的壁面接合施行方法这一专利发明的物品。对此，被告主张，该铆钉除了用于该专利方法的实施以外，也具有其他多种用途，比如（1）用于室内装饰（挂饰的固定），（2）用于衣服杂货的陈列，（3）挂历、海报等的固定，（4）窗帘、被褥、门帘的固定，（5）用于铜线的室内走线等。

— 214 —

〈判决要旨〉

"在讨论该物品是否存在'其他用途'(其他使用方法)时……要想肯定该用途的存在,若仅仅是具备将该物品用于'其他用途'是可行的这种程度的试验性或临时性使用的可能性是不够的(身边的例子比如将洗衣夹用于文具纸夹的情况),'其他用途'要求该物品在商业上、经济上都具有实用性用途的认识成为社会普遍观念并得到认可,且原则上要求该用途作为目前通行的并得到认可的用途已被实际运用。"

"(1)至(4)的用途中,与固定部件不同而需要有锤击铆钉这项工作,而且铆钉①由于很长,其头部通常处于伸出来的状态并不稳定,存在刮伤人手脚的危险,而且关于(4)的用途,也存在因铆钉①损坏配电线内部的网线而引发的危险……即……被告们所主张的上述用途还无法被认为是作为具有实用性的本来之用途而得到承认并确定下来的用途。不仅如此,……一般来说,这些用法也很难解释为现实中通用的固定用法。"

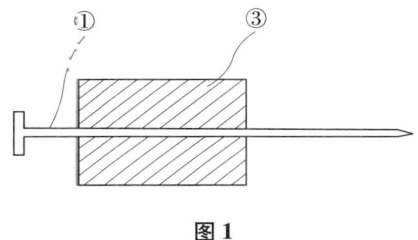

图 1

(四)判断是否存在其他用途的时点

要想基于存在其他用途而否定"唯一"要件,需要在被主张间接侵权的时点具有已经得到实际运用的其他用途(参照大阪地方法院昭和47年1月31日判决·无体集4卷1号9页[管垫])。在被提起损害赔偿请求时,需要在各侵权行为发生的时点前其他用途已实际得到运用才能予以抗辩,若是在侵权行为发生的时点之后,即便产生了实际运用的可能性亦或是进行了实际运用,也同样将认可损害赔偿请求(判例48)。关于补偿金请求权,参照京都地方法院平成12年7月18日判决·平成8(ワ)2766[五相步进电机的驱动方法],大阪高等法院平成14年8月28日判决·平成12(ネ)3014等[五相步进电机的驱动方法控诉审])。在被提起差止请求时,若在口头辩论终结前进行了实际运用则差止请求将被驳回(参照判例47,上述京都地方法院[五相步进电机的驱动方法]，上述大阪高等法院［五相步进电机的驱动方法控诉审]）。最终，关于其他用途的实用性之要件，并不是抽象地判断是否具有用于其他用途的可能性，而是看实际上是否用于其他用途的问题（大阪地方法院平成 16 年 7 月 8 日判决·平成 11（ワ）1808［门栓]）。典型的判例，如参照商品目录上的记载内容，按照型号、时期的划分来分别判断是否具有其他用途，以此来决定是否满足"唯一"要件（上述京都地方法院［五相步进电机的驱动方法]，上述大阪高等法院［五相步进电机的驱动方法控诉审]）。

（五）其他用途的证明责任

关于其他用途的证明责任的承担方，有判决认为应由被告负担（参照佐贺地方法院昭和 46 年 1 月 29 日判决·判夕 276 号 361 页［海苔采集方法]）。也有判决对于被告所主张的其他用途的实用性，判示了由于其没有现实的例子予以证明，因此无法否定"唯一"要件的成立（东京地方法院平成 6 年 7 月 29 日判决·知裁集 27 卷 2 号 346 页［混水精米法]，东京高等法院平成 7 年 5 月 18 日判决·知裁集 27 卷 2 号 332 页［混水精米法控诉审]）。还有判决明确判示了，要想否定"唯一"要件，仅仅是抽象地存在用于实施专利发明之外的其他用途还不够，必须对该用途属于社会普遍观念下的经济性、商业性或实用性的用途进行主张和证明（大阪地方法院平成 12 年 10 月 24 日判决·判夕 1081 号 241 页［面包烘培机]）。

另一方面，有判决认为，在明显可能存在其他用途的情况下，关于该用途不具有实用性的证明责任则转向主张成立间接侵权的专利权人这一方，但这些判决都是明确存在其他用途的案件类型（东京地方法院昭和 50 年 11 月 10 日判决·无体集 7 卷 2 号 426 页［聚烯烃]，东京地方法院平成 12 年 3 月 23 日判决·判例工业所有权法［2 期版］2533 之 21 页［电解生成杀菌水]，判例49）。稍微折中的处理，比如在东京地方法院平成 4 年 11 月 18 日判决·判时 1450 号 128 页［假发片 III］中，法院判示了当专利权人需要主张和证明其他用途不存在时，若被告提出了存在其他用途的"基本合理性"，则专利权人的主张和证明需要"明确化"，法院认为该案中被告关于争议物品 M3 型固定针不仅能够用于假发片的专利发明，也能够用于假发套的专利发明的主张，具有基本合理性，因而否定了间接侵权的成立。

在证明用途存在与否时，有判决基于包装袋表面的记载内容（"キュウリ""KIWI"）和容纳该包装袋 100 枚的规格的收纳袋上印刷的内容（"新鲜"），认定了该包装袋不具有除用于"绿色水果的包装"以外的其他用途

（该判决同时也在附言中说道，若包装袋表面没有记载内容，则只要该包装袋没有被装入 100 枚规格的收纳袋中就还可以在其他地方使用，对于这种情况不成立间接侵权。大阪地方法院平成 8 年 9 月 26 日判决·判时 1602 号 115 页［果蔬包装袋］）。还有判决根据商品目录上的记载内容，来判断是否属于能够对应其他配线方式的驱动装置，从而决定间接侵权是否成立（京都地方法院平成 12 年 7 月 18 日判决·平成 8（ワ）2766［五相步进电机的驱动方法］，大阪高等法院平成 14 年 8 月 28 日判决·平成 12（ネ）3014 等［五相步进电机的驱动方法控诉审］）。

判例 48　大阪地方法院平成元年 4 月 24 日判决·无体集 21 卷 1 号第 279 页［制砂机铁锤］

【在被告的行为时点前其他用途尚未被实际运用的情况下，不否定间接侵权的成立，而是认可了损害赔偿请求】

〈案件事实〉

原告 X 拥有关于制砂机的铁锤的实用新型专利，由诉外 A 公司制造、销售具有上述实用新型专利的制砂机铁锤（A 制铁锤）。A 制铁锤（图 2）的构成部件中有打击板（图 3 中的 5），该部分属于易磨损的消耗品，而实用新型专利的方案的特色正在于，在打击板磨损的同时能够按顺序依次调整到相应位置。被告 Y 制造、销售了 A 制铁锤的备用打击板（疑似侵权物品）。X 以替换打击板的行为符合铁锤的制造的行为，并且 Y 的行为属于制造、销售唯一用于生产本案实用新型铁锤的物品为由，主张 Y 的行为对自己拥有的实用新型专利权构成间接侵权，进而提出返还不当得利及损害赔偿的请求。对此，Y 认为疑似侵权物品也能够在 Y 准备制造、销售的参考产品 1（图 4）以及 Y 在本案诉讼提起后新开发的试验品参考产品 2 中使用，而且参考产品 1 和 2 都未落入本案实用新型专利的技术范围，因此主张疑似侵权物品不属于唯一用于生产本案实用新型铁锤的物品。

〈判决要旨〉

"但是，对于参考产品 1，即便是根据被告自己的主张，在 1985 年 9 月左右被告制造、销售该产品仍处于计划中，最多也不过是被告有可能制造该产品而并非已经实际得到应用，这一事实是很清楚的。而且，也完全没有证据能证明除被告以外的第三人将参考产品 1 已实际应用或者打算实际应用。至少在涉及损害赔偿和返还不当得利请求的 1978 年 5 月 6 日到 1985 年 8 月 29 日这段期间，无法认定疑似侵权物品有作为参考产品1的铁锤打击板得到使用的可能性。"

"对于参考产品2，由于是本案提起之后被告做出的方案，目前连试验品都尚未做出来，这一事实是很清楚的。如上所述，由于参考产品2在涉及损害赔偿和返还不当得利请求的上述期间内尚未形成方案，因此在上述期间内疑似侵权物品明显不具有作为参考产品2的铁锤打击板获得使用的可能性。"

"因此，疑似侵权物品至少在涉及损害赔偿和返还不当得利请求的上述期间内，符合'唯一'用于生产本案实用新型铁锤的物品。"

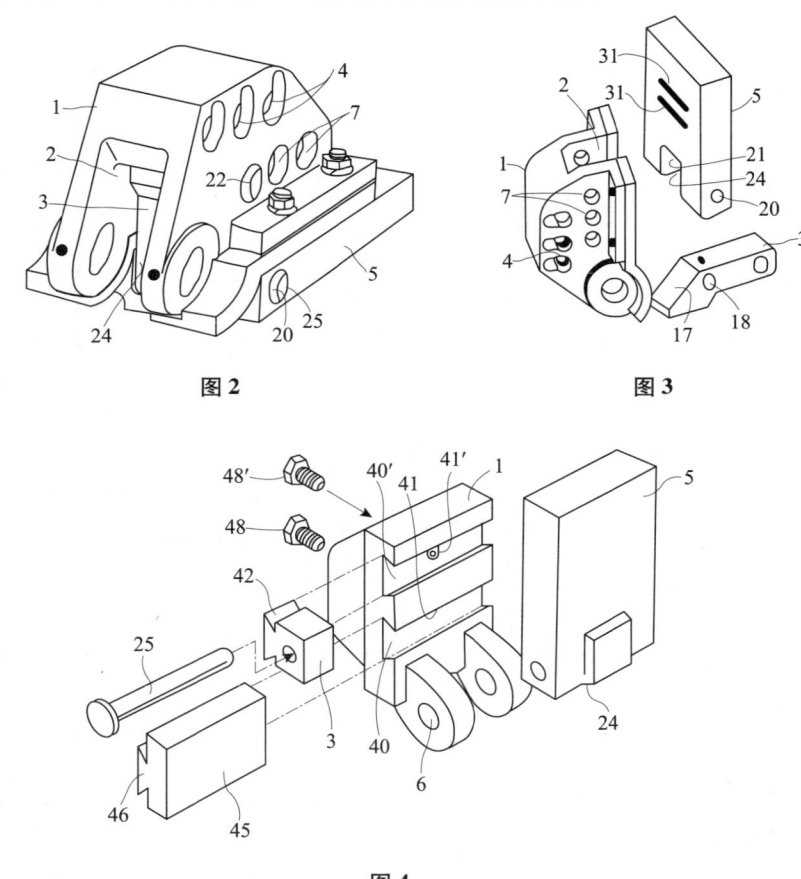

（六）多机能的产品与"唯一"型间接侵权

被告产品在具有实施专利发明的功能以外的其他功能的情况下，原则上应

第二编 第二章 专利权的范围Ⅱ——间接侵权、侵权行为的证明

该否定"唯一"要件，该情况属于后文将提到的第101条第2款、第5款所需解决的问题（大阪高等法院平成14年8月28日判决·平成12（ネ）3014等［五相步进电机的驱动方法控诉审］）。在2002年新增了第101条第2款、第5款的专利法实施之前，对多机能型产品，已有法院通过将其认定为符合"唯一"要件从而肯定间接侵权的情况。

（1）未认可本来具有其他功能的案例。比如，有判决对于也收录了实施专利发明的模块以外的软件的CD-ROM，认为如果不使用该模块，在社会普遍观念上则不具有经济性、商业性或实用性的用途，从而支持了停止销售该媒介物品的请求（东京高等法院平成16年2月27日判决·判时1870号84页［生物高分子——配体分子的稳定复合体结构的探索方法］）。

（2）对于被告产品在实施专利发明的同时也执行着其他功能的情况，对此肯定了"唯一"型间接侵权的案例。比如有判决做了如下判示，即在执行使水流汇聚到电路板中心位置的功能时，必然会伴随着该水流对附着在电路板上的污染物进行清洗的效果，即便如此，仍不能否定"唯一"要件的成立（强调了清洗功能的"附随性"而不具有更多实质意义的判决，见东京地方法院平成6年3月31日判决·判例工业所有权法〔2期版〕2537之45页［位置调合的放置方法］；依据该清洗功能不被认为具有经济性、商业性或实用性而做出的判决，见东京高等法院平成8年5月23日判决·判时1570号103页［位置调合的放置方法控诉审］）。

（3）关于其他用途是否具有实用性的判断较为微妙的案例，如 判例49 认为，即使被告产品用于其他用途时仅仅是作为好玩的部分存在而非作为功能性的使用，这种情况下也将否定"唯一"要件，认定间接侵权不成立（同样的判决，见大阪地方法院平成12年9月19日判决·判例工业所有权法〔2期版〕5473之243页［可折叠门］）。

另一方面，在静冈地方法院滨松派出法庭昭和58年5月16日判决·判例特许实用新案法260之64之1页［CE CUP BB］中，被告制造、销售的疑似侵权物品，从纯粹的技术性上来说也能够被用于亚共晶体，但一般制造、销售的用于亚共晶体的产品的销售单价在140~150日元，而被告将疑似侵权物品的单价定在180日元，需求者完全没有必要特意信用价格更高的疑似侵权物品，从经济性、商业性来看，将疑似侵权物品用于亚共晶体基本是不可能的，因此法院认可了"唯一"要件的成立，肯定了间接侵权。该判决中认定了现实中不会有人将疑似侵权物品用于亚共晶体，这点也许正是该判决的结论不同

于 判例49 的原因所在。

稍稍性质有点不同的案例，比如在大阪地方法院平成 12 年 10 月 24 日判夕 1081 号 241 页［面包烘培机］中，被告生产的烤面包机，除了能够用于使用时间功能烘烤山形面包的方法（专利方法）之外，也可以用于不使用时间功能烘烤山形面包的方法以及不使用烘烤功能仅制作面包雏形的方法。法院认为，可以推测对于该烤面包机来说，被告是将时间功能和烘烤功能作为重要功能之一，消费者在选择商品时也是将这些功能作为重要考虑要素，因此特意购买了被告产品的使用者一直不使用时间功能和烘烤功能的做法，不能说是实用性的使用方法，从而肯定了"唯一"要件的成立。本案中，假如专利发明是有关烤面包机构造的产品发明，即使被告产品能够执行其他功能，但既然在构造上符合专利发明的构成要件，就无法避免承担直接侵权的责任。但是，这里所争议的对象是方法发明的间接侵权，既然被告产品的购买者实际上并未使用涉及专利方法的功能，就应该否定"唯一"要件。恐怕该案判决应该被评价为 2002 年专利法修改前的过渡期的判例。可以做同样评价的判决，比如虽然在商品宣传册上记载有更容易的实施方法，但法院以涉案专利发明的构成为前提，仅仅凭借用更容易的方法进行驱动这一点，肯定了间接侵权（京都地方法院平成 12 年 7 月 18 日判决·平成 8（ワ）2766［五相步进电机的驱动方法］）。

判例49　东京地方法院昭和 56 年 2 月 25 日判决·无体集 13 卷 1 号第 139 页［单反照相机］

【即便被告产品用于其他用途后出现"多余"的部分，这也不妨碍认定为具有其他用途，从而否定间接侵权的成立】

〈案件事实〉

原告的专利产品是 TTL 开放测光方式的美能达和佳能的单反相机（涉案美能达相机、涉案佳能相机），对于被告制造、销售能够安装在涉案相机上的交换镜头的行为，原告主张被告行为构成间接侵权，请求差止及损害赔偿。被告认为，其制造的交换镜头所能适用的型号并不仅限于专利产品，非专利产品的其他方式的美能达和佳能的单反相机上也同样能够安装，因此主张不符合"唯一"要件。对此，原告提出反论，指出被告产品安装在非专利产品上时，被告产品中前置光圈锁定杆等部分不能使用而成为了多余。因此，在非专利产品上的安装不符合否定"唯一"要件的其他用途。

〈判决要旨〉

"但是，在上述各种情况下，被告产品的构造的一部分前置光圈锁定杆或者连接杆得不到利用而变得多余，这只是其功能没得到发挥而已，……根据《证据略》，认定存在以下事实，即在上述各种情况下，安装有被告产品的相机目前市场上都有销售，被告产品最终由消费者在相机本体上安装后进行使用。""本来像被告产品那样的交换镜头……这类产品，就是以能够安装在各种相机（本体）上使用为特点，能够尽可能在更多型号的相机（本体）上安装使用就是一个卖点。""被告产品安装在与涉案相机构造不同的相机本体上进行使用的用途，在社会普遍观念下是具有经济性、商业性或实用性的，对此非常认同。"

〈评论〉

若重视也存在着将被告产品安装于非专利产品的最终消费者的这一点，应该会否定间接侵权的成立。因为至少不应该对全部被告产品的损害赔偿请求都予以支持这点是很明确的。但是，对于本案判决，即使认定了间接侵权的成立，也只不过是将被告的行为限定于制造、销售没有前置光圈固定杆的交换镜头，考虑到被告产品的购买者大部分都是不因专利侵权被问责的个人使用者，因此有批判认为判旨的结论存在疑问（中山信弘：《评释》，载《Jurist》第820号〔1984年〕第97～98页）。可以认为，该观点特别是在有关差止请求的判断上是值得听取的（曰村善之：《评释》，载《特许判例百选》，有斐阁2004年第3版）。关于这点，在2002年的专利法修改中从立法上得到了解决。

另外，如本文（二）部分已经介绍的那样，判例49案件的二审中，法院认为被告产品不属于"唯一用于生产涉案发明产品之物品"，从而否定了间接侵权（东京高等法院昭和58年7月14日判决·判时1095号139页〔单反照相机控诉审〕）。

四、多机能型间接侵权

（一）概说

即便是用于实施专利发明之物品，若该物品同时也具有其他用途，将不满足"唯一"要件。但是，比如交换镜头不仅能安装于非专利实施品A型相机上，同时也能安装在专利实施品B型相机上时，该交换镜头的销售将助长在专利实施品上的实施行为。当然，如果直接的实施行为侵害了专利权时，将基于共同侵权行为产生损害赔偿责任。但假如将疑似侵权物品变换为无法安装在专利实施品 B 型相机上的形态并不困难，那么认定被告既负有损害赔偿义务亦负有差止义务，这对于交换镜头的制造者来说也并不为过，而有利于对专利权人的救济。若直接实施行为并非以产业化的方式进行也可能不构成侵权。随着能够同时执行多种功能的软件关联产品的增多，2002 年专利法修改时，新设置了无需"唯一"要件的新的间接侵权类型。

具体而言，即用于实施专利发明（严格来说，包括专利发明产品的生产、专利方法的使用）的物品，是"解决发明课题不可欠缺的物品"时（不可欠缺之要件），对于专利发明以及将该物品用于实施专利发明的情况是知晓的（主观要件）同时，产业化地从事该物品的生产、转让或进口或者是为转让等提出邀约的行为，将被视为侵权行为（专利法第 101 条第 2 款、第 4 款）。但是，"在日本国内广泛流通的物品"除外（专利法第 101 条第 2 款、第 4 款的括弧内容：（非）多用途商品要件）。

（二）主观要件

关于主观要件满足与否的判断基准时点，对于以停止当前的侵权行为和防止将来的侵权行为为目的的差止请求来说，判断基准时点应理解为事实审理的口头辩论终结时（判例50），只是通过警告或诉状（判例50）的受领即可简单地认定具备了该要件，因此只要不是公示送达等特殊的情况，很难想象直到事实审理的口头辩论终结时仍不满足主观要件的情形。主观要件对于差止请求来说只是一个并未实际发挥作用的要件。

（三）不可欠缺之要件

有观点认为，不可欠缺之要件与等同原则中的本质部分要件的含义相同。设想公知技术的组合发明等情形，在等同原则的情况下，否定等同原则时也有可能将公知技术理解为本质部分，但在间接侵权的情况下，若以公知技术是本质部分为由而认定满足不可欠缺之要件，公知技术本身就成了因侵害专利权而被差止的对象。与"唯一"型间接侵权不同，多机能型间接侵权中由于还具有专利侵权以外的用途，因此这种观点难以受到认可。

因此，才会出现对于是否要求在专利申请中新公开过去所没有的技术特征绞尽脑汁进行分析的判例（东京地方法院平成 16 年 4 月 23 日判决·平成 14（ワ）6035［用于印刷电路板夹具的夹子］）。

另一方面，也有判决认为，不可欠缺之要件正如条文内容的文言解释那样，是一种"如果没有那个巳就没有这个"的关系，即若没有疑似侵权物品就无法实施专利发明的这一关系存在就足够了。虽然该要件的满足比较简单，但与此同时，认为应该努力分析作为另一个客体要件的（非）多用途商品要件（判例50）。支持上述观点并进行了同样解释的判例，如东京地方法院平成22年6月24日判决·平成21（ワ）3529［液体容器及含有该容器的液体供给系统］）。

（四）（非）多用途商品要件

关于多用途商品要件，如果按照条文内容进行文言解释，将其解读为大量流通的商品，侵权商品（ex. 文字处理软件"一太郎"）在市面上流通得越多越能避免构成侵权。这么一来，在非常有必要对专利权人进行保护的案件中，反而无法去保护了。因此，这种着眼于流通量的处理方法无法得到支持。

更有说服力的是，将着眼点放在疑似侵权物品的构造上的处理方法。比如，以特别订购的商品不符合这里所说的多用途商品的理解为前提，认为由于本案被告产品包含唯一用于实施涉案专利发明的部分，因而认定不属于多用途商品的判决（判例50）。该案中的疑似侵权物品除了实施专利发明以外还具有多个功能（ex. 文字处理软件），但若单独提取涉及实施专利发明的部分（ex. 帮助模式），则该部分并不具有专利发明以外的用途，法院以此为由认定该案中的疑似侵权物品不属于多用途商品。知识产权高等法院的这一论理应该是有考虑到即使否定了该部分也不会影响实施专利发明以外的其他用途的事实。

此后也出现了持上述观点的判例。如，被告疑似侵权人主张其产品在市场上广泛交易且极容易获得，因而符合"多用途商品"。对于被告的这一主张，法院未予支持。只能用于原告专利权人生产的打印机的被告产品，虽然也能够在不具有涉案专利特征功能（发光和采光）的67个机型中的其他原告生产的打印机上使用，但最终仍无法认定其属于多用途商品（东京地方法院平成22年6月24日判决·平成21（ワ）3529［液体容器及含有该容器的液体供给系统］）。由于被告生产的墨盒属于原告生产的打印机的专用墨盒，因而最终无法认为属于多用途商品的物品。虽然未支持被告主张是合理的，但若是不具有涉案发明的特征功能的产品，即使该产品是专利权人能够制造、销售的产品也好，也无法改变该物品具有的合法用途。因此，本案的情况属于执行涉案功能的部分，是专用于该功能的，应该对于该部分是否发挥了其他功能进行分析。

判例50 知识产权高等法院平成17年9月30日大合议判决・判时1904号第47页［一太郎］

【以特别订购的商品不符合这里所说的多用途商品的理解为前提，由于本案被告产品包含唯一用于实施涉案专利发明的部分，因而认定不属于多用途商品】

〈案件事实〉

涉案专利发明的请求项如下。请求项1：运行帮助模式后，点击各功能图标则显示文字说明的信息处理装置（电脑），表现为上述内容的产品权利要求；请求项2：关闭帮助模式后，点击各功能图标则直接执行相应的各项功能的信息处理装置，表现为上述内容的产品权利要求；请求项3：以同样技术作为信息处理方法，表现为上述内容的方法权利要求。

被告制造销售的产品是文本制作软件（日语文字处理软件"一太郎"）和制图软件（拼接制版软件"花子"）。购买了被告产品的用户将其安装到电脑中进行使用。于是，装有被告产品的电脑中帮助功能的运行和显示，与涉案专利发明相抵触。但是，由于被告产品既不属于信息处理装置（电脑），也不属于信息处理方法，因此不构成直接侵权，只是有可能构成间接侵权。而且，由于被告产品还具有帮助模式功能之外的各种功能，也没有成立"唯一"型间接侵权的余地，只有可能构成多机能型间接侵权。

一审判决（东京地方法院平成17年2月1日判决・判时1886号21页［一太郎］）肯定了多机能型间接侵权。二审判决在对于产品权利要求肯定了多机能型间接侵权的同时，对于方法权利要求则以后文将介绍的否定间接侵权的论理否定了多机能型间接侵权，但无论是产品权利要求也好还是方法权利要求也好，基于各项权利要求能够从一审判决中未主张的公知技术中容易推出来，因而支持了第104条之3中规定的当然无效的抗辩，最终得出了否定侵权的结论。以下将有关间接侵权部分的判旨抽取出来予以介绍。

〈判决要旨〉

关于不可欠缺之要件，在满足条件关系的情况下就予以肯定。"由于上述那样的构成，是因上诉人产品的安装才首次得以实现的，因此应该认为上诉人产品符合解决涉案第1和第2发明的课题所不可欠缺的物品"。

关于多用途商品的要件，"专利法第101条第2款规定的所谓'在日本国内广泛、普遍流通的物品'，比较典型的比如螺丝、钉子、灯泡、晶体管等在日本国内广泛普及的产品。即可以理解为并非特别预订的商品，而是也具有其他用途的，并且一般从市场上都能够获得的标准产品、普及产品。本案中，一旦将包含有帮助功能的上诉人产品安装到电脑中，所完成的'安装有上诉人产品的电脑'必将落入涉案第1和第2发明的技术范围，由于上诉人产品中包含唯一用于生产第1和第2发明产品的部分，因此不符合该条所说的'在日本国内广泛、普遍流通的物品'。"

关于方法专利，则否定了其间接性的间接侵权。"该条［笔者注：第101条第4款（现行法第5款）］所规定的是，关于通过对其本身的利用能够用来实施专利发明方法的物品，将对该物品的生产、转让等行为视为侵害专利权，而不是将制造、转让用于生产该物品的行为视为侵害专利权。本案中，上诉人所实施的行为并不是该电脑的生产、转让或者为转让等提出邀约，而只是对用于生产该电脑的上诉人产品进行的制造、转让等或者为转让等提出邀约，因此上诉人的上述行为不符合本条所规定的间接侵权。"

〈评论〉

本案判决指出，在涉及间接侵权的疑似侵权物品中，即便是同时具有实施专利发明的用途和除此之外的其他用途，但如果用于实施专利发明的部分不具有其他用途，该物品就不属于多用途商品，从而应肯定间接侵权。对于这种情况，即便要求清除、停止专供于实施专利发明的部分，也不会妨碍其他用途的实施，因而不能认为是专利权的不当扩张（参照田村善之：《多机能型间接侵权制度可否对本质部分进行保护——与等同原则的整合性》，载《特许法的理论》，有斐阁2009年版）。

另外，关于在方法专利上否定间接性的间接侵权的论理，可作进一步说明，即在本案权利要求的相关发明是信息处理装置的情况下，对于电脑本身来说可以认为其是用于实施该方法的物品，但是被告产品只不过是用于生产该电脑（通过将被告产品装入电脑，以此来"生产"符合权利要求的电脑）的物品，因此不符合第101条第4款（现行法第5款）的规定。

与此相对，关于在产品权利要求上之所以没有否定间接侵权，是因为产品权利要求的对象是信息处理装置（电脑），于是有可能认识到被告产品就是用于生产该电脑的物品。也就是说，发明的实体并没有不同，但根据权利要求是电脑本身（产品权利要求）还是使用电脑进行显示的方法（方法权利要求）的不同，对于同样的被告产品来说，前一种情形由于距离权利要求很近，能够直接认定具有间接的关系，而后一种情形由于存在间接性的这种不太亲近的关系，因而否定间接侵权。但是，关于这种间接性的间接否定理论的适用范围以及是否合理,还存在许多疑问(参照田村善之:《多机能型间接侵权制度可否对本质部分进行保护——与等同原则的整合性》,载《特许法的理论》,有斐阁2009年版)。

五、间接侵权不成立时是否构成共同侵权

即使在间接侵权不成立的情况下,关于损害赔偿请求的主张还有如下途径。只要能确定了直接侵权行为存在,基于制造、销售供直接侵权人使用的部件和材料这点,可以以侵权的帮助行为为由要求承担共同侵权责任。但是,这种情况下,仅仅因向直接侵权人供给部件这点事情就经常要承担侵权责任,将很可能会对众多经营者都在销售的部件的流通造成阻碍。

首先,对于向侵权人供给部件的人而言,当能够认定其具有与侵权人共同实施侵权行为的意图时,部件的制造销售行为将构成共同侵权行为。比如,有判决做了如下判示,被告Y应侵权人A的请求将部件卖给A的行为,属于对侵权的帮助,Y作为共同侵权人对于根据侵权人A获得的利益所推定的损害负有连带赔偿责任(东京地方法院平成3年2月22日判决·判例工业所有权法〔2期版〕2247之3页〔假发片Ⅱ〕)。此外,类似的判决还有静冈地方法院平成6年3月25日判决·判例工业所有权法〔2期版〕2623之47页〔1α-羟基维生素D〕)。

不认为具有这种共同实施的意图时,原则上不要求承担共同侵权责任(大阪地方法院平成3年9月30日判决·知裁集23卷3号711页〔蓄水罐〕,东京地方法院平成15年12月26日判决·判时1851号138页〔液体充填装置上的喷嘴〕,对于具有其他用途而不成立间接侵权的物品进行供给的,见京都地方法院平成12年7月18日判决·平成8(ワ)2766〔五相步进电机的驱动方法〕),但在因受到了权利人的警告等,能够认识到供给物品的接受方实施着直接侵权行为的情况下,却不予以回避,则成立帮助直接侵权的侵权责任(上述静冈地方法院〔1α-羟基维生素D〕,名古屋地方法院平成10年3月6日判决·判夕1003号277页〔温度指示材料〕,大阪高等法院平成14年8月28日判决·平成12(ネ)3014等〔五相步进电机的驱动方法控诉审〕)。

但是,即便如此,当直接侵权人是从一般市场上获得的该部件时,由于不全面停止该产品的销售是无法完全防止其被用于侵权行为的,因此,在这种情况下对于上述回避义务则应另当别论。否则,可能连不属于间接侵权的产品的

销售也不得不被停止了。

判例中认为，被告对未构成间接侵权的控制器进行供给时，在商品宣传册上记载了属于涉案专利发明技术范围的供水系统的实施例，即便可以认为将控制器运用于供水系统的做法在一部分工程中有得到实施，但控制器既然具有其他用途，就不能仅以该商品宣传册上的记载认定被告有促使工程队或设计者形成设计、施工与专利权相抵触的供水系统的意思决定，因而否定了基于教唆的共同侵权责任（大阪地方法院平成14年8月29日判决・平成12（ワ）8545［供水系统］）。与此相对，也有判决认为，虽然并非不具有侵权以外的用途（以当时的第101条的间接侵权的"唯一"要件不成立为前提），但当认识到大部分都是供于直接侵权的情况时，也应认定帮助侵权的责任（一部分购买方的用户会按照说明书上所说的非侵权的方法进行使用，但对装置的一部分进行供给，却是以其他用户会将其用于实施专利发明为前提的，见大阪地方法院平成14年4月25日判决・平成11（ワ）5104［安装电路板时检查位置的装置及方法］），但在2002年专利法修改后这类案件就属于能够认定间接侵权的案件了。

稍稍有点特殊的案例，比如被告产品发货后，在购买者使用期间由于自然磨损，产品厚度减小到符合专利发明技术特征的0.25mm以内的案件。法院认为，由于被告产品的购买者只是在该产品是不符合间接侵权和等同侵权的认识下进行使用的，并不能着眼于该使用状态而认定构成专利发明的实施，从而否定了被告的共同侵权责任（东京高等法院平成15年7月18日判决・平成14（ネ）4193［刮墨刀控诉审］）。对于这种行为若肯定共同侵权责任，结果连本应获得容许的非侵权的使用也将受到压制，该案件可以被认为是由于没有回避的义务，因而这种过失应该被否定。

六、多个主体的实施行为

与间接侵权和共同侵权都相关，在专利发明由多个主体实施的情况下，要满足怎样的要件才构成专利侵权，这是一个问题。

比如，专利发明是由 a+b+c 的技术特征所构成的方法发明时，Y 对 a、W 对 b、Z 对 c 分别实施的情况下，单独来看没有一个人实施了权利要求，尽管如此，难道任何情况下都应该否定专利侵权吗？特别是，像预先协议好的借助英特网由多个企业共同完成的情况，以及越来越多的商业方法专利在权利要求中混入最终消费者行为的情况，这一类型的案件很有可能频繁出现。而且，通常在生产方法专利中，随着子公司的发展，由多个主体共同实施工程的情形恐怕也会增多。

需要注意的是，当专利发明是由 a + b + c 的技术特征构成的产品发明时，虽然各工程分别由 Y、W、Z 负责，但最终是在 Z 的地方完成并销售 a + b + c 的产品，因此至少 Z 实施了与专利权相抵触的行为。以此为起点，进而向 Y、Z 问责共同侵权责任或间接侵权责任就可以了。但是，若是方法发明的情况下，由于包括 Z 在内的所有人都没有单独实施权利要求，就不能采取上述处理方法。这种情况下，即便是在执行方法发明 a + b + c 的过程中制造出了中间生成物，结果也是一样。比如，在 W 的环节制造出了中间物质 b'，将其交给 Z，在 Z 的环节附加上 c 工程时，对此学说有观点认为，可以将上述情形解释为 b' 是（唯一）用于实施专利发明之物品，因此可以向 W 问责间接侵权。但是，在方法发明的情况下，由于 Z 只是实施了 c 工程而并未实施专利发明，因此将 b' 理解为用于实施专利发明之物品是比较困难的。

判例中，在此之前，存在两种肯定侵权的法理。

（1）也被称为共同执行理论的法理。比如，虽然是在判决的附带意见中论述的，但认为，对于以一部分工程由他人承揽的同时，自己亲自执行剩下工程的方式实施整个工程的情况，以及多人商定分担的任务然后共同实施整个工程的情况，这些情况都将侵害专利权（具体判示的内容，即被告作为在市场上销售中间物质的制造者，与购买中间物质实施最终工程的加工业者之间并不存在资金关系，由于制造者也并非直接向加工业者销售，因此无法认定他们相互之间有关于共同实施制造多孔性成形体的意思联络。大阪地方法院昭和 36 年 5 月 4 日判决·下民集 12 卷 5 号 937 页［发泡聚苯乙烯］）。

（2）也被称为工具理论的法理。比如，关于实施了除专利方法的最终工程以外的工程的电镀图像，被告从事了制造并向文字盘厂商销售该电镀图像的行为，法院认为难以设想该电镀图像除了作为最终工程的贴附电镀图像之外还具有其他用途。基于这一理由，将被告的行为评价为以被告产品的购买者为工具，来实施最终工程的行为，从而肯定了专利侵权（判例51）。

此外，判决还判示了如下处理方法，即当认为专利发明的权利要求本来就预定由多个主体实施的情况时，作为对这种权利要求的解释，认为由多个主体进行的实施行为构成直接实施行为（东京地方法院平成 19 年 12 月 14 日判决·平成 16（ワ）255576［眼镜片的供货系统］）。但一方面，根据权利要求的写法的不同可能会给第三人带来无法预测的损害（该判决是通过对差止请求对象的适格主体进行分析来应对这一问题的）；另一方面，由于通过进一步细分化的实施就能够轻易规避，因此该方法无法成为根本性的解决手段。

判例51 东京地方法院平成19年12月14日判决·平成16（ワ）255576［电镀图像的形成方法］

【对于除实施专利方法的最终工程以外的不具有其他用途的产品进行制造、销售的人，认定其是将购买者作为工具来实施专利方法】

〈案件事实〉

原告拥有关于电镀图像的形成方法的专利权，被告制造用于钟表文字盘的电镀图像（被告产品）并向钟表文字盘的厂商销售，于是原告以侵害其专利权为由对被告提出差止等请求。涉案专利方法的最终工程是将电镀图像贴附到钟表文字盘上（技术特征［6］），实施该工程的是购买了被告产品的文字盘厂商而不是被告本人，此处成为争议焦点。

〈判决要旨〉

"从被告产品'用于钟表文字盘的电镀图像'的商品性质以及其构造来看，被告产品，……被销售给文字盘厂商后，由文字盘厂商将被告产品背后的贴纸剥离、贴附在文字盘等附着物上的事实是很明显的。可以认为，被告产品并不具有其他用途，相反，购入被告产品的文字盘厂商以上述方法进行使用，这种使用方式从被告产品开始制造时起就已是计划内的。因此，在被告产品的制造过程中，不存在符合技术特征［6］的工程，符合技术特征［6］的工程不是由被告亲自实施的，但可以认为被告是以购买其产品的文字盘厂商为工具实施了该工程。因此，应该将被告行为视为实施了包含涉案专利发明全部技术特征的整体工程，从而认定侵害了原告专利权。"

"但是，在被告产品出口的情况下，购买被告产品的文字盘厂商将该产品贴附在钟表文字盘上的行为是在日本国外进行的。这种情况下，虽然被告仍在国内，但符合技术特征［6］的工程是由身在国外的购买者在国外实施的。对于这样的情况，包含涉案专利发明全部技术特征的整体工程，变成了一部分在日本国内实施另一部分在国外实施，由于在国内实施的部分没有完全落入方法专利的技术范围，因此无法认为在国内实施了该方法专利。这么一来，按照我国专利法的效力仅及于我国领域内的原则（专利权的属地主义原则），在被告产品出口的情况下，就不能认为被告产品的制造行为构成专利侵权（另外，在实施专利法第2条第3款第1项中规定的产品发明的情况下，出口该产品的行为则不包括在内）。

本案中，虽然认定了被告在日本国内销售其产品，但用来认定被告产品出口的事实的证据不充分。因此，作为停止及预防涉案专利权被侵害所必要的措施，原告对被告提出的停止被告产品的制造和销售以及废弃被告产品的主张应得到支持。但是，基于上述理由，原告不得请求停止被告产品的出口。"

〈评论〉

在专利方法的整体工程由多个主体实施的情况下，这些多数主体之间若有共同执行的意思，则即便是要求每个主体都承担侵权责任也不会失去预测可能性。因此，对于这种情况应该认定为共同实施了专利发明，从而构成专利侵权（参照大阪地方法院昭和36年5月4日判决·下民集12卷5号937页［发泡聚苯乙烯］）。

但是，本案中难以认定实施了技术特征［6］的文字盘厂商那边是否具有共同执行的意思。因此，该案判决采取的方法是将文字盘厂商评价为Y的工具，从而认定Y的行为侵害专利权。

理论上还有第三个途径，即对于本领域的一般技术人员而言，是否容易想到将权利要求的技术特征中的非本质部分的实施委托给外部人员，以这种形式作为适用等同侵权的一种情形进行处理的方法也是有可能的（梶野笃志：《多个主体实施专利发明时的规制》，载《知的财产法政策学研究》第2号〔2004年〕第69~70页，此外，对此全面的介绍，参照酒匂明洋：《评释》，载《知的财产法政策学研究》第29号〔2010年〕）。

虽然如此，若连申请过程也考虑进来，如果对于本案中不包括最终工程的技术特征［6］的权利要求或者关于电镀图像的产品发明的权利要求，进行制作并提出了申请，毫无疑问，被告那样的行为将可以作为直接侵权行为被问责（参照松尾和子：《评释》，载《判时》第1782号〔2002年〕198页）。至少，在最终工程中不写入有消费者参与的权利要求是最佳方案。

此外，对于最终工程在国外实施的情况，本案判决是否定了侵权，但作为准据法的问题，应该依照最终工程实施地所在国的专利法予以解决。但是，在 判例97 的法理下，可以认为最终基于法例第33条和第11条第2款，驳回请求的可能性很大（参照第四编第一章第一节二）。

第二节 侵权行为的证明

一、概说

侵权行为的证明虽然是诉讼程序上的问题，但程序与实体权利具有密不可分的关系。无论是怎样的请求也好，若不能对被告的侵权行为予以证明将毫无意义。

关于证明，从大的方面来看主要有两个问题。第一个问题是，由于证明侵权行为所必要的资料处于被告的支配下，因此当原告出现举证困难的情况时，如何得到合理的结论。除了适用专利法第 104 条的情形外，原则上对于全部侵权行为的举证责任都由原告负担，以往的立法和判例中，原告获取由被告支配的证据的方法极为有限。比如，大阪地方法院昭和 59 年 4 月 26 日判决·无体集 16 卷 1 号 248 页［合成树脂注射成型模模具］认为，对被告支配下的侵权物品提出验证、鉴定的申请，若不能合理地证明具有侵权可能性，则无法支持。

大阪地方法院平成 20 年 11 月 27 日判决·平成 19 （ワ） 12940 ［用于介质搅拌式研磨机的搅拌盘］中，关于被告产品的形状存在争议，原告试图以拍摄场所不明的照片进行举证，但法院对于该举证未予认可，而是采用了被告所主张的形状。

对于进口商品，连被告（进口方）也不知晓制造方法的情况很多，但大阪地方法院平成 22 年 12 月 24 日判决·平成 20 （ワ） 13709 ［鞋类底部的制造方法］中，法院以进口方根据海外生产厂家所公开的制造方法进行的验证实验的结果为依据，认定了被告主张方法具有合理性。

从专利权人的立场来看，希望有像美国的证据开示程序那样的能够获取被告手中资料的制度，但从被告的立场来看，专利权人仅仅提起了侵权诉讼就能够调查被告的内部资料，这是非常不公平的。正确的实务做法必须适当保持两者间的平衡。判例 52 中，关于用于诊断药物制造过程的测定方法的专利，法院以被告（被上诉人）方法的举证不充分为主要理由，认定了存在侵权行为（正如适用第 104 条的案件那样），法院在这点上的判断比较有意思（该案的原审大阪地方法院平成 7 年 6 月 29 日判决·知裁集 29 卷 4 号 1139 页认为，既然原告负有举证责任，那么不得不驳回其请求）。该判决虽然被最高法院撤销了（判例78），但撤销的理由不是关于侵权行为认定方法的。

第二个问题是，关于被告产品（方法）是否包含专利发明的全部技术特征的技术性争议焦点，在对其进行技术判断时会遇到困难。裁判程序上如何迅速正确地处理高度技术性问题，这是一个课题。被告产品是否与专利发明具有同等作用效果，这无论是在分析技术特征的覆盖程度方面，还是在适用等同原则方面，很多时候都具有重要性，在这一点上进行大量的举证活动也很常见。

知识产权高等法院平成19年12月25日判决·平成19（ネ）10036［防震装置］中，原告被告双方对以热粘附的方式进行粘合的强度是否能够控制产生争议，法院在对双方实验进行评价的基础上，否定了侵权。大阪地方法院平成6年10月27日判决·判夕868号80页［人体组织重组纤溶酶原激活剂Ⅱ］中，除了对有关说明书的参考和禁止反悔原则的法律规定产生争议之外，作为主张等同侵权的前提，也对被告产品的性状进行了大量的举证，该案中关于技术性的举证方法值得参考。静冈地方法院平成6年3月25日判决·特许消息8913号、8922号、8943号、8948号、8952号、8953号［1α－羟基维生素D］中，虽然从形式上能够将被告行为予以特定，但对于实际上产生的化学反应是什么却没有解决，而这个事实认定直接决定着胜负。和歌山地方法院平成11年3月10日判决·特许消息10141号、10145号［定向反光片］中，关于被告产品的作用效果是由于使用专利方法而引起的还是由于其他原因引起的，双方对此产生争议。

大阪高等法院平成15年2月18日判决·平成14（ネ）1567［用于尼卡地平缓释制剂的组成物］中，因各种实验方法所产生的结果不同，双方对于包含在药剂中的无定形体的用量的多少产生争议，法院最终认定即使最少也含有15.7%的无定形体，因此构成侵权。东京地方法院平成16年7月14日判决·平成15（ワ）6064［用于使绿化土壤稳定化的无机材料（二审是知识产权高等法院平成17年7月12日判决·平成17（ネ）10056）中，是有关粉煤灰、硫化铝、硫化钙等多个无机成分的混合物，对于确定其成分的各种实验的结果均未予采用，该案中关于以实验方式举证的充分性判断值得参考。

东京地方法院平成18年1月20日判决·平成16（ワ）17304［废弃物的处理方法］中，在参考专利说明书对流动层炉中的"循环流"的含义作出特定解释的基础上，认为"即便是根据全部证据，也无法明确被告产品的流动层炉的砂层4中砂（流动媒介）的流动样子"，从而否定了侵权。

大阪地方法院平成17年9月5日判决·平成16（ワ）7239［触摸式开

关]中法院认为,当专利权利要求范围中规定了"平均粗细度(Rz)"的数值时,要参考JIS,Rz需要测定5个凹部和凸部,而对于无法进行该测定的被告产品,即便是当事人所主张的测定方法具有一定的合理性,但也不足以证明符合全部技术特征。

东京地方法院平成21年4月22日判决·平成18(ワ)16119[聚合水泥混合物]中,在有专家参与的争议焦点的整理程序中,双方就实验方法达成了合意并由原告按照该实验方法进行实验,结果因实验结论无法证明"含有酸基且能够聚合的高分子预聚物的存在",从而驳回了原告请求。东京地方法院平成22年10月29日判决·平成20(ワ)36307[空气净化板]中,关于氧化钛微粒子是包含于多孔质PTFE层中,还是包含于其他层中形成的,虽然对多个证据进行了分析,但法院最终认定未对侵权作出举证。

东京地方法院平成19年9月19日判决·平成17(ワ)1599[弹子锁]中,被告虽然有指示其工作人员按照回避侵权的组装方式进行操作,但当仍然有一部分侵权产品被制造出来时,关于侵权产品所占比例的认定问题成为争议焦点。法院认为,由于原告所调查的数量较少,基于安全率的考虑认定产品中的25%属于侵权产品是合适的。

围绕数值限定发明的数值测定值的正确性进行争论的案件,比如大阪地方法院平成20年9月4日判决·平成18(ワ)10033[用于拉线刀的线](法院认为,关于由电线的弯曲率变化引起的内部压力的举证不充分),大阪地方法院平成21年4月7日判时2065号115页[散热片](法院基于无机组合物的组合比例的测定,认可了既存在范围内的产品也存在范围外的产品)。

东京地方法院平成22年3月24日判决·平成19(ワ)32845[行车记录仪记录纸]中,关于是否满足成分A(具有隐蔽性的水性中空孔高分子聚合物粒子)和成分B(具有成膜性的水性高分子聚合物)的重量比在1~3范围这一技术特征的测定,双方对用于测定的标本以及测定方法的妥当性产生了争议,法院最终认定未对此进行举证。

东京地方法院平成22年6月29日判决·平成19(ワ)13121[金刚石的切割方法]中,关于是否有使用专利方法的举证,当事人提出的专利代理人通过目测对被告产品形状作出判断的意见书,法院未予采用。

其他案例还有,神户地方法院昭和62年3月18日判决·判タ645号234页[桩的嵌入方法]中对被告实施行为的证明产生争议,大阪地方法院昭和54年1月10日决定·判时938号90页(嘧啶并[5.4-d]嘧啶)中关于药品制造方法的举证，否定了从非纯物质的分析中得出的证明文书的可信用性。东京地方法院平成10年10月12日判决·知裁集30卷4号709页［西咪替丁制剂］中同样否定了被告提出的基于非纯物质的分析结果做出的证明文书的可信用性。

另外，在对侵权行为进行了举证之后，对于损害赔偿金额的认定也是需要举证的重要内容。

判例52　大阪高等法院平成9年11月18日判决·知裁集29卷4号1066号［生理活性物质测定法］

【在认定侵权行为时，对于被上诉人（被告）关于被告方法的举证不充分的情况予以了考虑】

〈案件事实〉

双方对于被上诉人为了确认药品品质规格而使用的确认实验法是否构成专利侵权产生争议。关于被告的实验法中应该记载的药品制造许可申请书，专利权人提交了文书提出命令申请以及向厚生省提交的照会等举证材料，但举证未成功，原审驳回了原告请求。

〈判决要旨〉

"被上诉人主张的疑似侵权方法，即便是将其只是公开了部分事项这一情况考虑进来，也不得不认为仍属于抽象性方法的领域，难以认定被上诉人实际上实施了上述方法。而且，用于认定在涉案专利方法之外存在着已公知的激肽释放酶物质产生阻碍活性的定量测量方法的证据不足……非基于涉案专利方法的构成也能够使激肽释放酶物质产生阻碍活性的定量予以实现的方法的存在，对此并没有足够证据能够证明。此外，……在后开发的药品（被上诉人药品）为了在品质、规格上都与在先开发的药品（上诉人药品）保有同等性，使用与在先开发的药品相区别的无关的方法，难以确保在药品的组成、药物含量上具有品质同一性。综合考虑上述情况，可以认为，被上诉人药品都是使用上诉人主张的疑似侵权方法制造出来的"。

〈评论〉

本案中，被上诉人坚持拒绝提出其产品的制造认可申请书这一最直接的证据，而是就未使用专利方法的事实进行间接性的举证，本案的结论恐怕也受到这一原因的影响。除了适用专利法第104条的情形之外，专利权人负有侵权行为的全部举证责任，但当原告拿出了具有侵权可能性的相当程度的举证而被告却不配合查清事实的情况下,将当事人的举证行为反映在事实认定中恐怕也不能说不合理。关于本判决,虽然得出结论的论证稍稍有些牵强,但是其作为通过事实上要求被告在一定程度上负担举证责任以求案件妥当解决的案例,值得参考。

二、文书提出

(一) 侵权行为的举证

当原告负有举证责任会产生不合理的结果时,不仅仅在专利诉讼中,一般民事诉讼中也认识到这点,于是通过 1996 年的民事诉讼法修改(新民诉法),对文书提出命令制度进行了较大的变更,对于过去只是在特定情况下存在的文书提出义务,更换了原则和例外。但是,记载了"涉及技术或商业秘密的事项"的文书、"专供文书所有人使用的文书"是作为例外之一,能够免除文书提出义务(新民诉法第 220 条第 4 款第 2 项、第 3 项),而且法院可以对文书提出的必要性进行判断(新民诉法第 221 条第 2 款)。

东京高等法院平成 10 年 7 月 16 日决定·判例集未登载(参照知识产权管理 50 卷 5 号 619 页)[激肽释放酶产生的抑制能力测试方法的资料提交]是与 判例52 中涉及的专利相同的另一案件(被告不同),该案中法院对被告的药品制造许可申请书等新民诉法上规定的文书提出义务进行了分析。法院(地方法院、高级法院)基于新民诉法第 223 条第 3 款,让被告提示该文书并对其进行分析(未向原告公开),在认定了所记载的方法不同于专利方法的基础上,以记载事项对于制药公司来说属于值得保护的技术或商业秘密为由,驳回了申请。按照这个程序,虽然至少法院能够看到该文书,但当该文书上的记载内容不利于原告时,法院在未听取原告意见的情况下形成心证,对此不无疑问。另外,与该决定相关的东京地方法院平成 11 年 1 月 29 日判决·速报 286-8559[激肽释放酶产生的抑制能力测试方法]是以原告未举证为由,驳回了原告请求。

也许是考虑到新民诉法的文书提出命令对于专利诉讼来说仍然不充分,于是通过 1999 年的专利法修改,新设了为证明侵权行为的文书提出的规定(第 105 条第 1 款)。而且,当被告否认原告的具体主张时,仅仅是否认还不行,还需要具体的答辩(第 104 条之 2)。

但是,1999 年修改的第 105 条中规定"当文书的持有人有正当理由拒绝提出时，不在此限"，而且法院在"判断是否存在正当理由"时，尚无法看到专利权人的文书。于是，在与上述东京高等法院的决定［激肽释放酶产生的抑制能力测试方法的资料提交］相同的程序有可能成为通常形式的情况下，2004年专利法修改中导入了如下制度，即法院在判断拒绝文书提出是否存在正当理由时，在秘密保持命令下专利权人公开该文书并能够陈述意见的制度（第105条第3款、第105条之4）。这种处理方式可以被认为是为了追求对秘密的保护与专利权人利益之间的平衡。但是，关于新修订的专利法下"正当理由"的判断标准，尚未看到公布的案例。秘密保持命令不依赖于文书提出命令，也能够适用于当事人自发提出的证据，东京地方法院平成18年9月15日决定·判时1973号131页［帕肝素钠秘密保持命令］中，关于在后开发药品的进口许可申请书中附有的资料，就是在秘密保持命令的基础上作为证据提出的。

有对于秘密保持命令能否也适用于诉前临时禁令程序而产生分歧的案件，最高法院平成21年1月27日决定·判时2035号127页认为也能够适用于诉前临时禁令程序（原审知识产权高等法院平成20年7月7日决定·判时2015号127页认为不能适用）。

大阪地方法院平成20年4月18日决定·判时2035号131页中，关于有独立请求权的第三人提出的秘密保持命令申请，法院做出决定，对于与有独立请求权的第三人之间不存在诉讼的被告也发出了秘密保持命令。

大阪地方法院平成20年12月25日决定·判时2035号136页中，在判明了作为秘密保持命令的对象的信息不属于商业秘密以及事后不再属于商业秘密的情况下，撤销了秘密保持命令。

（二）损害额的举证

关于损害额的计算，虽然过去就有认可文书提出申请的规定（第105条），但法院在对该条的运用上比较消极。但是，在最近出现的 判例53 中，认可了对于涉及范围广泛的文书予以提出的请求。依循着该判例的思路，之后又出现了一些判例，比如规定了具体文书提出顺序的东京地方法院平成9年7月27日决定·判时1627号141页［曲尼司特制剂Ⅱ］，以及有关在同一侵权诉讼中的其他文书提出命令的东京地方法院平成10年7月31日决定·判时1658号178页［曲尼司特制剂Ⅲ］，这些判例的判示内容看上去正如美国的证据开示程序。若能够发布如此强力的文书提出命令，应该就能解决难以获取证据的问题了。

关于文书提出,当被告不依照提出命令执行时,法院有可能就直接对原告主张的真实性予以认可(新民诉法第 224 条)。比如,东京地方法院平成 10 年 7 月 24 日判决·知识产权管理判例集 I[气体打火机]中认为,当根据被告提出的有限的文书能够计算出必要的损害额时,就无须适用上述推定。知识产权高等法院平成 21 年 1 月 28 日判决·判时 2045 号 134 页[废弃材料切割装置]中,在被告未执行文书提出命令时,法院认可了原告关于销售数量的主张。

判例 53 东京高等法院平成 9 年 5 月 20 日决定·判时 1601 号第 143 页[曲尼司特制剂 I]

【为计算损害赔偿额对于涉及范围广泛的文书发布文书提出命令】

〈案件事实〉

在药品的专利侵权诉讼中,原审法院认可了原告要求被告提出以下文书的请求,包括财务报表、销售报表、纳税申报表的副本、总账、客户具体台账、供应商具体台账、销售台账、销货单、供货台账、供货单、生产成本报表、原材料收据、出货单、产品受领台账、出货表、经费明细书、发票、质检单、销售公司的批发价格管理表、交易台账、生产订单的成本管理表、生产记录、有关实验检查的记录以及其他销售"被告产品"所直接需要的反映销售经费的文书。

在抗告审中,抗告人主张原决定所命令的文书提出范围存在争议以及文书提出的范围过于广泛甚至超越了对方的请求的所需范围。

〈判决要旨〉

"作为本案文书提出命令对象的附件一中记载的各种文书,要么属于药品的生产销售者负有的法令上规定了制作义务的文书,要么属于从事该业务的经营者在正常的经营活动中都会制作的文书,根据其性质及通常预定的记载事项,都是属于该经营者在经营活动中记载的有关产品的生产销售行为的内容或与此密切相关的事项的文书,当该生产销售行为构成侵害专利权的行为时,这些记载内容能够成为用于计算侵权人从该侵权行为中获得收益的资料,这作为证明损害额的证据具有合理性,因此不能认为原决定所命令的文书提出范围过于广泛。"

"本案中的各种文书……即使假设其中包含有这样的信息[注:商业秘密],但这些文书既然在整体上构成用于计算在侵害专利权的药品的生产销售行为中抗告人所获利益的必要资料，至少从与对方的关系来看，无法成为因属于商业秘密而拒绝该文书提出命令的正当理由。基于本案文书提出命令各种文书被提出来的情况下，为了避免商业秘密被不必要地公开，应该是依诉讼当事人的申请由原审法院根据诉讼指挥采取适当的措施予以解决。"

〈评论〉

文书的提出对象，应该是仅限于能够充分实现举证目的的文书，还是也包括只要对举证的目的有用的所有文书？在要求提出涉及范围广泛的文书的情况下，必然会产生商业秘密保护的问题。美国的证据开示程序，原则上是具有关联性的文书全部都需要提出，但对于包含商业秘密的文书的处理，设置了程序将阅览者仅限定律师等。

本案决定中，是将这种必要的措施委托给了诉讼指挥权，之后的东京地方法院的程序中，确定了与美国程序相类似的文书阅览方法（限于诉讼代理人和指定的辅助者能够阅览，而不得向原告公开）。

三、生产方法的推定

（一）专利法第 104 条规定，对于专利申请时尚未公知（具有新颖性）的产品的生产方法专利，推定被告产品是以专利方法制造的

这是被告负有举证责任的唯一的情形。虽然只是限于生产新物品的方法发明，但在实际诉讼中，对于专利权的效力强化，却发挥着不小的作用。

特别是在 20 世纪 90 年代初期以前，在涉及药品的专利诉讼中，几乎都是援引专利法第 104 条的推定规定，原告基于推定规定获得胜诉的判决有不少。即使在最近，基于第 104 条认定侵权的判决依然有出现（因认定了高额的损害赔偿额而广为人知的东京地方法院平成 10 年 10 月 12 日判决·知裁集 30 卷 4 号 709 页［西咪替丁制剂］）。此外，与 判例53 相关的案件也是适用了第 104 条的规定。该案的一审法院认可了关于被告方法不同于专利方法的举证从而驳回了原告请求（东京地方法院平成 12 年 3 月 27 日判决·判时 1711 号 137 页［曲尼司特制剂 IV］），但在二审阶段，法院认为被告提出的证据中包含有非真实的证据，被告之后的举证被认为属于拖延诉讼进程的防御方法而不予考虑，最终适用第 104 条认定了侵权，该案为了认定侵权采取的是不同寻常的路径（东京高等法院平成 14 年 10 月 31 日判决·判时 1823 号 109 页［曲尼司特制剂 V］）。

第二编　第二章　专利权的范围Ⅱ——间接侵权、侵权行为的证明

但是，专利法第 104 条被大量适用的时代，是在 20 世纪 90 年代初期以前，由于在 1975 年物质发明专利制度导入之前新药品的发明只能通过方法发明予以保护，而基于当时申请的专利而产生的纠纷都基本上在 20 世纪 90 年代初期以前就提起诉讼了，因此 1975 年起经过 20 多年后，药品及其他新化合物的发明是以产品发明行使权利。进而，通过 1999 年的专利法修改，对于侵权行为的举证也能够主张文书提出了。因此，第 104 条的价值大大减小。

但是，比如基于方法专利对于目标物的覆盖面更大或者较容易获得权利的判断，对于新物质也有考虑获取方法专利。而且，根据 1999 年修改后专利法中的文书提出规定，由被告负有举证责任也对专利权人更加有利，因此基于第 104 条提起诉讼的意义并非不存在。

而且，第 104 条不仅仅只是适用于化学物质发明，还适用于普通的新物品的制造方法，关于能否适用该条文产生争议的案件，除了 判例55 之外，还有以下这些。

（1）名古屋高等法院金沢派出法庭昭和 61 年 7 月 28 日判决·判夕 622 号 199 页［油炸锅的局部电镀法］。

（2）大阪地方法院昭和 58 年 12 月 9 日判决·判例工业所有权法 2327 之 99 之 303 页［以梅子提取物为主要成分的固体食品的制造方法］。

（3）秋田地方法院昭和 58 年 3 月 23 日判决·无体集 15 卷 1 号 229 页［鳕鱼的熏制方法］。

（4）大阪地方法院昭和 50 年 4 月 11 日判决·判夕 326 号 328 页［软质合成树脂粘合耐压软管的制造方法］。

（5）大阪地方法院平成 12 年 10 月 19 日判决·判时 1809 号 143 页［电磁泵的制造方法］（目标物的新颖性被否定）。

上述案件中的任何一个，都是以请求被驳回但却能适用第 104 条为前提进行的分析。

（二）应该举证的事项与举证责任分配

当原告主张适用专利法第 104 条时，首先必须对目标物具有新颖性、被告产品与专利发明的目标物具有同一性进行举证。关于新颖性的判断时点，通说认为是优先权的主张日（东京地方法院昭和 46 年 11 月 26 日判决·无体集 3 卷 2 号 367 页［维生素 B6 - 二硫化物］，东京地方法院昭和 47 年 7 月 21 日判决·无体集 4 卷 2 号 433 页［四环素］，东京地方法院昭和 47 年 9 月 27 日判

决·判夕288号277页［美索巴莫］）。对于适用1993年修改前的专利法的专利，若晚于专利申请程序中的说明书的补正日期，目标物的新颖性是否丧失，为此产生争议的案件也很多，大阪地方法院平成4年3月24日判决·判时1453号152页［盐酸尼卡地平］是其中的一个例子（专利权人胜诉）。

关于"为公众所公知的物"的含义，上述东京地方法院［四环素］中所判示的"不需要该物现实存在，但至少要达到本技术领域中具有通常知识的人能够得知制造该物的工序的程度"，应该属于通常的见解。

若目标物的新颖性和与被告产品的同一性得到证明，被告则需要对自己的方法进行举证。这时，对于被告来说，负有证明被告方法不侵害原告专利权的举证责任（判例54，上述东京地方法院［四环素］，东京地方法院昭和63年3月28日判决·判例工业所有权法2327之99之83页［卡巴多］，大阪地方法院平成3年12月25日判决·知裁集23卷3号850页［吡哌酸］）。相反，认为被告只要将自己的方法予以公开和举证就足够的判决，有判例54的原审东京地方法院昭和54年3月23日判决·无体集11卷1号157页。

与举证责任相关的问题，在适用第104条作出差止判决的情况下，应该只是以被告制造销售的产品本身作为差止对象，还是只对以被告公开的方法制造出来的产品进行差止，对此存在不同的观点。当认定被告不公布其方法或者未对公布的方法进行举证的情况下，对产品自身进行差止是理所当然的（上述东京地方法院［四环素］，上述东京地方法院［维生素B6－二硫化物］，大阪地方法院昭和54年1月10日决定·判时938号90页［嘧啶并［5.4－d］嘧啶］，大阪地方法院昭和55年5月20日决定·判例工业所有权法2327之99之13页［舒必利］，上述大阪地方法院［盐酸尼卡地平］）。但是，认定实施了被告公开的方法之后，关于认定侵权时的处理方法尚不明确（对于受方法限定的主文予以采用的例子，见东京地方法院昭和30年9月9日判决·下民集6卷9号1837页［氯四环素］，大阪地方法院平成4年11月26日判决·判时1458号141页［1α－羟基维生素D的制造方法］。不受公开方法的限定的例子，见上述大阪地方法院［吡哌酸］，上述东京地方法院［卡巴多］）。另外，即便是主文不受被告公开方法的限定的情况下，也并非禁止被告以新的非侵权方法进行实施（但是，有必要通过请求异议诉讼或确认诉讼对不存在侵权的事实予以证明）。

第二编 第二章 专利权的范围Ⅱ——间接侵权、侵权行为的证明

判例54 东京高等法院昭和57年6月30日判决·无体集14卷2号第484页[嘧啶并[5.4-d]嘧啶]

【在适用第104条时,被告必须对其方法不侵害专利权进行举证】

〈案件事实〉

在涉及新药品的制造方法的侵权诉讼中,对于是否侵权的举证责任产生争议。

〈判决要旨〉

"因此,在这种请求的诉讼中,虽然原告应该进行举证的要件事实,是专利法第100条或民法第709条的要件事实(原告是专利权人、被告侵害了其专利权、具有差止的必要性或产生损害)以及适用专利法第104条所需的要件事实(原告专利方法的目标物与被告制造的产品具有同一性、该产品在专利申请前不是在日本国内已公知的物品),但其中需要原告予以举证的,仅仅是'被告侵害了其专利权'以外所剩下的事实。就像这样,在诉讼的举证中,作为代替'被告侵害了其专利权'的举证,只要证明适用专利法第104条规定的要件事实即可,可以理解为该法条的规定是认可了这种证明主题的选择。

因此,在适用专利法第104条的规定时,是推定'被告侵害了其专利权'的,要想推翻该推定的结果,作为被告,仅仅是公开自己所实施的方法尚不充分(仅以此无法推翻上述推定),还需要主张并证明该方法不同于专利发明的方法,并不侵害专利权。"

〈评论〉

该判决体现了关于专利法第104条的主张和举证责任的多数说的标准观点。

(三)被告方法的举证

在适用专利法第104条时最重要的问题是,在多大程度上的主张和举证才能认定实施了被告方法。一般来说,产品的制造方法从最初的原材料到最终产品都要经过好几个阶段的工程,其中既有与专利的必要技术特征相关的工程,也有完全不相关的工程。判例55 中认为,对于被告的制造方法的举证,只要是达到与涉案专利发明进行对比所需的程度即可。

但是,却存在一个问题,即使证明了被告在某一时期实施了某种特定的方法,但也无法知晓在其他时期是否实施了别的方法。关于这一点,判例35 认

为至少对于差止请求,无须对整个期间都进行举证。

如上所示,虽然也有对被告举证的必要予以缓和解释的判例,但是,当被告提出的证据的可信度存在疑问时,往往会通过推定认可专利权人的请求。东京地方法院平成5年4月16日判决·特许管理别册判例集平成5年198页[一种新的多肽的制造方法]中,法院认为债务人所提出的公证人的公证实验只不过是全部工程中的一部分,而且其实验结果还存在争议,并基于上述理由,对债务人的举证未予认可,进而发布了诉前临时禁令的决定。名古屋高等法院金沢派出法庭昭和61年12月22日判决·判例工业所有权法2327之99之77页[哌啶醇]中,法院认为,由于债务人所主张的方法与医药法上的认定程序相矛盾,而且在技术上和工业生产的价值上存在疑问,因此对于债务人的主张未予认可。上述大阪地方法院的决定[嘧啶并[5.4-d]嘧啶]中也是未予认可被告通过引用不纯物质的分析结果所进行的公开方法。

通常都是使用技术性资料对被告方法进行证明,但在金沢地方法院平成4年1月23日判决·知裁集24卷1号50页[盐酸尼卡地平]中,法院认为,被告对将来计划使用的方法进行的主张和证明在经济上具有不合理性,基于该理由对被告的主张和举证未予认可。二审(古屋高等法院金沢派出法庭平成4年9月2日判决·知裁集24卷3号529页)也基于同样的理由驳回了上诉。关于经济上合理性的观点,在侵权案件判决中很少被提到,但考虑到专利诉讼中涉及专利发明经济利用的争议,这种思考方式还是值得关注的。

判例55 东京地方法院昭和59年10月26日判决·无体集16卷3号第710页[金刚石烧结体的制造方法]

【推翻第104条的推定所需的举证,只要达到与涉案专利发明进行对比所需的程度即可】

〈案件事实〉

本案是关于原告拥有的方法专利发明的侵权案件。原告的发明内容是,将金刚石粉末与溶解金刚石的金属粉末相混合,在特定的条件下制造金刚石烧结体的方法专利。法院基于被告产品的特殊形态和被告产品生产商的专利申请的内容,认为被告产品在专利的技术特征上,并未使用将金刚石粉末与溶解金刚石的金属粉末进行混合的工程。而且关于第104条中的推定做了如下判示(判示第一段的"这种情况"是指,由被告产品的形态推定采用了不同的生产方法,以及被告产品的生产商提出了记载适合于工业生产的方法的专利申请)。

〈判决要旨〉

"这种情况下为了推翻该条中的推定,被告应该进行主张和举证的金刚石烧结体的生产方法,只要是达到与涉案专利发明进行对比所需的程度即可,即使是对此进一步细分会分成多个不同的方法,也不是说就一定要将这些全部阐明。而且,从上述涉案发明的技术特征来看,为了和涉案专利发明进行对比,可以认为只需在以上认定的程度上对金刚石烧结体的生产方法予以特定就足够了。既然在对比所需的必要程度上予以特定的方法未落入涉案发明的技术范围,那么该条中的推定应该当然被推翻。"

〈评论〉

本案中的方法专利也比较简单,而且从被告产品的形态上也比较容易判明其不属于侵权产品。当被告方法被特定后,只需达到能够认定未落入发明的技术范围的程度,第 104 条中的推定就能够被推翻,这种一般论可以说是合理的。但是,在很多案件中,若不对被告方法进一步详细地公开和证明,恐怕公开的方法实际上得到了实施的心证无从获得。

四、迟延的攻击防御方法

以拖延诉讼进程为目的进行的主张举证,是不被认可的(民诉法第 157 条第 1 款)。旨在促进诉讼程序顺利进行的新民诉法下,对于是否属于延迟的判断更加重视(东京地方法院平成 12 年 3 月 27 日判决·判时 1711 号 137 页[曲尼司特制剂 IV])。旧民诉法下的案件,比如东京地方法院平成 4 年 9 月 25 日判决·判夕 798 号 251 页[患者的运动辅助装置]中,对于在调解之后追加的基于不正当竞争防止法提出的请求,法院以拖延诉讼程序为由予以驳回。最近的案件,比如大阪地方法院平成 12 年 5 月 23 日判决·特许消息 10394 号、10395 号[魔术铰链]中,法院指出在反诉提起后经过了 4 年才初次提出的主张属于显著的迟延。大阪地方法院平成 14 年 1 月 29 日判决·特许消息 10819 号[用于热封塑料薄膜层的装置]中,法院认为,为了援用消灭时效而提出的再次审理的申请,属于迟延的防御方法,因而未予认可。东京高等法院平成 14 年 10 月 31 日判决·判时 1823 号 109 页[曲尼司特制剂 V]中,法院认为,在判明已提出的证据中含有非真实的证据之后,新证据的提出属于迟延的情形,因而未予认可。东京高等法院平成 14 年 9 月 30 日判决·平成 14(ネ)1053

[PC钢绞线两端固定构造]中，法院认为，在一审及二审的第1次口头辩论终结前都未提出间接侵权主张的当事人，在第2次口头辩论时主张间接侵权属于迟延的攻击方法。东京高等法院平成17年1月25日判决·平成16（ネ）1563［装有镜片的膜机组］中，法院认为在此前的程序中一直未主张的"权利用尽原则"，在预定审理终结日的4天前突然提出，这种情况属于迟延的攻击防御方法。

另一方面，大阪地方法院平成16年3月4日判决·平成14（ワ）9549［配件商品检验装置］中，法院认为，在第6次口头辩论中提出的公知技术的证据，由于该证据相当难以发现，因此认定不属于迟延的情形。判例46中，法院认为，关于二审中追加的公知技术的证据，由于其在调查搜索上需要耗费与此相应的时间，因此予以了认可。

五、实务指南

（1）如本文所述，1999年以后被原则化的文书提出义务的运用，很大程度上依赖于对"正当理由"的解释。但是，若判例53那样的想法适用于有关侵权行为的文书，也有可能被要求像美国的证据开示程序那样进行广泛范围的文书提出。与大致已认定了存在侵权行为的有关计算损害赔偿的文书提出不同，对于尚不清楚是否存在侵权行为的情况下的商业秘密的保护，法院想必也要进行一定的考虑，因此简单地要求在广泛范围内进行文书提出恐怕还是难以想象的。但是，由于通过2004年的法律修改，申请方也能够在遵守秘密保持命令的前提下对文书进行分析了。因此，为了判断是否存在正当理由，向法院请求文书提示的情况应该会经常出现。

另外，根据判例52以及1999年修改后的专利法的想法，被告对于查清事实方面的合作也是相当必要的。

作为有可能成为被告的企业，重新看待这些文书提出或文书管理（制作和整理明确客观的文书），恐怕是今后需要做的事情。在被告过去的行为被原告主张适用第104条中的推定时，关于被告方法的证明以及先使用权的证明等，这方面整理好的文书将具有重大价值。

此外，1999年修改的专利法第104条之2要求被告阐明自己行为的内容，这是值得关注的规定，但原告方在多大程度上对被告的行为进行了具体主张的情况下，被告必须积极予以开示，以及必要的开示程度等，对此都还有待判例给出方向。

（2）对于化合物以外的产品的制造方法援用第 104 条的推定规定时，有可能导致以下情况出现，即需要对于由制造方法将对象物予以特定的发明的技术特征以及被告产品是具有新颖性的专利发明的对象物进行证明，在此前提下，还必须几乎对被告方法的所有部分进行主张和举证。这么一来，主张第 104 条的意义就不大了。因此，在申请有关制造方法的发明时，若该发明将来有可能需要适用第 104 条，那么在权利要求的构成的写法上，就应该朝着容易主张第 104 条的方向去斟酌。虽然还未找到合适的判例，但以下例子可以参考，比如，关于"由工程 A、工程 B、工程 C 构成的产品 X 的制造方法"这种权利要求，"产品 X"的部分就不记载一般的名称，而是记载仅以该部分就能认可产品的新颖性的内容。

第三章　被告方的防御手段

第一节　先　使　用　权

一、概说

专利权作为排他权，专利权人以外的任何人无论过失与否，如果有实施专利发明的行为，都必须服从专利权人的差止请求。如此一来，要想使发明者自身或允许他人安心使用专利发明，他们就面临事先申请或放弃使用专利发明的两种选择。在这样的制度下，无谓申请增多的同时，也阻碍了发明实用化的进展。因此，基于非专利权人的其他发明者或者通过此人得知发明而使用发明的情况不视为侵犯专利权的宗旨，专利法设置了第 79 条（本条同《实用新型法》第 26 条、《外观设计法》第 29 条的立法宗旨相通），即先使用权制度。但若在专利发明被申请后，无论侵权者主观上的故意、过失，仍对此类例外永久认可，专利权作为排他权的宗旨将被抹杀。因此，专利法要求此类人在专利申请日前已经制造相同产品、使用相同方法或者已经作好制造、使用的必要准备。

二、专利申请时

要构成先使用权，必须满足专利申请时已经作好使用发明的必要准备。

专利申请涉及巴黎公约优先权时，以向其他同盟国提出申请的最初申请日即主张优先权的日期为基准（巴黎公约第 4 条 B）。申请被分割时，以原申请时间为基准（第 44 条第 2 款主文）。基于侵权诉讼中主张先使用权效力的争论是不被允许的宗旨，存在以向日本实际申请日为基准的先使用权抗辩不被承认的判决。这其实是在旧法下，特别是涉及战后问题处理相关的日德间协定的特殊案例（东京地方法院昭和 43 年 7 月 24 日判决·判夕 229 号 231 页［硬材料磨削设备〕)。相反地,涉及申请分割的专利权,考虑到申请分割的适法性,在相关领域中分割的新申请所涉及的主要技术事项要获得正确的理解,并按照原申请时的说明书以及图纸可简便操作是无法被认可的。因此,基于各分割申请不能被认定为原申请提出之日的申请,也有将分割申请的实际申请日作为基准而判决先使用权成立的案例(东京高等法院平成4年3月30日判决·判例工业所有权法〔2期版〕2269之2页〔整地起垄机〕)。

需要补充的是,第79条在平成5年被修正。同时,与之相关的旧法第40条,即如果在专利权登记后申请公告决定的副本送达前的补正属于变更要旨的补正时,专利申请的时点被认定为是修正手续的提出之日,这一规定也被删除。旧法第79条中有补充注释"专利申请的时间(根据第40条的规定,所谓专利申请之日被认定为修正手续的提出之日,是指原专利申请之日或手续修正书提出之日)"。需要注意的是,新法实施后被登记的专利权,如在平成6年1月1日为止在专利厅进行审理的仍适用旧法第40条和第79条(附则第2条第1款、第2款)。在侵权诉讼中,补正被判定超出最初申请时的专利说明书所记载事项的范围,因违反旧法第41条而更改要旨时,变更后实施形式的使用者,若在手续修正书提出时而非原专利申请提出时从事相关事业,可取得先使用权(名古屋地方法院平成3年7月31日判决·判时1423号116页〔薄状租球机〕)。

三、事业的准备

依据专利法第79条的规定,如果先使用权被承认,必须在专利申请时,实际上在日本国内从事以及准备从事发明实施的相关事业。

如果主张先使用权的人在专利申请前制造、销售的产品并非专利发明的实施品,先使用权理所当然不能成立(大阪地方法院昭和45年11月30日判决·无体集2卷2号612页〔仪器箱的合成树脂盖〕,东京地方法院昭和47年3月31日判决·判夕278号376页〔钢筋混凝土结构的连接装置〕)。

有关实施行为,在多大程度上的实施才可以符合第79条所规定的"事业的准备"也存在问题。关于这一点,最高法院的 判例56 ,对事业的准备做了如下的解释:"所谓事业准备是指虽然现阶段并未达到事业的实施阶段,但其具有即刻实施的意图且该意图可以从程度、样态被客观地认识(即意味着所表明的程度)",不过具体问题仍需具体分析。

就判断标准的一般论而言,完成试验产品或该发明获得特别的投资,即可认定进行了事业的准备。换言之，一旦缺乏这些条件，事业的准备便无法成立。比如，并未投资，仅在采用问题香料成分5年半前，作为先行技术的实验以及新香料研究而做成的研究报告书中将其作为香料之一而被提及，并不能被认为构成事业的准备（东京地方法院平成11年11月4日判决·判夕1019号238页［芳香液体漂白剂组合物］）。即使有投资，但其并非该发明中特有的东西时也不能被认定构成事业的准备。即便为多次修改试验药制造流程，实施了预备试制，开始对溶出实验进行研究，最终确定了试制样本，但是制造是在专利申请之后的案例中，事业准备并未被认可（东京地方法院平成17年2月10日判决·判时1906号144页［医药用颗粒药剂的制造方法］）。其理由是，即使有相当的投资金额，如果被涉及专利发明以外的事业所用，就没有继续实施专利发明的必要。例外的是，没有作出试验产品，没有特殊的投资，仅是构想阶段的产品（B）的事业准备被认可的判决也不是没有的（大阪地方法院平成7年5月30日判决·知裁集27卷2号386页［配线用引出棒］）。但实际上，该案中已存在产品（A），于是将B产品视为已做好事业准备的产品（A）所允许的实施形式变更范围之内的产品，先使用权才得以肯定（详情后述，参照五）。

  基于金属制作的图纸，采购试制材料的同时着手金属模型制作的情况（大阪地方法院平成17年7月28日判决·平成16（ワ）9318［猴扳子］），采购被定制的试验产品的情况（东京地方法院平成3年3月11日判决·判例工业所有权法〔2期版〕6558页［吸汗带］）等都是肯定试验产品的完成构成为事业的准备的相关案例（另外，东京地方法院平成19年3月23日判决·判夕1294号183页［熔化金属供应容器］）。委托承包商生产模型的同时，为了改良技术不断进行的试验也被认定为事业的准备（大阪地方法院平成7年7月11日判决·判例工业所有权法〔2期版〕2041页［锚定的制造方法］。其他的肯定判例还有大阪地方法院平成11年10月7日判决·判例工业所有权法〔2期版〕2037之61页［镊子］）。相反，与试验产品完成与否无关被认定为不构成事业准备的判例中，虽然事实上制造了一台价值2万5千日元的侵害产品另提供了一台试验产品，但并不被认定为真正意义上的制造和销售（东京地方法院昭和48年5月28日判决·判例专利实用新型法472页［粉碎机］）。这并不意味着即使试验产品的制作和销售产生了实际效益也无法认定为事业的"准备"，而是说试验产品制作和销售后无法立刻变成事业，也就无法认定为"事业"的准备。例如，在其他判例中，制作某种利用专利方法的设备，在最初的试验阶段到完全的实用化是需要很长时间的，如果过了很多年以后说当初试验就是进行了事业的准备，这是无法被法院认可的（福冈地方法院久留米派出法庭平成5年7月16日判决·判例工业所有权法〔2期版〕2293之99之2页〔圆筒型灯笼袋制造设备〕，福冈高等法院平成8年4月25日判决·判例工业所有权法〔2期版〕2293之290页〔圆筒型灯笼袋制造设备控诉审〕也维持了以上判决）。虽然在展览会上予以展示，但是由于抄纸机的调试或开发原因无法在专利申请前批量生产，而被法院否定的判例我们也应该对其有同样的理解（东京地方法院平成19年10月31日判决·平成16（ワ）22343〔扬声器振动板的制造方法〕）。

作为特殊投资而被肯定的案例，如为新药的临床开发而提出相关治疗计划书并运转设备的案例中（东京地方法院平成18年3月22日判决·判时1987号85页〔生理活性蛋白质制造方法〕），将Tetrapod用的模型制造图纸交给承包者，承包者作成现场用的图纸，为了既存设备的使用而制作采购必要的工具直至所有制造设备的准备齐全，也被认定为事业的准备（东京地方法院昭和39年5月30日判决·判夕162号167页〔Tetrapod用模型制造图纸〕，另外，千叶地方法院平成4年12刋14日判决·知裁集24卷3号894页〔建筑用木板连接工具〕，也做出了基本相同的判断）。购入作为计划实施品——糖果连续制造装置特有的设备之一的高压炉的同时，与其他公司缔结装置供给合同，最终成型设备委托其他制钢所，即使最终的设计图纸也是同一制钢所完成，也被认定进行了设计的准备（大阪地方法院昭和52年3月1日判决·无体集9卷1号222页〔糖果制造装置〕）。因设计图本身就需要相应的投资，并非个别订购品的大量生产而是以个别工业加热炉的订单为契机开始生产，如果可以提供对方的订货单等，即使最终并没有接受订货，也可以认定先使用权成立（判例56）。相反，即使同样没有接受订货的情况，仅仅粗略完成了构造图的设计，并没有按照客户的需求完成式样或设计，自然不可以被认定为事业的准备（东京地方法院平成14年6月24日判决·判时1798号147页〔辊压延机的结构及使用方法Ⅱ〕）。可以理解是为避免值得保护的特殊投资不要走向末路。

特殊的投资，不仅仅指图纸、产品或者制造设备等，为事业相关合同的交涉而进行的相应投资也包含在内（话虽如此，另外，如后所述，发明的完成是必须的）。判例中，关于建设费用总额达到200亿日元的大型设备，虽然还没有具体的设备，但为了建设，设立了合并公司，并进行可能性核算调查，为了基本设计、建设预算而委托关联企业管理（对价为 1 亿 1000 万日元），缔结建设必要实施合同等，也被认定为是事业的准备（另外，基本的设计完成而被认定的案例有东京地方法院平成 12 年 4 月 27 日判决·判时 1723 号 117 页［芳香族碳酸酯的连续制造法］，东京高等法院平成 13 年 3 月 22 日判决·判例工业所有权法〔2 期版〕2037 之 82 页［芳香族碳酸酯的连续制造法控诉审］）。这种情况下，相应的特殊投资非常重要，重新评估几乎不可能，计划或者交涉紧张并非必要条件（上述东京高等法院［芳香族碳酸酯的连续制造法控诉审］）。判例 56 可以充分客观认识到其即时实施的意图，因此股东会对于设备建设相关的合同缔结的决议并不是必须的（上述东京地方法院［芳香族碳酸酯的连续制造法］，上述东京高等法院［芳香族碳酸酯的连续制造法控诉审］）。

从前的判例，对于特殊投资的情况基本上都持肯定态度。但近来，判例 56 中"拥有即时实施意图"的语言受到重视，需要事业内容确定的抽象论被展开，与被疑侵害者到优先日为止 KK－1、KK－2、KK－3 三种类型的模型制造无关。因为三种模型无法在实质上被认定为具有同一性，被疑侵害者产品内容的一致性无法认定，基于无法明确事业内容的理由，否定了先使用权的判例出现（东京地方法院平成 21 年 8 月 27 日判决·平成 19（ワ）3494［经口投与用吸着剂Ⅰ］）。但是，即使三个模型当中有不属于专利发明技术范围的存在，截止优先日所做的特殊投资有专利发明实施以外的用途，基于这个可能性而否定了事业的准备，但这一点本身就存在疑问。当然，事业的准备，并不需要先试用者自身直接制造。"先使用权者，向其他有设备的人订购，仅为自身制造后再贩卖也包括其中"（旧外观设计法第 9 条，判例 57）。具体来说，仅在美国国内贩卖，日本国内仅委托他人制造，但该公司专门为自己制造交付实施品的情况下，也认为是进行了事业的准备而肯定其的先使用权（判例 57）。另外，关联公司的社长同时掌握其他公司的经营权，如果制造贩卖同族关联公司的实施品，其他同族管理公司也拥有该水槽的制造、销售先使用权（浦和地方法院昭和 60 年 12 月 19 日判时 1191 号 125 页［观赏鱼用水槽］）。

实际判例中，并非实体法的问题，而是专利申请前事业的证明问题。偶然将未发货的产品标明制造号码放在仓库保管，因为可以证明其制造年月以及组成，所以肯定了先使用权的成立（东京地方法院平成 5 年 5 月 28 日判决·判例工业所有权法〔2 期版〕2037 之 9 页［石英玻璃坩埚］）。顺便说一句，判例中作为单靠侵害主张方相关者的证言就肯定先使用权的例外，仅因为残留了一张开给交易方写有商品名称的发票，而欠缺显示其构造的证据，考虑到交易方雇员的证言和商品特定的构造，从而肯定了先使用权。但是，本案中，在申请前就有杂志显示有其他第三方公然实施了该商品，因此需要留意本计划中"存在无效的可能性极高"。

四、发明的完成

即使尚未达到做出具体产品的阶段也被认定是事业的准备，但为了成立专利法第 79 条规定的先使用权，必须以发明的完成为要件。

没有完成具体的配线图而只到大设计图的作业阶段，则无法认定为先使用权成立（东京地方法院昭和 39 年 5 月 26 日判决・判夕 162 号 164 页［八毫米摄影机］，判例要旨认为不是事业准备）。关于设计处于反复试行过程中的阶段，以及需要调查美国的施工方法、进行工具的制作及实验的阶段，由于其仍处于构想领域，而非确定了发明要素的完成品，因此认定先使用权不成立（名古屋地方法院平成元年 12 月 22 日判决・判例工业所有权法〔2 期版〕2371 页［炉］）。

为完成发明虽没有最终完成制作图纸，但根据显示具体构成的设计图，只要具有该领域基本知识的人都可以根据这些设计图作成最终的制作图纸，从而制造出完成品的可能性存在就足够（判例56，大阪地方法院平成 17 年 7 月 28 日判决・平成 16（ワ）9318［猴扳子］）。如果发明可以实际实施，构成课题解决手段的外部因果关系能否被学理理解并无必要（大阪地方法院昭和 41 年 2 月 14 日判决・判时 456 号 56 页［熔融铝熔融］）。此外，并无必要明确是谁完成了与先使用权相关的发明，与专利权者无关的发明被先使用者知道就足够（神户地方法院平成 9 年 11 月 19 日判决・判例工业所有权法〔2 期版〕2269 之 28 页［轮式起重机打桩方法］）。

实际案件中，被告方完成的发明由于并不属于原告专利权者的发明专利的技术范围，原告主张先使用权不成立。当然，与先使用相关的物件，与被告使用的侵权物件之间在技术上并无差异的情况下，根据原告的主张，侵权物件不构成侵害，这与原告侵害诉讼的主张本身就是矛盾的，被告实施形式变更的情况下先使用权并不成立，侵权物件就构成了侵害。判决中，持这种主张的原告，根据自身技术说明书上的记载主张不属于技术范围，按照禁反言的原则是不被许可的（东京地方法院平成 13 年 9 月 6 日判决・平成 12（ワ）6125［自动卷线处理装置］）。

五、发明以及事业的范围

根据专利法第 79 条，先使用权人是在专利申请日前，已经制造相同产品、使用相同方法或者已经作好制造、使用的必要准备。

（一）发明的范围

专利申请时继续先前的使用形式，则当然不构成专利侵害，但如果使用形式发生变化的情况也援引先使用权概念要求免责，则可能会出现问题。在下级审判中，出现了肯定先使用权和否定先使用权的两种判决（东京地方法院昭和 49 年 4 月 8 日判决・无体集 6 卷 1 号 83 页［合成纤维的热处理装置］采用的是否定说，而东京高等法院昭和 50 年 5 月 27 日判决・无体集 7 卷 1 号 128 页［合成纤维的热处理装置控诉审］则采用肯定说，但后者的判决中因设计发明出现变化而否定先使用权）。

最高法院的判决 判例 56 所确立的标准如下：专利申请时进行事业准备的产品与专利权人的专利范围一致时，先使用权的效力覆盖专利发明的整体；如果实体化的产品只是专利范围的一部分，先使用权的效力当然也仅限于专利发明的一部分。

可是，与基于先使用权相关的发明（A）和专利发明（P）之间的关系而区分先使用权宽窄的标准不同，抽象论中与先使用权相关的发明（A）在"保证同一性的范围内"变更使用形式，在之后的判例中变成了焦点。

如先使用权的肯定判例中，配线用的引出棒中与先使用权相关的 A 产品仅限于荧光标记部分，是否构成侵害的产品是安装了照明灯泡的 B 产品，A 和 B 属于同一技术思想范畴，故肯定了先使用权的成立（大阪地方法院平成 7 年 5 月 30 日判决・知裁集 27 卷 2 号 386 页［配线用引出棒］）。也有无明显的不同而认为实体化的发明没有缺乏同一性的判例（东京高等法院平成 14 年 3 月 27 日判决・判时 1799 号 148 页［热交换器用管道控诉审］，大阪地方法院平成 17 年 7 月 28 日判决・平成 16（ワ）9318［猴扳子］，东京地方法院平成 19 年 3 月 23 日判决・判夕 1294 号 183 页［熔融金属供给用容器］）。

尽管如此，以上均为肯定先使用权的判例，但并不是缩小先使用权成立范围而做出的判决，而是基于与先使用权相关的实现形式和专利间的关系，而对能否变更使用形式进行判断而做出的判决。

例如，作为先使用权的肯定判例，被告使用的物件与和先使用权相关的物件的不同点，在于其安装在与原告发明构成要件无关的装置上，从技术思想上来说，并未失去同一性（大阪地方法院平成11年10月7日判决·判例工业所有权法〔2期版〕2037之61页〔镊子〕）。发明构成要件中并未对工具做出限定，即使工具变更也属于同一技术思想的范畴（大阪地方法院平成7年7月11日判决·判例工业所有权法〔2期版〕2041页〔锚固件的制造方法〕）。这些判决，着眼于专利视野而对先使用权的范围进行了划分。先使用权的否定判例中，被告使用的设备和现在使用的系统，是人力录入还是自动录入等，对减轻职员的工作负担、促进登录工作的效率化以及预防登录错误的出现等作用效果方面来说，具有显著的区别，法院基于这个理由而做出否定同一性判决（大阪地方法院平成14年4月25日判决·平成11（ワ）5104〔实装基板检查位置生成装置及方法〕）。

如此一来，抽象论是在与先使用权相关的发明和专利发明的构成间的比较基础上，判断能否变更，而与先使用权相关的发明的表现形式是实体的，另外将专利发明的请求范围用抽象的构成要件来记载本身就存在问题。例如，作为先使用权的否定判例，基于最高法院的具体判断标准，阐述了与先使用相关的A产品的实体化发明（A）和权利人登记相关的发明（P）之间的同一性有无的判断。即使在具体的操作中，A只不过是包含在P中的一种方式，Bandoso（A）只是P的一个下位概念（B的切削工具也包含在内），考虑A和B是否具有同一性或者均等性，B作为A的改良物件既然两者存在不同，那么先使用权当然也无法成立（松山地方法院平成8年11月19日判决·判时1608号139页〔马桶盖〕）。这或许是最高法院抽象论实体化的忠实体现，具体作业的关键问题是，将A产品中实体化的发明采用方法过于狭隘的限定在A产品的具体特征上。像判旨所表现的那样，不管什么使用形式A也是P的一部分。本案，与实用新型权者之间签订保密协议的人，制造装置的购买者因为援引保密协议人先使用权，不管哪一个都属于知得问题，或者基于保密协议应该否定先使用权。

（二）关于先使用权的范围

也有正如从贩卖到制造那样，事态产生变化的观点。当先使用权相关的事业是"制造贩卖"时，"为制造贩卖或者贩卖的目的而进行展示的范围内"（上述大阪地方法院〔配线用引出棒〕），"加工贩卖"（广岛地方法院福山派出法庭平成7年1月18日判决·判例工业所有权法〔2期版〕2037之20页

[编手套]），"进口贩卖"（东京地方法院平成 12 年 1 月 28 日判决・平成 6 （ワ）14241 ［三角弯曲缝合针］），在与先使用权相关的事业范围内肯定先使用权的成立，是判例的趋势（可参照 判例57 的评论）。

判例56 最高法院昭和 61 年 10 月 3 日判决・民集 40 卷 6 号第 1068 页 [步进梁式加热炉]

【工业用加热炉等预算书等均已做成虽然并未实际订货，但判决先使用权成立】

〈案件事实〉

X 公司，按照甲制铁所加热炉买卖的要求，进行了电动步进梁式加热炉（A 产品）的预算设计工作，Y 的专利发明的优先权主张日要比昭和 43 年 11 月 26 日早，大约昭和 41 年 8 月 31 日左右，提出 A 产品相关的预算书和设计图。虽然没有接受来自甲方的订货，X 在收到订货的情况下，充分讨论细节部分完成了设计图的最终稿，并预定建造加热炉，订货相关的各个装置部分则将预算书委托给承包商。X 整理保存了整套的预算书等，并在以后的每年参加来自制铁所关于电动步进梁式加热炉的投标。昭和 45 年以后也都有电动式的成功订货，自昭和 46 年向乙制铁所交付订单以来，现在一直在制造销售电动步进梁式加热炉。A 产品和疑似侵权产品，不管哪一个都属于本案专利发明的技术范围，基本构造具有同一性，但在步进梁式加热炉驱动偏心轮和偏心轴的安装构造等四个方面存在区别。

〈判决要旨〉

（一）先使用者是否完成了准备中的发明

"如果为完成发明的技术手段能够满足该技术领域具备一般相关知识的人达到反复使用的效果，即能够符合具体、客观的构成要件即可"（引用关于发明完成的最高法院昭和 52 年 10 月 13 日判决・民集 31 卷 6 号 805 页 [药物产品]）。"最终的制作图纸是否完成并非必要条件，该物件的具体构成已经可以通过设计图等显示，而且该技术领域具有一般相关知识的人，基于此设计图就可以将最终的制作图纸完成并有可能制作实物，那就认为发明已经完成。"

（二）是否属于事业的准备

"本法第 79 条关于发明的实施中所谓的事业的准备是指，虽然还未到事业的实施阶段，但是已经有了即时实施的意图，并且即时实施的意图可以通过样态、程度等客观地表现出来。"

"电动步进梁式加热炉从接受订购到接受订单直至交货需要相当长的期间，并且并非是大批量生产而是从个别的订货为契机……考虑到工业加热炉的特殊性，X 公司应该就 A 产品的发明具有即时实施的意图，并且，这个即时实施的意图可以通过对甲制铁预算书的提出等行为客观认识。因此，X 公司对本件发明专利主张优先权的主张日，应该以对 A 产品实施的事业准备之日起算。"

（三）实施形式的变更

"先使用权的效力不仅及于专利申请之时或优先权主张日时先使用权者已经实施或者准备实施的形式，而且包括在不丧失发明同一性的范围内变更后的实施形式……因此，当实施形式只是发明的一部分时，先使用权的效力当然也是该使用权的一部分。但当被告发明的范围和专利发明的范围一致时，先使用权的效力及于该发明的全范围。"

〈评论〉

本案肯定了在大型的设备中把向对方提出预算书等行为也认定"事业的准备"，从而肯定了先使用权的成立。即使实施形式发现了变更，专利申请时先使用权者准备实施的范围如果在发明的范围内，也不侵犯专利权。

因为没有接受订货，所以并没有具体的产品的阶段，但却认可先使用权成立，是本案的一大特色。但是，本案的疑问在于，加热炉作为被订购且具有相当价值的产品，预算书等作成本身就需要一定的费用。如此看来，基于第 79 条保护资本投入这点，可以断定它的价值可以和价格低廉但被大批量生产的完成品相匹敌（参照中山信弘：《评释》，载《法学协会杂志》105 卷第 8 号〔1988 年〕1147 页）。判旨中也直接表明是充分考虑加热炉这一特殊产品。

关于实施形式变更的论点，实施形式和实体化的发明间"同一性未丧失的范围内"，可以理解为学说中先使用相关实施形式间均等置换的可能范围内（上述松山地方法院［马桶盖］）。但是，先使用权的成立范围，和先后申请关系相同，应该将其同后申请的发明间的关系确定下来，最高法院也有同样的立场。即上述明确具体使用基准的判决后半部分中，涉及先使用权的实物化的发明的实现形式（eg. 离子牙刷）和发明专利 A（eg. 离子牙刷）一致的情况下，在发明范围内实施形式自由的变更，只要没有超出均等置换的可能范围都被认为是对发明的利用。即使像判例（eg. 装卸自如的离子牙刷）也没有关系（这种情况中，利用发明者如果可以在别的方面成立专利，也不能说实施形式的变更是违法的），此外，涉及先使用权的实物化发明（eg. 让与盐酸产生反应……）只是发明专利（eg. 让与酸产生反应……）中的一部分的，实施形式的变更允许的范围仅限于这一部分，可能是对判旨的一种表面的理解。

在学说中，添加技术说明书中没有记载的要素时（例如，本书介绍的上述大阪地方法院［镊子］和上述大阪地方法院［锚固件的制造方法］等），大范围的变更实施形式也可能被认可。此外，也有人主张判例中记载能够变更实施形式的情况（例如，本书介绍的上述大阪地方法院［配线用引出棒］）的判例中，要使先使用权能够成立，根据申请时从业者的技术水平来讲是可以替代的(吉田广志：《关于先使用权范围的考察》，载《专利》56卷6号［2003年］第65~72页）。

六、可以利用先使用权的范围

《专利法》第79条的先使用权通常作为资格来规定，条文上，除了继承等情况，作为进行中的事业或者得到专利权人认可的情况下可以转让。(《专利法》第94条第1款)

与有问题的施工技术机器设备一起将一般实施权作为现物出资的，与实施的事业一起进行了转让（神户地方法院平成9年11月19日判决·判例工业所有权法（2期版）2269之28页［轮式起重机打桩方法］。作为其他判例来说，判例70）。另外，作为先使用权人来说，被宣布破产中止营业后，破产管财人认可破产公司将先使用权与之前的事业一起进行转让。（名古屋地方法院平成3年7月31日判决·判时1423号116页［薄形玉贷机］）。另外，即使作为先使用权人，若没有进行专利登记，严格来说，不能算作拥有通常的实施权，但是有判决认为可以将将来的实施权人的地位和实施的事业一起转让给第三人。在此情况下，即使没有通常实施权转让的对抗要件之登录，根据右边地位的转让，可以对抗之后登记外观设计权的人（札幌高等法院昭和42年12月26日判决·下民集18卷1112号1187页［建造混凝土砌块设计］）。

此外，到被专利权人提起诉讼请求为止，有不少情况是不知道自己拥有先使用权。在实施的事业转移的时候（限于没有反对的特别约定），关于先使用的通常实施权也当然转让，在这点上不需要当事人的合意。根据以前的案例，这一点得到认证（上述札幌高等法院［建造混凝土砌块设计］，上述神户地方法院［轮式起重机打桩方法］，大阪高等法院平成12年11月29日判决·判例工业所有权法〔2 期版〕2269 之 67 之 3 页〔轮式起重机打桩方法控诉审〕）。

但是，需要注意的是，即使没有受让先使用权的转让，先使用权人以外的第三方在某些情况下也可以援引先使用权。即（1）作为制造·销售先使用权人的被委托方进行生产制造的，或者（2）作为制造·销售先使用权人销售产品的购入方，可以援引先使用权。

具体来说，关于（1），即使是先使用权人以外的第三人实施，这是根据先使用权人的要求，为了先使用权人（机械的关系），进行的制造和销售，属于先使用权行使的范围，不属于权利的侵害（关于旧外观设计法第 9 条，请参照 判例57）。

另外，针对（2）来说，购买先使用权人制造、销售的产品，即使使用或者转让，也不属于侵害专利权的行为。在这种情况下，购买人与先使用权人即使没有特别的（机械的）关系，也可以援引先使用权的概念。如果不是这样，发现先使用权人制造产品的购买人将很困难，将失去认可先使用权的意义。

在此基础上，对从先使用权人处购买设备并对房屋施工的人认可其先使用权的抗辩的判决，有千叶地方法院平成 4 年 12 月 14 日判决·知裁集 24 卷 3 号 894 页〔建筑用板材用设备〕可以参考（东京高等法院平成 7 年 2 月 22 日判决·知裁集 27 卷 1 号 23 页〔建筑用板材用设备控诉审〕也维持这个判决，同样，东京地方法院平成 19 年 7 月 26 日判决·平成 17（ワ）10223〔等离子蚀刻设备的结束点检测装置〕），同样，使用、租赁或者为了租赁而展示先使用权人制造的模具，判定实用新型权人对此没有终止权限的判决也有（上述东京地方法院〔四足动物的生产模板〕）。

判例57 最高法院昭和 44 年 10 月 17 日判决·民集 23 卷 10 号第 1777 页〔地球仪形状收音机〕

【作为拥有先使用权人的机构来说，为了先使用权人进行制造、销售、出口行为的，属于先使用权人行先使用权的范围】

〈案件事实〉

美国法人 A 公司构想了地球仪形状收音机的销售计划，并向 X1 公司的社长 X2 要求对该收音机的制造提供协助，X1 公司根据 A 公司的基本构想制作了模具和模版，并在得到 A 认可的情况下开始正式生产，产品提供给 A 公司，A 公司在美国国内进行销售。A 公司和 X1 公司约定了收音机的专利等权利全部归属于 A 公司，但是 X2 将该模版申请了专利登记，并向 X1 公司转让了一半的权利。此后，A 公司和 X1 公司之间发生了争议，双方停止了交易，A 公司将该收音机的制造委托给了 Y1、Y2，Y1、Y2 根据和 A 公司之间的合同，依合同进行了制造和交货。

〈判决要旨〉

对于 A 来说，首先根据旧外观设计法第 9 条的规定，其拥有先使用权，Y 等公司的行为属于 A 公司行使先使用权的范围之内，驳下其请求。

①关于"善意"，A 认为（上述外观设计权归属自己，并不知道有其他权利人）可以认为其是善意的。

②关于"为了其外观设计从事的事业"。可以理解为，主张先使用权的人"并不仅仅是自己直接制造贩卖上述外观设计相关的设备。而且，可以委托他人为了自己的利益实施该等行为"。因此，A 公司属于实施了该等外观设计相关行为的人。

③关于 Y 等公司的行为，该等公司完全是按照 A 公司要求，为了 A 公司的利益，制造、销售、出口该等收音机，他们行为属于"A 公司行使先使用权的范围之内"。

〈评论〉

关于①参考后述的七。

关于②，对于登录前所有销售标的商品的对象来说，若认可其销售行为属于先使用权的主张，那么在标的商品是可以流转的情况下，可能会导致所有的流通环节的从业者也拥有先使用权，与上述判决要旨③（可以委托第三方制造，并只向自己供货）结合，会对专利权人造成很大的打击。

考虑到销售和制造环节中投入资本的差异是很大的，所以不考虑（事业）到底是如何解释，对于单纯销售方允许其主张制造的先使用权是无法理解的。因此，在登录前已经开始使用标的产品的人是否可以继续使用，无论如何，可以留意一下援引专利法第 69 条第 2 款第 2 项的内容。

在本案件中，美国法人 A 公司只是在美国国内进行了销售，在日本国内只是让 X1 进行了制造。从判决结果来看，认为 X1 是为了 A 公司制造标的商品，也只提供给 A 公司销售，抓住这一点认可了 A 公司的先使用权，可以看出是考虑把范围缩小到一定程度。从其行为的整体性来说，并不是 X1 而是 A 公司是制造和销售的主体（中山信弘：《评释》，载《法学协会杂志》87 卷第 11－12 号（1970 年）1091 页~1092 页）。假如 X1 不只是为了 A 公司制造标的商品，而是面向很多客户，那么可以认为 X1 有可能是先使用权人（当然，在此案件中，X1 登录外观设计权是否就可以认为其有外观设计权是值得讨论的事情，暂时把这个讨论放在一边），A 公司并不是先使用权人，只能说 A 公司是接受了先使用权人 X1 提供的标的商品，在此范围内可以有限地援引先使用权（③的论点），若向其他第三方委托制造标的商品，则其制造行为会构成侵权。

关于③，一旦对于实施品的生产、销售取得了先使用权，就能够委托任何第三人生产该实施品，那么法的趣旨——将先使用权人限定在专利申请前已经开始实施事业或者开始准备工作的人的趣旨——将被抹杀。但是，既然允许委托公司内部的生产部门进行生产，那么可以认为也允许委托给作为独立法人的生产部门，甚至也允许委托给承包方。本判决解释先使用权的范围时，抓住的是 Y 等仅为了 A 生产实施品，认为具有与先使用权人 A 的"机构上的关系"。从中可以窥见如下趣旨，即将认可的范围限定于能够援用先使用权进行生产的人。

另外，对于不是从先使用权人处接受生产的委托，而是购买了先使用权人生产销售的产品，并进行使用或销售的人，则无需该限定。关于这一点，参照千叶地方法院平成 4 年 12 月 14 日判决・知裁集 24 卷 3 号 894 页［建筑用板材的连接部件］。

七、是否限于二重发明

《专利法》第 79 条规定，先使用权的成立，要求"在不知晓专利申请发明内容的情况下独立完成了发明，或者在不知晓专利申请发明内容的情况下从上述独立发明人处获知发明"，在此前提下进行先使用。这是对于旧法下仅仅规定的"善意"进行的补充修改而形成的内容。

从条文的语句来看，需要有一个不同于专利权人的其他独立完成发明的人，在此前提下，能够成为先使用权人的人，要么是该独立的发明人自己，要么是从该独立发明人处获知独立发明的内容的人，且两者都不知晓专利发明的内容。判例中属于前一情形的较多。后一情形的案例，比如在获得独立方案产品的样品和商品介绍册后开始事业的人（东京地方法院平成元年 9 月 27 日判决・判例工业所有权法〔2 期版〕2037 页［茄形金属环〕）；以及从独立方案人处接到产品订单并进行加工，对完成品进行生产销售的人（大阪地方法院平成 5 年 7 月 22 日判决・判例工业所有权法〔2 期版〕5479 页〔田发芽助长保护垫〕）等。还有判决对于虽然不知道是由谁发明的，但是与专利权人不相关的发明，认定先使用权人知晓的是该发明（神户地方法院平成 9 年 11 月 19 日判决・判例工业所有权法〔2 期版〕2269 之 28 页〔轮式起重机打桩方法〕）。

　　判例中还有关于是否为独立发明的举证进行争论的案例。即先使用人所使用的产品，是在专利权人的本件专利发明的优先权日的 14 个月之前进行生产销售的，专利权人在发明完成后的 14 个月内也未进行申请，在未进行申请的情况下认为对先使用人产品的生产销售者提供了发明的启示，对此难以认同，法院以此为理由，认定了属于独立发明（东京地方法院平成 19 年 7 月 26 日判决・平成 17（ワ）10223〔等离子蚀刻设备上的结束点检测装置〕）。

　　学说中还有主张在更广范围内认可先使用权的观点。虽然没有直接将该问题作为争论焦点的判例，但如以下情形，在获知途径能够追溯至同一起源时，认可先使用权成立的判决也并非不存在。比如，对于专利发明，经由其他人从发明人处获知了发明内容从而进行先使用的人（上述札幌高等法院〔建筑混凝土砌块的外观设计〕），专利权授权给了冒认专利权人的情况下作为真正发明人的使用者（东京地方法院平成 13 年 1 月 30 日判决・平成 11（ワ）9226〔付照片的明信片制造装置〕），或者从真正发明人处获知发明内容并进行先使用的人（上述大阪地方法院〔糖果制造设备〕，另外关于旧外观设计法第 9 条，参照 判例 57）。

八、实务指南

　　关于先使用权需要注意的是，实际实施行为的人以外的人，也能够主张或援用先使用权。

　　第一，专利申请之时，即使先使用权人自己并不直接从事生产，但也能够成为先使用权人。比如，委托他人生产实施品且生产的产品仅转交给自己的情形下的委托人（判例 57）；以及由同一人担任社长的一体化行动的同系列公司的其中之一实施的情况下，处于统领地位的公司等。

　　第二，先使用权人以外的人也能够援用先使用权。比如，作为先使用权人的承包方和机构生产实施品的人（判例 57）；在购入先使用权人销售的实施品后对该实施品进行使用或销售的人（千叶地方法院平成 4 年 12 月 14 日判决・知裁集 24 卷 3 号 894 页〔建筑用板材连接部件〕）。

第三，先使用的举证问题。先使用权的纷争，一般都发生在专利申请日的数年以后，而先使用权人需要对过去的实施行为进行证明。实施品仍保留的情况当然好，但在容易变质的有机化学（生物化学）产品和产品存在无法举证的内容的情况下，将出现举证困难。若是能够预想到将来会出现纷争的情况（比如，由于一直维持着商业秘密因此自己不愿进行专利申请的情况等），可以事先制作公证人和专家（ex. 化学专家）的证明书（ex. 事实实验公证书、确定日期、私人书写内容的证书的认证、鉴定书）（详细内容，参照棚町祥吉：《知识产权的保全与公正制度（1）～（3）》，载《发明》第 89 卷 10～12 号〔1992 年〕，梅本吉彦：《作为知识财产纠纷预防手段的公正制度》，载《特许管理》第 43 卷 11 号〔1993 年〕，第 1463～1464 页）。一般来说，都会提前制作和保存有关技术方面的记录，对此需要注意。

另一方面，在被告成立先使用权的情况下，只要其不是一直秘密地实施，通常原告的专利应该都会含有丧失新颖性的无效理由。该情况下，被告可以主张专利无效的抗辩。但是，即使存在丧失新颖性的无效理由，但在有可能通过订正治愈瑕疵时就不能说专利将被无效了。由于这种情形的存在，恐怕还是应该承认先使用权抗辩的独自意义（也存在通过适用公知技术除外说对权利要求范围进行限定解释的可能性。）

第二节　中　用　权

《专利法》第 80 条规定，在专利无效宣告请求（特许登录令第 3 条第 4 款，第 27 条）宣告前，在不知道专利注册中存在无效理由的情况下已经实施该发明，或准备实施该发明的专利权人，专用实施权人或具有注册效力（第 99 条第 1 款、第 2 款）的通常实施权（相当于中国的独占实施许可）人，当专利被无效后，即使实施该发明，也不侵犯其他同一发明的专利权。上述规定被称为中用权。但是，中用权人必须支付相当程度的金额给在先申请案的专利权人或专用实施权人（第 80 条第 2 款）。根据一般理解来说，中用权是为了保护一种信赖感，即被授予专利权后就可以实施该专利发明，但站在否定专利权的积极效力的角度来看，似乎也不能完全遵循本条款（参照田村善之：《知识产权法》，有斐阁 2003 年第 3 版，第 256 页）。

中用权的成立，要以主张中用权的人在不知道无效理由的情况下至少准备实施发明为必要条件。即使专利局的无效宣告理由与被视作基础条件的无效理由不同，只要是恶意的，中用权就不能成立（判例 58）。

判例 58　名古屋地方法院平成元年 10 月 20 日判决・判时 1354 号第 141 页［一体式连接器］
【以否定不清楚无效理由为由宣判中用权不成立】
〈案件事实〉
在本案原告 X 提出的其他案件的无效宣告中，以本案被告 Y 的专利权与在先申请案的专利权人 X 的专利发明内容相同，至少本领域技术人员容易发明为由，被宣判无效。X 基于该专利权，诉诸法院提出 Y 停止实施该专利发明等要求。Y 主张中用权。
〈判决要旨〉
"Y 在进行或准备进行 Y 发明的一体式连接器的制造销售之时，否认知晓 X 以及 X 的代理人甲已经公开实施与 Y 发明内容相同的本案发明，上述理由难以接受。"
〈评论〉
在本案中，因被告是在事业准备开始之后提出的专利申请，如果说被告在事业准备开始之时，恶意公然实施该发明，那么被告在专利申请时的公然实施肯定也是恶意的。这样一来，被告对于自己的专利发明至少可能包含专利法第 29 条第 1 款第 2 项的丧失新颖性的无效理由也是恶意的。但是，被告专利权的申请是在原告专利申请公开之后，原告的在先申请已经记载于刊物上，所以无新颖性也能成为无效理由。因此，专利局的无效宣告的无效理由在于在先专利发明的存在或至少是创造性的丧失。本判决已经认为，被告恶意公开实施该发明，但未认定在该公开实施发明下生产的产品是否是对原告专利权的存在本身有恶意。结果，虽然本判决的无效理由与专利局的无效宣告中的无效理由不同，但因被告恶意，同样也否决了中用权的成立。

在无效宣告可能存在多种无效理由的情况下，从经济费用方面考虑，专利局只以采集到的确凿证据为理由下达无效宣告是理所应当的。在这种情况下，即使偶尔专利局认定的无效理由与被告恶意的无效理由不同，被告也应该服从对自己专利权的无效宣告，而不是授予专利权后就能放心实施。综上，判决意见正确。

第三节　以试验、研究为目的的实施

一、概说

如果说专利权是一项连确认发明技术内容都被禁止的权利，那么这就违背了专利法的对发明实施奖励后进行公开以促进技术进步的主旨。反过来，因为这些行为是专利权人在市场以外运用的行为，并未用专利的排他性来占领市场，即使在专利权的效力之外，也不会剥夺专利权人利用市场的机会。因此，专利法第 69 条第 1 款规定专利权的效力不涉及以试验或研究为目的的专利发明的实施（实用新型法第 26 条，外观专利法第 36 条的适用）。

本条的"以试验或研究目的"的具体意义值得探讨。只要将第 69 条第 1 款中设立专利法效力的例外情况的主旨向奖励发明的同时促使公开以希望技术进步的专利法的目的方向上引导，同项中所述的"以试验或研究目的的实施"只限于实施专利发明的行为。因为其目的是确认专利发明的内容或专利要件的存废，或丰富技术。

例如，制作类似 E 号物品的制造模型，根据模型试制、研究人偶头，之后使用自行开发的非侵权的制造模型，继而开始制造、销售人偶头。右 E 号类似物品的制造模型的制造、使用是以试验、研究为目的，所以没有侵犯专利权（东京高等法院昭和 59 年 1 月 30 日判决・判例工业所有权法 2213 之 267 页［人偶头］）。另一方面，农药登记申请时委托公共机关进行必要的倾向测试行为，是完全以销售除草剂为目的的行为，与本条中的"试验或研究为目的"不符（该申请在专利权到期后，未讨论是否以农药的制造销售为目的的案例有东京地方法院昭和 62 年 7 月 10 日判决・无体集 19 卷 2 号 231 页［除草剂］）。本案件中的以农药申请登记为目的的倾向测试是为了今后的销售，不是为了确认专利发明的技术内容，也不是为了确认专利要件的存废，更不是为了丰富技术的行为。判决在第 69 条的效力外是正当的。特别是关于申请认定的试验，最近在医药品领域，在专利权到期后以制造销售为目的的实施是否侵犯专利权成为关注点（二）。

二、专利权到期后以制造销售为目的的认定申请试验

后发企业为了在专利权到期后能够立即生产销售已取得专利权的前发企业

的医药品，有时在前发企业专利权尚未到期前，就预先取得厚生劳动大臣的制造或进口认定。为了得到认定，有必要进行药事法所规定的试验，从而，届时免不了实施专利发明（＝获得专利医药品的制造或使用）。随着昭和50年修订后导入的物质专利制度下取得的专利权的期限即将到期，出现了很多的审理案，从结论来看，根据最高法院的 判例59 ，若以专利权到期后的制造销售为目的，进行认定申请的各种试验，适用专利法第69条第1款。

在最高法院 判例59 未下达判决前，下级审裁处判例分为侵犯案例（限于名古屋地方法院和名古屋高等法院的判决）和非侵犯案例，其中非侵犯案例有以下四种类型。

第一种类型，第69条第1款，以没有第68条中所述的"产业化"进行实施的证据为理由，判决未侵犯专利权（参照富山地方法院平成8年1月12日判决·判时1599号136页［运动异常的调节治疗药Ⅰ原决定］。此外，认为专利权到期后，为制造销售实施品的准备行为不符合"产业化"，山形地方法院平成10年3月17日判决·判例工业所有权法〔2期版〕2233之28页［哌啶衍生物Ⅱ]）。但是，以制造等认定申请的试验，是与专利权人进行竞争为目的的，带给权利人的影响并非很小，为取得企业利益为目的的实施，与家庭内发生的行为不同，即使对其进行了规制，但也不能过度拘束行动自由。为进行认定申请的各种试验，必须要满足"产业化"条件。事实上，追随这种想法的判例肯定"产业化"，承认侵犯专利权的代表例有名古屋高金泽支决平成8年3月18日判决·判时1599号134页［运动异常的调节治疗药Ⅰ]）。

第二种类型，与专利权到期后是否以制造销售为目的不同，有的判决着眼于认定申请目的的各种试验的技术性质本身。例如，具备新疗效的含有新成分的医药品等，比以往医药品在某种意义上具备新的改良点，药事法规定，在制造等认定申请中，为明确是否含有副作用等，是否具备真实医药品的疗效，必须附上与临床验证的验证成绩相关的资料。此种情况下，鉴于进行该试验为医药品技术的进步做出了贡献，做出符合第69条第1款的判决（东京地方法院平成10年2月9日判决·判时1632号119页［重组人白细胞干扰素]）。

但是，关于所谓的后发品，还是有该法则难以贯彻的地方。关于后发品，因先发品已经明确了医药品的有效性和安全性，故药事法对于制造后发品所需的制造等认定申请的附件资料要求大为缓和，只不过要求再进行一次试验，证明具备与先发品同等的有效性和安全性。在判例中，后发品的认定申请试验，讨论制剂处方外还需要制剂化，通过取得技术见解，为医疗技术的进步作出贡献，肯定第 69 条第 1 款的妥当性（大阪高等法院平成 10 年 5 月 13 日判决·知裁集 30 卷 2 号 271 页［胍安息香酸诱导体Ⅲ控诉审］。考虑到对于专利权人的利益影响仅仅在于影响其专利权到期后的独占地位，是与下述第三点的理由配合的判决，东京地方法院平成 9 年 7 月 18 日判决·判时 1616 号 34 页［新 4 - 溴甲基喹啉 - 2 - 酮诱导体Ⅰ］，东京地方法院平成 9 年 7 月 18 日判决·判时 947 号 151 页［新 4 - 溴甲基喹啉 - 2 - 酮诱导体Ⅲ］，东京地方法院平成 9 年 10 月 6 日判决·判时 1630 号 127 页［盐酸西曲酸酯］，东京地方法院平成 10 年 3 月 23 日判决·知裁集 30 卷 1 号 75 页［抗高血压剂］，大阪地方法院平成 10 年 4 月 16 日判决·知裁集 30 卷 2 号 213 页［胍安息香酸诱导体Ⅶ］）。但是，后发品以为了取得与先发品同样的数据，就不能说是以技术进步为目的了吧（名古屋地方法院平成 8 年 8 月 28 日判决·判例工业所有权法〔2 期版〕2229 之 65 页［新置换 α - 硝基萘酸Ⅰ］）。

　　与此相对，在认为第 69 条第 1 款妥当的判例中，关于生物学的同等性试验的制度的主旨，为明确是否存在因某种未知的要因或副材料的出处和制造方法不同等原因，导致生物学上不同等的情况，本项是为医药品的有效性和安全性做出贡献而设立的条文（与下述第 3 点的理由配合的判决，东京高等法院平成 10 年 3 月 31 日判决·知裁集 30 卷 1 号 118 页［新 4 - 溴甲基喹啉 - 2 - 酮诱导体Ⅱ控诉审］，东京高等法院平成 10 年 10 月 28 日判决·知裁集 30 卷 4 号 764 页［胍安息香酸诱导体Ⅰ 2 审］）。此外，还有观点指出，因制造先发品的具体技术并未公开，后发制造者为了得到相同的品质，必然需要研究配料处方，努力使之制剂化（东京高等法院平成 10 年 9 月 24 日判决·判例工业所有权法〔2 期版〕1751 之 132 页［新 4 - 溴甲基喹啉 - 2 - 酮诱导体Ⅳ控诉审］，东京高等法院平成 10 年 9 月 24 日判决·判例工业所有权法〔2 期版〕1751 之 146 页［新 4 - 溴甲基喹啉 - 2 - 酮诱导体Ⅴ控诉审］。同样与第三点理由合并，东京高等法院平成 10 年 9 月 24 日判决·判时 1668 号 126 页［置换布丁Ⅰ控诉审］，东京高等法院平成 10 年 9 月 24 日判决·知裁集 30 卷 3 号 616 页［置换布丁Ⅴ控诉审］）。但是，这些判决仅论述了关于必须进行同等性试验制度的主旨的一般性观点。具体的，是否有必要确认安全性，或者可否将制剂容量减少做成试饮的小型化制剂，改善服用药物时在操作上的不完善的地方，只要没有以表现出努力实施为目的，就难以肯定第 69 条第 1 款的妥当性。至少，对于包括与先发医药品极其类似的药品进行制剂化也做出符合试验研究的判定，不是很合适。(如果被告方承认制造是为了进行试验，反倒因与先发医药品的投放路径、剂型一致为理由，否决了第69条第1款的妥当性，名古屋地方法院平成9年11月28日判决·判例工业所有权法〔2期版〕1751之68页〔新4-溴甲基喹啉-2-酮诱导体Ⅵ〕)。更进一步的，即使进行了上述的努力，为讨论剂型而进行试验，为得到认定收集数据有必要进行各种试验。这样一来，为认定申请的各种试验中，关于为进行剂型探讨的试验中不必要的地方，承认第69条妥当性很困难（上述名古屋地方法院〔新4-溴甲基喹啉-2-酮诱导体Ⅵ〕)。

第三种类型，侵权否定的多数案例，比起为认证申请的试验的技术性质，更加着眼于该试验在专利权到期后是以制造销售为目的。根据不是以保证专利权人的独占地位为目的的药事法的规定，事实上，专利权的期限以试验及审查所需要的期限进行延长（参照东京地方法院平成9年7月18日判决·知裁集30卷1号129页〔新4-溴甲基喹啉-2-酮诱导体Ⅱ〕，东京地方法院平成9年8月29日判决·判时1616号44页〔置换布丁Ⅰ〕，参照东京地方法院平成9年8月29日判决·知裁集30卷3号651页〔置换布丁Ⅴ〕)。最高法院在 判例59 上也采用了此立场。

在 判例59 的立论下，如果目的是在专利有效期内开始制造或销售，本不应该算作试验研究（上述东京地方法院〔新4-溴甲基喹啉-2-酮诱导体Ⅱ〕，上述东京地方法院〔置换布丁Ⅰ〕，上述东京地方法院〔置换布丁Ⅴ〕)，在第二点理由和第三点理由的共同成立下肯定符合第69条第1款的判决中，有的案例认定在专利有效期间可能会制造或销售（虽然离专利权到期前还剩5年，已经取得认可），一边判定停止制造销售，一边肯定为认证而进行的各种试验符合第69条第1款（上述东京地方法院〔抗高血压剂〕)。还有的判决案例在专利有效期内，因制造销售实施品，准许损害赔偿要求，在专利有效期内进行制造许可申请本身不算违法（以因申请而进行必要试验的制造是违法的为前提，专利有效期到期后1年间的制剂销售，要求其赔偿1年的金额的案件中，在进行驳回时，并没有特别的理由，东京地方法院昭和10年10月12日知裁集30卷4号709页〔西咪替丁制剂〕)，并且以专利有效期到期后的制造销售为目的，为取得详细制造认定的试验，在 判例59 的范围内适用第69条第1款（东京地方法院平成11年5月31日判例工业所有权法〔2期版〕1751之335页〔抗肿瘤药物组成物〕，东京高等法院平成12年1月18日判例工业所有权法〔2期版〕1751之340页〔抗肿瘤药物组成物控诉审〕）。

第四种类型，还有的案例因认为第69条第1款是抽象论而否定其适合性的同时，在专利有效期到期后的以制造销售为目的的情况下，以缺少实质违法性为理由，否定侵害专利权（本书第2版第243~245页中介绍的基于平成6年改正法附则第5条第2项，做出可以取得通常实施权的判决，大阪地方法院平成9年2月7日判决・判时1614号124页〔新置换羧基喹啉酸Ⅲ〕）。与第三类的不同点仅仅在于是否借用了第69条第1款的形式。

判例59　最高法院平成11年4月16日判决・民集53卷4号第627页〔胍基安息香酸诱导体Ⅲ〕

【专利有效期终止后，以制造销售为目的，为取得认定申请进行必要的试验符合第69条第1款中的试验、研究的定义】

〈案件事实〉

关于后发医药品，为提交药事法第14条规定的制造认定申请书中的必要附件而进行的必要试验，在专利权有效期间内生产、使用医药品的行为是否触犯专利权成为议论点。

〈判决要旨〉

"第三者在专利权到期后，为了制造销售与专利发明医药品的有效成分相同的医药品，在制造前为了取得药事法第14条规定的认定申请，在专利权有效期间内，生产属于专利发明技术范围内的化学物质或医药品，使用后，为取得右边申请书中要求必须添加的资料而进行必要的试验，符合专利法第69条第1款中所述的'为试验或研究的专利发明实施'，故判定没有侵犯专利权。"

〈评论〉

专利法中并未将制造和销售进行区分，将其整体看作专利发明的实施，因此，只要在专利有效期间，作为产业而进行的实施行为与专利权相抵触，那么在有效期间的制造行为，即使是以专利有效期结束后的销售为目的，也算作侵权行为。专利法规定在专利申请之后的20年间，制造与销售都是侵权行为，反过来，在申请之后的20年后，就安全了。也就是说，专利权采用的是一种以时间为界限一刀切的对策。这样一来，不能说与专利到期后的实施行为相关，就判定有效期内的制造行为和使用行为不属于侵权行为。因此，不能说以专利有效期过后的以制造为目的，第69条第1款的解释就可以得到缓和。按原则舍弃专利有效期间的时间点，从成为问题的具体试验的技术性质本身着眼,来判断是否适合第69条第1款(具体参照田村善之:《专利权的有效期和专利法第69条第1款的试验·研究(上)～(下)》,载《NBL》第634号、636号(1998年))。

此外,本判决的附带意见还认许了"在专利有效期内,遵循药事法进行取得制造认定申请的试验,试验超过了必要范围,上述专利有效期终止后生产转让后发医药品,继而为取得成分而生产、使用专利发明相关的化学物质,构成专利权侵犯"。因此,在本判例法理之下,例如,在专利有效期过期后以销售为目的,为预先储备而事先制造医药品构成专利侵权。只有为认定申请的必要试验而进行的必要制造才不构成专利侵权。

第四节 其他防御手段

一、专利权行使的抗辩、先申请的抗辩

(一) 在后申请的专利权行使抗辩

在侵权诉讼中,除了原告,被告方也有专利权的情况下,是否可用专利权的实施行为来进行抗辩。

专利法明确记载了被告的专利发明为原告专利发明的利用发明时就不能进行抗辩,只要没有得到原告的许诺,就不能免去其侵权责任(参照第72条,东京高等法院昭和34年2月24日判决·判时181号6页 [羽毛球羽毛])。

有议论是关于同一发明由于错误登记造成专利权重复设定。在这种情况下,在后申请的专利发明就包括了无效理由,而在文献中,因为专利权具备积极使用权,只要在后申请的专利没有因无效宣告而被无效的话,那么在后申请的专利权人对自己专利发明的实施行为就不构成对在先申请的专利权的侵犯。在判例中也有采用以上观点的案例(京都地方法院昭和46年5月7日判决·无体集3卷1号197页 [组装积木玩具]。在附带意见中记载的有大阪地方法院昭和33年9月11日判决·判时162号23页 [氯丙嗪],山口地方法院昭和39年4月30日判决·判时391号32页 [聚丙烯聚合触媒])。

但是,如果采取上述观点,就造成了与其对在先申请专利进行改良变成利用发明,倒不如使在先申请专利与在后申请专利一致。从理论层面来考虑,即使审查官判定在后申请属于在先申请专利的技术领域,利用发明在最后还是要

承认在后申请发明的专利权成立，而在后申请的发明被赋予专利权并不意味着在后申请不属于在先申请的技术领域。进一步说，即使被赋予专利权，基于利用关系的在先申请存在的情况下，毫无疑问侵犯了在先申请的专利权，专利权有积极使用权的观点本身就是错误的（竹田和彦：《专利的知识》，钻石社2004年第7版，第343~350页）。关于在后申请的发明的实施行为，肯定构成侵犯专利权与专利的有效无效毫无关系。作为结论，在后申请专利如果是同一发明，就应该构成侵权（在后申请处于申请公告状态下，浦和地方法院昭和48年10月5日判决·判例专利实用新型法1050的第8页［维他命B脂肪酸脂的制造方法］采用了同样的结论。此外，东京地方法院昭和47年9月27日判时288号277页［美索巴莫］的附带意见也采用了同样的观点）。此外，也有判决认为，即使基于在后申请的实用新型，也应以侵犯在先申请的实用新型专利权事实不变为前提（水户地方法院昭和48年2月22日判决·判时295号366页［纳豆包装苞］）。

（二）行使在先申请专利权的抗辩

不承认专利权具有积极使用权，即使承认在先申请的专利权人对于在后申请的专利权人的要求，相反地，在后申请的专利权人控诉在先申请的专利权人的情况是否另当别论。在专利权人提出的专利侵权诉讼中，被告方是否可以早于原告的专利权提出在先申请的专利发明的实施行为的抗辩。

在判例中，有的认可在先申请专利的抗辩（大阪地方法院平成8年6月27日判决·判例工业所有权法〔2期版〕5241之第26页［管道材料］），具体的，还有判决单从被告产品属于在先申请专利的技术领域这一点而立马判断不构成对在后申请专利的侵权行为（判例60）。但是，在此种判决意见下，很有可能变为被告产品即使实施作为在先发明的利用发明而获得专利权的在后申请的专利，也不侵犯在后申请的专利权。这个结论对于作为在先申请专利的利用发明的在后申请的专利权人，以规定在先申请的专利权人可以要求相互授予特许的第92条第2款为前提，也就是说，即使是在先申请的专利权人，只要没有许可，就不能实施涉及在后申请专利的利用发明的命题相反，最终不能采用（为了用具体事例说明问题点，勉强提出判例60作为代表判例）。即使是在先申请的专利发明的实施行为，虽然是在后申请，但在属于其他的专利发明的技术领域的情况下，不能免去侵权责任（东京地方法院平成12年8月31日判决·平成10（ワ）13754［氮化镓系化合物半导体发光器件］，实用新型代表案例,东京地方法院平成 12 年 11 月 30 日平成 8(ワ)15406[氮化镓系化合物半导体发光器件])。但是,下述在先申请记载的抗辩有被承认的空间。

(三)在先申请记载的抗辩

在先申请被申请公开时,记载在其说明书中的发明与涉及同一发明的在后申请,有时候包括了拒绝理由和无效理由(第 29 条之 2)。在此种情况下,在后申请的专利权人对于在先申请的专利权人或实施在先专利技术的人,也有很多即使提起了侵权诉讼,(当然)通过无效抗辩判定不侵权的情况,因为通过修正有可能变为无效。(当然)与无效抗辩不同,认定在先申请记载的抗辩有实际收益。

有的判例,与公知技术除外说一样,在原告解释在后申请专利的请求范围时,除去被告的在先申请的技术领域进行限缩解释,结果,完全按照在先申请专利实施的被告装置,被判决没有侵犯在后申请的专利权(大阪地方法院平成 4 年 8 月 27 日判决·判例工业所有权法[2 期版]2293 之第 31 页[取出鱼卵巢装置])。在 1999 年修订前,与拒绝确定在先申请相抵触为拒绝理由、无效理由的判例,原告的专利发明以拒绝与确定在先申请的方案一致为理由,对技术领域的解释仅限定于说明书中的实施例,从而得出没有侵权的判断(东京地方法院昭和 55 年 11 月 26 日判决·判例工业所有权法[2 期版]2305 之 137 之第 121 页[饮料瓶](实用新型))。关键在于,正如后者的判决案例所揭示的,为了承认这个抗辩,不一定需要符合在先专利的索赔的技术,更没有必要让在先申请形成专利,只要记载在申请公开的说明书中就足矣了。

在先申请抗辩的妥当范围,应该止于在先申请实用新型的说明书或图纸中所公开的具体技术范围。正如前所述,即使被告产品实施了作为先申请发明的利用发明而被授权的在后申请的发明,有必要防止不侵犯在后申请的专利权这种事态的发生(参照 判例 60 〈评论〉)。侵权诉讼的被告产品以在先申请的被告专利发明的说明书中所揭示的实施例为理由,没必要服从在后申请的本案实用新型权的禁止权,可以作为参考判决方法(承认在先专利的抗辩判决,上述大阪地方法院[管道材料])。

判例 60 东京地方法院昭和 54 年 3 月 12 日判决·无体集 11 卷 1 号第 134 页[手套]

【在先申请的实用新型权的实施权人,废除在后申请的外观专利权人的请求】

第二编　第三章　被告方的防御手段

〈**案件事实**〉

原告基于本案外观专利权（参照图1）对被告提出了被告产品（图2）停产及经济补偿的要求。对此，被告以自身为诉讼外 A 所拥有的本实用新型权的实施人，被告产品是其实施品为理由提出了抗辩。此外，本实用新型的说明书中附了说明权利要求范围的图。

〈**判决要旨**〉

"姑且不说本外观专利权及本实用新型权分别根据外观专利法第26条第1项，实用新型法第17条的各规定而受其限制，两权利的权利人，可以互相不受另一方权利制约而自由行使自己的权利，因此，本实用新型的实施不管本外观专利是否存在，都能允许行使本实用新型权利要求。"具体来说，因被告产品满足本实用新型的权利要求范围，从而属于本案技术范围，故立即得出否定构成外观专利权侵犯的结论。

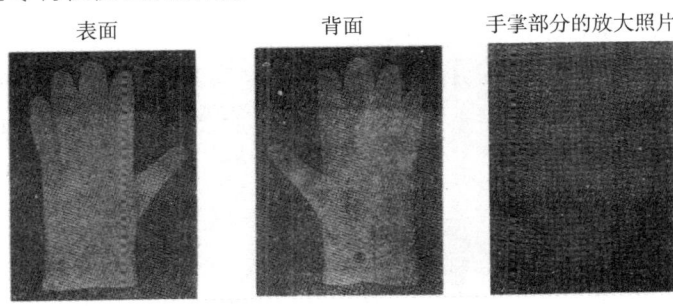

图1　代替外观设计公报中附图的照片

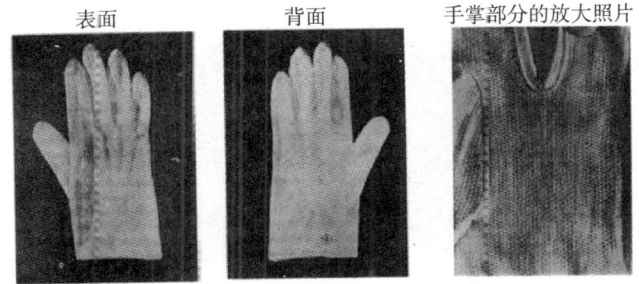

图2　被告产品的照片

〈**评论**〉

本判决仅以被告产品属于在先申请的实用新型权的技术范围为由而立即实施与在后申请的外观专利权相关的外观专利，就很可能造成模仿他人的创作外观而实施也被允许，就可能违反外观制度的主旨（实际上，被告销售的被告产品是在昭和 43 年 10 月 22 日，本专利外观公布于外观公报事故在 40 年 11 月 26 日以后）。因此，即使承认在先申请的抗辩，也应止于公示在先申请的实用新型权的说明书和图示中的产品形态的限度（竹田和彦："评释"，载《判例专利法》，发明协会 1983 年版，第 600 页）。本判决的问题在于没有进行上述作业。只要将在先申请说明书中的图面（图 3）与被告产品（图 2）进行对比，就知道该案件不应该判决承认在先申请的抗辩（竹田和彦："评释"，载《判例专利法》，发明协会 1983 年版，第 600～601 页）。

但是，当专利权和实用新型权与外观专利权的关系成为问题时，即使属于在先申请的实用新型的技术范围，外观专利依情况有独立的有效权利。因为专利法并未要求考虑专利或实用新型和外观专利之间的先后申请关系，即使与在先申请相关的专利申请的说明书中所记载的是同样的外观专利的登记申请，也不必包括拒绝理由和无效理由。在此意义上，原本本案就存在缺少认定在先记载的抗辩这一前提的问题点（作为解释论，表达了承认在先申请的抗辩的立论，参见吉田广志："先申请的抗辩（2）"，载《专利》54 卷 10 号 [2001 年]）。

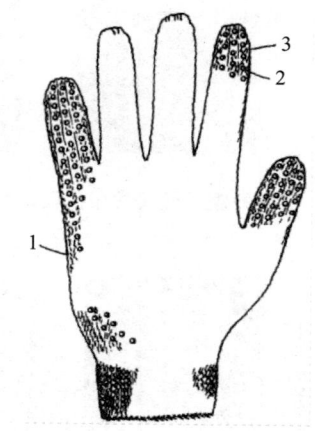

图 3　实用新型说明书的说明图

二、专利权的用尽

（一）概说

如果形式化的阅读专利法条款，即使专利权人是制造销售专利产品的购买人，行使使用或转让专利产品等"实施"行为，也必须得到专利权人的同意，否则就可能造成专利侵权。但是，如果每次流通都需要取得专利权人的同意，就会在很大程度上阻碍专利产品的流通。此外，作为专利权人在最初的公告阶段就有利用专利发明的市场获得利润的机会，若事先考虑到之后的流通问题，也可以获得充分的利润。因此，专利权人自己或者得到专利权人许诺的人在国内制造、销售专利发明的实施品，因为专利权被用尽，之后，即使实施品到处流通，专利权人也已不能行使专利权（用尽理论）。

虽然是附带意见，最高法院在关于平行进口的 判例99 中，判决在国内用尽理论是妥当的， 判例61 也确认了这个理论。此外，当从专利权人处购买的实施品（如加热器）适用用尽理论时，即使制造、销售包含了该实施品的产品（如加热器），也不构成专利侵权。这在下级审判中也有相应案例（东京地方法院平成 13 年 11 月 30 日判决・平成 13（ワ）6090 [远红外线放射球]）。独占性的通常实施权人销售的商品（东京地方法院 15 年 1 月 18 日判决・判时 1779 号第 99 页 [置换布丁Ⅳ]，东京高等法院平成 13 年 11 月 29 日判决・判时 1779 号第 89 页 [置换布丁Ⅳ控诉审]，大阪高等法院平成 12 年 12 月 1 日判决・判例 1072 号第 234 页 [药剂分包机用纸管控诉审]），通常实施权人销售的商品（实例有理由不够清楚的奈良地方法院昭和 50 年 5 月 26 日判决・判夕 329 号 287 页 [后窗]）也被认可用尽（相关的，基于先使用和职务发明的有法定通常实施权人使用、销售所制造的产品行为不构成侵权的判决，请参照第一节六，第三编第一章第三节三）。

在专利权人和购买人之间，即使有关于实施品用途的限定约定，如果发生用尽，即使有违反用途限定的行为，也不构成专利侵权（附带意见，上述东京地方法院 [远红外线放射球]）。在反对约定中，（只要不违反垄断法等）如果当事人之间的债权契约有效，对于违反债权契约的当事人可以追究其不履行债务的责任。

此外，即使用尽理论是妥当的，一般情况下，专利权人自己或在获得其同意下已销售了实施品，即使是与权利人制造相关的产品，无端将已经决定要做废弃处理的不良品放任不管的行为，且没有一次报酬还流的机会，即构成侵权（肯定侵权案例有大阪地方法院平成 8 年 2 月 29 日判决・判时 1573 号第 114 页 [天然气检测器]）。还有的判决认为，在专利权设定登记前，专利权人所转让的实施品也被认为权利用尽（认为推车固定装置的点检、修理、配件的交换不适用于本发明的"使用"，大阪地方法院平成 18 年 7 月 20 日判决・判时1968号第164页［推车固定装置］）。还有观点认为，至少在申请公开导致的补偿金请求权发生前不能说行使了权利。在判例中，用金钱解决申请公开期间的方案的实施品的制造销售问题引起的纷争的案例中，用金钱对于违反合同的补偿主旨，认为关于方案的实施不含实施金的主旨，从而判决驳回实施品购买人的用尽抗辩（例如大阪地方法院平成8年7月18日判决·判例工业所有权法〔2期版〕5469之第104页［多根同时伸线装置］）。此外，权利人销售的结果就是，购买了含有产生权利用尽效果的权利甲的实施品，同一专利权人制造销售了与拥有的另外一项权利乙相抵触的产品时，关于权利甲的用尽效果不波及权利乙（甲为实用新型权，乙为外观专利权的案例中，并没有成为争论焦点，上述大阪高等法院［药剂分包机用纸管控诉审］）。

（二）所有权的保留和用尽

权利人在销售实施品之际将所有权保留在自己一方时，因为实施品不能在没有所有权人许诺的情况下到处流通，缺少了为保护流通谋求交易安全的用尽理论适用的前提（认定所有权保留效果而否定用尽的判决有大阪地方法院平成12年2月3日判决·平成10（ワ）11089［药剂分包机用纸管］）。

但是，绝不能诱发逃避法律行为。能不能评价所有权被保留，尚存争论。与自身制造销售相关的药剂自动分包机相匹配的药剂分包机用芯管，拥有其实用新型权的独占通常实施权的原告，对于药剂自动分包机的购买者，在销售实施品芯卷上卷有分包纸的产品时，包装右产品的包装箱内，右产品的上部、下部等地方虽然标明了"非卖品"，在右产品的购买者拿到右产品之前是无法看到这些标注的。在类似如上所述的案件中，买家在购买右产品时以无法同意原告的申请为由，否定了所有权保留的效果，结果判决承认专利权的用尽（从买家处买到芯管，卷上分包纸进行销售的被告之行为是否能免责成为论点，大阪高等法院平成12年12月1日判决·判时1072号234页［药剂分包机用纸管控诉审］）。

专利权人签订了租赁发明的实施品锅刀的合同，约定同意使用通常实施权的同时，在租赁合同内，关于条款中不能用于非原告提供的其他公司的连结育苗锅的分离，消耗品本案切割机签订买卖等普通形式的合同时，斟酌专利权用尽后被专利权人制约使用目的，即使违反该条款因违约构成债务不履行，不构成专利侵权（大阪地方法院平成14年12月26日判决·平成13（ワ）9922［育苗分离装置及分离方法］）。可是，值得注意的是，该判决并不是以逃避法律为由而判断该条款无效（并且，大阪高等法院平成15年5月27日判决·平成 15（ネ）320［育苗分离装置及分离方法控诉审］），并未对租赁合同是实质买卖形成评价，育苗锅的供应地在哪里这一点与本发明的实施行为并没有直接关系，以本禁止条约是没有限制通常实施权的范围的其他约定为理由，姑且不说其违约行为构成了债务不履行，不构成专利侵权。

（三）默示的许可与用尽

一般来说，专利权人自身或者获得其同意的人在转让专利实施品时可适用用尽理论。

即使不是专利的实施品本身，专利权人在销售引导专利发明实施的产品时，有可能被认为专利权人默示同意买家和被转让人实施专利发明。在判例中，实用新型权利人担当董事的公司制造、销售托盘，在之后的流通过程中购买的农家放入蘑菇通过包装就完成了本方案的实施品，该托盘的原本用法用于本方案的实施，被判决其相关人员默认获得实用新型专利权人的同意（大阪地方法院平成 13 年 12 月 13 日判决·平成 12（ワ）4290［托盘包装用缠绕膜］）。

此外，在专利权人与买主合意解约发明实施品的装置的买卖合同的案例中，只要没有特殊情况，买卖合同中卖主赋予买主为能完全使用买卖对象目的物的一切权利被认定为合意内容，判决在合同有效期内，买主可以合法使用本方案装置（合意解约后，卖主表示反对意见后的使用行为则造成专利权侵害，东京高等法院平成 12 年 6 月 29 日判决·平成 11（ネ）6370［载荷装置系统控诉审］，与事实认定不同，与一般论同主旨，东京地方法院平成 11 年 11 月 29 日判决·平成 10（ワ）10864［载荷装置系统］）。

（四）修理与再制

通过专利权人购买被公布的专利产品的人，根据用尽理论的适用，之后可以自由使用该产品。但是，购买的产品有可能在使用期间被磨损甚至损坏。在此情况下，为了使磨损或损坏的产品能再次使用而进行修理的行为是否造成专利侵权成为问题。关于此论点，判例61通过大合议显示了预见性较好的具体的标准，与试图将判例统一的原审单位知识产权高等法院平成 18 年 1 月 31 日判决·判时 1922 号第 30 页［液体收纳容器控诉审］不同，将所有情况只大致进行了综合性考虑。今后，在同一高院的说明下，面对标准的具体化下级审法院的争论将持续。在此，介绍之前的案例。

1. 采用经济标准的案例

关于这个问题的第一个判决，实用新型权利人一方在销售了方案实施品制砂器的锤子之后，再向购买者销售了替换消耗品的打击板，因尊重通过销售替换消耗品而回收报酬的方针，购买者不是从权利人，而是从被告购入打击板后组装到锤子中的行为，因为需要给实用新型权利人支付超过报酬的钱才能使用锤子，构成侵权，被告的行为也构成间接侵权（大阪地方法院平成1年4月24日判决·无体集21卷1号279页［制砂机的锤子］）。

但是，在这种思路下，有可能因为专利权人无法从外部窥知的主观情况而左右是否构成侵权的判决。因此，在后续判例中出现了此种案例，即没有直接考虑专利权人的商务方针，而是通过专利产品是否在事先预想的修理或替换范围内为判断标准来判决是否构成侵权。具体来说，拥有实用新型权和外观专利权的债权人在制造销售时使用带胶卷的照相机用完的塑料外壳，并在别处购买了胶卷并填充了干电池，对于债权人将其改装产品进行销售的行为，其再利用比较困难，因为超越了产品在其放到原先市场时预想到的范围，判为专利侵权（东京地方法院平成12年6月6日判决·判时1712号175页［胶卷一体型照相机］）。如同上述的制砂机锤子的案件，在能简单取出的情况下，产品在性质上就能预想到可以替换。所以在本决定的标准下，应该不构成侵权。

属于这个体系的判例中还有以专利产品中设计修理和替换行为的量为判断标准而判决是否侵权的例子。例如，点检全部原告产品，打磨轨道，替换配件，进行整体喷漆等一系列检修工序使原产品接近新品，而判决其侵权（大阪地方法院平成4年7月23日判决·昭和59（ワ）567［运输海苔的机构］）。

2. 采用技术标准的判例

在判例中，修理和替换行为与专利发明的技术思想的本质是否相关是判决是否构成侵权的标准。例如，被加工的下段部分的滚筒，是本发明技术特征，即通过吸引箱装置使吸引装置发挥有效作用的关键部分，适用"具备发明特征的结构部分"，被判决为侵权（名古屋地方法院平成11年12月22日判决·平成7（ワ）4290［中芯保持装置］）。后述知识产权高等法院平成18年1月31日判决·判时1922号30页［液体收纳容器控诉审］和最高法院平成19年11月8日判决·民集61卷8号2989页［液体收纳容器上诉审］之间，也出现了只适用于上述知识产权高等法院［液体收纳容器控诉审］的第二种类型的判例（东京地方法院平成19年4月24日判决·平成17（ワ）15327［带镜头的胶卷单元及其制造方法］）。

3. 经济标准与技术思想标准并用的判例

之后，出现了一系列的并用经济标准与技术思想标准的判决（东京地方法院平成 12 年 8 月 31 日判决·平成 8（ワ）16872［带镜头的胶卷单元Ⅰ］，东京地方法院平成 13 年 1 月 18 日判决·判时 1779 号 99 页［替换布丁］，大阪地方法院平成 14 年 11 月 26 日判决·平成 12（ワ）7271［踏板用具］）。

最典型的判决当属知识产权高等法院 18 年 1 月 31 日判决·判时 1922 号 30 页［液体收纳容器控诉审］，认为用尽范围以外的类型有两类。第一种类型为效用消失类型，即"该专利产品超过了其作为产品本身的耐用时间段，在其效果消失后再次使用或者被再次利用的情况"，第二种类型为本质部分替换类型，即"该专利产品通过第三方将构成专利产品中专利发明的本质部分的全部材料或部分材料进行加工或者替换的情况"，采用了不管适用于哪种类型都将构成侵权的理论。正如前文所述，第一种类型是追究成为修理加工对象的专利产品在修理加工前的物理状态之标准，而第二种类型是追究被定义为构成技术思想的中心特征部分的本质部分是否能被取代的技术思想之标准。以抽象论的角度来说，不管适用于哪种类型都将构成侵权，具体来说，以不适用于第一类型，适用第二种类型为由，判定侵权。

4. 对经济标准、技术思想标准和交易实情进行综合考量后做出判决的案例

对于此项，本案的最高法院以"该专利产品的属性、专利发明内容、加工及材料的交换样态之外，综合考虑交易实情等"来判决是否构成侵权（作为综合考虑多事项的先例有，东京地方法院平成 16 年 12 月 8 日判决·判时 1889 号 110 页［液体收纳容器］）。

原审的知识产权高等法院大合议判决中将第一类型所考量的情况（专利产品的属性、加工及材料替换的样态）和第二类型所考量的情况（专利发明内容）全部考虑外，还采用了综合考量型判断标准，增加了对"交易实情"等方面的考虑，是区别于其他判例的一大特点。

5. 生产观点和用尽观点

此外，不同于以上的对立观点，专利权人等销售的专利产品在流通过程中，即使没有适用专利法第 2 条第 3 款第 1 项所述的"生产"行为，是否仍在用尽范围之外而被允许行使专利权成为一大论点（请求"生产"适用性的观点被称为"生产观点"，不请求的观点被称为"用尽观点"）。

在判例中，与采用了用尽观点的原判决（东京地方法院平成 13 年 1 月 18 日判决·判时 1779 号第 99 页［替换布丁Ⅳ］）不同，采用了生产观点，将从独占通常实施权人处购买的药丸加入特质水后搅拌让其衰变，再得到专利发明

的阿昔洛韦固体后，经过特制让其结晶形成被告制剂。即使如此，只要被告制剂中含有的阿昔洛韦与原告制剂中含有的阿昔洛韦相同，并没有产生任何的化学变化，就不能说通过专利发明生产了物品，因此也没有构成专利侵权（案例有东京高等法院平成13年11月29日判决·判时1779号第89页［替换布丁Ⅳ控诉审］）。在这种情况下，即使该专利权人不能具体预测被告的使用阳台，也不影响对用尽的判断（上述东京高等法院［替换布丁Ⅳ控诉审］）。

另一方面，知识产权高等法院平成18年1月31日判决·判时1922号第30页［液体收纳容器控诉审］在附带意见中认为，就像在专利产品状态下的一次性注射器的再次使用一样，虽然不是在"生产"情况下，但是因其进行了违反专利权人期待的使用行为，故在用尽范围之外而构成侵权，所以应该采用用尽观点。

正如判例各持不同意见，判例61在被认定通过加工和材料替换，与专利产品缺乏同一性的专利产品是被重新"制造"时，就允许行使专利权。一般地，本判决较多地采用了生产观点（有异议）。

6. 之后的判例

判例61之后的判例，在墨水供给系统的发明中，以嫌疑侵权物品墨槽与打印机是同等重要的组成要素（主要部件），而将其替换为新物品的行为已经超过修理等领域而适用于新生产为理由，否定了用尽（判断时着眼的具体情况可能不同，东京地方法院平成22年6月24日判决·平成21（ワ）3529［液体收纳容器、具备该容器的液体供给系统］）。

（五）方法专利与用尽

以往大多数观点认为方法不存在用尽，知识产权高等法院平成18年1月31日判决·判时1922号第30页［液体收纳容器控诉审］在几种情况下肯定了此点（判例61没有提到此论点）。

第一，有生产物品方法的专利的情况下，根据该方法专利生产的物品被专利权人或者获得专利权人许可的人转让时，对于该物品的使用及（再次）转让，专利权人能否行使专利权，认为与物品专利中物品被转让的情况相同，应该肯定用尽（东京地方法院平成16年12月8日判决·平成16（ワ）8557［液体收纳容器］，上述知识产权高等法院［液体收纳容器控诉审］）。与物品发明相同，只要是在排他权的庇护下销售了物品（请参照第2条第3款第3项），就应该认为生产物品的方法的发明也一并用尽。

第二,不管是不是生产物品的方法,即使是关于方法的使用这种实施行为的方法专利是否用尽,成为问题点。关于此点,上述知识产权高等法院[液体收纳容器控诉审]判定,当造成方法的专利权的间接侵权的装置等由专利权人提供时,则认为方法的专利权用尽。虽然是间接侵权,只要有享受方法的专利权这一排他权的利益的机会,就不允许再次行使专利权,即肯定用尽。但是,只与方法发明的一部分工序相关的装置或使用方法专利装置的部件等间接侵权成立的场合是否也构成用尽有必要在今后进行讨论。在该种情况下,偶尔也会出现该物品的使用即使适用专利方法的使用但也不被允许行使方法专利权。在实质技术内容相同的情况下,只有在专利权利要求书和明细书中同时记载了物的发明和方法发明的情况下,才认为方法专利伴随着物的专利用尽而用尽。只要一次行使了物的发明,不管是不是同样的技术思路,对方法发明再次行使专利使用权,无疑是违背了物的发明的用尽法理。

判例61 最高法院平成19年11月8日判决・民集61卷8号第2989页[液体收纳容器]

【在考虑了专利产品的属性、专利发明的内容、交易的实际情况后而制造的新产品,否定用尽】

〈案件事实〉

本案的原告专利权人制造销售本案专利发明的实施品墨盒(原告产品)。由诉讼外的公司将专利权人自身或获得专利权人许可的人在国内外制造销售的墨盒从用户处进行空盒回收。回收后的墨盒再次被填充墨水后由被告的子公司进口并销售(被告产品)。此外,专利权人一方在最初制造墨盒时将使用的墨水吸墨口密封,在使其不容易再次填充的状态下销售。而被告的复产品在最初的墨水吸墨口不同的地方开孔,进行了再次充墨。

一审判决被告行为属于用尽范围而驳回了原告申请(东京地方法院平成16年12月8日判决・判时1889号第110页),而控诉审取消了原判决,判定侵权(知识产权高等法院平成18年1月31日判决・判时1922号第30页)。此外,本案中的并行进口等问题也称为争论点,在比省略。

〈判决要旨〉

1. 设立关于用尽范围的一般性标准

"根据专利权的用尽而限制专利权行使的对象,因只限于是专利权人在我国转让的专利产品,专利权人等在我国转让的专利产品被加工或替换构成材料，并制造了与该专利产品缺乏同一性的新的专利产品时，专利权人可以行使专利权。此外，关于是否属于上述专利产品的新制造这个问题，应该从该专利产品的属性、专利发明的内容、加工以及构成材料替换的状态这几点考虑，此外，还应综合判断交易的实际情况。关于该专利产品的属性，产品的功能，构造以及材质、用途、保质期、使用状态作为加工及构成材料替换的状态，应该从加工时该专利产品的状态、加工的内容及程度，被替换的构成材料的使用期限，该构成材料在专利产品中的技术功能及经济价值等方面来综合考量。"

2. 切合本案

（1）原告产品（判决书中的原词是"被上诉人产品"）的结构中没有补充墨水的开口部，被告产品（判决书中的原词是"上诉人产品"）因在墨盒本体上开口而被判定侵权。"被上诉人产品上没有设置补充墨水的开口部，在其结构上为了再次充墨，就必须在墨盒本体上开口，在上诉人产品的产品化工序中，在本案的墨盒本体的液体收纳室的上面开口，从该处吸入墨水后将其封口。该上诉人产品的产品化工序中的加工等状态，绝不仅仅在于补充消耗品墨水，而是改变了墨盒本体，让其本身就能补充墨水。"

（2）本案专利发明，被告产品的制造工序因再次补充与本案发明的本质部分相关的结构而考虑判定侵权。"上诉人产品，通过将本案墨盒本体的内部洗干净，将附着的墨汁洗净，为追求恢复压接部界面阻止空气流通而形成障壁的功能的同时，通过在开始使用前填充与上诉人产品同等量的墨汁，不管墨盒处在何种姿态，因压接部的整体界面可以恢复维持墨水的状态，就不仅仅只停留在将消耗的墨水进行填充，而是能够再次利用使用完毕的本墨盒，可以再次填充……缺乏与本案发明的本质部分相关的组成部分的状态，再次实现本发明的实质性价值，将本发明中开封前防止墨水漏汁的作用效果进行了新的发挥。"

（3）其他情况。"除此之外，若综合考虑墨盒交易的实际情况等上述实施相关事项，上诉人产品因与加工前的被上诉人产品缺乏同一性，被认为是被新制造的专利产品的判决是妥当的。"

〈评论〉

用尽理论的证据不得不理解为将权利滥用的法理（或者是诚实守信的法理）进行定型化后的产物。不需要对依据不同情况而产生多元规律而感到奇怪。

此外，第一，若着眼于谋求交易安全的观点，暂且不说无关构成材料的替换，即使与请求项相关的部分，只要替换加工的面积不是很大就不构成专利侵权，应该保护取得专利产品的交易者的期待。

第二，不拘泥于缺乏保护必要性的替换和加工行为，该部分属于请求项的构成要素，仅仅将替换加工设计为复杂的结构，为了防止认可构成专利权行使，考虑专利发明的技术思想对于非本质部分的替换和加工行为不应该认可专利权行使。专利权不仅仅以判定请求项的技巧为根据而给予保护。

第三，专利产品在结构上可能会出现的修理或替换等情况。专利产品销售之时在专利权人许可的范围内的修理或替换，为保护交易者的预测可能性而不应该认同专利权的行使。但是，理论构成上，该第三点的观点，因为考虑到了产品结构之外的各种状况，可能在默示许可的法理下进行斟酌比运用用尽法理要更为合适。

此外，为达成用尽理论交易安全的目的，其中的第一个观点与投诉是否相关，并不是大半部分都被替换或修理，或者第三个观点，如果是有准备进行替换，在第二个观点中，即使是与专利发明的本质部分相关的部分的替换和修理，仍然必须否定专利侵权。若不如此，就将给购买者增加不可预测的不利风险。专利权人自己对于销售的产品的购买人（与对于纯粹侵权人的均等论不同），以替换部分为本质部分为理由坚持贯彻行使专利权，应该取得只针对替换部分请求项的专利权后将其公示。第二点的观点可以解读为针对非本质部分替换而考虑否定专利权的保护（相反的观点请见知识产权高等法院平成18年1月31日判时1922号30页［液体收纳容器］）。

本判决的处理方法是，斟酌专利产品的属性、专利发明的内容和交易的实际情况，只要其中有一个方面存在否定用尽的情形，就立即判定侵权，这种做法有失稳妥。若是只要其中有一方面存在肯定用尽的情形，则以其为理由否定侵权，这种处理方法倒是值得期待（参见田村善之："判批"，载《专利法的理论》，有斐阁2009年版）。

第五节 专利权的有效期

一、概说

专利法的目的是鼓励发明和促进发明的利用，鉴于该目的，只需在足以形成必要激励的期间内对专利权进行保护就足够了，若是给予过度的长期保护，专利权反而可能会成为阻碍产业发展的枷锁。因此，专利法规定，专利权的有效期间是专利申请后的 20 年（专利法第 67 条第 1 款）。

为了能在专利权有效期过后立即销售专利产品，而提前在专利有效期内就开始生产和储存专利产品的行为，仍然属于实施专利的行为，将被认为侵害专利权。专利法上，无论是生产行为还是转让行为一律都受有效期间约束，因此在专利权有效期经过之前，原则上一律认为侵害专利权。但是，根据 判例 59，由于药品的生产和销售必须获得药品许可审批，为了在专利权有效期过后立即生产销售专利药品，提前为获得药品许可审批进行各种实验而实施专利的行为，对于该行为可适用第 69 条第 1 款的规定从而不侵害专利权，但即使是这种情况，也不得超出实验的必要范围生产或储存药品（虽然都只是法官的附带意见，但以下判决都有判示该观点。东京高等法院平成 10 年 3 月 31 日判决・知裁集 30 卷 1 号第 118 页 [新的喹诺酮衍生物Ⅱ]，大阪地方法院平成 10 年 5 月 7 日判决・判例工业所有权法〔2 期版〕1751 之第 118 页 [溃疡治疗剂]，大阪高等法院平成 10 年 5 月 13 日判决・知裁集 30 卷 2 号，第 271 页 [胍基苯甲酸衍生物Ⅲ]， 判例 59）。也有判决做了如下说理，即第 68 条的"产业化"是指"从事实施专利发明的业务"，为了在专利权有效期过后生产、销售专利产品而实施的准备行为，不属于该条中的"产业化"（山形地方法院平成 10 年 3 月 17 日判决・判例工业所有权法〔2 期版〕2233 之第 28 页 [哌啶衍生物Ⅱ]），但该案只是局限于为了获得医药许可审批而进行的各种实验的合法性问题，因此该说理不应该被认为具有重要的先例价值。

即便是专利有效期间届满之日临近，但只要是未过有效期间仍旧不得从事专利侵权行为，否则将被认可差止请求。对于这种情况，有判决判示了差止的期限（松山地方法院平成 8 年 11 月 9 日决定・判时 1608 号 139 页 [马桶盖]，东京地方法院平成 10 年 3 月 23 日判决・知裁集 30 卷 1 号 75 页 [抗高血压剂]）。但是，在申请临时保全措施的案件中，有裁定在认可了停止生产、销售的请求的同时，基于专利权的有效期届满日迫近（20 天～8 天后），认为欠缺进行保全的必要性，从而驳回了申请执行官保管的请求（名古屋地方法院平成 8 年 3 月 6 日决定・判例工业所有权法〔2 期版〕2229 之第 52 页 [运动障碍的调整治疗药Ⅲ]，名古屋高金沢支决平成 8 年 3 月 18 判时 1599 号第 134 页 [运动障碍的调整治疗药Ⅰ即时抗告审]，名古屋高金沢支决平成 8 年 3 月 18 日判决・判例工业所有权法〔2 期版〕2229 之第 64 页 [运动障碍的调整治疗药Ⅱ即时抗告审〕)。但是，在离有效期届满前尚有 8 个多月的案件中，并未将此视为问题，而是直接做出了裁定，命令在停止生产、销售的同时由执行官对侵权产品予以保管（名古屋地方法院平成 8 年 8 月 28 日决定·判例工业所有权法〔2 期版〕2229 之第 65 页［新的取代的喹啉羧酸Ⅰ原决定〕）。另外，还有判决基于尚处于临床试验阶段，将来是否会提出生产许可审批的申请并未确定，而且即便是提出了申请，生产销售的开始将是在专利有效期届满后的可能性较高等理由，认为尚不具有侵权的可能，从而驳回了原告请求（笔者认为，由于存在实体权利，因此不应驳回请求，而应驳回起诉，判例 74）。

关于在专利权有效期间届满前生产的侵权产品，而侵权人一直未将该侵权产品废弃直至专利权有效期届满的情况下，侵权人是否仍具有废弃的义务，对此存在争议。由于侵权人本来就应该对侵权产品予以废弃，即便是拖至专利权的有效期间届满，专利权人仍得以请求废弃侵权产品。这一观点虽然也有相应的理由，但持另一种观点的人似乎仍占多数，即认为既然过了专利权有效期，所有的废弃请求都不应被认可（这种观点或许是认为，仅在存在废弃命令的确定判决的情况下才认可废弃义务）。但是，至少在损害赔偿方面，对于为了能够在专利有效期届满之后直接销售该产品而在专利有效期内就开始储备侵权产品的情形，正是因为侵权行为才使得这种快速销售模式有可能实现，因此，对于由此产生的逸失利益，应该能够被解释为作为与侵害专利权的行为具有因果关系的损害，从而得以请求赔偿（相反的观点，见名古屋地方法院平成 9 年 11 月 28 日判决·判例工业所有权法〔2 期版〕2229 之第 143 页［胍基苯甲酸衍生物Ⅴ〕）。判例中，也有将专利有效期内生产的侵权产品在专利有效期届满后进行销售的案件，法院认为，专利有效期内专利权人在专利权的庇护下得以垄断该药剂的生产，而被告通过在专利有效期内就开始生产该药剂，等专利有效期届满后得以立即转让该专利产品，对于这种转让行为而言，若没有在专利有效期内的上述侵权行为的话就无法实现，因此由此对专利权人带来的损害属于与侵权行为具有因果关系的损害。基于上述论理，法院最终认可了原告的损害赔偿请求（关于损害额的计算适用专利法第 102 条第 1 款，东京高等法院平成 14 年 10 月 31 日判决·判时 1823 号第 109 页［新的芳族羧酸酰胺衍生物的制造方法Ⅱ〕）。此外，对于侵权人在专利有效期内实施进口，而在有效期届满后销售侵权药剂的行为，对于该部分的非利益是否包含在损害额中的这一问题并未予以重视的判决，见东京地方法院昭和 10 年 10 月 12 日判决·知裁集 30 卷 4 号第 709 页［西咪替丁制剂〕）。但从防止这种应受保护的损害

（"侵害"）被扩大化的意义上来说，以下立论应该是能够成立的，即即便在专利有效期届满之后，也得以基于第 100 条第 1 款请求差止和废弃（过去的）侵权产品的销售。

在一个有关临时保全措施的判决中，法院以专利权有效期届满这一情势变更为由，认可了取消对于有效期届满前所作出的由执行官对侵权药剂进行保管的临时保全命令（东京地方法院平成 5 年 9 月 29 日判决・特许管理别册判例集第 667 页［西咪替丁异议申请］、东京高等法院平成 6 年 1 月 27 日判决・判例工业所有权法〔2 期版〕2491 之第 4 页［西咪替丁异议申请控诉审］）。关于临时保全措施，如上述在专利有效期间临近届满的情况下驳回了原告关于将侵权产品由执行官予以保管的申请的判例中，恐怕也是以以下推论为前提的，即被告产品虽然是在专利有效期间生产的，但既然专利有效期届满，则不再有废弃义务，因而可以销售该被告产品。此外，稍有些特殊的案例，比如在为了获得医药许可审批而进行各种实验的案件中，专利权人主张，各种实验是在专利权的有效期间届满之后必须要实施的，由于实验本身或审批程序需要一定时间，因此在此期间内他人仍应该无法进行后发产品的生产、销售，基于该理由请求对被告的生产、销售行为予以停止。对此法院认为，既然专利权的有效期间已届满，那么基于专利权请求差止的理由已不存在（东京地方法院平成 9 年 5 月 16 日判决・判例工业所有权法〔2 期版〕2229 之第 77 页［胍基苯甲酸衍生物Ⅳ］、东京地方法院平成 9 年 5 月 16 日判决・判例工业所有权法〔2 期版〕2229 之第 79 页［胍基苯甲酸衍生物Ⅴ］、名古屋地方法院平成 9 年 11 月 28 日判决・判例工业所有权法〔2 期版〕1751 之第 68 页［胍基苯甲酸衍生物Ⅵ］、大阪地方法院平成 10 年 4 月 16 日判决・知裁集 30 卷 2 号第 213 页［胍基苯甲酸衍生物Ⅶ］、东京地方法院平成 9 年 12 月 17 日判决・判例工业所有权法〔2 期版〕2229 之第 148 页［哌啶衍生物Ⅰ］、上述山形地方法院［哌啶衍生物Ⅱ］、大阪地方法院平成 10 年 4 月 30 日判决・判例工业所有权法〔2 期版〕1751 之第 108 页［哌啶衍生物Ⅲ］、上述大阪地方法院［溃疡治疗剂］、东京高等法院平成 10 年 9 月 24 日判决・判例工业所有权法〔2 期版〕1751 之第 132 页［胍基苯甲酸衍生物Ⅳ］、东京高等法院平成 10 年 9 月 24 日判决・判例工业所有权法〔2 期版〕1751 之第 132 页［胍基苯甲酸衍生物Ⅴ］。关于这种情况，有判决认为由于权利不存在，因此并不应该不予受理而应驳回请求，见东京高等法院平成 10 年 10 月 28 日判决・知裁集 30 卷 4 号第 764 页［胍基苯甲酸衍生物Ⅰ］）。按照该主旨，对于在专利权有效期间内生产的侵权产品,希望在有效期间届满后对其进行销售的想法可能就是被允许的(上述东京地方法院［哌啶衍生物Ⅰ］。另外,驳回了有关提交生产许可的产品名目废止申请书等材料的请求的判决,参照东京地方法院［抗高血压剂］),但是,医药法上的规则是为了确保安全性而制定的,因此即便是专利权人事实上处于垄断地位,仍有可能做出该垄断利益不值得法律保护的价值判断（表达了该主旨的判例,参照浦和地方法院平成9年3月17日判决·知裁集30卷4号第796页［胍基苯甲酸衍生物Ⅰ］、京都地方法院平成9年5月15日判决·知裁集30卷2号第289页［胍基苯甲酸衍生物Ⅲ］、上述名古屋地方法院［胍基苯甲酸衍生物Ⅵ］、上述东京地方法院［哌啶衍生物Ⅰ］、上述大阪地方法院［哌啶衍生物Ⅲ］、上述大阪地方法院［溃疡治疗剂］、上述东京高等法院［胍基苯甲酸衍生物Ⅳ］、上述东京高等法院［胍基苯甲酸衍生物Ⅴ］),判例59虽然也判示了为了申请许可审批而进行的各种实验本身是合法的,但不应过重的突出将该判决作为先例的价值。

二、专利权有效期间的延长登记

(一) 概说

当专利发明是有关农药或医药品的发明时,由于对其生产采取的是许可制,因此需要相当长的时间进行实验和审查,从而导致专利发明长期无法实施,相当于专利权的有效期间缩水了。因此,专利法上规定,由于这种情况必须获得由政令指定的审批许可（特许令第3条所指定的农药取缔法上有关农药的登记、药事法上有关医药品的承认）而致使专利发明在此期间无法实施,对于这种情况允许通过申请延长登记,在5年的限度内对专利的有效期进行延长（第67条第2款）。

延长登记必须在获得医药品登记或承认之日起至政令所指定的期间（根据特许令第4条的规定该期间是3个月）内,且在专利有效期届满前提出申请（第67条之2第3款）。但如果是由于不可归责于延长登记申请者的原因导致超过时间,则例外规定自该原因消除后起14天（在国外者2个月）的期间内（但不得超过9个月）可以提出申请。有判决就认为,以不知道作为实施权人的子公司获得了进口承认为理由,不构成这里所谓的"无法归责的原因",从而支持了专利局长官的不受理决定（在现行法下相当于专利法第18条之2的驳回申请）（东京地方法院平成9年7月25日判决·知裁集29卷3号第808页［新成分的制造方法］,东京高等法院平成10年6月4日判决·知裁集30

卷 2 号第 303 页［新成分的制造方法］）。

（二）无法实施的期间

无法实施的期间，应该自"为获得承认而开始必要的实验之日"或者"专利权的设定登记之日"中较晚的一个日子开始起算（最高法院平成 11 年 10 月 22 日判决·民集 53 卷 7 号 1270 页［新的多肽类］）。这是因为，从早期就开始进行实验是专利权人自己能够实现的积极行为，因此虽然获得了登记但尚未开始进行为获取承认申请的实验时，从登记时至实验开始时的这段期间不应被计算入无法实施的期间（不然，可能导致由于专利权人自身的怠慢反而使得专利有效期间得到延长的情况）。

这里所谓的"为获得承认而开始必要的实验之日"，根据此后的判例的判示，是指临床实验时，根据临床实验的计划书或者与实施该临床实验的医疗机构所签订的合同书等，所确定的客观、明确的日子，而提出该临床试验计划书之前与医药当局间的协议、或是搜寻并委托实施临床试验的医师的这种准备工作期间的开始日，都不能被理解为该判例中所谓的"为获得承认而开始必要的实验之日"（对于客观确定延长登记期间存在困难因而无法保障第三人的预测可能性的这种解释未予采纳的判例，见知识产权高等法院平成 21 年 10 月 28 日判决·判时 2058 号 101 页［苯并恶嗪］）。此外，关于专利权人在美国进行的以追加数据收集为目的的临床实验，由于这种临床实验对于获得美国关于效能追加的承认中并非必要的，因此能够推测即便是追加与在日本具有同样效能效果的承认，也仅需要美国的初次临床实验的数据就足以，以此为理由认为即使没有该追加的临床实验，在日本本药剂的效能也应该会获得追加，因此判示了该追加临床实验的相关期间不属于"无法实施专利发明的期间"（上述知识产权高等法院［苯并恶嗪］）。

也有申请人不是从为获得承认而开始必要实验之日起算，而是从申请承认之日起算，对于从该日起至获得承认之日的期间请求延长的情况。这种情况的案件是，第一次的承认申请之后，厚生劳动省以与医疗保险的整合为由对承认予以保留，于是进行了第二次承认申请，此后获得了承认决定的告知。由于第一次的承认申请并未提交撤回书，因此认定该申请是在未被撤回的情况下获得承认的。与专利局的原复审决定不同，法院判示应从第一次而非第二次的承认申请的期间开始起算延长期间（知识产权高等法院平成 21 年 11 月 19 日判决·判时 2079 号第 93 页［含环孢素的药物组合物］）。

而且，判例对于期间的终期做出了判示，认为并非药事法上所规定的发出承认的那一天，而是承认到达申请者从而决定产生效力之日的前一天（上述最高法院［新的多肽类］）。由于承认到达之前还并不知道能否实施，因此这种解释应该是合理的。

另外，虽然为了获得承认申请的实验本身看上去是符合专利法第 2 条第 3 款中所说的实施的概念的，但从本制度的主旨来看，很明显并不能够基于能够实施为了获得承认申请而进行的实验，去认为不符合"无法实施的期间"。从条文的语句来看，第 67 条第 2 款中所说的"实施"是有关其执行的，可以将其视为有必要获得该项中所说的"处分"的情况（名古屋地方法院平成 9 年 11 月 28 日判决·判例工业所有权法〔2 期版〕1751 之第 68 页［胍基苯甲酸衍生物Ⅵ］的附带意见）。

（三）处分有多个的情况下能否延长

承认是针对物、用途等发出的，因此就同一医药品或同一专利发明发出多个承认的情况是可能存在的。这种情况下，由于物和用途存在差异，因而相应的无法实施的期间也有可能不同。因此，在有可能发出多个延长登记的前提下，专利法规定，延长登记的专利权的效力不及于以登记或承认等方式所限定的物和用途以外的实施行为（第 68 条之 2）。

虽说如此，但有关生产销售的承认，是按照剂型、用法、用量及其他等相当细致的类别进行区分的，在这种情况下做出的承认时，能否认可延长登记成为一个问题。

当初，对于后面一个承认（在后处分）是在与前一个承认（在先处分）在有效成分、功能、效果上都相同的范围内给予的承认的情况，判例的立场是对于再次的处分不认可其延长登记。在这种抽象论的影响下，不同的药物剂型不应被视为其他的"物"或"用途"。比如，对于在胶囊剂型下获得了承认的药品，后又以鼻药水的剂型获得了一个新的承认时（东京高等法院平成 10 年 3 月 5 日判决·判时 1650 号第 137 页［富马酸酮替芬类的新的制造方法］），以及对于以成人为对象的药剂发给了在先处分，后将适用对象扩大到成人和儿童而获得在后处分（东京高等法院平成 12 年 2 月 10 日判决·判时 1719 号第 133 页［盐酸昂丹司琼］），这些情况下都不能认可以在后处分为前提的延长登记。此后，持同样观点的判例接连登台（知识产权高等法院平成 17 年 5 月 30 日判决·平成 17（行ケ）10012［齐多夫定·拉米夫定］、知识产权高等法院平成 19 年 1 月 18 日判决·平成 17（行ケ）10724［吡啶衍生物及含有该成分的溃疡治疗剂］、知识产权高等法院平成 19 年 1 月 18 日判决·平成 17（行ケ）10725［含有胃酸分泌抑制剂的固体］、知识产权高等法院平成19年1月18日判决·平成17（行ケ）10726［酸不稳定化合物的内服制剂］）。

但是，这些判例所处理的案件都属于即使依据在先处分专利发明就能够得以实施的情况。专利法第67条之3第1款第1项规定，在"该专利发明的实施……必须获得处分的情况不被认可时"，可以拒绝延长登记的申请。从该规定的语句来看，在基于在先处分并不能使专利发明得以实施，而是基于在后处分才使得专利发明的实施成为可能的情况下（比如，有关剂型的发明，即使是有效成分、功能、效果都相同的在先处分，但由于该剂型的药品的生产承认没有下达因而不能实施，而是基于在后处分才使得这种剂型的生产销售成为可能的情况），恐怕会得出不同的结论。

虽这么说，但对于一种叫做"水溶性多肽的微缩胶囊化"的剂型的专利发明，有效成分、功能、效果都相同的在先处分是有关鼻药水的，依据在先处分该专利发明无法得到实施，而是依据在后处分才使得微缩胶囊的生产承认获得批准。在这个案件中法院认为，若对这种情况认可有效期间的延长，那么有可能导致与新型药物的生产方法、化合物相关发明相比，有关剂型的专利发明将能够按照每个剂型获得延长，这种结果是有违公平的。同时，拿出所引用的专利法第68条之2，认为专利法对于药事法第14条第1款的承认对象的医药品是从物（有效成分）和用途（功能、效果）的观点把握是否做出处分的，但本案中需要做出新的处分的不是有效成分、功能、效果这种层面上的东西，而只是鼻药水和微缩胶囊在剂型上的不同而已。并以此为理由，法院对于认为符合第67条之3第1款第1项从而否定了延长登记的专利局的原复审决定予以了维持（知识产权高等法院平成17年10月11日判决·平成17（行ケ）第10345［布舍瑞林醋酸］）。此后持同样观点的判决也相继出现（知识产权高等法院平成17年11月16日判决·判夕1208号第292页［眼灌注·清洗液袋包装］、知识产权高等法院平成19年7月19日判决·判时1980号第133页［长期持续释放微胶囊］、知识产权高等法院平成19年9月27日判决·平成19（行ケ）10017［丙酸倍氯米松］）。

正如这样，对于仅以是否与在先处分在有效成分、功能、效果具有同一性为标准，来决定基于在后处分的延长决定是否成立的判例在另一些判例中受到了批判，该批判则以 Drug Delivery System（DDS：药物送达体系）的重要性为依据。其中，提出批判的比如知识产权高等法院平成21年5月29日判决·判时2047号第11页［医药］，该案中作为在先处分对象的在先医药品不是实施涉案发明的,而且该在先处分的获得者也不是专利权人、排他使用许可人或者登记过的普通使用许可人。法院认为依据第 67 条之 3 第 1 款第 1 项所规定的拒绝延长登记申请的理由将申请予以否定,必须符合以下两种情况之一,即不被认为是因接受"政令所规定的处分"而解除了禁止的行为,或者是"因接受'政令所规定的处分'而解除了禁止的行为"不包含于"符合'该专利发明的实施'的行为"。并在此基础上,明确了既然基于在先处分无法实施专利发明,那么在先处分的存在不妨碍以在后处分为基础申请的延长登记获得批准(持同样观点的判例,见知识产权高等法院平成 21 年 5 月 29 日判决·平成 20(行ケ)10458 号[控制释放组合物]、知识产权高等法院平成 21 年 5 月 29 日判决·平成 20(行ケ)10459[长期持续释放微胶囊]、知识产权高等法院平成 23 年 3 月 28 日判决·平成 22(行ケ)10178[齐多夫定])。该案的上告审的判例 判例 62 也维持了原判决,明确了当基于在先处分而获得承认的医药品的生产销售行为不属于专利发明的技术保护范围时,不能成为否定以在后处分为基础提出的延长申请的理由。

如上所述,由于是直接的基于在先处分而实施专利发明的案例,因此当基于在先处分也能使专利发明得以实施的情况下,在后处分要在多大程度上区别于在先处分才得以认可延长登记,本判决并未对这个问题进行直接的处理。但是,在不拘泥于物(或者有效成分)、用途(或者功能、效果)的框架(特别是原判决)下,即使是基于在先处分得以实施专利发明的情况,也与以往的判例的趋势有所不同,而是有可能在更加细分化的范围内认可延长登记。

在最近的判例中有如下判决,该案中的在先处分的对象是"轻度及中度的阿尔茨海默型痴呆的痴呆症状的恶化抑制",在后处分的对象实质上是"重度的阿尔茨海默型痴呆的痴呆症状的恶化抑制",法院认为,虽然针对的疾病都是阿尔茨海默型痴呆、药理作用都是阻碍乙酰胆碱酯酶,但由于在先处分与在后处分之间在重度症上有区别,在有必要进行另外的临床实验的情况下,应该认定二者在用途上存在的差异,并以此为理由,维持了专利局做出的有关延长登记无效宣告请求不成立的审理决定(因此,重视"用途"的差异的这种框架没有崩塌。知识产权高等法院平成 23 年 2 月 22 日判决·平成 21(行ケ)10423 等[环胺衍生物])。

(四)获得了延长登记的专利的效力范围

如前所述,获得了延长登记的专利权的效力仅及于登记和承认所限定的物或用途(第 68 条之 2),因此这里所谓的"物"或"用途"的含义成为问题。

在之前有关在后处分与延长可否的部分介绍的知识产权高等法院平成21年5月29日判决·判时2047号11页［医药］，对此做出了判决。以往的判例是从规定了获得延长的专利权的效力范围的第68条之2的条文中，逆向推论给予延长处分的基本对象，而该判决指出以往判例的这种逆向推论并没有必然性。与此同时，法官在附带意见中对此具体进行了阐述，即将第68条之2中所谓之"物"和"用途"分别解释为"有效成分"和"功能、效果"的这种观点是错误的，当"政令规定的处分"是药事法上所规定的承认时，作为"政令规定的处分"对象的"物"，是指通过该承认赋予的医药品的"成分"（且这里的"成分"并非限定于发挥药效的有效成分）、"分量"以及"构造"所特定的"物"。但是，上告审的判例（最高法院平成23年4月28日判决·平成21（行ヒ）326［医药上告审］即 判例62）对此没有做出判示。

在另一个案件中，涉案专利发明中有对覆盖层（将味觉面罩的内容物进行覆盖的那一层）的物质进行特定，这种情况下，对于放入怎样的物质并未被特定的专利发明的有效期间的延长登记申请，却遭到了拒绝查定。对于拒绝查定的复审决定认为，为了使获得医药品的处分成为实施专利发明的必要前提，至少需要依该处分予以特定的"物"，即"有效成分"作为专利发明的构成要件明确的被特定下来。当专利权有效期间的延长限定于作为"政令规定的处分"的对象的"物"或"物及用途"（第68条之2）时，复审决定要求这种限定要作为记载于权利要求范围的有效成分被特定化（复审决定的立场是认为涉案专利这样的发明不能被认可有效期间的延长）。但是，知识产权高等法院平成22年12月22日判决·平成21（行ケ）10062［迅速溶解的多颗粒片剂］却指出，并不认可限定于特定的专利发明的有效期间的延长，该法院认为"物"或者"物及用途"作为专利发明中的特定的构成，没有必要通过明文予以区分化，进而据此取消了此前的复审决定。无论上述是哪个案件，可以说都是以下问题。即在"物"或"用途"上划定效力的第68条之2的语句，会与更加细分化的情况或者像DDS所代表的那样"有效成分"或"功能效果"，在应用层面上做出不同划分的新类型的医药专利发明的情况产生冲突，此时究竟是贯彻以"有效成分"（与"物"相对应）和"功能效果"（与"用途"相对应）为中轴划定其范围的这种传统的处理方法，还是探索完全不同的其他的处理方法，这就是问题所在。

判例62　最高法院平成23年4月28日判决·平成21（行ヒ）326［医药］

【基于在先处分获得认可的医药品的生产销售行为不属于专利发明的技术保护范围时，不成为否定以在后处分为基础申请的延长登记的理由】

〈案件事实〉

本案原告拥有一项有关制剂技术的专利发明，该发明能使得以往技术难以实现的让大肠及小肠中的药物大量溢出成为可能。该原告于2005年9月30日基于对一种有效成分为"盐酸吗啡"、功能效果为"伴随有中度至重度疼痛感的各种癌症的镇痛"的医药品（在后医药品：是一种商品名称为"パシーフカプセル30mg"的缓释胶囊制剂）取得的药事法第14条第1款上的承认（在后处分），向专利局申请了有效期间的延长登记，但被驳回，进而提出对专利局的驳回决定不服的复审请求，亦被发出复审请求不成立的复审决定。专利局的理由是，2003年3月14日原告曾以有效成分为"盐酸吗啡"、功能效果为"伴随有中度至重度疼痛感的各种癌症的镇痛"的医药品（在先医药品）取得了药事法第14条第1款的承认（在先处分）。

原审知识产权高等法院平成21年5月29日判决·判时2047号第11页［医药］做出了将复审决定予以取消的判示。专利局不服，上告至最高法院。

〈判决要旨〉

驳回上告。"基于药事法第14条第1款获取的生产销售的承认是申请专利权有效期间延长登记的理由。当在获得一项生产销售的承认（以下称为'在后处分'）前，就已有对于与在后处分的对象的医药品（以下称为'在后医药品'）具有相同有效成分及功能效果的医药品（以下称为'在先医药品'）获取了生产销售的承认（以下称为'在先处分'）的情况下，当在先医药品不属于申请延长登记的专利权的任一请求项所涉及的专利发明的技术保护范围时，不得以在先处分为依据，对于实施该专利发明需要获得在后处分的情形予以否定。这是因为，专利权有效期间的延长制度的目的在于，对于因接受专利法第67条第2款中政令所规定的处分而导致无法实施专利发明的期间予以回复。虽说与在后医药品在有效成分及功能效果上相同的在先医药品获取了在先处分，但既然在先医药品不属于申请延长登记的专利权的任一请求项所涉及的专利发明的技术保护范围，那么上述申请延长登记的专利权中，不仅不能认为在后医药品构成对其实施，甚至上述专利权中任一请求项所涉及的专利发明都不能说被实施了。而且，当在先医药品不属于申请延长登记的专利权的任一请求项所涉及的专利发明的技术保护范围，无论对于基于在先处分有效期间获得延长的专利权的效力范围（专利法第 68 条之 2）做如何解释，都不能左右上述结论。"

〈**评论**〉

为了迎合新物质发明或用途发明而构建的有效期间延长制度（特别是第 68 条之 2），在面对以 DDS 为代表的近期的制药产业的革新状况时变得无法应对，因而导致一系列纷争。究竟是按照当初的设定还是按照实际状况去处理这些新问题，对于这个方向性需要探求。

其中，本判决直接明确了如下主旨，即当作为在先处分对象的医药品的生产销售行为不构成对涉案专利发明的实施行为时，不得以该在先处分的存在为由拒绝基于在后处分提出的延长登记申请。但对于基于在先处分得以实施涉案发明时，在后处分要在多大程度上区别于在先处分才得以认可延长登记，并未给出直接的标准（古泽康治："判批"，载《知的财产法政策学研究》第 27 号〔2010 年〕）。

延长期间的专利权效力仅及于获得处分的"物"或"用途"的范围内（第 68 条之 2），但是，比如无论是胶囊剂也好还是滴鼻液也好，（虽然多少会有些不同）对于大多数消费者而言两者是可以相互替代的。既然如此，那么假如以生产销售胶囊剂需要获取承认为由而认可了延长登记的专利权的效力，若不及于滴鼻液，专利权的保护就有可能被规避。对于延长的专利权的保护的期望是，希望其及于市场上具有替代可能性的产品的范围，对此以法律予以确定下来的可能就是第 68 条之 2 中所谓的"物"或"用途"的标准。即便是剂型不同，但只要在功能、效果是在相同的范围内则仍是同样的"物"或"用途"，这点应该是不变的。

如上所述，若延长的专利权的保护也及于不同剂型，那么对于在胶囊剂上已获得了承认的情况，假使基于此（与本案的情况不同）能够实施专利发明，由于在排他权的庇护下能够满足市场的需要，那么重复的认可对于滴鼻液的有效期间的延长，恐怕将缺少充分的理由。但是，从关于第 68 条之 2 的本案原判决的解释论中可以看出，至少原判决可能比较亲近于按照"成分"、"分量"、"结构"、"用途"的不同来认可延长登记的这种立场。

虽然最高法院未做出判断，但原判决的立场很明确，即在认为对延长登记的可否存在影响的同时，对获得了延长的专利权的效力所及的"物"和"用途"，与以往的判例相比进行了更加细致的限定。

专利发明是与医药品相关的情况下，在其权利要求范围内的实施形态中，只有获得了药事法所规定的承认的医药品的"成分"、"分量"及"结构"所特定的"物"上的该专利发明的实施，以及该医药品的"用途"所特定的"物"上的该专利发明的实施，才应当被解释为被获得了延长的专利权的效力所及（对于其等同物或者被评价为具有实质性同一的物也被包含其中的理解，按照对权利要求范围的通常的解释，可以说是理所当然成立的）。

关于第68条之2，药事法上的承认将用法、用量及其他很细分化的承认对象予以特定。对此，以往的判例是如下解释的，即这只不过是从其中将"有效成分"、"功能""效果"作为获得了延长专利权的范围的一个划定目标，以防止对专利权的效力进行过度限缩。即便是本案的原判决，也没有将药事法上的全部特定事项解释为限定专利权效力的要素，通过解释为"成分"、"分量"、"结构"进行限定，相比于以往的判例，从语句上来看，对于范围较小的效力也予以了认可。但是，通过"等同物"等进行范围的调整时，这里所说的"等同物"，按照通常的等同原则所说的本质部分的要件，及于与技术思想相同的范围，有可能会认可超出了与技术思想无关的特定事项的保护范围（当然，另外的方法是需要满足置换可能性）。

本判决对于这一点予以了保留。关于第68条之2的效力范围的问题，在基于在先处分就能够实施专利发明的情况下的具体处理方法，还要依靠今后判例的发展。

第六节　无效宣告请求[1]

一、概说

对于将因专利权人提起侵权诉讼而成为被告的人，或者现在已经成为被告的人来说，以专利权人为相对方向专利局请求宣告专利权无效的复审（第123

---

[1] 译者注："无效宣告请求"对应的日文原词为"無効審判請求"，即向专利局审判机构提起的要求宣告专利无效的请求。专利局审判机构进行对该无效宣告请求进行审理，这一过程在日本被称为"審判"，相当于一种准司法裁判，本书中将其译为"复审"。该审理所作出的决定，在日本被称为"審決"，本书中将其译为"复审决定"。此外，对于上述专利局审判机构经过审理所作出的决定不服，进而向法院提起撤销该决定的行政诉讼，在日本被称为"審決取消訴訟"，本书中将其译为"请求撤销复审决定的行政诉讼"。

条第 1 款）可以作为一项重要的防御手段。实用新型和外观设计也有无效宣告制度（实用新型法第 37 条第 1 款，外观设计法第 48 条）。

作为争论专利权有效性的程序，除了无效宣告之外，原来还并存着任何人都能够申请的赋予后异议的申请制度（该制度被定位为专利权赋予后的公众审查），该制度在平成 15 年修订中被废止，与无效宣告制度成为一体。

此外，在请求宣告专利权无效时，应该提出宣告专利权无效的复审，不允许直接向法院提起将专利权无效的行政诉讼（东京高等法院平成 13 年 3 月 27 日判决·判例工业所有权法〔2 期版〕之第 3829 页）。但是，可以提起专利权的差止请求权的不存在确认诉讼，在该过程中可以主张专利权无效，只不过不是请求将专利权对世无效（平成 16 年修订的专利法第 104 条之 3 的第 1 款，适用了以专利权明显无效为理由的权利滥用理论，该判决可以参照最高法院平成 12 年 4 月 11 日判决·民集 54 卷 4 号第 1368 页〔半导体装置〕）。

二、无效宣告的请求人

在平成 15 年专利法修订以前，对无效宣告的请求人适格问题没有明文规定，但在判例中，请求无效宣告需要请求人具有法律上的正当利益，没有任何利害关系人将不具备请求人适格性（本书第 2 版第 261~263 页）。但是，通过平成 15 年的专利法修订后，任何人均可以请求无效宣告（第 123 条第 2 款），请求无效宣告不再要求请求人具有利害关系（平成 16 年 1 月 1 日起施行）。但是，在以冒认申请和违反共同申请要件为理由提起无效宣告时，只有具有专利申请权的人才满足请求人适格性（第 123 条第 2 款但书条款）。

作为遗留问题，还存在以下论点，在专利权人与请求人之间缔结了撤销无效宣告请求的和解协议，但是请求人并没有撤销无效宣告请求时应该如何处理。在平成 15 年专利法修订以前，达成这种和解协议时，由于丧失了请求无效宣告的法律上的利益，因此应该对无效宣告请求不予受理（东京高等法院昭和 54 年 11 月 28 日判决·判例工业所有权法第 2333 页〔自动制材机〕，东京高等法院昭和 55 年 12 月 23 日判决·判例工业所有权法 2443 之 5 之第 135 页〔气密包装〕，东京高等法院昭和 58 年 3 月 30 日判决·判例工业所有权法 2443 之 5 之第 138 页〔自动控制装置〕）。平成 15 年专利法修订后，也许会有反对的观点认为无效宣告的请求强化了公益色彩，但是既然很明显依然能够撤销（第 155 条第 1 款），即法律将是否继续请求无效宣告相关的处分权能授予个人。因此，应该承认和解协议的有效性，甚至应该对无效宣告请求不予受理。

基于同样的理由,在实施许可合同中,设置了被授权人不能对专利权的有效性进行争议的不争条款(不存在违反独占禁止法(反垄断法)的问题),在该专利权的有效性被承认的情况下,也应该对无效宣告请求不予受理。此外,在平成15年专利法修订前的判例中有如下案例,在不存在不争条款时,并不是说仅仅由于接受了实施许可就直接被认为不允许请求无效宣告(东京高等法院昭和60年7月30日判决·无体集17卷2号第344页[龙头配件〔外观设计〕],东京高等法院昭和38年1月31日判决·行集14卷1号第95页[合成树脂化妆板]是在旧法下发生的案件)。平成15年专利法修订后,不再需要请求人具备利害关系的法理被认为是妥当的。

此外,在无效宣告请求人与专利权人之间存在请求无效宣告违背诚实守信原则的关系时,请求人的适格性将被否定,但这是平成15年专利法修订前的判例(作为附带意见,见东京高等法院昭和62年6月18日判决·判例工业所有权2333之第11页[掘削装置])。强调通过专利法修订强化了公众审查的色彩时,或者也可以理解为以诚实守信原则为理由对无效宣告请求不予受理时应该慎重。关于商标权人以造成混同或者品质误认的行为为理由请求撤销注册商标的复审(商标法第51条),有如下判决,申请人自身接受和解金撤销赋予前的异议申请(当时的制度)的结果为,商标权人自身对已经授权的商标请求撤销该商标权。这违背了诚实守信原则,因此不被允许(最高法院昭和61年4月22日判决·判时1207号114页[尤海姆(ユーハイムコンフェクト)])。根据该理论,对于专利的无效宣告请求,也不是不可能以违背诚实信用原则为由不予受理无效宣告请求的。

于是,产生了具体在何种情况下才应该不予受理无效宣告请求的问题。在平成15年专利法修订前的案件中,有如下判决,既然纠纷原本已经通过合作关系解决了,那么作为对于专利权人作出的诉前临时禁令申请的防御方法,将曾经记载自己公司名字的杂志的文章(接受专利权人的委托记载了无效宣告请求人制作的产品)作为证据提出,即使涉及无效宣告请求,也不违反诚实守信原则(上述东京高等法院[掘削装置])。另外,仍然是平成15年专利法修订前的案件,该案件不是当事人的问题,而是原来作为专利权人的代理人维持过专利权的专利代理人的问题,虽然专利权人变更了,但这次又作为无效宣告请求人的代理人请求无效宣告,这违反了专利代理人法第8条第1款,因此无效宣告请求无效(撤销了宣告专利权无效的复审决定,东京高等法院平成4

年 9 月 16 日判决・知裁集 24 卷 3 号第 992 页［金属止血夹］）。

三、被请求人

专利无效宣告的相对方即被请求人是专利权人（虽然没有直接的条文，但是第 179 条但书条款、第 132 条第 2 款、第 123 条第 4 款等均以此为前提）。并不是以授予专利权的专利局为被告。虽然在无效宣告中，围绕专利局作出的授予专利权的行政行为提起请求，但是，进行争辩的终归是请求人与专利权人，因此引入民事侵权诉讼中双方当事人的对立构造。这一点与不服驳回申请决定的复审（第 121 条）不同，在申请过程中收到了驳回专利申请的通知书的申请人，提出不服驳回申请决定的复审（第 121 条），是以专利局为被请求人。着眼于该不同点，有时将无效宣告称为当事人系的复审，将不服驳回申请决定的复审称为审查系的复审。

在对共有的专利权请求无效宣告时，必须将专利权的全体共有人作为被请求人来提出复审请求（第 132 条第 2 项），即所谓的必要共同复审。但是，有如下判决，无效宣告请求人实施了将最初请求复审时没有记载的共有人添加到被请求人中的补正，在该案中，法院认为消除了与必要共同复审的要求相关的瑕疵，从而维持了无效宣告复审决定（东京高等法院昭和 47 年 10 月 24 日判决・无体集 4 卷 2 号第 598 页［密闭搅拌装置］）。另外，关于瑕疵的消除还有如下判决，在共同继承人中，通过遗产分割协议单独继承，并成为单独的外观设计权人的当事人，在最初请求复审时，事实上就开始作为当事人实施了行动（提出答辩书催告书的通知和上诉书），该案判决为，将已经死亡的外观设计权名义人作为被请求人提出无效宣告请求，与在外观设计法第 52 条中准用专利法第 132 条第 2 款不相违背（东京高等法院昭和 61 年 5 月 29 日判决・无体集 18 卷 2 号第 161 页［排水混凝土砌块］）。回顾已经进行过的程序来判断手续和效果的归属者，从而来确定当事人，从这一观点来看，本案无效宣告请求的被请求人是上述单独继承人。

四、审理

请求宣告无效的复审通过请求人向专利局局长提出记载有规定事项的请求书开始（第 131 条第 1 款）。

请求宣告无效的复审由专利局局长指定的三名或五名复审员组成（第 136 条第 1 款，第 137 条第 1 款）。但是，有如下案件，即使没有指定复审员，请求宣告无效的复审程序也会开始。因此，即使申请人几乎与审理终结通知同时接到复审员指名的通知，也不能认为违法（东京高等法院平成8年3月21日判决·判例工业所有权法〔2期版〕7331之11〔HIPRO〕〔商标〕（驳回复审））。

提出请求宣告无效的复审请求时，复审长将请求书的副本送达给被请求人，必须指定一定期间，并给予提出答辩书的机会（第134条第1款）。基于复审长的补正许可决定，即使是在作出变更无效宣告请求理由的补正时（第131条之2第2款），也进行同样处理（第134条第2款正文）。但是，认为没有必要给予被申请人提出答辩书的机会，存在这种特殊情况时，则不在此列（第134条第2款但书条款）。

有如下判例，即复审长在受理了答辩书时，必须将该副本送达给申请人（第134条第3款）。但是，即使没有送达答辩书副本就作出审查决定，在认为该瑕疵明显不会给审查结论带来影响的特殊情况下，则不至于撤销复审决定。例如，答辩书的内容是与申请人的主张不同的反论，认为不需要申请人再次进行反论，这种情况（东京高等法院平成8年4月18日判决·判例工业所有权〔2期版〕第4755页〔合页Ⅱ〕，东京高等法院平成10年1月14日判决·判例工业所有权〔2期版〕3193之第2页〔挎肩包（外观设计）〕），答辩书的内容是对原告的主张进行的反论，作为对方的原告基于在复审案件中提出的证据，因此基于本案发明的说明书以及引用文献等，属于原告当然可预见的范围内的证据的情况等（东京高等法院平成11年10月13日判决·判例工业所有权〔2期版〕717之第175页〔钢的热处理方法〕）等。

原则上，请求宣告无效的复审是通过口头审理进行（第145条第1款）。请求人具体地主张怀疑冒认，与该种情况不同，虽然负有主张举证责任的专利权人没有进行具体的举证活动，但是复审长依职权将口头审理变更为书面审理（第145条第1款但书条款），该行为被认为是显失公正的程序，超出裁量范围（知识产权高等法院平成21年5月29日判决·判时2104号第101页〔基板处理装置〕）。

在请求宣告无效的复审程序中，对于复审申请人没有申请的请求不能进行审理（第153条第3款）。因此，例如，申请人对权利要求书中的权利要求A请求无效宣告，则不允许做出宣告权利要求B无效的无效宣告复审决定（参照123条1款条文2）。

但是，如果是在请求趣旨的范围内，则对当事人或者参加人没有申请的理由也能够进行审理（第 153 条第 1 款），也可以依职权调取证据（第 150 条第 1 项）。但是，依职权审理以及依职权调取证据，并不是复审员的义务（相关地，有以下判决，在赋予后异议的过程中，复审员没有对应该进行审理的专利公报进行审理就取消了专利权，原专利权人以此为理由要求国家赔偿，该请求被驳回，东京地方法院平成 16 年 12 月 10 日判决・平成 16（ワ）19959［放电烧结装置］，东京高等法院平成 17 年 3 月 30 日判决・平成 17（ネ）162［放电烧结装置控诉审］）。例如，对于申请人没有主张的无效理由，则即使通过已经调取完毕的证据很容易获知这些无效理由，对此没有进行审理也不违法。即使对是否主张添加的无效理由没有解释说明，复审决定也不违法，假设即使做出了复审决定，但复审申请人再次主张上述公知常识请求无效宣告也是可以的（东京高等法院平成 2 年 3 月 15 日判决・无体集 22 卷 1 号第 158 页［袜子后整理模板〔外观设计〕］，最高法院平成 3 年 12 月 5 日判决・判时 1412 号第 139 页［袜子后整理模板上告审］也维持了此判决。作为同类的判决，东京高等法院平成 8 年 9 月 11 日判决・判例工业所有权法〔2 期版〕6109 之第 28 页［微波蒸笼（外观设计）］）。同样，即使没有调查当事人未提出的证据，复审决定也不违法（东京高等法院昭和 56 年 9 月 30 日判决・无体集 13 卷 2 号 640 页［外科胶带］）。另外，复审请求人将其他实用新型的申请公报作为引用文献提出时，该公报是在作为攻击对象的本件实用新型提出申请后发行的，在该案中，判决如下，复审员即使能够获知其他技术方案要比本件技术方案的公报中记载的申请公开的日期要早，也没有调查该内容的义务（东京高等法院平成 4 年 9 月 22 日判决・判例工业所有权法〔2 期版〕4831 之第 19 页［定置用舞台］）。但是，也有如下判决，尽管复审长接受无效宣告申请人提出的出版物并进行了阅读，又作出了提交译文的指示，但是没有等到无效宣告申请人提出该出版物的译文，在不到一个月的时间内就作出了复审请求不成立的复审决定。在这种情况下，由于审理不到位，因此违法（东京高等法院昭和 41 年 12 月 20 日判决・行集 17 卷 12 号第 1366 页［瓶子构造］）。

在依职权对当事人没有申请的理由进行了审理的情况下，需要将该审理结果通知给当事人，必须指定一定期间并给予陈述意见的机会（第 153 条第 2 款）。在依职权调取证据时也进行同样的处理（第 150 条第 5 款。对当事人的申请相关的证据调取不适用该条款，参照东京高等法院平成 8 年 9 月 18 日判决・判例工业所有权法〔2 期版〕6191 之第 3 页［装饰型电插座灯（外观设计）］）。

但是，也有如下判决，第153条第2款只限于，在对是否符合复审请求相关的实体理由依职权进行审理时适用，因此，即使依职权对与是否存在利害关系这样的请求人适格性问题进行了调查，也不需要采用该条款的手续（关于商标的不使用撤销复审，参见东京高等法院平成6年2月1日判决·判例工业所有权法〔2期版〕8483之第55页）。

关于实体理由有如下判例，第153条第2项中所谓的"当事人没有申请的理由"是指，复审申请人申请的无效理由以外的理由，既然符合对无效理由进行规定的条款中的具体事实，那么即使依据具体事实作出的结论的判断和理论不同，也没有必要通知审理结果（东京高等法院平成11年12月28日判决·判例工业所有权法〔2期版〕4819之第463页〔凸轮式自动换刀装置〕）。具体地，对当事人提出的实体理由作出答复时，必须对所列理由逐一征求意见（东京高等法院平成9年12月25日判决·判例工业所有权法〔2期版〕1311之第257页〔航行轨迹记录装置Ⅰ〕，东京高等法院平成9年12月25日判决·判例工业所有权法〔2期版〕1375之390页〔航行轨迹记录装置Ⅱ〕，东京高等法院平成9年12月25日判决·判例工业所有权法〔2期版〕1311之第269页〔航行轨迹记录装置Ⅲ〕）。对当事人能够充分预期的理由，也逐一采取了征求意见的手续，那么审理只会被无故地拖延而终结。另外，在认定本件技术方案是基于当事人提出的引用文献中记载的发明或者技术方案而容易想到的发明或者技术方案时，即使以与当事人的主张无关的周知技术为由提出，也不需要进行征求意见的程序（上述东京高等法院〔凸轮式自动换刀装置〕，东京高等法院平成8年11月12日判决·判例工业所有权法〔2期版〕717之第134页〔电解铜箔的制造设备〕，东京高等法院昭和58年11月8日判决·无体集15卷3号第701页〔包装用容器（外观设计）〕）。周知技术是指本来复审员和本领域的技术人员都熟知的技术事项，并不是说，如不逐一出示就不知道该技术的存在。另外，即使在法条不同的情况下，无效宣告申请人主张违反了专利法第29条第2款（不具备创造性）时，判决即使采用了如下无效理由，即引用文献与本件发明实质相同，因此违反了专利法第29条第1款第1项（公知），由于是根据复审申请人主张被申请人反驳的争论点作出的判断，所以不需要再次向其通知理由（东京高等法院平成5年2月24日判决·判例工业所有权法〔2期版〕393之第11页〔停止片群〕）。并且，由于与具体事实不同而对当事人没有申请的理由进行了审理，因此，即使存在缺少第153条第2款规定的手续的瑕疵，最高法院平成14年9月17日判决·判时1801号第

108 页 [mosrite（商標）上告审]（关于以误认混同为理由的撤销注册商标的复审的案例）的事实关系，在主要部分上是大致相同的，并且，该理由被记载在申请人在复审中提出的答辩书中，被申请人被告知进行复审手续举证活动时，即使没有进行征求意见的程序，对于被申请人来说也不算是出其不意，因此撤销复审决定并无违法之处（撤销与此判断不同的原判决）。

另一方面，关于依职权调取证据，仅根据这种形式上的理由即省略征求意见的手续，这是不正当的。即使是在对当事人申请的理由依职权进行证据调取时，有时也适用该条款（参照第 150 条第 5 款），应该认为，即使是表示周知技术的证据，也不允许直接省略征求意见的手续。

在判例中，有如下判决。例如，依职权调取的证据是判断创造性时不可欠缺的证据，省略征求意见的手续明显会损害外观设计权人行使防御权，以此为理由，撤销了原复审决定（东京高等法院平成 9 年 5 月 29 日判决·知裁集 29 卷 2 号 542 页 [钓鱼杆（外观设计）]）。如果适用后者的判决标准，则即使对证明本领域技术人员的常识的证据，也不允许省略征求意见的手续，有时会成为 "必要不可缺" 要件。此后，关于不服驳回商标注册申请的决定的复审和商标的无效宣告相关的案件（商标法第 56 条准用商标法第 150 条）中，出现了很多依职权调取了证据却未通知结果的情况下，将复审决定予以撤销的判决。比如，关于用于认定需要者如何认定申请商标的称呼的新闻记事的记载事项的案件（东京高等法院平成 12 年 2 月 28 日判决·判例工业所有权法〔2 期版〕第 3479 页 [瓶花]（商标）（驳回复审）），用于判断可能与引用标章混同的书籍等的记载事项的案件（东京高等法院平成 12 年 1 月 27 日判决·判例工业所有权法〔2 期版〕3505 之第 9 页 [马球运动员马克（ポロプレーヤーマーク）（商标）]，东京高等法院平成 13 年 2 月 15 日判决·判例工业所有权法〔2 期版〕3479 之第 4 页 [POLO（商标）（驳回复审）]，用于判断引用商标和注册商标中共通的文字部分的称呼自身的自他商品识别力极其微弱的出版物的记载事项的案件（东京高等法院平成 11 年 9 月 30 日判决·判例工业所有权法〔2 期版〕3877 之第 70 页 [TSURUYA]）。

但是，不是在何种情况下都会撤销复审决定，有如下判决，复审申请人没有积极争辩的驳回申请决定中认定的事实关系，而仅调取了包含该事实关系的出版物的证据时，不能认为存在应该撤销复审决定的瑕疵（东京高等法院平成 12 年 9 月 28 日判决·判例工业所有权法〔2 期版〕7381 之第 395 页的 [POLO LEAGUE（商标）（驳回复审）]）。原来，即使没有作出依职权调取的补充证据的通知，但是参照复审的经过是当事人能够充分预期的证据时，有时也不能成为撤销复审决定的理由（东京高等法院昭和56年12月21日判决·无体集13卷2号933页［磁带记录再生装置］（驳回复审）），是否符合当前判例的趋势，仍然存在疑问（作为附带意见，上述东京高等法院［POLO（商标）在结果上如果没有出其不意，则应该允许］）。

五、无效宣告请求的复审决定

在对案件做出复审决定已经时机成熟时，复审长要将审理的终结通知送达当事人和参加人（第156条第1款）。但是，该项被理解为训示规定，即使是在通知没有到达当事人的期间作出了复审决定，该行为也不能成为取消该复审决定的理由（东京高等法院昭和46年3月23日判决·无体集3卷1号第109页［干洗组成物］（驳回复审），东京高等法院昭和47年11月21日判决·判タ288号第220页［重合法］（驳回复审））。另外，即使在审理终结通知送出之前作出复审决定也并不违法（东京高等法院昭和41年3年10行集17卷3号第254页［石油焦生产工艺］）。

此外，必要时复审长在通知后可以不作出复审决定，依据职权或者根据当事人等的申请再次进行审理（第156条第2款）。当然并不是申请了就一定能再次进行审理（东京高等法院昭和61年1月16日判决·判例工业所有权法2389之第401页［封装方法］（驳回复审），东京高等法院平成元年3月29日判决·无体集21卷1号第255页［具有热切断薄膜的冷冻陈列柜］（驳回复审））。

作出复审决定时复审程序终结（第157条第1款）。

复审决定按照记载了规定的记载事项的文书进行（第157条第2款）。特别是，在复审决定中必须给出作出复审决定的理由（第157条第2款第4号）。

最高法院昭和59年3月13日判决·判时1119号第135页［非水溶性单偶氮染料的制法］作出如下判断，"该发明所属技术领域中具有通常技术的人员的技术常识或者成为技术标准的事实等，对这些事实进行判断时，只要没有特殊情况，作为复审中的最终判断，需依据通过证据认定的事实具体地将该判断的根据明示"，以此为理由，对于复审决定中所表明的如下结论，即引用文献中发明的成分容易被置换且生成染料也只具有相同程度的价值的结论，予以否定。同时，对于第157条第2款第4项的趣旨，阐述如下，即复审员应该慎重进行判断并保证其合理性，给予当事人考虑是否提起撤销复审决定的行政诉讼的机会，对于法院在判断复审决定的结论是否合理时所能够审理的对象予以明确。在以后的下级审中，有如下判决，用于搭建本件发明和引用文献发明1之间的不同点2的桥梁的引用文献发明2将"两根圆柱体的道标"作为必要技术特征，尽管与用于搭建不同点1的桥梁的周知技术相反，对于这一矛盾没有说明合理的理由，因此认定违反该条款（知识产权高等法院平成21年7月29日判决·平成20（行ケ）10338［芯片组］）。

对于争论点没有进行判断的复审决定，原则上应该予以撤销。例如，没有对补正是否合适进行判断，而是根据补正前的说明书的记载认定了发明思想时（东京高等法院平成6年7月27日判决·判例工业所有权法〔2期版〕第3882页［金属带材的感应加热装置］）等。在无效宣告申请人对同一事实主张发明未完成和说明书的公开不充分两个无效理由时，即使复审决定只是对发明未完成进行了答复，也不过是怠于列举法条的说明，因此，并不属于遗漏了判断的情形（东京高等法院平成5年3月31日判决·判例工业所有权法〔2期版〕253之第11页［盒式磁带装载装置］。最高法院平成5年10月19日判决·判例工业所有权法〔2期版〕253之第37页［盒式磁带装载装置上告审］也维持了该判决），但是根据案件情况，在主张说明书记载不充分和主张发明未完成的观点不同时，且根据对前者的复审决定说明不能体现出对后者的判断时，因为遗漏了判断而应该撤销该复审决定（东京高等法院平成9年11月11日判决·判例工业所有权法〔2期版〕3883之第7页［轨道起重机支腿］）。最近，还作出了如下判决，无效理由的主张超过多个条款时（具体地，第123条第1款第2项和第126条第4款），在没有对各主张进行判断就认定复审请求不成立的复审决定中，遗漏对结论产生影响的判断的行为具有违法性，主张该行为属于第126条第4款规定的事实，以订正后的发明符合第29条第2款为理由，即使主张与符合123条第1项第2号的内容相同，结论也不会变化（东京高等法院平成13年1月31日判决·判例工业所有权法〔2期版〕599之第245页［斜板式变排量压缩机］）。以分别违反第29条第2款和第36条第1款第4项为理由的两个无效宣告请求合并，对两个主张都进行了审理判断，但当后者的案件欠缺"复审请求不成立"的结论时，应理解为后者的案件遗漏了复审决定，因为案件还在专利局审理中，因此需要通过追加复审决定和撤销无效宣告请求来终结复审过程。由此，对于遗漏复审决定不能提起撤销复审决定的行政诉讼（知识产权高等法院平成19年10月31日判决·平成18（行ケ）10129［火花塞内燃机］）。

六、请求撤销复审决定的行政诉讼

(一) 概说

对于宣告专利权无效的复审决定（无效宣告复审决定）或者对于主张专利权并非无效的复审决定（无效宣告请求不成立决定），不服的人可以提起撤销复审决定的行政诉讼。撤销复审决定的行政诉讼由东京高等法院专属管辖（第 178 条第 1 款）。从 2005 年 4 月 1 日开始，作为东京高等法院的特别支部而设置的知识产权高等法院开始处理此类案件（知识产权高等法院设置法第 2 条第 2 款）。撤销复审决定的行政诉讼中设置了起诉期间（原则上复审决定誊本送达后 30 日（第 178 条第 3 款）），如果在该期间没提起撤销复审决定的行政诉讼，则该复审决定将获得确定。

在判例中，有如下案件，撤销复审决定的行政诉讼的规定没有成为争论点，基于国家赔偿法以损害赔偿请求的形式寻求救济成为争论点。法院认为，如要将复审员作出的复审认定为国家赔偿法第 1 条第 1 项规定的违法行为，从而认可国家负有赔偿责任，那么不仅需要在复审中存在应通过撤销复审决定的行政诉讼等不服申请制度进行纠正的违反条文等的瑕疵，而且需要存在将对违法复审的救济仅仅委托给该不服申请制度具有不适当的特殊情况（在针对不服驳回申请决定的复审请求不成立的复审决定提出的请求撤销该复审决定的行政诉讼中，驳回确定败诉的原告所提出的损害赔偿请求时，法官作出的裁判进行了同样的说理的，见东京地方法院平成 10 年 4 月 27 日判决·判时 1647 号第 137 页[新 S·S 型交换方式]，东京高等法院平成 12 年 3 月 22 日判决·判例工业所有权法〔2 期版〕3811 之第 11 页[新 S·S 型交换方式控诉审]）。

(二) 当事人

在撤销复审决定的行政诉讼中，在复审决定中败诉的当事人（或者参加人等（第 178 条第 2 款））作为原告，将在复审决定中胜诉的对方当事人作为被告提起诉讼（第 179 条）。但是，即便是作为代理人的专利代理人错误地将专利局局长作为了被告，由于专利代理人存在严重过失，因此不允许适用行政诉讼法第 15 条第 1 款规定的变更被告程序，对该起诉将不予受理（东京高等法院平成 7 年 3 月 29 日判决·判例工业所有权法〔2 期版〕第 3827 页[蛋糕]。最高法院平成 7 年 10 月 9 日判决·判例工业所有权法〔2 期版〕3829 页[蛋糕上告审]也维持了该判决）。原先在复审决定中败诉的当事人不具有要求取消该复审决定的利益时，上诉被驳回。有如下判决，即与已经消灭的专利权没有任何相关性的专利咨询公司，针对该专利权的无效宣告请求不成立的复审决定提起的撤销复审决定的行政诉讼，判示了对该起诉不予受理（东京高等法院平成2年12月26日判决·无体集22卷3号第864页［识别卡］）。但是，通过平成15年的修订，对于无效宣告请求原则上不需要具备利害关系，因此，只要专利有效则公众就可能不能享用该专利，这对于公众来说是不利的，提起撤销复审决定的行政诉讼时，应该解释为存在专利法第123条第2项规定的"法律上的利益"（行政诉讼法第9条），但是，对专利权消灭后的专利则要另当别论。

在复审申请人共同请求无效宣告时，则撤销复审决定的行政诉讼不需要全员共同提出（最高法院平成12年2月18日判决·判时1703号第159页［嗜好食物的生产方法］）。以前，无效宣告也能够被单独提起，因此也可以进行这种处理。在这种情况下，对于没有提起撤销复审决定的行政诉讼的请求人而言复审决定已作出，因此即使通过其他请求人提起的撤销复审决定的行政诉讼取消了复审决定，也不需要再次对该请求人提出的无效宣告请求进行再次审理（东京高等法院平成15年10月16日判决·平成13（行ケ）356［眼镜镜架的制造方法］）。此外，由于复审申请人中的一人在做出复审决定前成为破产者，由此中断复审程序对全体复审请求人都会产生效力，因此忽略了该情况下认定专利无效的复审决定的送达是不合法的，不发生效力，于是原告专利权人为了请求撤销该认定专利无效的复审决定而提起的本诉也免不了接受不予受理的结果（让破产财产管理人继受本案复审程序后，本件判决被合法送达时，附带示明，在该时间点上原告能够提起合法的撤销复审决定的行政诉讼，东京高等法院平成13年1月31日判决·判例工业所有权法〔2期版〕3877之第78页［连续墙壁的施工方法］）。

复审请求人不是共同进行而被申请人是共同进行，在专利权共有时，无效宣告请求必须将全体共有人作为被请求人（第132条第2款），在作出认定专利无效的复审决定时，与此相对的撤销复审决定的行政诉讼是否也必须由全体共有人提出，这成为论点。在下级审阶段中，有判决认为，关于针对宣告注册商标无效的复审决定提起的撤销复审决定的行政诉讼，应理解为需要全员共同提起的必要共同诉讼，单独提起诉讼是不合法的，因此将不予受理（东京高等法院平成12年10月11日判决·判例工业所有权法〔2期版〕第2827页［水泽乌东（商标）］，东京高等法院平成13年2月26日判决·民集56卷2号第358页［ETNIES（商标）］），判例63，最高法院平成14年2月28日判决·

判时 1779 号 87 页［水泽乌东（商标）］推翻了上述判决的观点，判示了各个共有者可以单独提起诉讼。并且，关于在专利权共有的情况下，针对基于赋予后异议的申请作出的撤销专利复审决定提起的撤销复审决定的行政诉讼，最高法院平成 14 年 3 月 25 日判决·民集 56 卷 3 号第 574 页［弹珠机设备］阐述了该旨意，明确各个共有者可以单独提起诉讼（参照采取了反对结论的东京高等法院平成 13 年 3 月 12 日判决·民集 56 卷 3 号第 598 页，推翻了一审）。

另外，还有一些与当事人相关的论点的判例，以下进行概观。

即使主张从复审决定的当事人处继受了专利申请权，但没有将该事实呈报给专利局局长，则不发生继受的效力（第 34 条第 4 款），不能以撤销复审决定的行政诉讼的原告适格性作为基础（东京高等法院平成 4 年 2 月 25 日判决·判例工业所有权法〔2 期版〕第 3821 页。最高法院平成 4 年 9 月 22 日判决·判例工业所有权法〔2 期版〕3821 之第 3 页也予以了维持）。即使在基于赋予后异议做出的撤销决定之后，当事人之间发生专利权转让，只要专利权的转移没有登记则不发生效力，因此，在转让登记前，在针对撤销决定提起的撤销该决定的行政诉讼中，具有原告适格性的是转让人而不是受让人（附带意见，在起诉期间内在存在转让登记的情况，消除了瑕疵，东京高等法院平成 14 年 11 月 27 日判决·平成 14（行ケ 392［附老虎机的显示画面表示画面］））。另外，在撤销复审决定的行政诉讼中，作为无效宣告请求人的被告死亡时，基于民事诉讼法第 208 条（现行民事诉讼法第 124 条第 1 款第 1 项），其继承人根据其他法律条款应该完成诉讼的继承人，应该继受该诉讼（最高法院昭和 55 年 12 月 18 日判决·判时 991 号第 79 页）。

此外，在撤销复审决定的行政诉讼中的被告无效宣告请求人一方有辅助参加人时，如果该人有获得确定了的复审决定并进行了登记，那么既然受到确定判决的一事不再理的对世效力（参照（7））的约束，则应该承认所谓的共同诉讼的辅助参加人具有更强固的地位，关于该诉讼行为应该适用与必要共同诉讼相关的第 62 条（现行民事诉讼法第 40 条），而不是民事诉讼法第 69 条第 2 项，因此既然在辅助参加人中对原告的主张存在争议，则与此相抵触的被告的自白就不能不发生效力（东京高等法院昭和 61 年 2 月 13 日判决·判例工业所有权法 2443 之 11 之 6［拍拍肩膀垫的制作方法］，最高法院昭和 62 年 10 月 20 日判决·判例工业所有权 2443 之 5 之第 192 页［拍拍肩膀垫的制作方法上告审］也维持了该判决）。

判例63 最高法院平成 14 年 2 月 22 日判决・民集 56 卷 2 号第 348 页
[ETNIES（商标）]

【针对共有注册商标的无效宣告复审决定提起的撤销该决定的行政诉讼，商标权的共有人中的其中一人，可以单独提起诉讼】

〈案件事实〉

Y 将 X 公司和案外人 A 公司作为被请求人，针对 X 和 A 共有的商标权，提起了注册商标的无效宣告。在专利局作出无效宣告复审决定后，X 单独提起了撤销该决定的行政诉讼。一审法院认定，对与共有相关的注册商标的无效宣告复审决定提起的撤销该决定的行政诉讼，需要由全体共有者提起必要共同诉讼，仅由 X 提起的本件诉讼是违法的，因此对该起诉不予受理。X 上诉。

〈判决要旨〉

发回重审。

一旦商标权获得注册，虽然商标权的共有人对于其持有部分的转让和独占使用权的设定等处理，需要得到其他共有人的同意，但即使没有得到其他共有人的同意也能够使用注册商标（商标法第 35 条准用专利法第 73 条）。

但是，一旦对授权的商标权作出注册商标的无效宣告复审决定，若在规定的除斥期间内未对该宣告商标无效的复审提起撤销复审决定的行政诉讼，则商标权将被视为自始不存在，排他性使用注册商标的权利消灭（商标法第 46 条 2）。因此，提起上述撤销复审决定的行政诉讼相当于防止商标权消灭的保存行为，因此，应该理解为商标权的共有人中的一人也可以单独提起诉讼。

即使商标权的共有人中的一人可以单独针对无效宣告复审决定提起撤销该决定的行政诉讼，在该诉讼中认可请求的判决得到确定时，该撤销效力对其他共有人也生效（行政诉讼法第 32 条第 1 款），将在专利局中对全体共有人之间的关系再次进行复审程序（商标法第 63 条第 2 项中引用的专利法第 181 第 2 项）。另一方面，在该诉讼中驳回请求的判决得到确定时，由于其他共有人的起诉期间届满，无效宣告被确定，则权利视为自始不存在（商标法第 46 条之 2）。不管在何种情况下，都不会产生与合并确定的请求相反的情况。另外，在各个共有人共同或者分别提起了撤销复审决定的行政诉讼的情况下，由于应该将这些诉讼理解为类似的必要共同诉讼，因此可以进行合并审理，且满足合并审理的要求。

〈评论〉

该判例的判决为，针对共有商标权作出宣告该注册商标无效的复审决定时，各个共有人可以单独提起撤销复审决定的行政诉讼。虽然是关于商标权的案件，但由于相关的条文准用了专利法且基本构造也相同，因此，本判决的射程应理解为也及于针对专利无效宣告复审决定提起的撤销复审决定的行政诉讼。

另一方面，针对不服驳回申请决定的复审请求不成立的复审决定提起的撤销复审决定的行政诉讼是必要共同诉讼，但最高法院的立场是，仅由共有者的一部分提起的撤销复审决定的行政诉讼，也会由于违法而不予受理（即使是提起了诉讼的共有者受让没有提起撤销复审决定的行政诉讼的共有者所持有的部分，从而消除了共有状态，如果在起诉期间内没有提出名义变更，则撤销复审决定的行政诉讼也会因为违法而不予受理，见最高法院昭和 36 年 8 月 31 日判决·民集 15 卷 7 号第 2040 页。作为相同的判决，参照最高法院昭和 55 年 1 月 18 日判决·判时 956 号第 50 页）。然后，在东京高等法院中，作出如下判决，作为防止商标权消灭的保存行为被允许（东京高等法院平成 6 年 1 月 27 日判决·民集 49 卷 3 号第 961 页［磁疗设备］），最高法院平成 7 年 3 月 7 日判决·民集 49 卷 3 号第 944 页［磁疗设备上告审］沿袭了从前的判例，明确指出应该考虑为必要共同诉讼。该判例理论与本判决的关系成为一个问题。对此问题应该作如下理解。

在专利申请权涉及共有的情况下，专利法中规定，除了不服驳回申请决定的复审请求（第 132 条第 3 款）之外，申请（第 38 条）和申请的撤销（第 14 条）也必须由全体共有人作出决定。根据这些规定，与申请相关的手续，专利法采取的态度是，在遇到分歧时，如果要求所有共有者共同决定，则只要共有者的脚步不一致，将不得进入到下一个阶段。作为解释论，撤销复审决定的行政诉讼的提起也和复审请求一样，必须由全体共有者来决定。

与此相对，与无效宣告相关的程序不是共有人主动采取进行的程序，而只不过是通过无效宣告请求人的请求而启动的被动程序。在条文上，与不服驳回申请决定的复审请求不同，无效宣告不存在要求专利权人必须步调一致进行程序的规定。判例 76 的射程还涉及不到针对不服驳回申请决定的复审请求不成立的复审决定提起的撤销复审决定的行政诉讼，因此，应该认为上述最高法院［磁气治疗器上告审］作为判例法理而存在（参见才原庆道："判批"，载《知的财产法政策学研究》第 7 号〔2005 年〕）。

(三) 审理范围

对无效宣告请求做出的复审决定还存在以下问题，即在撤销复审决定的行政诉讼中能否基于复审中未进行判断的事由主张撤销该复审决定。假设对此不做限制，要使专利无效需要首先请求无效宣告并接受专利局的判断这一制度的宗旨，可能就名存实亡了。

最初，最高法院判示了如下立场，只要属于在复审中成为争论点的驳回理由或无效事由以及法条款中的同一项的事由，那么就允许在撤销复审决定的行政诉讼阶段对新的事实进行主张和举证（最高法院昭和43年4月4日判决·民集22卷4号第816页［合成树脂造花 I］，最高法院昭和35年12月20日判决·民集14卷14号第3103页［大统领］），但不久后，判例64 中的最高法院大法庭判决，在针对专利无效宣告的抗告复审（旧法下的制度）提起的撤销复审决定的行政诉讼中，改变了上述立场。

在该判决中，对于未考虑被告所主张的新的无效事由从而撤销了宣告专利无效的复审决定的原判决予以了维持。该判决中，在撤销复审决定的行政诉讼中复审程序成为争论焦点，最高法院认为只有与经过审理判断的无效理由相关的事由才能被作为审理对象，而在确定无效理由时，不仅仅是依据条文各项中所列举的无效理由来确定，还包括其他方式，比如即使同样是新颖性的问题，通过与特定的公知事实进行对比主张无效以及与其他的公知事实进行对比主张无效也都能成为无效理由。在此基础上，该判决做了如下判示，即"在撤销复审决定的行政诉讼中，抗告复审程序上，与未经审理判断的公知事实进行对比得出的无效理由，不能作为认定复审决定违法或者合法的理由进行主张"。进而还判示了，作为抽象论，同样的法理也适用于针对不服驳回申请决定的复审请求提起的撤销复审决定的行政诉讼。

此后，东京高等法院也依照本判例进行判示（比如东京高等法院昭和59年2月16日判决·判例工业所有权法2095之第2070页［自动摩托车燃料箱的制造方法］），甚至又进一步运用了本判例的抽象论，对新的无效事由不予考虑从而维持无效宣告请求不成立的复审决定（东京高等法院昭和56年9月30日判决·无体集13卷2号第640页［外科胶带］，东京高等法院昭和60年7月11日判决·判例工业所有权法2495之第203页［依据圆周凸轮驱动系统的卷筒进纸装置］，东京高等法院平成8年8月15日判决·判例工业所有权法〔2期版〕4747之第109页［安全靴］，东京高等法院平成12年6月21日判决·判例工业所有权法〔2期版〕3877之第77页［框架传送结构］）。另外，在以说明书记载不充分为理由时，对于不同于在复审中主张的说明书记载不充分的部分的其他的部分，基于该部分上的记载不充分，在撤销复审决定的行政诉讼中提出的新的主张，对此不予认可，于是维持了无效宣告请求不成立的复审决定（东京高等法院昭和 62 年 6 月 30 日判决·判例工业所有权法 2509 的第 274 页 ［芯上下式石油燃烧器］。最高法院昭和 63 年 3 月 4 日判决·判例工业所有权法 2509 之第 310 页 ［芯上下式石油燃烧器上告审］ 中予以维持）。

另外，有判决指出，在针对不服驳回申请决定的复审请求提起的撤销复审决定的行政诉讼中，不仅仅是复审前置主义的问题，如果允许被告专利局局长更改复审决定的理由，则原告申请者在复审决定的阶段中应该享有的补正机会将被剥夺（东京高等法院平成 2 年 7 月 31 日判决·无体集 22 卷 2 号第 457 页 ［环泵］）。而且在以下情形下，提出新主张是不妥当的。判例 64 中那样的无效理由，不仅仅限于不同于作为驳回理由的公知技术的主张，还包括以其他理由提出新的主张的情形，比如复审决定中的引用外观设计存在现有外观设计，因而其作为在先申请的地位不被承认的理由（东京高等法院平成 9 年 10 月 8 日判决·判例工业所有权法〔2 期版〕6325 之 2 ［整理筐（外观设计）］）；复审决定中仅指出说明书的记载不明确，但在撤销复审决定的行政诉讼阶段，被告专利局局长提出本发明不能达到说明书中记载的效果、属于未完全发明的新主张的情形（东京高等法院平成 2 年 11 月 28 日判决·无体集 22 卷 3 号第 727 页 ［放电加工方法（驳回复审）］）；关于对新颖性、创造性进行了审理判断的认定无效宣告不成立的复审决定，在提起的撤销该复审决定的行政诉讼阶段中主张不满足发明能够实施的条件的情形（知识产权高等法院平成 21 年 9 月 1 日判决·判时 2071 号，第 107 页 ［交际舞用姿势矫正器具］）。在判例中，有判决在认定了否定创造性的原复审决定的判断是错误的同时，还附带指出本发明作为不明确的发明很可能会不具备专利法第 36 条第 6 款第 2 项规定的要件（知识产权高等法院平成 17 年 4 月 28 日判决·平成 17（行ケ）10352 ［切割胶带衬布截断和粘接方法］），只不过附带指出部分作为附带意见有可能被认为不产生拘束力。

但是，即使根据 判例 64 ，如果在与无效宣告请求案件相关的复审决定中主张将与已经做出审理判断的对象相同的公知事实作为无效理由，则对于以第 29 条第 2 款为理由做出的维持驳回申请决定的复审决定，在撤销该复审决定的行政诉讼阶段主张符合同条第 1 款（虽然对 判例 64 的判旨，在文字上也有可能进行反向理解）是被允许的（例外地，需要确保补正机会时则另当别论，知识产权高等法院平成 19 年 7 月 25 日判决·平成 18（行ケ）10247 ［二氧化硅系膜形成组合物］）。认定无效宣告请求不成立的复审决定中获胜的专利权人，也承认判决中复审请求人主张的引用文献和本发明的技术特征一部分相同时，在撤销复审决定的行政诉讼中可以对这一点进行攻击（东京高等法院平成 8 年 4 月 23 日判决·判例工业所有权法〔2 期版〕711 之第 343 页［嗜好品的制造方法］）。

另外，同样地，如果是对与在复审决定中审理判断的内容相同的公知技术进行主张，则有可能允许在撤销复审决定的行政诉讼中以不具备创造性为由而出具新的技术事项（后述（四），参照 判例 65 ）。

对于是否属于相同的公知事实，公知事实的范围也是个问题。例如，在撤销复审决定的行政诉讼阶段，即使将主张内容由复审决定中认定的［芦屋町秩序建设］变更为［芦屋绿丘幼儿园拆迁工作］，但从昭和 58 年由特定的人在芦屋町进行的特定工程中使用了一号试用机的这种抽象的说法来看，认为与当初所主张的理由具有同一性，基于上述理由，法院认可了对变更后的主张进行审理判断（作为事实认定问题而撤销了变更后的主张，但这只是附带意见，见东京高等法院平成 13 年 7 月 10 日判决·判例工业所有权法〔2 期版〕5831 之第 52 页［握机］）。关于说明书记载不充分的问题也有如下判决，对于实质上属于复审中主张过且已经判断过的说明书中未充分记载部分的某些记载部分，允许在撤销复审决定的行政诉讼中对于该记载部分提出新的主张（因为严格来说，记载不充分应该是附带意见，上述东京高等法院［芯上下式石油燃烧器］）。

有如下判决，复审决定中为了连接发明与引用文献 1 之间不同点而引用了作为公知技术的引用文献 2，而在撤销复审决定的行政诉讼阶段，却将该引用文献 2 作为主要公知技术进行主张，法院认可了该主张从而否定了创造性（东京高等法院平成 16 年 9 月 8 日判决·平成 15（行ケ）27［调频方式以及使用了调频方式的无线通信系统（驳回复审）］）。也有认可了主要引用文献与次要引用文献进行替换的判决（知识产权高等法院平成 18 年 7 月 11 日判决·判时 2017 号第 128 页［时尚增毛装具Ⅰ］（授权后异议），知识产权高等法院平成 18 年 7 月 11 日判决·判时 2017 号第 128 页［时尚增毛装具Ⅰ］（订正复审））。确实，在每个案件中，如果有如下特殊情况，即虽然作为次要公知技术或者周知技术，但是却与主要引用文献一起成为审理判断的对象，则应该允许进行这样的处理。但是，作为一般论，即使是同一个引用文献，作为与几乎全部的发明技术特征相关的主要引用文献来进行审理判断时，在引用文献中被判断的技术内容的范围大小存在差异是很正常的，因此，原则上不允许进行这样的替换。例如，被告专利局局长在撤销复审决定的行政诉讼阶段主张，将在复审阶段作为周知技术引用的装置替换为主要引用文献，本件周知装置在复审阶段没有经过与本件发明的对比判断的讨论时，由于超出了撤销复审决定的行政诉讼的审理范围，因此不被允许（知识产权高等法院平成18年6月29日判决•判夕1229号第306页［光学检测纸张识别装置］（驳回判决））。

另一方面，基于出版物2记载的防止失灵电路属于本发明的［运行监控手段］的事实认定，认为将出版物发明1和出版物发明2进行组合，从而形成本件发明的结构是很容易的决定（与已被废止的授权后异议的申请相关的事实）。对于该决定，复审中以该防止失灵电路不是［运行监控手段］为由予以撤销。法院认为，两者只不过是在是否向重置终端输入这一点上不同，因此在将出版物发明1和出版物发明2组合起来的基础上，通过将来自防止失灵电路的信号输入到重置终端来形成本发明，虽然存在这种可能性，但对于该点是否容易想到，专利局没有进行判断。以此为理由，撤销了该复审决定，将该案件重新发回到专利局（东京高等法院平成13年11月6日判决•判例工业所有权法［2期版］3883之第164页［弹珠机的控制装置］）。在组合技术上增加一个技术时，只要其不是周知技术，则需要对其进行审理判断。

此外，即使是在复审过程中主张的理由，但在复审决定中没有作出判断的情况下，撤销复审决定的行政诉讼中，对于该主张也不得作出判断。例如，由于遗漏了判断，因此将认定了无效宣告请求不成立的原复审决定予以撤销（但是，也附带指出如果对被遗漏的点进行审理，则专利存在被无效的可能性，见东京高等法院昭和61年1月23日判决•无体集18卷1号第1页［紫菜造纸方法］）。从复审前置主义的趣旨来看，既然技术事项没有接受专利局的判断，那么通过撤销遗漏判断的原复审决定，并在发回的复审程序中依靠复审决定对上述事由做出判断，这是妥当的处理。认定与申请前发行的出版物不相符的复审决定是错误的情况下，在撤销复审决定的行政诉讼中，即使认为与申请前发行的出版物相符合，由于复审决定没有对该出版物记载的发明与专利发明是否相同进行判断，因此该复审决定将被撤销（东京高等法院平成5年7月29日判决•知裁集25卷2号第439页［电梯呼叫分配方法］）。在另一个案件中，原复审决定在没有对不同点1进行判断的情况下，仅基于不同点2对于本领域技术人员来说是不容易想到的，就认定了无效宣告请求不成立。对于该复审决定，考虑到侵害诉讼在另外进行，为了防止专利局与法院之间对案件进行无实质意义的相互移送，法院在告知了当事人将对不同点 1 也进行审理判断并得到当事人确认后，经过判断认为与不同点 2 相关的复审决定的判断是错误的，且不同点 1 对于本领域技术人员来说也是容易想到的，因此撤消了原复审决定（知识产权高等法院平成 17 年 10 月 6 日判决·平成 17（行ケ）10366［碳酸饮料用瓶的制造方法］）。虽然对此评价为 判例 64 背景下的权宜之计，但是否会出现追随的判例，还有待观察。

判例 64　最高法院昭和 51 年 3 月 10 日大法庭判决·民集 30 卷 2 号第 79 页［袜子编织机］

【在撤销复审决定的行政诉讼中，不得将复审中未经审理判断的公知事实作为无效理由进行主张并以此作为撤销复审决定的理由】

〈案件事实〉

旧法下，对宣告专利无效的决定提出抗告复审的请求，在针对认定了该请求不成立的复审决定提起的撤销复审决定的行政诉讼中，原判决撤消了上述无效宣告复审决定，但是在被告所主张的专利无效事由中存在专利局未进行审理判断的事由（其中包含在复审阶段被告已经主张的事由以及在撤销复审决定的行政诉讼中新主张的事由），而原判决却没有对此进行判断，因此被告上诉。

〈判决要旨〉

无效宣告中作为判断对象的无效理由也需要另外予以确定，即使同样是新颖性的问题，比如通过与特定的公知事实进行对比主张无效以及与其他的公知事实进行对比主张无效，也都能成为无效理由。

在撤销复审决定的行政诉讼中，抗告复审程序上，与未经审理判断的公知事实进行对比得出的无效理由，不能作为认定复审决定违法或者合法的理由进行主张。

〈评论〉

第 178 条第 6 款采用了复审前置主义，其趣旨为，让专利局对技术事项的判断一次做出，由此才能够对是否作出具有对世效力的无效宣告复审决定作出更加准确的判断，同时能够减轻法院的负担（田村善之："专利无效宣告与撤销复审决定的行政诉讼的关系"，见《功能性知识产权法的理论》，信山社

1996年版，第144~145页）。如果允许在撤销复审决定的行政诉讼阶段无限制地主张新的技术事项，将会违背复审前置主义的趣旨。

而且，必需要注意的是，与无效宣告请求案件相关的撤销复审决定的行政诉讼，经过平成10年的专利法修订，对于无效宣告，不再允许进行符合改变要旨的请求理由的补正（第131条之2第1款），也不再允许增加主张新的无效理由。如果连正在审理的复审中都不允许增加无效理由，那么当然也不能采用在撤销复审决定的行政诉讼中主张新的无效理由的解释论。但是，平成15年专利法修订，在满足规定条件时，经过补正的许可决定可以对无效宣告请求的理由进行补正（第131条之2第2款），但也规定了诸多限制条件。除了不允许不正当地拖延审理这一总括性要件外，还将允许进行补正的情形限定于以下两类，一类是有必要通过补正予以应对的情形，另一类是对于请求时未予记载的原因有合理理由且被请求人同意进行补正的情形。可见，采用在撤销复审决定的行政诉讼阶段增加无效理由的解释论仍然是比较困难的。

此外，在与不服驳回申请决定的案件相关的撤销复审决定的行政诉讼中，如本书所述，除复审前置主义问题外，还存在剥夺了申请人在复审阶段中进行补正的机会，现行法的解释是，专利局在撤销复审决定的行政诉讼中撤销复审决定后，在再一次的复审程序中发出新的答复审查意见给予补正的机会，在此基础上再次做出驳回申请的决定。对于这样一种程序是合理的，当然也是非常迂回的，有必要考虑一些简便的方法（田村善之：“专利无效宣告与撤销复审决定的行政诉讼的关系”，见《功能性知识产权法的理论》，信山社1996年版，第158~162页）。

（四）允许提出新主张、新证据的情形

在 判例64 的大法庭判决以后，在撤销复审决定的行政诉讼中，裁判实务中的处理为，不允许基于判决中没有审理判断的公知事实，主张和举证出版物记载或者不具有创造性。但是，如果根据 判例65 ，允许认定本领域技术人员的技术常识（在裁判实务中，多被称为技术标准或者周知技术），并将新的公知技术作为用于明确技术方案所具有的意义的资料。

东京高等法院也根据 判例65 作出如下处理，为了获知本领域技术人员的技术水平（东京高等法院昭和60年3月12日判决·无体集17卷1号第26页［出租车顶显示灯］（驳回复审），东京高等法院平成2年8月30日判决·无体集 22 卷 2 号第 489 页［颜料萤光体 I］，东京高等法院平成 2 年 8 月 30 日判决·判例工业所有权法〔2 期版〕735 之第 108 页［颜料萤光体 II］，东京高等法院平成 5 年 1 月 19 日判决·判例工业所有权法〔2 期版〕741 之第 207 页［阻燃树脂组成物］，东京高等法院平成 6 年 11 月 19 日判决·判例工业所有权法〔2 期版〕783 之第 382 页［柔性带状电缆屏蔽］（驳回复审），东京高等法院平成 6 年 11 年 30 判例工业所有权法〔2 期版〕711 之第 252 页［滑雪］（驳回复审），东京高等法院平成 13 年 11 月 1 日判决·判例工业所有权法〔2 期版〕3833 之第 148 页［碳膜涂层饮料瓶］（驳回复审），东京高等法院平成 16 年 9 月 6 日判决·平成 15（行ケ）462［二维坐标测量机]）或者以技术水平为基础来确定出版物记载的发明的意义（东京高等法院平成 4 年 2 月 20 日判决·判例工业所有权法〔2 期版〕581 之第 14 页［调色剂图像定影装置］（驳回复审），东京高等法院平成 5 年 3 月 30 日判决·判例工业所有权法〔2 期版〕735 之第 259 页［废水处理的微生物脱氮方法］，东京高等法院平成 7 年 7 月 11 日判决·判例工业所有权法〔2 期版〕789 之第 440 页［分布常数型过滤器］（驳回复审），东京高等法院平成 9 年 6 月 10 日判决·判例工业所有权法〔2 期版〕537 之第 30 页［摩擦衬里］（驳回复审）），允许新提交用于证明周知技术的证据。如果用具体例子来表示，比如，认定了无效宣告请求不成立的复审决定做出了如下判断，即认为根据引用文献的公知事实来选择本案相关的红色氧化铁是困难的，为了证明该选择具有容易性从而否定该判断，允许在撤销复审决定的行政诉讼阶段新提出从耐热性和无公害角度来选择红色氧化铁是显而易见的主张（上述东京高等法院［颜料萤光体 I］，上述东京高等法院［颜料萤光体 II］，知识产权高等法院平成 18 年 10 年 24 平成 17（ワ）10856［可拆卸手柄摩托车］）。

即使新证据是 4 年前的申请公开的公报和至少 15 年前的美国专利说明书，将其视为对本领域技术人员而言周知的出版物仍具有正当性（上述东京高等法院［柔性带状电缆屏蔽］）。在与不服驳回申请决定的复审请求案件相关的撤销复审决定的行政诉讼中，将作为驳回申请决定的对象的该申请的说明书中所提及的文献作为新证据提出，对此法院倾向于认可（上述东京高等法院［柔性带状电缆屏蔽］）。

但是，判例 65 的判决中没有明示或者暗示地方法院判断的技术事项可以作为本领域技术人员的技术常识而被主张，由此，成为与新的引用文献相当的技术事项时，在撤销复审决定的行政诉讼阶段中不允许被重新提出（东京高等法院昭和 56 年 9 月 30 日判决·无体集 13 卷 2 号第 640 页［外科胶带］，东京高等法院平成 12 年 3 月 16 日判决·判例工业所有权法〔2 期版〕4795 之第 240 页［衣服架］。也可以参照东京高等法院平成 12 年 3 月 14 日判决·判例工业所有权法〔2 期版〕第 3577 页［交通工具的广告装置］）。另外，在与不服驳回申请决定的复审请求案件相关的撤销复审决定的行政诉讼中，关于是否允许出示新的驳回理由的规定是没有变化的。因此，被告专利局局长在撤销复审决定的行政诉讼阶段将原主张替换成容易联想到该发明技术方案的周知技术，在没有补正机会的撤销复审决定的行政诉讼中这种替换是不被允许的（东京高等法院平成 2 年 7 月 31 日判决·无体集 22 卷 2 号 457 页［叶片泵］（驳回复审））。

从以上观点来看，不允许提出新的主张的典型例子如下，即在复审决定中作为判断对象的引用文献无法用于证明本发明以已被公众所知晓的事实时，对于上述引用文献，采取将证明周知事实的证据予以组合的形式并对其具体内容进行引用，最终将是作为取代上述引用文献的新的引用文献进行主张（东京高等法院平成 2 年 12 月 27 日判决·无体集 22 卷 3 号第 879 页［沥青的制造方法］（驳回复审））。另外，虽不至于此，但在复审阶段主张的引用文献与本案技术方案相同的同时，在撤销复审决定的行政诉讼阶段再指出两者之间的差异，该情形下不允许将此作为周知技术（同时附带说明该周知技术不能掩盖两者之间的差异，见东京高等法院平成 8 年 1 月 30 日判决·判例工业所有权法〔2 期版〕4581 之第 16 页［食品包装袋用间隔］（无效宣告），东京高等法院平成 9 年 12 月 25 日判决·判例工业所有权法〔2 期版〕723 之第 193 页［电磁助力器的减速机构］（驳回复审））。在复审阶段，即使是默示地对周知技术进行审理判断，这也是不被允许的。另外，即使在复审决定阶段已经指出引用文献与本发明的不同点时，在复审决定中对于确定是否具备创造性的最重要的事项——该不同点是否为周知或者公知——缺乏明确的解释说明时，不允许专利局局长在撤销复审决定的行政诉讼阶段援引用于解释说明创造性的有无问题而出示的技术常识的证据（东京高等法院平成 8 年 1 月 31 日判决·判例工业所有权法〔2 期版〕593 之第 32 页［生产含有一种化学溶液的塑料容器的方法］（驳回复审））。同样，将引用文献 1 与引用文献 2 进行组合从而肯定了显而易见性的驳回申请决定作出后，不服该驳回申请决定而提出复审请求，在针对认定该复审请求不成立的复审决定提起的撤销复审决定的行政诉讼中，专利局局长同时列举了引用文献 1 和周知技术来说明对于本领域的技术人员来说本发明是容易想到的，对于此，即使不能肯定引用文献 1 和引用文献 2 进行组合的显而易见性，法院主张在复审程序中应该再次给予作为申请人的原告主张和举证的机会，因此法院将本案发回重审（知识产权高等法院平成 21 年 3 月 25 日判决・平成 20（行ケ）10261［木糖醇调和物］）。这可以理解为是重视保障申请人的程序。另外，还有如下判决，即根据 判例 65 ，将出版物记载的发明与公知技术进行组合容易想到发明这个理由，替换为以技术常识的名义根据出版物记载的发明容易作出发明这个理由，这种替换并不被允许，不允许在撤销复审决定的行政诉讼阶段举出周知技术以取代作为次要理由的对比文献 2（将违反第 157 条规定的在复审决定中应该附有说明理由的趣旨，也作为理由进行了列出，见知识产权高等法院平成 22 年 11 月 17 日判决・平成 22（行ケ）10191［铝合金的焊接激光加工光学器件］）。根据这一系列的判决可知，在诉讼阶段允许提出周知技术的情况是非常受限制的，此时最终的决定因素限于以下情形，即为了在复审决定中能够成为当然的前提，可以认为在复审决定中默示地进行了审理判断，且不能因为理由的替换让当事人感觉出乎意料。

另外，在撤销复审决定的行政诉讼阶段中，允许新提出的证据除表示周知技术的证据以外，还有用于证明出版物出版日期在申请日以前的证据（最高法院平成 3 年 4 月 25 日判决・判例工业所有权法〔2 期版〕537 之第 7 页［自走式多层停车场］）。为了证明复审中审理判断的印刷物是在申请日前出版的出版物，允许相关人提出公证人公证后作成的证明书（东京高等法院平成 10 年 6 月 24 日判决・判例工业所有权法〔2 期版〕4695 之第 2 页［软管卷轴］），当然也是允许的（也可以参照知识产权高等法院平成 18 年 1 月 24 日判决・平成 17（行ケ）10586［可拆卸手柄摩托车］）。另外，对于以在先申请发明的存在为理由的无效宣告复审决定，在撤销该决定的行政诉讼中，公告决定的誊本送达前对该在先申请发明作出对说明书的补正是变更该发明的技术思想时，由于该专利申请日要比本件发明的专利申请日晚几日（参照平成 5 年专利法修订前第 40 条），法院认为这种情况下可以将不能够成为在先申请作为撤销理由进行提出（最高法院平成 5 年 3 月 30 日判决・判时 1461 号第 150 页［数值控制通电加工装置］）。

另外，作为附带意见，有允许在撤销复审决定的行政诉讼中对于复审请求人的请求适格性提出新的主张（东京高等法院昭和 60 年 11 月 28 日判决・无体集 17 卷 3 号第 571 页［拱形桁架（外观设计）］），还有允许在撤销复审决定的行政诉讼中作为防御手段以违反原意被公开为由提出新主张（上述东京高等法院［掘削装置］）。确实，如果与技术事项相关的部分很少，则即使在撤销复审决定的行政诉讼中进行了判断，也不违背复审前置主义的趣旨。此外，关于谁是真正的发明人这个问题，认为不需要经过专利局判断的情况也不少（此外，在复审决定中未就谁是真正发明人进行明示判断的案例中，以进行了实质性的审理为理由，最高法院平成 4 年 11 月 20 日判决・判例工业所有权法〔2 期版〕5711 之第 18 页［自动煮虾的成形装置］判示在撤销复审决定的行政诉讼阶段中认定真正的发明者是不违法的）。另一方面，虽然也有在撤销复审决定的行政诉讼中新主张无效宣告请求违背了禁止反悔原则和诚实守信原则而不被允许的判决，但这都不过是附带意见（东京高等法院平成 5 年 2 月 24 日判决・判例工业所有权法〔2 期版〕393 之第 11 页［接合片群］）。

尽管复审中没有进行判断，但以明显不存在与技术事项相关的争议为由，允许了对提出的新主张进行判断的判决也存在。事实如下，主张试用 1 号机与试用 2 号机已经被公然实施时，以试用 1 号机存在无效理由为由，作出无效宣告复审决定，法院认定试用一号机不存在公然实施的事实，在此基础上，在本案中，只有制造贩卖的时间成为了争论点，试用 2 号机的构成不具争议性，因此认为专利局不需要再次基于技术知识进行判断，以此为理由，对于与试用 2 号机相关的主张，也能够成为撤销复审决定的行政诉讼中审理判断的对象（在判决中，试用 1 号机作为间接事实被审理判断，这也作为理由，另外，对于试用 2 号机，最后还是由于事实认定的问题否定了公然实施。见东京高等法院平成 13 年 7 月 10 日判决・判例工业所有权法〔2 期版〕5831 之第 52 页［握机］）。

|判例 65|　最高法院昭 55 年 1 月 24 日判决・民集 34 卷 1 号第 80 页［食品包装容器］

【即使是在复审中没有出现过的材料，但如果是可以用于认定本领域技术人员的技术常识或用于明确技术方案所具有的含义的资料，在撤销复审决定的行政诉讼中就可以被提出】

〈**案件事实**〉

在实用新型的无效宣告复审决定中，为了确定作为显而易见性基础的引用文献的意义，原判决将撤销复审决定的行政诉讼中最初提出的杂志作为判断的材料，从而维持无效宣告复审决定，在这一点上存在问题。

〈**判决要旨**〉

在复审过程中，与被审理判断的出版物记载的技术方案进行对比，认定是否存在无效理由，从而来判断判决的合法与违法时，基于复审过程中没有出现的资料来认定，上述技术方案所属技术领域中具有通常技术常识的人（以下称之为"本领域技术人员"）在申请实用新型时的技术常识，由此来明确该技术方案所具有的意义，在此基础上来认定无效理由存在与否。以上行为是被允许的。

〈**评论**〉

通过本判决可以明确，如果确定在复审阶段中被判断的公知技术的意义，则即使是在复审中没有被审理判断过的公知技术，也是可以被主张举证的。学界认为，在复审阶段，复审员是以技术常识为前提进行判断的，因此即使在复审决定中没有出示用于证明技术常识的公知技术也视为接受复审决定的判断。确实，在对该领域的技术精通的复审员与该领域的人员之间，不需要特别地主张和举证，但即使是能够相互以此为前提的技术常识，对于不是技术专家的法官来说，有时是需要主张举证的。通常来说，如果是周知技术，即使允许重新主张也不会让对方处于出其不意的境地。但是，既然在判决中没有明示，应该不会出现，法官因为没有事前经过专利局的明示判断而很难进行判决的情况。因此，在这种情况下，应该理解为是否需要再次发回重申这一问题，法官能够根据案件情况个别地具体进行判断。如果是用于明确技术常识，则通常不应该直接强制在撤销复审决定的行政诉讼中进行判断。本判决也只是判示在撤销复审决定的行政诉讼中能够进行判断，并没有判示不能发回重审（田村善之："专利无效宣告与撤销复审决定的行政诉讼的关系"，载《功能性知识产权法的理论》，信山社 1996 年版，第 152~153 页）。

（五）举证责任

撤销复审决定的行政诉讼中，无效理由的举证责任成为问题（特别是针对无效宣告复审决定提出的撤销该决定的行政诉讼）。在判例中，即使在作出无效宣告复审决定的情况，对于无效宣告复审决定中公示的无效理由负有举证责任的是被告复审请求人，而不是原告实用新型人，对于该点没有举证时，不需要必须依职权进行证据调查，或者请求参加诉讼才能够使本案审理继续进行，允许原告的请求并撤销无效宣告复审决定（东京高等法院平成 2 年 3 月 29 日判决·判例工业所有权法〔2 期版〕第 3921 页）。

（六）撤销复审决定的判决的拘束力

如果维持复审决定的判决得到确定，则案件终结。反之，如果撤销复审决定的判决得到确定，则案件被发回到专利局的复审程序。在复审程序中，最终还是回到撤销对复审请求已作答复的复审决定阶段，必须再次进行必要的审理，重新作出复审决定（第181条第5款）。在撤销复审决定的判决中，存在所谓的拘束力（行政诉讼法第33条第1款），再次做出的复审决定不得违反之前做出的撤销复审决定的判决的拘束力。如果允许再次进行的复审决定可以再次以被撤销的复审决定中的理由做出复审决定，那么该复审决定将再次被法院撤销，案件只会像手扶电梯那样在复审与撤销复审决定的行政诉讼之间反复，最终仍然得不到解决。

撤销复审决定的判决的拘束力具体在何种程度上被承认，存在此问题。

首先，列举与判决中撤销的前一判决的引用文献不同的引用文献来否定新颖性和创造性，并再次做出认定复审请求不成立的复审决定，这并不妨碍撤销复审决定的判决的拘束力（同样也是与认定不服驳回申请决定的复审请求不成立的复审决定相关的例子，见东京地方法院昭和55年9月29日判决·无体集12卷2号第554页［人造珍珠特殊涂料的制备方法］（驳回认为上述处理违法请求国家赔偿的请求），东京高等法院昭和56年6月25日判决·无体集13卷1号第498页［人造珍珠特殊涂料的制备方法控诉审］（相同趣旨），东京高等法院平成元年11月30日判决·无体集21卷3号第966页［模拟运算单元］（此外，关于分案申请，参照东京高等法院昭和61年12月2日判决·无体集18卷3号第507页［光传送装置］））。确实，在撤销前一复审决定的判决中，无法将前一复审决定中列举的引用文献作为认定该发明不具备新颖性和创造性的理由，也不能判示驳回申请或者认定专利权无效，由于该判决的权限只能止于此，而不至于说不论是否存在其他引用文献都必须做出专利授权决定，或者必须将专利作为有效进行对待，因此上述限制可以说是理所当然的。而且，关于与在前一复审决定中进行了审理判断的引用文献所不同的引用文献，根据在（二）中介绍的现有判例，由于原本没有作为撤销前一复审决定的行政诉讼中的审理判断的对象，所以上述撤销复审决定的行政诉讼的判决的拘束力没有溯及该引用文献（技术事项明显完全相司的引用文献另当别论，但在这种情况下不应该作为不同的引用文献看待）。比外，即使是在前一复审决定及撤销该复审决定的判决中作为周知技术被指出，其作为在撤销复审决定的判决中用于认定具有创造性的引用文献中记载的技术内容的资料，其中仅仅只有一部分被作为了判断对象的情况下,在再次做出的复审决定时,将该周知技术作为引用文献用于说明不具备创造性,是不损害撤销复审决定的判决的拘束力的(上述东京高等法院[模拟演算装置])。

其次,在引用文献相同的情况下,原则上受拘束于前一撤销复审决定的判决所作出的判断(为了周全也进行了实体判断,见东京高等法院平成15年10月16日判决·平成13(行ケ)356[眼镜镜架的制造方法])。另外,前一判决认定了本领域技术人员无法基于引用文献1和引用文献2容易地作出本发明,因此,将引用文献1作为主引用文献并基于引用文献1和引用文献2能够容易作出发明的认定,是违反前一判决的拘束力的(东京高等法院平成9年9月25日判决·判时1633号第136页[假捻方法](驳回复审))。

但是,当初东京高等法院在复审程序(该复审程序中做出的复审决定已被撤销)及撤销该复审决定的行政诉讼中没有进行调查,并且具有足以推翻关于撤销上述复审决定的判决中对于事实进行认定判断的证明力,在这种意义上提出"实质性的新证据",基于与被撤销的复审决定中的事实认定所不同的事实认定或者相同的事实,再次作出结论相同的复审决定,这不妨碍撤销复审决定的判决的拘束力(从结果来看,虽然只是为了认可拘束力的附带意见,见东京高等法院平成元年4月26日判决·无体集21卷1号第327页[制造方法的摩托车燃料箱],东京高等法院平成2年10月29日判决·判时1385号第119页[磁带卷轴],最高法院平成3年10月24日判决·判例工业所有权法〔2期版〕3881之第10页[磁带卷轴上告审]也维持了该判决)。虽未具体的认可拘束力但却允许了提出新证据,见东京高等法院昭和62年10月8日判决·民集46卷4号第269页[快速旋转滚筒抛光方法])。根据该处理,在提出"实质的新证据"时,对于基于同一引用文献的无效理由,作出与前一撤销复审决定的判决(例如,本领域技术人员根据该引用文献不容易作出专利发明)不同的判断(例如,本领域技术人员根据该引用文献能够容易作出专利发明),这不会触及前一撤销复审决定的判决的拘束力。

但是,该东京高等法院的处理被最高法院通过 判例66 否定。在再次进行的复审程序和再次进行的撤销复审决定的行政诉讼中,该发明根据同一引用文献在专利申请日前对于本领域技术人员来说是容易作出的,"很明显,即使是为了证明该事实而进行新的举证并且法院采纳该新证据,依照撤销复审决定的判决再次做出的复审决定也不被认为构成违法"。此前东京高等法院持有的立场是,认为虽然撤销复审决定的判决存在拘束力,但若提出新证据就应该被允许,并能够对撤销复审决定的判决中的认定判断提出异议。在此立场下,意味着当新证据被提出时,如果不审理该新证据就无法得出结论,这样一来,拘束力制度就没有意义了。对于该立场予以否定的本案判决要旨,在这个意义上可以说是合理的。

但是,虽然在该案件的前一判决做出了抽象的判示,认为本领域技术人员基于第二引用文献不一定容易作出该发明,但使用的理由却是,复审决定未关注两者之间作用效果的特别差异,只是对于引用文献2与本案发明中研磨法是否相同这样的事项进行判断的做法是错误的。也就是说,前一判决具体来说不过是作出驳回基于引用文献2能够容易作出本发明认定的复审决定的一个前提。在这种情况下,在再次进行的复审及其撤销复审决定的行政诉讼中,对在前一判决中没有被具体被驳回的理由,即用于说明以引用文献2能够容易作出本发明的其他理由进行审理,在允许提出证据的基础上,再次认定基于引用文献2本领域技术人员能够作出本发明,这种情况能否也像本判决那样受到前一判决拘束力的约束呢,对此存在疑问。

关于这点,后面的判例似乎并不一定都是依照 判例66 的处理方式执行的。

例如,存在如下案件。复审决定的判断认为,在先发明中将复合板片用作芯材在技术上是非显而易见的,因此本案发明与先申请的发明并不相同,本件专利也并非无效。但在撤销复审决定的判决中法院认定使用复合板片在技术上是显而易见的,因此将该复审决定予以撤销。对于该判决的拘束力的范围成为争论的焦点。东京高等法院平成13年5月24日判决·判时1777号第130页〔由复合板材制成的闪光板芯材〕中认为,前一判决中未就先申请发明与本案发明的技术特征是否相同进行认定判断,表示了(在进入实体判断的基础上,结论上认定无效)允许依据不同于前一判决的理由的另一理由,再次对本案发明与先申请发明不是同一个发明进行判断(因此有效)。对于以本领域技术人员根据引用文献1和引用文献2以及周知技术能够容易地作出发明为理由从而认定专利无效的复审决定,对于该复审决定,前一判决基于引用文献2记载的发明与本发明在技术特征上不同,因此以本领域技术人员不能容易想到的理由,将该复审决定予以撤销后,在再次进行的复审过程中,以引用文献2记载的发明存在将引用文献1记载的发明变更为本发明的技术特征的启示为理由,再次作出将本专利权无效的复审决定。上述案件中,法院以"前一判决没有否定一般根据引用文献2(以及引用文献1)进行创造性的判断,如前所示,根据与引用发明2相关的具体理由，因为撤销了前一复审决定，因此很明显拘束力仅限于那一部分"为理由，维持了原复审决定（东京高等法院平成16年6月24日判决·平成15（行ケ）163［动力转向装置］）。

另外，第一次的认定无效宣告请求不成立的复审决定中认为，虽然主张不同点4和5是容易想到的，但是1~3是不容易想到的。在针对这次认定无效宣告请求不成立的复审决定提起的第一次撤销复审决定的行政诉讼中，原复审决定对于不同点4和5的判断没有争议，对不同点1~3是否为不同点或者是否是容易想到进行了判断，由于受到撤销了原复审决定的上一判决的拘束力的影响，在第二次无效宣告和第二次撤销复审决定的行政诉讼中，是否允许主张判断不同点4和5是否是显而易见的，该问题成为本案的争论点。在多数情况下，现在撤销复审决定的行政诉讼中对原告主张的撤销复审决定的理由存在与否，只要进行审理判断就足够，鉴于这种实际运作情况，第一次判决的拘束力仅限于现实审理判断的事项，因此允许上述主张（结论认为该不同点只是以设计事项相关为理由并不能肯定显而易见性，见东京高等法院平成16年12月27日判决·平成13（行ケ）278［カード卡游戏玩具］）。

这些判例与 判例66 不同，可以评价为致力于根据前一判决的具体判断进行更为灵活的处理。但是，无论如何，在前一判决明确阐述了通过证据也无法证明引用文献中记载的发明具有本发明所具有的作用效果的宗旨的情况下，那么在发回重审的复审决定中不允许作出与此相反的认定（同时补足性地进行了实体判断的，见东京高等法院平成15年6月17日判决·平成14（行ケ）322［能够四轮驱动的驱动装置］）。前一判决在判定本领域技术人员根据引用文献的发明能够容易地作出时也是一样的（东京高等法院平成13年10月15日判决·判例工业所有权法［2期版］3941之第27页［混凝土骨料］，东京高等法院平成15年10月14日判决·平成14（行ケ）99［永磁直流电机］，知识产权高等法院平成19年5月30日判决·平成17（行ケ）10857［工具保持具］）。

此外，在判决中，为了导出结论而作出不必要的解说时，该解说部分是否也存在拘束力也成为问题。判例66 阐述了，拘束力"影响到用于推导出判决主文所需要的事实认定和法律判断"（上述东京高等法院［复合板材闪光板芯材］，上述东京高等法院［动力转向装置］也是同样的判决）。

该点成为争论点的判例有最高法院平成4年7月17日判决·判时1432号

第 133 页［玻璃板面提取加工方法及其装置上告审］。由于订正复审决定得到确定，撤消了原无效宣告复审决定的前一判决也对于是否存在无效理由进行了附加性的解说，关于该附加性的解说是否产生拘束力是存在争议的。虽然原判决承认了拘束力（东京高等法院平成 2 年 7 月 19 日判决·无体集 22 卷 2 号第 371 页［同一审］），但最高法院却认为附加性的解说不产生拘束力（最后驳回上诉）。由于只要存在订正复审决定就能够撤销原复审决定，因此前一判决的上述附加性的解说在撤销复审决定时是不必要的，可以说最高法院的判决的立场是认为该部分不产生拘束力。有如下案件，即尽管缩减权利要求范围的订正复审决定得到了确定，但却以对原复审决定结论不产生影响为由，作出维持了无效宣告复审决定的原判决是违法的判断，可参照最高法院平成 11 年 3 月 9 日判决·民集 53 卷 3 号第 303 页［大直径角形钢管的制造方法上诉案］，最高法院平成 12 年 12 月 14 日判决·判例工业所有权法［2 期版］3889 之第 114 页［动态刷材料的制造方法上告审］（关于平成 15 年修订的处理，参照第七节）。

判例66　最高法院平成 4 年 4 月 28 日判决·民集 46 卷 4 号第 245 页［高速旋转滚筒研磨方法］

【通过前一判决被撤销的复审决定所认定的容易做出发明的基础资料，使用与该资料相同的引用文献再次得出容易做出发明的结论，这与前一判决的拘束力相抵触】

〈案件事实〉

对于与高速旋回滚动研磨法相关的本专利提起的无效宣告请求，前一复审决定得出如下结论：关于高速旋回滚动研磨法，将断面做成六角形或者八角形是非常普遍的，因此在第三引用文献中记载的"多角形中选择六角形或者八角形，将此与第二引用文献进行组合，本发明对于本领域技术人员来说是容易想到的，因此认定该专利无效"。专利权人提起撤销复审决定的行政诉讼，东京高等法院作出撤销复审决定的判决，认为复审决定未针对两者作用效果的显著差异，而是针对第二引用文献的研磨法与本发明中研磨法"是否相同的判断是错误的"，因此"认为本发明对于本领域技术人员基于……第二引用文献……第三引用文献是容易想到的复审决定，对各个引用文献的技术内容的认定是错误的，基于对本发明和引用文献的不同点的错误认定所得出的结论是违法的"。在发回重审后的复审程序中，依照该判决作出了维持专利权有效的复审决定。但是，东京高等法院的原判决再次将复审决定予以撤销，认为对于在第三引用文献和前一判决中没有讨论的第一引用文献和周知惯用手段加以讨论的结果是，本领域技术人员在除了公开滚动的形状还公开了进行满足本发明要件的旋回式滚动研磨方法的第二引用文献的记载中，根据第一或者第三引用文献的记载或者启示，将该滚动替换为，在使用滚动进行研磨的研磨方法中常见手段的正六角柱形或者正八角柱状滚动是不需要特殊发明力就能够想到的。专利权人上诉。

〈判决要旨〉

"在有关专利无效宣告案件的撤销复审决定的行政诉讼中，撤销复审决定的判决得到确定时，复审员根据专利法第181条第2款的规定，对该复审案件再次进行审理，作出复审决定，撤销复审决定的行政诉讼适用行政诉讼法，因此根据该法第33条第1款的规定，上述撤销复审决定的判决的拘束力也是会影响到再次进行的审理及复审决定的。并且，由于该拘束力影响到推导出判决主文所必要的事实认定和法律判断，所以复审员不得作出与撤销复审决定的判决中的上述认定判断相抵触的认定判断"。

"本领域技术人员根据特定引用文献在专利申请前不能容易地作出该发明，基于这一理由，以复审决定的认定判断有误为由而将该复审决定予以撤销的判决得到确定时，再次进行的复审程序将受到该判决拘束力的影响，于是复审员不得依据同一引用文献来认定判断本领域技术人员在专利申请前能容易地作出该发明。因此，在再一次进行的撤销复审决定的行政诉讼中，主张依照撤销判决的拘束力再次作出的复审决定中的认定判断是错误的（本领域技术人员根据同一引用文献在专利申请前能够容易地作出该发明），为了对此进行证明而进行新的举证，进而法院采纳该举证并认定依照撤销判决再次做出的复审决定违法，很明显这种处理方式是不被允许的。"

〈评论〉

暂且不论抽象论，就本判决的结论而言，即只是基于与在前一判决中否定了显而易见性的引用文献相同的引用文献，就一律认为在后面程序中不得作出肯定显而易见性的判断的结论，其本身就存在问题。

例如，在前一判决中，法官虽然作出在前一复审决定的认定方法下是不会被无效的判断，但有时也会考虑到，根据其他认定方法是否存在被无效的可能性。按照程序中的具体经过，也存在法官对于与其他认定方法相伴随的技术事项进行审理判断较为妥当的情况。这样，法官在进行判断并作出撤销前一复审决定的前一判决时，对于该另一认定方法重新进行审理判断，其结果是，再次作出无效宣告复审决定不应该与前一判决的拘束力抵触。关于技术事项，为了能够灵活地发回到复审程序，拘束力的范围不应该理解为与同一引用文献相关的失权效（阻断效力），而应该理解为撤销复审决定的判决的判断效力。因此，即使是基于同一引用文献，对于在前一撤销复审决定的判决中没有具体判断的事项，允许在再次进行的复审程序以及在撤销复审决定的行政诉讼中进行审理判断（玉井克哉："评释"，载《法学协会杂志》110 卷 12 号〔1993 年〕，第 1945～1948 页）。

如果从另一方面讨论本案，原判决允许在前一撤销复审决定的判决中对具体没有进行判断的事项提出新主张和新证据，其结果是认定了发明的显而易见性，这种处理被认为是未受到前一撤销复审决定的行政诉讼的拘束力影响（玉井克哉："评释"，载《法学协会杂志》110 卷 12 号〔1993 年〕，第 1949～1950 页）。但是，即使采用本书的立场，关于原判决允许对于在前一判决中具体判断的第二引用文献和本发明的作用效果的不同点允许提出新证据这一点，依然不得不认为还是违反拘束力的（玉井克哉："评释"，载《法学协会杂志》110 卷 12 号〔1993 年〕，第 1948～1949 页）。但关于这一点，根据前一判决的认定，可以看出在显而易见性的结论上是不变的。假设对该点还需要审理，作为法律官的最高法院，不应该自己判决，而应该发回到原审法院进行重审（玉井克哉："评释"，载《法学协会杂志》110 卷 12 号〔1993 年〕，第 1950～1951 页）。

七、复审决定的确定

（一）概说

在规定的起诉期间内（第 178 条第 3 款），没有对复审决定提起撤销复审决定的行政诉讼，或者虽然提起了撤销复审决定的行政诉讼，但该诉讼中做出的维持复审决定的判决被确定时，复审决定已经不能被撤销，即复审决定被确定。

（二）无效复审决定的效力

在专利无效的复审决定被确定的情况下，专利权视为自始不存在（第 125 条）。由于无效宣告复审决定得到确定，因此针对与同一专利权相关的无效宣告复审决定提起的撤销复审决定的行政诉讼，因不具有撤销的利益，最后被驳回请求（知识产权高等法院平成 17 年 10 月 12 日判决・平成 17（ネ）10040

[老虎机Ⅲ])。对专利权溯及性地且对世地予以否定,其结果使得今后任何人都能够主张专利权不存在。

在基于被无效掉的专利权提起的侵权诉讼中,法院认定被告不负有专利权侵权的责任,从而驳回了原告请求(知识产权高等法院平成17年10月12日判决·平成17(ネ)10001[老虎机Ⅰ])。关于引用第125条的实用新型法第41条,参照东京高等法院昭和56年7月20日判决·判例工业所有权法2523之17的之第34页,大阪地方法院昭和57年7月30日判决·判例工业所有权法2529页之第304页。

在平成23年修订前,基于专利权侵权主张的差止获得认可的判决被确定后,该专利的无效宣告复审决定得到确定的情况下,有如下判决。法院认为,存在进行再审的理由(民事诉讼法第338条第1款第8项),即成为其基础的行政处分(申请审查)通过后一行政处分(无效宣告复审决定)被变更,因此允许判决通过再审被撤销(参照知识产权平成20年7月14日判决·判时2050号第137页[紫菜异物去除分离装置])。但是,在平成23年修订中,重视一次性地解决纷争,即使在侵害专利权的诉讼的终局判决确定后无效宣告复审决定得以确定。但是根据规定,该终局判决的诉讼中当事人不能在再审诉讼中将该事由作为再审理由进行主张(平成23年修订第104条之4)。该新规定适用于实施日以后被提起的再审(平成23年改正附则第2条第15款)。

在平成23年修订前,在无效宣告复审决定获得确定时侵权诉讼已经到了上诉阶段的情况下,对法律审进行上诉,能否对在事实审的口头辩论终结后发现的专利无效理由进行斟酌,这成为问题。最高法院昭和57年3月30日判决·判时1038号第288页[金属编织篮编织边缘设备],该案以"同一小法庭作出的判决使得申请无效的复审决定得到确定,这对于法院来说是很明显的"为理由,对于驳回基于实用新型的独占实施权的损害赔偿请求的原判决,予以维持。即使不允许这种特殊情况,但只要上诉中明显存在与原判决中的再审理由相符合的事实,就能够援用撤销原判决的判例理论(参照最高法院昭和60年5月28日判决·判时1160号第143页[电动打扫机],最高法院平成3年3月19日判决·民集45卷3号第209页[夹子],是关于请求撤销认定专利无效的复审决定的行政诉讼在进行上告审理的过程中,订正复审决定得到了确定的案件)。在平成23年修订后,仅在侵权诉讼作出终局判决时当事人不能主张再审理由,因此认为以前这些判例的处理就是妥当的(事实审口头辩论终结以后,可能存在其他讨论)。

此外，还有如下判决。以不使用为理由请求撤销商标权的复审案件中，在提出撤销商标权的复审请求后，通过合并商标权被原告继承。该案中，由于向旧商标权人地址送达撤销注册商标的复审请求书副本，不产生作为送达的效力，因此撤销注册商标的复审决定的效力不及于原告，请求撤销对原告不产生效力的复审决定是不合法的。对此法院认为，即使本判决得到确定，专利局也应该再次将复审请求书副本发送给原告并再次进行复审（根据在商标法第35条中被准用的专利法第98条第2款，在根据一般继承转移商标权时，必须迅速将该判旨传达给专利局局长。但是即使没有传达，原告也不能够对传达或者复审程序的效果进行争论，见东京高等法院平成13年5月27日判决·判例工业所有权法［2期版］3877之第88页［鱼鳗居酒屋］）。如本案，在没有给作为复审的当事人程序上的保障时，则复审决定无效，假设即使撤销注册商标或者将专利无效的复审决定得到确定，商标权或者专利权也不会对世性的消灭。但是，复审决定无效的法理在于给予原告程序上的保障，因此即使形式上存在复审决定，但如果原告选择了撤销复审决定的行政诉讼，也不必强行对其不予受理，而应该考虑在撤销复审决定的基础上将案件发回给专利局。在判例中有如下案件，案件事实是，通过伪造证书将专利权从原告处转移给案外第三人，被告针对该代称专利权人请求无效宣告，原告参加了复审程序，但认定专利无效的复审决定得到了确定。之后，将专利权的转移登记予以了撤销的原告，主张在认定专利无效的复审决定中，存在第171条第2款准用的民事诉讼法第338条第1款第3项或者第8项等所规定的理由，因此请求再审。转移登记不成为原复审决定的起诉对象的行政处分，而且，对于被告的代理人通过对原告进行无权代理参与到无效宣告程序的这一事实，原告在该无效宣告程序进行中时就已得知。由于可以作为参加人以此为理由提起请求撤销复审决定的行政诉讼，因此符合民事诉讼法第338条第1款但书条款相关的事由。法院在做出以上论述的基础上，驳回了再审请求（东京高等法院平成16年1月30日判决·平成15（行ケ）116［糖衣材］）。但在原告没有参加复审程序时，则应该认为是存在再审事由的。

（三）认定无效宣告请求不成立的复审决定的效果

认定无效宣告请求不成立的复审决定进行登记后，过去，任何人不得再基于同一事实或者同一证据请求无效宣告（平成23年改正前第167条）。但是，对于不是无效宣告的当事人的第三人来说，本条规定剥夺了其进行复审请求利益，存在违宪的嫌疑。通过平成23年的修订，对第三人效力被废止，只限于对当事人和参加人才产生拘束力（平成23年改正后第167条）。该规则在施行日以后，对登记后的确定判决有效（平成23年改正附则第2条第22款）。并且，由于当事人之间的效力原本就不需要等待登记即产生，于是通过平成23年修订，不需要等待对确定的复审决定进行登记，复审决定被确定的同时就产生一事不再理的效力。

违背第167条的规定，对基于"同一事实以及同一证据"的请求作出复审决定时，该复审决定错误地作出实体判断，因此存在撤销事由（东京高等法院昭和54年2月28日判决·判例工业所有权法2413之第3页[管道等板端侧的鰕虎鱼形成装置]）。

问题是如何划定阻断效力范围的"同一事实和同一证据"的含义。作为附带意见，判例65 最高法院昭和51年3月10日判决·民集30卷2号第79页[袜子编织机]阐述了，在上述撤销复审决定的行政诉讼的审理范围（成为复审决定的审理判断对象的引用文献的范围）内，也产生第167条的阻断效力。但是，在平成23年修订以前，第167条的拘束力也广泛地影响到对该确定的复审决定没有给予程序上保障的第三人。因此，广泛范围内的"同一事实和同一证据"被认为是应该回避的。在平成23年修订后，该疑虑被消除。

因此，在对平成23年修订前的判例进行讨论时，必须注意的是，存在如下顾虑，对第三人的隔断效力会被不当地放宽。在采取相关保留的基础上，下面对从前的判例进行介绍。

在判例中，有如下判决。法院在阐述了第167条的适用仅限于如下情况，即仅仅将确定的复审决定中的引用文献作为引用文献或者至少作为主引用文献的情况。在此基础上，法院认为，对于与其他引用文献进行组合从而进行主张的案件，应否定适用该条款（东京高等法院平成6年9月14日、判例工业所有权法［2期版］4823之第90页[梯度自由形预制混凝土排水沟Ⅱ]。最高法院平成8年11月22日判决·判例工业所有权法［2期版］4823之第133页[梯度自由形预制混凝土排水沟Ⅱ上告审]维持了该判决。判示了同样主旨的，见东京高等法院6年9月14日判决·判例工业所有权法［2期版］4823之第105页[梯度自由形预制混凝土排水沟Ⅲ]，最高法院平成8年11月22日判决·判例工业所有权法［2期版］4823之133页[梯度自由形预制混凝土排水沟上告审]）。但是，在将前一无效宣告中进行审理判断的公知技术作为引用文献是不变的，仅是为了以显而易见性作为基础，重新提出用于对本领域技术人员的一般技术常识进行举证的证据，不能免于第167条的适用（东京高等法院平成 16 年 3 年 23 平成 15（行ケ）43［将金属催化剂载体粘接的方法］）。但是，即使是将引用文献记载的技术作为"周知技术"主张，在前一复审决定中欠缺主张和举证，事实上通过与主要的引用文献记载的技术进行组合的新无效理由，不能成为一事不再理的对象，允许再次进行审理判断（判例 67）。此外，即使提出在内容上与确定的复审决定所涉及的前一案件中提出的出版物相同的证据，在引用部分不同且应该被举证的技术内容不同时，不能称之为第 167 条所说的同一证据（东京高等法院昭和 44 年 6 月 28 日判决・行集 20 卷 5～6 号第 813 页［用于葡糖醛酸内酯的氧化淀粉溶液的制造方法］）。

以前，第 167 条应该被理解为，不仅适用于第三人，还适用于确定的复审决定的当事人（东京高等法院昭和 48 年 7 月 20 日判决・无体集 5 卷 2 号第 233 页［热可塑性合成树脂带材的成型方法］，判例 67）。另一方面，在判例中，有如下判决。没有使用第 167 条，而是作为确定的复审决定的事实上效力的问题，在侵权诉讼的当事人之间另行争议的无效宣告请求的复审决定得到确定时，在此情况下，考虑到上述效力问题，以专利权不存在撤销理由为前提，作出判断。例如，有如下案件。在专利权的侵权诉讼中，被告侵权人主张，由于说明书记载不充分应被无效，因此原告专利权人的请求属于权利滥用应该撤销。在被告基于同样的理由请求无效宣告时，在本案诉讼进行过程中，考虑到认定复审请求不成立的复审决定得到了确定，附带解释了依据说明书中的记载被告主张是不成立的，在此判断的基础上，驳回被告的主张（东京地方法院平成 6 年 5 月 30 日判决・判例工业所有权法［2 期版］6683 之第 138 页［内镜胶卷暗盒（外观设计）］）。在侵权诉讼中，主张技术方案在申请前是公知的且应该限定技术范围的被告，在另外请求的无效宣告请求中，作出请求不成立的复审决定，在撤销复审决定的行政诉讼中也败诉。在该案件中，法院判示了要与上述复审决定及判决中的判断保持一致（东京地方法院平成 8 年 12 月 20 日判决・判例工业所有权法［2 期版］5473 之第 196 页［合页 II］）（无论如何都是在侵权诉讼提起后复审决定得到确定的案件）。

此外，在请求撤销复审决定的行政诉讼中，法院不需要依据职权来调查已确定的复审决定的有无及其效力，从而判断是否需要适用第 167 条（最高法院昭和 61 年 6 月 14 日判决・判例专利实用新型法 1872 之第 2 页［布帛的防水性皮膜形成方法］）。

另外，即使在无效宣告复审决定没有被确定的阶段，在与诉前临时禁令案件的关系上，如果作出无效宣告复审决定，有时会存在应该撤销诉前临时禁令决定情况出现变更的事由（参照第四章第二节二）。

判例67 东京高等法院平成15年3月17日判决・年判时1820号第121页［地板面板接线］

【将与前一已确定的复审决定中相同的公知技术作为引用文献，并与其他出版物记载的公知技术进行组合，以此来否定显而易见性，这不违反第167条】

〈案件事实〉

本案被告以作为实用新型权利人的原告为对方当事人请求无效宣告（前一件无效宣告），将出版物3作为主要引用文献的同时，作为公开与本件技术方案的不同点2相关的技术特征的资料还引用了出版物1和6，但是未对周知技术A进行主张和举证。复审决定（前一件复审决定）认为，虽然对出版物1及其他各个证据进行了讨论，但是对不同点2没有任何记载和启示。该复审决定基于上述理由否定了显而易见性，最终认定无效宣告请求不成立。

该复审决定得到确定并进行了登记之后，被告再次以原告为对方当事人请求本件专利权的无效宣告。作为公开与不同点2相关的技术特征的新证据又新引用了出版物7和8，主张［将配线路径二分并在屏风状的中间壁上开有能够横向地配线的一定间隔］这一技术已被公开。本件复审决定认为，在依然以出版物3为主要引用文献的同时，根据出版物7、8以及出版物4可知，［在配线用的床结构部件中，为了防止不同种类的配线混触，并容易变更配线附设线路，在区分配线路径的屏风状的支持部件上设置有槽口］（周知技术A）是周知的，其在出版物3所记载的技术方案的基础上，结合出版物1记载的技术方案和周知技术A，容易想到不同点2。因此，本件复审决定肯定了不同点2的显而易见性，最终认定使用新型专利的授权无效。原告主张本件复审决定违反实用新型法第41条和专利法第167条，提起了撤销复审决定的行政诉讼。

〈判决要旨〉

驳回诉讼请求

"前一件无效宣告中，关于与不同点2相关的技术特征，请求人（被告）对于周知技术A没有进行主张举证，当前没有成为审理判断的对象，这一点是明确的。另一方面，在本件无效宣告中，应该不仅仅只是将出版物7和8作为用来说明争论点的显而易见性的新证据予以提出，还应该对不同点 2 的无效理由——'通过出版物 3 记载的技术方案与出版物 1 记载的技术方案以及周知技术 A 的组合确定的显而易见性'这一未成为前一复审决定审理对象的新的无效理由——进行审理并采纳该新的无效理由。并且，专利法第 167 条的趣旨在于，在无效宣告程序中，围绕被确定的无效理由进行攻击防御，且复审官进行的审理判断也被限定于该争论点，按照这种程序构造，针对已确定的复审决定进行审理，对于此前已经作为审理判断对象的事项，赋予对世性的一事不再理的效力（参照最高法院昭和 51 年 3 月 10 日大法廷判决·民集 30 卷 2 号第 79 页）。从这一点来看，关于不同点 2，不能认为是基于前一复审决定中的'同一事实和同一证据'作出的判断。"

"在无效宣告中，成为审理判断对象的无效理由并不是仅由基于特定公知文献而被特定的公知技术构成的，公知技术和周知技术的组合有时也只由周知技术构成，因此在再次进行的无效宣告请求中，通过新追加特定的周知技术（及其证据），可以构成与在前一件已确定的复审决定中审理判断的无效理由不同的无效理由。在此情况下，即使对已确定的复审决定中的判断和结论做出相反判断，也不能认为是基于'同一事实以及同一证据'作出的判断。虽然原告主张，再次的无效宣告请求中包含同一周知技术，因此属于对争论点的重复，但关于在前一件已确定的复审决定中被审理判断的特定的周知技术，仅仅只是增加了成为该认定依据的证据的情况暂且不论，对于本案的情况——将已确定的复审决定中某些未进行主张举证的特定周知技术本身，在再次的无效宣告请求中重新进行主张举证的情况——即使对此予以了认可，也不能认为是对争论点的重复。"

〈评论〉

本判决中，尽管主要引用文献相同，但是以提出了作为新证据表示"周知技术"的出版物为理由，作出不适用第 167 条的一事不再理的规定的判断。该判决要旨在解释说明的基础上，是以第 167 条的一事不再理的效力范围与在撤销复审决定的行政诉讼中能够审理判断的范围（按照每个成为无效原因的公知技术进行划分）相一致为前提的。也许是用于避免与 判例 64 相抵触，在本案中提出的新证据虽然是周知技术，但是却强调，其为不同的出版物。新提出的出版物 7 和 8 为了证明显而易见性，因而被称为"周知技术"，但是实际上是与作为主要引用文献的出版物 3 进行组合后的技术。由于在前一复审决定中，与该点相关的主张举证完全没有得到审理，因此虽说是作为"周知技术"主张,但即使是默示性的也好,将其评价为在前一复审决定中得到审理恐怕是困难的。因此,如判旨强调的那样,本案应该理解为采用了在出版物3、出版物7、出版物8中记载的公知技术的组合这样的新的无效理由。

本案虽然是前一认定无效宣告请求不成立的复审决定中的请求人再次请求无效宣告的案件,但是其为2011年修订前的关于第167条的案件。因此,考虑到判决的说理不具有扩张至第三者的效力,因此也可能存在进行将阻断效力缩小化的讨论空间。但是,作为案件情况如前所述,本案中既然主张了新的无效理由,就应该允许该审理。在这个意义上,从最终结果来看,本判决虽然是针对当事人的处理,但结论是正确的。

第七节 专利授权后对说明书等进行订正

一、订正的意义

在专利授权后,为了避免专利被无效或者为了将权利范围明确,在复审过程中才可以对说明书、权利要求和附图进行订正,具体限于以下三种情况:(1)权利要求范围的缩减;(2)误记的订正;(3)对记载不明确的地方进行解释(第126条第1款)。另外,在请求了无效宣告的情况下,作为在无效宣告程序中提出的订正请求,可以按照与第126条第1款相同的标准进行订正(第134条之2)。这些订正不允许实质上对权利要求进行扩张或者变更(第126条第4款)。例如,将物的制造方法的发明订正为使用方法,实质上变更权利要求的范围,因此不被允许(东京高等法院昭和46年6月29日判决・无体集3卷1号254页[非水溶性单偶氮染料的制备])。

订正必须在说明书或者附图中记载的事项的范围内进行。即禁止增加新事项(第134条之3)。禁止增加新事项与在申请手续补正中的限制具有相同的趣旨,通过平成5年专利法修订导入,目前对该点的解释已经成为最重要的问题。

关于"权利要求范围的缩减"和"误记的订正",订正后的发明必须具有可专利性(第134条之5),因此在即使订正了,但仍然没有消除不具备新颖性和创造性等的无效理由时,订正不被允许(东京高等法院昭和52年10月5

日判夕 364 号第 278 页［OF 线缆的制造方法］，东京高等法院平成 9 年 9 月 25 日判决·判例工业所有权法［2 期版］2971 之第 49 页［饮用水等水质改善材料］）。

平成 5 年修订中，对订正手续和无效宣告相关的程序上进行了大幅度的变更，同时规定了在订正中禁止增加新事项，但在平成 15 年修订中，又进行了程序上的修改（参照［实务的指针］第 321 页）。反映出专利纷争的增加的现状，最近，与是否能够进行订正相关的判例也在变多。在专利侵权诉讼中，如果被告主张专利无效的抗辩，则原告（专利权人）在请求订正复审（或者援用无效宣告中的订正请求）的基础上，主张通过订正使得无效抗辩不成立的诉讼程序已经模式化。审理侵权诉讼的法院无须等待无效宣告和订正复审的结论作出，就可以对是否应该进行订正与订正成立时能否认定侵权进行判断（东京地方法院平成 19 年 2 月 27 日判决·判夕 1253 号第 241 页［多关节传送装置］，知识产权高等法院平成 21 年 8 月 25 日判决·判时 2059 号第 125 页［半导体包装］，大阪地方法院平成 20 年 10 月 9 日判决·平成 19（ワ）2980［醇酯化过程］，东京地方法院平成 21 年 2 月 27 日判决·判时 2082 号第 128 页［书写用具的夹子安装装置］）。在未及时请求订正复审的情况下，将被认为属于错过时机的抗辩（东京地方法院平成 22 年 1 月 22 日判决·判时 2080 号第 105 页［连续加热装置］）。

二、权利要求范围的缩减

进行订正最多的情况是权利要求书的一部分存在公知技术的无效理由，通过删除该部分来消除无效理由，从而缩减权利要求的范围。

作为缩减的方法，从权利要求中明确删除一定的范围或者附加限定技术特征等，变更权利要求书的记载是很普遍的。不变更权利要求书，而是缩减发明的详细说明或者附图的记载。由此认定实质性地缩减权利要求书的，有如下判决，平成 3 年 3 月 19 日判决·民集 45 卷 3 号第 209 页［夹子］（本判决与上述脂肪酶（リパーゼ）判决的关系不明确）。

对权利要求进行缩减的案件中，就以下问题产生争议的情况很多，即附加在权利要求书的记载是否属于新事项的增加，以及虽然在形式上缩减权利要求书，但在实质上却增加了新技术的情况是否属于对专利要求书的扩张和变更。

（一）未认可订正的案例

东京高等法院平成元年 10 月 18 日判决·专利和企业 252 号第 15 页［四

氟乙烯树脂］，不允许将说明书中没有记载的延伸温度条件增加到权利要求书中。在东京高等法院平成2年4月25日判决·判例工业所有权法［2期版］2961之第7页［过程显示装置］中，专利权人对于核电站发电设备中的进程信息的显示装置的专利发明提出订正请求，希望将订正前的发明中记载的"仅仅是读取信息进行显示的记载内容"订正为"读入至进程输入装置中……显示时时刻刻的状态……"但是，法院以用于应对瞬息万变状态的具体的处理方法并未在说明书中予以公开为理由，没有允许进行订正。

平成5年修订以前，在说明书中没有依据的订正都是不被允许的，但是在修订以后，没有了这一限制，采取的则是对于订正内容是否属于增加新事项加以严格的判断。东京高等法院平成8年4月16日判决·特许消息9428、9431［污水处理方法］，东京高等法院平成8年7月10日判决·特许消息9500［静电防止噪音的设备］认定，订正内容实质性地改变了权利要求书。东京高等法院平成13年10月22日判决·特许消息10824号［探头的注射成型制品］，将说明书中记载的"±50℃"订正为"±10℃"后，在权利要求中附加了"±10℃"的技术特征，在说明书中没有"±10℃"的记载，因此认定该订正在说明书范围外。东京高等法院平成16年1月30日判决·特许消息11316号［魔法瓶］这一案件，通过订正附加的数值限定要件在说明书中没有记载，从而认定订正不合法。东京高等法院平成14年3月26日判决·特许消息10987号［装饰体］这一案件，被解释为说明书中仅公开了连续的突条时，还包含不连续的突条，该订正属于新增加的事项。东京高等法院平成16年10月28日判决·平成16（行ケ）97［丁鲷分子透镜片］，关于增加数值范围限定的订正，因为在说明书中没有记载数值范围，因此不被允许。东京高等法院平成17年1月19日判决·特许消息11527号［摇动旋转斜盘式压缩机的活塞］这一案件判示，在将订正前权利要求中不包含的实施例包含在订正后权利要求中时，属于权利要求的扩张，不属于权利要求的缩减。

知识产权高等法院平成17年6月23日判决·平成17（行ケ）10085［车椅］阐述，关于根据在说明书中记载的事项能够当然确定的事项的判断，"如果通过说明才能够容易地获知该事项，这种程度不属于当然确定"。

另外，最近将订正视为不合法的案件有，知识产权高等法院平成18年6月20日判决·平成17（行ケ）10608［一种制造车辆碰撞加强材料的方法］（在铝含量说明书中没有具体记载铁系材料的发明中，增加"不含有作为不可避免的不纯物而含有的铝"这一技术特征，在说明书中没有依据），知识产权高等法院平成 18 年 2 月 27 日判决·平成 17（行ケ）10367［射出装置］（在说明书中仅记载有同步皮带时，将作为上位概念的"皮带"记载在权利要求书中，这种订正含有新事项）。知识产权高等法院平成 20 年 3 月 26 日判决·平成 19（行ケ）103266［电力转换装置］（订正发明包含两个实施例，但是在说明书中只有一个实施例）。知识产权高等法院平成 22 年 7 月 28 日判决·平成 21（行ケ）10304［包装用容器］（将订正前单层片材的数值改变为包含外层片材的多层片材，这种数值的订正是不合法的）。

另外，运用 判例 68 的标准，认定符合增加新事项的案例中，有知识产权高等法院平成 20 年 12 月 25 日判决·平成 20（行ケ）10245［老虎机］（即使综合说明书等的记载，订正事项的技术意义也不明确），东京地方法院平成 20 年 11 月 28 日判决·平成 18（ワ）20790 号［显影刮板的制造方法］（在侵权诉讼中，在认定具有不具备创造性的无效理由的基础上，专利权人主张订正，得出说明书中没有记载的技术意义，这是不合法的）。

（二）允许订正的案例

在附加的记载属于当然事项的情况下，权利要求书的范围缩减，因而被允许（东京高等法院平成 8 年 9 月 5 日判决·判例工业所有权法［二期法］2941 之第 9 页［卡式适配器］，东京高等法院平成元年 9 月 27 日判决·判例工业所有权法［二期法］第 2941 页［安装袋体的网体的坡面植被方法］）。东京高等法院平成 14 年 7 月 11 日判决·特许消息 10883 号、10884 号［感光材料］认定，化合物的定义的改变在说明书公开的范围内。判例 16 ，在说明书中仅记载为正方形工作台时，以记载有通常的矩形材料为根据，将"工作台"订正为"矩形的工作台"也不算是增加新事项，因此该订正被允许（但是订正后的发明被判断为不具备创造性）。

东京高等法院平成 14 年 2 月 19 日判决·特许消息 10982 号［供电电路］，在判断是否属于新事项时，判决指出"不是简单地将与订正请求相关的事项的语句和说明书中表示的语句相比较，对与订正请求相关的事项以及添加在申请书中的说明书或者附图中记载的技术事项也要进行判断。在此基础上，应讨论添附在申请书中的说明书或者附图中记载的技术事项是否能够通过订正被附加"。另外，东京高等法院平成 16 年 5 月 19 日判决·平成 15（行ケ）388［液压缸］中，对于专利局在平成 15 年将允许进行补正（订正）的范围从以前的"最初根据说明书等的记载内容直接且无异议地推导出的事项"修改为

"根据最初说明书等的记载内容对本领域技术人员当然可以确定的事项"的这一改变,法院将其评价为"改变了过于僵化的运用,有利于给予基础发明适当的保护",并予以肯定性引用。进而认定通过订正增加的"棒状"这一用语与说明书等中记载的内容意思相同。东京高等法院平成 16 年 11 月 25 日判决·平成 15(行ケ)214[游戏装置]这一案件中,法院认为虽然在说明书中没有记载通过订正导入的"游戏展开设定手段"的用语,但记载有相应的内容,因此允许了订正。东京高等法院平成 17 年 2 月 24 日判决·平成 14(行ケ)329[气溶胶制剂]中,权利人将"含有 3 成分制成的溶胶制剂"订正为"仅由 3 成分制成的溶胶制剂",是在将最佳实施例从权利要求书中予以了排除,对此法院认为"在对权利要求书进行缩减时,对于记载于订正前的权利要求中的哪个部分进行缩减是权利人的权利",因而允许了订正。

知识产权高等法院平成 20 年 3 月 27 日判决·平成 19(行ケ)10106[记录纸]中,法院认为,对于在认定专利权无效的复审决定被撤销后进行的订正,由于订正使得不再受前一诉讼判决的拘束力影响,以及通过限定用途使得发明的记录纸的性质被限定,基于上述理由允许了订正。

对于在说明书中没有明示记载的订正事项,参照说明书相关的记载、附图、技术常识等不属于新事项的案件,有知识产权高等法院平成 17 年 7 月 21 日判决·平成 17(行ケ)10075[层积方法](属于参照技术常识能够当然确定的事项),知识产权高等法院平成 18 年 12 月 20 日判决·平成 18(行ケ)10177[竿管](参照附图进行解释),知识产权高等法院平成 20 年 1 月 16 日判决·平成 19(行ケ)10190[老虎机](根据说明书的具体实施例的解释,订正事项被允许),知识产权高等法院平成 20 年 4 月 24 日判决·平成 19(行ケ)10333[具有手揉功能的治疗机](对于订正发明中包含有不起作用效果的范围的认定,复审决定允许了参照说明书对订正发明进行合理地解释)。

关于受认可的订正以及补正的范围,在平成 5 年修订以后,虽然进行严格解释的例子较为常见,但也有上面提到的对于过于僵化的运用方式进行纠正的动向,其中通过大合议判决确定该动向的是 判例 68 。运用 判例 68 的标准,允许订正的案件有,知识产权高等法院平成 20 年 6 月 12 日判决·平成 20(行ケ)10053 号[可以保形的衣服](撤销了驳回订正的复审决定,认为将说明书的多处记载内容进行组合,订正事项就能够当然确定),知识产权高等法院平成 22 年 7 月 15 日判决·判时 2092 号第 128 页[模塑电机](将"内侧连结的齿部"订正为"内侧通过绝缘性树脂连结的齿部"。对于该订正，复审决定以在说明书附图中没有绝缘性树脂的实施例的记载为由拒绝了该订正，但是判决指出订正事项对发明的作用效果没有特别影响，因此允许了订正），知识产权高等法院平成 21 年 10 月 8 日判决・平成 21（行ケ）10015 ［计量装置］（对于参照订正发明的说明书进行的限缩解释，认定为不属于增加新事项）等。

知识产权高等法院平成 20 年 11 月 12 日判决・平成 19（行ケ）10315 ［旋转夹钳］中，法院认为，对于在权利要求中大幅增加的订正事项，用于达成订正前的目的而增加手段，这属于对权利要求范围的限定。

知识产权高等法院平成 22 年 4 月 27 日判决・平成 21（行ケ）10326 ［按摩机］中，法院认为"在权利要求书的记载中增加技术特征时，附加后的发明的技术范围与附加前的发明的技术范围相比较变得缩小或者变得明确，对此不需要进行说明"，在做出上述一般论的基础上，对于复审决定中认定的被附加的技术特征与订正前相比较为择一性的记载，法院认为在这一点上订正前后发明的内容没有变化，因此撤销了复审决定。知识产权高等法院平成 22 年 9 月 30 日判决・平成 22（行ケ）10046 ［洗衣机］也认定，如果原则上技术特征的增加没有导致权利范围的扩张，则即使附加的功能在实施例中没有记载，也不属于增加新事项。

|判例 68| 知识产权高等法院平成 20 年 5 月 30 日大合议判决・判时 2009 号第 47 页 ［防焊］

【订正要在"说明书或者附图中记载的事项的范围内"这一标准是指，在对综合说明书或者附图中的全部记载内容而导出的技术事项进行分析的情况下，未导入新的技术事项】

〈案件事实〉

在对含有感光性预聚物、光重合开始剂、稀释剂、固体形状物或者半固体形状物的环氧树脂化合物的感光性热硬化树脂组合物的专利进行的无效宣告中，主张以不满足专利法第 29 条之 2 为无效理由，并引用了记载有与专利发明在组成上存在部分重合的组成物的在先申请公开的工艺。在复审中，专利权人为了去除重合的组成部分对权利要求范围进行了缩减，即通过所谓的"除外权利要求"的订正，获得了维持专利权有效的复审决定。于是，无效宣告请求人提起了撤销该复审决定的行政诉讼。

〈判决要旨〉

根据专利法的趣旨，对平成 6 年修订前的专利法第 17 条第 2 款中所谓的"在说明书或者附图中记载的事项的范围内"，应该进行如下解释。

"说明书或者附图中记载的事项"是指，由于作为具有高度的技术思想的创作的发明，采取的是以专利权获得独占为前提对第三人进行公开的形式，因此，此处所谓的"事项"是指通过说明书或者附图公开的发明相关的技术事项，在此前提下，"说明书或者附图中记载的事项"是指对于本领域技术人员来说，通过综合说明书或者附图中的全部记载内容导出的技术事项，从补正的内容与这样被导出的技术事项的关系来看，未导入新技术事项时，则认为该补正是在"说明书或者附图中记载的事项的范围内"进行的。

而且，专利法第 134 条第 2 款但书条款中的同样语句，也应作相同理解。即综合说明书或者附图中的全部记载内容导出的技术事项，从订正的内容与该技术事项的关系来看，未导入新技术事项时，则认为该订正是在"说明书或者附图中记载的事项的范围内"进行的。

但是，由于在说明书或者附图中记载的事项通常是关于该说明书或者附图所公开的技术思想，例如，以缩减权利要求的范围为目的，进行对权利要求的范围附加限定的订正时，被附加的订正事项被明示地记载在该说明书或者附图中时，或者该被附加的订正事项是根据说明书或附图中的记载能够被当然确定时，如果没有特殊情况，则该订正被认为是没有导入新技术事项，可以被认为是在"说明书或者附图中记载的范围内"的补正，在实务中运用这种判断手法妥当解决问题的事例很多。

（关于除外权利要求的订正）无效宣告的被请求人，对于权利要求的记载，有时会请求通过"但是，……除外"等消极表现（所谓的"除外权利要求"）来排除专利申请相关的发明中与先申请发明相同的部分。

在这种情况下，由于专利权人在申请专利时没有认识到先申请发明的存在，因此在与该专利申请相关的说明书或者附图中不存在与先申请的发明相关的具体记载是很正常的。但是，对于将即使在说明书或者附图中没有具体记载的事项作为订正事项的订正，也依然可以适用平成 6 年修订前的专利法第 134 条第 2 款但书条款，通过说明书或者附图的记载公开的技术事项中，只要被认为未导入新技术事项，则该订正应该被认为是在"说明书或者附图中记载的事项的范围内"进行的订正。

〈评论〉

本案有多个争论焦点，最为令人关注的是，对于在补正和订正中将说明书中没有具体记载的事项作为订正事项的情况，大合议判决对于认可该情况的一般性标准作出了判示。根据判决要旨可作如下理解，本判决是在过去的思考方法——说明书中记载的事项以及依据说明书的记载能够明确的事项——的基础上更进一步，也认可"通过综合说明书或者附图的全部记载内容导出的技术事项"。而且，在本判决后的知识产权高等法院判决中，与平成10年左右的判例相比，开始出现以缓和的标准认可补正和订正的案例。

三、误记的订正

误记的订正是指在申请人的主观意愿与说明书的记载内容不相同时允许进行的订正，但是为了不损害到对专利公报信赖的第三人，不允许实质上对权利要求的范围进行扩张和变更。

但是，由于误记的订正是变更为不包含在订正前的用语中的意思的用语，因此形式上会带来权利要求书范围的扩张和变更。因此，为了不做实质上的扩张和变更，订正前记载的原来意思在理论上理应对本领域技术人员来说是明确的。即为了认可由于误记而进行的订正，本领域技术人员必须根据专利公报的记载内容本身来理解误记的存在和本来正确的记载。在未允许订正的两个最高法院的判例中阐述了该原则，这两个判例分别是 判例69 以及最高法院昭和47年12月14日判决·民集26卷10号第1909页［糖昊的制造方法］（将权利要求书中记载的3至5℉的温度范围订正为3至5℃，这种订正即使在技术上能够理解，但是既然在发明的说明书中没有任何根据，则将其视为对权利要求进行变更，不被允许）。在下级审的判决中，很多情况也是不承认对误记进行订正的，但值得注意的是，平成10年以后，允许这种订正的案件也出现数件。

（一）未认可误记订正的案例

在未认可数值变更的案件中，有如下案件，东京高等法院昭和39年2月25日判决·行集15卷2号第270页［导电性成型用可塑物］（未认可将数值范围的下限值从0.0003变更为0.00003的订正），东京高等法院昭和48年4月11日判决·无体集5卷1号第70页［使海带干燥的加工方法］（将炉内温度35℃的实施例的记载订正为炉内温度60℃，在说明书中不存在60℃的根据时，不符合误记的订正），知识产权高等法院平成17年12月27日判决·平成

17（行ケ）10552［电磁处理装置］（如果被误记的数值范围违反技术常识，则不被认可）。

对于用语的变更，将"芳基"表示为"烷基"，本领域技术人员以及其他第三人认为很难理解时，作为误记的订正不被认可，有如下案例（东京高等法院昭和 48 年 12 月 25 日判决·无体集 5 卷 2 号第 530 页［流动性有机聚硅氧烷组成物］）。东京高等法院平成 8 年 1 月 18 日判决·特许消息 9411［液冷式半导体装置］中，将沸点从"低"于 10℃以上补正为"高"于 10℃以上，即使在实施例中有依据也不被认可。东京高等法院平成 10 年 3 月 17 日判决·判例工业所有权法［2 期版］2947 之第 5 页［腋下汗吸收拍］中，主张"圆周率较小"是"圆周率半径较小的"误记，按照说明书的记载也能够理解技术含义，因此不认可这是误记。东京高等法院平成 16 年 8 月 24 日判决·平成 15（行ケ）525［硬化组成物］中，主张［异戊二烯类聚合物］这一用语是［异丁烯系聚合物］的误记，进行订正不能说是明显可以从说明书本身予以确定，因此不被认可。

对于将包含在权利要求书中的限定用语作为误记予以删除的请求，法院未予认可，这样的判例有东京高等法院平成 12 年 3 月 2 日判决·平成 10（行ケ）336［形成陶瓷类涂层的方法］，知识产权高等法院平成 21 年 3 月 25 日判决·平成 20（行ケ）10216［导轨安装结构］。

对发明的说明书中的用语进行误记订正的请求未被认可的案件，有知识产权高等法院平成 20 年 2 月 21 日判决·平成 19（行ケ）10242［纸尿布］，知识产权高等法院平成 19 年 10 月 31 日（行ケ）10547［太阳能反射性表面处理金属板］。

（二）认可对误记进行订正的案例

东京高等法院平成 12 年 3 月 4 日判决·平成 11（行ケ）213［旋耕机］，基于订正前的说明书的记载中存在矛盾以及存在技术上很难实现这点，因此认可了订正。

东京高等法院平成 13 年 10 月 24 日判决·平成 12（行ケ）297［接收机］判示了，本领域从业人员应该在参考基于说明书以外的资料的技术常识的基础上，理解误记的存在和本来的含义。

东京高等法院平成 15 年 2 月 17 日判决·平成 15（行ケ）39［胍衍生物及其制造方法和杀虫剂］判示了，在权利要求书的记载与说明书的记载存在矛盾时，根据说明书的记载整体来看权利要求书的记载中存在误记是显然的，本领域技术人员能够很容易地认识到该问题时，认可该订正。

知识产权高等法院平成 17 年 10 月 13 日判决·平成 17（行ケ）10348[地图图像和文本信息的合成方法]，认定该误记的订正在说明书中有依据。

知识产权高等法院平成 19 年 11 月 28 日判决·平成 18（行ケ）10628[粉末洗洁精]，在对申请经过予以参考的基础上，认定数值范围的记载中存在的误记，从而认可了订正。

需要注意的是，近期的判例中认可对误记进行订正的案例数量有不少。

判例69 最高法院昭和 47 年 12 月 14 日判决·年民集 26 卷 10 号第 1888 页[吩噻嗪衍生物的制造方法]

【将"具有分枝的亚基"订正为"具有分枝的某个亚基"，属于实质上扩大权利要求的范围】

〈案件事实〉

在本件权利要求书中表示了 HO – A – N < R1R2 的公式，关于该公式有"A 是具有分枝的亚基"的记载。专利权人请求将其订正为"A 是具有分枝的某个亚基"。原审认为，该订正是附加了"不具有分枝的亚基"，扩大了专利要求书的范围，因此不认可对误记进行订正。

〈判决要旨〉

本判决认为，在订正的复审得到确定时，订正的效果追溯到申请当初（专利法第 128 条），而且，基于被订正的说明书或者附图的专利权的效力，影响到本领域技术人员以外的不特定多数的一般第三人，因此是否允许订正必须要慎重判断，这是理所当然的。

参照原审的事实来看本案，上诉人请求订正的"A 是具有分枝的亚基"的记载属于权利要求书中的本发明的技术特征所不能欠缺的事项之一，虽说对于该记载是"A 是具有分枝的某个亚基"的误记，在当事人之间对此没有争议，但是本案中的权利要求中表示的 HO – A – N < R1R2 的"A 是具有分枝的亚基"的记载自身非常明确，不具有如果不参照说明书中的其他项的记载则不能理解的情形，另外，尽管这属于误记，对于"A 是具有分枝的亚基"这样的记载不进行订正，也并非不能达到发明预期的目的效果，不能认为本领域技术人员都能注意到该误记并将其理解"A 是具有分枝的某个亚基"的趣旨。由此，对于上述"A 是具有分枝的亚基"的记载，即使是站在上诉人的立场来看该记载很明显是错误的，但从与一般第三人的关系来看却不能同一而论，

最终，在本发明的说明书中表示该趣旨的"A 是具有分枝的亚基"与"A 是具有分枝的某个亚基"二者中，前者才属于本案的权利要求的范围。

按照如上说明，在本案的情况下，将权利要求书中的"A 是具有分枝的亚基"的记载订正为"A 是具有分枝的某个亚基"当然对权利要求进行了形式上的扩张，损害了信赖本案说明书中记载的权利要求的表示的一般第三人的利益，实质上对权利要求的范围进行扩张，这正是专利法第 126 条第 2 款所不允许之处。

〈评论〉

与上述最高法院［糖果的制造方法］一样，是对订正中不允许权利要求范围的扩张和变更的理由进行详细阐述的基本判例。

四、对不明确记载的解释说明

记载不明确的解释说明是指，在订正前的记载能够被解释为多种意思时，将其确定解释为一个意思，订正后的意思需要在说明书中有记载。如果根据 判例 68 的标准，在这种情况下订正很容易被认可。

对于认可了作为对不明确的记载进行解释的订正，有如下案件，东京高等法院平成 2 年 12 月 17 日判决・判例工业所有权法［2 期版］1961 之第 16 页［玻璃板的加工方法及其装置］。在夹持搬送玻璃板的同时，通过多个串联的研削手段来对玻璃板的边缘部进行圆角加工的方法发明中，将订正前的权利要求中的"以弯曲成凹面状的状态"订正为"从延设到上述一边缘部分弯曲状的支持面弯曲为凹面状的状态"，认定了被附加的事项在订正前的说明书中有记载，由于玻璃板通过什么变为弯曲为凹面状的状态和明确，而并非是期待不同的目的和效果，因此被认可。

在未认可订正的案件中，有东京高等法院昭和 54 年 10 月 16 日判决・无体集 11 卷 2 号第 449 页［田植机］。在订正前的说明书中，虽然规定了在车轮的两侧安装田植装置，但正确的应该是，只安置田植装置中的平整地装置，对于这样一种发明，请求了订正复审，但被认为将装置的整体订正为一部分属于扩张了权利要求的范围。上述东京高等法院［干燥海带的制造方法］的案件，将"蚕蔟浸泡"工序订正为"蚕蔟继续加工浸泡干燥"工序，在说明书中没有相应的公开，不属于对不明确的记载的解释说明。东京高等法院平成 8 年 4 月 16 日判决・判例工业所有权法［2 期版］第 2949 页［污水处理方法］中，认为增加的记载是对技术性异议进行实质性的变更,因此未认可订正。东京高等法院平成16年7月22日判决·平成15(行ケ)247[海苔制造方法]中,将被驱动的部件也纳入"驱动结构"的订正与"驱动机构"自身的含义矛盾,因此认为不属于对记载不明确的记载的解释说明。

最近的案例有,知识产权高等法院平成20年1月16日判决·平成19(行ケ)10190[老虎机](订正事项是将原用语下位概念化,属于对其内容明确化的行为,因而合法),知识产权高等法院平成20年3月27日判决·平成19(行ケ)10106[记录纸](关于由订正插入的"室温"的用语,"在与需要感热记录这样的高温记录手段进行的对比中使用是很容易理解的",因此属于合法的订正),知识产权高等法院22年2月25日判决·平成21(行ケ)10161[电视系统](参照引用的基本权利要求的内容,认为对从属权利要求的订正属于对不明确的记载进行的解释说明),知识产权高等法院平成21年7月21日判决·平成20(行ケ)10288[动物排尿处理剂](订正事项是基于说明书的记载以对权利要求用语的含义予以明确及予以缩减为目的)。

五、订正程序和效果

(一)订正的主要目的是对无效宣告和侵权诉讼中的无效主张进行防御

订正得到确定后的效果溯及到申请日,将消除无效理由(东京高等法院昭和54年4月10日判决·判夕395号第153页[重氮成分])。东京高等法院昭和54年1月30日判决·无体集11卷1号第18页[头孢菌素化合物的制备方法],由于对订正前的专利适用旧法第40条,将其视为提出了手续补正书时进行的申请,因此无效,在此情况下,通过订正使得无需程序补正,撤销了无效宣告复审决定。另外,在包含不能实施部分的理由而作出将专利无效的复审决定时,如果进行删除该部分的订正,无效宣告复审决定将被撤销(东京高等法院昭和45年3月31日判决·判夕247号第221页[烯烃的高分子线形聚合物的制造方法])。

针对认定专利无效的复审决定提起的请求撤销该复审决定的行政诉讼(驳回请求)的口头辩论终结后,做出了订正复审决定时,原判决也因为违反法规而被撤消发回重审(最高法院昭和60年5月23日判决·判时1160号第143页[电子扫除机])。如果在无效宣告过程中作出了订正复审决定,则必须对被变更后的复审对象给予答辩的机会(最高法院昭和51年5月6日判决·判时819号第35页,东京高等法院平成2年5月29日判决·无体集22卷2号第 339 页 [窗框的安装方法]。但是在平成 5 年修订后,原则上,这种情况应该不会再出现。此外,还存在以下判决,尽管在无效宣告的复审决定作出后进行了缩减权利要求书的订正,但订正后的发明能够适用原来的无效理由,没有撤销无效宣告复审决定(东京高等法院昭和 59 年 9 月 27 日判决·无体集 16 卷 3 号第 669 页 [涂装法],东京高等法院平成 7 年 8 月 3 日判决·判时 1550 号第 110 页 [大直径角钢管]。从撤销复审决定的行政诉讼的构造来看,这是极为例外的判决(在特殊的事实关系下,虽然进行了订正,但维持了无效宣告复审决定的案例有,东京高等法院平成 9 年 2 月 5 日判决·特许消息 9510、9512 [电路拉出棒])。作为上述东京高等法院 [大直径角钢管] 判决的上告审的最高法院平成 11 年 3 月 9 日判决·判时 1671 号第 133 页,在平成 5 年修订前的专利法的背景下,判示了在请求撤销无效宣告复审决定的行政诉讼中存在订正复审决定时,有必要撤销无效宣告复审决定。并且,在平成 5 年专利法的修订后的背景下,判例70 也明确了,在请求撤销无效宣告复审决定的行政诉讼中,如果缩减权利要求范围的订正复审决定得到确定,则有必要撤销无效宣告复审决定(即使订正后的专利存在无效理由,应该通过新的无效宣告来无效)。并且,最高法院平成 17 年 10 月 18 日判决·判时 1914 号第 123 页中,在将撤销无效宣告复审决定的请求予以驳回的高等法院判决的上告审进行中,减缩该专利权利要求范围的订正复审决定得到确定的情况下,将原判决予以了撤销,并直接改判为撤销无效宣告复审决定(但是,知识产权高等法院平成 22 年 11 月 30 日判决·平成 21 (行ケ) 10381 [安全装置插管] 判示了,在对认定无效宣告不成立的复审决定提起的撤销复审决定的行政诉讼中,在订正得到确定时,可以在不撤销复审决定的情况下对订正后的发明进行是否存在无效理由的判断)。

此外,在平成 5 年专利法修订后的无效宣告中,在复审中请求订正,在允许订正并作出无效宣告请求不成立的复审决定时,变成了在撤销复审决定的行政诉讼中,对订正后的发明是否具有专利性进行判断(东京高等法院平成 10 年 9 月 8 日判决·知裁集 30 卷 3 号第 708 页)。

对于订正复审(订正请求)与无效判断的关系,在专利无效(取消)得到确定时没有订正的余地,将对订正复审请求不予受理(知识产权高等法院平成 17 年 8 月 3 日判决·平成 17 (行ケ) 10259 [无集三相直流电动机],知识产权高等法院平成 18 年 4 月 17 日判决·平成 17 (行ケ) 10739 [老虎机])。在撤销无效宣告复审决定的行政诉讼中,其他订正复审(订正请求)

正在进行审理，这与撤销复审决定的理由无关（知识产权高等法院平成 17 年 11 月 9 日判决・平成 17（行ケ）10530 ［紫菜异物分离装置］）。

关于订正与侵权诉讼的再审之间的关系，最高法院平成 20 年 4 月 24 日判决・判时 2068 号第 142 页 ［刀加工装置］ 认为，在侵权诉讼中，在驳回以专利无效为理由的请求的判决得到确定后，基于对专利发明进行订正的复审决定获得确定的理由请求进行再审，对此不予认可。判决指出，上诉人在一审中应该可以提出订正的对抗主张，不能两次请求订正复宣及请求撤销该订正复审，由于没有发现上诉人在原审的口头辩论终结前未提出订正请求的正当理由，因此判示了"上诉人以本件订正复审决定得到确定为理由对原审的判断提出异议，这相当于理应在原审审理中早期提出的对抗主张在原判决宣判后才提出，不得不认为这属于不当地延迟上诉人与被上诉人解决本件专利权侵权纷争的行为，参照上述专利法第 104 条之 3 的规定的立法目的，对此不予认可"。

另一方面，在认可差止请求的确定判决作出后，该专利的无效宣告复审决定得到确定的情况下，知识产权高等法院平成 20 年 7 月 14 日判决・判时 2050 号第 137 页 ［紫菜异物分离装置］ 认为，再审的上诉不违反诚实守信原则，因此撤销了确定判决。

关于这些点，在平成 23 年专利法修订的第 104 条之 4 中规定，在侵权诉讼的终局判决确定后，在再审的上诉中，不得主张专利无效宣告复审决定得到确定以及专利订正复审决定得到确定。

|判例 70| 最高法院平成 11 年 4 月 22 日判决・判时 1675 号第 115 页 ［6 辊压延机的结构］

【在撤销复审决定的行政诉讼中对专利进行订正时，有必要撤销无效宣告复审决定】

〈案件事实〉

认定专利无效的复审决定做出后，在撤销该复审决定的行政诉讼中，对专利进行订正的复审决定得到确定，原审撤销了无效宣告复审决定。上诉人主张，关于订正后的权利，再次保障对其进行复审程序，是专利权人意图延长纷争解决时间，因此是不当的。

〈判决要旨〉

请求撤销认定专利无效的复审决定（以下称"无效宣告复审决定"）的诉讼过程中，关于该专利权，通过将说明书进行订正的复审决定（以下称"订正复审决定"）对添附在专利申请的申请书中的权利要求范围进行缩减，在订正复审决定得到确定的情况下，必须撤销该无效宣告复审决定。理由如下。

通常情况，如果只是与以订正前的说明书为基础的发明进行过对比的公知事实进行对比，而不与其他公知事实进行对比，就无法判断上述发明能否被授予专利。而且，这样的审理判断不能够不经过专利局的复审程序，第一次就在撤销复审决定的行政诉讼的管辖法院进行，因此以订正后的说明书为基础的发明能否被授予专利权，应该在撤销对该专利的无效宣告复审决定的基础上，再次通过专利局的复审程序对该专利进行审理判断。

但是，虽然依据在无效宣告复审决定中进行对比的内容相同的公知事实，将以订正后的说明书为基础的发明予以无效的情况也不是不存在，但专利法第123条第1款第8项中规定，违反第126条第4款作出订正复审决定属于专利无效的理由，因此在上述情况下，可以认为将以此为理由再次通过专利无效宣告来将该专利无效。

〈评论〉

关于发明的创造性判断，有很多微妙的案例。对于收到无效宣告复审决定的专利权人来说，需要给予他们缩减权利要求的范围从而来维持发明的机会。由于订正复审决定包含有专利局关于订正后的发明能够授予专利权的判断（第126条第4款），因此若一定要求再次经过复审程序则可能会带来程序上的拖延，但这应该属于通过提高专利局再次的复审程序的审理效率来解决的问题。

与上述判决的案件相类似，在维持了专利撤销决定的高等法院判决（原判决）的上告审理过程中，订正复审决定得到确定的情况下，最高法院平成15年10月31日判决·判时1841号第143页指出，订正复审决定属于再审理由，在原判决中存在对判决产生影响的明显违反法规的情形，因此撤销了原判决。

此外，东京高等法院平成14年11月14日判决·判时1811号第120页［建筑物的骨架施工方法］，在针对复审请求不成立的复审决定提起的撤销复审决定的行政诉讼中，判示了缩减权利要求范围的订正复审决定得到确定时，没必要直接撤销复审决定。

（二）有最高法院的判决对于请求多处订正的情形作出了判示，认为在请求多处订正时，复审决定对于是否允许订正进行认定时要尽量将全部需要订正之处作为一个整体，而不得只是认可其中一部分的订正（最高法院昭和55年5月1日判决·民集34卷3号431页［与播种机连接的牵引的驱动装置］）。

该判决是昭和62年改善多项制之前的判决，另外东京高等法院平成14年

10月31日判决·判时1821号第117页，在改善多项制下，判示了应该按照每个权利要求来判断是否应该拒绝订正，但关于该点高等法院的判决是不一致的（采用整体判断说的判决有知识产权高等法院平成19年6月29日判决·平成18（行ケ）10314［发光二极管模块］；对每个权利要求都进行判断的判决，有知识产权高等法院平成19年12月18日判决·判时1999号第102页［附有测量功能的加紧装置］，知识产权高等法院平成20年2月12日判决·判时1999号第115页［稳定的低抵抗电阻］，知识产权高等法院平成20年5月28日判决·判时2020号第112页［多色发光有机EL面板］）。判例71最高法院［发光二极管模块］，是关于异议进行中提出订正请求的案件，判示了应该按照每个权利要求进行判断。之后的下级审判决中，以按照每个权利要求进行判断的方向为主流（知识产权高等法院平成20年11月27日判决·判时2022号第137页［半导体元件安装板］，知识产权高等法院平成21年9月3日判决·判时2069号第113页［过滤布袋面纱］，知识产权高等法院平成21年11月19日判决·判时2077号第133页［多色发光EL板］）。

无效宣告中，在认定与多个权利要求相关的订正请求的基础上，将一部分的权利要求无效的复审决定存在时，按照之后争议的有无，订正的确定时期根据请求项的不同也不同。作出这样判示的判例有，知识产权高等法院平成19年7月23日判决定·判时1998号第110页［编织机及其线切换装置］，知识产权高等法院平成19年6月20日决定·判时1997号第119页［水路墙改进方法］，知识产权高等法院平成20年2月12日判决·判时1999号第115页［稳定的低抵抗电阻］等。

（三）在进行订正复审或者订正请求时，不能进行变更订正请求要旨的补正

需要注意的是，特别是无效宣告中的订正请求，由于存在时期限制，因此没有补正的必要。专利局以认可了经过补正的订正请求为理由撤销无效复审决定的案件中，有东京高等法院平成11年6月3日判决·判时特许消息10198［唇涂布机型涂装设备］。东京高等法院平成14年3月19日判决·判时特许消息［钢铁加热炉］，对于异议程序中进行的订正请求的补正改变了订正请求书的要旨作出了认定。

东京高等法院平成12年3月29日判决·特许消息10326、10327［注入］认为，将"作为安定剂只包含Y203"补正为"作为安定剂包含Y203"，该订正请求书的补正很明显是对权利要求的范围进行了扩张，因此未予认可。

东京高等法院平成 17 年 3 月 2 日判决·平成 16（行ケ）200［电动压机］认为，在与订正复审请求书中记载的订正事项不同的地方（虽然是在同一权利要求书中）附加记载，这种补正是不合法的。

对于将订正请求时的权利要求的订正事项删除（撤回）的补正是否予以认可，法院判断存在分歧，知识产权高等法院平成 18 年 9 月 12 日判决·平成 17（行ケ）10632［室内用建材］判示，"之所以对订正请求书的补正设置限制，是因为如果不对补正设置限制则对于订正请求的复审程序会变复杂，并被拖延，以及由于请求书的补正使得对订正请求时间限制（专利法第 120 条之 4 第 2 款）被规避。因此，除了扩张订正请求事项的范围的情形属于要旨变更外，还有一旦对权利要求的范围进行缩减后再次进行将权利要求扩大的补正的情形，即使补正后的权利要求包含在订正（缩减）前的权利要求范围内，但按照上述趣旨，也属于要旨变更，这种补正将不被认可"。但是，知识产权高等法院平成 18 年 10 月 25 日判决·平成 17（行ケ）10706［金属板的复合膜］则相反，判示了将订正复审请求书的订正事项删除的补正不算是对要旨进行变更（维持了因其他理由不允许订正的复审决定）。知识产权高等法院平成 20 年 3 月 19 日判决·平成 19（行ケ）10262［纸盒包装］没有特别出示理由就将删除订正事项的补正认定为不合法。

知识产权高等法院平车 20 年 3 月 25 日判决·平成 19（行ケ）10237［聚烯烃组合物］这一案件，虽然说形式上的补正的数目很多，但是不能认定为不合法，对于补正前的聚合制成的聚烯烃组合物，通过补正也可以将其理解为混合物的情况下，属于对要旨进行了变更。

（四）名古屋地方法院平成 10 年 3 月 6 日判决·判タ1003 号第 277 页［占温材料］一案中，侵权诉讼提起后提起订正请求，由于在实施侵权行为时涉案专利存在无效理由，被告因此主张对于侵害专利权没有过失，但法院没有支持大阪地方法院平成 16 年 7 月 29 日判决·平成 13（ワ）3997［地表埋设用盖］，大阪地方法院平成 22 年 1 月 28 日判决·判时 2094 号第 104 页［组合计量装置］作出判示，订正对被告是否存在过失没有影响。

判例71 最高法院平成 20 年 7 月 10 日判决·判时 2019 号第 88 页［发光二极管模块］

【关于专利异议审理过程中的订正请求，对于订正是否应该按照每个权利要求来进行判断的案例】

〈案件事实〉

对本件专利的权利要求1～4申请专利异议,专利权人对全部权利要求请求订正。复审决定仅仅认定了权利要求2的订正请求不合法,进而将全部订正请求作为整体未予认可。原判决认定订正请求是整体不可分的,因此肯定了复审决定。

〈判决要旨〉

以缩减权利要求范围为目的,对申请了专利异议的权利要求提起的订正请求,具有以下实质,即可以作为对每个权利要求都能够申请的专利异议的防御手段。因此,可以理解为进行这种订正请求的专利权人对各个权利要求分别请求了订正,而且,如果不允许对每个权利要求分别进行订正,则在专利异议事件中的攻击防御上会明显欠缺平衡。鉴于以上各点,对于专利异议的申请,允许对各个权利要求分别申请专利异议,对是否取消各个权利要求的专利权分别进行判断,与此相对,对申请专利异议的权利要求提出的,以缩减权利要求的范围为目的的订正请求,允许对各个权利要求分别进行订正,是否允许这种订正应该对各个权利要求分别进行判断,这种判断方式是合理的。

在专利异议申请事件的审理中请求对多个权利要求进行订正时,对于申请了专利异议的权利要求的以缩减权利要求的范围为目的的订正,应该对成为订正对象的每个权利要求分别判断其是否被允许,仅以与一部分的权利要求相关的订正事项不符合订正的要件为理由,不允许不承认包含与其他权利要求相关的订正事项的全部订正。

〈评论〉

订正复审制度自身是赞成不可分说的,在此基础上,基于异议制度的趣旨,认为可分说的适用是妥当的,本判决的主旨是认为无效宣告中的订正请求也是成立的。

六、实务指南

在平成5年专利法修订以前,订正只是在无效宣告和独立的订正复审中进行。并且,在订正复审中,存在请求公告和异议申请制度,作出订正复审决定后,利害关系人能够请求订正无效的复审。因此,由于在无效宣告复审决定后作出了订正复审决定,因此撤销了无效宣告复审决定,但现在因为作出了认定订正无效的复审决定，由此又回到无效宣告复审决定的复杂状态（最高法院平成3年1月17日判决·判例工业所有权法［2期版］第3937页［拉伸设备传输线］）。上述最高法院［夹子］一案，最高法院撤销了针对订正复审决定提起的请求撤销该复审决定的行政诉讼后，作出认定订正无效的复审决定，对该复审决定加以肯定的判决是东京高等法院平成6年10月26日判决·知裁集26卷3号第1366页［夹子订正无效］。第一次订正被无效后，专利权人进行第二次订正，最终最初的认定无效的复审决定被东京高等法院平成8年3月13日判决·特许消息9393［夹子第二次订正］予以撤销）。

另外，如果无效宣告复审决定得到确定，则没有请求订正复审的余地（最高法院昭和59年4月24日判决·民集38卷6号第653页［与播种机连接的牵引的驱动装置］，最高法院昭和6年4月25日判决·判例工业所有权法2431之第311页），除此之外，订正复审比异议申请制度耗费时间，因此要成为对抗无效宣告的有力防御手段是很困难的。

平成5年修订的结果为，平成6年1月1日以后，当无效宣告正在审理时，应在无效宣告程序中进行订正（第126条，第134条第2款）。另外，废止订正复审中的公告和异议申请手续，使得订正复审决定迅速作出的同时，订正无效宣告制度也被废止。对订正结果不满的人可以请求专利无效宣告（第123条第1款第7项）。

但是，在平成5年修订后的专利法的运用上，作出无效宣告复审决定并提起了撤销复审决定的行政诉讼时，由于订正复审请求能够自由提起，因此订正复审和无效宣告错综进行，需要花费较长时间解决问题的案件不比修订前要少。平成15年修订意图解决该问题，因此将无效宣告复审决定后请求订正的机会限定为从提起撤销复审决定的行政诉讼起90日内（第126条第2款）。

平成5年专利法修订中，在第126条第1款中规定，禁止增加新事项（现行法中第126条第3款），在平成5年修订法实施日（平成6年1月1日）以后提起的订正复审请求和订正请求中，该条款也适用于该实施日以前申请的专利（东京高等法院平成12年3月29日判决·特许消息10326、10327［注入］），这一点也是值得注意的。

此外，在平成15年修订的专利法背景下，基于在无效宣告后提出的订正复审请求，在撤销复审决定的行政诉讼中，存在以决定的形式将无效宣告复审决定予以撤销的程序，因此无效宣告和撤销复审决定的行政诉讼之间的反复现象容易出现。有如下案件，对于同一专利反复进行无效宣告和撤销复审决定的行政诉讼，进行5次订正后，专利最终还是被无效了（知识产权高等法院平成22年9月28日判决·平成21（行ケ）10344［打入机］）。

平成23年修订的专利法的第126条第2款中，将这种通过决定的方式撤销复审决定的程序予以废止，规定了在无效宣告复审决定得到确定之前不得进行订正复审请求。但为了减轻专利权人的不利益，又在164条之2中新设了以下制度，即在无效宣告程序中提前对复审决定进行预告，从而给予专利权人进行订正的机会。

第八节 以不当起诉、信用诋毁为由的上诉

一、不当起诉

在此之前所列举的，都是在遭到来自专利权人的起诉时，用于主张不构成侵权的防御手段。作为更加积极的对抗手段有时可以采取如下对策，即对于提起专利侵权诉讼自身的违法性进行主张，向专利权人请求赔偿由此而产生的律师费用，或者向专利权人请求赔偿专利权人的请求停止营业而产生的逸失利益等损害赔偿。

但是，在判例中，提起侵权诉讼自身属于违法行为应该被解释为，"明知欠缺事实上、法律上的根据，或者普通人容易知道明显欠缺事实或法律上的根据，还是提起了诉讼等，参照裁判制度的趣旨，权利人提起诉讼被认为明显不妥当"（最高法院昭和63年1月26日判决·民集42卷1号第1页，与专利权相关的案件，大阪地方法院平成8年2月29日判决·判时1573号第114页［气体传感元件］，东京地方法院平成17年2月25日判决·判时1935号第94页［节目实况转播服务装置］，另外，允许以信用诋毁为理由请求损害赔偿的案件有，大阪地方法院平成5年7月22日判决·判例工业所有权法［2期版］第5479页［田发芽鼓励保护垫］，东京地方法院平成16年3月31日判决·判时1860号第119页［袋用横档芯（鞄用横襠芯）］）。

但是，关于具体的适用，即使通过特定"在提供本件服务时使用的装置"请求差止，但既然被疑侵权人现在自己提供本件服务，则很容易就被理解为，

安装了实现同一服务软件的计算机成为被请求的对象，也能够进行防御活动，虽然被疑侵害物品不属于技术范围内，但不能说专利权人这一侧的从业人员故意陈述伪造事实。但是，本件专利在申请了付与后异议后，作出通过订正来维持专利权有效的决定，因此不能说明显存在无效理由，以专利权侵权为理由请求差止和损害赔偿，并不违法（上述东京地方法院［节目实况转播服务装置］）。另外，在以前的判例中，还有如下判决，请求差止行为对被告的言行并不能产生恶劣影响（广岛地方法院福山派出法庭平成 7 年 1 月 18 日判决·判例工业所有权法［2 期版］2037 之第 20 页［编织袋］）。假设专利权侵权起诉是错误的，那么即使不构成侵权，主张权利本身是行使接受裁判的权利，只要没有过分行使，就不违法。在认定专利权侵权时，侵权人必须赔偿逸失利益和律师费用，情况也大有不同。

但是，最近，关于显著欠缺妥当性的具体意义，回到上述最高法院昭和 63 年 1 月 26 日的解释说明，作为抽象论，起诉人主张的权利关系欠缺事实和法律上的根据，起诉人明知该事实，或者只要是正常人就容易获知该事实但还敢提起诉讼等，出现这种定式的判决（允许先使用抗辩的结果是，在对否定专利权侵权案件提出反诉请求的判断中，认定专利权侵权行为不成立，东京地方法院平成 12 年 1 月 31 日判决·判例工业所有权法［2 期版］2269 之第 46 页［整肠剂］）。作为抽象论，在该标准下，有如下判决，对提起本案诉讼与请求诉前临时禁令是否成立侵权行为进行了判断（关于申请诉前临时禁令和记者发表构成侵权行为的判决，判例73）。至少只看文字，就认定要件已经开始变得缓和。今后的动向值得注意。

但是，在专利权人对侵权行为请求诉前临时禁令时则另当别论。虽然债务人根据诉前临时禁令停止了营业，但事实上如果该行为不是侵权行为，允许被颁布诉前临时禁令的债务人请求损害赔偿，这样的案例也不少见（参照第四章第二节四）。与本案不同，既然使用了作为临时救济的诉前临时禁令，则专利权人就必须承担相应的风险。但是，最近，引用与本案相关的判例时，还出现了如下案例，以同样的标准否定申请诉前临时禁令构成侵权行为（基于著作权侵权的诉前临时禁令的申请，东京地方法院平成 16 年 1 月 28 日判决·平成 15（ワ）5020［移动万能 8］）。

二、信用诋毁

（一）概要

不管是否使用了诉前临时禁令，专利权人不仅请求差止，还在交易地点做出交易品为侵权产品的警告，要求宣告对方是侵权人等，将第三人卷入时又另当别论。然后，判明问题产品不在专利权的权利范围之内，或专利权被无效时，对方明明没有侵权，但却被散布侵权的虚假事实，损毁了对方的信用，属于不正当竞争防止法第2条第1款第14项的信用毁损行为（东京地方法院昭和47年3月17日判决·判夕278号第374页［风箱鞋］，东京地方法院昭和50年10月6日判决·判夕338号第324页［电时钟火灾探测器］等）。在大多数情况下，对于权利人提起的专利权侵权诉讼，侵权人基于该条款提起反诉，或者提起无效宣告，在无效宣告胜诉后基于该条款提起诉讼。对于违反不正当竞争防止法第2条第1款第14项的行为，允许请求差止（该法第3条第1款），损害赔偿（第4条）以及信用恢复措施（第7条）。与权利人不具有差止等的请求权的债务不存在确认诉讼合并请求，这种情况也不少。

此外，对交易对方申请诉前临时禁令，还有以下案例，主张问题商品侵害专利权，属于不正当竞争防止法第2条第1款第14项的"告知"（东京地方法院平成18年3月24日判决·判时2028号第125页［有源矩阵型显示装置］，判决不违法的案件有，东京地方法院平成18年7月6日判决·判时1951号第106页［鱼饲料添加物］）。伴随诉前临时禁令的申请向对方传达申请内容自身不能成为该条款的对象（上述知识产权高等法院［有源矩阵型显示装置］）。在后者情况下，将诉前临时禁令申请的事实发表，并将记载该内容的文书送达的行为认定为"告知"（没有被认定为"虚伪事实"，见 判例73 ）。

（二）不正当竞争行为的成立要件

在条文上，为了允许差止请求，是否存在构成不正当竞争防止法第2条第1款第14项的不正当竞争行为，只要存在构成侵权的可能性就足够（参照该法第3条第1款）。除此以外，不需要行为人的故意和过失。停止现在以及将来的信用诋毁行为，成为问题，因此既然很明显不是侵权产品，就应该允许差止，因为这对于专利权人来说并不苛刻。因此，在差止请求成为问题时，不需要考虑过去判断侵权是否困难以及是否使用了相应的手段，应该允许差止，无需附加条文中没有规定的要件而将问题集中至是否符合第14项规定的不正当竞争行为（参照大阪地方法院53年12月15日判决·判夕386号第138页

[引脚驱动]）。

但是，在最近的案例中，风向有所改变，认定侵权警告行为属于不正当竞争行为的案件反而占据了主流。在一定情况下，否定符合构成散布虚假事实的判例（1），以及作为正当权利行使的一环否定侵权责任的判例（2）。另一方面，将舞台从不正当竞争防止法第2条第1项第14目移向侵权行为的判例也登场了（3），今后的动向也值得关注。

1. 在只是传达申请了诉前临时禁令和提起了专利侵权诉讼时否定该行为属于虚假事实的判例

首先，有如下判决，该判决判示，在没有告知他人产品为专利权侵权产品，而是向他人告知提起了专利权侵权诉讼，在这种情况下，该行为不属于虚假事实（作为附带意见，东京地方法院平成13年8月28日判决・判时1775号第143页［游戏机专利池］）。更加具体的二复审决，杂志的读者是游戏机的制造贩卖业者的关系人，具备与双方的见解对立的预备知识，以这种读者的普通注意和理解为基准，不构成虚假事实（东京高等法院平成14年6月26日判决・判时1792号第115页［游戏机专利池控诉审］）。

同样，申请诉前临时禁令，并在包括网络媒体在内的新闻上公开（东京地方法院平成18年7月6日判决・判时1951号第106页［鱼饲料添加物］，知识产权高等法院平成19年5月29日判决・平成18（ネ）10068［鱼饲料添加物控诉审]），在将诉前临时禁令申请的事实及其申请内容和主张向媒体公布时（判例73），将交易对方作为对方申请了诉前临时禁令的行为被评价为告知虚假事实，东京地方法院平成18年3月24日判决・判时2028号第125页［有源矩阵型显示装置]），不能被评价为告知虚假事实。

立足于这些判例的立场，实际上，申请诉前临时禁令或者提起侵权诉讼，只要是告知该事实，则无须考虑是否是如下所述的正当行为，不承担责任。

2. 作为行使正当的权利一环，对发出警告等不承担责任的判例

最近，以下判例非常值得注意，即在专利权有效的情况下，贩卖侵权产品的人也属于侵权人，因此，向问题产品的交易对方送达警告状等的行为作为知识产权中的"权利行使的一环"而被允许（其实质是，诋毁竞争者的交易信用，与该交易对方的交易或者在市场的竞争中，以处于优先地位为目的而作出的行为（上告复审决的解释说明）又另当别论，东京地方法院平成13年9月20日判决・判时1801号第113页［磁信号记录金属粉末]，判例［东京高等法院平成14年8月29日判决・判时1807号第128页［磁信号记录金属粉末

第二编　第三章　被告方的防御手段

控诉审]），沿袭下来的判决有，东京高等法院平成 16 年 1 月 28 日判决·判时 1847 号第 60 页 [移动连接音乐]，使用该法理驳回差止请求的案件有，东京地方法院平成 16 年 8 月 31 日判决·判时 1876 号第 136 页 [信息处理装置以及信息处理方法]，作为抽象论，东京地方法院平成 14 年 12 月 12 日判决·判时 1824 号第 94 页 [洗米的制造方法]）。

暂且不考虑理论上的讨论，在实务中，既然有这样的判例，则在某种情况下，是否能作为权利行使的一环而进行，这就变得非常重要。

第一，告知行为是一种正确传达信息的行为，在被评价为正当的权利行使的一环的方向上进行斟酌。例如，有如下案件，按照社会通常的观念，考虑到告知行为在形态和内容上并不是明显不相当的情况，因而不承担责任（指出告知行为类似点的同时也考虑到仅限于概要（上述东京地方法院 [移动连接音乐]），侵权侵害的判断很困难的情况（上述东京地方法院 [磁信号记录金属粉末]、判例 72、上述东京地方法院 [移动连接音乐]）。例如，公布申请了诉前临时禁令的事实和申请的理由，这是市民的正当权利。既然如此，不能直接评价为违法，以此为理由，将申请了诉前临时禁令的事实在网络上公开的行为，如果直接允许诉前临时禁令申请，不属于使国民信任的行为，如果没有特殊情况，否定其违法性（诉前临时禁令申请不过是口实，在存在以专门加害为目的公开伤害到对方的信用等特殊情况时另当别论，大阪地方法院平成 17 年 10 月 31 日判决·平成 16（ワ）9743 [游戏机]）。

第二，警告对方是产品的制造者等（知识产权高等法院平成 23 年 2 月 24 日判决·平成 22（ネ）10074 [外螺纹零件控诉审]），在技术上能够判断是否构成专利侵权的能力的情况下，或者在虽然不是制造者也不是最终用户，而是作为流通业者贩卖产品致力于该产品的宣传的情况下，将以上情况向作为正当权利行使的一环，在这方向上进行考虑。例如，对方是世界上少数的大企业，具有应对专利侵权诉讼的能力和经验，在这种情况下（上述东京地方法院 [磁信号记录金属粉末]，判例 [东京高等法院平成 14 年 8 月 29 日判决·判时 1807 号第 128 页 [磁气信号记录金属粉末控诉审]]），不是单纯地与流通相关的人，而是使用问题的产品制造贩卖录像磁带的人，在这种情况下（上述东京地方法院 [磁信号记录金属粉末]，判例 [东京高等法院平成 14 年 8 月 29 日判决·判时 1807 号第 128 页 [磁信号记录金属粉末控诉审]]），在对方不是弱小企业而是成长迅速的企业时（上述东京地方法院 [信息处理装置以及信息处理方法]），在对方是大型流通业企业时（上述东京地方法院

［移动连接音乐］)等。这时，设想被警告的对方成为诉讼对手（考虑到现在专利权人在美国对对方提起了诉讼，上述东京地方法院［磁信号记录金属粉末］，判例［东京高等法院平成 14 年 8 月 29 日判决·判时 1807 号第 128 页磁信号记录金属粉末控诉审］)，现在，考虑肯定申请诉前临时禁令的行为具有正当性（上述东京地方法院［信息处理装置以及信息处理方法］)。其趣旨为，重视警告是在诉讼的权利行使过程中作出的。

第三，作出警告的经过，即虽然专利权人意图通过和解来解决，但对方没有直接回应上述东京地方法院［信息处理装置以及信息处理方法］，判例（东京高等法院平成 14 年 8 月 29 日判决·判时 1807 号第 128 页［磁信号记录金属粉末控诉审］)，或者对手主张没有侵犯专利权而拒绝进行交涉，因此不得不采取法律手段（上述东京地方法院［信息处理装置以及信息处理方法］)等交涉的经过和警告，考虑应该承认上述过程属于权利行使的一环。收到来自专利权人侵害专利权的警告的被疑侵权人先发制人，主张进行交易的问题产品没有侵犯专利权，发布发明专利具有无效理由的文书，与此相对，承认专利权人对交易对方送达了问题警告文书，即使在这种情况下，也认为不承担侵权责任（该判决为，在送达问题文书之前，考虑到在全国报刊上发布了被疑侵害人提起了请求没有侵犯专利权人的专利权的诉讼，交易对方以这些预备知识为前提，不至于理解为问题产品侵害了专利权，以此为理由，否定构成"虚假事实"。大阪地方法院平成 19 年 3 月 20 日判决·平成 18（ワ）15245［害虫消除装置］)。在判例中有如下判决，考虑到无效理由是不具备创造性，另外还考虑到，在与不正当竞争防止法第 2 条第 1 款第 14 项相关的本件诉讼中，原告主张基于引用文献主张专利权不具备创造性是在提起诉讼后 5 个月后提出的（推测是否存在无效理由是很困难的）等，本件专利的无效理由在送达了警告文书时并不明显，以不是明显地不具备新颖性为理由，本次告知行为显然不妥当，但也不至于被认为是超出了权利行使的范围（原判决承认承担责任的原判决的东京地方法院平成 22 年 9 月 17 日判决·平成 20（ワ）18769［外螺丝部件］，二审撤销原判决，上述知识产权高等法院［外螺丝部件控诉审］)，根据以上内容总结出，至少判旨本身没有故意过失，可知判决对过失判断也进行了讨论。

相反，在如下情况下，即与确定这些行为是正当行使权利一环的情况相反，否定其正当性。

第一，警告的内容是不正确地传达信息，将这种情况往否定正当性的方向上考虑。例如，虽然收到了明确哪个产品侵害哪个专利权的请求，但只是登载了自己拥有的 40 个专利权的情况（上述东京地方法院［有源矩阵型显示装置］）等。不能期待警告具有促进解决纠纷交涉的功能。这种情况下，有如下判决，无需介入原本正当行使权利的构造，肯定承担责任（因此，以下介绍的判决是否依据正当的权利行使说，没有定论）。对第三者警告时，没有送达专利公报，而是送达技术范围被更广泛地记载的公开公报（大阪地方法院平成 17 年 9 月 22 日判决·判时 1935 号第 148 页［油烟机的过滤装置］），专利权是方法专利，尽管与作为原告的供货方的案外公司实施的方法不同，作为被告的进口公司是"拥有专利在韩国唯一一家生产生物丝胶香皂的厂家"，向作为原告的客户的批发者的两家公司送达断定原告处理的产品是"伪造品"的文书（上述地方法院平成 17 年 9 月 26 日判决·平成 16（ワ）12713［生物丝胶］）。

第二，警告的接收方有技术判断能力，也往否定正当性的方向上考虑（上述东京地方法院［有源矩阵型显示装置］，作为肯定了侵权行为的判决有，知识产权高等法院平成 19 年 10 月 31 日判决·年判时 2028 号第 103 页［有源矩阵型显示装置控诉审］）。不是对产品的用户而是对制造者提起诉讼，这种做法是正确的，如果是公开事实，则另当别论，突然向缺乏判断力的用户控诉警告这种自助行为很难说是合情合理的。例如，虽然基于间接侵权的规定，以被疑侵害者为业界的竞争者视为对手，在与被疑侵权者之间的交涉过程中，得到的只是将被疑侵害者作为对手的回答，但仅讨论是否导入了问题设备，向没有判断技术上是否具有侵权能力的客户送达侵权警告，这种情况往肯定"诋毁信誉，在与客户的交易或者在市场的竞争中以处于优越地位为目的"的方向考虑（考虑到本件专利中明显存在无效理由，上述东京地方法院［洗米的制造方法］）。与是否交易问题制剂无关，在网罗性地向医药品关系人发出警告时，不能被认为是"诉讼提起前，事前真诚的纠纷解决探求行为"（大阪地方法院平成 19 年 2 月 15 日判决·平成 17（ワ）2535［生理活动物质测定法 III］）。这时，实际上没有对警告目标提起诉讼，这种情况往否定正当性的方向上考虑（对制造者已没有提起诉讼的案件，东京地方法院平成 17 年 12 月 13 日判决·判时 1944 号第 139 页［滑动扶手］）。但是如前所述，即使不对制造者提起警告，而是对客户提起警告，需要注意的是，这种案件中，在客户自身（不是用户）是贩卖该制品的人员时，将这种情况往正当权利行使的方向上考虑。

第三，重视作出警告之前的纷争的过程。虽然原告向专利权人详细说明原告的产品没有侵害专利权，指出不要再次向客户发出警告文书，但是专利权人同时对作为独占贩卖权人的被告发出同样的警告文书时，认定专利权人承担责任（上述东京地方法院［滑动扶手］，知识产权高等法院平成 18 年 6 月 26 日判决·平成（ネ）10005 ［滑动扶手控诉审］）。虽然对本件专利权作出无效宣告复审决定，但是之后送达了警告文书，只要不存在能够考虑为在撤销复审决定的行政诉讼中取消无效宣告复审决定并否定无效的合理根据，则认定其承担责任（上述东京地方法院［鱼饲料添加物］）。

此外，也有如下案件，认定没有特殊情况，符合不正当竞争行为的宗旨（商标权侵权警告是以权利行使为目的进行的行为，关于著作权侵权警告，上述东京地方法院［移动连接音乐］，不承担以不当诉讼为理由的侵权行为责任，东京地方法院平成 16 年 3 月 31 日判决·判时 1860 号第 119 页 ［袋用横裆芯］）。

3. 在符合侵权行为的框架下进行判断的判例

在判例中，使用上述 1 的理由，在传达诉前临时禁令申请的事实不能成为告知"虚假事实"，以此为理由，在类型上认定不符合不正当竞争防止法第 2 条第 1 款第 14 项，在一般侵权行为的框架下，有如下判决，作为正当行使权利的一环，以这样的标准来表示判断记者发表会的违法性（ 判例73 ）。值得关注的是，在不正当竞争防止法第 2 条第 1 款第 14 项条文中并不存在正当的权利行使说，克服该弱点的同时，用侵权行为的法理实现同样的处理。

此外，在正当的权利行使说最初开始散布时，同以前的判例一样，虽然也有完全没有涉及该理论但却肯定责任的判决（在判断是否有过失时，考虑是否进行了充分的事实调查和警告对方的选择等情况，东京地方法院平成 16 年 3 月 15 日判决·判时 1871 号第 113 页［还有有机物质的排水处理方法］，在申请授权前进行警告的情况，控诉审的知识产权高等法院平成 21 年 3 月 11 日判决·平成 19（ネ）10025 ［印章基材控诉审］，包含在技术范围内，因而被取消，大阪地方法院平成 19 年 2 月 8 日平成 17（ワ）2668 ［同］，作为一件能够解释为两种含义的判决，关于是否采用本法理，上述［袋用横裆芯］很难作为判例的主流）。

第二编　第三章　被告方的防御手段

判例 72　东京高等法院平成 14 年 8 月 29 日判决・判时 1807 号第 128 页
[磁信号记录金属粉末]
【在认可对客户发出的警告可以作为行使正当的专利权的一环时，否定违法性，不属于不正当竞争行为】

〈案件事实〉

本案中，被告（上诉人）是据点在德国的世界上少数的大企业，向原告（被上诉人）的客户的案外索尼公司告知以下内容，认为原告制造贩卖的磁气信号记录用金属粉末侵犯了被告在日本所拥有的专利权。

然后，在原告向被告提起的被告专利的差止等的不存在确认诉讼中，判决如下，对用于索尼产品等的磁气信号记录用金属粉末的制造贩卖，被告不具有基于被告专利的差止请求权等，并被维持。另外，原告请求的无效宣告复审决定案件中，专利局作出了复审请求不成立判决，但在撤销复审决定的行政诉讼中又作出了取消该判决的判决，并维持。

在这样的事实关系下，原告主张，上述被告对索尼公司的告知行为属于不正当竞争防止法第 2 条第 1 款第 13 项（当时，属于现行法第 14 款）的信用诋毁行为，因此提起了诉讼。

一审驳回请求。原告上诉。

〈判决要旨〉

撤消上诉

在竞争者制造贩卖疑似侵犯专利权的产品时，专利权人对竞争者的客户告知竞争者制造贩卖的该产品侵犯了自己的专利权的行为，今后通过判决等确定专利权的无效，或者通过判决判断该产品没有侵权时，与竞争者的关系上，虽然可能属于对客户告知虚假事实的行为，但即使在这种情况下，专利权人的告知行为被认为客户自身正当行使专利权的一环时，理解为合法是比较妥当的。

作为专利权人对竞争者的客户提起诉讼的前提而发出的警告，从该行为属于损害竞争者营业上信用的行为来看，与提起诉讼一样，专利权人明知欠缺事实和法律上的根据，或者，作为专利权人，为了提起专利权侵权诉讼通常所必须进行的事实调查和法律讨论，则很容易获知欠缺事实和法律的根据，在这种情况下还发出警告时，则应该将告诉或者散布有害竞争者营业上的信用的虚假事实认定为违法，但是，如果不是这种情况，这种警告行为应该作为专利权人正当行使专利权等的一环，应该理解为正当行为，认定合法。

对竞争者的客户发出的上述告知行为假借作为专利权的权利行使的一环为

名，同时，超出在社会通常观念上被认为的范围的内容和状态时，即借用权利行使的名义，但实质上反而是诋毁竞争者的客户的信用，这种行为被认定为，以与该客户进行交易或者在市场上的竞争中占据优势地位为目的而做出的行为，如果该告知内容结果是虚假的，由于已经不能将该行为认定为正当行为，因此构成不正当竞争行为，专利权人当然应该对此负有责任。并且，对竞争者的客户作出的警告作为正当行使专利权的一个环节，还是借用了作为专利权人权利行使的一个环节的名义，同时对于是否超出认定社会通常观念上所需要的范围的内容和状态，不仅要考虑该警告本书等的发布时期、期间、发布对象的数量、范围，还要综合考虑作为警告文书等的发布对象的客户的业种、事业内容、事业规模、与竞争者的关系、交易状态、参与到该被疑侵权产品的参与的状态、专利侵权争讼的对应能力、对警告文书等的发布的该客户的对应，其后的专利权人以及该客户的行动等各种情况。

〈评论〉

考虑到今后的判例动向，根据本判决的法理，将对纷争内容不产生误解的警告书送达给能够提起侵权诉讼的侵权产品的制造业者或流通业者，从纷争的经过来看，只要不应该怀疑专利权侵权是否成立，这时可以作为专利权正当行使的一环，否定其构成不正当竞争行为（参见濑川信久：《知识产权的侵权警告和正当权利行使（再论）》，载田村善之编：《新世纪知识产权法政策学的创成》，有斐阁 2008 年版）。

判例73 知识产权高等法院平成 19 年 10 月 31 日判决·判时 2028 号第 103 页［有源矩阵型显示装置］

【将申请临时禁令的内容向记者公布的行为不属于不正当竞争防止法第 2 条第 1 款第 14 项规定的告知"虚假事实"的行为，判定侵权行为成立】

〈案件事实〉

被告以行使与液晶显示器相关的专利权为主要业务内容，原告是以制造贩卖液晶板为主要业务的台湾企业，案外公司将原告制造的液晶电视用的模块进行组装，西友公司购入案外公司组装制造的液晶电视。该案中，原告对西友公司申请停止贩卖的临时禁令。之后，向报道机关发表了申请临时禁令的事实和申请内容。原告向被告主张申请临时禁令或者向记者发布的行为，属于不正当竞争防止法第 2 条第 1 款第 14 项规定的不正当竞争行为或侵权行为，请求差止或损害赔偿，提起本诉。随后，本件临时禁令被撤销。

〈判决要旨〉

1. 向记者发布的行为构成侵权行为

"考虑到继上述临时禁令之后直接事实的行为,向记者公布申请临时禁令的事项被报道,由此,给包含本件产品的需求者在内的一般读者造成了本件产品是否侵犯专利权的印象,这种盖然性很高,如果这种新闻被报道出来,如果对方是大卖场,则面临着必须中止贩卖的状况。于是,通过新闻报道,本件产品可能侵害本件专利权,这个事实被大众广泛知晓,由此,对一审原告造成压力,并可以作为压迫一审原告签订对一审被告有利的一揽式许可合同的手段使用,最终还是不能将其认定为行使正当权利的一环,明显欠缺合理性。"

"在申请临时禁令之前,如果一审被告对本件说明的记载进行检讨,则很容易知晓本件专利存在不具备实施要件这个无效理由。另外,是否存在无效理由,只要进行通常的实施调查就可知晓,本件专利还存在不具备创造性的无效理由。"

"由此,一审被告申请的临时禁令和本次记者发表都应该构成对于原告的侵权行为。"

2. 否定了不正当竞争防止法第 2 条第 1 款第 14 项

判示,申请临时禁令的同时,将申请的内容传达给对方,这种行为不属于"告知"行为。

"申请诉前临时禁令是权利人对义务人实现权利而设置的假设性的救济制度,鉴于相关救济制度的利用和停止与此相伴的行为,不属于不正当竞争法的预设行为,以专利侵权等为理由请求差止这种诉前临时禁令,假设自己的权利被侵害,申请诉前临时禁令,让对方知晓申请书的内容,这种行为不能作为不正当竞争法第 2 条第 1 项第 14 号规定的告知行为。"

判示,记者发布诉前临时禁令申请的事实和申请内容等不属于告知"虚假事实"。

"被告通过本次记者发表说明本件诉前临时禁令申请的事实和本件诉前临时禁令事件中自己的申请内容和主张的事实、法律的内容,对于该公开行为自身,不能被评价为告知、发布虚假事实"。

〈评论〉

本判决的意义主要有两点:

第一,在实际上申请了诉前临时禁令的案件中,传达该事实不能构成告知"虚假事实",以此为理由,不正当竞争防止法第 2 条第 1 款第 14 项条文中不存在可以作为正当行使权利的一环这一要件，以侵权行为来肯定记者发表的违法性。

第二，原来，本案诉讼的提起几乎不属于侵权行为，与之相反，诉前临时禁令的申请原则上会成为侵权行为，关于侵权警告是否构成侵权行为，判例还处于摇摆的状态，本判决（本书中省略介绍）将其作为抽象论阐述了，以同样的标准对本案诉讼的提起以及诉前临时禁令的申请进行处理，具体地，以同样的标准认定诉前临时禁令的申请和向记者发表构成侵权行为。

以上，总结这两点，本案倾向在侵权行为的战场上对侵权警告和诉前临时禁令进行相同处理。但是，在不存在诉前临时禁令的申请的事实却发出侵权警告，这时如何处理，本判决没有表示态度。此外，本案诉讼没有记者发表，作为抽象论，采用与申请诉前临时禁令相同的标准，判断属于侵权行为。

（三）是否存在过失

关于不正当竞争防止法第 2 条第 1 款第 14 项的成立要件，无论采取哪种立场，对过去的信用诋毁行为成为提出的损害赔偿请求和信用恢复措施，行为人的故意或者过失都是成立要件（第 4 条）。

例如，原封不动地包含公知技术，因此丧失新颖性（专利法第 29 条第 1 款），由此专利权被无效时，很容易被认定过失（大阪地方法院平成元年 9 月 18 日判决·判不竞 1250 之 154 之第 6 页 [吸管]），以不具备创造性（专利法第 29 条第 2 款）为理由被无效时，很多情况下，专利局在授予专利权时作出具备创造性的判断，很难说对专利局的信任属于过失（大阪地方法院昭和 53 年 12 月 19 日判决·无体集 10 卷 2 号第 617 页 [塑料导轨]，知识产权高等法院平成 23 年 2 月 24 日判决·平成 22（ネ）10074 [外螺丝部件控诉审]，无效宣告复审决定送达后发出警告，将其肯定为过失，大阪地方法院昭和 61 年 4 月 25 日判决·无体集 18 卷 1 号第 89 页 [包装豆腐]）。另外，即使关于权利范围的判断是错误的，信赖专利局对技术范围做出的判断，其结果为，涉及警告的情况时，也可以否定过失（上述大阪地方法院 [塑料导轨]。此外，与商标的类似性的判断相关，否定过失的判决有，大阪地方法院平成 13 年 10 年 25 日判决·判不竞 1250 之 172 之第 499 页 [smile mark（スマイルマーク）]）。

并且，无论是否属于技术范围内，在通过其他理由来对侵权抗辩时，有时也否定过失。例如，在通过先使用来对侵权进行抗辩的案件中，允许差止，即停止将侵犯专利权的事实通知给客户，虽然属于专利权的技术范围内，这是毫无疑义的，但专利权人发出警告的产品贩卖者没有询问制造厂商就直接贩卖，以此为理由否定专利权人存在过失，驳回损害赔偿请求（在与先使用者之间的诉前临时禁令案件中和禁止营业诽谤行为的事件中和解成立，但是考虑到先使用者不知道自己制造了疑似侵权产品，广岛地方法院福山派出法庭平成7年1月18日判决·判例工业所有权法［二期法］2037之第20页［编制手袋］）。如果没有制造厂商的记载，也就没有必要注意制造厂商是否成立先使用抗辩。

另外，在对方很难把握实施方法时，有时候也会否定过失。例如，由于被疑侵权人没有明确记载在制造承认书中的确认试验方法是什么方法，因此，在其他案件中的第一次诉讼中认定实施了专利方法（然后，在其他案件中认定实施其他方法），这种情况下存在案件（大阪地方法院昭和19年2月15日判决·平成17（ワ）2535［生理活性物质测定法Ⅲ］）。

另一方面，只是向代理人（大阪地方法院昭和60年5月29日判决·判时1174号第134页［相册纸］，名古屋地方法院平成5年2月7日判决·判不竞1250之172之第142页［纸芯］）和律师（大阪地方法院平成2年10月9日判决·判不竞1250之172之第11页［黄金等离子］，大阪地方法院平成13年9月25日判决·判不竞1250之172之第490页［QN's MODE］）进行了咨询，一般不否定过失。作为抽象论，有如下判决，在向中立的代理人征求意见时另当别论（大阪高等法院昭和55年7月15日判决·判夕427号第174页［楼梯止滑用材料控诉审］，东京地方法院平成6年12月6日判决·判不竞1250之172之第169页［选择颗粒机Ⅱ］）。相反，更为重要的是，该案件中对是否侵权进行的判断是否困难。在判例中，还有如下判决，除了向律师进行咨询外，关于该商品形态，很难判断旧不正当竞争防止法第1条第1项第1号（现行法第2条第1款第1项）规定的是否类似（东京地方法院平成4年4月27日判决·知裁集24卷1号230号［测定显微镜］）进行判断。虽然没有向律师等进行咨询，但综合考虑到，专家之间对外观设计侵权的成立与否也存在见解上的分歧，以及原告挪用了被告的小册子中的特征语言作成小册子，因此否定过失（津地方法院平成3年8月23日判决·判不竞1250之172之第34页［足挂金物］）。在另一案件第一次诉讼的控诉审中，法院在认定了为制剂的确认试验而必须使用专利方法后，进而认为由于确认试验的实施必然包含在制造工序中，基于本件方法发明能够同样视为生产产品的方法发明的理由，肯定制剂的制造贩卖属于专利权侵权。但是，该判决在上告审中被撤销。在发回重审的审理中，法院并未通过对专利法进行最直白的解释予以判决，由于没有确定的学说，因此在法院做出判断前没有采用该解释的合理根据，法院以此为理由肯定过失的存在（上述大阪地方法院［生理活性物质测定法Ⅲ］）。

原本，在发出警告时，如果对是否成立专利权侵权没有进行充分的调查，肯定过失。例如，在疏于着手分析在市场上能够得到的问题产品时（大阪地方法院平成19年2月8日判决·平成17（ワ）2668［印章基材］），虽然认定行为人自身和权利要求的大部分不属于技术范围内，也没有将专利发明的内容和问题产品进行详细对比检讨后的资料（东京地方法院平成17年12月13日判决·判时1944号第139页［移动扶手］）等。

虽然对该专利发明和相关专利发明作出了无效宣告复审决定，但是却送达了警告文书，这种情况下，如果没有特殊情况，当然要肯定过失（东京地方法院平成18年7月6日判决·判时1951号第106页［鱼饲料添加物］）。

第四章 权利行使的过程

第一节 差止和预防侵害

一、概说

即使认定了被告的专利侵权行为,但如果不能对原告给予适当的救济,那么其提起诉讼的行为就不具有任何的现实意义。损害赔偿和差止是救济手段的核心。其中,差止请求权的目标无非就是排除市场上存在的专利侵权产品。因此,差止请求权产生效力的时机和范围对于专利权人而言至关重要。

差止请求权的基本含义是停止正在进行的侵权行为(如果是产品发明,是指制造、销售专利侵权产品等行为;如果是方法发明,是指使用该方法以及制造、销售依据该方法制成的专利侵权产品等行为)。但需要注意的是,依据日本专利法第100条第1款的规定,预防侵害的请求已包括在差止请求权的范围内,因此即便处于尚未发生侵权行为的阶段,作为一种对将来侵权行为的预防手段,也可以提起差止的请求(比如,停止为了实施侵权行为而进行的预备行为)。

在提起差止和预防侵害请求(即请求法院做出'不得制造、销售专利侵权产品"这种形式的判决)的基础上,还可以请求采取废弃组成侵害行为的产品、拆除供侵害行为的设备等防止侵权行为得以继续的措施(日本专利法第100条第2款)。所谓被废弃的设备,比如模制品发明中的模具(参照东京地方法院平成5年12月10日判决·专利管理别册判例集平成5年Ⅱ第731页〔模块式电连接器〕),又或者在有关尼龙钓线制作方法的发明中,法院判决认可废弃熔融纺丝机、冷却用中空筒等制造产品的装置,不过该案是在认定间接侵权要件的基础上做出的判决(参照东京地方法院昭和43年9月4日判决·判夕229号第242页〔尼龙肠的生产方法〕)。

至于差止请求和废弃请求二者之间的关系，在东京地方法院平成5年9月29日判决·专利管理别册判例集平成5年Ⅱ667页［西咪替丁抗议审］中，法院做出了如下判决："废弃请求权、拆除请求权等为了防止侵害行为发生而请求为必要行为的权利，不过是伴随着专利法第100条第1款规定的差止请求权和预防侵害请求权的行使而付随使用的产物，其本身不能独立行使，并且只能请求那些对于预防侵害有十分必要的行为"，基于这段论述的理由，该法院认为在专利有效期间已经届满，差止请求权也因而失效的情况下，即便专利侵权产品是在专利有效期间制造出来的，在专利期间届满之后也不能支持废弃请求。

在东京地方法院平成16年8月17日判决·判时1873号第153页［切割叠加方法］中，对于差止请求的对象，法院做出了如下解释：（1）单纯方法（是指不以制造产品为目的的方法）发明❶的实施行为是指对于方法的使用，在本案中被告从事的是将自己开发的方法（即便已经在现有专利的技术范围之内）授权给他人使用的营生，被告将记载该方法发明的宣传手册分发给第三人的这一行为，不构成专利侵权行为，因而也不是差止请求的对象。（2）这一行为，也不是具有预防侵权性质的差止请求的对象。（3）即使在这一行为构成对专利侵权行为的教唆、帮助行为的情况下，这一教唆、帮助行为也不是差止请求的对象。

对法院判决的强制执行，原则上在判决效力没有确定下来之前是不能执行的。判决效力一旦确定，意味着丧失了上诉争讼的手段，被告一直提起诉讼，就必须等待最高法院的判决。在第一审中，原告胜诉的判决中有时同时宣告可以先予执行（不待判决效力的最后确定，可以先予执行），实务中如果被告请求停止执行并提出上诉，原则上只要能够满足提供担保这一条件，法院都会认可被告的停止执行请求（平成8年改正的现行民事诉讼法第398条第1款第3项，严格化了停止执行的要件，但作者认为在实务中并没有得到充分的反映），因此现实中强制执行并不会被直接执行（关于这点，有关诉前临时禁令手续的利用价值之处可以参照本章2（1）部分）。

和损害赔偿请求权不同，专利的排他实施许可人不能行使差止请求权（参照 判例96 ，该判例虽然是外观设计的案件，但是在差止的理论上和专利

---

❶ 译者注：日本将方法发明再分为两类：一类是不伴随产品产生的单纯方法发明，比如测量方法、运输方法、燃烧方法、杀虫方法；另一类则是生产产品的方法。

是相同的）。此外，也不允许专利的普通实施许可人在行使债权人的代位权时使用专利权人的停止请求权（参照 判例95 ）。但是，在东京地方法院平成14年10月3日判决·平成12（ワ）17298［荞麦面的制作方法］中，虽然法院没有认可原告的请求，却在判决中肯定了专利的排他实施许人可以代位行使专利权人的差止请求权。另一方面，在东京高等法院平成16年2月27日判决·判时1870号第84页［生物高分子—配体分子的稳定结构的探寻方法］中，改变了一审原判决中认定的已许可他人独占实施许可权的专利权人无法行使差止使用权的判断，确认了此时的专利权人即便自己无法使用专利，但可以行使差止请求权。在该案件的三审最高法院平成17年6月17日判决·判时1900号第139页［生物高分子—配体分子的稳定结构的探寻方法］中，日本最高法院也肯定了已许可他人独占实施许可权的专利权人可以行使差止请求权。

基于外国专利权的差止请求权，不予认可（参照 判例97 ）。

二、侵权预备阶段的差止请求

和预防侵害目的的差止请求权有关的一个问题就是，被告处在预备阶段、尚未开始实施侵权行为的时候，究竟在什么时候可以行使差止请求权呢？在侵权行为准备的过程中，越早承认差止请求权的行使，预防侵害的效果越好。在诉前临时禁令的裁定金泽地方法院平成4年1月23日判决·知裁集24卷1号第50页［盐酸尼卡地平］中，债务人获得了该种医药品的制造许可，虽然处在尚未确定制造方法的阶段，依然认可了权利人的差止请求。在 判例74 中，因为被告在权利人的专利有效期间没有获得药品制造许可的可能性，法院以这一事实关系为前提，否认了权利人要求的在临床试验阶段的差止请求。与之相对的，在东京地方法院平成10年3月23日判决·知裁集30卷1号第75页［降压剂］中，在专利有效期间已经取得该种医药品制造许可的被告，在专利存续期间有侵权的可能性，因而法院认可了权利人的差止请求（原告也一并提出了专利有效期届满后的差止请求，但该部分的请求并未予以认可）。

虽然在东京地方法院昭和62年7月10日判决·无体集19卷2号第231页［除草剂］中，法院认定停止被告的农药登陆申请和委托研究行为，但是在该案件中医药品的制造许可申请构成了合法的试验研究行为，因而作者认为不具有先例研究的价值。此外，在大阪地方法院昭和50年1月24日·判夕323号第270页［切割设备运输］中，虽然专利侵权产品接受顾客的订购仅仅生产出一台，现阶段也没有制造和销售，但是对于具有量产能力和技术的被告，法院依然认为有必要判决其承担差止的责任。

判例74　东京地方法院平成10年2月9日判决·判时1632号第119页
[干扰素]
【因不存在侵权发生的具体事实而驳回原告请求的事例】
〈案件事实〉
　　被告以获得医药品的制造许可为前提进行临床试验，此阶段权利人提起差止请求，但专利存续期间很快就要结束，这段期间内被告获得药品制造许可的可能性微乎其微。
〈判决要旨〉
　　"即便复合干扰素（Consensus Interferon，CIFN）属于权利人发明的技术范围，待被告取得制造许可之后，开始复合干扰素的制造、销售时，权利人的专利很有可能已经因存续期间届满而消灭，更何况在本案中，被告尚处在连医药品的制造许可申请都没有提出的阶段，完全不存在能够认定侵权行为有可能会发生的具体事实，所以不能认为存在构成预防侵害请求权发生基础的事实及法律上的关系。
〈评价〉
　　原告主张为了获得制造许可的临床试验行为构成专利侵害，并将专利有效期届满后的实施行为也一并请求差止。法院判决以临床试验行为构成专利法第69条合法的试验行为为前提，从专利存续期间是否可能进行侵权产品的制造和销售这一论点出发进行考察，来判断是否有必要认可差止请求。

　　引起我兴趣的问题是，如果和本案的案件事实不同，即在专利存续期间被告有可能获得医药品制造许可的话，在此情况下，应该如何对待本身因适用于临床试验而合法的差止请求呢？从本案的判决书中无法得出明确的结论。但可以肯定的是，不仅仅要求禁止被告的临床试验行为，只有同时提出禁止被告制造、销售侵权产品的行为，才能成为一个合法的诉讼请求。

三、专利侵权行为中止后重新开始的可能性和判决差止请求的必要性

　　在侵权诉讼中，由于被告主动中止侵权行为等原因导致侵权行为在不存在的情况下，还能否判决差止请求权？有几个法院判决了这个问题，大致可以将

这些判决分为三种类型：第一种类型是，虽然被告现阶段没有制造、销售侵权产品的行为，但如果被告仍对于该产品属于专利的技术范围这点存有争议，就有必要判决差止（参照 判例75，大阪地方法院平成14年1月29日判决·特许消息10819［用于热密封的塑料薄膜层的装置］，东京地方法院昭和48年2月28日判决·判夕302号第305页［干式剃须刀］，大阪地方法院昭和49年1月31日·判夕311号第242页［可拆卸拉链门事件］）。第二种类型是，被告不单现在没有制造和销售行为，也没有足够的证据来证明其将来会实施侵权行为，因而权利人的差止请求被驳回（参照大阪地方法院昭和50年3月28日·判夕328号第364页［关着接手］，大阪地方法院平成2年2月20日判决·判时1357号第126页［包装具备的紫菜包饭制造器具］，东京地方法院昭和63年3月14日判决·判例工业所有权法2535之471之第2页［管架基础］）。第三种类型是，被告中止了侵权产品的制造和销售，并且为了避免侵权进行了设计上的变更，法院认定这样的事实后驳回了权利人的差止请求（参照大阪地方法院平成2年12月20日判决·判例工业所有权法［2期版］5311之第2页［募集块］，大阪地方法院平成3年3月25日判决·判例工业所有权法［2期版］2399之第130页［纸管帽固定装置］）。此外，在东京地方法院平成19年12月26日判决·平成17（ワ）23477［带电纸用鼓的外皮肤的制造方法］中，从被告中止侵害方法专利的行为开始到口头辩论终结之时，已经过了七年时间，法院认为被告不再具有侵权的可能性。

判例75 大阪地方法院平成3年3月1日判决·判例工业所有权法［2期版］2399之第111页［纸状取出装置］

【被告虽然现阶段没有制造、销售侵权产品，但是由于存在将来实施侵权行为的可能性，法院认可了权利人的差止请求】

〈案件事实〉

诸被告认为该产品不属于专利的技术范围，但最终法院还是认定其产品构成侵权。不过同时法院也认定诸被告在现阶段没有制造、销售侵权产品这一事实。在此情况下，法院对于权利人提出的差止请求和废弃请求做出了如下判决。

〈判决要旨〉

"没有证据可以证明诸被告在现阶段存在制造、销售产品的行为，与之相反，依据被告宫崎本人的供述，反而可以认定被告公司现在因为营业赤字处在休业的状态，并不存在制造、销售的行为。

但是，结合被告否认自己的产品侵害专利权这一事实、上述经营不善的状态是导致被告停止制造、销售产品的重要原因以及贯穿法庭辩论中体现的宗旨这三点来看，被告公司将来未必没有重新开始制造、销售产品的可能性，因而即便在现阶段，认为存在差止请求权的必要性这一论点也是合理的。不过，对于被告宫崎个人来说，如前所述，其并没有过制造、销售产品的实际行为，所以也很难认为作为个人的被告宫崎将来会有制造、销售产品的可能性。此外，对于权利人提出的废弃请求，没有充分的证据可以证明：现在仍然存在被告制作的产品或半成品，以及诸被告中有任何人持有这些产品。因此，不能轻易承认权利人提出的废弃请求。"

〈评价〉

在区别不同被告的基础上来判断是否有必要认可权利请求这一点上，本案所采取的手法是非常具有参考价值的。法院判决差止，仅仅是对被告作出"不得为违法行为"这一不作为命令，被这一命令拘束的被告只要不制造侵权产品，并不会因为该判决的存在而有任何利益损失。在本案中，既然被告仍对于该产品属于专利的技术范围这点存有争议，原则上判决差止是合理的。

四、差止请求以及废弃请求的范围

问题在于，当发明专利仅仅是制造、销售的产品（装置）的一部分时，权利人的差止请求以及废弃请求的效力是否及于产品（装置）中不含有发明专利的那一部分呢？在 判例76 中，法院认为在此情况下权利人的停止制造、销售请求不仅仅局限于侵权产品的一部分，还及于全体装置。而对于权利人提出的废弃装置请求，则应限于侵权产品中拥有专利的部分，对这部分之外的废弃请求予以驳回。在最近的判例东京地方法院平成15年4月14日判决·特许消息11155、11156［核酸扩增反应的监测装置］中，使用权利人专利制造出来的被告产品，和用于解析的电脑、彩色打印机这些具有广泛用途的普通商品捆绑起来作为一个整体经由被告进口、销售的情况下，法院认定权利人停止进口、销售的请求对象是包含普通商品的整个捆绑销售产品，但废弃请求的对象仅限于除去普通商品的部分。

在东京地方法院平成20年6月26日判决·平成19（ワ）21425［气球夹

停止装置］中，法院认可了废弃被告在库的侵权产品，但由于无法认定被告仍然持有的模具，对于废弃模具的请求予以驳回。

从上述结论可以延伸想到的问题还有：当侵犯专利的部分产品的价格与整个产品（装置）相比仅占微不足道的比重时，可否停止整个产品（装置）的制造和销售呢？抑或当侵权部分和非侵权部分糅合成为一个整体而变得不可分割时，应该如何处理废弃请求？在与医药品相关的专利纠纷事件中，专利对象的药品有效成分和赋形剂、胶囊等非侵权部分融合在一起制成的药剂成为废弃请求的对象时，因为药品有效成分的重要性一目了然，整个药剂成为差止请求和废弃请求的对象是没有问题的。至于上述想象的其他情形，还没有出现相应的判决。

对于侵害用途专利的产品而言，当侵权产品同时具有其他用途时也会产生类似的问题。只要禁止专利权范围内的用途即可，这种观点看上去是可以成立的，不过在 判例77 中，法院判决被告差止，甚至要求被告废弃产品。

对于方法专利，如果是产品制造方法的发明，针对产品行使差止请求是完全可以的，问题在于如果仅仅是和制造产品有一些关联的发明应该如何处理呢？在 判例78 中，将此状况下方法专利的权利进行了限定。

判例76　东京地方法院昭和63年12月9日判决·判时1295号第121页
［文字桦固定装置］
【基于部件的专利权，法院肯定了针对完整产品的停止制造、销售请求，但驳回了废弃产品（装置）请求】
〈案件事实〉
法院认定固定文字框的装置作为照相排版机的部件，其专利权受到了侵害。对于被告制造的固定文字框的装置以及照相排版机整体，原告请求停止被告的制造、销售行为，并将其装置予以废弃。
〈判决要旨〉
"原告的本诉请求中，请求停止诸被告制造、销售侵权部件的行为以及使用该侵权部件制造（构成对侵权部件的使用）、销售照相排版机的行为，并废弃诸被告持有的侵权部件以及使用在照相排版机上的侵权部件的要求，由于理由充分均予以认可。不过，使用侵权部件的照相排版机中，除了侵权部件之外的其余部分并不是由侵权行为组成的部件，因此驳回原告提出的对于这部分的废弃请求。"

〈评论〉

照相排版机作为一个整体,被判决停止制造和销售时,法院仅仅附上了"构成对侵权部件的使用"这一句,并没有特别说明其做出判决的理由。不过,在侵权部件可以截然分开的情况下,这样的结论还是妥当的。当侵权部件可以分开时,损害赔偿额度如何计算是在现实中更加紧迫的问题。

判例77 东京地方法院平成 4 年 10 月 23 日判决・知裁集 24 卷 3 号第 805 页 [过敏性哮喘的预防剂]

【侵害用途专利的产品,即便具有其他用途,法院亦判决停止其制造、销售行为】

〈案件事实〉

原告发现 Ketotifen 这一公知的化合物可以作为过敏性哮喘预防剂来使用,从而获得了用途专利。诸被告虽欲制造、销售含有 Ketotifen 有效成分的药剂,但该药剂因为亦具有作为过敏性哮喘预防剂的作用,被法院认定与原告的专利相抵触。原告请求停止药剂的制造和销售行为,并要求废弃该药剂,除此之外,还请求废弃 Ketotifen 这一有效成分本身。

法院的判决中没有支持废弃 Ketotifen 有效成分的请求,只是认可了针对药剂的停止制造和销售请求,并允许废弃该药剂。判决理由如下所述。

〈判决要旨〉

"在适用范围上,制造、销售此化合物的相关业者是可以将作为过敏性哮喘预防剂的用途和其他用途实质区分开的,通过这种区分,可以明白无误地使本案中的药剂脱离权利人发明的技术范围;可是,如果没有明确区别上述用途,就只能导致此化合物作为过敏性哮喘预防剂的用途和其他用途混在一起变得无法区分。因为没有将作为过敏性哮喘预防剂的用途和其他用途区分开来的方法,作为该药剂的制造、销售业者也不能不承担这样一个不利后果,即权利人的技术发明范围不仅局限于过敏性哮喘预防剂的用途,也及于其他用途。

在本案中,即便诸被告的药剂在作为过敏性哮喘预防剂之外仍有其他用途,但因为诸被告没有将过敏性哮喘预防剂的功能从自己的药剂中排除,而导致在制造和销售时没有明确区别这种预防剂的用途和其他用途,因此诸被告也不得不承受其制作的药剂在过敏性哮喘预防剂之外的用途也被禁止使用这样的恶果。"

〈评论〉

如果要判决停止制造、销售包含侵犯专利部件的产品（装置），即使侵犯用途专利的产品具有其他用途，仍然要禁止其制造、销售，这个结论没有任何异议。不过，是否需要走到命令其废弃该产品的地步？这点理论上并不明晰。但可以肯定的是，和专利相同的产品如果仅限于非侵害用途销售，是不应该构成侵权的。如此说来，理论上只要更改一下药品包装及内服说明文书的记载内容，将被告产品的销售目标限定于非侵害用途的设想是可以成功规避侵权的。

判例78　最高法院平成11年7月16日判决·判时1686号第104页［生理活性物质的测定方法终审］

【依据一种检查方法的专利，请求停止制造、销售适用该检查方法的产品，被法院判决驳回的案件】

〈案件事实〉

医药品的制造流程中检定药品有效成分活性的方法专利是否受到侵害的系争案件中，专利权人不仅请求停止检查方法专利的实施行为，也同时请求停止制造、销售被告产品（医药品本身）、废弃被告产品，并将该产品的内容从《药价基准收载》❶中删除。原审大阪高等裁判所支持了这些请求。

〈判决要旨〉

"上诉人使用的方法属于本案专利的技术范围之内，因而上诉人在其医药品的制造流程中使用这一方法的行为构成对专利权的侵犯。所以被上诉人得以依据专利法第100条第1款要求上诉人停止对这一方法的使用。不过，本案专利不是生产产品的方法专利，因此上诉人即便在其医药品的制造流程中使用了这一方法来进行检定品质规格的确认性试验，在之后的制造和销售行为却并不侵害本案的专利权。"

"（专利法第100条第2款）所谓的'预防侵害所需的必要行为'应该被解释为：参照并考量发明专利的内容、现在出现的或将来有可能发生的侵权行为样态以及专利权人行使差止请求权的具体内容等因素，从而确定可以令差止请求权的行使变得富有成效的行为；并且这样的行为还应该属于实现差止请求权所需的必要范围内。

---

❶　译者注：《药价基准收载》，简称《药价基准》。日本实施全国统一的药品零售政策，厚生劳动省将药价管理范围内的药品列入《药价基准》，这也是日本医疗保险药品价格目录。

日本专利案例指南

　　如果以此标准来考量本案，本案发明是方法发明，侵权行为是对这一方法的使用行为，那么其差止请求权的范围也就限于请求停止对这一方法的使用，因此要求废弃上诉人的医药产品并将其从《药价基准收载》删除的请求，明显超出了实现差止请求权所需的必要范围。"

〈评论〉

　　本案是 判例52 的三审终审判决。本案中检查方法专利作为确认产品性能的手段，是药品制造流程中非常重要的一环，貌似也可以认为实质上就是制造产品方法的发明，不过很显然最高法院否认了这种观点，而是将制造产品方法的含义做出了限定性解释。同样的问题也存在于仅仅和药品制造流程的一部分相关的方法专利与产品之间的关系。譬如，仅改良了制造流程中一小部分的方法发明，权利人是否能凭此方法发明禁止产品本身的制造和销售呢？本案的判决未必能解决这个问题，还是要具体问题具体分析。

五、差止请求对象的确定（如何记载侵权请求对象的目录）

　　作为法院裁判实务中的惯行，原告在请求专利侵权行为时需要将被告产品（或方法）制成目录以求特定化其内容。这一行为，将差止请求对象特定化的同时，也将判断侵权行为是否存在的对象特定化。

　　在制作判断侵权行为是否存在的对象目录时，原告会依照专利请求范围的记载相对应制作，而被告则往往主张与之相反的不同表述、不同记载事项，特别是当被告主张因为自己实施行为的具体样态、附加的手段而导致具备否定侵权的理由时，更是如此。因此，在诉讼的初期，因如何记载侵权请求对象的目录而产生的争执，也成为诉讼延迟的原因之一。

　　关于这点，平成12年东京地方法院知识产权诉讼检讨委员会提出的观点（参照判夕1042号第4页）为现在的实务界所采纳，即对于如何记载侵权请求对象的目录这一问题，该观点认为目录中只需记载商品名称和商品型号从而使对象特定即可，至于被告产品的构造和组成部分等具体的主张则作为诉讼理由的事实部分处理就好。虽然在很多案件中，和以前的案件一样也将产品的具体构造制成目录，从而引发双方的争论，不过就目录引发争论时，法院往往会将其作为证据认定的问题处理，不会为了确定目录内容而花费过多的时间。在东京地方法院平成17年2月17日判决·特许消息11596 - 11597［屋顶瓦片］中，因确定被告产品的具体构造问题而引发争论，法院依据证据否定了原告主张，并将被告产品与专利发明的构造进行了比对。

除此之外，最近发生的其他案例有：在东京地方法院平成17年3月31日判决·平成16（ワ）10402［用于车辆座椅的接合装置］中，被告产品的构成中一部分没有争议而另一部分存在争议，其中没有争议的部分作为判断侵权与否的构成要件已经非常充分，据此认定被告没有侵害专利权。在大阪地方法院平成17年3月14日判决·平成15（ワ）2893［长期工作负载设备］中，对于存在争议的目录表述，将双方当事人的主张一并罗列出来进行审理的做法是妥当的。

虽然现在有关目录的争沦已经不多见了，但通过以下对于过去法院判例的概括、梳理，还是可以看出争论的问题点在于何处。

在大阪地方法院昭和55年10月28日判决·无体集12卷2号第581页［尿布］中，法院判决"在侵权诉讼中是否侵权的系争对象产品（疑似侵权产品）不是指实际存在的物品，而是指在诉讼中能够用文字和画面表现并特定化的物品（该案的二审中大阪高等法院也作出了同样的判断，参照大阪高等昭和56年12月17日判决·无体集13卷2号第925页，不过，如果实物和目录之间确有明显差异，在此时点及时订正目录后还是可以合法进行诉讼的）。

至于记载侵权请求对象的目录时应该具体到何种程度，与之相关的争议案件是 判例79 ，该判决明确提出了记载目录时方法上的原则。大阪高等法院昭和63年3月30日判决·判例工业所有权法［2期版］2395之第40页［设备安装一个新的窗口框架］的主审法院也做出了同样的判断，该案中一审败诉的被告（上诉人）在二审中主张应该采用比一审判决中更为详细的目录，对此二审法院认为达到一审中提出的目录程度已经足够。

在大阪地方法院昭和55年10月31日判决·无体集12卷2号第632页［儿童玩具用轮胎的制造方法］中，判决主文中有选择性地记载了原告和被告各自主张的目录，其理由在于："差止请求是面向未来的，从其性质上看，如果确定得过于详细乃至超过必要程度，只能徒增执行阶段的混乱，使诸原告蒙受不必要的损失，特别是本案中需要确定实施方法中主原料的比例，这在技术上本来就未必容易实现，比较合理的做法是准许其确定在一定范围内。对照本案的辩论宗旨来看，上述这一考量也并没有达到超出原告请求范围的程度。因此，在判决主文中将双方的主张有选择地一并记载以确定目录的范围。"其实本案的情况是无论采用哪一方的目录，构成侵权的事实都不会改变。

原告有时候为了表现被告产品（装置）符合专利构成要件，在制作差止请求对象目录时，会将被告产品（装置）在现实中没有采纳却有可能为之的运转方法记载到目录上。在大阪地方法院昭和58年2月25日判决·无体集15卷1号第98页［联合轭自动装配机］中，法院判决认为："在基于产品（装置）发明的专利侵权中，能够成为差止请求对象的产品（装置），一定是现实中存在的产品（装置），这点是毫无疑问的。……基于现实中没有为被告采用的、架空的运转方法对产品（装置）进行的特定化表述以及据此的分类说明，很明显不同于对现实中存在的产品（装置）的特定化表述以及据此的分类说明"。而在上述大阪地方法院判决的［童车轮胎的制造方法］中，专利请求范围上记载的用途是"用于儿童车"，虽然被告产品的轮胎实际仅用于"购物手推车"，但因为该轮胎也可以供儿童车使用，法院以此作为构成侵权的理由之一，认定被告存在侵权行为。

关于如何确定废弃请求权的对象物，在大阪地方法院昭和45年11月30日判决·无体集2卷2号第612页［电表箱的合成树脂盖］中，因为原告的废弃请求没有达到具体、特定的标准而被法院驳回。而在东京地方法院昭和38年9月14日判决·下民集14卷9号第1778页［搬送装置］中法院认定：原告要求废弃的物品即运输装置的目录记载十分充分，其同时一并要求废弃的运输装置半成品，仅仅抽象地记载为"半成品"即可满足特定化程度的要求。

判例79 大阪地方法院昭和62年11月25日判决·无体集19卷3号第434页［镶木图案制作材料的制造方法］

【对物品目录记载的详细程度予以提示的判决】

〈案件事实〉

原告将被告的方法如下般所述记载到目录中，具体为（下列仅提示原告所记载的被告三种方法之一）：

"（1）将两块以上具有35%以上含水率的湿润板材之间通过湿气硬化型聚氨酯树脂粘合剂叠加在一起，并进行冷压一体化处理后形成一个整体的积层板；（2）顺着各板材的积层断面中可以切割的方向薄切该积层板，从而得到寄木❶样式的装饰板；（3）将得到的这些单板粘贴到基板上。如此三步即构成寄木样式建材的制造方法"（其中（1）～（3）步骤的符号在原文中并不存

---

❶ 译者注："寄目"是指日本的"寄木细工"，是日本神奈川县箱根地区的传统手工艺，其充分运用木材的天然色泽，将不同颜色的木料拼制在一起，组成精致的几何图案，最终做成各种木制工艺品。

在，是作者附加上去）。

这样的记载方式，仅仅是将专利请求范围内记载的各要件予以具体化，可以说是依照专利请求的范围进行记载的。在原告编制的目录中，专利请求的范围是由三个阶段构成的，与之不同的是，被告在目录中将自己的方法分为五个阶段，各个阶段的内容也予以详细的记述，主张应该采用五阶段的目录。

〈判决要旨〉

"如何确定被告实施的寄木样式建材的制造方法，这一问题在当事人之间存在争论。被告的主张概括起来就是：原告所确定的被告的制造方法遗漏了一个重要阶段，即被告实施的方法与本案专利的不同之处，其确定的内容是非常不充分，不合适的"。

"在基于专利权的差止请求诉讼中，要将作为审理对象的侵权行为予以特定，需要满足以下要件：要将社会上通常观念的差止请求对象予以具体、特定化，以达到能和其他对象相区别的程度。除此之外，为了判断是否属于原告的专利技术范围之内，还同时需要对比着专利构成具体地记载，并且还要符合该专利构成"。

〈评论〉

被告认为本案专利仅仅由三个阶段连贯构成，不存在其他中间环节。立足于这种解释，被告主张：如目录中记载的那样，与本案专利的三阶段不同，自己的方法中存在另外的阶段。但是，法院判决：本案专利的内容并不排除"过程的中间或者前后环节存在准备性质或附随性质的阶段"，被告所主张的另外的阶段不过是原告专利中准备性质或附随性质的阶段。

通过上述分析可以看出：如何记载侵权请求对象目录的争论，和侵权主张是密切相关联的。

六、实务指南

在专利侵权案件里差止判决的主文部分中，法院使用能特定化被告产品的物件目录，做出如下记载（以 判例77 为例）：

"1. 诸被告不得制造判决书附页第二物件目录中所记载的医药品，亦不得销售该医药产品。

2. 诸被告必须废弃判决书附页第二物件目录所记载的医药产品。

3. 驳回原告的其他请求。

4. 诉讼费用由诸被告负担。

5. 本判决中原告胜诉的部分可以先予执行。"

这种形式判决书的具体执行方法是：第一项是不作为命令，因此除了将判决书送达被告以外并无法采取其他特别的强制手段（不过民事执行法第171条、第172条规定了间接强制执行的诸手段）。第二项的废弃命令则依照民事执行法由执行官进行废弃处分。理论上说，执行官应该必须确认要废弃的被告产品是否符合物件目录上记载的技术要件，因而对于具有高度水准的发明专利，如何进行确认手续就成为一个问题。依照这种方式完成的强制执行在现实中好像不是很多，特别是没有相关的判决（其理由在于：大多数的侵权诉讼，从确定最终判决到强制执行阶段，都是通过交涉来解决问题的；或者被告对于目录上的物件和要废弃的产品是否同一这点没有争论等原因），不过可以想象在完成强制执行时，现在实务中通常采用的按照记载详细的物件目录予以执行的做法是存在潜在问题的。此外，可以想见的问题还有：目录中记载的内容是依照被告现在产品进行具体描述的，可是如果制造、销售和目录内容不相同的产品，而该产品其实又包括在专利请求范围之内的情况下，法院判决中第一项的效力却无法及于此种产品。另外，如果最近实务中可能采用按照商品名称来确定目录内容以简化目录记载的模式，在这一新模式下如果变更商品名称的话如何处理？第四项的诉讼费用，因为不包括律师费用，通常情况下金额比较低。至于第五项先予执行，如本书中所述，并不和诉前临时禁令具有相同的有效性。

第二节　诉前临时禁令

一、概说

旨在停止专利侵权行为的"诉前临时禁令"是指：暂时确定双方当事人地位的诉前临时禁令，即"在双方系争的权利关系中，为了避免给债权人造成显著的损害，抑或避免急迫的危险，在有必要时发动"此命令（民事保全法第23条第2款），在差止的效果上，诉前临时禁令可以直接得到和诉讼同样的效果。在专利案件中，申请诉前临时禁令的是相当多的。在最近的东京地方法院平成12年6月6日决定·判时1712号第175页［胶卷一体化照相机］中，法院就做出了诉前临时禁令的决定。专利案件的"诉前临时禁令"，原则上要对双方进行询问（同法第 23 条第 3 款）。此外，由于诉前临时禁令的决定对相对方的影响非常巨大，一般情况下法院会和真正诉讼一样在程序上予以慎重对待。但是，诉前临时禁令其实还是有利于强制执行的，尽管在程序上无法迅速展开，但专利权人还是可以从诉前临时禁令命令中获得很大利益（参照第 387 页"实务指南"）。

做出"诉前临时禁令"决定，需要确定（认定债务人存在专利侵权行为）债权人（专利权人或独占实施许可人）拥有请求差止的权利（被称为被保全的权利），并且只有在认定有必要寻求诉前临时禁令保护时才会发动。认定是否存在被保全的权利，与通常诉讼中认定侵权的标准是一样的。比如，在东京地方法院平成 12 年 12 月 12 日决定·平成 12（ヨ）22138［有时间限制的使用互联网计费系统］中，因为没能认定构成专利侵权（即不存在被保全的权利），法院驳回了诉前临时禁令申请。

二、诉前临时禁令的必要性

是否有诉前临时禁令的必要性，这是诉前临时禁令程序中特有的问题。在某些案例中，当权利人没有实施发明专利时，法院认为没有诉前临时禁令的必要（参照 判例80 ，以及名古屋地方昭和 59 年 12 月 21 日决定·判夕 559 号第 290 页［排气净化装置］）。不过要注意的是，虽然专利权人自己没有亲自实施，但是其专利实施许可人如果有实施行为，就不会成为认定诉前临时禁令的障碍（参照东京地方法院平成 2 年 2 月 16 日决定·无体集 22 卷 1 号第 1 页［预制混凝土排水沟］，以及 判例82 ）。当认为专利具有无效理由时，依照现行法的话直接否认存在被保全的权利，可是在尚不承认专利无效抗辩的时代，是以否认存在诉前临时禁令的必要性这一理由来处理的（参照大阪地方法院昭和 56 年 4 月 9 日决定·无体集 13 卷 1 号第 425 页［合成树脂潮湿的工作鞋］、该事件的二审抗告审大阪高等法院昭和 56 年 9 月 2 日判决·无体集 13 卷 2 号第 624 页）。此外，依照平成 5 年的法改正，在专利无效宣告的决定确定之前，有可能发动中止诉前临时禁令的程序（专利法第 168 条 2 款）。不过，在最近的审判实务中，往往不等无效宣告的结果即判断专利无效的理由是否存在，因此这一中止诉前临时禁令的程序恐怕也没有什么用武之地了。

在专利侵害时判断是否发动诉前临时禁令，有无侵权行为是最重要的考量要素，但除此之外，按照诉前临时禁令的一般原则，当事人的资力、竞争状况等状况在衡量是否存在必要性时也是需要考量的要素。在岐阜地方法院多治见派出法庭昭和46年4月15日判决·无体集3卷1号第180页［收集精琼脂方法］以及浦和地方法院昭和59年5月2日判决·判夕536号第324页［蜂窝芯的生产方法］中，法院在考察了当事人双方状况的前提下肯定了诉前临时禁令决定的必要性，而在 判例83 以及神户地方姬路派出法庭昭和57年1月19日决定·无体集14卷1号第1页［高尔夫球背运输循环轨道设备］中，法院则否认了诉前临时禁令决定的必要性。

判例80 名古屋地方法院昭和60年5月20日决定·无体集17卷2号第239页［全自动式脱桴装置］

【因为债权人没有实施发明专利，所以法院否定了诉前临时禁令的必要性】

〈案件事实〉

以侵害专利为理由请求差止诉前临时禁令的专利权人（债权人），无法证明其有实施发明专利的行为。

〈判决要旨〉

"没有看到诸债权人有实施本案发明专利1、2，或者为实施而准备的行为。债务人制造、销售判决附页……中的……物品而导致诸债权人蒙受的损害，仅仅是指由于无法领受相当于本案专利实施许可费用的金额而产生金钱的损失，而本案中并没有找到诸债权人发生上述损害的事实"。

〈评论〉

不仅如此，法院的诉前临时禁令命令中又进一步指出：债务人会受到难以回复的打击和怀疑专利存在无效理由。在结合这两点理由的基础上，法院否认了保全的必要性。此外，本案的专利权人完全没有实施发明专利。如前所述，如果存在实施权人的实施行为，是不能轻易得到本案这样的结论的。

判例81 高知地方法院昭和59年4月20日决定·判时543号第278页［过山车空翻］

【比较当事人得失利害的基础上否认诉前临时禁令必要性的案件】

〈**案件事实**〉

高知县等主办方举行的黑潮博览会会场中设置有过山车，权利人基于对该过山车享有的实用新型专利，向法院提出差止等诉前临时禁令请求。法院的裁定中没有涉及被保全权利的审理，而是对保全的必要性做出了如下阐述。

〈**判决要旨**〉

"本案是所谓暂时确定双方地位的诉前临时禁令，这种类型的诉前临时禁令作为保全措施的必要性在于：为了避免由于权利关系尚未确定而致使债权人（申请人）产生重大损失，抑或为了防止急迫的暴力行为等，只有在有必要塑造一个暂时的地位以规制双方权利关系时才会承认诉前临时禁令。所谓要构成'重大损失'，是要求债权人所获得的利益，必须明显超过债务人（被申请人）因诉前临时禁令而蒙受的损害乃至不利益，特别是对于如此断然为之的诉前临时禁令裁定，更要慎重判断这点是无需赘言的"。

"依据上述证明的事实，如果按照诉前临时禁令申请书上记载的宗旨做出诉前临时禁令裁定，禁止诸被申请人使用过山车设备，可以想见：诸被申请人不仅无法得到过山车带来的收入，同时由于代表性游戏设备的停运而失去招揽顾客的功能，从而导致黑潮博览会入场人数的减少，甚至给具有很强公共性质的黑潮博览会的成果予以巨大的打击。不止回复非常艰难，而且可能蒙受巨大的损失。

而反观申请人受到的损害，最多不过是本案的过山车在黑潮博览会被他人预约时申请人应该获得的利益，或者是在黑潮博览会期间因使用本案的过山车而需要支付的相当于实施许可的费用。即便诸被申请人在本案中败诉要承担损害赔偿责任，因为诸被申请人属于地方公共组织，没有支付能力上的问题，不存在诸被申请人将来不能支付或有支付困难的情形。

因此，如果对本案做出了诉前临时禁令裁定，诸被申请人蒙受的损害和申请人获得的利益，二者相较之下根本无法认定后者可以远远超过前者，相反会明显造成二者之间显著的不平衡，如前所述，在此情况下不应该认为有进行保全措施的必要性"。

〈**评论**〉

债务人一方的公共组织属性受到重视，在本案的事实关系下，这样的判决结论不会引起什么异议。即便是一般私企之间的纠纷，判决一开头处论述的"一般论"是妥当的，但恐怕很难达到足以否定诉前临时禁令必要性的程度。不过，在上述神户地方法院姬路派出法庭判决［高尔夫球包搬运循环轨道装置］中，面对私企之间的纠纷，法院运用和本案几乎相同的理论否定了诉前临时禁令的必要性。

三、诉前临时禁令命令的撤销程序

法院作出诉前临时禁令的命令之后，债务人可以主张申请异议（民事保全法第26条）以及抗告❶（同法第41条，旧法是控诉），主张构成专利侵权这一判断本身是错误的，不过这需要经历和通常诉讼中的控诉❷相同的程序。在大阪地方法院昭和55年12月15日决定·无体集12卷2号第727页［杂环苯甲酰胺的制备］中，围绕着专利法第104条适用性问题的争议在法院作出诉前临时禁令裁定后，当事人提起异议并展示了自己的制造方法，使法院裁定直到判决结果出来之前停止诉前临时禁令的执行（因为是旧法事情的案件，所以法院采用的方法是类推适用民事诉讼法第512条的规定。不过现行民事保全法第27条新设了相关规定），而该案件的正式诉讼程序（大阪地方法院昭和58年4月22日决定·无体集15卷1号第291页）中也取消了之前的诉前临时禁令命令。此外，诉前临时禁令请求被驳回之后，专利权人也可以提起"即时抗告❸（旧法中是抗告）"，但也要遵循和通常控诉相同的程序，比如在东京高等法院平成1年2月15日决定·无体集21卷1号第12页［吊装带孔U型槽］中，因为认定债务人产品不属于实用新型专利的技术范围之内，对于驳回诉前临时禁令申请的抗告没有给予认可。

诉前临时禁令特有的撤销手段包括了"存在特别事由"的申请（民事保全法第39条）和"基于情势变更"的申请（同法第38条）。

"存在特别事由"的撤销申请本来是以"有可能给债务人造成难以挽回的损害"作为最根本的原因，但是在实际司法案件中，都在讨论当论及诉前临时禁令的必要性时要考量的要素（参照 判例82 、 判例83 ，以及上述东京地方法院决定［预制混凝土排水沟］）。

---

❶ 译者注："抗告"是当事人不服法院作出的决定或命令时，向上级法院提出的；而"异议"则是针对同一审级。

❷ 译者注："控诉"作为上诉的一种，是对一审判决不服提起的上诉；"上告"是对二审判决不服提起的上诉；而前述"抗告"则是对决定或者命令不服时向上级法院提起的复议。

❸ 译者注："即时抗告"是抗告的一种，与通常抗告不同之处在于：必须在规定的时间段内提起；具有停止执行的效力。

至于"基于情势变更"的撤销申请，当专利权归于消灭时自然可以承认，即便在专利被宣告无效时，也有承认情势变更的案件（参照浦和地方法院昭和45年3月31日判决·无体集2卷1号第124页[互换型热敏电阻]，不过该案件的二审东京高等法院昭和51年5月18日判决·无体集8卷1号第191页中法院认为该专利难免于无效宣告的命运，从而否定了情势变更的撤销申请）。在知识产权高等法院平成20年9月29日判决·平成19（ラ）10008[胶状体液防漏材料]中，在做出诉前临时禁令的裁定之后，大阪地方法院以专利局做出无效宣告为理由，基于情势变更撤销了诉前临时禁令决定，但案件到了知识产权高等法院后，法院撤销了无效宣告（双方的争点在于实施可能性，高等法院认为"酒精"这一用语可以对照发明的目的进行限定解释，从而肯定了实施可能性）的同时，也撤消了大阪地方法院的撤销裁定。

判例82　大阪高等法院平成4年7月31日判决·知裁集24卷2号第451页[人体组织纤溶酶原激活物]

【法院没有认可因"存在特别事由"而撤销诉前临时禁令的申请】

〈案件事实〉

申请人是因为侵害治疗血栓药品的专利而被法院下达停止制造和贩卖的诉前临时禁令裁定。专利权人（被申请人）作为外国企业，自身并没有在日本国内制造、销售药品，只是从日本国内的实施者处获得专利许可费用。为此，申请人认为专利权人的损失不过减少了一些许可收入，而废弃制造设备等诉前临时禁令命令会给申请人带来极大损失，因此申请人要求取消该诉前临时禁令命令。

〈判决要旨〉

"专利权属于无形财产，很难进行管理的同时又非常容易受到侵害，而且在证明侵权人行为和专利权人的损害具有因果关系的基础上来举证专利权人受到损害的数额，一般来说是非常困难的，这些原因导致很难完全实现金钱上的补偿。此外，本来除了专利权人（或者以后获得实施许可之人）之外，只有在专利权消灭后才能进入该市场销售专利产品，如果在专利权存续期间允许专利侵权产品进入市场，很有可能会对将来的市场占有率产生重大影响……一般来说，基于专利权产生的针对侵害行为的差止请求权作为需要被保全的权利，法院下达诉前临时禁令命令时，没有特殊情况下，这一诉前临时禁令命令意图实现的被保全权利是无法用相同价值的金钱补偿进行替换的，即是无法在事后通过金钱上的补偿来达成诉前临时禁令命令的目的"。

"本案中的诉前临时禁令属于暂时确定双方当事人地位的诉前临时禁令，作为一种具有'满足性的诉前临时禁令，❶可以造成和被申请人在诉讼中胜诉相同的结果，这意味着也可以很容易地推定同样巨大的影响也会给予诸申请人。可是，既然法律制度规定了这样一种'满足性的诉前临时禁令'，基于这种诉前临时禁令命令即便对被申请人造成了通常程度会蒙受的损害，明显不能就此认定这是应该取消诉前临时禁令命令的特别事由。但是，如果因为诉前临时禁令命令的存在，被申请人受到的损害远远超过通常情况下蒙受的损害时，可以认定存在撤销诉前临时禁令命令的特别事由。至于被申请人受到的损害和通常情况相比是否过大，应该在比较衡量因撤销诉前临时禁令命令而导致申请人蒙受的不利益、损害之后，按照社会通常观念上的标准来判断是否过大"。

〈评论〉

旧民事诉讼法第 759 条和现在的民事保全法第 39 条具有相同的宗旨。本案的法院判决在论述了上述一般原则的基础上，拒绝撤销诉前临时禁令命令。该法院原则上并不认为在具有金钱补偿可能性时可以取消诉前临时禁令。同样宗旨的判决可参照以下：东京地方法院平成 2 年 2 月 16 日决定·平成 1 年（モ）7011［预制混凝土排水沟］，大阪地方法院昭和 59 年 8 月 30 日决定·无体集 16 卷 2 号第 535 页［小型□上兼牵引装置］。

判例 83　大阪地方法院昭和 59 年 9 月 20 日判决·无体集 16 卷 3 号第 613 页［输送机式自走车］

【因为存在特别情况而取消诉前临时禁令的案件】

〈案件事实〉

基于实用新型专利权作出的禁止制造、销售诉前临时禁令决定正式发布后，申请人提出以下主张，请求取消诉前临时禁令决定：发现可以令实用新型专利无效的"公知"资料❷；申请人是不过只有五名员工的企业，诉前临时禁令决定对其产生极大影响；而对于被申请人而言该专利产品仅占销售额的很小比重等。

---

❶ 译者注："满足性的诉前临时禁令"是指仅仅依靠诉前临时禁令命令就足以实现权利救济的诉前临时禁令，无需法院正式的判决即可达到与在诉讼中胜诉一样的效果。

❷ 译者注："公知"资料，是指违反新颖性在申请日前已"为公众所知"的资料。

〈判决要旨〉

"因本案诉前临时禁令决定导致申请人受到的损害，和撤销本案诉前临时禁令致使被申请人蒙受的损失相比，可以认定明显前者远超后者。此时，判断是否存在民事诉讼法上第759条特别事由，更不能无视的情况是：姑且可以认定上述实用新型专利很可能早晚都会被专利局宣告无效。的确，现在被申请人的请求权（差止请求权）仍然存在，不过既然将来消亡的可能性很大，却因为存在这样的请求权，而致使申请人必须承受可能导致破产的巨大损害是极为不恰当的，最终结果是没有避免申请人一方产生的异常损失，而另一方面被申请人一方因取消诉前临时禁令决定蒙受的损害，很可能因本案实用新型专利将来归于无效而不存在。考虑到本案中的请求权很有可能被溯及无效，在此情况下做出"满足性的诉前临时禁令"可能产生的问题（本案如果进入正式的诉讼程序，也会中止诉讼等待无效宣告的结果），即便将被申请人主张的3项论点也一并纳入考量，本院还是认为被申请人的损害是可以用金钱补偿予以替换的损害"。

〈评论〉

法院判决中详细论述了实用新型专利的无效理由，对这点的肯定是做出最后决定的重要因素。此外，还有一个特殊情况是：对当事人之间的损害进行比较之时，申请人处于极为不利的状态。如果没有这样列外的状况，恐怕很难撤销诉前临时禁令决定。

四、违法的诉前临时禁令和损害赔偿

通过考察以前判例得出的结论是：做出诉前临时禁令命令之后，法院在接下来的诉讼中否定了专利侵权，当初的诉前临时禁令则变成违法，因诉前临时禁令决定妨碍了产品的制造和销售，使债务人蒙受了损失，债权人作为侵权行为责任的承担者，原则上债权人必须赔偿这一损失。在东京地方法院昭和40年10月19日判决・判夕188号第213页［混凝土木框架夹具］中，正式诉讼中确认了被保全权利并不存在，此时的债权人虽然不承担无过失责任，但对于因违法的诉前临时禁令申请造成的损害，法院推定其负有过失。债权人就算从弁理士❶处得到鉴定意见，也无法免除其过失责任。在长野地方法院饭田派出

---

❶ 译者注："弁理士"，专利以及商标代理人。

法庭昭和 45 年 9 月 28 日判决·无体集 2 卷 2 号第 478 页［水果的包装体］中，对不侵犯实用新型专利权的物品发动了诉前临时禁令命令，法院认可了被执行人的精神损害赔偿请求。在名古屋地方法院昭和 49 年 1 月 25 日判决·判时 746 号第 70 页［立式真空粘土制管机］中，实用新型专利权人因为忘缴登记费而导致实用新型专利权灭失后，依然维持诉前临时禁令命令的状态，在这一具有特殊情况的案件中下法院认可了损害赔偿请求。在大阪地方法院昭和 53 年 12 月 19 日判决·无体集 10 卷 2 号第 617 页［拉门滑轮用滑轨］中，法院判定："涉及工业所有权差止的诉前临时禁令申请，法律制定的方针就是认可其和正式诉讼具有不同的证明程度，尽管日后很可能推翻其判断，但相关行业的业者心里很清楚一旦做出诉前临时禁令命令就能死死地掐住对手营业的命门，即便最后结果证明被保全权利并不存在，申请人因此承担无过失责任的话过于苛刻，但至少应当课以相应的注意义务。"

大阪地方法院平成 7 年 4 月 13 日判决·特许消息 9161、9165、9167、9170 号［连接型混凝土模板分离器］，法院在判决中论述："一般来说，诉前临时禁令命令在异议或上诉程序中被撤销后，撤销判决已经确定的情况下，没有其他特别事由，推定申请人具有过失是合理的。不过，如果申请人能够举出合理的事由来，并不会因为诉前临时禁令被撤销就当然具有过失（参照最高法院第 3 小法庭昭和 43 年 12 月 24 日判决·民集 22 卷 13 号第 3428 页）"，不过在该案中，法院认可了权利人的损害赔偿请求。在东京地方法院平成 14 年 12 月 17 日判决·平成 13（ワ）22452［冰成型装置］中，获得诉前临时禁令决定后专利权被判定无效的情况下，法院推定其有过失肯定了权利人的损害赔偿请求。具有相同情况的还有东京高等法院平成 17 年 1 月 31 日判决·平成 16（ネ）2722［建筑脚手架设备］。

在大阪地方法院平成 19 年 2 月 15 日判决·平成 17（ワ）2535［生理活性物质测定法］中，诉前临时禁令执行后专利被认定无效，法院认定其具有损害赔偿义务。上述东京高等法院判决［建筑脚手架设备］中，也是诉前临时禁令执行后专利被认定无效，法院没有认可存在可以否定推翻专利权人推定过失的特别事由。

另一方面，也存在否定过失的判例。在大阪地方法院平成 16 年 1 月 20 日判决·平成 15（ワ）6256［带采光窗刚材门的制造方法］中，诉前临时禁令执行后专利被认定无效，法院认为：从诉前临时禁令以及正式诉讼中的过程来看，有相当的根据足以证明专利权人是坚信自己的专利有效存在的，并以此否定了专利权人的过失。但是，在二审（大阪高等法院平成16年10月15日判决·平成16（ネ）648）大阪高院则认为不存在足以否定推定过失的证据。

下面介绍的是一个著作权的案件，在东京地方法院平成16年1月28日判决·平成15（ワ）5020［携带万能8]）事件中，法院在引用最高院判决（最高法院昭和63年1月26日判决·民集42卷1号第二页）的基础上，认为构成违法的诉前临时禁令申请仅限于以下情况："申请人主张的权利或法律关系欠缺事实以及法律上的根据，申请人心知肚明，一般人很容易想见，申请人却依然申请诉前临时禁令命令，对照裁判制度的宗旨、目的，该申请显著欠妥"。这个案例所提出的判断基准，正好颠倒了之前判决中确立的原则和例外。确实，如果考虑到法院面对专利等知识产权的诉前临时禁令时，是以完全不逊于正式诉讼的慎重态度进行审理后才做出决定，即便最终结果认定并不存在保全权利，很多时候对权利人课以过失责任也并不合适。上述大阪地方法院判决［带采光窗刚材门的制造方法］以及本案判决中法院采取的判断方法在今后的实务中会有如何发展，令人期待。

最高法院判决的有关商标权侵害的诉前临时禁令命令案件（最高法院平成21年4月24日判决·民集63卷4号第765页），诉讼中确定被保全权利在当初就不存在，因此撤销诉前临时禁令命令时，法院认定因为间接强制❶而获得的金钱构成不当得利返还请求的对象。

五、实务指南

诉前临时禁令申请按照审寻❷程序进行审理（在旧法下，也有按照判决程序进行审理的情况）。不过涉及专利侵权诉前临时禁令案件中的审寻，只是不使用公开的法庭，但需要双方当事人出席，需要提出同普通诉讼中一样的书面材料和证据，和普通诉讼一样展开程序，审理中一般情况下和普通诉讼没有什么区别（不过，程序不公开这点，有利于保密程度高的案件）。

也就是说，我们无法对审理的迅速性有太多期待。不过，诉前临时禁令命

---

❶ 译者注："间接强制"是强制执行的一种（《民事执行法》第172条），针对没有代替性而不适用代替执行的作为，或者不作为为目的的债务。其内容就是：设定一个期限，债务人在期间内不履行的话课以相当数额的制裁金，以达到间接"强制"债务人履行债务的目的。

❷ 译者注："审寻"是指并不开启正式的"口头辩论"程序，而是在诉讼过程中法院需要以"决定"方式作出判断时，给当事人以及利害关系人个别的书面或口头陈述的机会（《民事诉讼法》第87条第2款，第187条）。依照《民事执行法》第23条第4款，诉前临时禁令程序中审寻环节是必要的。

令可以直接强制执行，即便对方提出异议申请或撤销申请，原则上也不具有停止该诉前临时禁令执行力的效果。在这点上，对于专利权人而言可谓是强力的救济手段。

因此，当权利人提起诉讼的同时申请诉前临时禁令，造成两个事件并行审理的局面时，虽然法院经常会同时作出判决和决定，但即便如此，不会被停止执行的诉前临时禁令对当事人而言仍具有重大影响。某些情况下，在一审诉讼中胜诉判决下达后（被保全权利是否存在已经不成问题），再提起诉前临时禁令申请都是卓有成效的。

专利事件中的诉前临时禁令命令，要求债务人差止行为的同时（不作为命令），一般都要求从债务人处收缴侵权产品以及为了实施侵权行为而准备的设备，并交由执行官保管。诉前临时禁令的命令里要附有具体记载了债务人产品中符合专利请求范围内构成要件的物品目录，执行官找到符合该物品目录的产品后予以保管，但是如果物品目录的内容在技术上极其复杂，认定需要保管的对象物品时很有可能发生纠纷，不过和正式诉讼中法院判定差止的判决一样，同样的问题没有任何相关判例可以参考。

第三节 损 害 赔 偿

一、概说

专利权人可以就其蒙受的损害向主观上具有故意或过失的侵权人请求赔偿（民法第709条）。

因专利侵权行为产生的损害金额很难以一种可视的方式把握，很难计算损害金额，如果将损害金额计算得过少，难免就会失去抑制侵权行为这一制裁作用。为了易于确定损害金额，制定了作为民法特殊规则的专利法第102条（实用新型法第29条，外观设计法第39条也规定了相同的内容）。专利法第102条在平成10年的修改中新设了推定逸失利益的第102条第1款。与此同时，将侵权人获利金额推定为损害金额的条文由修法前的该条第1款变为第2款，将相当于实施许可的费用视为损害金额的条文由修法前的该条第2款改为第3款，二者都依次往下顺延一款。此外，在平成13年的修法中，新设了可以进行相当损害金额算定的第105条之3。

即便侵权人不存在主观上的故意或过失，依照民法第703条的规定，也可以请求不当得利返还〈参照本小节（4）〉。不过认定专利侵权时，法院几乎很少否定过失推定，因此使用不当得利返还请求权的实际意义不如说是体现在损害赔偿请求权因时效而灭失之时。

二、过失的认定

判断是否构成专利侵权时，主观上是否具有过失采推定方式（专利法第103条，外观设计法第40条也有同样宗旨的条文）。不局限于文言侵害，适用均等论构成专利侵害时，该条推定同样有效（可参照大阪地方法院平成14年10月29日判决·平成11（ワ）12586等［肌肉组织状魔芋的生产方法及装置Ⅱ］）。即便是间接侵权，也可以适用第103条（可参照东京地方法院平成6年3月31日判决·判例工业所有权法［2期版］2537之第45页［位置调合的放置方法］，东京高等法院平成8年5月23日判决·判时1570号第103页［位置调合的放置方法控诉审］，东京地方法院平成10年12月18日判决·判时1676号第116页［用于热密封的包装层压材料的装置］，大阪地方法院平成14年4月16日判决·判时1838号第132页［肌肉组织状魔芋的生产方法及装置Ⅰ］）。

凡是已经公布的法院判例，几乎毫无例外地认定侵权人具有过失。即便是因为相信弁理士出具的鉴定意见，也不能否定其过失（可参照大阪地方法院昭和59年10月30日判决·判夕543号第263页［手提袋的提手］，大阪地方法院平成元年8月30日判决·判例工业所有权法［2期版］5469之第11页［表装用的热压机］，以及东京地方法院平成5年8月30日判决·判例工业所有权法［2期版］2359之第409页［假发片Ⅳ］）。甚至在侵权产品的制造者和专利权人之间发生纠纷的案件中，对于购入侵权产品并使用的行为，行为人得知不构成侵权的诉前临时禁令决定，不过基于通知前后状况的考察，法院认为不能否定其过失（参照东京地方法院昭和59年10月31日判决·判夕543号第200页［面条的连续煮沸方法］）。以不属于专利技术范围为由否定侵害的一审判决，被二审法院予以撤销，即便已获得一审法院下达的判决，但既然还属于事实审❶，就不能推翻对过失的认定（东京高等法院平成6年1月27日判决·判例工业所有权法［2期版］5469之第49页［双人动力采茶机］）。

考虑到即便没有主观上的故意或过失，侵权人也要承担相当于实施许可费

---

❶ 译者注：日本民事诉讼法一审和二审都是事实审，需要对事实进行审理；只有三审才是法律审。

用的不当得利返还义务，因此没有必要一定要对这些判决唱反调（依照专利法第 102 条第 4 款有关轻过失的条款，超过第 102 条第 3 款赔偿额的部分是否应该减少，讨论是否具有主观上的过错，其意义倒不如说是为了解决这个争点）。在做出订正❶之前，发明专利的内容已经全部为公众所知，法院在判决中认定此点后又指出，在此情况下通过对许可费用进行限定解释等方式来否定侵权的见解虽然存在，但既然有可能预测到权利人会进行订正，通过考察订正的前后状况，最终还是不能否定其具有过失（名古屋地方法院平成 10 年 3 月 6 日判决・判夕1003 号第 277 页［温度指示材料］）。制度的宗旨就是承认订正具备溯及效力，如此想来出现这样的结果也是没有办法的。至于和订正之间的关系，原告已经注册登记的实用新型专利在撤销无效宣告的诉讼中成功得以订正，结果无效宣告被撤销，作为侵权人的被告主张自己根本无法预见该订正会被认可，法院则认为：推定具有过失，只要能够预见到自己的行为有可能属于实用新型的技术范围内即可，不要求预见到实用新型专利的有效性或者是否能被订正，最终仍然维持了过失推定的判断（大阪地方法院平成 16 年 7 月 29 日判决・平成 13（ワ）3997［带盖的埋地框］、同样宗旨的还有东京地方法院平成 23.2.24 平成 20（ワ）2944［常闭型流量控制阀］）。专利权存续期间届满后进行的订正，专利说明书中有关订正内容的部分，在构成损害赔偿请求对象的侵权期间一次也没有公示过，法院认定：即便订正前的专利要项存在无效理由，但很容易就可以预见到申请订正后无效理由非常可能灭失，基于此点考虑足以否定推翻过失推定的要求（大阪地方法院平成 22 年 1 月 28 日判决・判时 2094 号第 104 页［组合计量装置］）。

此外，不具备原告专利权人代表权限的公司董事会主席（原董事长）、正品商品的负责人企图将预定废弃的不良商品通过其他不当途径贩卖，秘密地通过被告公司进行销售，在这个案件中，虽然不能否定被告公司的过失，但计算损害赔偿金额是过失相杀，减少了 90%（大阪地方法院平成 8 年 2 月 29 日判决・判时 1573 号第 114 页［煤气感知元素］。虽然本案没有承认，但是适用表见代理，视为原告已经同意的可能性仍然存在）。

在外观设计专利侵权的事件中，外观设计公报尚未发行的时点，存在否定主观过失的判决（大阪地方法院昭和 48 年 11 月 28 日判决・判夕308 号第 278

---

❶ 译者注：订正，是指专利注册登记后，专利权人希望修改专利请求范围等内容时寻求的手段（日本专利法第 126 条）。

页［喷粉器（外观设计）］，大阪高等法院平成6年5月27日判决·知裁集26卷2号第447页［钳（外观设计）］）。同样是公报尚未发行的案情，外观设计专利权人告诉侵权行为人外观设计注册登记号码以进行警告，但没有同时附送已登记外观设计的图案，而且登记外观设计时的一份书面材料因为要刊登在外观设计公报上而放在印刷所处，考虑到侵权行为人无法更加详尽地知悉已登记外观设计的内容，法院否定了主观上的过失（大阪地方法院昭和47年3月29日判决·无体集4卷1号第137页［道路安全护栏（外观设计）］）。不过同样还是外观设计公报尚未发行的事件，外观设计权人对侵权人发送的警告书中附有外观设计登记证书的复印件以及相关照片，在该案件中法院认定侵权人具有过失（名古屋地方法院昭和54年12月17日判决·无体集11卷2号第632页［螺杆机（外观设计）］）。而在专利案件中，最近灵活运用早期审查等制度，在公布申请之前可以先进入审查程序，获得专利登记。因此，遵循有关外观设计专利的判决为先例，第103条推定的根据就在于专利权的存在已经进行了公示，否则就算成功登记了专利，在专利公报尚未发行时，涉案法院认为欠缺推定过失的根据（大阪地方法院平成13年7月26日判决·平成12（ワ）4184［壁纸粘贴机］）。而在另一个案例中，权利人公布申请后为了行使补偿金请求权，在提出的警告中注明已经通过专利审查、已经缴纳相关专利费用，法院认为侵权人应该可以预见到该专利早晚会注册登记，并因此认定其具有过失，判定登记之后发生侵权行为都可以请求损害赔偿（大阪地方法院平成16年7月26日判决·平成14（ワ）13527［置物架］、大阪高等法院平成19年11月27日判决·平成16（ネ）2563［置物架控诉审］也维持了一审的判断）。即便已经公布申请，但在专利公报发行之前并不当然适用第103条的过失推定，这是基于有必要具体证明过失这一前提。已经和审查主义诀别的现行实用新型法中，甚至没有准用专利法第103条的规定。这导致即便知晓实用新型专利的存在，也不会直接认定存在过失，在下示案例中，以日本专利局制成的技术评价书作为警告向侵权行为人提示之前，法院否定其存在过失（大阪池畔平成18年4月27日判决·平成15（ワ）13028［手柄可拆卸式摩托车］、大阪地方法院平成19年11月19日判决·平成18（ワ）6536等［指甲刀］）。和是否公布无关，没有采取审查主义这个因素成为无法认可过失推定的原因，这是考量到反而是技术评价书发挥了审查的代替功能从而做出的处理。

此外，上述专利权人的原董事长和案件有密切关系的事件中，否认了侵权公司（没有成为该案件的被告）中一个职员的过失，因为对于一个没有职权能决定是否停止违法行为的人来说，无法对其抱有任何期待可能性（上述大阪地方法院判决［煤气感知元素］）。还是在这个案件中，对成为被告的侵权公司董事长的损害赔偿请求也被法院驳回，不过否定理由和上述职员不同，在法律构成上基于商法第 266 之 3，认为没有该条规定的"恶意或重大过失"（上述大阪地方法院判决［煤气感知元素］）。

作为组织机构的企业存在专利侵权行为时，究竟认定谁具有主观上的故意或过失，这是个问题。专利侵权案件中，差止请求和主观上的故意、过失无关，损害赔偿则适用过失推定，无须拘泥于有关法人侵权行为责任的诸议论，不用特定作为实施行为人的自然人，直接肯定公司责任的方法是通常的做法〈即便是以"恶意"作为构成要件的补偿金请求权也是同样的，可参照本章 5 (2)〉。但也有例外，有法院判决认为：公司有无故意或过失，取决于董事长个人是否存在故意或者过失（上述大阪地方法院判决［煤气感知元素］）。在专利侵权案件中，特定侵权行为的具体相关者，在判断过失推定是否覆灭的过程中由侵权公司做出违法行为，因此和没有过失推定的著作权侵权案件不同，即便考察组织机构内自然人的主观要件，也不会出现致命的后果。但不管怎么说，要注意的是本案的案情是董事长具体参与到有问题的交易中，即便不是董事长，只要是对该问题行为有决定权限的人，其主观上的故意或过失就应该被评价为公司的故意或过失。

三、逸失利益额的赔偿

（一）概观

依照日本民法第 709 条，至少包括逸失利益，即如果没有侵权行为应该可以得到的利益为损害赔偿额。

说是逸失利益，但裁判中的现实问题几乎都是基于销售额减少的逸失利益。法院判例一直以来的算法是：权利人单个产品能够获得的利益额，乘以因侵害行为而减少的销售数量。不过，在专利侵权中如何认定是否属于如果没有侵权行为而获得的利益，如何证明侵权行为和损害结果之间的因果关系，这是相当困难的（可参照本书初版第 277~281 页）。

平成 10 年专利法改正新设的第 102 条第 1 款为了减轻证明因果关系的负担，在专利权人能够证明其预定销售的产品可以代替侵权人产品时，在专利权人的销售能力范围内，推定侵权人销售产品的数量乘以专利权人单位产品利益额的乘积作为损害额。新设后的这一条款，一改以往的"全有或全无"的思考模式（本书初版第 280~281 页），在承担证明侵权人责任时其推定是否覆灭，采取比以往更加柔软地认定损害额的方式。并且该法修改后的实施日是平成 11 年 1 月 1 日，但和因为该条款是和"证明"有关的规定，只要属于和诉讼程序上有关的，即便对于修订法实施日之前的侵权行为也可以适用（作为适用的例子，可以参照以下两个案例，判例 84 和大阪地方法院平成 12 年 9 月 26 日判决・平成 8（ワ）5189［瓷砖的转移上升装置］）。

（二）推定的要件

为了能适用专利法第 102 条第 1 款关于推定的规定，专利权人必须举证证明自己的主张，即专利权人或独占实施许可人"在没有侵权行为时能够销售的产品"的"每单位数量的利益额"，乘以加害人"转让了构成侵害行为的产品的数量"得到的数额。并且设定了该推定发动的限度，要求在"不超过权利人相应实施能力的额度内"。

1. 关于"在没有侵权行为时能够销售的产品"要件

这个要件表述的是，如果没有侵权行为，侵权人的市场需要是否针对权利人的产品，过于严格考量这个要件，就等于和之前一样要证明因果关系的存在，那么特意制定这个推定条款的意义也就不存在了。在司法案件中，也有侵权人主张权利人产品和侵权产品的基本构造等完全不同，但法院明确认定权利人产品和被告产品属于同一种产品，存在市场竞争关系，不能否定其满足"在没有侵权行为时能够销售的产品"要件（有关日本《实用新案法》第 29 条第 1 款，参照大阪地方法院平成 17 年 2 月 10 日判决・判时 1909 号第 78 页［用于生成病理组织检查标本的托盘］）。因为价格、品质上的差异，可以想见侵权人产品的市场需求并不和专利权人产品完全一致，但依据该条的但书规定，将这部分从推定数额中控除掉的证明责任应该是由侵权人一方负责的证明事项。

具体而言，在司法判例中，作为原告的专利权人单独出售采血器具，虽然被告侵权人连同相关分析装置作为整套装置一并予以出售，但是作为采血器具而言二者没有差异，具有代替性时（东京地方法院平成 12 年 6 月 23 日判决・平成 8（ワ）17460［血液采集器］）；或者被告产品是原纸，原告产品是将原纸进一步裁断、装箱后制成的产品，但购入被告产品的业者也可以将其裁断、装箱，从而在市场上和原告形成竞争关系时（东京地方法院平成 13 年 7 月 17 日判决・判例工业所有权法［2 期版］2233 之第 111 页［记录纸］），法院均认定可以适用专利法第 102 条第 1 款的规定。此外，还有因作为原告的专利权人不是被告侵权人（横滨市）的指名业者而产生问题的事件，没有成为案件当事人的诉讼外某公司曾经接受过被告的订单，原告以被告从该公司处获得专利技术的实施产品为理由，认为被告委托该公司制造侵权产品并接受专利技术实施产品的行为，和原告制造、销售专利技术实施产品的行为之间存在"相互补完关系"，法院亦认因此认定不能排除第 102 条第 1 款的适用（参照东京地方法院平成 14 年 10 月 9 日判决・平成 13（ワ）16820［卡片台纸］）。

此外，所谓"在没有侵权行为时能够销售的产品"，并不要求必须是被侵权发明专利的实施产品（参照 判例 84，以及东京地方法院平成 22 年 2 月 26 日判决・平成 19（ワ）26473［实心高尔夫球］。不过，作为专利的实施产品，视为和侵权产品具有排他关系的产品可参照上述东京地方法院判决［记录纸］，以及东京地方法院平成 14 年 4 月 25 日判决・平成 13（ワ）14954［紫菜异物去除分离装置 II］）。即便专利权人销售的产品不是被侵权专利的实施产品，但如果是和侵权人产品具有市场竞争关系的产品，就有满足因果关系的可能性，从而符合"在没有侵权行为时能够销售的产品"这一要件（参照 判例 84）。同样的道理，专利权人销售的产品就算不是被侵害专利的实施产品，但如果是专利权人拥有的其他发明专利的实施品，结论也是同样的（参照 判例 84）。至于如果没有侵权行为时专利权人的产品能够在多大程度上销售出去，则作为该推定会不会覆灭的问题处理就好。在一个案例中，实用新型专利权人销售的产品不是其专利实施产品，此产品和侵权产品存在市场上的竞争关系，法院判决认为：如果没有侵权产品，实用新型专利权人产品的销售量将会增加，不得不认为这是具有"相当程度的确定"，不过在该案中甚至都没有证据证明每单位数量产品的利益额（名古屋地方法院平成 15 年 2 月 10 日判决・判时 1880 号第 95 页［液压缸］）。

对于在专利存续期间已经制造，但是转让行为发生在存续期间之后的侵权产品，法院在肯定适用专利法第 102 条第 1 款的同时亦指出，如果要让自己的行为不侵犯专利，必须在专利存续期间之后才能开始制造产品，所以开展销售行为需要在存续期间结束后相当一段时间，并以此理由认定如果不能证明在此之后才开始销售行为，该推定就不会覆灭（参照东京高等法院平成 14 年 10 月 31 日判决・判时 1823 号第 109 页［新的芳香族羧酸酰胺衍生物的制造方法 II］）。

2. 关于"每单位数量的利益额"要件

所谓"每单位数量的利益额",是指如果没有侵权行为时预想销售量会增加的权利人代替商品的每单位销售额,从中扣除掉为达成此销售目的预想会增加的每单位商品需要付出的费用(等于界限利益额)。在一个案件中,法院认为必须从销售额当中扣除原材料及进货费用、运输费(参照大阪地方法院平成16年7月26日判决·平成14(ワ)13527[置物架],大阪高等法院平成19年11月27日判决·平成16(ネ)2563他[置物架控诉审])等因侵权行为而没有必要投入的费用,但没有必要从中再扣除已经投入的设备费用、职员劳务费等一般管理性经费。如果从赔偿额中再扣除已经投入的费用,等于在算定赔偿额时又重新计算了一下该部分费用,会产生赔偿不足的问题。因为假设没有侵权行为,为了达成预想会增加的销售额,本来权利人就有必要强化生产设备、投入新的劳动力。只有因为侵权行为的存在,这部分费用可以节约的情况下,才可以从预想的销售额中扣除设备费和劳务费。

即便是平成10年《专利法》修法前的法院判决中,已经出现了认为从销售额中扣除和制造、销售有关的直接费用是理所应当的,但一般管理费用中和销售额完全无关的经费,以及并不随着销售额度而变化的经费则没有必要扣除(东京地方法院平成10年10月12日判决·知裁集30卷4号第709页[西咪替丁制剂])。平成10年改正后有关《专利法》第102条第1款的法院判决中,一般的理解也是仅仅扣除"为了达成销售额……而预想增加的经费(参照判例84)"(可参照上述东京地方法院判决[记录纸],东京地方法院平成14年3月19日判决·判时1803号第99页[老虎机Ⅰ],东京地方法院平成14年3月19日判决·判时1803号第78页[老虎机Ⅱ],东京地方法院平成14年4月16日判决·平成12(ワ)8456等[重物吊起用钩装置],上述东京高等法院判决[新的芳香族羧酸酰胺衍生物的制造方法Ⅲ],东京地方法院平成15年2月27日判决·平成11(ワ)19329[焊接结束标签],东京地方法院平成15年3月26日判决·判时1837号第101页[空气按摩装置],大阪地方法院平成16年7月29日判决·平成13(ワ)3997[带盖的埋地框],大阪地方法院平成19年4月19日判决·平成17(ワ)12207[风镜])。至于该原则在法院判决中的具体适用,有以下案例:扣除掉销售额中35.9%的原价以及一般管理费用中除去固定费用的26%变动费率,认定38.1%是原告产品的利益率(在该案中原告是专利的排他实施许可权人,法院也没有明确地引用第102条第1款,参照东京地方法院平成12年3月24日判决·判例工业所有权法［2期版］2247之第51页［股骨近端骨折固定装置］）。法院考虑到专利权人的专利产品销售额远超侵权产品，认定销售费用、一般管理费用的追加支出部分没有必要扣除（上述东京高等法院判决［新的芳香族羧酸酰胺衍生物的制造方法Ⅲ］）。法院认为一旦产品开发完成后，没有追加开发费用的必要；广告宣传费用也没有必要随着产品销售数量的增加而追加，以此为理由不认可扣除掉这些追加的部分（上述东京地方法院判决［重物吊起用钩装置］）。法院以权利人的产品极其轻巧为理由，认为即便销售数量增加数千个的程度，负责销售工作的职员的劳务费和先前相比也不会因为保管费用、运输费的变动而产生变化，因此不能扣除这部分（上述大阪地方法院判决［用于生成病理组织检查标本的托盘］）。

和侵权行为的发生时期完全在同一个时段，权利人不一定具备生产、销售所有数量产品的能力，为了达成和侵权相对应的销售数量，往往需要更长时间。在此情况计算第102条第1款，乘以权利人单位产品的利益额时，准确地说并不是和侵权行为发生时期同样的时段，而是应该采取受侵权行为影响时期的标准。当然，如此一来就需要每个时期预想假定会逸失的销售数量，乘以每个时期的利益额，如果必须如此计算的话又会过于繁杂，反而有悖于推定规则的宗旨。因此，法院判决姑且乘以侵权行为发生时期单位产品的利益额，如果明显出现过多或者过少等特别事由，应该相应地予以修正（参照上述东京地方法院判决［记录纸］，以及上述东京地方法院判决［老虎机Ⅰ］，上述东京地方法院判决［老虎机Ⅱ］）。

原告权利人如果是为了对抗被告的侵权产品而不得已降价，用降价前的价格来计算单位产品的利益额（参照上述东京地方法院判决［记录纸］）。

3. 关于"转让了构成侵害行为的产品的数量"要件

"转让了构成侵害行为的产品的数量"，这本来是侵权人一方所为，但为了确定请求额上限从而确定诉讼中双方的攻击防御目标，需要专利权人予以主张。此时可以考虑灵活运用计算书类提出命令（专利法第105条）、相当损害额的算定（专利法第105条之三）的规定（在一个案例中，通过医药业中作为原料使用的药品粉末的进口数量来推断销售数量，参照上述东京地方法院判决［西咪替丁制剂］）。

来看法院判决的案例，有法院认为依照专利权利要求换成新产品的机器数量，应该从本款要求的转让数量中扣除，不得作为计算逸失利益的基础（参照大阪地方法院平成17年9月26日判决·平成15（ワ）13703［头发处理加速器])。此外，虽然已经销售出去，但如果因退货而退还回来的数量，应该从本款要求的数量中扣除（上述大阪地方法院判决［风镜］）。总之结论就是，只要不影响专利权人产品的销售市场，就不存在算定逸失利益的基础，法院如此做法也是可以的。

4. 有关"权利人的实施能力"要件

除了上述三个要件，第 102 条第 1 款还将"不超过专利权人或独占实施许可人相应实施能力的额度内"作为推定生效的要件予以规定。

在法院的判例中，有的法院在参照实用新型专利权人过去制造和销售业绩的基础上，考虑到其委托承包人具有生产成型机的能力，认定权利人具有和侵权产品数量相对应的生产、销售能力（东京地方法院平成 11 年 7 月 16 日判决·判时 1698 号第 132 页［坏道脱离工具］）。甚至有的法院认为专利权人可以通过从金融机构处融资进行设备投资等行为，在专利存续期间如果具有制造、销售能力，原则上应该认定具有"实施能力"（参照上述东京地方法院判决［记录纸］，东京地方法院判决［老虎机 I］，东京地方法院判决［老虎机 II］）。侵权产品保管在购入者处，随着其持续地使用，即便侵权期间过后也会减少权利人产品的销售数量。当然，曾在一段时间内很受欢迎的商品或者季节型的商品等在过了侵权期间之后，恐怕很难和之前的销售数量相比，这自然另当别论，这种情况作为推定是否覆灭的问题处理即可。

和上述状况不同的是，如果专利权人是个人发明家，其没有实施发明专利时，很难认定其具有实施能力。不过在某法院判决中，法院首先阐述判决原则是：和作为个人的专利权人实质上能视为一体的同家族公司制造、销售专利产品，应该肯定此时的专利权人具有第 102 条第 1 款的实施能力；该案的具体案情是：专利权人曾经担任公司董事长，现在仍担任公司董事职务，专利权人的长子个人作为代表进行产品的开发和销售，法院认可专利权人符合第 102 条第 1 款的推定（甚至举例说明，即便在公司集团内部，专利权管理部门和制造销售部门分属不同公司，也可以肯定其实施能力，参照东京地方法院平成 14 年 4 月 16 日判决·平成 12（ワ）8456 等［重物吊起用钩装置］），但该案结论尚未成为判决的主流（对其评价，可参照第三编第二章第二节三）。

（三）推定的覆灭

以上要件如果专利权人成功举证，就推定认为：（在权利人相应销售能力的限度内）构成侵害行为的产品的转让数量，乘以可以替代侵权产品的专利人产品每单位数量的利益额，得到的乘积就是专利权人受到的损害额。这之后，扣除其中部分推定额的责任，则由侵权人负担（第 102 条第 1 款但书）。

即使无法令推定额全额的心证予以消灭（例如，应该有 10% 的程度是不能扣除的），至少有一定比例（例如，有 80%）是没有价值的，如果能获得这样的心证，一部分的推定是可以覆灭的。此时，真伪不明的部分在算定时视为对侵权人不利的部分（参照东京高等法院平成 12 年 4 月 27 日判决・判例工业所有权法 [2 期版] 5405 之第 95 页 [坏道脱离工具控诉审]，在另个一案件中，生产豆腐用的乳化型卤水产品的市场需求突然间急速扩大，法院认定这样的事实，但不认为足以达到令推定覆灭的程度。参照东京地方法院平成 16 年 11 月 17 日判决・平成 15（ワ）19926 [豆腐凝固剂成分]）。

令推定额减少的考量因素，例如，最常被提起的就是还存在其他具有竞争关系的产品（除了下面马上要介绍的这个判决，还有可以参照东京地方法院平成 22 年 2 月 26 日判决・平成 19（ワ）26473 [实心高尔夫球]）。所谓的具有竞争关系的产品中，包括侵权人的非侵权产品，不包括专利权人的产品（参照大阪地方法院平成 12 年 2 月 3 日判决・平成 10（ワ）11089 [医药包装机纸管]，大阪高等法院平成 12 年 12 月 21 日判决・判タ 1072 号第 234 页 [医药包装机纸管控诉审]）。在算定覆灭率的法院判决中，有的判决非常重视市场占有率，在该案中用于测量血气的采血工具，专利权人的市场占有率达到 63.2%，侵权人占 11.6%，其他公司的占 25.2%，综合考量这些数据，法院最终认定即便没有被告的侵权行为，由于其他企业也在销售相关产品，28.5%（不计算被告的销售数量，全部的销售总数中原告以外的销售企业的市场占有率）的产品是原告自己无法销售的（参照东京地方法院平成 12 年 6 月 23 日判决・平成 8（ワ）17460 [血液採取器]。考虑到市场占有率的其他法院判例还有 判例96 以及东京地方法院平成 12 年 3 月 24 日判决・判例工业所有权法 [2 期版] 2247 之第 51 页 [股骨近端骨折固定装置]，东京地方法院平成 22 年 11 月 18 日判决・平成 19（ワ）507 [飞灰的重金属固定化处理剂]）。此外，在考虑诸般要素的判决中，有的案件除了实用新型权利人，其普通实施许可权人也在制造、销售专利的实施产品，和实用新型权利人的产品（主要在加油站以一个 3500 日元的价格出售）相比，普通实施许可权人的产品（主要在 Home Center 以 2000 日元以上的价格出售）与侵权产品拥有相同的销售场所和近似的价格，法院权衡这一因素后认定推定覆灭的程度达到 2/3（东京地方法院平成 11 年 7 月 16 日判决・判时 1698 号第 132 页 [坏道脱离工具]，上述东京高等法院判决 [坏道脱离工具控诉审]）；在另一案件中，专利权人产品(7万~7.5万日元）和侵权人产品（1500日元~1万日元）之间价格悬殊，侵权产品的购入者声称7.5万日元过于昂贵，实际上很多人都没有从专利权人处购买过（甚至几乎都不知道专利权人的存在），再加上市场上还有防漏气轮胎、urethane轮胎等可以替代专利产品的复层轮胎，衡量这些要素的基础上，法院认定侵权人销售数量中的7成是专利权人无法完成的（大阪地方法院平成12年12月12日判决·判例工业所有权法［2期版］2367之第84页［多层轮胎］，大阪高等法院平成14年4月10日判决·平成13（ネ）257等［多层轮胎控诉审］）；在某一案件中，8944个侵权产品中8704个是免费无偿转让（其中收费的产品每个单价504日元），权利人明确证明了的自己一方的销售数量仅仅只有40个，而且市场上也存在竞争产品，法院最终认定无偿提供的侵权产品的一半，即4352个产品的推定覆灭（本案涉及《实用新型法》第29条第1款，参照大阪地方法院平成17年2月10日判决·判时1909号第78页［用于生成病理组织检查标本的托盘］）。

综上可以看出，法院判决中占据主流的倾向是将《专利法》第102条第1款解读为逸失利益的推定条款，在获得心证的限度内判定推定覆灭（其运用的过程中，实际上推定额还是维持在比较高的程度），但和这样的判决趋向不同，也存在两种相反方向汹涌翻滚的反对旗帜。

其中举出第一面反对旗帜的法院判决不将第102条第1款的损害概念作为逸失利益予以解释，而是对该条的覆灭事由进行极为限定理解。比如，在东京地方法院平成14年3月19日判决·判时1803号第78页［老虎机Ⅱ］中，判决书中首先阐明一般原则"即便存在代替产品或竞争产品，也不能认为其构成该款但书中所说的'无法销售的情况'"，具体到该案中，原告的市场占有率只有40%，被告产品具有独自的特征，拥有原告产品中没有的人物形象、配图、音乐等要素。原告的销售能力无法超过其市场占有率，针对被告提出的这一主张，法院予以否定："专利权的本质是排他独占权，基于这种理解，假定侵权产品和权利人产品在市场上具有互相补充的关系，从而在法律上创设了该款（《专利法》第102条第1款）规定，因侵权产品的销售而导致专利权人丧失了市场机会，如果站在这种立场考虑，即便存在侵权人在营业上非常努力……市场上存在侵权产品之外的代替品和竞争产品等要素，也不能认为构成该款但书中规定的'无法销售的情况'（同样宗旨的判决，还有东京地方法院平成14年3月19日判决·判时1803号第78页［老虎机Ⅰ］，东京地方法院平成14年4月25日判决·平成13（ワ）14954［紫菜异物去除分离装置Ⅱ］，东京地方法院平成 14 年 6 月 27 日判决·平成 12（ワ）14499［紫菜异物去除分离装置Ⅲ］）。"在另一个平成 10 年专利法修改前的判决中，被告侵权人主张：存在竞争产品、侵权产品的销售业绩源自侵权人在营业上独自的努力等要素，并提出这些要素的存在足以否定推定的因果关系，而法院却否定了被告的主张，命令对逸失利益予以赔偿（东京地方法院昭和 10 年 10 月 12 日判决·知裁集 30 卷 4 号第 709 页［西咪替丁制剂］）。

可问题是，在这样的裁判立场下，究竟什么才构成第 102 条第 1 款但书中规定的情形，标准变得完全不明确，作者认为这不是适合该款的解释论。关于这点，上述东京地方法院判决［老虎机Ⅱ］中，作为构成覆灭推定的例外情况，法院例举了以下：侵权产品是生鲜食品；发明专利的实施品是受到法令规制的产品；因开发出新技术导致发明专利已经陈腐化。具体在该案件中，被告产品中至少有一部分不是基于 CT 机❶的性能，而是由于弹子机游戏厅中本来就有定期更换新机型的需要从而购买新的产品，考虑诸般要素的基础上，其比例估算为 3.4 万台机器中的 10%，即法院认可 3400 台机器的减额（同样宗旨的判决可以参照上述东京地方法院判决［老虎机Ⅰ］）。可是该法院认为导致减额的考量要素，和跟减额没有关系的要素，即存在竞争产品和代替品。二种要素分别产生不同效果，却很难找到能够将这种区别对待予以正当化的、在本质上的不同。现在看来，该案判决书中所列举的因素，包括因新技术开发导致专利发明已经陈腐化等例子，无非就是出现了代替品而已。

而举出第二面反对旗帜的法院判决和第一反对旗帜恰恰相反，考量案件的特殊性之后，认可覆灭程度达到了 99%。

首先介绍吹响反对号角的第一个案例，原告拥有的五个专利权中已经确定有四个是无效的，剩下构成侵权的专利机能也不过是按摩椅中附随的机能，无论是侵权产品的宣传手册，还是专利权人的宣传手册中都几乎没有介绍该机能；侵权产品和本案专利拥有不同特征的机能，而消费者都是出于重视这些不同的机能才选择了控诉人的产品；专利权人的产品是依靠气囊进行按摩的方式，未必有强劲的市场竞争力，再加上专利权人的产品销售能力也极为有限；考虑种种因素，对于逸失利益的赔偿数额，法院认为依照第 102 条第 1 款但书中的规定，99% 的部分覆灭（知识产权高等法院平成 18 年 9 月 25 日判决·平成 17（ネ）10047［空气按摩装置控诉审］）。该案之后也出现了相同倾向的

---

❶ 译者注：此处的 CT 机和国内的理解不同，所谓 CT（Challenge Time）是指弹子机的附加机能。

判决，原告的 4 个专利，其中 3 个在诉讼中被对方主张无效抗辩并获得成功，还剩下一个构成侵权的专利，算定其损害赔偿时，考虑到价格差（原告产品 2000 日元，儿童用的护目镜也从 1050 日元到 1365 日元不等；而被告产品的价格是 100 日元）、销售途径的差别（原告产品在体育用品专门店等，被告产品在百元店）、该发明专利的本质特征对销售额的贡献度（对于采用开封合同❶的被告产品，很难想象消费者是因为本案的发明专利而购入该产品，原告产品的商品目录等宣传材料上也几乎没有提及本案专利技术），考量这些要素，法院认为依照第 102 条第 1 款但书的规定，推定应该有 99% 的部分覆灭（大阪地方法院平成 19 年 4 月 19 日判决·平成 17（ワ）12207［风镜］）。

如此一来，承认了推定却同时认定 99% 的部分覆灭，等于做出了损害赔偿几乎无限接近零的判断。这些案件的射程究竟及于何种事例的案件，其日后的发展动向令人关注。

判例 84　东京高等法院平成 11 年 6 月 15 日判决·判时 1697 号第 96 页［蓄热材料的制造方法］

【专利和侵权产品存在竞争关系，但是专利权人销售的并不是该发明专利的实施产品，此时法院认可了第 102 条第 1 款的推定】

〈案件事实〉

专利权人（二审被上诉人）以专利权受到侵害为由，要求侵权人（二审上诉人）予以损害赔偿。其主位的请求是推定侵权人利益额而获得的赔偿（第 102 条第 2 款），预备位的请求是赔偿因销售额减退而丧失的逸失利益（第 102 条第 1 款）或实施许可费用（第 102 条第 3 款）。

〈判决要旨〉

①专利权人的产品不是受到侵害的发明专利（'第二发明专利"）的实施品，法院否定适用侵权人利益额的推定规定，而是承认了逸失利益的推定。

"专利权人在自身没有实施发明专利的情况下，不能适用专利法第 102 条第 2 款的规定，被上诉人……制造、销售的产品并不是第二发明专利的实施产品……因而被上诉人主位的请求……是没有理由的"。

但是，"名为'スミターマル'的物件……和被疑侵权物件具有市场竞争

---

❶ 译者注：此处翻译的开封合同是指拆封授权合同（shrink－wrap contract）。

关系，被上诉人销售由该物件组成的潜热蓄热式电气床暖房❶系统即'スミターマル系统'，在全国各地和上诉人名为'ヒートバンク系统'的产品形成竞争关系，在接受产品预订方面也存在竞争。本院认定，上述'スミターマル系统'满足'如果没有上诉人针对第二发明专利的侵权行为，能够销售的产品'这一推定要件；被上诉人的上述'スミターマル系统'，加上现实中的销售业绩，可以认为其具有56417平方米［笔者注：ヒートバンク系统的销售数量］以上的销售能力。

上诉人主张：被上诉人失去的逸失利益，不是基于实施第二发明专利丧失的，而是由于实施别的发明专利而失去的，这与第二发明专利受到侵害之间不存在相当因果关系。但是，本院认为スミターマル系统和ヒートバンク系统直接存在竞争关系，既然在接受产品预定方面也存在竞争，即便スミターマル系统不是第二发明专利的实施产品，因此而直接丧失的销售机会和第二发明受到侵害之间并非没有相当因果关系"。

②被疑侵害物件不过是侵权人销售的ヒートバンク系统的一部分，而和被疑侵权部件相对应的スミターマル不过又是专利权人销售的スミターマル系统中的一部分，法院认定专利的贡献率达到了60%，在此范围内维持推定有效（参照本部分（8））。

"应该考虑スミターマル系统中一部分的スミターマル部件以及被疑侵害物件对销售额的贡献度，对于潜热蓄热式电气床暖房装置而言，很明显蓄热材料在功能上是构成商品价值必不可少的重要要素，スミターマル部件对スミターマル系统全体的贡献率至少相当于60%的程度"。

③考虑到还存在竞争产品，计算推定时再覆灭75分之30。"潜热蓄热式电气床暖房系统的市场占有率，被上诉人占有35%，上诉人占有35%，其他企业占有30%，被上诉人的スミターマル系统与其他企业的产品之间也存在竞争关系，依照上述认定的事实，上诉人交易数量即56417平方米中，相当于75分之30的部分即22567平方米……可以认定这部分即便没有上诉人的对第二专利的侵权行为，因为其他企业也会接受这样的订单，从而导致被上诉人无法销售"。

最后结果就是，因销售额减少而损失的逸失利益的赔偿额，是以侵权人ヒ

---

❶ 译者注：日本深夜电费非常便宜，所谓"潜热蓄热式电气床暖房"系统，是在深夜间使用电力后将热能储备起来，到了白天之后再将这些热量释放出来，从而达到空调制热的效果。

ートバンク系统的销售数量中维持推定的33850平方米，乘以专利权人スミターマル系统每平方米的销售额中扣除掉"为了达成该目的而增加的费用"，再乘以60%的贡献率而得到的数额。

④在上述③中推定覆灭的数额，在判断是否构成该条第3款时，法院认定其作为第3款的相当实施许可赔偿费用。

"依照专利法第102条第1款提起的损害请求完全不被法院认可时，仍然存在依照同条第3款要求损害赔偿的余地，因此依照第1款提起的损害赔偿请求即便一部分不予承认，该部分仍然可以通过专利法第102条第3款请求损害赔偿。因此，认定……上述22567平方米"。

结果专利法第102条第3款的赔偿额计算就是，ヒートバンク系统的销售额，乘以实施许可费率的5.26%，再乘以被疑侵害物件的贡献度60%的乘积。

〈评论〉

逸失利益，是如果没有侵权行为时应该得到的利益，因此计算这种利益时必须推测不存在侵害时的状况。如果只单纯看市场份额，假定侵权人不销售任何产品，65分之30的程度推定覆灭，但情况并非如此简单。一方面，侵权人产品的需求者中着眼于专利特征而购入产品，推测这一部分人会购买专利权人产品的导致比例增加；另一方面可以看到，侵权人伪装成没有使用专利的状态来销售潜热蓄热式电气床暖房系统，这意味着即便产品中没有侵犯专利，其交易的56417平方米的侵权产品中还是会有一部分购买侵权产品的消费者仍然选择侵权人的产品，甚至剩余的部分消费者也不会选择其他公司的产品。结果就是，很难正确推测有多少需要的数额会流向侵权人产品。这种情况下，在心证足以采纳的限度内，至少要有一定不明所以的比例（在这个意义上说对侵权人很不利）推定覆灭。这也是本案中采纳75分之30这一数字的原因。

本案在考虑竞争的因素从而确定75分之30这一数字之前，先考察了产品的部分和发明专利的对应关系，斟酌后得出贡献率达到60%的结论，这也意味着侵权人产品的交易数量的40%直接被推定覆灭。如果认为所谓的贡献率就是当没有侵权部件时，比例上侵权人的市场需要多大程度上针对权利人的产品，就不应该认为本案判决是75分之30（40%）的程度推定覆灭，或者说75分之45（60%）的程度维持推定。而是应该理解为：再乘以60%，即75分之27（36%）的程度维持推定。

如果这样理解，本案判决交易数量中75分之30（22567平方米）的程度推定覆灭（本判决的认定），又仅肯定这部分数量适用专利法第102条第3款的实施许可费补偿请求的做法，令人产生疑问。作者认为，应该认定没有维持推定的 75 分之 48（64%）的交易数量作为实施许可费用的赔偿额来进行计算。

（四）其他逸失利益

逸失利益也包括假设没有侵权行为时专利权人应该能收到而减收的实施许可费用。现实的法院判决中成为问题的都是已经对第三人授予了独占实施许可的专利权人，请求本应从独占许可人处收取到却逸失掉的实施许可费（东京地方法院昭和 38 年 9 月 14 日判决・下民集 14 卷 9 号第 1778 页［传送装置］，东京地方法院昭和 43 年 9 月 4 日判决・判夕 229 号第 242 页［尼龙肠的生产方法］）。

因为在销售市场上和侵权产品产生竞争关系而导致专利权人不得不自降产品销售价格时，如果没有侵权显然可以保持的销售价格没有维持下去，法院承认其受到的损害作为因销售额减退而丧失的逸失利益的一种，从而认可了赔偿（冈山地方法院昭和 60 年 5 月 29 日判决・判夕 567 号第 329 页［烟叶悬挂装置］）。但是，要证明降价和侵权行为之间存在因果关系，很多情况下还是很困难的（否定例可以参照大阪地方法院平成 13 年 3 月 1 日判决・判例工业所有权法［2 期版］2573 之第 43 页［环形铣刀］）。

四、侵权人利益额的推定

（一）概观

专利法第 102 条第 2 款将侵权人的利益额推定为专利权人受到的损害额，这是昭和 34 年即现行专利法制定时设立的条款，因为逸失利益的证明非常困难，立法者希冀可以成为代替措施。可最终的结果是，在司法审判的实务上，一旦辨明专利权人没有实施行为，就认定既然不存在应该推定的"损害"，该款的推定规定亦无法发动。

（二）推定的要件

一旦辨明专利权人本身没有实施发明专利，则专利法第 102 条第 2 款的推定无法发动（东京地方法院昭和 37 年 9 月 22 日判决・判夕 136 号第 116 页［双管枪玩具］，判例85，大阪地方法院昭和 55 年 6 月 17 日判决・无体集 12 卷 1 号第 242 页［姓名牌］，大阪地方法院昭和 59 年 5 月 31 日判决・判夕 536 号第 382 页［G 花纹］，东京地方法院平成元年 10 月 13 日判决・判例工业所有权法［2 期版］5473 之第 37 页［梯度自由形预制混凝土排水沟Ⅰ］，东京高等法院平成 3 年 8 月 29 日判决·知裁集 23 卷 2 号第 618 页［嗑模具机制］，大阪地方法院平成 13 年 10 月 18 日判决·判例工业所有权法［2 期版］2293 之第 656 页［掘进机］）。没有制造、销售和侵权产品同一种类或具有竞争关系的产品时同样无法发动（名古屋地方法院平成 10 年 3 月 6 日判决·判夕 1003 号第 277 页［温度指示材料］）。

某案件中，在侵权产品的销售期间内，专利权人也开始贩卖具有竞争关系的产品。在专利权人的产品尚未开始贩卖之前的侵权人利益，法院判决否定其推定成立（上述名古屋地方法院判决［温度指示材料］）。但是，如果是专利权人先行销售产品，由于侵权产品的出现从而侵蚀了专利产品市场，应该肯定推定。至于因为侵权产品销售期晚而错过了好时机，从而并没有获得作为侵害者应该能获得的利益，这些情况作为推定的覆灭事由，应该由侵权人承担证明责任。

此外，专利权人的产品并不是被侵权专利的实施品，却和侵权产品存在竞争关系时，是否应该承认专利法第 102 条第 2 款的推定，关于这点存在争论。例如，在某案例中，推定侵权人使用专利方法制造了侵权产品，该侵权产品和专利权人销售的商品（不知是否使用了专利方法）之间在医药品市场上存在竞争关系，法院以此理由维持了推定（名古屋高金沢支判平成 12 年 4 月 12 日判决·判例工业所有权法［2 期版］2563 之第 23 页［新的芳香族羧酸酰胺衍生物的制造方法Ⅱ］）。同样的，侵权产品作为专利权人产品的后发医药品❶，是获得制造许可后开始销售的具有竞争关系的产品，法院以专利权人产品市场占有率高为理由，肯定了推定的适用（东京地方法院平成 21 年 8 月 27 日判决·平成 19（ワ）3494［口服吸附剂Ⅰ］，东京地方法院平成 21 年 10 月 8 日判决·平成 19（ワ）3493［口服吸附剂Ⅱ］）。不过法院判决中，也有否定的判决（认为第 102 条第 1 款和第 2 款之间应该区别对待，参照 判例 84 ）。笔者认为，既然采纳了推定逸失利益的宗旨，就应该和 102 条第 1 款一样，在此情况下采取认可推定的解释论。

当专利权人（比如租赁）和侵权人（比如制造、销售）的实施样态不同时，是否应该承认推定这点也存在讨论。法院判决中，有判决认为不能将同一

---

❶ 译者注：所谓"后发医药品"，是指医药品有效成分的专利到期之后，被其他公司使用制造出来的医药产品。

业务形态作为适用第 102 条第 2 款的前提（东京地方法院平成 16 年 2 月 20 日判决·平成 14（ワ）12858［带有自动弹子弹供应机制的玩具枪Ⅱ］，东京高等法院平成 16 年 9 月 30 日判决·平成 16（ネ）1367［带有自动弹子弹供应机制的玩具枪Ⅱ控诉审］，东京地方法院平成 16 年 2 月 20 日判决·平成 14（ワ）12867［带有自动弹子弹供应机制的玩具枪Ⅲ］，东京高等法院平成 16 年 9 月 30 日判决·平成 16（ネ）1436［带有自动弹子弹供应机制的玩具枪Ⅲ控诉审］），在该案中侵权人是销售业者，专利权人是制造业者，不过专利权人也同时经营销售业务。因此，可以认为是由于销售侵权产品而导致专利权人逸失了制造和销售利益，法院维持推定的判决也不会觉得不妥。但如果案情是专利权人只负责销售，侵权人只负责制造，有的法院就认定因为专利权人没有从制造中获得利益，从而判定推定 95% 的部分覆灭（东京地方法院平成 19 年 9 月 19 日判决·平成 17（ワ）1599［键变换式弹子锁］）。

通过以上案例可以看出，法院判决所体现的趋势是当专利权人和侵权人从事完全不同种类的行业时，不承认推定的成立。比如，在某案件中，方法专利的间接侵权人向他人租赁构成间接侵权的装置，法院肯定了共有专利权人中从事租赁业务的权利人成立推定，否定了作为建筑公司没有从事销售贩卖业务的权利人的推定成立（东京地方法院平成 17 年 3 月 10 日判决·判时 1918 号第 67 页［隧道断面标记方法］）。可以说，这是个以从事相同业务作为推定成立前提的案件。在另一案件中，专利权人仅仅将实施专利方法的 7 台装置租赁给工厂使用，从而领取固定的租赁费用，法院认为侵权人制造、销售侵权装置的行为并没有妨碍权利人的经营并导致其丧失应该获得的利益，否定了推定的成立（福冈高等法院平成 8 年 4 月 25 日判决·判例工业所有权法［2 期版］2293 之第 290 页［圆柱长灯笼袋生产设备控诉审］）。虽然因侵权人销售侵权装置从而导致租赁专利权人装置的客户减少，确实会影响专利权人本应获得的利益，即租赁收入，不过如果彻底贯彻将失去和侵权人同种同质利益作为推定前提理解的判决的原则（参照 判例85），得出的结论还应该是否定推论的成立。

判例85　大阪地方法院昭和 56 年 3 月 27 日判决·判例工业所有权法 2305 之 143 之第 63 页［电子监控设备］

【法院在专利权人未实施专利的情况下不能推定成立侵权人的利益额，但

在授权实施许可费用的限度内肯定了权利人的损害赔偿请求】

〈案件事实〉

在专利权人未实施专利的情况下，是否成立侵权人利益额的推定成为案件的争点。

〈判决要旨〉

法院没有承认侵权人利益额的推定，在相当于实施许可费用的限度内肯定了权利人的损害赔偿请求。

条文第1款（现行法第2款）所说的"损害，是指权利人可以和侵权人因侵权行为获得的利益相比较的同种同质的利益在现实中逸失的损害，换言之，是指权利人现实中实施该专利并享有利益的情况下，相当于财产上逸失利益的损害。此外，本身没有实施专利的专利权人如果获得了超过授权他人能得到的许可费用以上利益，明显违反经验法则，是不恰当的。

〈评论〉

在权利人未实施专利的案件中，上述大阪地方法院判决［表札］将侵权人利益额不成立的理由归结于没有发生逸失利益。但即便权利人未实施专利，可以想见实施许可费可能减少，第3款规定的损害也可能发生。本案的判决就是对这种反论的回应。总之，侵权人利益和第3款规定的损害异种异质，是不能进行推定的。

不过也有法院判决在算定第3款的"相当于授权实施许可费用的数额"时考虑侵权人利益额。专利权人举证证明侵权人利益额，法院欲将此数额推定为损害额时，侵权人只有成功证明实际损害额少于此数额时才能减少赔偿数额。侵权人为了成功减少上述赔偿额，在论证经常作为认定损害数额的第3款时，必须要举证证明侵权人利益额中存在无法向专利权人分配的数额（可参照田村善之：《知的财产権と損害賠償［新版·2004年·弘文堂］》，第34~36页，第232~237页）。

（三）可以推定的"利益"的含义

专利法第102条第2款中的利益一词的含义存在争论。曾经有很多法院的判决在抽象地论述一般原理时使用了"纯利益"这一词语，即从销售额中扣除掉销售费用和一般管理费用等其他费用后得到"纯利益"，明确作出这种认定的法院判决一度占据多数（可参照本书初版第342页）。但是对于权利人来说，连一般管理费用这些对方侵权人支出的费用项目都要逐一证明的话是极为困难的。第 2 款规定是为了缓解损害数额举证的困难，既然这点没有异议，在适用第 2 款规定时如果设立这样的举证难关，就违反了该款的宗旨。因此，法院判决的历来做法就是权利人主张"粗利益"，如果成功举证就可以推定为侵权人利益额，而为了接近"纯利益"需要从"粗利益"中扣除的费用，也有法院判决这部分举证责任由侵权人承担（该案涉及商标法第 38 条，可参照大阪地方法院判决昭和 60 年 6 月 28 日判决·无体集 17 卷 2 号第 311 页［礼仪刷］）。这就是所谓的"粗利益"说（本书初版第 342 页）。

之前无论是"纯利益"说，还是"粗利益"说，在纯利益额明确的情况下，都以纯利益额作为推定额，我认为以此作为前提是存在问题的。在权利人没有必要投入新劳力或新设备的情况下，将单位产品的"粗利益"额作为逸失利益额已经足够了（可参照本节（3）（b）部分的论述）。对于一般管理费用等权利人没有必要花费的经费，如果以侵权人需要花费为理由扣除掉，推定的数额就会远离实际受损数额。考虑到第 2 款作为缓解权利人举证责任难度的规定；且一般管理费用等扣除项目对于权利人来说非常难以举证，而对侵权人一方来说很容易证明，同款规定的"利益"，应为权利人最大限度逸失可能的"粗利益"，权利人的主张只要举证成功，就应该理解为第 2 款的推定成立。在此基础之上，侵权人仅仅举证证明自己的一般管理费用，是不应该从推定额中扣除掉的（在这个意义上说，之前的"粗利益"说也存在问题）。

法院判决中，有的法院在适用著作权法第 114 条有关侵权人利益额推定的条文时，明确提出了所谓的"（权利人一方的）限定利益"说，同时在具体算定赔偿数额，即从销售价格中扣除费用时，排除了间接部门劳动者的用工支出，与制造直接相关的技术人员熟悉侵权产品的开发、制造过程中所花费的用工支出（可参照判例84）。之后，陆续有很多法院判决采纳了这种方法，从而也成为平成 10 年修改专利法时新设第 102 条第 1 款的契机，可以说直到后述"侵权人一侧的限定利益说"开始抬头之前，一直是法院判决的趋势（可以参照东京地方法院平成 10 年 5 月 29 日判决·知财管理判例集 287 页［O 型脚步行矫正工具］，东京地方法院平成 10 年 10 月 7 日判决·判时 1657 号第 122 页［负载装置系统］，东京地方法院平成 11 年 10 月 29 日判决·平成 10（ワ）15700［演出用货车表（外观设计）］，名古屋地方法院平成 11 年 12 月 22 日判决·判例工业所有权法［2 期版］2293 之 415 之第 2 页［瓦楞芯纸固定装置］，东京地方法院平成 12 年 1 月 28 日判决·平成 6（ワ）14241［三角弯缝合针］）。在这种见解下，法院是否认可扣除侵权人的费用，取决于这费用对于权利人来说是否是追加的必要。上述列举的是法院肯定了不用扣除的案例，法院都判断案件中展示出来的费用对于权利人来说是不必要的（相反，也有对权利人并非不必要，从而承认扣除的法院判决，可参照东京地方法院平成11年7月16日判决·判时1698号第132页［坏道脱离工具］，至于涉及《不正当竞争防止法》第5条第1款的规定，参照大阪地方法院平成10年9月10日判决·知裁集30卷3号第501页［毛巾套装］）。

不过另一方面，也有不少明确反对限定利益说的判决。比如，在某案件中法院认为限定利益等于在损害这一概念中加入了制裁性的要素，适用在第102条第2款有过失的侵权人上是存在问题的（上述京都地方法院判决［输送辊的导引装置］，除了这个案件之外，其他否定限定利益的法院判决还有大阪地方法院平成9年5月29日判决·判例工业所有权法［2期版］2567之第8页［位移检测器］，涉及适用《外观设计法》第39条第1款（现行法第2款）的案件则是大阪地方法院平成9年9月16日判决·判例工业所有权法［2期版］6691之第300页［油烟过滤器的过滤装置［外观设计］］，对于适用《不正当竞争防止法》第5条第1款，保留了销售费用、一般管理费用证明责任的所在，参照大阪地方法院平成9年1月30日判决·知裁集29卷1号第112页［ROYAL MILK TEA］）。

最近的裁判趋势则既非"（权利人一方的）限定利益"说，也不是其否定说，而是只扣除因侵权行为产生的侵权人有必要追加的费用，这种可以称为"侵权人一方的限定利益说"占据了法院判决的主流（可参照静冈地方法院平成6年3月25日判决·判例工业所有权法［2期版］2623之第47页［1α－羟基维生素D］，东京地方法院平成12年4月27日判决·判例工业所有权法［2期版］5477之第85页［礼仪用的木制招牌］，大阪地方法院平成12年9月19日判决·判例工业所有权法［2期版］5473之第243页［折叠式移动门］，大阪地方法院平成12年9月26日判决·平成8（ワ）5189［瓷砖的转移上升装置］，东京地方法院平成12年11月30日判决·判例工业所有权法［2期版］2411之第96页［氮化镓基半导体发光元素］，东京地方法院平成13年2月8日判决·判时1773号第130页［带有自动弹子弹供应机制的玩具枪Ⅰ］，东京地方法院平成14年3月15日判决·平成10（ワ）22491［蓄光性荧光体］，大阪地方法院平成14年4月11日判决·平成11（ワ）3857［尼卡地平缓释制剂的成分］，大阪高等法院平成15年2月18日判决·平成14（ネ）1567［尼卡地平缓释制剂的成分控诉审］，东京地方法院平成15年12月26日判决·判时 1851 号第 138 页［液体充填装置的喷嘴］，大阪地方法院平成 16 年 9 月 30 日判决·平成 13（ワ）1334［顶端位置检测装置］，名古屋地方法院平成 17 年 4 月 28 日判决·平成 16（ワ）1307［传输装置］，东京地方法院平成 19 年 4 月 24 日判决·平成 17（ワ）15327［装有镜片的膜机组及其制造方法］，东京地方法院平成 20 年 3 月 27 日判决·平成 18（ワ）29554［新成分］，东京地方法院平成 21 年 10 月 8 日判决·平成 19（ワ）3493［口服吸附剂Ⅱ］，大阪地方法院平成 21 年 10 月 29 日判决·平成 19（ワ）13513［X 射线探伤系统］、大阪地方法院平成 22 年 1 月 28 日判决·判时 2094 号第 104 页［组合计量装置］）。

依照这种侵权人一方的限定利益说，对于权利人而言没有必要追加的费用，但如果对侵权人有必要，仍然要扣除。这点区别是和（权利人一方的）限定利益说的不同之处。平成 10 年的法改正新设立了第 102 条第 1 款，权利人丧失的利益就可以利用该条款得到救济，因而最近侵权人一方的限定利益说成为法院判决的趋势所在。

在侵权人一方的限定利益说支配下，具体而言，通信交通费用（上述东京地方法院判决［液体充填装置的喷嘴］），赋课费、折旧费（上述东京地方法院判决［氮化镓系半导体发光元素］），营业外损益（利益收入，支付的利息），特别损益（持有股票的买卖，上述大阪地方法院［油烟过滤器的过滤装置（外观设计）］），没有直接从事生产作业的厂长的劳务费（参照大阪地方法院平成 11 年 7 月 6 日判决·判例工业所有权法［2 期版］5385 之第 135 页［包装用的托盘］，在事实认定上持保留意见的同时做出了二审判决，大阪高等法院平成 12 年 12 月 22 日判决·判例工业所有权法［2 期版］5385 之第 183 页［包装用的托盘控诉审］），这些费用因为不是制造、销售侵权产品所必需的费用，所以法院都认定不能从推定额中扣除掉。即便是生产侵权产品的机器，如果是具有广泛用途的机器，这种很容易用于制造侵权产品之外其他用途的机器，其购买费用也不能扣除（参照上述大阪地方法院判决［尼卡地平缓释制剂的成分］，同样宗旨的判决可见东京地方法院平成 19 年 12 月 25 日判决·平成 18（ワ）1702 等［人孔结构］。侵权产品的销售额占所有产品的比率是 2%（参照上述大阪地方法院判决［尼卡地平缓释制剂的成分］），全部侵权期间的平均值 6.8%（在其他案件中达到 25%～70% 的被告，法院认可了扣除，参照上述东京地方法院判决［装有镜片的膜机组及其制造方法］），因为比率低，法院认为当侵权产品的销售没有增加销售人员的工资或福利时，对这些费用也采取同样的方式（此外，至于销售之后的改装和修理费用，在其他案例中法院没有将其作为扣除的对象，可参照东京地方法院平成16年5月31日判决·平成15（ワ）9316［纸币处理装置］））。

不过除了材料费、包装费用，间接的制造费用当中，到工厂的旅费、交通费、发货及送达的费用、修缮费用、水电费、消耗品等和制造相关的诸经费；准备过程、出现故障的修缮、商谈等劳务经费，因为这些费用属于追加生产侵权产品时发生，法院认定可以扣除掉（上述大阪地方法院判决［包装用的托盘］，上述大阪高等法院判决［包装用的托盘控诉审］）。将促进销售的费用、货物运费、消耗品费用、工具消耗费依照销售额按比例分配出的份额，用于侵权产品宣传的广告宣传费用（参照东京地方法院平成13年2月8日判决·判时1773号第130页［带有自动弹子弹供应机制的玩具枪Ⅰ］），一般管理费当中销售人员的旅费、销售人员的工资、广告宣传费、维护所投入的从业人员的费用（上述东京地方法院判决［液体充填装置的喷嘴］，知识产权高等法院平成17年9月29日判决·平成17（ネ）10006［液体充填装置的喷嘴控诉审］），销售人员的旅费、广告宣传费、容器包装费、发货及送达的费用（上述东京地方法院判决［装有镜片的膜机组及其制造方法］），在这些案件中，法院认可了这一系列费用的扣除。甚至，将总公司人事、经理等费用作为"间接的"必要费用而予以扣除的案件也并不是没有（该案涉及专利法第102条第1款（现行法第2款），参照名古屋地方法院平成10年3月6日判决·判夕1003号277页［温度指示材料］）。从逻辑上讲，会计部门、人事部分、电脑网络管理部门等这些纯粹管理部门所需经费不应该扣除，笔者认为，以此理解为前提的法院（上述大阪地方法院判决［包装用的托盘］，上述大阪高等法院判决［包装用的托盘控诉审］）做出的判断更加稳妥（也可参照上述大阪地方法院判决［X射线探伤系统］）。

这样看来，很难严密地算定侵权人一方的限定利益。为此，法院判决中也出现了结合所有证据和辩论宗旨所认定的诸般事由予以考量，将制造价格中固有费用的20%，销售费用，一般管理费的20%认定为所谓变动费用的判决（可参照上述东京地方法院判决［氮化镓系半导体发光元素］）。笔者认为，这是一个稳妥的处理方式（在另一个同样做法的判决中，法院一并考量专利法第105条之三宗旨的同时，做出了同样的认定，参照东京地方法院平成12年4月27日判决·判例工业所有权法［2期版］5477之第85页［礼仪用的木制招牌］）。至于不能证明的情况下谁来承担不利的责任，在某个案例中，法院判定对作为被告的侵害人课以这一责任，来证明是否构成需要追加的费用，该案中没有明确的证据证明一般管理费用的具体明细，因此法院认定不扣除相关费用（上述大阪地方法院判决［尼卡地平缓释制剂的成分］）。（因为费用没办法证明而不能从推定额中扣除的掉的其他法院判例还有：上述东京地方法院判决［演出用货车表（外观设计）］，东京地方法院平成 13 年 8 月 31 日判决・平成 12（ワ）8267［伞袋收纳装置］、大阪地方法院平成 21 年 10 月 29 日判决・平成 19（ワ）13513［X 射线探伤系统］）。

此外，在计算侵害人利益时，也有案例认定应客户要求和新产品交换的台数，应该从销售数量中扣除掉，不得计算在因侵害而获得的利益内（大阪地方法院平成 17 年 9 月 26 日判决・平成 15（ワ）13703［头发处理促进装置］）。

判例 86　东京地方法院平成 7 年 10 月 30 日判决・判时 1560 号第 24 页［系统科学］

【法院判定适用著作权法第 114 条侵权人利益额的推定条款时，权利人无须投资新设备、无须雇佣及训练从业人员的话，侵权人在这些项目上的与之相对应的花费不得从推定额中扣除】

〈案件事实〉

有关电脑软件的著作权侵权事件。在适用著作权法第 114 条第 1 款的侵权人利益额的推定条款时，对条文中应该推定的"利益"一词的含义存在争议。

〈判决要旨〉

"上述规定的前提既然是侵权人利用该著作物获得现实中的利益，证明这一推定的社会认识就在于本来的著作权人用同样的方法利用著作物获得相同利益的盖然性。

所以，作为推定的前提事实的侵权人因侵权行为所受的利益，无须拘泥于财务会计上的利益概念，而是取决于和推定事实间的关系，像本案中的原告那样，控制设备软件的著作权人依照该软件完成了控制装置的开发，并在现实的营业活动中从事了制造和销售行为，作为原告，其工厂设备以及直接从事设备制造销售人员达到熟练程度的训练、管理部门从业人员的雇佣都已经确定的情况下，不需要投资新设备，也无需雇佣和训练新的从业人员，在保持原有规模的状态下能够制造销售的台数范围内，所谓原告的逸失利益，是指一台装备流失的利益额中仅扣除掉为了制造和销售该装备所花费的变动费用，再乘以设备的数量。……推定对象的逸失利益具体在本案中，作为推定前提事实的侵权人因侵权行为获得的利益，也和被告产品销售额中扣除掉因制造和销售所花费的变动经费之后得出的数额相当，至于为了熟练地制造、开发被告产品所花费人事费用（包括开始制造产品时，因为从业人员还不熟悉流程而花费比平时多的工作时间，从而产生的费用）、一般管理费用、营业外费用、租税公共费、制造设备的折旧费等均不在扣除的对象范围之内。"

也就是说，在具体算定上，从事直接制造行为人员的人事费用，即为了熟练地开发、制造、侵权产品所花时间内消耗的那部分费用是不予扣除的，直接制造人员以外的责任人、社员所花费的人事费用也是不予以控除的，至于其他包括员工福利、租赁费用、交通费、电热水费、销售费用、一般管理费等诸费用，考虑到其中也包括了和侵权产品制造没有直接相关的费用，调整扣除额的数值后将得到的"因侵权行为而获得的利益"推定为损害数额，令其予以赔偿。

〈评论〉

本案充分展示了所谓"（权利人一方的）限定利益"说的特征。此外，笔者所提倡的这种见解（田村善之·知的財産権と損害賠償［新版·2004年·弘文堂出版］第239～243页）在金额计算上统计侵权人的费用，而在决定是否扣除时考虑权利人一方的情况，对于这样的观点，想必是有批判反对的声音。但限定利益说的这个特征，其实是忠实地继受了将侵权人利益额推定为权利人损害这一专利法条文第2款本身的两面性。在日本平成10年专利法改正之后，产生了一种新的见解，即救济逸失利益额证明困难的任务交给第1款，第2款则纯粹变成为抑制侵害而让侵权人退还获得利益的制度（类似以准事务管理为制裁的根据），产生这样的见解也并非不可思议。最近，占据法院判决主流的"侵权人一方的限定利益说"的思想源头也许就是持这样的见解。但如果采纳这种学说，以权利人实施专利行为（这毫无疑问是考虑权利人一方的情况）作为推定要件的命题本身，不就应该舍弃了吗。

（四）推定的覆灭

作为推定的要件，要求权利人有实施行为的同时，在裁判实务中只要权利人有实施行为，侵权人利益额的推定就几乎不会覆灭。除了当专利的实施部分不过是侵权产品一部分（(8)），或者存在好几个权利人等（(8)(a)）若干例外的情况之外，专利权侵害一旦推定，不要说完全覆灭的情况了，就连部分覆灭、赔偿额减额等情况都几乎没有（本书初版第282～283页）。

下面的提示的案例体现了这种趋势，比如法院一方面由于因果关系的证明问题否定了因销售额减退而请求的逸失利益额赔偿，另一方面通过对侵权人利益额的请求的推定，认可了全部利益额的赔偿（大阪地方法院昭和 62 年 8 月 26 日判决·判例工业所有权法 2585 之 899 之第 63 页［砂浆喷射机］，大阪地方法院平成 3 年 3 月 25 日判决·判例工业所有权法［2 期版］2399 之第 130 页［纸管帽固定装置］，大阪地方法院平成 9 年 5 月 29 日判决·判例工业所有权法［2 期版］2567 之第 8 页［位移检测器］。有关外观设计权排他实施许可权人的损害赔偿请求请参照大阪地方法院昭和 59 年 12 月 20 日判决·无体集 16 卷 3 号第 803 页［梳子］。甚至在有的案例中，即便存在很多非排他的普通实施许可人，法院也认为不能仅此就承认原告专利权人蒙受的现实损害额低于侵权人利益额推定的金额（ 判例 79 ）。在另一个案件中，权利人产品的唯一购入者的方针是仅仅从两家公司进货，加上对权利人产品并不满意，可以预见即便没有侵权产品的制造和贩卖行为，权利人也会被新的从业者所取代，即使在此情况下，法院认定没有足够确定的证据来证明新业者何时进入市场，又能销售到何种程度，进而否定权利人推定没有覆灭（大阪地方法院平成 11 年 7 月 6 日判决·判例工业所有权法［2 期版］5385 之第 135 页［包装用浅盘］）。就是在最近，也有不少对侵权人利益额的推定全额予以承认的判决（东京地方法院平成 16 年 4 月 27 日判决·平成 14（ネ）4448［用于生产烧结轴承材料的方法］，大阪地方法院平成 16 年 5 月 27 平成 14 日判决·（ワ）6178［碳酸氢盐透析人工肾脏灌流用剂的制造方法以及人工肾脏灌流用剂］，东京地方法院平成 16 年 5 月 31 日判决·平成 15（ワ）9316［纸币处理装置］）。

不过，也不是没有以更加宽容的方式计算推定额的案例。比如，在某商标权侵害事件中，认定原告登录商标权人自行交易的情况下一打❶商品获利 270 日元（400 打的话获利 10.8 万日元），Y1 印刷侵权商标附在商品上，制造和销售附有侵权商标的商品 400 打，获利 11.6 万日元；印刷业者 Y2 承担侵权商标的印刷，作为报酬获得 2.9028 万日元的利益；Y3 将侵权商品出口获利 7.5995 万日元。法院没有将三者合计来计算总额，而仅仅限定在 Y1 获得的利益 11.6 万日元的范围内维持了第 1 款的推定（大阪地方法院平成元年 5 月 24 日判决·判例工业所有权法［2 期版］第 8352 页［SuperDoll］）。此外，在商标法第 38 条第 1 款（现行法的第 2 款）所规定的"因为侵害"获得的利益这

---

❶ 译者注："打"，日文是"ダース"，来源于拉丁文"duodecim"，是数量的单位，一打是指 12 个。

一框架内,也出现了不采用赔偿"全有或全无"模式,而是分配归属于专利权人的利益和保留给侵权人的利益这种指向的判决(大阪高等法院昭和56年2月19日判决·无体集13卷1号第71页[西阵],名古屋高等法院昭和56年7月17日判决·判时1022号第69页[花纹],东京地方法院昭和57年10月22日判决·无体集14卷3号第732页[制糖茶])。另有案件中,产品只有一部分存在专利权,在这样限定的场面下专利权也有采用这种手法的(大阪高等法院昭和61年3月26日判决·判例工业所有权法2535之第279页[安全带拉紧杆])。

甚至最近还出现了考量实用新型专利权人以外还存在制造和销售实施产品的普通实施许可权人,从而在1/3的限度内承认推定覆灭的判决(东京地方法院平成11年7月16日判决·判时1698号第132页[险恶地形逃生工具])。这个案件明确承认推定一部分覆灭而备受瞩目。之后的判决中,也有侵权人主张侵权人产品的顾客和专利权人之前的顾客明显不同,以及专利权人的信用本身也令人感到不安,从而希望法院否定侵权人利益的推定,对此主张,法院明确指出原告提出的事由可以作为推定覆灭的事由,但是这个请求在该案具体的事实认定上存在问题,因此没有承认推定覆灭(名古屋地方法院平成17年4月28日判决·平成16(ワ)1307[传输设备])。专利法第102条第1款但书中规定了导致推定覆灭的事由,相应的也应该构成第102条第2款的推定覆灭事由,这个观点也是首次在判决中出现。

(五)使用方法专利产品的销售和侵权人利益的算定

专利发明是方法发明,侵权人销售在制造时使用专利方法的产品,问题在于此时如何计算侵权人因侵权而获得的利益。

在某案例中,水槽柜、煤气柜在有无检查孔的情况下价格差为3500日元,权利人主张以此作为因侵害所获得的利益,法院却认为专利方法是以检查孔的存在为前提的情况下有关其盖子安装方法的方法专利,以此为理由否定了因侵权获利的证明,在相当于实施许可费用(一个检查孔1.6日元)的限度内认可了损害赔偿(大阪地方法院平成16年4月27日判决·平成15(ワ)860[检查孔盖子的安装方法以及使用该方法的安装工具])。

(六)其他问题点

专利法第102条第1款和第2款之间的关系并不清晰明确。在一个案件中提出的侵权人利益额,和因销售额减少而丧失的逸失利益相比,后者的数额更低，侵权人主张应该将第 2 款认定的推定额减少到权利人提出的逸失利益额（在该案中因为其他的理由否定了第 2 款的推定，导致问题并没有凸显出来，参照 判例 84）。

如果彻底贯彻第 2 款不过是逸失利益的一种推定这种宗旨，那么逸失利益额通过第 1 款的推定已经明白无误的情况下，恐怕就会提倡优先适用第一款的推定。可是第 2 款的运用以实施为适用条件，事实上发挥着利益返还规定的机能，如果重视这一样态，专利权人能够选择更高额的请求，这种见解就不能说是错误的。

法院判例中也有支持这一见解的，以第 1 款作为预备请求，其数额明显不会超过以第 2 款作为主位请求的数额，法院认为既然如此那么无需再对预备请求做出判定，直接肯定了依据第 2 款提出的主位请求所确定的赔偿额（大阪地方法院平成 11 年 7 月 6 日判决·判例工业所有权法［2 期版］5385 之第 135 页［包装用浅盘］）。与之相反地，在另一个案件中，关于损害额的认定可以基于第 1 款或第 2 款之间进行选择时，比依据第 2 款主张的损害额多的金额，该部分金额依据第 1 款已经得到了认定，法院认为已经没有必要再对第 2 款基于侵害人利益的请求作出判断（东京地方法院平成 11 年 7 月 16 日判决·判时 1698 号第 132 页［险恶地形逃生工具］）。总之，就是认定更高数额的一方作为赔偿额。也有案例在判决书中明确地指出，专利权人可以在专利法第 102 条的各款之间自由选择对自己有利的提出请求，具体在该案中依照第 3 款认定的损害金额超过依照第 2 款推定得出的金额，法院认可了更高额的赔偿（东京地方法院平成 19 年 4 月 24 日判决·平成 17（ワ）15327［FILM UNIT WITH LENS 及其制造方法］）。

五、相当于实施许可费的赔偿

（一）序

专利法第 102 条第 3 款，是以专利权人授权他人实施专利所应该获得金钱数额为损害额，可以向侵权人寻求赔偿的规定。修正前的专利法在赔偿额的部分曾经规定"授权他人实施通常应该获得的金额"，平成 10 年专利法改正之后删除掉"通常"一词。这是寄希望通过这次改正，不要过度依赖于契约中一般情况下对许可费用的算定，在算定时要充分考虑被侵害专利的特殊性。

（二）损害的发生

一般情况下，通常认为法院在肯定第 102 条第 3 款的损害赔偿请求时和第 102 条第 1 款、第 2 款不同，没有必要举证证明专利权人销售额减少的事实，法院裁判实务中，在专利权人没有实施专利的情况下，很多判决也认可了实施许可费的赔偿请求（判例 85，福冈高等法院平成 8 年 4 月 25 日判决·判例工业所有权法 [2 期版] 2293 之第 290 页 [圆柱形长灯笼袋制造装置控诉审]，广岛地方法院平成 7 年 10 月 25 日判决·判例工业所有权法 [2 期版] 5359 之第 52 页 [点焊电极抛光工具]）。侵权产品销售数量中的（一部分）由于因果关系被否定而导致逸失利益也没有认可，但此时该部分相当于实施许可费用的赔偿依然被法院所认可（判例 84）。

不过，关于这点最高法院在平成 9 年的一个三审案件（最高法院平成 9 年 3 月 11 日判决·民集 51 卷 3 号第 1055 页 [小僧寿司上告审]）中提出了不同以往的见解，在对于商标法第 38 条第 2 款（当时的条款）这条关于授权使用许可费赔偿规定的理解上，提出"非常明确没有损害发生的情况下"，不用承担该款的损害赔偿义务。

但是，对于最高法院判决中的说辞，换言之可以理解为："登陆商标完全没有顾客吸引力……使用与之类似的商标……对销售额很明显完全不会有任何的帮助。"具体的案情是：拥有注册商标"小僧"的商标权人起诉全国著名的"小僧寿司"连锁店在日本四国地区的加盟连锁店铺，商标权人（在以大阪市为中心的近畿地区以"饭团小僧"为名称制造和销售供顾客打包带回家食用的饭团和寿司等食品的业者）在侵权地区（日本四国）没有使用过注册商标，再加上判决书中不得不承认类似性的"KOZO❶"商标使用样态是非常限定的（被告只有一家加盟店在出入口处的窗口上使用，一家加盟店在墙壁上使用），而被告主要使用的是自己在全国都非常著名的"小僧寿司"、"KOZOZUSHI❷"等商品表示（法院判定商标权人的"小僧"商标与之并不具有类似性）。最高法院在斟酌这些事由的基础上认定争议的"KOZO"商标对被告的销售额没有任何实质上的贡献，被告使用"KOZO"商标也没有对原告造成任何损害（在日本高松地区的原审其实已经阐述了同样宗旨的内容，参照高松地方法院平成 4 年 3 月 23 日判决·民集 51 卷 3 号第 1148 页 [小僧寿司]，高松高等法院平

---

❶ 译者注："KOZO"，就是日文里小僧的发音。
❷ 译者注："KOZOZUSHI"，就是日文里小僧寿司的发音。

成6年3月28日判决·民集51卷3号第1222页参照［小僧寿司控诉审］）。在这个事件中，法院判断与争议商标使用样态相匹配的对价金额接近为零。而对于"小僧寿司"、" KOZOZUSHI "等商标表示，笔者的观点是：商标权人对全国知名的商品表示行使权利，直接以权利滥用驳回请求即可，最高院这个判决对后续案件的射程应该仅仅限定在这种类型的商标侵权案件中。

更何况日本商标法采用登陆主义，没有使用也没有顾客吸引力的商标也可以注册，而对于专利权而言，作为注册要件，要求必须具有凌驾于他人之上的技术水平，不论权利人是否实施专利，专利本身都有保护的价值，因此有必要和商标法区别对待。在本案最高院的判决理由中，（虽然不是很明确）也考虑到商标法的特殊性，认为本案的射程明显不应及于专利法第102条第3款等规定。

（三）专利法第102条第1款等规定的推定覆灭后能否再适用第3款寻求赔偿

援引第102条第1款逸失利益的推定规定时，如果符合该款但书规定的结果，则推定覆灭，如果否定一部分因果关系，则逸失利益一部分覆灭，但即便是覆灭的部分，也可以依据第102条第3款的规定予以损害赔偿，这种做法历来被认为是理所当然的（东京高等法院平成11年6月15日判决·判时1697号第96页［储热材料的制造方法控诉审］，东京地方法院平成12年6月23日判决·平成8（ワ）17460［血液采血仪］，大阪地方法院判决平成12年12月12日判决·平成8（ワ）1635［多层轮胎］，大阪高等法院平成14年4月10日判决·平成13（ネ）257等［多层轮胎控诉审］，大阪地方法院平成17年2月10日判决·判时1909号第78页［用于制作病理组织检查标本的托盘］，另外也有案例将逸失利益和侵权人利益视为可以选择的，东京地方法院平成11年7月16日判决·判时1698号第132页［险恶地形逃生工具］）。

不过近来也有采取不同见解的案例出现，知识产权高等法院在平成18年9月25日·平成17（ネ）10047［空气按摩装置控诉审］中，认定适用第102条第1款逸失利益推定的但书，推定额99%覆灭的基础上，提出逸失利益额的赔偿是最基本原则的观点，既然不承认第102条第1款的赔偿，该部分对应着第102条第3款的赔偿请求也应该予以否定（同样，依据第102条第1款但书规定，推定额99%覆灭的基础上，做出相同判断的判决还有大阪地方法院平成19年4月19日判决·平成17（ワ）12207［护目镜］）。

之后，在东京地方法院平成22年2月26日判决·平成19（ワ）26473

[实心高尔夫球]中，依照第 1 款但书规定销售数量中 60% 推定覆灭，也否定可以依照第 3 款对该部分进行赔偿。不过判决书中法官在附带意见中指出，超过专利权人实施能力的部分，还存在适用第 3 款的余地。甚至损害赔偿请求权中已经超过诉讼时效的部分，作为不当得利返还请求，许可使用费率以 5% 的比率得到了认可，值得注意的是，法院对其中销售数量中 60% 的请求部分毫不犹豫地予以了认可（不过，在这点上没有形成争点）。在这之后，同样有判例认为，既然专利权人对全部销售数量的侵权产品都具有制造、销售其代替产品的能力（实施能力），依照第 1 款但书规定扣除掉的部分，也不能适用第 3 款的赔偿（东京地方法院平成 22 年 11 月 18 日判决·平成 19（ワ）507［粉煤灰重金属固定化处理剂］）。

在专利权人没有实施专利的情况下，依照专利法第 102 条第 3 款的规定依然可以获得赔偿，如以之前判例的这一理解为前提来看上述近来出现的案例，仅仅因为一部分逸失利益覆灭，该部分就不能获得第 102 条第 3 款的赔偿，会导致极为不均衡的事态发生（有些案例中因为专利权人没有实施专利能力，不能适用第 102 条第 1 款推定的部分，还是承认了适用第 3 款赔偿，即便是这样采取折衷方式的判决，上述批判也是妥当的）。况且既然承认了不当得利这一宗旨，否认第 3 款赔偿几乎没有任何实际意义。

出现了这些新倾向的判例之后，再来看第 102 条第 2 款和第 3 款的关系，有判决判断侵权人利益额推定 95% 覆灭之后，第 3 款赔偿在 3% 的实施许可费率之下得到认定（东京地方法院平成 19 年 9 月 19 日判决·平成 17（ワ）1599［按键变换式弹子锁］）。由上可以看出，法院判例并没有形成一个统一的趋势。其日后动向有必要继续关注。

（四）相当于授权许可费的算定

问题在于，如何计算第 102 条第 3 款相当于授权许可费的金额。

以往判例的倾向用一句话概括来说就是：既重视被侵权发明专利在之前实际许可的例子中约定的比率，同时如果比率高于同种产品的一般行情，则予以降低，再加上考量侵权人和权利人之间的特殊情况，如果没有相关证据，则灵活运用占据主流的 3~5% 一般行价（本书第二版第 350~354 页）。

不过，就专利的经济利用价值来看，不同的专利可谓千差万别，如果按照市场上一般授权许可费的行价来平均化，难免不利于对个别专利权人的救济。专利权侵权事件中，过去实施的侵权行为的对价是问题之所在，有些情况下实施侵权行为所获得利益率也很明确。所以计算第 3 款相当于授权使用许可费时，无须太过于依赖一般合同授权许可费用的计算方式，而应该一边斟酌利益率等具体情况，再结合着个别发明专利的价值予以计算。平成10年专利法改正将第102条第2款（现在改为第三款）条文中删除了"通常"一词，就是期待能促成实现上述设想（在判决书中予以明言的案例是大阪地方法院平成14年10月29日判决·平成11（ワ）12586等［肌肉组织状魔芋的生产方法及所用的生产设备Ⅱ］）。

细而言之，1998年法改正前后，在裁判实务中增加了很多在考量专利内容的诸般事由，甚至辩论宗旨的基础上，来个别计算该专利发明相当于授权许可费用的案例。

第一，如果被侵权专利发明之前有授权许可他人使用的实例，参考该实例中授权许可费用的比率（结果和该比率相当甚至相同数额的判例如下：大阪地方法院平成11年7月6日判决·判例工业所有权法［2期版］5385之第135页［包装用托盘］，东京地方法院平成11年7月16日判决·判时1698号第132页［险恶地形逃生工具］，东京地方法院平成11年11月30日判决·判例工业所有权法［2期版］2375之第194页）［复合塑料成型品的制作方法］，大阪地方法院平成20难5月29日判决·平成18（ワ）8725［切割废除材料的设备］，知识产权高等法院平成21年1月28日判决·平成20（ネ）10054其他［切割废除材料的设备控诉审］，东京地方法院平成20年10月29日判决·平成20（ワ）2151［发酵植物提取物配方］，几乎相同比率的判决有：东京地方法院平成19年8月24日判决·平成18（ワ）9708［旋转打击美容滚轮按摩器］，知识产权高等法院平成21年1月27日判决·平成19（ネ）10075［旋转打击美容滚轮按摩器控诉审］，至于补偿金请求权的案件，东京地方法院平成11年7月16日判决……判时1698号第132页［险恶地形逃生工具］）。

也有法院将已经作为参考对象的授权许可合同的实例和侵权人的实施样态相比较之后，修正比率的，比如该案中只签订过一个授权许可合同，里面约定的是12%，产品销售数量也比较少，再考虑到除了本案中的实用新型专利，外观设计也是授权的对象等因素，最终确定10%为授权许可费的比率（名古屋地方法院平成15年2月10日判决·判时1880号第95页［液压缸］。名古屋高等法院平成17年4月27日判决·平成15（ネ）277其他［液压缸控诉审］）。约定的授权许可合同中，除了以销售额计算实施许可费用之外，有时也约定首次付款的金额，在这样的案例中以首付的许可费用除以被许可人实际销售的数量，得出一个实施品的授权许可比率，以此为参考计算侵权产品补偿金的比率（基于专利申请公开后补偿金请求权的案例，东京地方法院平成13年2月8日判决·判时1773号第130页［带有自动弹子弹供应机制的玩具枪Ⅰ］，东京高等法院平成14年1月30日判决·平成13年（ネ）1132［带有自动弹子弹供应机制的玩具枪Ⅰ控诉审］）。不过对于首付的许可费用，有法院认为具有为了保证一定期间内能顺利实施专利而付出相应对价（一次性支付的金额）的性质，原告要求被告停止使用侵权装置及方法的同时，以首付的许可金额为基准算定损害是不恰当的（大阪地方法院平成5年4月22日判决·平成13（ワ）11003［取得旋转式套管驱动器的旋转反作用力的装置］），不过该案的法官也没有明确否认在侵权期间内除得的比率完全不具有任何参考意义。此外，也有案件中当事人拥有和排他性授权许可权相近性质的许可权，法院否定可以参照之前许可合同的实例（大阪地方法院平成12年9月26日判决·平成8（ワ）5189［牌的移载·上升装置］），不过笔者认为，着眼于权利人被夺去的利益计算授权许可费以确定损害赔偿时，重要的不是侵权人获得了什么，而是应该着眼于权利人失去了什么，如果权利人失去了独占的市场，排他性授权许可合同中约定的许可费用更具有参考价值。

第二，如果该发明专利之前没有约定授权许可他人使用的例子，则考虑同一领域产品的一般行情（这种案件曾经非常少，可参照本书第2版第351~352页）。也考虑该发明的技术价值等本身具有的特殊情况加以修正（大阪地方法院平成13年3月1日判决·判例工业所有权法［2期版］2573之第43页［环形铣刀］，东京地方法院平成13年9月6日判决·判例工业所有权法［2期版］2407之第80页［热空气加热器］）。比如，在一案件中，该领域授权许可费用的比率最常出现的是2%，平均值是3.75%，法院结合发明的技术内容和价值，最终认定达到了5%（大阪地方法院平成13年10月9日判决·判例工业所有权法［2期版］2339之第447页［电动式管道弯曲装置］）。

相反，也有将数值往低了修正的案例，考虑到一次性尿布是廉价并且大量消费的商品，再加上用在一次性尿布上不过是本案发明专利众多技术用途中的一种，法院判定日本发明协会发行的专利授权《实施许可费用比率（第5版）》中，平成4年到平成10年间包括一次性尿布之外，广泛用于"纸浆·纸·纸加工·印刷"等领域的专利实施许可费（有首付金额的是5%，没有的3%最多）比率不能作为参考，最终认定只有0.7%作为相当于授权许可使用费的比率（不过认定的金额达到了101094000日元，东京地方法院平成19年2

月15日判决·平成17（ワ）6346［一次性纸尿布］，知识产权高等法院平成20年4月17日判决·平成19（ネ）10024［一次性纸尿布控诉审］控诉审也维持了原判），在另外的案件中，相对于业内行情的3%～5%，法院考虑到将被告产品改良为非侵权产品并非困难之事，判定减额为2%（东京地方法院平成19年10月26日判决·平成18（ワ）474［物品取出装置］）。

当然，也有在考量发明内容的基础上，认定和行情具有相同授权实施许可费用比率的判决。比如，有的案例中法院考虑到该发明的技术领域中最频繁出现的实施许可费用比率是5%，判定本案中各发明专利晶片运送装置的授权实施许可费比率至少不低于5%（东京地方法院平成19年2月27日判决·判夕1253号第241页［多铰接式搬送装置］，还有的案件中行情是3%～5%的比较多，法院考量该案中的发明具有相应的意义，否定了原判决中2%的认定，认为达到3%是合适的（知识产权高等法院平成20年9月29日判决·平成19（ネ）10098其他［物品取出装置控诉审］），还有的案例中提示发明协会发行的专利授权《实施许可费用比率（第4版）》中，属于"16.其他机械"的事务用机械器具，在昭和49年到平成3年之间缔结授权许可使用合同的费率从1%到23%不等，但多集中在2%到7%之间，再考量本案专利技术内容等诸般情况，判定相当于授权实施许可费用的比率为3%（东京地方法院平成20年3月28日判决·平成19（ワ）12631［原稿盖板开闭装置］）。（除此之外，还有东京地方法院平成17年5月31日判决·平成15（ワ）11238［电感式配电系统］，东京地方法院平成19年8月30日判决·平成17（ワ）17182［半导体装置］，东京地方法院平成19年10月31日判决·平成16（ワ）22343［扬声器用震动板的制造法］。关于不当得利返还的数额，可以参照东京地方法院平成17年4月8日判决·判时1903号第127页［晶体震动子以及制造方法］）。

在这些约定的实例中，考量一般行情时需要留意其方法。诉讼至法院之后认定侵害专利权，确定不存在明确的无效理由之后计算得出恰当的授权实施许可比率的数额，和诉至法院之前、没有明确是否成立专利侵权、专利是否无效的情况下，当事人双方依照彼此的交涉能力权衡后缔结的授权实施许可合同中约定的实施许可费用比率，二者相较之下，前者即便更加高额也不能说是不合理的（本身是有关不当得利返还数额的说辞，参照东京高等法院平成16年9月30日判决·平成16（ネ）1367［带有自动弹子弹供应功能的玩具枪Ⅱ控诉审］，东京高等法院平成16年9月30日判决·平成16（ネ）1436［带有自动弹子弹供应功能的玩具枪Ⅲ控诉审])。如果采纳这种见解,一般而言,就应该认定作为专利法第102条第3款相应的对价数额,要高于之前实际签订的授权许可合同中实施费用的比率,当然个别案件中也有必要结合具体情况予以修正。

　　现实的案例中也有法院明确指出应该考虑侵权认定和授权许可合同这两种情况下的差异,并在此基础上认定了销售额的10%作为相当于授权许可实施费用的对价数额(也考量到发玥高度的技术价值,参照 判例87),也有的案件在提示相同说辞的基础上,判定虽然原告独占实施许可权人就该发明签订授权实施许可合同时建议实施许可费用比率为3%,但考虑到还有最低保证授权许可实施费用60万日元等情况,最终认定作为赔偿金额的实施许可费用比率为5%(不过,因为考虑到发明的实施部分仅为被告商品中的一部分,又乘以了40%的贡献率,见大阪地方法院平成14年10月29日判决·平成11(ワ)12586等［肌肉组织状魔芋生产方法Ⅱ])(其他的例子则是涉及不当得利返还请求的案件,大阪地方法院平成15年10月9日判决·平成14(ワ)9061［5相步进电机的驱动方式])。此外,也有的法院判决指出有些事由在缔结授权实施许可协议时需要斟酌,而在计算侵权人相当授权许可使用费数额时无须斟酌,因而后者可以认定更高额的赔偿数额,在该案中,和专利权共有人之间的合同中写明授权实施许可费比率是3%,如果将上述实施许可费比率之外专利共有人之间带来的便益也计算其中,实质上比率上升到4%(因为每个共有人所持有的比率仅相当于实施许可比率的1/2,所以发明授权实施许可比率加起来就达到了8%),而且考虑到上述比率在确定时还充分顾及了二者常年的友好关系,法院最终是以5%的实施许可费比率(对持有专利权比例各1/2的共有权人进行赔偿的数额,所以对整个发明来说,相当于10%)来计算赔偿数额(东京地方法院平成8年10月18日判决·判时1585号第106页［钢筋混凝土有空梁的加固器具])。

　　相反地,当合同中约定的授权实施许可费用超过一般市场行情时,过去的判例中也不是没有减额(恐怕法院的主观上认为那是相当"客观"地)计算实施许可费用的倾向(参看本书第2版第352~353页)。不过,最近的法院判决中这种倾向并不明显,在一个案件中原告和侵害实用新型专利权的第三人就一个托盘0.2日元的条件达成相当于授权实施许可费用的和解,不过之后被告认为用托盘包装的本案商品香菇木耳的实施许可费比率大约不过1.8%,上述金额要远远地高于这个比率,而原告则认为没有足够的证据可以证明低于这个实施许可费率进行授权实施许可，法院最终判定一个相当于 0.2 日元的价格（上述大阪地方法院判决［包装用托盘］）。法院这样的判断是稳妥的。此外，在另一个案件中从国外引进金属加工机械的技术时最频繁的授权实施许可费比率是 2%，中间值 3%，平均值 3.75%，虽然对于本案专利侵权人而言，该发明专利对于销售上的益处不是很大，但对于专利权人而言，除了该发明本身的价值，给每个节目都寄送权利警告书，并在诉讼中表明非常重视差止产品的制造销售，这些权利人展现的姿态也表明，假设其对侵权人授权许可使用，授权实施许可的比率也绝对不会低，考虑到这些因素，法院最终认定 4% 的授权实施许可费比率是合理的（上述大阪地方法院判决［环形铣刀］）。这个案件可以说是努力防止损害赔偿额度过少的典型案件。不过，在该案中（假想的）授权实施许可合同中想象的实施费用，能否作为损害赔偿额来计算第 102 条第 3 款，则另当别论。

除此之外的其他案例中，和被害人的代表人约定：销售许可产品时的销售价格乘以 3% 后得到的金额，再加上销售产品得到的销售额里扣除掉诸般经费后的金额，专利权人和代表人按照对销售的贡献率予以分配，不过之后由于代表人没有答应专利权人上涨提货价格的要求导致二者共同事业关系解体，法院认定授权实施许可费率为 10%（东京地方法院平成 20 年 11 月 13 日判决·平成 18（ワ）22106［逆转物镜和样品的位置关系取得放大像的方法和应用］。另有案件中原被告达成了实施许可费率 3% 的授权许可实施合同，之后被告因为对技术范围存在争议而没有实施许可费用而导致合同关系解除，考虑到二者之间存在这段经历，对解除后仍实施专利的行为，法院认定第 3 款赔偿额的费率为 6%（大阪地方法院平成 21 年 4 月 7 日判决·平成 18（ワ）11429［导热硅橡胶组合物］）。和主动支付授权实施许可费用的人不同，权利人对被告提起诉讼，到法院认定损害赔偿为止需要花费相当的成本，如果不把这部分计算进去，就不能计算出适当的授权实施许可使用费率。

第三，除了考虑发明内容等因素之外，最近在考量法庭辩论全过程宗旨的基础上相当自由地决定赔偿数额的案例也增加了很多。没有约定高额的授权许可合同时，从前的法院案例往往参考市场上的行情或国有专利实施许可合同书上载明的实施许可费用，大致落在 2%～5% 的范围内（参照本书第 2 版，352～353 页），但现在的案例则完全不同，法院肯定了不少高额的授权实施许可费用。比如，有 10%（参照 判例87）的，8%（东京地方法院平成 12 年 6 月 6 日决定·判时 1712 号第 175 页［胶卷一体化照相机］，东京地方法院平成

12年8月31日判决·平成8（ワ）16782［附有镜头的胶卷装置］）的，7%（东京地方法院平成10年3月30日判决·判时1646号第143页［可固化树脂包覆的薄片材料］，赔偿的绝对值法院认可了15897日元的损害，大阪地方法院平成19年11月19日判决·平成18（ワ）6536其他［指甲刀］，涉及补偿金请求权，即便是另外侵害的附随发明，法院也认可了3%的比率，大阪地方法院平成16年9月30日判决·平成13（ワ）1334［顶端位置检测装置］）的等。也有案件再加上实用新型专利的有用性，在计算时斟酌考量高利益要素（上述名古屋地方法院判决［液压缸］，上述名古屋高等法院判决［液压缸控诉审］）。

  这样相对缓和的计算方法，不仅仅将赔偿数额拉高，对那些经济上缺乏价值的发明而言，也有降低实施许可费率的情况出现。比如，以下案例中，0.1%（制面包机把手部分的实用新型发明对产品销售的贡献率达到了10%，也存在重复侵害其他各自达到2%、1%贡献率的发明而制成产品，大阪地方法院平成12年10月24日判决·判タ1081号第241页［制面包器］），0.7%（东京地方法院平成19年2月15日判决·平成17（ワ）6346［一次性纸尿布］，知识产权高等法院平成20年4月17日判决·平成19（ネ）10024［一次性纸尿布控诉审］，另外基于外观设计专利权，0.3%的赔偿也一并予以容认，东京地方法院平成19年3月23日判决·判タ1294号第183页［熔融金属供给容器］），1%（东京地方法院平成11年11月4日判决·判时1706号第119页［芳香性液体漂白剂组成物］，东京地方法院平成19年12月14日判决·平成16（ワ）255576［眼镜镜片的供应系统］），1.5%（东京地方法院平成8年12月20日判决·判例工业所有权法［2期版］5473之第196页［铰链Ⅱ］，东京地方法院平成9年1月24日判决·知裁集29卷1号第1页［自行式起重机［外观设计］］，东京高等法院平成10年6月28日判决·知裁集30卷2号第342页［自行式起重机［外观设计］控诉审］），2%（东京地方法院平成19年10月26日判决·平成18（ワ）474［物品取出装置］），东京地方法院平成19年10月31日判决·平成16（ワ）22343［用于扬声器的震动板的制造方法］等。

  无论如何，上述案例不同于以往随意地按照市场上一般行情予以抽象地计算比率的手法（本书第2版第351~352页），而是努力地依照个案的具体案情试图寻找妥当的赔偿数额。在以往的案例中，如果没有可以借鉴的其他资料时，很多案例往往依照国有专利授权实施许可合同中实施许可费率的计算方式，以销售价格的 2%～4% 为基准率做出判决（可参照本书初版 287 页和第 2 版第 352 页中所载案例），而在最近的案例中，这样的做法几乎已经绝迹了。

最后，再来列举一下这样采取综合衡量型案例中斟酌考量的具体因素。

第一，考量发明的内容。如果发明非常优质，赔偿数额朝高额化方向考量。比如，获得极高技术评价的情形（判例 87），专利权人连接器部门的利益率极高（专利权人就连接器部分设定的销售额 30% 的经常性利润目标几乎都可以完成，东京地方法院平成 17 年 9 月 29 日判决·平成 15（ワ）25867 [用于柔性电路板的电连接器]），作为回收对象的原告专利产品博得市场上颇多好评，留下了高额的销售额纪录（东京地方法院平成 12 年 8 月 31 日判决·平成 8（ワ）16782 [附有镜头的胶卷装置]）等。

反之，如果发明专利并非产品全部而仅仅是其中一部分（上述东京地方法院判决 [铰链Ⅱ]，上述大阪地方法院判决 [制面包器]），或者存在其他可以达到同等效果的技术（上述大阪地方法院判决 [制面包器]），则将授权实施许可比率向低的方向调整（参照后述 6）。

第二，考量侵权产品的需要者究竟着眼于哪点购入的侵权产品。侵权产品的需要者着眼于专利发明而购入产品的，则实施许可费率朝高的方向考量。在有的案件中，存在如果没有使用发明生产产品则侵权人拿不到订单的情况（判例 87）。或在有的案件中，侵权人在销售侵权产品时对各个发明专利的特征予以积极宣传，则实施许可费用朝高的方向考量（东京地方法院平成 19 年 2 月 27 日判决·判タ1253 号第 241 页 [多関節搬送装置]）。

反之，如果侵权产品的需要者着眼于发明专利以外的要素购入产品（上述东京地方法院判决 [自行式起动机]，上述东京高等法院判决 [自行式起动机控诉审]），则实施许可费率朝减低的方向考量。比如，在一个案例中，抑制氯气味道的产品在具有竞争关系的产品出现后导致侵权产品市场份额下降，法院认为对于侵权产品的需要者而言，比起发明专利的香味效果，需求者购入产品更多是着眼于无摩擦除霉功能，侵权人产品的市场份额高是依靠其努力销售而维持的，所以合适的授权实施许可费率是 1%（东京地方法院平成 11 年 11 月 4 日判决·判时 1706 号第 119 页 [芳香性液体漂白剂组成物]）。

体现其他考量因素的案件中，实用新型专利权人仅仅许诺排他性实施许可人制造和销售实用新型专利权的实施产品，侵权人在收到警告后向其提出申请许可时，实用新型专利权人名明确告知没有讨论的余地断然拒绝，法院也将此作为考量因素。这可以作为权利人努力维持其独占性的证据，应该允许其作为如下事实的考量事由，即因侵权行为导致权利人丧失独占性从而带来极大不利益的事实。

反之，专利权人自己不实施专利，也没有许诺他人实施，则实施许可费率朝减低的方向考量（东京地方法院平成19年10月31日判决·平成16（ワ）22343 [用于扬声器震动板的制造法]）。专利权人明知存在侵权行为却没有采取明确的对应措施，也有的案例将此事由纳入考量因素中。仅凭此事由就可以推定这是缺乏价值的发明（上述东京地方法院判决 [用于扬声器震动板的制造法]）。不过，在有的案例中侵权人不知道专利申请的事实，无偿地使用他人专利的情形也作为斟酌事由考量（上述东京地方法院判决 [用于扬声器震动板的制造法]），可这说到底是侵权人一方特有的事由，评价专利权人金钱上蒙受的不利益时考量这个要素是存在疑问的。

|判例87| 东京地方法院平成12年7月18日判决·判例工业所有权法 [2期版] 第2199页 [铰链Ⅲ]

【授权许可合同中实施许可费用的计算和侵权诉讼中相当于实施许可费用金额，将二者的性质予以区别的基础上斟酌发明的价值，认定销售额乘以10%的实施许可费率从而得到的赔偿数额】

〈案件事实〉

本案是关于侵害铰链专利权的案件。如何计算损害赔偿数额成为案件的一个争点。被告提出在钢铁产品和金属产品的技术领域通常来讲专利实施许可费用为销售额的2%~5%，鉴于本案中发明的作用和效果，原告对自己能够请求的相当实施许可费用最多对应自己各产品销售额的1%。

〈判决要旨〉

"原告从日本昭和60年开始将使用本案发明的产品作为自己的产品销售给我国厨房用具的大企业，另一方面，被告也将自己的各个产品销售给我国厨房用具的大企业，可以认定，如果没有被告的各个产品，被告有很大的可能性无法从上述大企业手中获得订单。此外，本案发明提供非常容易从铰链臂上卸下的装有弹性卡扣的锁定装置，解决了之前技术无法解决的课题，堪称划时代的发明，再加上被告在平成8年开始制造各个产品时，除了本案发明之外还存在同样的一触组装功能的技术，被告却特意选择了本案口的发明……结合这些事由，可以认为本案的发明从技术观点来看是能获得极高评价的。平成10年法律第 51 号专利法修改后放在现行专利法第 102 条第 3 款的规定，其修改的动机就在于回应对该改正前专利法第 102 条第 2 款的批判，即被发现侵权后支付的相当于授权实施许可费用，如果和诚实地缔结授权实施许可合同的人一样的话，那么事先申请授权许可使用专利的激励机制则无法发挥作用，难免助长了侵权行为的产生。专利法修改的目的也是旨在修正上述专利权侵害上的民事救济制度，修法时将该款条文规定的"相当于授权他人使用该发明专利通常应当获得的金钱上的数额"中的"通常"一词删除，并移到了同条第三款。现实情况是，授权许可合同中对被许可人通常会有一些制约性的规定，比如无论使用发明的产品销售数量的多寡，必须支付一定金额的最低保证金；除了发生一些约定的事由不得解除合同；万一该专利无效时已经支付的授权许可使用费用不得请求返还。与之相对的，专利侵权的情况下，仅凭不用负担这些合同上的规制这点，专利权人就已经处在非常有利的位置。上述的论述适用于本案中的被告。综合考量上述诸点，对于被告使用本案发明的行为，原告应该获得的金钱上的相当数额是被告各个产品总共销售额中大约 10%，相当于 3700 万日元的部分"。

〈评论〉

充分考量修订后专利法第 102 条第 3 款的宗旨，将侵权诉讼中授权实施许可费用的计算方法和授权许可合同中授权实施费用的计算方法的不同之处予以区分的基础上，认可了授权实施许可费用高比率的赔偿额。斟酌考量案件中个别发明的技术、经济价值这点，可以说是代表最近判决倾向的案例。

（五）使用发明的部分是中间产品或中间环节时的处理

实施许可费率应该如何乘以销售额的问题在于：被疑侵权的产品和方法不是用于最终销售给需要者的产品，而是用于中间环节时，能否用最终完成形态产品的销售额乘以授权实施费率，这点构成了该案的诉争之一。

法院判例采取的做法是：如果可以认定侵权发明对完成形态产品销售额的增加具有贡献时，就采纳以完成形态产品的销售额为基准再乘以授权实施许可费率的方法。

比如，在一个肯定这种计算方法的案例中，为了纳入铝合金熔液而需要对加压钢包安装必要装置的发明中，原告和被告都争夺丰田汽车一个名为衣浦的工厂关于铝合金熔液订单，按照丰田汽车的要求，能以加压的方式在公共道路上运输的钢包，同时考虑到熔液出现泄漏事故后的对策，有必要采用本案专利发明的构成，考虑这些因素，法院认定被告使用其产品被衣浦工厂采购的铝合金熔液的销售额（具体而言就是指采购价格）作为计算的基准是妥当的（东京地方法院平成19年3月23日判决·判夕1294号第183页［熔融金属供给容器］）。在另一个案件中，被疑侵权方法是有关眼镜片制造商对眼镜零售店提供的镜片加工服务系统的发明，依照这种通讯手段对镜片形状的加工，和仅仅销售未雕琢的镜片相比，提高了镜片销售的附加价值，相应地也为提高镜片销售额做出了贡献，以此为理由，法院认定以加工镜片的销售额（包括镜片钱＋辅助加工费）为基础计算（东京地方法院平成19年12月14日判决·平成16（ワ）255576［眼镜镜片的供应系统］）。不过，因为以最终完成形态产品的销售额乘以授权实施许可费率，相应地在计算授权实施许可费率时降低了一些，也有以此来保持平衡的案例（上述东京地方法院判决［眼镜镜片的供应系统］）。

另一方面，也有否定这种计算方法的案例，在有关检查孔盖子安装方法的单纯方法发明案中，带有检查孔的被告产品（带有检查孔的水槽柜·煤气柜）比没有检查孔的产品贵了3500日元（和产品单价相比，相当于6.5%），法院认为二者的价格差和专利中盖子的安装方法毫无关系，而是由于设置检查孔所需要的费用，以及因为设置检查孔所带来的效果而导致的，以此为理由否定了将上述3500日元差额为基础来计算（原告主张以上述价格差的1/10，即350日元为基础来计算相当于授权实施许可费用）授权实施许可费用的主张，而是如下计算得出相当于授权实施许可费用时被告产品应作出的赔偿：一个检查孔盖子的安装费用为16日元，乘上10%的授权实施许可费率，得出来的数额再乘以被告产品销售掉的63万台，最后算出的数额是1 008 000日元（大阪地方法院平成16年4月27日判决平成15（ワ）860［检查孔盖子的安装方法以及使用该方法的安装工具］）。本案应该属于专利对提高最终产品销售额的贡献不是很明确的案例，而判决的原文中的原告除了提出相应请求之外并没有展示特别的事由，笔者认为确定10%这样一个高实施许可费率，某种程度上是将价格很低的检查孔作为计算基础后的一种平衡。

上述铝合金熔液加压钢包案件的控诉审判决中，法院指出专利权人提出的计算方法（原判决所采用的方法）会有导致金额过大的危险，而侵权人提出的依据钢包购入价格、修理价格计算出来的方法又金额过少，最终法院在采取前者方式的基础上，援用《民事诉讼法》第248条，在最后金额的基础上再乘以0.5的系数（知识产权高等法院平成20年7月20日判决·平成19（ネ）

10032［熔融金属供给容器控诉审］）。

（六）其他论点

无偿转让侵权产品，或者一直放置在库房没有销售的情况下，授权许可实施的费用要如何计算呢？

首先来看无偿转让的情形，在一个案件中因为侵权人无偿赠送产品，所以按照《实用新型法》第29条第1款但书的规定，认定4352个产品的推定覆灭，不过基于该条第3款又肯定了这部分的赔偿，法院以实用新型权人产品的单价504日元作为参考，以一个产品25日元来确定了相当于授权许可实施的费用（大阪地方法院平成17年2月10日判决·判时1909号78页［用于做成病理组织检查标本的托盘］）。

产品放在库房没有销售的案例中，被告委托金属加工业者生产被告产品，法院认定这一行为视为被告本身制造产品，因而认定构成侵害对象的行为不是销售而是制造，相应在计算授权实施许可费用时不是以销售价格为基准，而应该以被告的购入价格（单价75到86日元）为基准计算，以此为计算宗旨的基础上认定相当授权实施许可费用为一个产品4日元（上述大阪地方法院［用于做成病理组织检查标本的托盘］）。

在另外的案件中，被告购入100台侵权产品，其中销售掉的89台中存在因为产品不合格而遭到退货，或者因为买家破产而导致无法收回货款，法院认定即便如此，现实中一旦销售出去，使用本案"实用新型"专利这一点性质没有改变，不能免除授权实施许可费用的赔偿（大阪地方法院平成元年8月30日判决·判例工业所有权法［2期版］5469之第11页［用于安装等用途的热压机］）。不过也有案例中将退货的数额从损害赔偿对象中扣除（大阪地方法院平成4年4月28日判决·判例工业所有权法［2期版］5453之第30页［五角筒柱连接益智玩具］）。考量对象的授权实施许可费用，不以制造数量而以销售额为基准的话，退货的部分是不能不扣除的。

除了销售掉的89台之外，作为营业活动一环，出于委托销售的目的将剩下的11台借贷、转让，也构成"使用"实用新型专利，法院判定以销售价格为基准计算得出的授权实施许可费用作为赔偿（大阪地方法院平成元年8月30日判决·判例工业所有权法［2期版］5469之第11页［用于安装等用途的热压机］）。既然对销售额有所贡献，赔偿额就不可能视为零，这不过是一种便于计算的方法。

此外，在有的案例中，法院认为通常情况下授权许可他人使用时约定的实施许可费用不同于在现实个别交易中打折后的价格，要以打折前的销售价格为基准计算，以此为理由以打折前的销售价格为基准计算实施许可费用（东京地方法院平成9年1月24日判决·知裁集29卷1号第1页［自行式起重机［外观设计］］。同样也以定价为基准计算的判决还可以参照大阪地方法院平成9年12月25日判决·判例工业所有权法［2期版］6691之第331页［烹饪桌［外观设计］］。在一个斟酌考量业界的行情来作为授权实施许可费率的案件中，法院认为上述确定的费率乘以的，和实际上约定授权许可费率一样，都应该是侵权人的侵权产品的价格，而不是权利人产品对最终用户的零售价格（大阪高等法院平成14年4月10日判决·平成13（ネ）257等［多层轮胎控诉审］）。

另外，在有的案例中存在基于第2款推定额的主位请求和基于第3款赔偿额的预备请求，法院以后者金额更高为理由仅仅肯定了第3款的请求时，（因为侵权人利益金额每年都在变动）即使在特定的年度第2款推定额的金额更高，法院判定不能仅仅将该年度从整体中剥离出来计算（大阪高等法院平成12年12月22日判决·平成11（ネ）2603等［包装用托盘控诉审］）。不过，笔者倒认为，依据侵权产品满足的不同需要来计算的手法应该也可以适用。

六、考虑到因为是轻过失而减少赔偿额度

专利法第102条第4款后段规定在计算损害赔偿数额时，可以斟酌考量是否存在故意或重大过失。在专利权侵权事件中，一方面，有时非常确切地要求知道权利的存在是过于严格了，况且侵权的判断存在非常微妙的地方；另一方面，不同的专利能得到的收益也千差万别，造成损害赔偿的数额有时也超出预想之外。因此，当侵权存在轻过失时，允许法院裁量减少损害赔偿数额，是为了保护主观上轻过失的侵权人。

不过，为了避免因为这种特别裁量而导致对权利人救济不足的情况发生，第4款规定设定了限制，即减额不得低于第3款相当于授权实施许可费用的程度。甚至有的案例中在第3款确定的损害赔偿数额之外，将裁量减额的最低限划到侵权人利益额（东京地方法院昭和37年11月28日判决·判夕139号第129页［永久用卷毛颜色］）。但是，侵权人就算能预测到自己的利益额，却预想不到因为侵害专利而要承担的损害赔偿数额。笔者认为，适用该款条文时，就算能证明存在轻过失，也未必一定要减少数额，是否减少数额交给法院判断就好，没有必要勉强地限制法官的裁量余地（田村善之·知的财产权与损害赔偿［新版·2004年·弘文堂］第258页）。

法院判例实务中几乎没有认定轻过失的基础上再适用第 3 款的案例。仅在水户地方法院昭和 48 年 2 月 22 日判决·判夕 295 号第 366 页 [纳豆包装苞] 中认定，购买实用新型专利的实施产品并予以使用者被实用新型专利权人提起损害赔偿请求时，考虑到其存在轻过失，将认定的逸失利益数额减半后作为赔偿数额（也可参照（10）（c））。

此外，有的案件中法院在裁量是否减少数额时，因为没能证明被告侵权人的真实销售额，最终确定的损害赔偿数额是以被告提出的数额为前提认定的，法院考量到此时心证的程度，认为再减少数额是没有必要的（名古屋地方法院平成 8 年 12 月 16 日判决·判例工业所有权法 [2 期版] 2293 之第 295 页 [2–苯乙烯–3 诱导体]）。

七、有附随销售的产品时损害赔偿数额的计算

侵权人在销售专利产品的同时还附带其他商品一并销售时如何处理。

专利法第 102 条第 1 款逸失利益推定的规定中，如果没有侵权行为，也不会有侵权人附带的其他商品的销售额，再加上专利权人自己也在销售可以替代该附带商品的商品，此时该附带商品所带来的利益也属于条文中规定的"在没有侵权行为时能够销售的产品"。

在一个案例中，侵权人在销售侵权产品（用于固定风船的台座）时将 yoyo 风船❶和固定工具等作为一套予以销售，另一方面，专利权人也将 yoyo 风船的固定装置和其专利实施产品一台"夹子支架"作为成套商品销售，法院认定套装内的专利实施商品属于在没有侵权行为时权利人能够销售的产品，考虑原价费用（23.9%），以专利实施产品占专利权人一整套商品利益中 20% 的数额为基准计算第 102 条第 1 款的逸失利益推定额（东京地方法院平成 20 年 6 月 26 日判决·平成 19（ワ）21425 [用于风船的固定装置]）。但笔者认为，从逻辑上来讲，既然认可侵害行为的存在多少要减少一些专利权人一整套商品的销售额，那么在认定第 102 条第 1 款中"没有侵权行为时能够销售的产品"时，就应该以专利权人的一整套商品为考量的单位，之后就作为该款但书中规定的推定覆灭问题处理就好（比如承认 80% 的部分覆灭等等）。

相关联的其他案例中，专利发明喷嘴不过是液体灌装机整体的一部分，销售液体灌装机时也安装上了喷嘴，法院以被告安装上的喷嘴对液体灌装机的销

---

❶ 译者注："yoyo 风船"对应的日文是"ヨーヨー風船"，是日本节日漂在水里玩的气球玩具。

售有贡献为由，不单以喷嘴、而是以液体灌装机整体的销售来计算专利权人获得的利益，进而得出逸失利益（不过，本来应该通过推定覆灭解决的地方，法院通过乘以10%的贡献率来计算推定数额了，参照知识产权高等法院平成17年9月29日判决·平成17（ネ）10006［液体灌装机的喷嘴控诉审］）。

至于适用第102条第2款侵权人利益的案件中被告将个别销售的商品和专利产品组成一套予以贩卖，法院认定以成套商品的销售额为基础计算侵权人利益的损害赔偿额（东京地方法院平成16年2月20日判决·平成14（ワ）12858［带有自动子弹供应机制的玩具枪Ⅱ］）。侵权人成套地销售商品时，同时专利权人也成套地销售商品，侵权人产品中没有侵权部分的话，需要者则都会购买专利权人的成套商品，如果对这种关系不存在任何疑问，可以维持全体利益额的推定，反之，没有侵权部分时需求者不会100%购买专利权人成套商品，在相应的限度内减少贡献率即可。

在另外的案例中法院认为：如果没有侵权实施品收纳柜则非侵权商品切割机本体也无法销售的情况下，侵权人销售切断机本体得到的利益也属于"因侵权行为而获得的利益"，但该案件中侵权人将不属于实用新型专利技术范围内的收纳柜也和切割机本体一起制造和销售，抑或在没有收纳柜的情况下单独销售切割机本体，法院对照这些事实，以此为理由否认被告满足这个要大阪地方法院平成17年3月14日判决·平成15（ワ）2893［长工作尺的加载设备］）。确实，在没有侵权行为的情况下销售非侵权产品也能达到相同程度的销售额，不能认定其侵害了因为销售非侵权产品而获得的利益，但是像这个案件使用的论证方法那样，仅仅因为在不侵权的情况下也能销售非侵权产品，就否定存在一切因侵权而获得利益，不得不说这个结论在逻辑上太跳跃了。此外，该案判决书中认为"被告将本来价格很低的切割机本体和收纳柜一起销售时，本来按照收纳柜的价值能高价销售的，被告却人为地将切割机本体价格抬高、将收纳柜价格降低，如果发生这种情况而导致被告提供的收纳柜价格过于低廉时，不按被告提供的价格，而应该按照客观的价格计算被告获得的利益"。笔者认为，不用这样迂回的论证，就按照侵权行为导致附随商品的销售额相应程度地上涨了多少这种方式处理就足矣了。

至于第102条第3款，理论上的问题不多。如果有存在提高其他商品销售额的影响因素，将之往提高授权实施许可费率或金额方面考量即可。

日本专利案例指南

八、仅产品的一部分使用专利权的情况下如何计算损害赔偿数额

问题在于，使用发明专利的实施品不过是侵权产品的一部分时，要如何计算损害数额呢？

计算逸失利益，归根到底就是因果关系的问题。比如，当需要者是因为着眼于该专利的实施部分而购入产品，可以视为没有侵权行为存在时需要者会购入权利人的产品，法院将全部的利益额认定为逸失利益（大阪地方法院平成12年2月3日判决·平成10（ワ）11089［医药包装机纸管］，大阪高等法院平成12年12月1日判决·判夕1072号第234页［医药包装机纸管控诉审］）。

此时问题在于能否适用推定逸失利益额的第102条第1款，将专利权人从证明因果关系的困难中解救出来，为了能确保该条文的这一实际功能发挥出来，即便实施发明专利的部分仅仅是侵权人或专利权人产品中的一部分，也不应该轻易否定其不满足"在没有侵权行为时能够销售的产品"这一要件。只要侵权人产品和专利权人的产品之间存在代替可能性，就应该明确肯定这个要件（在一个案件中侵权产品是分析装置和采血器具作为一套组合在一起销售，相较之下，原告产品则是单独销售采血器具，因为作为采取器具没有差异法院承认二者之间具有代替性，从而肯定了在此情况下适用第102条第1款，东京地方法院平成12年6月23日判决·平成8（ワ）17460［血液采集器］），至于如果没有侵害行为时侵权人产品的需要在多大程度上针对权利人产品，作为该条款但书中所涉及的问题，需要由侵权人加以证明，法官在心证采纳的限度内覆灭（一部分）推定。这样解释，就可以避免以前出现的要不然全额赔偿、要不然一分钱也得不到的情况。

而在法院判决的案例中则出现了计算赔偿数额时按照专利实施部分对产品全体的"贡献程度"甚至"贡献比率"来按份额赔偿的案件。比如，在一个案件中，考虑到无论结构上还是商品价值上都是必不可缺的要素，将"贡献比率"认定为60%，在这个限度内缩减了推定的数额（判例84），另一个案件中，原告发明专利是将自动麻将桌的牌移动上升的装置，原告产品中除了这个专利之外还有收牌、洗牌、垒两层牌等诸多技术集中在一起，考虑到这些因素法院在全部利益25%的限度内认定了第102条第1款的推定数额（大阪地方法院平成12年9月26日判决·平成8（ワ）5189［牌的移动·上升装置］），在另外的案件中，被告的喷嘴具备该案发明的构成要件，可以提高灌装能力，能使得过滤器的交换和清洁变得简单，虽然可以贡献这样的作用和效

果，但喷嘴仅仅是液体灌装机 6 个装置中的一个，从价格比例上来说并不占主要部分，法院以此为理由认定专利的贡献比率大概为 10%（知识产权高等法院平成 17 年 9 月 29 日判决·平成 17（ネ）10006［液体灌装设备的喷嘴控诉审］，除此之外有关外观设计的案件，还可以参考东京地方法院平成 22 年 8 月 26 日判决·平成 20（ワ）8761［明确测量地点的板块］）。

从逻辑上来讲，这本来就是一个因果关系的问题，即便实施部分仅仅是产品的一部分，如果该部分造成了侵权人面对的需要者产生购买动机，直接维持全额推定就好，贡献率这样的用语也存在给别人造成误解的可能性，但在实务中，也有让计算变得简单，并明确攻击和防御目标这样的优点。总之，在侵权人面对的需要者当中，实施专利的部分多大程度上决定需要者的购买动机，要在这个程度内维持推定的比率，这样一个决定的过程法院在实务中不过换成了贡献率这个说法，并且需要牢记的是，减少这个比率的证明责任在于侵权人一方。最近法院的案例中，也有明确打出"贡献程度"的标题，但是在具体的认定上考虑到该案发明对空气按摩式椅子全体功能的关联程度及对促进销售的贡献等因素，法院认定推定额中"减少"相当于 5% 的额度，换言之就是在 95% 的限度内维持了推定额（东京地方法院平成 15 年 3 月 26 日判决·判时 1837 号第 101 页［空气按摩设备］，将实用新型专利实施部分以外部分的价格从销售价格中扣除的判决，可以参照大阪地方法院平成 16 年 7 月 29 日判决·平成 13（ワ）3997［埋设于地表的井盖及其框架］）。还有的案件中考虑到专利发明的实施部分仅仅是被告产品中的一部分等要素，认可了 99% 程度的推定覆灭，在这一系列的案件中专利权人需要证明贡献比率，如此一来就和按照第 102 条第 1 款但书规定来使推定覆灭的处理问题方式是一样的（知识产权高等法院平成 18 年 9 月 25 日判决·平成 17（ネ）10047［空气按摩设备控诉审］，大阪地方法院平成 19 年 4 月 19 日判决·平成 17（ワ）12207［护目镜］）。

至于第 102 条第 2 款侵权人利益的推定，最近的倾向也还是考量"贡献率"。比如，有法院认为该款规定的"因侵权行为而获得的"利益，应该局限于实用新型专利的实施部分对全体的贡献程度，在贡献的额度内认可了推定（大阪高等法院昭和 61 年 3 月 26 日判决·判例工业所有权法 2535 之 279 号［杆上作业安全带拉紧扣］）。而对于贡献比率的计算问题，有的法院考量有侵权部分产品的总数（1800 个）占构成全部产品总数（9000 个）比例等要素，在贡献比率 20% 的程度内认可推定成立（东京地方法院平成 10 年 12 月 18 日判决·判时 1676 号 116 页［用于热密封的包装层压材料］），或者有的案件中认为专利实施部分在机能上构成商品价值的重要组成要素，考虑到和唤起需要者购买欲望紧密相关，在 60% 贡献率的限度内认可推定成立（东京地方法院平成 10 年 4 月 10 日判决·知识产权财产管理判例集 I 236 页［储热材料的制作方法］），有的案件中构成被告产品的其他配方成分是葡萄糖（A-2 剂）、碳酸氢钠（别名重碳酸氢钠，B 剂）这种及其俯拾可见的成分，没有任何新物质，法院以此为理由认定贡献率在 90% 的限度内推定成立（大阪地方法院平成 16 年 5 月 27 日判决·平成 14（ワ）6178［用于透析的碳酸氢钠人工肾脏灌注剂的制造方法以及人工肾脏灌注剂］，其他案例还可见东京地方法院平成 6 年 5 月 30 日判决·判例工业所有权法［2 期版］6683 之第 138 页［内视镜用胶卷套装］，东京高等法院平成 6 年 7 月 19 日判决·知裁集 26 卷 2 号第 520 页［卷发夹子［外观设计］］，名古屋地方法院平成 10 年 3 月 6 日判决·判时 1003 号第 277 页［温度指示材料］，东京地方法院平成 15 年 12 月 26 日判决·判时 1851 号第 138 页［关于液体充填装置的喷嘴］，知识产权高等法院平成 17 年 9 月 29 日判决·平成 17（ネ）10006［液体灌装设备的喷嘴控诉审］，名古屋地方法院平成 17 年 4 月 28 日判决·平成 16（ワ）1307［移载装置］，大阪地方法院平成 21 年 10 月 29 日判决·平成 19（ワ）13513［X 线异物检查装置］，东京地方法院平成 23 年 2 月 24 日判决·平成 20（ワ）2944［常闭型流量控制阀］，大阪地方法院平成 23 年 3 月 29 日判决·平成 21（ワ）13089［表示装置］）。

不过在有的案件中，发明特征虽然是产品的一部分（譬如起固定作用的部分），但专利实施的部分及于产品全部（比如，假发片）的情况下，法院认为侵权人利益应该按照产品全体利益来计算，没有仅仅就特征部分计算损害的道理（东京地方法院平成 4 年 11 月 18 日判决·判时 1450 号第 128 页［假发片Ⅲ］。也可以死参照大阪地方法院平成 3 年 12 月 25 日判决·判例工业所有权法［2 期版］第 5405 页［用于多种类型配件的零件给料机］，京都地方法院平成 11 年 9 月 9 日判决·判例工业所有权法［2 期版］2339 之第 335 页［热敏打印头］。此外，肯定利益额全额的案件参照东京地方法院昭和 52 年 3 月 30 日判决·无体集 9 卷 1 号第 300 页［焊接溶剂］，大阪高等法院昭和 57 年 9 月 16 日判决·无体集 14 卷 1 号第 571 页［用于锯子的背金［外观设计］］）。

如果将第 102 条第 2 款视为推定逸失利益的规定，则存在相竞争的产品时会有推定（一部分）覆灭的问题，此时发明的实施部分是特征部分，且没有该部分的话谁都不会买竞争产品这个心证非常坚定难以动摇，这时候维持全部利益额的推定自然没有问题（为了和用贡献率思路解决的法院判决相吻合，这种情况下可以认为贡献率就是达到了100%）。法院判决中有的判决在论述一般论时指出：侵权人制造销售得到的利益中，只有和发明专利新颖性、创造性有关的部分所贡献出来那部分，才是专利法第102条所规定的利益（上述名古屋地方法院判决［传输设备］），不从技术上讲，从经济上来说法院这个认定是存有疑问的。不侵害专利的情况下利用公知技术也能达到相同或类似技术结果的话，这种情况再通过考量存在竞争产品等要素，就应该朝减少侵权人利益方向考量。最近的法院判决明确将"贡献程度"作为认定推定覆灭问题的基础上，判定使用"发明专利的本质"构成仅减少了装配工作和配件数量，按照从前的技术也可以制造出按键变换式弹子锁，因为这个要素法院将推定朝覆灭的方向考量（东京地方法院平成19年9月19日判决·平成17（ワ）1599［按键变换式弹子锁］）。这才是正确的做法。

至于专利法第102条第3款相当于授权实施许可费用额的计算，理论上存在的问题不多。

第一，计算授权实施许可费用时需要斟酌考量的之前实务中约定实施的例子如果和该发明有关，实施许可费用比率（比如3%）以产品全体的价格（比如1万日元）为基础的话，将该比率乘以产品全体价格就好（比如1万日元×3%），反之，需要斟酌考量的约定实施例子中授权实施费率（比如20%）以仅占全部产品一部分的专利实施品价格（比如1500日元）为基础的话，将该比率乘以那部分实施品价格就好（比如1500円×20%）。

在计算贡献率时，专利实施部分对增加产品全体销售额贡献度大，有必要超过该部分在全体价格中的比率来分配实施许可费用（上述名古屋地方法院判决［海藻调和液用于控制浓度的表示盘］）。比如，在一个案例中，完整产品的销售价格是4000万日元，（间接）侵害专利方法的设备单独销售的市场价格是32万日元，法院考虑到为了不至出现减少发明费用等效果，将侵权设备对产品整体的贡献率认定为10%，最后的结果就是产品整体价格4000万日元乘以10%得到的金额，再乘以通常应收金额的5%来计算损害赔偿数额（东京地方法院平成6年3月31日判决·判例工业所有权法［2期版］2537之第45页［对齐位置的安装方法］，东京高等法院平成8年5月23日判决·判时1570号第103页［对齐位置的安装方法控诉审］），在另一个案件中，顾客在选择购买菊花分拣机（销售价格70万日元以上）时，摘下菊花根部下面的叶子对于出货来说是必不可少的工作流程，掌控这一过程的被疑侵权设备（制造原价 19 576 日元）是否存在是非常重要的，法院以需要考虑这些要素为理由认定被疑侵权设备对被告菊花分拣机销售额的贡献率达到了 40%（名古屋地方法院平成 14 年 1 月 30 日判决・平成 11（ワ）541 ［摘取鲜花下部叶子的装置］），还有的案件中，使用侵权方法和侵权设备制造出来的魔芋形状用于制作沙拉，侵权人商品"海藻沙拉"的包装标签中强调魔芋是重要的构成要素，法院斟酌这些情况认定魔芋的贡献率时，超过魔芋原料费占商品整体原料费的比率，最终认定为 40%（大阪地方法院平成 14 年 10 月 29 日判决・平成 11（ワ）12586 等 ［肌肉组织状魔芋的生产方法及所用的生产设备Ⅱ］），大阪高等法院平成 16 年 5 月 28 日判决・平成 14（ネ）3649 ［肌肉组织状魔芋的生产方法及所用的生产设备审控诉审］）。

还适用旧法时期的案例中，用于支撑书架支柱的构造是实用新型专利，这一实用新型专利遭到侵害，实用新型专利案件中一般来说业界行情的价格是 2%～3% 为基准计算，因为是以书架整体作为一个产品进行的交易，所以没有按照支柱价格所占的份额，而是以书架整体价格为基准，用上述比率再乘以书籍价格得出的（东京地方法院昭和 36 年 11 月 20 日判决・下民集 12 卷 11 号第 2808 页 ［书架用支架］），不过笔者认为应该斟酌考量支柱这一实用新型对书架整体销售额贡献程度的高低，判决书中所提示的理由不够充分。就算不按贡献率分配，而用产品整体价格乘以授权实施许可费率得出的数额作为赔偿，那也得是发明的效果及于产品全部，或者相当于及于产品全部的情况（京都地方法院平成 12 年 9 月 28 日判决・判例工业所有权法 ［2 期版］5469 之第 177 页 ［输送辊的导引装置］），抑或者可以认定贡献率为 100%，发明达到了如此左右商品价值的程度，总之法院有必要提示存在这些特殊情况。

此外，就算发明及于产品全部，但如果本质不过是在已有的设备上追加附加性质的功能，在这样的案例中该功能增强产品的市场价值、贡献销售收益，法院在相对应的程度上运用贡献率计算相当于授权实施许可费用的赔偿数额（大阪地方法院平成 13 年 11 月 27 日判决・平成 8（ワ）4753 ［自动计算保龄球成绩的设备］）。

物理上可以从产品中独立分开销售的产品和侵权产品一起合起来销售时，适用以上理论也是妥当的。由于发明专利的存在而导致其附随产品销售额也增加的情况下，计算相当于授权实施许可费用时也将这部分增加的销售额考虑进去就好。在一个法院案例中，被疑侵权设备本身（平均价格 86870 日元）和控制行程单位（11823 日元）、自动开关（6340 日元）组合在一起销售，控制行程单位和自动开关不过是无杆气缸本体的附属产品，功能和需求者购入的动机完全是依存于本体存在的，考虑到这些要素，法院认定以 90% 来计算专利的贡献比率，将产品全体的价格乘以这一贡献比率（其中认定授权实施许可费率相当于 10%，名古屋高等法院平成 17 年 4 月 27 日判决·平成 15（ネ）277 其他［液压缸控诉审］）。

第三，适用第 102 条第 3 款最近的法院判决中，如前所述增加了不依据业界行情，而是综合考量发明内容等诸要素来计算合适比率的案例。采用该证明方法的案例中，并不依照"完整产品授权实施许可费用的行业通常价格"×"贡献率"这样的顺序，而是将发明专利仅为全体产品的一部分这一事由也放在综合衡量当中予以斟酌考量，跳过前面阶段直接认定相当于授权实施许可费用的比率。

下面介绍的这个案例非常清晰地展示了这种证明方法，该案发明是"……高压变频器的控制装置"，被告产品中由交流电源、马达、交流控制目标的逆变器以及提供直流电压的变流器等元件构成的主电路元件不属于专利的技术范围，而另一方面，让"……高压变频器的控制装置"工作起来的必要构成部分如果缺失了，作为控制装置是无法正常运行的，被告产品中由 DSP 部分和 CPU 部分构成的控制运算部分、控制逆变器部分以及数字操作器属于专利的技术范围之内，上述该案发明的实施部分和主电路元件部分一起构成了被告产品，法院斟酌考量上述要素，在判断相当于授权实施许可费用比率时，认为那种从被告产品销售额当中计算出相当于 DSP 部分销售额，再乘以相当于授权实施许可比率的方法是不妥当的，明确指出应该以被告产品全体的销售额为基础计算，至于被告主电路元件不在发明专利技术范围内这点则作为判断相当于授权实施许可费率的一要素予以考量。（东京地方法院平成 20 年 12 月 24 日判决·平成 17（ワ）21408［感应电机控制系统的控制计算常数设置方法］）。

在其他案例中，比如有的案例参考业界行情、国有专利授权实施合同书的同时，考虑实用新型专利不过是就一部分构造提出的改良方案，低于其他实用新型的价值，认定比率相当于 1.5%（东京地方法院平成 8 年 12 月 20 日判决·判例工业所有权法［2 期版］5473 之第 196 页［合页Ⅱ］），有的案件中各发明专利 1 和 5 不是关于加压式可搬运型钢包整体构成的发明，而仅仅是部分改良型发明，法院斟酌考量这点后认定纳入铝合金熔汤的提货价格比率是 0.7%（东京地方法院平成 19 年 3 月 23 日判决·判夕 1294 号第 183 页［熔融金属供给容器］）。当还需要实施其他发明专利的时候，朝降低费率的方向考量（东京地方法院平成 19 年 12 月 14 日判决·平成 16（ワ）255576 ［眼镜镜片的供应系统］）。

九、权利人为多人时损害赔偿额的计算

（一）侵权产品中包括其他专利权的实施部分

侵权产品中包括其他发明专利的实施部分时，则一个实施产品中由多个发明专利构成，此时如何处理成为一个问题，如下所述按照和上述（8）相同的方式处理即可。

逸失利益最终就是证明因果关系的问题，另有他人发明专利的实施部分时，事实上很难证明和侵权产品的全部需要存在因果关系。此时适用推定逸失利益的第 102 条第 1 款就成为一个问题。换言之如果承认每个权利的推定，那最后的赔偿数额会不会变得过于高额，也许就会有人基于这样的担心而持反对意见。但是，如果因为存在另外侵犯其他人专利的情节而免于适用推定规定，恰恰才违背了为了抑制侵权而旨在形成一种激励机制的该款条文的宗旨。应该按照第 1 款的规定承认每个权利，因该款本身并不是视为侵权的规定，而是推定规则，所以之后的问题就是在多大范围内认定推定覆灭的问题了。这些复数的权利如果是属于一个权利人，在各权利合计起来的数额和产品全部的利益数额保持一致的限度内直接就可以认定推定覆灭。即便各个权利属于不同的权利人时，存在另外发明专利的事实（如上述（7）所述）属于导致贡献率减退的事由，很容易即可认定减少数额。如果采用这种考量方法，分别按照每个权利承认全部利益额的推定会导致侵权人负担过重的赔偿数额这种反对说中所指出的担忧，可以在各个判决中依靠非贡献率的判断予以不同区分，将赔偿数额控制在有可能超过利益数额的限度内。既然侵害了多个权利，承担这种程度的不利益还是均衡适宜的。

以上理论也同样适用于第 102 条第 2 款侵权人利益额的推定。和第 1 款一样地，权利人只要能举证证明侵权人产品全部利益额就可以适用第 2 款的推定，至于基于还同时使用了其他发明专利等理由，请求将该案中发明专利贡献率降低的责任说到底还是在侵权人一方。之前曾经有案例采纳了相反的立场，以权利人没有成功举证证明贡献率为理由否定了一切推定（大阪地方法院昭和 43 年 6 月 19 日判决·判夕 223 号第 200 页 ［自动锁边机变速器］），笔者认为，这不是一个妥当的处理方式。最近的法院判例中也出现了更加缓和的认定，在同时侵犯发明专利和两个实用新型专利案件中，法院考量诸般事由，认

为其对利益的贡献率分别是 1/4、1/8、1/8（东京地方法院平成 6 年 5 月 30 日判决·判例工业所有权法［2 期版］6683 之第 138 页［内视镜用胶卷套装］）。

此外，当侵权产品是利用了原告发明而研发出的改进发明❶的实施产品时，因果关系、贡献率的问题也完全可以采用一样的处理方法。当然，在没有获得利用发明权利人许可的情况下，原告也不能实施侵权人所用的利用发明，所以计算逸失利益时不能假定原告可以实施使用了利用发明的产品。此时，决定因果关系是否存在的基准说到底就是如果不是利用发明的实施产品，侵权产品的需要者是否会同样购买原告的产品。计算贡献率时，需要斟酌考量原告的基本发明对于侵权产品销售额的贡献程度。肯定第 3 款相当于授权实施许可费用的赔偿请求也是理所当然的（旧法下的案件，肯定了相当于授权实施许可费用的赔偿请求，参照东京地方法院昭和 38 年 9 月 21 日判决·判夕 152 号第 177 页［塑料罐］）。

对于使用第 3 款计算相当于授权实施许可费用，第一，计算相当于授权实施许可费用时参考该发明之前的约定实施许可例子的话，很多情况下就没有必要再斟酌考量是否存在其他发明专利。

第二，参考业界行情的时候，考虑到同时使用其他发明专利的情况按照比例份额予以判定。法院判决中就有同一个人持有的两个发明专利和一个实用新型专利同时被侵害，被使用在同一个产品中，各个发明、实用新型互有不同的目的、手段和效果，法院以此为理由认定侵权产品销售额乘以的授权实施许可比率，就是各个发明和实用新型的授权实施许可比率合计得出的比率（大阪地方法院平成 12 年 10 月 24 日判决·判夕 1081 号第 241 页［制面包机］）。

第三，像最近的法院判决那样，综合衡量发明内容等诸事由来确定相当于授权实施许可费率，采纳这种方法的情况下，在产品存在的其他专利可以明白地反映在授权实施许可费率中。比如，在一个案件中，该案的发明专利在防止前后泄漏上很难说具有极其显著的效果，具有类似构造的发明专利在其提出专利申请时已经有多个存在，该案发明专利不过是用在纸尿布上多个技术中的一种，考量这些要素法院认定相当于授权实施许可费比率是 0.7%（不过认可金额达到了 101 094 000 日元，东京地方法院平成 19 年 2 月 15 日判决·平成 17（ワ）6346［一次性纸尿布］，知识产权高等法院平成 20 年 4 月 17 日判决·

---

❶ 译者注："改进发明"，日文里面"利用発明"是指使用他人在先存在的发明专利而改进出来的发明。

平成19（ネ）10024［一次性纸尿布控诉审］）。

（二）被侵害的专利权中设定了独占实施许可权和排他实施许可权❶的情况下

被侵害的专利权中设定独占实施许可权时，侵权人侵害的专利仍然还是一个，这就和上述（a）侵犯多个专利权的情况不同，在适用第102条是没有对侵权人特别不利的情况（也可以参照下面法院判决中的说辞，东京地方法院平成17年5月31日判决·平成15（ワ）11238［电感式配电系统］）。

所以当明确设定了独占实施许可权时，能够请求第3款相当于授权实施许可费用赔偿的仅限于独占实施许可人。当然，即便采纳这种解释，如果专利权人在独占实施许可人处约定的授权实施许可费用因此而减少的话，减少的部分可以作为逸失利益请求损害赔偿（可参考附带意见部分，大阪地方法院平成19年11月19日判决·平成18（ワ）6536［指甲刀］）。法院判决也采取了否定说的立场，比如，在一个请求授权实施许可费用赔偿的案件中，将侵权期间一分为二，分为只承认专利权人请求的时期和只承认独占实施许可权人请求的时期，参照东京地方法院昭和55年1月30日判决·判例工业所有权法2305之137之第1045页［茹面的制作方法］（还可以参照大阪地方法院平成2年2月10日判决·判时1357号第126页［兼备包装功能的海苔包饭制作工具］）。不过，也有否定适用的案件，在另一个案件中，商标权人给自己经营的公司无偿设定了可以视为独占实施许可权的排他实施许可权，该法院否定适用商标法第38条第2款（相当于现行商标法第38条第3款，参照大阪地方法院平成3年12月25日判决·判例工业所有权法8353之第18页［训练者］）。此外，另有设定独占实施许可权的案件中，法院明确指出实用新型专利权人不能适用第2款（现行法第3款）的损害赔偿请求，在采用这种解释的前提下，却因为该案仅仅就销售行为设定了独占实施许可权，没有对制造行为予以设定，法院以

---

❶ 译者注："独占实施许可权"，日文原文是"专用实施权"，在设定的范围内，专利权人自身也不能实施发明，必须向日本特许厅备案登记才能生效，专用实施权人可以向法院独立行使停止侵害和损害赔偿等请求。因为这个权利设定过于强大，专利权人自身也不能实施专利，所以除了二者具有亲密关系的情况外，实务中设定的并不多，更多的是运用日文中所称"独占的通常实施权"，按照被许可人的排他性程度，暂译为"排他实施许可权"，日文中的"独占的通常实施权"是指在普通实施权的基础上，专利权人合同许诺仅授权被许可人一人使用该专利，不再授权第三人使用，但该许可权的设定不需要在日本特许厅登记，专利权人自身也可以使用该专利，鉴于这两个优点，实务中运用比"专用实施权"更为普遍。为了便于理解，独占实施许可权和排他实施许可权是按照被许可人享有实施权的排他程度不同翻译成相应的中文。

此为理由肯定了实用新型专利人基于第2款（现行法第3款）对制造、销售侵权产品的侵权人提起的赔偿请求（但是在该案中侵权人不仅仅从事了制造行为，同时也进行了销售，从判决的立场上看，在适用第3款时如何调整专利权人请求和独占实施许可权人请求，是仍然存在疑问的，参照上述大阪地方法院［兼备包装功能的海苔包饭制作工具］）。法院案例中也有承认原告独占实施许可权人类推适用第3款的同时，承认另一原告专利权人基于第3款的请求可以共存，原因就在于原告独占实施许可权人之前曾经和原告专利权人达成合意，如果独占实施许可权人再许可第三人实施专利的话需要将其获得的实施许可费用的一半支付给专利权人，法院以此为理由认定二者各自在1/2的限度内获得第3款的赔偿，不过笔者却认为应该仅认可独占实施许可权人以第3款提出请求，扣除掉应向专利权人支付相当于授权实施许可费用这部分的数额，取而代之的是将其作为专利权人的逸失利益获得同等数额的赔偿，这样的案件中采用这种法律构成即可（东京地方法院平成17年5月31日判决·平成15（ワ）11238［电感式配电系统］）。同样的原理，在另一个案件中，法院认为已经设定了独占实施许可权的情况下不能承认实用新型权利人基于第3款提出的请求，只能就授权实施许可费用减少的部分基于民法第709条获得逸失利益的赔偿，但由于该案中仅设定了排他实施许可权，所以法院认为实用新型权利人可以基于第3款获得赔偿，最终该案的实用新型权利人基于第3款获得销售额7%的赔偿，而排他实施许可权人也类推适用第2款，两个请求权在重复的限度内成立了连带债权关系（其中排他实施许可权人是实用新型权利人的个人企业，没有向其支付授权实施许可使用费，参照上述大阪地方法院判决［指甲刀］），笔者认为，在设定排他实施许可权的情况下，等于排除了他人利用市场的机会，灵活地运用这一理论以此为理由直接否定实用新型权利人基于第3款的请求权就足矣了。

　　基于第1款逸失利益或基于第2款侵权人利益的推定，在只有独占实施许可权人使用、专利权人不使用的情况下，无论是第1款的条文上，还是第2款的法院裁判实务上，都认定只有独占实施许可权人才能获得推定（如下所示的判决承认侵权人利益全额推定，东京地方法院昭和48年5月25日判决·无体财产权关系民事·行政判例集5卷1号第128页［自动二轮车［外观设计］］，东京地方法院昭和55年3月24日判决·判例工业所有权法2183之第80页［半自动捆包机］，东京高等法院昭和59年6月21日判决·判例工业所有权法2183之第97页［半自动捆包机控诉审］）。

不过需要注意的是，在实务中独占实施许可权人和专利权人几乎都会按照销售额来约定支付相应的授权实施许可费用，此时向专利权人支付的约定实施许可费应当从逸失利益额当中扣除掉（参照东京地方法院昭和63年4月22日判决·判时1274号第117页［风力推进装置］。而涉及排他实施许可权人的案件可以参照东京地方法院平成10年10月12日判决·知裁集30卷4号709［西咪替丁制剂］），如此一来也意味着在这个约定部分的限度内第2款推定额一部分覆灭。比如在 判例88 中设定了排他实施许可的情况下，判决书中阐明了这一原理（同样宗旨的判决还有：大阪地方法院昭和54年2月28日判决·无体财产权关系民事·行政判例集11卷1号第92页［人工植发用植发器］，大阪高等法院昭和55年1月30日判决·无体财产权关系民事·行政判例集12卷1号第33页［人工植发用植发器控诉审］，京都地方法院昭和62年12月21日判决·判例工业所有权法2305之139之第393页［布帛上形成彩色图案的方法］，静冈地方法院平成6年3月25日判决·判例工业所有权法［2期版］2623之第47页［1α-羟基维他命D］，大阪地方法院平成4年9月29日判决·判例工业所有权法［2期版］5329之第5页［地表部嵌入式框架凸起的表面部分］，大阪地方法院平成13年10月9日判决·判例工业所有权法［2期版］2339之第447页［电动式弯曲管道设备］）。当然，如果设定独占实施许可权是无偿的，则扣除额为零的情况下，可以维持侵权人利益额不变动（参照上述大阪地方法院［训练者］）。此外，在有的案件中双方已经达成合意，销售商品所得利润80%归实用新型权利人（制造业者），20%归排他实施许可人（负责销售任务的子公司），侵权人利益额就作为赔偿额按该比例分配（神户地方法院平成9年1月22日判决·判例工业所有权法［2期版］5385之第75页［替换刀片式锯子上背金的结构］）。

从推定额中扣除掉的约定授权实施许可费用，专利权人可以就此部分请求赔偿（京都地方法院昭和62年12月21日判决·判例工业所有权法2305之139之第393页［布帛上形成彩色图案的方法］，大阪地方法院平成4年9月29日判决·判例工业所有权法［2期版］5329之第5页［地表部嵌入式框架凸起的表面部分］）。从理论构成上讲，笔者认为不用第3款（上述）、而采取逸失利益的构成即可。在这种理论构成下，专利权人提出请求时，有关独占实施许可权人受到损害的部分适用第1款、第2款推定，其适用结果是该约定授权实施许可费用对应着的销售额上的逸失利益推定是独占实施许可人失去的，以此推定为前提，和扣除额度相当的约定授权实施许可费用，专利权人可以作为赔偿予以请求。在此限度内，专利权人也能享受到依照第1、2款推定给予独占实施许可人的好处。也有和此观点持相反意见的法院判决，在该案件中原告实用新型专利权人和独占实施许可权人直接达成合意主张8%的授权实施许可费率作为约定授权实施许可费用，法院认定该合意不成立的同时，最终以第3款为依据认可了3%的授权实施许可费率作为赔偿，在该案中尽管采取了反对说，但对于最后的结论没有影响（大阪地方法院平成16年7月29日判决·平成13（ワ）3997［地表部嵌入式框架凸起的表面部分］）。除此之外，还有其他几个法院判决虽然明确地指出可以适用（现行法上的）第3款的赔偿请求（上述大阪地方法院判决［人工植发用植发器］以及上述大阪高等法院判决［人工植发用植发器控诉审］，上述静冈地方法院判决［1α-羟基维他命D]），但在实际的数额上，因为法院肯定作为赔偿请求的授权实施许可费和扣除的额度是相同的，这样一来和主张以逸失利益为法律构成的本书观点在最终的结论上没有区别（此外，东京地方法院平成10年10月12日判决·知裁集30卷4号第709页［西咪替丁制剂］中，肯定了原告专利权人的请求，以不当得利为依据返还了等同于授权实施许可费的金额）。

尽管设定了独占实施许可权，与此同时专利权人也实施专利，或者设定了非完全排他实施许可权的同时专利权人也在实施专利，在这两种情况下如何处理是个问题，但原则上如后述（c）那样同专利共有的案件一样处理就好（在该案中除了实用新型权利人之外，普通实施许可权人也制造、销售专利实施产品，法院认定在2/3的限度内第1款的推定覆灭，参照东京地方法院平成11年7月16日判决·判时1698号第132页［险恶地形逃生工具］（3）（c）部分）。理论上讲设定独占实施许可时，专利权人还能否适用第1款、第2款的推定，这点存有疑问，但既然已经设定了独占实施许可权，没有道理让侵权人两次陷入被推定的不利境地中，应该予以否定。从法律条文的文义上来看，也是偏向否定说立场的。可不论如何，要允许专利权人请求逸失利益这点是不变的。比如，没有其他特别资料的情况下，结合专利权人和独占实施许可权人提出的利益比率，按照第2款的规定扣除由独占实施许可权人推定的数额，确定应该赔偿给独占实施许可人的数额，再调整从独占实施许可人销售额中应该支付给专利权人的授权实施许可费用，剩下的部分作为逸失利益赔偿给专利权人。

设定排他实施许可权的情况下，也有法院判决肯定排他实施许可权人也能请求损害赔偿（参照第三编第二章第一节二（二））。此时损害额的分配问题，采取和存在独占实施许可权时相同的方法就好。

法院判例当中有判决认定：《商标法》第 38 条第 1 款到第 3 款的规定，这些规定是以商标权人专属拥有和商标使用有关的物权性质权利，并可以对任何人行使权利为前提，为了使之更容易实现而设计出来的规定，在种观点的理解之下法院明确否定了类推适用（对于设定独占实施许可权之后的侵权行为，基于第 2 款肯定了 6291 日元的损害赔偿，东京地方法院平成 15 年 6 月 27 日判决·判时 1840 号第 92 页［花粉咽喉糖］），不过本案的处理方式没有形成判决的主流。在该案中，有不少含有"花粉"文字的标识作为竞争商品销售，该案的注册商标是在指定商品糕点、面包上，分两段竖着写着"かふん❶"、"花粉"字样，获得此商标独占实施许可权的原告对被告提起了诉讼。该案判决中认为商标没有显著的出所识别力，并据此理由认为无法确定侵权行为给原告销售额造成多大程度上的影响，进而否定了逸失利益本身，但就是因为存在这样的情况，该案的射程❷不应该及于太远。此外，在其他的案件中，也有法院认为：普通实施许可权人的损害赔偿请求没有类推适用的余地，同时也不能认定该普通实施许可权人有独占市场的支配地位，最终以没能证明损害赔偿数额为由，驳回了诉讼请求，不过严格说来，该案不过是个没有认定普通实施许可权人具有独占地位的案件（东京高等法院昭和 56 年 3 月 4 日判决·无体财产权关系民事·行政判例集 13 卷 1 号第 271 页［拟饵控诉审］）。

虽说存在上述案件，但是裁判例总体的趋势还是承认排他实施许可权人也能类推适用损害额的特别规则。

比如在有的案件中将专利权人个人经营的公司视为独占实施许可权人的基础上，承认类推适用侵权人利益额的推定规定（上述大阪地方法院判决［人工植发用植发器］，上述大阪高等法院判决［人工植发用植发器控诉审］，关于商标法第 38 条的案件则是上述大阪地方法院［训练者］，或者在有的案件中，公司规模很小的排他实施许可权人实质上在专利权人的支配之下，其实施行为可以视为专利权人的实施行为，东京地方法院平成 16 年 4 月 27 日判决·平成 14（ネ）4448［烧结轴承材料的制作方法］），甚至也有没有言及相关事由直接予以类推的案件（上述京都地方法院判决［布帛上形成彩色图案的方法］，东京地方法院平成 10 年 5 月 29 日判决·知识产权管理判例集第 287 页［O 型腿步行矫正器］，上述大阪地方法院判决［电动式弯曲管道设备］，上述

---

❶ "かふん"，花粉的日文片假名。
❷ 这里讲的日文的"射程"，就是对其他案件的影响程度。

大阪地方法院判决［地表部嵌入式框架凸起的表面部分］。或者在个人经营案件中，要件论上仅以排他实施许可人为理由肯定了《实用新型法》第 29 条第 2 款的类推适用，可参照的案例有大阪地方法院平成 11 年 7 月 6 日判决·判例工业所有权法［2 期版］5385 之第 135 页［包装用浅盘］，大阪高等法院平成 12 年 12 月 22 日判决·平成 11（ネ）2603［包装用浅盘控诉审］，上述大阪地方法院判决［指甲刀］）。此外，在有的案件中虽然没有直接适用推定的规定，但因存在排他实施许可权人，法院还是以推定的方式承认了以侵权人利益额作为损害（判例 88、判例 96，大阪高等法院昭和 61 年 6 月 20 日判决·无体财产权关系民事行政判例集 18 卷 2 号第 210 页［毛刷控诉审］，大阪地方法院平成 3 年 11 月 27 日判决·判例工业所有权法［2 期版］5457 之第 14 页［食品包装袋］）。

专利法第 102 条第 1 款逸失利益的推定对于排他实施许可权人而言，有的案件中明确承认可以类推适用（虽然是附带意见，可参见上述大阪地方法院判决［包装用浅盘］），有的案件判决中虽然没有明言，但采取了和适用该款相同的做法（东京地方法院平成 12 年 3 月 24 日判决·判例工业所有权法［2 期版］2247 之第 51 页［股骨近端骨折固定装置］。平成 10 年（1998 年）修改法律前的判决则是东京地方法院平成 10 年 10 月 12 日判决·知裁集 30 卷 4 号 709［西咪替丁制剂］，此外，承认了和第 1 款规定数额相同数额的判决可见大阪地方法院平成 12 年 2 月 3 日判决·平成 10（ワ）11089［用于药剂分包机的纸管］，大阪高等法院平成 12 年 12 月 1 日判决·判夕 1072 号第 234 页［用于药剂分包机的纸管控诉审］）。

至于专利法第 102 条第 3 款，既有以从实用新型权人处无偿获得排他实施许可为理由，承认该款类推适用的判决（上述大阪高等法院判决［包装用浅盘控诉审］），也有没有特别明确地提出适用的法律条文，却承认了相当于授权实施许可费用金额的赔偿（不过在该案中扣除掉了被告侵权人应该向专利权人支付的相同数额的授权实施许可费用，上述大阪地方法院判决［电动式弯曲管道设备］）。

此外，作为比较特殊的损害赔偿请求的例子，独占实施许可权人因违反排除掉侵权产品的约定义务，支付了 800 万日元的违约金，在东京高等法院昭和 62 年 2 月 26 日判决·判例工业所有权法 2305 之 139 之第 294 页［谷物去石机控诉审］中，法院认为上述违约金和侵权行为之间欠缺因果关系，因而否定了赔偿。

判例88 大阪地方法院平成3年5月27日判决·知裁集23卷2号第320页［双轴强制搅拌机］

【法院肯定排他实施许可权人侵权人利益额的推定时，同时判定要扣除掉必须向专利权人支付的授权实施许可费用】

〈案件事实〉

原告X是案外专利权人A的排他实施许可权人，在该案中成为诉争的被告Y的侵权行为发生在专利权注册登记前，即X的排他实施许可权在"临时保护❶"的期间内。

〈判决要旨〉

"X是享有所谓临时保护权利的排他实施许可权人，发生上述Y侵权行为的时点，只有X独占享有本案发明专利即自支撑结构双轴强制搅拌机的制造及销售权利，除此之外制造及销售该机器的只有Y……为此，凭借Y获得的上述利益，推定认定Y的行为和损害之间存在因果关系是妥当的"。

不过，"即便没有Y的侵权行为时，X自己实施本案发明专利、销售双轴强制搅拌机时，也负有从获得的利益当中向案外人A支付授权实施许可费的义务，只有将这部分授权实施许可费用扣除掉后的余额才能作为自己的利益予以获取。也就是说，即便将侵权人获得的利益额推定为权利人受到的损害额时，也应该扣除掉相当于授权实施许可费的金额"。

尽管不服本案判决提起了上诉，但大阪高等法院平成4年12月4日判决·知裁集24卷3号第881页［双轴强制搅拌机控诉审］驳回上诉，维持了本案判决。

〈评论〉

本案不是独占实施许可权而是排他实施许可权的案件，因此本判决不适用第102条。判决要旨中认定X独占发明专利实施品的制造及销售权，除此之外只有Y制造及销售该产品，因此可以推定认为Y获得的利益中，Y的侵权行为和损害之间存在因果联系，这种理论构成，说到底还是在逸失利益的框架内将侵权人利益额推定为损害额。不过该判决所提示的这种理论，也应该适用于

---

❶ 译者注：这里的"临时保护"，日文是"仮保護の権利（假保护的权利）"，和我国《专利法》第13条的规定类似。即对于公布后、授权之前的发明专利申请可以给与相应的"临时保护"。日本的"假保护的权利"，是一种补偿金请求权，发明公布之后，权利人用记载专利内容的书面材料提出警告，如果之后顺利取得专利的话，可以请求相当于授权实施许可使用费的补偿金。但享有这种临时保护的权利不能在专利授权之前要求对方停止侵害行为。

推定独占实施许可权人的损害金额。

对于排他实施许可权和第102条的适用关系，一言以蔽之，在设定了排他实施许可权的情况下，因为专利权人不实施专利，法律条文和判例的态度都认为专利权人不能适用第1款和第2款的推定规定。所以，双重推定这一对侵权人非常不利的事态不会发生。至于第3款，专利权人没有自己实施获得利益的可能性，既然全部交由排他实施许可权人实施，专利权人没有掌控市场上对发明的需要，不能依照第3款获得赔偿数额，只能获得和排他实施许可权人约定授权实施许可费用中因为侵权行为存在而导致许可费数额减少的那部分。如此看来，即便让排他实施许可权人适用为独占实施许可权人预备的第102条，也许在实体法上也不会出现什么问题。但是，不同于独占实施许可权人，排他实施许可权不以注册为要件，当专利权人隐瞒排他实施许可权人存在的事实获得损害赔偿之后，排他实施许可权人另行提起损害赔偿请求时，就会留下侵权人因为排他实施许可权人的存在而处于非常不利处境的问题。

侵权行为实施人对排他实施许可权人的存在持故意抑或过失的态度是否成为其承担损害赔偿责任的要件，讨论本身也涉及这一难题。

（三）遭受侵害的专利权是在共有关系的情况下

计算逸失利益的时候只要能证明因果关系，各自受偿。

适用专利法第102条第1款和第2款的规定时，遭受侵害的专利权存在共有关系的情况下，和上述（b）中讨论的一样，侵权人只侵害一个专利权这点是不变的，专利各共有人应该获得承认的推定数额，最终就是通过第1款或第2款推定出来再以某种方式按份分配的数额。

不过，在这种情况下如果过度要求各共有人举证证明按份分配的比例，就变成不能举证按份分配具体比率时就不能获得第1款或第2款的推定，如此一来有悖该款作为缓和举证责任规定的宗旨。应该将存在共有人的事实作为导致推定（一部分）覆灭的事实，各专利权人获得推定认可的侵权人利益金额后，在共有人存在的程度内部分覆灭，覆灭的方法按照各个案件中的不同案情来具体操作。

特别在没有资料予以证明的情况下，如果有四个共有人，有的案件姑且就按照每个人1/4的程度予以推定（在推定侵权人利益时采取这种做法的案件有：大阪地方法院昭和55年10月31日判决·无体财产权关系民事·行政判例集12卷2号第632页［儿童玩具车轮胎的制作方法］，大阪高等法院昭和

57 年 1 月 28 日判决・无无体财产权关系民事・行政判例集 14 卷 1 号第 41 页〔儿童玩具车轮胎的制作方法控诉审〕，判例79，大阪地方法院平成 13 年 9 月 20 日判决・判例工业所有权法〔2 期版〕2335 之第 348 页〔多功能休闲垫〕）。但是，作者认为不应该像这些判决那样采取按照持有份额来分配的理论。专利产品的制造者和销售者存在共有关系，并且清楚知道相互的利益率时，不是按照持有份额的多少，而应该将侵权人利益额按照利益率的比例按份推定每个人维持的金额（东京地方法院昭和 44 年 12 月 22 日判决・无无体财产权关系民事・行政判例集 1 卷第 396 页〔用于坐桌的可以自由折叠的桌腿〕）。当存在四名共有人但有一个没有实施专利时，明显只能（按照相应份额）获得相当于授权实施许可费用，并且该数额也能举证证明的情况下，应该将分为三份的推定数额（如果有应该向未实施的专利共有人赔偿的金额，扣除掉该部分金额后的剩余金额，可参照后述）向剩余的三名共有人分配。法院判例中认定损害赔偿数额时就有不按照持有份额比例，而是按照实施程度的比例予以算定的判决（知识产权高等法院平成 22 年 4 月 28 日判决・平成 21 （ネ）10028〔钢柱的矫正装置〕）。

适用专利法第 102 条第 3 款相当于授权实施许可费用时，很多情况下姑且只能按照共有者人数分配（大阪地方法院平成 2 年 2 月 10 日判决・判时 1357 号第 126 页〔兼备包装功能的海苔包饭制作工具〕，东京地方法院平成 6 年 7 月 29 日判决・判例工业所有权法〔2 期版〕2399 之第 385 页〔湿式精米装置〕，判例87，东京地方法院平成 10 年 7 月 24 日判决・知财管理判例集Ⅰ〔气体打火机〕）。但作者认为，其实这里也如上述判决那样没有必要以持有份额为划分的理由，比如共有人销售地域不同，可以明显区分侵权行为剥夺了共有人中谁的需要时，就可以只允许该共有人请求相当于授权实施许可费用。同样的，除去未实施的共有人，如果能明确剩下的三位共有人的需要遭受侵害后可以满足，可以仅让三位共有人适用第 1 款逸失利益、第 2 款侵权人利益的推定，或者获得第 3 款相当于授权实施许可费用的赔偿，而未实施人的共有人，包括第 3 款在内不能获得任何赔偿。这是因为对于同一需要，专利权不共有的情况下不能两次获得赔偿数额。一个法院判决的案情是共有人中只有持有 1/2 份额的原告实施专利，该案判决原告可以依照第 102 条第 2 款侵权人利益额的推定获得全额的赔偿，不过其理由之一是其他持有份额的共有权人将第 102 条第 3 款的请求权转让给了原告，如果没有这个情况，是没有达到可以全额认定第 2 款利益额赔偿程度的（上述知识产权高等法院［钢柱的矫正装置］）。而另一个案件中，共有专利权人中没有实施专利的份额持有人仅获得了第 102 条第 3 款的赔偿，而开展租赁服务的份额持有人如愿按照自己的主张在相当于自己持有份额 1/2 的范围内获得了侵权人从其租赁服务中获利的推定，后者的份额持有人并没有获得利益全额的推定，从侵权人的角度来看，和单独的专利权人相比，共有不过是一种法律形式上的差异，并没有因此出现赔偿额度过高的情形（东京地方法院平成 17 年 3 月 10 日判决·判时 1918 号第 67 页［隧道断面标记方法］）。

十、间接侵权和损害赔偿额的计算

间接侵权时能否适用专利法第 102 条，是一个需要解决的问题。

按照专利法第 102 条第 1 款的逸失利益推定，"没有侵权行为时能够销售的产品"，即专利权人正在销售和构成间接侵权的侵权人产品存在竞争关系的产品，可以认定其推定成立。

对于专利法第 102 条第 2 款侵权人利益推定，有的案件中专利权人制造、销售和侵权人制造、销售的间接侵权产品相同种类的配件，法院在认定此关系的基础上针对间接侵权行为适用了推定规则（东京地方法院平成 10 年 12 月 18 日判决·判时 1676 号第 116 页［热封层压包装材料的装置］。其他肯定赔偿的例子还有：大阪地方法院平成 3 年 11 月 27 日判决·判例工业所有权法［2 期版］5457 之第 14 页［食品包装盒］，名古屋地方法院平成 11 年 12 月 22 日判决·判例工业所有权法［2 期版］2293 之 415 之第 2 页［中芯保持装置］，租赁的案件则是东京地方法院平成 17 年 3 月 10 日判决·判时 1918 号第 67 页［隧道断面标记方法］）。

至于第 102 条第 3 款相当于授权实施许可费用的赔偿，在有的案例中虽然实用新型权利人不能对构成间接侵权的配件的制造及销售行为（意味着不能登记）设立普通实施许可权，但无论如何既然能在获得对价（授权实施许可费用）的基础上达成不行使差止、损害赔偿请求权的合意，可以类推适用第 2 款（现行法第 3 款）的规定（大阪地方法院平成元年 4 月 24 日判决·无体财产权关系民事·行政判例集 21 卷 1 号第 279 页［造砂机之锤］）。以同样的论证方法也肯定了将相当于授权实施许可费用作为不当得利的返还请求。在其他法院判决中，针对间接侵权行为也肯定了相当于授权实施许可费用的赔偿（东京地方法院平成 6 年 7 月 29 日判决·判时 1513 号第 155 页［混水精米法］，东京地方法院平成 6 年 3 月 31 日判决·判例工业所有权法 ［2 期版］ 2537 之第 45 页［对齐位置的安装方法］，东京高等法院平成 8 年 5 月 23 日判决·判时 1570 号第 103 页［对齐位置的安装方法控诉审］，大阪地方法院平成 12 年 10 月 24 日判决·判夕 1081 号第 241 页［制面包机］，大阪地方法院平成 14 年 4 月 25 日判决·平成 11（ワ）5104［安装板检查位置生成装置以及方法］，上述东京地方法院判决［隧道断面标记方法］）。另有案件中，相当于授权许可费用中因专利公开而产生的补偿金请求以及公告日以后将侵权人利益额视为损害数额的赔偿请求都获得了法院支持（上述大阪地方法院［食品包装盒］）。至少着眼于专利权人被剥夺的某些利益的损害赔偿请求，适用第 102 条第 3 款是没有问题的。

十一、侵权人为复数时损害赔偿数额的计算

（一）侵权人为复数时，当然可以分别独自提出损害赔偿请求

关于这点，在东京地方法院昭和 47 年 6 月 26 日判决·判夕 282 号第 267 页［台灯］中，因为很难断定除了原告外观设计权人和被告以外没有人制造、销售和注册外观设计类似的产品，因此法院没有承认因果关系，驳回了原告的逸失利益赔偿请求。这样的说辞，如果是考虑到其他侵权产品的存在，得出结论就是侵害行为流传得越广泛，个别的侵权行为和逸失利益之间因果关系越难以承认。这样的论证方法等于是说侵权人如果制造、销售多个产品的话就能否定个别产品的因果关系。但是，如果后者的侵权人都是同一个人，全部产品在没有侵权行为时判断是否存在因果关系是不会有任何异议的。如此说来，当还有其他侵权人时，也应该采取同样的判断方法。

（二）因为复数的行为人参与到制造侵权产品的过程中，所以产生了多个侵权人的情况下，有的法院判决中认为该公司将材料卖给制造和销售专利实施产品的公司，至少在主观过失的样态下帮助了侵权产品的制造和销售行为，因此判定侵权行为产生的损害部分依据《民法》第 719 条第 2 款予以全额赔偿（静冈地方法院判决·判例工业所有权法［2 期版］2623 之第 47 页［1α–羟基维他命 D］，也可以参照第二章第一节五）。

（三）侵权产品在流通的过程中，就同一侵权产品而产生多个侵权人时，如何计算损害赔偿数额是一个问题

首先，需要阐明的一个前提问题是：获得专利权人许可后合法地制造、销售专利实施产品，以后产品无论如何辗转流通，专利权人对于该产品都不能再

重复请求授权实施许可费用（用尽理论），但如果是侵权产品，专利权人一次获得对价的机会都没有，产品每流通到一处都存在专利权侵权行为，对此专利权人请求损害赔偿是没有问题的。

不过考虑到因销售额减少而丧失的逸失利益，因侵权产品的出现而满足的需要仅仅是一个，观念上不会认为因这同一需要而反复导致销售额减少。用用尽理论考量这个问题，也会考虑到即便是合法流通的产品也不能重复请求授权实施许可费用。

在法院判决中，不同侵权人都适用第102条第1款时二者的关系如何解决的案件中，法院认定对于该逸失利益制造、销售者和转卖者承担连带责任（东京地方法院平成11年7月16日判决·判时1698号第132页[险恶地形逃生工具]）。所谓的"连带责任"是一方已经支付的情况下，在其支付的限度内不能再请求其他人支付。权利人失去的利益不会随着侵权人而发生变化，可以说这种做法是妥当的。

不同侵权人都适用第102条第2款时二者的关系如何解决的案件中，因为计算零售商B的利益额时已经扣除掉从批发商A处进货的价格，所以即便将A获得的利益额和B取得的利益额合起来的金额作为赔偿额，法院认为计算损害数额时也没有超过产品一回流通中的份额（东京地方法院平成13年2月8日判决·判时1773号第130页[带有自动弹子弹供应机制的玩具枪Ⅰ]。同样的宗旨的判决可见东京高等法院平成16年9月30日判决·平成16（ネ）1367[带有自动弹子弹供应机制的玩具枪Ⅱ控诉审]，东京高等法院平成16年9月30日判决·平成16（ネ）1436[带有自动弹子弹供应机制的玩具枪Ⅲ控诉审]）。在有的案件中，也有法院认定对进口商和销售商（两者之间如果成立共同侵权行为则另当别论，东京地方法院平成19年4月24日判决·平成17（ワ）15327[附带镜头的FILM UNIT及其制作方法]），或者制造、销售者和转卖者（在《商标法》第38条第2款的适用问题上肯定了原告方的主张，大阪地方法院昭和62年12月9日判决·判例工业所有权法2851之第885页[LV标志的V]）就各自获得利益分别进行损害赔偿。无论如何，对各个侵权人评价的损害都不同，因此可以认为都是没有重复赔偿的案例。

相关联的、适用《商标法》第38条第2款的案件中，考虑到商标权人自行交易的情况下一打可获利270日元（400打的话就是108 000日元），而承揽印刷侵权商标任务并作为工作报酬获得约29 000日元利益的印刷业者，以及制造、销售400打印有侵权商标的商品并获利116 000日元的制造、销售业者，再加上出口侵权产品并获利约 76 000 日元的出口商，法院判定不以三者各自利益合起来的总额，而是在制造业者获得的 116 000 日元利益限度内，维持了第 1 款的推定（大阪地方法院平成元年 5 月 24 日判决·判例工业所有权法［2 期版］第 8352 页［Super Doll］）。在这判决中，前提是如果商标权人自己也经营印刷和出口服务，那么就能够享受到侵权人利益的全额推定，但在本案中商标权人在诉争地区只是通过代理店出口产品，如果推定印刷业者以及出口商获得的利益也是其损害的话明显就不自然了，所以法院才在一定的限度内承认推定覆灭。

至于专利法第 102 条第 3 款，多数法院判决不允许重复获得赔偿。比如，有的案件中法院认定就相当于授权实施许可费用部分制造、销售者和转卖者承担连带责任（东京地方法院平成 11 年 7 月 16 日判决·判时 1698 号 132［险恶地形逃生工具］），有的案件中言明要考量用尽理论的同时，否定可以向进口商和国内销售业者分别独立请求相当于授权实施许可费用，该部分费用二者承担连带赔偿责任（东京地方法院平成 6 年 7 月 22 日判决·知裁集 26 卷 2 号第 733 页［BBS 专利平行进口］，虽然不能直接证明，但也可以参照东京地方法院平成 16 年 2 月 20 日判决·平成 14（ワ）12858［带有自动弹子弹供应机制的玩具枪Ⅱ］，东京地方法院平成 16 年 2 月 20 日判决·平成 14（ワ）12867［带有自动弹子弹供应机制的玩具枪Ⅲ］）。另在有的案件中，还是言明要考虑用尽理论，判定就同一侵权产品，损害赔偿的数额应该限制在一回流通的份额内，最终专利权人能获得的损害赔偿额总数上限就是零售价格乘以授权实施许可费率得出的金额（不过是以基于专利公开的补偿金请求权有关的判断而引导出来作为前提的论述上述东京地方法院判决［带有自动弹子弹供应机制的玩具枪Ⅰ］。对于不当得利返还请求权，在阐述上述同样宗旨的同时，法院判定从适当的授权实施许可费用中扣除制造业者和批发商支付的第 65 条补偿金后剩余的金额，作为不当得利返还（上述东京高等法院判决［带有自动弹子弹供应机制的玩具枪Ⅱ控诉审］，上述东京高等法院判决［带有自动弹子弹供应机制的玩具枪Ⅲ控诉审］）。

法院判例中在涉及不当得利返还的案件里，侵权人 Y2 从侵权人 Y1 处购入被疑侵权装置并予以转卖，用各个的销售价格乘以授权实施许可费率 10% 来计算相当于授权实施许可费用时，Y1 的部分是把卖给 Y2 的销售价格乘以 10% 得到的金额作为自己获利，Y2 的部分则是从卖给第三人的价格中扣除掉从 Y1 处出购得的价格得到的金额再乘以 10% 后获得金额作为自己的获利，法院分别肯定了对各个侵权人的请求（东京地方法院平成11年9月29日判决·判例工业所有权法［2期版］2389之第96页［回卷设备］）。但是，对于重复的金额部分课以连带责任的上述法院判决中，侵权人各自每销售一回都是剥夺了专利权人的销售机会，至少在损害赔偿请求上面将各自的销售价格乘以授权实施许可费率得出的金额作为赔偿数额（销售价格中重复计算的部分，承担连带责任），并不认可扣除掉进货价格后再计算相当于授权实施许可费用的做法（上述东京地方法院判决［BBS专利平行进口］）。

专利法第102条各款损害赔偿之间的相互关系又如何呢？

首先看专利法第102条第1款和第3款的关系，在对应着商标法第38条第1款和第3款的案件中，被告进口侵权商品之后销售给某个案外公司，案外公司将其再卖给需要者，原告对案外公司已经另行提起别的诉讼并且依照第38条第3款获得了相当于授权实施许可费用的赔偿，之后原告又对被告提起了本案诉讼，法院判定原告依照第38条第1款计算从被告处获得的逸失利益数额，要低于已经向案外公司支付的金额，最后以两个债务是不真正连带债务为由驳回了原告的诉讼请求（东京地方法院平成15年5月28日判决·判时1830号第140页［Canadian Maple Syrup］）。

再看专利法第102条第2款和第3款的关系，专利权人起诉侵权产品的制造、销售业者后获得了胜诉，取得了推定侵权人利益额的赔偿，但法院在另一个案件中对购入该侵权产品后再予以转卖的人，仍然没有任何保留地继续肯定了专利权人对其主张的相当于授权实施许可费用的不当得利返还请求，实务中并非没有这样判决的案件（大阪高等法院平成5年10月26日判决·判例工业所有权法［2期版］1711之第2页［片状物取出装置Ⅱ控诉审］。最高法院平成6年10月25日判决·判例工业所有权法［2期版］1711之第10页［片状物取出装置3审］也维持了二审判决），但是却没有继续追随的案件。不如说更多的情况是像在一个将实施许可费用作为不当得利请求返还的案件中那样，扣除掉制造业者和批发商已经依照第102条专利法第2款支付了的侵权人利益额，之后剩余的金额要求零售商予以返还（上述东京高等法院判决［带有自动弹子弹供应机制的玩具枪Ⅱ控诉审]，上述东京高等法院判决［带有自动弹子弹供应机制的玩具枪Ⅲ控诉审]）。

多个侵权人承担连带责任的情况下，一般来说在流通过程中侵权产品的销售金额发生变化，或者各个侵权人各自取得的利益产生差异的情况时有发生。为此在用专利法第102条第2款或第3款计算损害赔偿数额时，不同侵权人之间在计算得出损害赔偿金额后肯定会有所差异。这时就会出现一个问题：究竟侵权人是在各自独立计算损害赔偿金额的基础上仅对重复部分承担连带责任，还是在其中最高赔偿金额的范围内承担连带责任。

多数的法院判决中，当侵权人是制造业者和受让侵权产品后再销售给第三人的业者时，二者对损害额全额承担连带责任（京都地方法院昭和 61 年 10 月 9 日判决·判例工业所有权法 2305 之 139 之第 259 页 [拔染糊组合物]，东京地方法院昭和 55 年 3 月 24 日判决·判例工业所有权法 2183 之第 80 页 [半自动捆包机]，东京高等法院昭和 59 年 6 月 21 日判决·判例工业所有权法 2183 之第 97 页 [半自动捆包机控诉审]，东京地方法院昭和 59 年 2 月 24 日判决·判夕536 号第 307 页 [谷物去石机]，东京高等法院昭和 62 年 2 月 26 日判决·判例工业所有权法 2305 之 139 之第 294 页 [谷物去石机控诉审]，东京地方法院平成 11 年 7 月 16 日判决·判时 1698 号 132 [险恶地形逃生工具]，东京高等法院平成 14 年 10 月 31 日判决·判时 1823 号第 109 页 [新规芳香族羧酸酰胺诱导体的制造方法Ⅲ控诉审]）。推定侵权人利益额，认定制造侵权产品的 A 和从 A 处购买侵权产品后再销售给一般消费者的 B 二者的损害赔偿责任时，不仅仅是 A 和 B 自身的利益额，再加上 A 卖给 B 的利益额合计构成了第 2 款的推定数额，有提出以此作为计算前提的判决（不是直接能证明案件参照上述东京地方法院判决 [险恶地形逃生工具]）。在另外的案件中，明知侵害专利权还为玩具公司提供材料，法院判定作为侵害专利权的帮助者承担共同侵权责任，在玩具制造公司销售玩具所得的全部利益范围内承担损害赔偿责任（名古屋地方法院平成 10 年 3 月 6 日判决·判夕1003 号第 277 页 [温度指示材料]）。

另一方面，也有法院判决质疑这种解决方法，譬如有的案件中认为进口商和销售商应该在各自取得的利益范围内承担第 102 条第 2 款规定的损害赔偿责任（上述东京地方法院判决 [附带镜头的 FILM UNIT 及其制作方法]），有的案件中提示的解释方法是：认为可以对销售业者 B 请求零售价格乘以授权实施许可费率后得出的金额，而对于制造业者 A 只能请求批发价格乘以授权实施许可费率后得出的金额（重复的部分二者承担连带责任，并不是直接予以证明的案件可参照上述东京地方法院判决 [带有自动弹子弹供应机制的玩具枪Ⅰ]），有的案件中对制造、销售侵权产品的业者适用侵权人利益额推定并肯定了赔偿，与此同时判定购入侵权产品并使用的业者在相当于授权实施许可费用的范围内予以赔偿，并在此基础上认定二者的赔偿债务是不真正连带债务

（判例88）。此外，关于律师费用的问题，从被告处购入侵权产品再卖给他人的案外公司，和被告及代表人同处一个事务所，本部所在地也相同，原告对案外公司申请提起的诉前临时禁令等措施所花律师费用中和案外公司的侵权行为有相当因果关系的部分，法院判定被告要负担赔偿责任（东京地方法院平成6年9月21日判决·判时1515号第150页［软管］）。

从理论上予以拷问，后者的立场更为妥当。不过需要注意的是，虽然站在后者的立场下，但如果侵权人的行为构成共同侵权行为时则另当别论，应该对在各自损害金额的全额范围内承担连带责任（大阪地方法院平成16年5月27日判决·平成14（ワ）6178［用于透析的碳酸氢钠人工肾脏灌注剂的制造方法以及人工肾脏灌注剂］，上述东京地方法院判决［附带镜头的FILM UNIT及其制作方法］，以及提供佐证的案件，包括上述东京高等法院判决［带有自动弹子弹供应机制的玩具枪Ⅱ控诉审］，上述东京高等法院判决［带有自动弹子弹供应机制的玩具枪Ⅲ控诉审］）。譬如在有的案件中，制造者和销售者是关联企业，前者接受后者的委托，制造出来后再销售给后者，法院判定在二者利益合算的金额内承担连带责任（东京地方法院平成19年12月25日判决·平成18（ワ）1702等［井盖构造］，东京地方法院平成20年3月27日判决·平成18（ワ）29554［新规组成勿］），又如在有的案件中，两个公司的董事长是一个人并且公司间有资本关系，负责制造的公司只为销售公司制造产品，销售公司从制造处购入所有数量的产品，在这种关系下法院判定两者无论在主观还是客观上都构成了共同侵权行为，并以此为理由认可了第102条第2款的推定是二者合算的利益额（东京地方法院平成23年2月24日判决·平成20（ワ）2944［常闭型流量控制阀］），再如在有的案件中，制造业者A和销售业者B是在同一企业集团内分掌制造部门和销售部门的关联企业，二者都是侵权人时，法院判定在B的零售价乘以授权实施许可费率得出金额的全额范围内A和B承担连带责任（上述东京地方法院判决［带有自动弹子弹供应机制的玩具枪Ⅰ］）。另有案件中，法院判定侵犯专利权的制药公司及其作为子公司的销售公司具有密切可视为一体的关系，以此为理由推定医药品的制造、销售利益全额为损害赔偿数额，并要求制药公司承担这一赔偿责任（名古屋地方法院平成8年12月16日判决·判例工业所有权法［2期版］2293之第295页［2-苯乙烯-3诱导体］。名古屋地方法院平成8年12月16日判决·判例工业所有权法［2期版］2623之第111页［新规芳香族羧酸酰胺诱导体的制造方法Ⅰ］，上述东京高等法院判决［新规芳香族羧酸酰胺诱导体的制造方法Ⅲ

控诉审］，上述大阪地方法院判决［用于透析的碳酸氢钠人工肾脏灌注剂的制造方法以及人工肾脏灌注剂］，也可以参照东京地方法院平成16年11月17日判决平成15（ワ）19926［用于豆腐的凝固剂组成物］），在其他案件中，进口商和销售业者拥有相同的董事长，后者是前者专用的销售代理，在这样的关系下，法院判决以二者获得的利益合计后得出的金额作为赔偿数额（上述东京地方法院判决［附带镜头的 FILM UNIT 及其制作方法］）。此外，在稍微有些特殊的案件中，实施和测量方法有关的发明（不是制造产品的发明）进行确认试验从而生产制剂的侵权人Y1，和购入Y1生产的全部制剂并进行销售的Y2（可以评价为没有做出侵权行为），在这样的案情下计算Y1的授权实施许可费用，法院考虑到Y1和Y2可以评价为是同一集团企业内分别负责制造和销售的部门，判定以Y2制剂的销售价格为基础，再此之上乘以授权实施许可费率（是涉及不当得利返还请求的案件，大阪地方法院平成14年9月19日判决·平成11（ワ）10931［生理活性物质测定方法Ⅱ］）。在同类型另外的案件中，Y1生产的侵权产品只卖给Y2，Y2再将其销售给第三人，在这个案件中法院以二者存在相互依存关系为理由，判定在Y2销售额乘以授权实施许可费率得出的金额的范围内，Y1和Y2承担连带责任（大阪地方法院平成12年2月1日判决·平成10（ワ）8461［垂直型可埋栅栏柱］）。

以上所讨论的论点都是围绕一个发明专利是否能重复请求损害赔偿来展开的。与之相对的是当多个专利产品进入流通环节时，即便从专利技术范围并非完全重合的别的权利处已经获得了相当于授权实施许可费用，也并不会因此直接导致不能凭借本案权利请求授权实施许可费用（基于实用新型专利的不当得利返还请求，参照大阪地方法院平成13年12月13日判决·平成12（ワ）4290［缠绕膜制成的托盘包装体］）。不过在计算授权实施许可费用时，也要参考存在别的发明专利的实施产品这一要素也需要予以斟酌参考（（8）（a），以及上述大阪地方法院判决［缠绕膜制成的托盘包装体］）。至于专利技术范围重复的部分，允许从赔偿额中扣除掉已经在别的权利上支付过的相当于授权实施许可费用（上述大阪地方法院判决［缠绕膜制成的托盘包装体］）。

（四）不仅是制造、销售侵权产品的公司

在有的案件中该公司的董事长也被法院判定要承担损害赔偿责任（东京地方法院昭和38年9月21日判决·判夕152号第177页［塑料罐］，大阪地方法院平成元年8月30日判决·判例工业所有权法［2期版］5469之第11页［用于安装等方面的热压机］）。也有案件中认定法人代表等人的损害赔偿债务和公司的损害赔偿债务一起成立连带债务的关系（东京地方法院昭和55年3月24日判决·判例工业所有权法2183之第80页［半自动捆包机］，东京地方法院昭和59年6月21日判决·判例工业所有权法2183之第97页［半自动捆包机控诉审］，大阪地方法院昭和60年5月31日判决·判夕567号第296页［新窗户框的安装设备］，判例75）。

不过，如果仅仅因为公司董事长的地位就经常性地导致在公司侵犯专利权时承担损害赔偿义务，要是采取这种理解方法（特别是鉴于损害赔偿数额有高额化倾向情况下），恐怕难免会对公司员工课以过重的负担。在法院的案件当中，侵权公司的董事长在多大程度上参与了侵权产品的制造和销售，没有具体而明确的证据，就侵权公司侵犯专利权的行为，法院判定不能认定董事长个人有基于故意或过失的事实（大阪地方法院平成12年12月12日判决·判例工业所有权法［2期版］2367之第84页［多层轮胎］），大阪高等法院平成14年4月10日判决·平成13（ネ）257等［多层轮胎控诉审］）。既然不能适用过失推定的规则，那么专利的直接侵权人还是公司，法人代表个人的责任止于共同侵权行为责任，是不能适用《专利法》第103条的。

那么，如果法院肯定了有具体地参与侵权行为的情况下，是可以要求承担损害赔偿责任。至于具体的适用条文，在一个法院判决中，要求董事长承担责任的依据是《商法》第266条之3，不过案件的适用上没有该条文所言"恶意或重过失"，法院以此为理由否定了损害赔偿责任（大阪地方法院平成8年2月29日判决·判时1573号第114页［气体传感元件］。其他否定责任的例子可见大阪地方法院平成9年12月25日判决·判例工业所有权法［2期版］6691之第331页［烹饪桌［外观设计］］）。在该案中除了符合原告所主张的事情之外，专利权人的原董事长也深入参与侵权行为，这样的特殊性大概也影响了判断，为此也许法院认为没有必要对董事长个人都课以赔偿责任，不过从阐述一般理论的角度看，一个公司的从业人员如果有过失的情况下都会被要求承担侵害的责任，反而董事长没有重过失的情况下可以免责，这样岂不有失均衡。即便不用特别拿出商法第266条之3的规定，对于那些有权限的从业人员或职员在过失的情况下可以对其请求损害赔偿（比如，可见上述大阪地方法院判决［用于安装等方面的热压机］）。相反地，对于没有侵权问题行为、没有决定权限的从业人员，对其没有期待可能性，多数情况下否定其过失（作为否定的例子，见上述大阪地方法院［气体传感元件］）。

十二、其他损害

（一）信用毁损

在专利权侵权事件中，除了上述请求之外，也在有的案件中提起信用毁损的赔偿请求。理论上来讲，因侵权人专利实施产品质量粗劣而导致发明专利的信用降低，并影响到销售的情形是可以想见的，但和商标权侵害案件（参见田村善之《商标法概述》［第 2 版·2000 年·弘文堂］第 353～354 页）不同，实际上法院中几乎没有肯定该请求的。为数不多的特例是大阪地方法院昭和 59 年 12 月 20 日判决·无体财产权关系民事·行政判例集 16 卷 3 号第 803 页［毛刷］中，侵权人无视权利人提出的抗议故意继续侵权行为，权利人没有办法只能付出为了维持诉讼的花费以及诉讼费用、律师费用等开销，法院判决"就算原告不是信用尽失，但原告因为被告的侵权行为蒙受了有别于上述销售利益损害之外的没能够补偿的无形损害"，从而肯定了 100 万日元的损害赔偿（大阪高等法院昭和 61 年 6 月 20 日判决·无体财产权关系民事·行政判例集 18 卷 2 号第 210 页［毛刷控诉审］也维持了这样的判定）。

（二）律师费用

为了赢得诉讼而聘请律师的情况下，应该支付给律师的报酬在合理的范围内也作为因侵权而产生的损害而获得赔偿。

法院案例中有判定损害赔偿的认可数额中 10% 左右的数额和侵权行为之间具有"相当因果关系"的损害，进而肯定了赔偿。比如，考虑到 434 多万日元的损害赔偿认可数额，判定认可 45 万日元的律师费用（广岛地方法院平成 7 年 10 月 25 日判决·判例工业所有权法［2 期版］5359 之第 52 页［点焊电极抛光工具］等，除此之外还有东京地方法院平成 11 年 7 月 16 日判决·判时 1698 号 132 ［险恶地形逃生工具］，东京高等法院平成 12 年 4 月 27 日判决·平成 11（ネ）4056 ［险恶地形逃生工具控诉审］，判例87，东京地方法院平成 15 年 12 月 26 日判决·判时 1851 号第 138 页［液体灌装设备的喷嘴］，大阪地方法院平成 17 年 2 月 10 日判决·判时 1909 号第 78 页［用于作成病理组织检查标本的托盘］等很多案件）。

不过，当损害赔偿额比较高额的时候，相当于律师费用的部分在比例上就变低了。比如，案件中的损害赔偿额是 2 亿 5120 万日元，作为付出"着手金"请求的是 859 万 9500 日元，但法院"考虑中间利息等诸般要素"，肯定了 750

万日元的赔偿（判例84），另在有的案件中损害赔偿数额是 11 亿 4689 万日元，法院肯定原告所主张的 5000 万日元律师费用是合理的（大阪地方法院平成 16 年 5 月 27 日判决・平成 14（ワ）6178［用于透析的碳酸氢钠人工肾脏灌注剂的制造方法以及人工肾脏灌注剂］，大阪地方法院平成 19 年 4 月 19 日判决・平成 17（ワ）12207［护目镜］，在损害赔偿数额为 7 亿 6840 多万日元的案件中，判定 2000 万日元的律师费用是合理的（东京地方法院平成 21 年 8 月 27 日判决・平成 19（ワ）3494［口服吸附剂Ⅰ］，其他案例还有：名古屋地方法院平成 10 年 3 月 6 日判决・判タ1003 号第 277 页［温度指示材料］，东京地方法院平成 11 年 11 月 4 日判决・判タ1019 号第 238 页［芳香液体漂白剂组成物］，东京地方法院平成 12 年 3 月 17 日判决・平成 9（ワ）第 12557 页［真空包装收纳袋］，东京地方法院平成 13 年 2 月 8 日判决・判时 1773 号第 130 页［带有自动弹子弹供应机制的玩具枪Ⅰ］，大阪地方法院平成 14 年 1 月 29 日判决・平成 11（ワ）13512［热封装置］，东京高等法院平成 14 年 10 月 31 日判决・判时 1823 号第 109 页［新规芳香族羧酸酰胺诱导体的制造方法Ⅱ控诉审］，大阪地方法院平成 16 年 7 月 29 日判决・平成 13（ワ）3997［埋设于地表的带框的盖］，大阪地方法院平成 16 年 9 月 30 日判决・平成 13（ワ）1334［顶端位置检测装置］）。

相反，在认可的损害赔偿数额低的时候，按照事件的性质，反而会出现高比率数额的情况。比如，认定损害是 306 万多日元相当于授权实施许可费用，判定应该赔偿的律师费用是 250 万元（东京地方法院平成 5 年 12 月 10 日判决・判例工业所有权法［2 期版］2537 之第 7 页［模块式电连接器］），在另外的案件中，同样是认定相当于授权实施许可费用的损害为 251 万多日元，除了律师会报酬规定之外，考虑到事件的复杂程度和临时诉前禁令的份额等诸多要素，判定律师费用和辅佐人弁理士的费用合计共 160 万日元是合理的（东京地方法院平成 6 年 9 月 21 日判决・判时 1515 号第 150 页［软管］，其他案件还有：大阪地方法院平成 4 年 4 月 28 日判决・判例工业所有权法［2 期版］5453 之第 30 页［五角柱连接益智玩具］，大阪地方法院平成 13 年 9 月 20 日判决・判例工业所有权法［2 期版］2335 之第 348 页［多功能休闲垫］，大阪地方法院平成 14 年 4 月 16 日判决・判时 1838 号第 132 页［肌肉组织状魔芋的生产方法Ⅰ］，大阪地方法院平成 15 年 4 月 3 日判决・平成 13（ワ）6924［纯二氧化氯液剂］，大阪高等法院平成 16 年 10 月 15 日判决・平成 15（ネ）1504［纯二氧化氯液剂控诉审］，东京地方法院平成 19 年 10 月 26 日判决・平成18（ワ）474［物品取出装置］，知识产权高等法院平成20年9月29日判决·平成19（ネ）10098等［物品取出装置控诉审］，东京地方法院平成19年12月26日判决·平成17（ワ）23477［电着箔制造用鼓外皮的制造方法］，大阪地方法院平成23年3月29日判决·平成21（ワ）13089［显示设备］）。肯定了差止请求，却没能证明逸失利益的案件中，法院也肯定了70万日元律师费用的赔偿（基于专利公开的补偿金请求获得了认可，而法院认为和侵权行为没有关系的律师费用请求和侵权行为欠缺因果关系，大阪高等法院平成14年8月28日判决·平成12（ネ）3014等［5相Stepper motor的驱动方式控诉审］）。不过，并不是所有案件中都能经常获得这么高比率的律师费用赔偿（比如，相当于119 456日元的损害赔偿数额，相当于律师费的赔偿仅止于15 000日元，大阪地方法院平成19年11月19日判决·平成18（ワ）6536等［指甲刀］）。

（三）发现侵权的费用

侵权调查所需要的费用也包括在应该赔偿的损害中。在商标权侵权案件中，法院判定要赔偿派遣经理所需要的交通费、住宿费（东京地方法院昭和43年3月6日判决·判タ223号第240页［披萨］）。此外，出于调查的目的购入侵权产品的费用和委托他人分析的费用，在各自的购买日、委托日开始起算3年的消灭时效（《民法》第724条，判例84）。

（四）延迟损害金

延迟履行损害赔偿请求的延迟损害金按照侵权行为的一般判例法理，从侵权行为发生日起以年5%（《民法》第404条）的法定利率发生（不待权利人请求，从侵权之起就发生有支付义务的债务），当事人在请求日（判例84）或诉状送达的次日（东京地方法院平成15年3月26日判决·判时1837号第101页［空气按摩装置］）起请求支付延迟损害金的，在其限度内予以许可。当然，侵权行为开始的时点晚于诉状送达期日的，延迟损害金从各侵权行为发生的时点起算（大阪地方法院平成17年9月26日判决·平成15（ワ）13703［促进头发护理的设备］）。侵权期间跨度达一年的，因为并不确定具体销售时期的明细，以此为理由判定只好以最后一日为延迟损害金的起算日（东京地方法院平成10年5月29日判决·知财管理判例集第287页［O型腿步行矫正器］）。阐释了同样宗旨的判例是大阪地方法院平成12年10月24日判决·判タ1081号第241页［制面包机］）。侵权行为第2年的1月1日（东京地方法院平成 13 年 12 月 21 日判决·判例工业所有权法〔2 期版〕2247 之第 80 页 [带钢卷取装置]），或者侵权行为终了年度的最后一天 12 月 31 日（东京地方法院平成 15 年 12 月 26 日判决·判时 1851 号 138 [液本灌装设备的喷嘴]）开始请求延迟利益的原告主张在其限度内予以认可。此外，区别尚未支付的律师费用和已经支付的着手金，从判决确定之日起计算利息（大阪地方法院平成 4 年 4 月 28 日判决·判例工业所有权法〔2 期版〕5453 之第 30 页 [五角柱连接益智玩具]）。

（五）消灭时效

以侵犯专利权为由的损害赔偿请求，属于侵权行为的债权，依照《民法》第 724 条的规定，消灭时效是知道损害及加害人时起 3 年，或者侵权行为之后经过 20 年（从一般判例法理来看，前者是有时效中断效果的消灭时效，后者是没有延长余地的除斥期间）。在专利权设定登记前就知道实施发明的行为和实施者的情况下，待可以行使权利的专利设定登记日开始起算消灭时效（东京地方法院平成 16 年 2 月 20 日判决·平成 14（ワ）12858 [带有自动弹子弹供应机制的玩具枪Ⅱ]，东京地方法院平成 16 年 2 月 20 日判决·平成 14（ワ）12867 [带有自动弹子弹供应机制的玩具枪Ⅲ]。也请参照第 65 条第 5 款第 2 项）。

所谓能够知道损害以及加害人的时候，有的法院判决解释为是在事实上可能行使损害赔偿请求权的程度和状况下，可以称之为知道损害以及加害人（东京地方法院平成 13 年 12 月 21 日判决·判例工业所有权法〔2 期版〕2247 之第 80 页 [带钢卷取装置]）。具体而言，在一个案件中，侵权人从以前开始就宣传假发上使用了特殊的固定装置（1986 年 4 月左右），权利人虽然得到了侵犯专利权的产品在销售的信息，可由于在产品的生质上可以秘密地予以销售，直到现实中获得销售的侵权产品为止（1992 年 3 月左右）都没有能够得到确切的证实，在这个案件中法院判定短期消灭时效的起算点，即专利权人知道侵权的时点是得到产品的时候（东京高等法院平成 9 年 12 月 18 日判决·判时 1642 号 136 页 [假发片Ⅴ]）。同样地，在另个一案件中，权利人虽然可以知道有侵权产品销售的事实，但销售一方只在工厂内使用，通常情况下合同当事人之外的第三者无法知道产品的详细构造，在权利人获得由被告方制作的、记载被告产品构造等详细情况的交货清单之前，不能认为是知道损害以及加害人的（上述东京地方法院 [带钢卷取装置]）。在看不到胜诉可能性的情况下，期待权利人提起诉讼是非常困难的，法院的这种做法也是可以的吧（同样的判决可以参照知识产权高等法院平成 17 年 9 月 29 日判决・平成 17（ネ）10006［液体灌装设备的喷嘴控诉审］）。也有的案件中虽然侵权产品在市场上已经广泛地销售给一般消费者，但如果连化学分析都很难知道是否存在侵害，法院判定还不属于认识到了侵害（东京地方法院平成 11 年 11 月 4 日判决・判时 1019 号第 238 页［芳香液体漂白剂组成物］）。甚至有的案件中专利权人自行收集侵权产品的目录，购买实际的设备来驾驶操作，公司内部的开发统御技术组也考察其他公司使用侵权产品时驾驶操作的状况，通过和本案发明专利进行对比，可以推定其在一定程度上把握了侵权产品的构成，尽管法院认定了这一点，但还是认为这样的调查是为了通过比较存在竞争关系的产品来更加清楚地明白自家产品的优点和需要改善的地方，没有在这个目的之上调查侵权产品是不是属于本案发明专利的技术范围，判定没有现实地认识到专利权存在侵害，从而否定了消失时效的成立（大阪地方法院平成 22 年 1 月 28 日判决・判时 2094 号第 104 页［组合计量装置］）。这是以公司内研究开发部门和法务乃至知识产权部门分属不同部门这一体制为前提作出的判决。另一方面，当知道侵权行为现实地导致损害发生时，即便不能具体地知道损害的程度或数额，法院判决时效仍然在计算中（东京地方法院平成 10 年 7 月 24 日判决・知财管理判例集Ⅰ［气体打火机］。基于专利公开的补偿金请求权案件，可见上述东京地方法院判决［带有自动弹子弹供应机制的玩具枪Ⅱ］）。损害数额本来就应该是在侵权诉讼中予以明确的，作为一般性理论而言这个道理是行得通的。

　　侵权行为只要还在继续，每天都会有新的损害发生，消灭时效也是在知道各个发生损害的事实后分别计算（上述东京地方法院判决［带有自动弹子弹供应机制的玩具枪Ⅱ］，上述东京地方法院判决［带有自动弹子弹供应机制的玩具枪Ⅲ］，也有以此为理由，判定侵权诉讼进行阶段在诉讼中没有请求的损害份额，没有时效中断的效果，从而该部分已经完成了消灭时效（东京地方法院平成 2 年 2 月 9 日判决・判例工业所有权法〔2 期版〕2379 之第 37 页［铬酸铅颜料Ⅱ］，东京地方法院平成 12 年 6 月 23 日判决・平成 8（ワ）17460［采血器］）。不过也有质疑这种判断方法的法院判决（专利权人没有主张所以没有成为诉讼中的争点，但法院指出"因为属于诉讼所以有解释为进行时效管理的余地"，知识产权高等法院平成 20 年 7 月 20 日判决・平成 19（ネ）10032［同熔融金属供给容器控诉审］）。

　　此外，基于专利法第 102 条第 1 款、第 2 款、第 3 款的请求，是针对同一侵权行为的事实造成的"逸失利益"，只是在损害数额计算方法上有所不同，损害赔偿请求权本来就只有一个，既然在原审中基于第2款和第3款提出了损害赔偿请求，消灭时效也就此中断，之后在二审中即便基于第102条第1款提出请求，也不会有消灭时效完成的问题（东京高等法院平成14年10月31日判决·判时1823号第109页［新规芳香族羧酸酰胺诱导体的制造方法控诉审］）。

（六）相抵

侵犯实用新型专利权产生损害，负担这一赔偿债务的人又因为别的实用新型权利而发生损害赔偿债权，法院否定了作为反对债权相互抵消的主张（东京高等法院平成7年12月21日判决·判例工业所有权法〔2期版〕5359之第59页［包等其他用品的磁石锁控诉审］，最高法院平成8年6月17日判决·判例工业所有权法〔2期版〕5359之第61页［包等用品的磁石锁上告审］）。请求权人产品的制造、销售和作为债务人产品的制造、销售不是同一事实关系，而基于同一事实而发生的双方侵权行为是认可抵消的理由，因此不能适用（上述东京高等法院［包等其他用品的磁石锁控诉审］）。

十三、用于计算的书类资料的提出命令

不清楚销售数量以及侵权人利益额等信息的情况下，计算损害数额是很困难的，而可以披露这些事实的资料，通常情况下都掌握在侵权人手中。为此专利法第105条规定：在专利权侵权诉讼中，依照当事人申请，法院可以命令当事人提出为计算该侵权行为造成损害所需要的必要书类资料。

不过，该计算用书类资料的持有人提出正当理由予以拒绝时，不得命令其提出文书（第105条但书规定）。问题是当该文书中披露商业秘密时是否属于正当理由呢（否定的例子可见大阪高等法院昭和62年3月16日决定·判例工业所有权法2327之第109页）。鉴于产品的原价这种信息通常属于商业秘密，取得对侵权行为心证的基础之上有必要用侵权人的文书证明损害赔偿数额时，不能仅因为计算书类资料中含有商业秘密就轻易地解释为具有"正当的理由"。平成8年修改后的新民事诉讼法第220条一般性地扩大了有提出义务文书的范围，但涉及商业秘密的可以拒绝提出（民诉第220条第4款第2项、第197条第1款第3项）。专利法第105条的存在意义就在于即便是涉及商业秘密的文书，在计算损害赔偿数额时有必要的情况下可以要求提出。不过，这也涉及法院在指挥诉讼的过程中希望构建何种程度的秘密保持手段问题（第二编第二章第二节）。

不过专利法第 105 条仅仅是扩大了提出义务的范围，没有对具体申请方式及手续等作出规定，还是要依据民事诉讼法中有关文书提出义务的一般规定。在之前的实用新型侵权诉讼中，适用旧民事诉讼法第 313 条第 2 款（现行民事诉讼法第 221 条第 1 款第 2 项）的基础上，判定该项"文书的宗旨"，只要提出文书记载事项的概略要点即可（大阪地方法院昭和 41 年 3 月 25 日决定·判例工业所有权法 2327 之第 101 页［机械防漏回转轴］）。

依照专利法第 105 条被命令提出文书的当事人不服从命令时，平成 8 年修法前的民事诉讼法第 316 条规定，裁判所可以认定申请方当事人有关该文书的主张是真实的。该条的宗旨如果站在实现达到和提出文书同样状态这一立场出发，文书申请的性质和内容所体现的事实（平成 8 年改正前民事诉讼法第 313 条第 2 款的"文书的宗旨"）可以作为真实的予以认可，超过此范围想通过提出文书予以证明的事实（同法第 313 条第 4 款的"应该予以证明的事实"）也要作为真实予以认可，那等于肯定了超出提出文书以上的效果，因此法院没有允许（外观设计侵权的案件，大阪地方法院昭和 58 年 12 月 9 日判决·判夕 514 号第 295 页［滑雪场标志杆］）。但其实在计算侵权产品的销售数量或侵权人利益额的时候，如果提出必要文书的请求被拒绝，只要侵权人处没有提供文书，提出具体数额的主张本身是非常困难的。实际上在上述大阪地方法院判决［滑雪场标志杆］案件中，原告在"文书的宗旨"一栏中除了文书标题之外没能写上具体内容。也因此导致该判决没能依据旧民事诉讼法第 316 条的规定推定为真实的（同样否定推定的例子为东京地方法院平成 2 年 2 月 9 日判决·判例工业所有权法〔2 期版〕2379 之第 37 页［铬酸铅颜料Ⅱ］）。为此，法院判决就算站在"文书的宗旨"说立场上，认可原告在文书中所主张的记载（例如，被告没有提出的计算用文书，都按照原告主张的数量和单价），事实上最后还是和"应该予以证明的事实"说采取同样的做法（京都地方法院昭和 61 年 10 月 9 日判决·判例工业所有权法 2305 之 139 之第 259 页［拔染印花糊料组合物］）。甚至有的法院判决直接站在"应该予以证明的事实"说的立场上，认定原告主张的 500 台侵权产品是真实的，并以此推定侵权人利益额（东京高等法院昭和 59 年 6 月 21 日判决·判例工业所有权法 2183 之第 80 页［半自动捆包机控诉审］）。也在有的案件中认定原告主张的被告月销售数量为真实，以此来计算合适的对价作为赔偿额（侵犯商标权的诉讼，大阪高等法院昭和 56 年 2 月 19 日判决·无体财产权关系民事行政判例集 13 卷 1 号第 71 页［VENUS］）。

在现行民事诉讼法中，规定可以认定该"文书的记载"的相对方所主张的是真实的（上述"文书的宗旨"说的做法。民事诉讼法第 224 条第 1 款），与此同时，相对方在该文书中所记载的具体主张以及该文书所要证明的事实依照其他证据来证明显著困难的情况下，法院可以认定相对方所主张的事实是真实的（上述"应该予以证明的事实"说的做法，同法第 224 条第 3 款）。只要不提出文书，而文书中记载的内容又是申请人无法知道的用于计算的书类材料，如果完全贯彻民诉诉讼法第 224 条第 1 款的原则，要被认定为真实的事实本身处于不明朗的状态，也没有了对不提出文书行为予以制裁的实际效果。而在民事诉讼法第 224 条第 3 款之下，如果原告主张本身荒唐无稽的情况下可以选择不推定为真实的。违反专利法第 105 条的情况下，可以用业界通常的利益额等估算一个大致的程度后提出主张，按照民事诉讼法第 224 条第 3 款的规定认定为真实的，侵权人如果主张损害额比这个低，就促使其提出证据来证明。体现这种比较缓和的处理方式的案件中就是如此般认定了原告所主张的销售数额（大阪地方法院平成 17 年 12 月 15 日判决·判时 1936 号 155 页［化妆用粉扑］（外观设计），大阪地方法院平成 20 年 5 月 29 日判决·平成 18（ワ）8725［用于切割废弃材料的装置］，知识产权高等法院平成 21 年 1 月 28 日判决·平成 20（ネ）10054 其他［用于切割废弃材料的装置控诉审］），在另外的案件中，没有完全承认原告在文书中记载的主张，但考虑到原告销售额的减少和被告拒不提出文书的态度，判定被告的销售数量大致相当于原告主张的 40%，再乘以原告主张的单价来计算侵权人利益额（旧民事诉讼法下商标权侵权事件，东京地方法院平成 5 年 3 月 24 日判决·判例工业所有权法〔2 期版〕8157 之第 6 页［接触点］）。此外，在计算侵权产品的销售数量时，被告侵权人没有提出会计账簿是不考虑被告降低销售数额要求的理由之一（东京地方法院平成 10 年 10 月 12 日判决·知裁集 30 卷 4 号第 709 页［西咪替丁制剂］），当不确定侵权产品和非侵权产品的明细时，推定销售额的 1/2 来源于侵权产品（旧民事诉讼法下的案件，大阪高等法院平成 5 年 7 月 15 日判决·判例工业所有权法〔2 期版〕2293 之第 85 页［三角袋的制袋方法］），此外其他案例可见：东京地方法院平成 6 年 5 月 30 日判决·判例工业所有权法〔2 期版〕6683 之第 138 页［内视镜用胶卷套装］，大阪地方法院平成 9 年 10 月 30 日判决·判例工业所有权法〔2 期版〕5459 之第 2 页［自行车用防止卷入的套子］）。

另一方面，文书提出命令对象的文书（船运估价单、商业发货单、航空货物兑换证明、不可取消信用证、请款单、决算单、赊销账），只提出一部分（商业发货单）的情况下，原告以违反文书提出命令为理由要求认定原告权利人文书中所主张为真实，法院认为该案中的被告侵权人除了提出上述商业发货单之外，还提出了能认定单价和销售数量的书证（货单），因而否定了原告的主张（东京地方法庭平成10年7月24日判决·知识产权管理判例集Ⅰ［气体打火机］）。证据具有多大程度上的价值，不提示出来的话是不清楚的，与其在入口处予以限制，即对不提出证据的行为课以严格的后果，不如像本案判决那样，在命令提出的范围上广撒网，在此基础上考察实际提出的文书，斟酌其必要性之后再考量不提出效果，这种处理方法可以依照案情的不同灵活运用。

此外，文书丢失或者不能认清内容的情况下，即便要求其提出也没有意义。但是，如果出于干扰妨碍的目的导致文书灭失或不能适用，法院可以采取和不提出文书时同样的对策（民事诉讼法第224条第2款、第3款。对于文书的灭失，否定其具有加害目的的判决是大阪地方法院昭和43年5月20日判决·判夕225号第209页［混凝土搅拌机］）。

十四、举证损害赔偿数额的容易化

平成11年的专利法修改，在穷尽上述各种手段之后举证证明损害额仍然困难的情况下，祭出了所谓的家传宝刀，规定了这样的条文：认定产生了损害的情况下，为了证明损害数额需要举证必要的事实，而由于该事实的性质致使举证极为困难时，法院可以基于口头辩论全过程的宗旨以及调查证据的结果，认定适当的损害赔偿数额（第105条之三。至于本条和民诉法第248条的关系如何，对民诉法第248条议论者的立场不同而有所差异）。

在一个案例当中，并没有明确提示适用该条文，该案中侵权人没有收取对价的互联网地址服务所带来的损害，依照第102条第3款寻求赔偿，现在登录件数共有不到14万，而实现收费服务之后侵权人计划一份登录收取31 500日元的费用，法院考虑到这些要素，指出在性质上这些必要事实的举证是非常困难的，之后便没有说明理由的情况下判定损害赔偿数额不低于1400万日元（知识产权高等法院平成22年3月24日判决·平成20（ネ）10085［因特尔服务器的访问管理］）。

此外，在计算专利法第102条各款时，有必要弄清的一部分数字适用第105条之3。譬如，在某案件中，不能正确区分以前的产品和侵权产品的数量的主要原因是侵权人商品管理上的问题，再加上也一并考虑到专利法第105条之 3 的宗旨，总销售额中大概估算下来至少 7 成是侵权产品的销售额（大阪地方法院平成 13 年 3 月 1 日判决·判例工业所有权法〔2 期版〕2573 之第 43 页〔环形铣刀〕)，为了计算侵权人界限利益的变动费用，有判决考量专利法第 105 条之 3 的宗旨并予以概算（东京地方法院平成 12 年 4 月 27 日判决·判例工业所有权法〔2 期版〕5477 之第 85 页〔礼仪用的木制招牌〕，此外按照 1999 年修改前的民事诉讼法第 248 条的宗旨概算扣除费用的案件可见东京地方法院平成 10 年 10 月 12 日判决·知裁集 30 卷 4 号第 709 页〔西咪替丁制剂〕）。

十五、信用回复措施请求

专利法第 106 条规定，出于故意或过失做出侵权行为并损害业务上信用者，专利权人提起信用回复措施请求。裁判实务上几乎所有信用回复措施请求都是谢罪广告，但侵犯专利权的诉讼中承认这种形式的几乎没有（否定例就可见东京地方法院昭和 43 年 7 月 24 日判决·判夕 229 号第 231 页〔硬质物质粉碎装置〕，大阪地方法院昭和 43 年 6 月 19 日判决·判夕 223 号第 200 页〔自动锁边变速机〕，东京高等法院昭和 62 年 2 月 26 日判决·判例工业所有权法 2305 之 139 之第 294 页〔谷物去石机控诉审〕）。准用本条的《外观设计法》第 41 条，在适用该条的案例中，原告因为侵权产品的廉价销售而不得不接受交易方的降价要求，而且尽管如此也没有向原告请求损害赔偿，考虑到这些情况法院认可了刊登谢罪广告的请求（神户地方法院昭和 61 年 4 月 21 日判决·判夕 620 号第 179 页〔肋骨骨折固定带〕）。

第四节　不　当　得　利

一、概说

侵权人在不存在故意或过失的情况下，虽然不用承担损害赔偿责任，但专利权人可以向侵权人请求返还不当得利（民法第 703 条）。

在侵害专利权的情况下，将过失的推定予以推翻的情形是很少见的（参照第三节二），因此，请求返还不当得利的实际意义体现于损害赔偿请求权的时效消灭的情况，判例中请求返还不当得利的也基本上都是这类案例。根据民法第 724 条的规定，因侵权行为产生的请求权的消灭时效是在知晓损害发生及侵权人时起 3 年（或者自侵权行为发生起 20 年），而依据民法第 167 条第 1 款的规定，返还不当得利请求权的消灭时效是 10 年（认为返还不当得利请求权不属于商法第 522 条的"因商行为产生的债权"，因此时效期间不是 5 年而是 10 年，对此作出判示的判决，见大阪地方法院平成 15 年 10 月 9 日判决·平成 14（ワ）9061 [5 相步进电机的驱动方式]）。但是，不当得利的消灭时效不同于侵权行为的短期消灭时效，即使不知道损害发生和侵权人，也是从"能够行使权利之时"（民法第 166 条第 1 款）进行，对此需要予以注意（大阪地方法院平成 13 年 12 月 13 日判决·平成 12（ワ）4290 [托盘包装用缠绕膜]）。

二、返还金额

侵害专利权的案件中认可返还不当得利请求的判决，基本上都是将许可费金额作为返还金额（以东京地方法院昭和 42 年 7 月 3 日判决·下民集 18 卷 7~8 号第 739 页 [双氢制作方法] 为开端，除了本书初版第 313 页和本书第 2 版第 389 页所列判决之外，还有大阪地方法院平成 13 年 10 月 9 日判决·判例工业所有权〔2 期版〕2339 之第 447 页 [电动管道弯曲装置]，东京地方法院平成 12 年 3 月 24 日判决·平成 9（ワ）28053 [股骨近端骨折内固定装置]，大阪地方法院平成 11 年 7 月 6 日判决·判例工业所有权法〔2 期版〕5385 之第 135 页 [包装用托盘]，大阪高等法院平成 12 年 12 月 22 日判决·判例工业所有权法〔2 期版〕5385 之第 183 页 [包装用托盘]，东京地方法院平成 11 年 9 月 29 日判决·判例工业所有权法〔2 期版〕2389 之第 96 页 [复卷设备]，大阪地方法院平成 13 年 12 月 13 日判决·平成 12（ワ）4290 [托盘包装用缠绕膜]，大阪地方法院平成 14 年 4 月 11 日判决·平成 11（ワ）3857 [尼卡地平缓释制剂的成分]，东京地方法院平成 16 年 2 月 20 日判决·平成 14（ワ）12867 [带有自动弹子弹供应机制的玩具枪Ⅲ]，东京高等法院平成 16 年 9 月 30 日判决·平成 16（ネ）1436 [带有自动弹子弹供应机制的玩具枪Ⅲ控诉审]，东京高等法院平成 16 年 9 月 30 日判决·平成 16（ネ）1367 [带有自动弹子弹供应机制的玩具枪Ⅱ]。东京地方法院平成 20 年 6 月 26 日判决·平成 19（ワ）21425 [气球用夹停止装置]，东京地方法院平成 22 年 2 月 26 日判决·平成 19（ワ）26473 [实心高尔夫球]）。

侵害专利权的案件中，也有依照使用专利发明装置所获得的利益认定返还金额的判决（东京高等法院平成 12 年 6 月 29 日判决·平成 11（ネ）6370

［负载装置系统］），但该案件中，由于该装置是从专利权人处购得的，在买卖合同的合意解除后专利权人表达了反对的意思，此后便不得再合法进行使用，由此来看该案件也可被作为债务不履行责任的案件。属于纯粹的侵权案件的有如下关于侵害商标权的判决，该判决中法院对于侵权所得利益的返还请求也予以认可（大阪地方法院昭和62年10月14日判决·无体集19卷3号第389页［樋屋十世奇應丸］），但无非是追随上面的案件罢了。

相反，也有判决作出了如下判示，即在将合理许可费（如12%）作为返还金额的同时，当侵权人所获利益低于该合理使用费（10%）时，只能在侵权人所获利益的限度内认可返还金额（但同时也对受益人恶意的情形予以保留，见东京地方法院平成16年2月20日判决·平成14（ワ）12858［带有自动弹子弹供应机制的玩具枪Ⅱ］）。但这对于侵权人来说相当于节省了本来必须支付的许可费中的一部分，也可以认为是侵权人获得了节约出来的这部分利益。在有关不当得利的类型的讨论中认为，侵权所得与实际获得的利益无关，而是指违反财产归属分配时利用该财产所产生的利益所得，一般认为应将与该利益所得相当的价值换算成金钱返还给权利人。

如果是善意的获利者，作为未规定期限的债权依照民法第412条第3款，自请求返还不当得利时起算履行迟延（大阪高等法院昭和57年1月28日判决·无体集14卷1号第41页［儿童玩具车用轮胎的制作方法］），将从翌日开始收取延迟利息（根据民法第404条是年利率5%）（大阪高等法院平成5年10月26日判决·判例工业所有权法〔2期版〕1711之2［纸状物的取出装置Ⅱ］，上述东京地方法院［复卷设备］，上述大阪地方法院［托盘包装用缠绕膜］，上述大阪地方法院［尼卡地平缓释制剂的成分］），而在恶意的获利者的情况下则是从开始获得不当得利时起算延迟利息（民法第704条，判例58）。

另外，不当得利返还请求权不得类推适用第102条第2款中规定的侵权人利益额的推定（上述东京地方法院2389之第96页［复卷设备］）。但是，在与第102条第3款的关系上，有判决判示了如下主旨，即认为虽然对于不当得利返还请求还没有适用第102条的，但由于不当得利的金额是合理许可费的金额，这与损害赔偿中的情形并无实质性差别（知识产权高等法院平成20年7月20日判决·平成19（ネ）100332［熔融金属供纤容器］）。而且，也有判决在认定返还金额时认可了对于第105条之3的类推适用（东京地方法院平成21年2月18日判决·平成9（ワ）28506［混凝土结构的机器施工方法］）。再啰嗦一句，近期适用第102条第3款所认可的赔偿金额呈现提高化的趋势，对于不以故意或过失为前提的不当得利返还请求权而言，这样的处理方式是否合适，对此恐怕还有必要予以讨论。

三、其他问题

对于在专利权尚未成立、实施专利发明的行为不属于专利权人的排他权控制范围的期间内所进行的实施行为，虽说该期间内实施人所获利益欠缺法律上的原因，但专利权人也不得针对实施人提出返还不当得利请求。有如下判决，有关基于平成6年专利法修订前的申请公告而享有的临时保护的权利（＝排他权），法院的态度是，对于排他权尚未成立、申请公告进行前的实施行为，否定了不当得利返还请求（大阪地方法院平成4年7月23日判决·判例工业所有权法〔2期版〕2399之第287页［纸状物的取出装置Ⅱ］）。由于第65条的补偿金请求权不是排他权，而只不过是在满足该条所规定的要件下受认可的权利，因此不能以不当得利返还请求为基础。不然的话，该条对要件进行限定就没有意义了（参照第五节四）

第五节　基于公开申请的补偿金请求

一、概说

专利权通过设定登记而产生，但申请的发明内容却无关于设定登记将被公开（第64条）。申请公开后发明的内容能够被普遍知晓，不特定的多数第三人得以实施该发明，但由于处于设定登记前，因而申请人不得主张专利权。为了防止这种不利益的存在削弱发明人的申请积极性，专利法规定了基于公开申请的补偿金请求权（第65条第1款）。但是，为了防止最终由于专利未获得授权时给对方造成难以恢复的损害，所以不得进行差止请求，而只能请求相当于从实施人的实施行为中应收取的金钱额。由于出于设定登记前，因此除了对方恶意的情形外，需要提前提出警告。而且，基于通过这种方式产生的补偿金请求权实际收取费用，必须等到专利权获得设定登记后才能够进行（第65条第2款）。

此外，过去还存在基于申请公告而享有的获得临时保护的权利，在申请公告后，申请人对于第三人的实施行为得以请求差止及损害赔偿（平成6年修订前第52条第1款），但通过平成6年的修订，这种权利与申请公告制度一起被废止了（但作为经过措施延至平成7年末仍有效）。另外，实用新型方面，通过平成5年的修订，申请公开的制度本身就被废止了，基于公开申请的补偿金请求的制度也就当然不存在了。

二、警告、恶意的含义

（一）关于"警告"

从条文上来看，需要通过提示记载有专利申请发明的内容的书面文件进行警告。对于虽然写有申请日、申请公开日、公开号码，但没有关于权利要求范围等发明内容的记载的情况，判决认为不属于依照法律规定的要求进行了警告（东京地方法院平成11年3月26日判决·判例工业所有权法〔2期版〕2359之第565页〔眼膜〕）。

即使警告书的地址写的不是被告公司而是其他公司，但在法定代表人是同一人且该法定代表人对上述警告书予以了回应时，判决认可对被告实施了警告（大阪地方法院平成3年11月27日判决·判例工业所有权法〔2期版〕5457之第14页〔食品包装盒〕）。警告书发出之后，即便是对方拒收，但在能够推定对方是在知晓该文书内容的基础上予以拒收的情况下，判决认为应该认可实施了警告（上述大阪地方法院〔食品包装盒〕）。虽然也可以说是"恶意"的问题，但从发挥着防止补偿金请求权的行使给实施人造成突然袭击的趣旨来看，认定为"警告"恐怕不会有太大的问题。

（二）关于"恶意"

需要该发明进行了申请公开，以及第三人对发明方案的知晓要达到能够认识到申请发明的同一性的程度（虽然是附带意见，见大阪地方平成元年5月31日判决·无体集21卷2号第470页〔支柱等防护设备〕）。

仅仅是认识到发明的内容还不够，还需要知晓该发明被提出申请以及该申请被公开。虽然知晓发明的内容，但并不知道该发明进行了申请的情况下，不能说是"恶意"。因此，曾经有判决认为，有关涉及补偿金请求权的本件专利发明之外的另一件发明，在交付了原说明书后，即使了解了原说明书中的内容，但当原说明书中未对本件专利发明的必要技术特征进行开示的情况下，不能认为被告是"恶意"，即使被告获取了基于将专利发明具体化的模型的说明，该结论也不会有所不同（东京地方法院平成14年4月16日判决·平成12（ワ）8456等〔重物吊起用钩装置〕）。判例中，对参观考察实施发明方案的产品等事实予以参考从而认可"恶意"的判决并非不存在（大阪地方昭和58

年 5 月 27 日判决·无体集 15 卷 2 号第 429 页［高尔夫球袋运输循环轨道设备］)，但至少仅从判决书的内容来看，对于实施人认识到申请公开的事实予以肯定的判断过程很难说描述得很详尽，因而缺乏作为先例的价值。但是，关于申请公开的事实，如果在申请日时具有恶意，将其认为申请公开后立刻具有恶意应该也是没关系的（参照 判例89 中的暗示）。

此外，还有考虑了原被告之间的特殊关系的判决，该案中被告从原告（之后成为本件专利权的权利人）处独立之时，被告转交了写有不侵害原告享有的专利权的主旨的备忘录，基于此，法院以被告应该十分留意原告的工业所有权的申请信息为理由，认定了存在恶意（京都地方法院平成 11 年 9 月 9 日判决·判例工业所有权法〔2 期版〕2339 之第 335 页［热敏打印头］）。

另外，在被告是公司的情况下，关于恶意的认定，有时是对被告的法定代表人的行为进行判断（上述大阪地方法院［支柱等防护设备］)，有时特别是在无法特定具体的自然人时则是对被告整体的行为进行判断（ 判例89 ，仙台高等法院平成 4 年 2 月 12 日判决·判夕793 号第 239 页［接地带发回重审后控诉审］，上述东京地方法院［重物吊起用钩装置］)。不同于差止请求和第 103 条中规定的推定过失的损害赔偿请求，在补偿金请求权的情况下，由于需要积极地去认定恶意，因此暂且这点会成为问题，但通过另外整理相关理论，根据案情进行各种应对应该也是可能的。

三、与补正的关系

存在如下问题，即第三人受到来自申请人的警告而认定其存在恶意，之后申请人却对申请进行了补正的情况下是否需要申请人再次进行警告，或者说对于补正后的申请是否还需要存在恶意。判例认为，尽管通过补正缩减了权利要求范围，但当补正前后第三人的实施品都落入权利要求范围时，无须通过再次进行警告认定存在恶意（ 判例89 ，仙台高等法院平成 4 年 2 月 12 日判决·判夕793 号第 239 页［接地带重审后控诉审］，大阪地方法院平成 13 年 3 月 1 日判决·判例工业所有权法〔2 期版〕2573 之第 43 页［环形铣刀］，大阪地方平成 16 年 7 月 26 日判决·平成 14（ワ）13527［架］，东京地方平成 19 年 12 月 25 日判决·平成 18（ワ）1702 等［人孔结构］，附带意见中阐述此观点的见大阪地方平成元年 5 月 31 日判决·无体集 21 卷 2 号第 470 页［支柱等防护设备］)；但通过补正扩大了权利要求范围使得第三人的实施品首次落入权利要求范围时，则需要再次进行警告或者对于补正的事实和内容存在恶意（东京地方法院平成 10 年 4 月 10 日判决·知识产权管理判例集 I 第 236 页［储热材料的制作方法］）。关于后者所涉及的点，也有判决仅仅基于补正扩张了权利要求范围的理由，而非考虑第三人的实施品是否落入扩张前的权利要求范围，从而否定补偿金请求权（名古屋地方法院平成 6 年 2 月 25 日判决·判例工业所有权法〔2 期版〕2293 之第 100 页［钢筋组装工法］），但如果将 判例 89 的理论推演来看，对此恐怕会有疑问（但并未明说）。

判例 89　最高法院昭和 63 年 7 月 19 日判决·民集 42 卷 6 号第 489 页［接地带］

【在补正减缩了权利要求范围，且第三人的产品在补正前后均落入权利要求范围的情况下，补偿金请求权的发生无须第三人从再次的警告等中获知补正后的权利要求范围】

〈案件事实〉

在申请公开之前的昭和 54 年 6 月 29 日，申请人针对一种与实现静电接地功能的汽车装配工具相关的实用新型专利的申请进行了补正，将原权利要求范围减缩为配置成"安装位置可调节、可相对移动"。而在此之前的昭和 54 年 5 月 7 日，原告提起的本件诉讼的诉状以及申请书等的复印件都送达到了被告。此后，昭和 54 年 12 月 1 日申请被公开。被告的产品也是配置成"安装位置可调节、可相对移动"，补正前后都落入了本件实用新型方案的权利要求范围。

〈判决要旨〉

实用新型专利申请人在将申请进行公开之后，向第三人提示记载有实用新型专利申请的实用新型方案的内容的书面文件，对第三人进行警告。在第三人对上述已申请了公开的实用新型专利申请的实用新型方案的内容予以知晓后，申请人通过补正程序对登记的权利要求范围进行补正的情况下，当该补正是对原有的权利要求范围进行扩大、变更，第三人的实施品虽然未落入补正前的权利要求范围，但却落入了补正后的权利要求范围时，申请人要想基于实用新型法第 13 条之 3 向第三人提出补偿金支付请求，需要在上述补正之后再次向第三人提出同条所规定的警告，使得第三人知晓补正后的权利要求范围；但当该补正在最初添附的说明书或附图中所记载的事项的范围内是对补正前的权利要求范围进行了减缩,第三人的实施品在补正前后均落入实用新型方案的权利要求范围时,则无须再在上述补正之后通过警告使第三人知晓补正后的权利要求范围。实用新型法第13条之3的趣旨是,为了防止突然提出的补偿金请求对第三人造成的突然袭击而设置上述警告或恶意要件。按照该趣旨,仅仅对于前一种情况要求再次警告或恶意就可以了,对于后者的情况即使不要求再次的警告或恶意,也不至于对第三人造成突然袭击。

〈评论〉

原审仙台高等法院昭和60年9月30日判决·民集42卷6号第572页参考[接地带]认为,由于进行补正时相当于进行了新的申请,因此判示了需要再次警告或补正后被告存在恶意。但本判决却明确判示了在减缩权利要求范围的情况下不采用该立场。考虑到补正频繁地反复进行的实际现状,若采取原判决那样的立场,补偿金请求权将有可能变得有名无实。因此,可以认为采取本判决的立场是现实的。

但是,在补正前的权利要求范围下受到了警告或者存在恶意的第三人,即使是认为该权利要求范围过于宽泛且包含公知技术因而不会获得专利授权,但依照本判决,对于这种期待将是不予保护的。最终,对于受到警告或存在恶意的第三人而言,当自己实施的产品落入权利要求范围时,需要想到申请人之后通过补正获得专利授权的可能性,并在此前提下进行行动。

四、其他论点

补偿金的金额规定的是"对于实施行为所应收取的金钱额",与规定了合理对价的损害赔偿的专利法第102条第3款中所用的语句相同。从实际判例中的计算方法来看,也没有刻意与第102条第3款中的合理对价的计算进行区别(比如,东京地方法院平成13年2月8日判决·判时1773号第130页[带有自动弹子弹供应机制的玩具枪Ⅰ],大阪地方法院平成16年9月30日判决·平成13(ワ)1334[顶端位置检测装置])。

基于公开申请的补偿金请求权的性质,也影响着具体的解释论(顺便说一下,第65条第5款准用规定了共同侵权行为的民法第719条及规定了侵权行为消灭时效的民法第724条)。

比如,有判决阐述了如下主旨,对于存在多个侵权人的情况,在与侵权行为下承担损害赔偿责任的要件相同的要件下,各个侵权人承担连带责任(上述东京地方法院［带有自动弹子弹供应机制的玩具枪Ⅰ］）。另一方面，还有判决阐述了如下主旨，由于补偿金请求权的趣旨在于使实施人偿还利益所得，因此对于侵权公司的法定代表人个人而言不产生该义务（由于法定代表人未提出不服申请，因此最终对于认可了补偿金请求权的原判决予以了维持，但作为抽象论阐述了与申请公告后的损害赔偿义务有所区别，见大阪高等法院平成5年3月23日判决·判例工业所有权法〔2期版〕4985之第14页［食品包装盒］）。关于后一论点，是认为该请求权属于损害赔偿请求权的一种呢，还是更接近于不当得利返还请求权呢，对此论者的立场不同恐怕也会使得结论有所不同。

　　关于延迟利息，一方面有判决认为，考虑到上述第65条第5款的存在，采取与侵权行为产生的债权同样的处理方法，无须等到专利权人进行请求，而在能够行使权利的申请公告之时（现行法下对应的是登记之时）起就已陷入迟延状态（京都地方法院平成11年9月9日判决·判例工业所有权法〔2期版〕2339之第335页［热敏打印头］）。另一方面也有判决认为，补偿金请求权不是基于侵权行为的损害赔偿请求权，而是特别创设的权利，因此延迟损害金的起算日应该是写有明确请求的诉状送达之日的第二天（大阪地方法院平成14年1月29日判决·平成11（ワ）13512［热密封装置］。也参照上述大阪地方法院［顶端位置检测装置］）。但也许需要对于恶意的情况和受到警告第一次产生支付义务的情况进行区分考虑。

　　在专利获得授权前知晓发明的实施行为及实施者的情况下，消灭时效的起算点是专利获得授权之日（第65条第2款）。即使在因专利侵权产生的损害赔偿请求权的时效消灭的情况下，也认可要求返还合理使用费的不当得利返还请求权，与此不同，在补偿金请求权的时效消灭的情况下，则不得再请求返还不当得利（以补偿金请求权是政策性创设的权利为理由的判决，见东京地方法院平成11年9月29日判决·判例工业所有权法〔2期版〕2389之第96页［复卷设备］，东京地方法院平成16年2月20日判决·平成14（ワ）12858［带有自动弹子弹供应机制的玩具枪Ⅱ］）。

　　关于律师费用有如下判例。在该案件中，补偿金额约115万日元，以侵害获得授权后的专利权为理由请求的合理许可费赔偿额约320万日元，对于律师费用、辩理士费用，法院作出了如下判示，"补偿金请求权不同于因侵权行为产生的损害赔偿请求权，而是基于专利法的规定创设的特别的权利。在对此也予以考虑的基础上，将与被告行为具有相当因果关系的损害金额认定为40万日元是合理的"。虽然是很微妙的说理，但可以认为这是在衡量辩理士费用赔偿的行情下，对补偿金额在某种程度上也进行了考虑。作为思考的方法，虽然将其性质认定为侵权行为是应该认可该赔偿，但恐怕还是应该将其作为更接近于不当得利的情形予以考虑，从而对该赔偿予以否定更合适。

第三编　专利权的经济利用

虽然物理上任何人不论系在何处皆可实施发明，但依据发明专利法规定，因为特定的实施行为受发明专利权此一排他权的限制，所以想要实施发明的人如果未经发明专利权人许可，则无法实施该发明。从而，对于实施发明的专利产品其所存在之市场需求得为如何地利用，发明专利权人可以排他地自主决定。

谁享有专利申请权？原则上是发明人（及其受让人）享有该发明的专利申请权，由其提出专利申请而取得发明专利权（第一章第一节）。共同发明时，专利申请权为共有（第一章第二节）。员工完成发明时，对于该发明的专利申请权之继受等则另订有特别规定（第一章第三节）。

经授予发明专利权并予以登记之发明专利权人，在该排他权的庇护下，第一，可亲自藉由排他地实施发明以满足市场需求而换取金钱利益。第二，虽不自行实施发明，但可经由许可他人实施发明专利的方式而换取金钱对价（第二章）。第三，因为发明专利法设有登记制度并承认发明专利权的转让〔第三章〕，所以发明专利权人可藉由将发明专利权让与他人的方式以满足市场需求而换取金钱对价。

另外，发明专利权人自发明专利权被授予之日起满三年仍未实施其发明专利，或者实施自己的发明专利将不可避免地实施他人的发明专利者，或者为了公共利益之目的而有必要者，发明专利法定有专利局（专利局）长官或经济产业部部长可经由裁定的方式，强制许可实施发明之制度（第83条、第92条、第93条）。因为罕见有关强制许可制度的判例，本书对此部分的说明予以割爱。

第一章 专利权的原始归属

第一节 专利申请权人

一、概观

发明专利法虽采先申请主义，但并非任何人一经提出专利申请即当然可被授予发明专利权。因为发明专利法采用只有发明人始享有专利申请权的发明人主义（第29条第1款，第33条第1款）。

但发明人得将其享有的专利申请权让与他人。从而，发明专利的申请人不一定非得是发明人，受发明人转让权利的受让人亦得为申请人。继承等之法定继受，亦同（但与转让之意定继受的相异之处在于，提出专利申请并非对抗要件，参照第35条第5款）。前者之意定继受，以受让人提出专利申请为对抗要件（第34条第1款）。于雇主先继受员工的专利申请权，之后第三人亦自员工处二重受让同一权利且先于雇主提出专利申请的案件中，判决以第三人明知员工违反有关保守商业秘密的约定而获取该发明专利，亦明知雇主已先继受员工的专利申请权利等情为由，从而认定该第三人为背信的恶意第三人，依诚实信用原则，该第三人不得以其提出专利申请在先为由，对抗雇主就其专利申请权的继受取得（知识产权高等法院平成22年2月24日判决·判时2102号第98页［加工工具］，同时撤销原判决之东京地方法院平成21年1月29日判决·平成19（ワ）12655），并为改判）。

从而，得经由提出专利申请而被授予发明专利权并予以登记，成为发明专利权人者，限于发明人或继受取得发明人之专利申请权利的受让人。于登记错误的情形，登记错误虽为发明专利权无效事由，但于请求宣告该专利权无效（无效宣告）的程序中系由发明专利权人负担举证责任（知识产权高等法院平成18年1月19日判决·平成1710193［绿化喷雾材料及绿化喷雾方法］，知识产权高等法院平成21年6月29日判决・判时2104号第101页［基板处理设备］）。

另外，专利申请权利的受让人因基于其享有该专利申请权人之地位，自得任意决定是否提出专利申请，所以当然并不负有提出专利申请的义务。且即使撤回申请，对发明人亦不负有损害赔偿责任（东京地方法院平成3年5月24日判决・判例工业所有权法〔2期版〕第1201页）。当然，如转让合同中订有特约者则另当别论。

二、发明人的认定

（一）技术思想的创造人

于特定专利申请权利的原始归属之人时，发明人是谁的此一确定作业，乃发生争议。过去，发明人的认定以涉及是否成立冒认专利申请的争议较多，但最近，作为起因于职务发明之补偿金请求权的前提问题，争执请求补偿金的（前）员工是否为发明人的相关案件则频繁发生。

就结论而言，法院系以具体地创造出该发明专利的相关技术思想之人是谁，作为判断基准（东京高等法院昭和51年4月27日判决・判例工业所有权法2333之第30页［柏青哥（弹珠）游戏机的结构］、知识产权高等法院平成17年8月30日判决・平成17（ネ）10069［土木工事用镭射测定器］、东京地方法院平成18年1月26日判决・判时1943号第85页［相片用支持介质］、东京地方法院平成18年3月9日判决・判时1948号第136页［丰田中央研究所］、知识产权高等法院平成19年3月29日判决・判时1972号第135页［丰田中央研究所控诉审］、东京地方法院平成20年12月16日判决・平成19（ワ）29768［日立制作所Ⅳ］）。

（二）具体技术思想的创造人

判例上，就此问题多以委托制造有关实施发明的具体设备、产品的委托人与受托人之间，何人为发明人的形式而为争执。

委托人于委托时，其具体构思如已完成到足供所属业界实现的程度者，完成该具体构思的委托人为发明人。承此，技术内容的教导提示而将设备具体化之人并非发明人（东京地方法院昭和54年4月16日判决・判夕395号第155页［谷物处理方法及其设备］）。例如，即使不能否认被告方的工程人员为协助完成技术思想的具体化而就设备的具体结构下了种种工夫，但只要遵照完成技术思想创造的原告方所指示的课题与要求的功能，经由结合先前已知的周知技术，凡是于所属技术领域的技术人员皆能容易地制作该设备者，则被告方的工程师只不过是一名助手，并非发明人（在专利侵权诉讼中争执谁是发明人的案件，大阪地方法院平成4年3月26日判决·判例工业所有权法〔2期版〕第245页〔运送设备〕）。

委托人既提示课题，又指出应予转用的公知技术，并提出希望予以改善之点的案件中，判决以委托人能想到转用公知技术此一构思本身在系争发明中占有重要地位为由，从而认定至少委托人应予评价为共同发明人中之一人（东京高等法院平成15年3月25日判决·平成11（行ケ）330等〔建筑用内部脚手〕）。虽然所提示的内容该当公知技术，但非仅止于构思的提示，而是指出转用公知技术的具体构成，且该转用公知技术的具体构成为系争发明的本质部分，因此上述判决所为认定，均属正确。

相反的，如果仅止于出示课题，但并未提示解决该课题的具体构思时，则承此课题的教导提示，进而研发出实现该课题的设备之人为发明人（东京地方法院平成17年3月10日判决·平成16（ワ）11289〔土木工事用专用镭射测定器〕、知识产权高等法院平成17年8月30日判决·平成17（ネ）10069〔土木工事用专用镭射测定器控诉审〕、东京地方法院平成20年12月16日判决·平成19（ワ）29768〔日立制作所Ⅳ〕）。例如，指出既有产品的缺点并要求制作出能够解决该缺点的设备之人，与承此要求而创造具体结构并研发出该设备之人分别存在时，后者为单独的发明人，而前者既非单独发明人，亦非共同发明人（东京高等法院昭和60年8月15日判决·判例工业所有权法2333之第37页〔铸造模型加工及预备试验用冲压机〕、判例90。亦参照东京地方法院平成14年8月27日判决·判时1810号第102页〔细粒核〕、东京高等法院平成15年8月26日判决·平成14（ネ）5077〔细粒核控诉审〕）。

于职务发明的诉讼中，有不少案件系以业务部门的所属员工提出课题，之后研发部门完成发明时，提出课题之人有无资格成为（共同）发明人？或是上司多少有介入参与发明的结果，而当其部下完成发明时，上司有无资格成为（共同）发明人等形式，就发明人是谁而争执。但不论是上述何种情形，相较于委托人与受托人间的相关纷争，认定发明人的基准并不改变。例如，负责业务之人只不过是传达顾客的要求，研发部门则系历经一定浓度的有机酸里结合定量的错化剂之实验，始特定出发明相关的技术思想（东京地方法院平成18年1月31日判决·判时1929号第92页〔洗净处理剂〕、知识产权高等法院平成18年7月19日判决·判时1984号第79页〔洗净处理剂控诉审〕指出，在化学发明的场合，因为事前预测构思的具体化结果实属困难，有的技术思想系唯有经由反复实验始能完成）；上司只是从事一般管理者所为的管理与指示，对发明的参与仅止于教导提示既已公知的公报（东京地方法院平成18年1月26日判决·判时1943号第85页［相片用支持介质］）；上司未曾亲自实验，亦未曾指示有关实验的具体内容，重要的实验也未曾到场（东京地方法院平成17年9月13日判决·判时1916号第133页［分割锭剂］、知识产权高等法院平成18年3月29日判决·平成17（ネ）101177［分割锭剂控诉审］）。以上案件法院均认为负责业务之人或上司并不够资格成为发明人。另一方面，虽然同时身兼管理职务，但藉由发现最适原料聚合物之实验的进行，通过组合实验才首次成功之发明的参与人，也为（共同）发明人（东京地方法院18年9月12日判决·判时1985号第106页［JSR公司］）。此外，也有判例因其所认定完成发明的时期较原判决（东京地方法院平成19年2月28日判决·平成17（ワ）4556［日信化学工业］）为晚，从而根据在此期间之员工的所为贡献，认定该员工为共同发明人中之一人（知识产权高等法院平成20年10月20日判决·平成19（ネ）10033［日信化学工业控诉审］）。

  应予留意的是，设备制造的受托人即使就该设备的制造曾进行改良，但于系争案件里有所争议的专利权或专利申请所涉发明中，该改良只不过是无关发明创造的部分者，则因为受托人并非专利权或专利申请所涉发明的发明人，所以该发明专利权或专利申请并不包含无效理由或不予专利事由（东京高等法院昭和39年10月22日判决·判夕170号第202页［西餐用餐刀］、东京高等法院平成15年6月26日判决·平成14（ネ）730［氢化处理触媒］）。在有关脱衣收容器具之发明创造发明的案件中，判决并未特别重视每个脱衣槽、洗衣槽或收容器具本身之设计制作的受托人，而系认定决定全体构想及其配置之人为该实用新型的发明人（东京高等法院昭和60年10月24日判决·判例工业所有权法2509之67的第713页［家庭用脱衣收容器具］）。这是因为争议之实用新型并非在各个构成内容的设计上有其特征，而系为不让放入洗衣槽内的衣服可从外面轻易地被看到，故在洗衣槽上方安置脱衣槽的此一配置，才是该实用新型之发明创造的特征。反过来说，如果本案涉及的争议是脱衣收容器具之外观设计者，则当然不会有如此的结论。判例上亦曾认定，仅止于提示铁工用螺丝扳手的研发构思，而在外观设计形态的研发过程中未曾反映自己意见之人，并无资格成为外观设计的共同创造发明人（大阪高等法院平成6年5月27日判决·知裁集26卷2号第447页［螺丝扳手〔外观设计〕］）。该案件所涉之争议为，于外观设计专利权的侵权诉讼中，有关取得外观设计专利的权利归何人享有）。生物方面的研究者与合成方面的研究者共同从事带有抗血小板作用之喹啉酮诱导体研究的案件中，判决以物质发明的本质乃创制有用的物质、测定生物活性时所钻研之测定方法并未变更公知方法的基本轮廓等为由，认定未负责合成之生物方面的研究者并不够资格成为共同发明人（东京地方法院平成 18 年 9 月 8 日判决·判时 1988 号第 106 页［大塚制药Ⅲ］、知识产权高等法院平成 19 年 3 月 15 日判决·判时 1989 号第 105 页［大塚制药Ⅲ控诉审］）。

判例 90　东京高等法院平成 3 年 12 月 24 日判决·判时 1417 号第 108 页［自动煮沸虾子的成型设备］

【受托人起初仅止接受托人的简单指示，之后将该指示具体化，研发出可供产业上利用的设备，基此认定受托人为实用新型发明人】

〈案件事实〉

以前在煮烫虾子的时候，为了不让虾子弯曲而需花费极大的劳力和时间在事前穿刺虾子的作业二。当时，为改善此一缺点所研发出来的设备，因为用热水浸烫虾子后其质量会变差，所以该设备的操作效率并不十分完美而仍存在缺陷。为此，被告想出了不用竹串而改以链条压住虾子来防止虾子弯曲，且藉由蒸汽喷射的方式煮烫虾子，在保留虾子美味的同时亦可提高操作效率，被告并委托 A 研发此一设备。当时，被告给予原告代表人 A 的指示仅为"不用竹串穿刺虾子、以蒸汽喷射的方式煮烫虾子、能在切断之前保持连贯"。之后，系 A 自己画图面，作成了试做用的机器。因为测验的结果很不错，所以根据该试做用机器而做出量产品。因为被告按照 A 所做的图面提出实用新型的专利申请，经授予实用新型专利权并予以登记，所以原告乃请求宣告该实用新型专利权无效。

〈判决要旨〉

系争实用新型之发明创造的技术课题（目的）虽系由被告提示，但为解决该技术课题的手段，应可认为是 A 以被告当初所提示之极为朴素的想法为基础，将该想法具体化而完成可供产业上利用之物。从而，对于 A 就系争实用新型的发明创造，被告并未提示具体构思，而仅是提示基本的课题和想法，之后全是由 A 一人完成该技术思想的发明创造。即使创造过程中被告曾向 A 陈述过意见，该意见亦只不过是身为委托制作之人的从旁建言，系争实用新型的发明创造实难认定系由被告所单独完成，亦无法认定 A 和被告为系争实用新型之发明创造的共同发明人。

〈**评论**〉

发明专利法第 2 条第 1 款系将"发明"定义为"利用自然规律之技术思想中的高端创造",而且,此处所称已经完成之"发明","其技术内容之具体的、客观的构成,必须是可达到所属技术领域具有通常知识之人经由反复实施而可获得所期技术效果的程度"(最高法院昭和 52 年 10 月 13 日判决·民集 31 卷 6 号第 805 页[药物产品],最高法院昭和 44 年 1 月 28 日判决·民集 23 卷 1 号第 54 页[能源发生设备]。参照第一编第一章第一节一)。受此最高法院判例意旨的影响,设备设计的委托人如欲成为单独的发明人,其自身就该发明创造的相关技术思想的具体构思,应必须达到所属技术领域之技术人员能够实现的程度(作为肯否界限上的案例,参照上述大阪地方法院[搬送设备])。

于本案,当初被告所给予 A 的简单指示,其技术内容的阐明难谓已达所属技术领域之技术人员容易实现的程度。若无原告的图面,应难谓被告的想法得为所属技术领域之技术人员所容易实现。准此,因为被告并未完成系争实用新型的发明创造,所以单凭此点即可据以认定系争实用新型专利权的授予登记因涉及由非发明人之被告单独提出专利申请,故存有无效事由。从而,上述判决要旨在此之外,进一步地探讨系争实用新型的发明创造系原、被告所为之共同发明?抑或是原告的单独发明等问题,严格说来,实属赘言。

(三)涉及发明专利性之技术思想的创造人

为了有资格成为发明人,判例阐释必须是于权利要求项所记载发明的构成中,为系争发明特有的课题解决手段奠定基础之"特征的部分"的完成有所贡献之人(知识产权高等法院平成 19 年 7 月 30 平成 18(行ケ)10048[可塑性食品移送设备]、东京地方法院平成 21 年 12 月 25 日判决·平成 19(ワ)31700[和光纯药工业])。使用"特征部分"用语的判决(东京地方法院平成 13 年 12 月 26 日判决·平成 12(ワ)17124[氢化处理触媒]、大阪地方法院平成 21 年 8 月 27 日判决·平成 17(ワ)1598[新日本理化]),亦有使用"创造行为的中核部分"用语的判决(大阪地方法院平成 21 年 10 月 8 日判决·判时 2078 号第 124 页[抗 CD20 单克隆抗体])。从而,即使是提示有关权利要求项的具体构成之人,如该构成无关系争发明的专利性者,则提示该构成之人无法成为系争发明专利的发明人(东京地方法院平成 14 年 8 月 27 日判决·判时 1810 号第 102 页[细粒核])。

具体来说，例如，发明的特征部分在于权利要求项所定之结晶性触媒组成物与氢化精制碳化氢类触媒的并用，则只不过是在该发明的研发过程中导入实验设备之人，并不具资格成为发明人（上述东京地方法院［氢化处理触媒］）。于回避抵触公知事实的同时，仅以技术范围之最大化为其目的而插入"至少26%"此一决定的参与之人，并非共同发明人（虽为附带意见，参照上述东京地方法院［细粒核］）。基于相同理由，所发现的只不过是公知技术或并非难以实施的构思，因为难谓系属解决发明课题之构想的提示，所以亦不该当对发明之成立有所创造贡献的共同发明人（上述东京地方法院［细粒核］、东京高等法院平成15年8月26日判决·平成14（ネ）5077［细粒核控诉审］）。

然而，应予注意的是，例如，构成要件中虽含有公知技术，但对于该发明创造提示了藉由将系争公知技术与其他的内容结合以之解决课题此点，仍有予以承认发明性的可能（东京高等法院平成15年3月25日判决·平成11（行ケ）330［建筑用内部脚手架］）。判例上，就系属于专利申请程序中的发明，在民事诉讼中争执专利申请权之权利归属的案件中，主张其为共同发明人之人所为发明的特征未达创造性的要求，但判决舍弃此点不问而认定其为共同发明人（大阪地方法院平成12年7月25日判决·判例工业所有权法〔2期版〕1173之第7页［滚轮链条使用的最上端金属板］）。然而，诉讼既是判断专利申请权利归属，则就创造性有无的问题是不是不能将之视为应由专利局的审查程序予以判断而于诉讼程序中舍弃不问？毋宁，应将发明视为整体予以掌握为由，将该案件以不应斟酌涉及个别构成要件之发明专利性的有无予以处理，即为已足。实际上，该案上诉二审之高院判决所举理由即为，虽然特征3和4该当公知技术，但靠仅存的特征1和2欲将发明予以产品化实属困难，既然唯有结合特征3和4才能解决系争发明的课题，则特征3和4应是构成系争发明的内容，想到将公知技术的特征3和4与特征1和2结合之人应为共同发明人（大阪高等法院平成13年5月10日判决·判例工业所有权法〔2期版〕1201之第21页［滚轮链条使用的最上端金属板控诉审］）。

另外，对于软件的关联发明，判决作了下述稍微特别的处理。系争发明专利"交通违章的证据作成设备"，系由"距离测定机"、"全球定位系统经纬度测定机"、"时钟"、"速度计"、"号码输入设备"、"电脑"、"打印机"所构成。而系争软件使拥有上述构成的相关设备，发挥下述功能：由执法的警车利用前方车辆而以三角测量法测定超车车辆的速度，并藉由全球定位系统经纬度测定机测定执法警车所在位置且特定测定时的时刻，经由上述方法在测定所得超车车辆的位置、速度及时刻资料的同时，连同输入的车牌号码一并由打印机打印出交通违章票据。为该发明的完成必须反复地试做、测试，因此对所属技术领域之技术人员而言上述构思的具体化并非自明，判决乃以之为由认定参与从事试做机的制作、改良、测试而为完成试做机作业的三名员工为共同发明人，故系争发明专利涉及冒认专利申请而为无效（同时撤销否定冒认的原决定，知识产权高等法院平成20年2月7日判决·判时2024号第115页［行车间距保持不足之交通违章的证据作成系统］）。高院判决清楚地确认专利申请人虽然实际上制作出权利要求项所记载的发明，经由测试解决课题，实现了所定的功能与效果，但是说明书并未开示系争软件的详细流程图、源码以及目标码。既然未在说明书中开示，则不得不解为系争发明的专利性并非在于具体的软件内容，而是系统的设计方法等较为抽象的部分。如类此开示不够资格授予发明专利权者，则理论上宜以违反发明该当性或开示要件而非冒认为由，据以判断专利权无效。

（四）共同发明

根据案件事实，有时候是由提示课题之人和研发设备之人的共同作业而完成设备。在该等情形，有认定发明是提示课题之人和研发设备之人二者的共同发明。于共同发明时，发明人全体人员共有专利申请权的权利。比方说，委托人想到了一个创意，但试做将该创意具体化的设备却失败，于是委托他人试做，最后二者共同完成了该创意的具体化设备时，判决认定其为二者的共同发明（东京高等法院昭和51年4月27日判决·判例工业所有权法2333之第30页［柏青哥（弹珠）游戏机结构］）。

关于完成共同发明时如何决定各发明人的份额比率，于非委托关系的案件中，判决就员工共同完成的发明，既认定该发明为复数员工的共同发明，且按有益于发明完成的贡献程度，决定各共有人享有相异的共有份额（判例94）。典型的案例为，例如，于公司董事长与接受其委托的受托人共同发明的相关案件里，判决斟酌各人在发明特征中所为构思部分的重要程度，认定各人的共有份额为1/2（大阪高等法院平成13年5月10日判决·判例工业所有权法〔2期版〕1201之第21页［滚轮链条使用的最上端金属板］）。基于相同理由，如以共同发明人A、B、C间所为贡献在系争发明整体所占贡献度的比例来算定各人的共有份额者，则其中继受B之份额的原告为2/3，继受A和C之份额的被告为1/3（大阪地方法院平成21年10月8日判决·判时2078号第124页［抗CD20单克隆抗体Ⅰ］）。

（五）依照合同处理

在委托研发乃至共同研发等情形时，如预先订立合同处理有关专利申请权的权利归属者，则按合同解释决定权利的归属。研发委托合同的有效期间订为至"委托业务终止"日为止，但关于工业所有权规定的有效期间则订为于"系争工业所有权的存续期间中"的案件中，判决要旨阐释即使研发委托合同经合意解除后，有关工业所有权规定的效力仍属有效，因此委托人单独提出专利申请的系争发明专利权，违反应当共同提出专利申请的规定（第38条）而存在无效事由（知识产权高等法院平成20年10月28日判决·判时2023号第140页〔双子管芯型净水器〕）。

三、冒认专利申请

（一）概说

并非发明之人且未继受取得发明人的专利申请权利，却擅自提出专利申请的行为，学术研究上称之为冒认专利申请。对于冒认的处理，在2011年时曾进行大幅修正。然而，在2011年修正规定的施行日之前既已提出的专利申请，应仍适用修正前的规定（平成23年修正附则第2条第9款），所以修正前的判例在实务上仍属重要。

（二）2011年修法后的规律

发明专利法既明定对于冒认专利申请应当予以驳回（拒绝查定，第49条第7项），且规定即使错误地作出授予发明专利权的决定并予登记，就该专利权的授予登记可以请求宣告该专利权无效（第123条第1款第6项）。不过，依平成15年的修正规定，得以冒认为由请求宣告该专利权无效者限于利害关系人。并且，平成23年的修正规定则更进一步地规定限于享有专利申请权之人，方可请求宣告该专利权无效（第123条第2款但书）。但是，在侵权诉讼中有关以冒认为由的无效抗辩，则规定为第三人亦得提出（第104条之3第3款）。

问题在于，真正发明人（或因继受而取得专利申请权之人）在被冒认之后，始自行提出发明专利申请者，其可否被授予发明专利权？就结论而言，虽然是真正发明人，如其对冒认专利申请的对应稍有迟延者，将无法被授予发明专利权。反之，虽说是冒认专利申请，但至少于驳回的决定确定之前（第39条第5款）仍享有先申请的地位（依平成23年修正而删除旧法第39条第6款），且冒认的专利申请一经公布，亦因该发明已见于刊物，所以自该时点之后，即使是真正发明人亦无法被授予发明专利权（第29条第1款第3项）。如系违背意愿致丧失新颖性者，真正发明人虽享有得适用丧失新颖性之例外规定的利益，但适用该例外规定的前提是必须在6个月内提出专利申请（第30条第1款）。从而，登载于公报后一旦过了6个月，真正发明人将无法被授予发明专利权，而只能对冒认专利申请所被授予的发明专利权请求宣告该专利权无效。换言之，该发明将成为众人皆可自由利用的发明。

在此情形下，以前的判例只限于真正发明人（或因继受而取得专利申请权之人）曾自行提出发明专利的申请，但之后遭冒认人以伪造的转让证书变更申请人名义之情形，才例外地准许真正发明人得请求冒认人转让登记其所取得的发明专利权。平成23年修法则规定为享有专利申请权之人得请求转让发明专利权（第74条第1款），根据该请求所为转让登记的系争发明专利权，视为自始即归属于受转让登记之人。另一方面，为保护转让登记之前信赖原发明专利权的登记名义而为实施之人，就转让登记前之相关系争发明专利的独占实施许可合同的被许可人（专用实施权人）、普通实施许可合同的被许可人（通常实施权人）于转让登记时，业以善意为实施或已完成事业的准备者，得在其原有事业目的范围内享有普通实施权（第79条之2第1款）。不过，应支付发明专利权人相当对价（第79条之2第2款）。

在复数之人共同完成发明时，因为专利申请权为共同发明人全体所共有，非经共有人全体同意，不得提出专利申请（第38条）。从而，单独提出专利申请者应当予以驳回（第49条第2项）。如错误地作出授予发明专利权的决定并予登记者，就该专利权的授予登记可以请求宣告该专利权无效（第123条第1款第2项）。违反上述有关共有发明规定的效果、共有份额权利转让登记请求的相关处理，规定为比照冒认的情形予以处理（第74条第1款及其他）。

（三）2011年修法前的规律

在2011年修法以前，首先，因为冒认专利申请不被视为先申请（旧法第39条第6款，第29条之2），所以真正发明人即使在被冒认专利申请之后始自行提出发明专利申请者，仍得授予发明专利权（尽管如此，但所提申请如被驳回者，则因为是否享有先申请的地位应经由复审请求程序加以争执，所以判决并不容许真正发明人直接诉请法院确认其享有先申请的地位。参照大阪地方法院平成21年10月8日判决·判时2078号第124页［抗CD20单克隆抗体Ⅰ］）。话虽如此，被冒认的专利申请一经公布，即使是真正发明人亦无法被授予发明专利权（第29条第1款第3项），而欲以违背意愿的公知为由适用丧失新颖性的例外规定，同样受必须在 6 个月内提出专利申请的限制。

日本民法并无以恶意而为他人管理事务时，对他人负有义务返还因管理系争事务所得之物的准事务管理规定，因此对于肯认发明人享有得向冒认人请求转让发明专利权的权利（=发明人取回权），无法否认在理论上诚属困难。但对于真正发明人自行提出发明专利申请，而之后遭冒认人变更申请人名义时，判例上就如何保护真正发明人提供了示范。

例如，提出发明专利申请的原告公司将其专利申请权利转让予被告的旧法下案件，判决以该转让行为因欠缺董事会承认为由认定系属无效，从而肯认原告所提专利申请权利的确认请求（东京地方法院昭和 38 年 6 月 5 日判决·下民集 14 卷 6 号第 1074 页［自动连续给粉机］）；在职中转让专利申请权予原告公司之被告即原告公司的前董事长，于辞任前行使依据转让合同所保留之约定解除权，判决以该解除权的行使系属违背诚实信用原则为由，据以认定专利申请人之名义由提出专利申请之原告变更为被告系属名实不符的无效行为，因此专利申请权利依旧仍为原告所享有，从而肯认原告所提专利申请权利的确认请求（横滨地方法院昭和 60 年 3 月 29 日判决·无体集 17 卷 1 号第 116 页［热硬化成形］。但东京高等法院昭和 63 年 2 月 17 日判决·判时 1273 号第 115 页［热硬化成形控诉审］则持与原审相反的见解，承认被告得为解除权的行使（但是，不论解除权的行使是否有效，二审判决另以对于专利申请人的名义变更程序无须原名义人的配合而只须新名义人向专利局长官提出请求即为已足为由，驳回原告所提确认请求）。关于请求确认专利申请权利的确认诉讼，东京地方法院平成 13 年 1 月 31 日判决·判例工业所有权法〔2 期版〕1173 之第 25 页［胸罩 I］以发明专利权业经授予登记导致原告的专利申请权利消灭为由，判定原告并无确认的利益。

最高法院平成 13 年 6 月 12 日判决·民集 55 卷 4 号第 793 页［厨余处理设备］，案件事实为冒认人伪造有关专利申请权利的共有份额转让证书并以之变更申请人名义，真正权利人为此对冒认人提起共有份额的确认诉讼。诉讼进行中，冒认人（与另一名共同申请人）经授予发明专利权并予以登记，判决则肯认真正权利人得为转让登记的请求（一审诉讼中为诉之变更）。不过，该案件事实为享有专利申请权利的真正权利人于提出专利申请后，遭冒认人变更申请人名义。被冒认的真正权利人既然已按照发明专利法的立法意旨而为提出专利申请的行动，即使承认发明专利权的收复取回，亦与发明专利法的立法意旨不相违背。这也意味着，如案件事实为被冒认人并未提出专利申请者，则宜解为不在该判决的射程所及范围。实际上，在被冒认之人并未提出专利申请的案件中，东京地方法院平成 14 年 7 月 17 日判决・判时 1799 号 155 页［胸罩 II］即认为上述最高法院［厨余处理设备］的射程范围并不及于本案，并且阐释如承认得对未提出专利申请之人授予发明专利权利者，无异是谋求超越发明专利法之制度轮廓的救济，从而驳回被冒认之人对冒认人所提转让登记的请求（另外，原告对被告等所提请求确认专利申请权利的另案诉讼中，东京地方法院［胸罩 I］以发明专利权利业经授予登记导致原告的专利申请权利消灭为由，判定原告并无确认的利益）。亦有判决以原告自身并未提出专利申请为由，即轻易地驳回发明专利权的转让登记请求（东京地方法院平成 15 年 9 月 26 日判决・平成 15（ワ）14128［纤维醇制造法］、大阪地方法院平成 22 年 11 月 18 日判决・平成 21（ワ）297［混凝土上承结构端部下部补修工法］。以违反共同提出专利申请为由请求关于实用新型的共有份额权利的转让登记，参照东京地方法院平成 19 年 7 月 26 日判决・平成 19 年（ワ）1623［粉体移送设备］）。

但是，依冒认人和真正发明人间的契约关系等，冒认人因之负有转让其基于冒认专利申请所取得的发明专利权于真正发明人的义务者，则另当别论，当事人间得根据契约关系请求转让专利权。条文上亦应予以留意的是，即使当初所提专利申请该当冒认专利申请，但在被授予专利权并于登记之前，冒认之申请人受让了专利申请权利者，依平成 23 年修正前第 49 条第 7 项、第 123 条第 1 款第 6 项，可理解为解消了驳回理由、无效理由（涉及旧实用新型法第 37 条第 1 款第 5 项，东京高等法院平成 12 年 7 月 4 日判决・判例工业所有权法〔2 期版〕5693 之第 7 页［磁气磁带用指南］）。

判例上，案件事实为与原告共同提出专利申请的被告挪用了其他案件的空白转让证明，以之申请变更系争专利申请案的申请人为被告单独名义，后被发觉，双方为此合意被告应返还其所取得的实用新型专利权的部分权利予原告。判决将该合意解为在被告经授予实用新型专利权并于登记之后，被告应协同办理登记名义人的变更，从而判命被告应向原告为共有份额 1/2 的转让登记（同时，因为由被告胞兄担任董事长的共同被告公司系出于妨害申请名义人变更为原告之目的所设立，所以判决命令被告公司为注销登记的申请，参照东京地方法院昭和 62 年 5 月 29 日判决・判时 1240 号第 130 页［卡子］）。关于职务发明，判决阐述依据就业规则的规定，发明的专利申请权利当然转让予原告而无须发明人的被告员工再为特定履行，从而确认原告享有专利申请权利（判决同时认为原告受让专利申请权利虽系在被告提出专利申请之前，但关于得否适用专利申请后的相关继受程序？届时得否活用本案胜诉判决以取代发明专利法施行细则所定制式的"受让人证明书"等问题，并无加以检讨之必要。参照大阪地方法院昭和54年5月18日判决·判例工业所有权法2113之第54页〔连续混练机〕）。

另外，虽非以合同解释处理，但得以认定原被告间存有具体制造发明相关设备之承揽合同的案件里，被告对原告所为冒认专利申请反诉请求确认专利申请权，判决则确认系由真正发明人之反诉原告享有冒认人之专利申请所涉发明的相关专利申请权（东京地方法院昭和54年4月16日判决·判夕395号第155页〔谷物处理方法及其设备〕）。原告就其完成的发明委托被告提出专利申请之际，遭被告为冒认专利申请的案件，判决确认了原告享有专利申请权利（东京高等法院昭和61年7月31日判决·判例工业所有权法2111之第216页〔谷物处理方法及其设备控诉审〕、最高法院昭和62年3月17日判决·判例工业所有权法2111之第224页〔谷物处理方法及其设备上告审〕）。但是，既然自始至终该当冒认专利申请，则非无形式上就该申请应当予以驳回的问题。或者，至少应有解为成立事后追认的余地（亦请参照第49条第7项）。判例上，获得确定判决确认其享有专利申请权利之人，既经由附上判决书而向专利局提出变更专利申请名义人的申请，表明最想要获得的是变更专利申请人名义的意见，并且最终申请人的名义亦名实相符地进行变更（由被告的单独名义变更为被告与原告的共同名义）者，判决阐述被告依诚实信用原则，不得异议主张当初享有专利申请权利的共有人即诉外人A和B或是A、B的受让人即原告和被告未为共同提出专利的申请（涉及共同研发的案件，大阪地方法院平成12年7月25日判决·判例工业所有权法〔2期版〕1173之第7页〔滚轮链条使用的最上端金属板〕）。

通过以上判例，专利申请权利的确认请求具有如何的意义，乃发生争议。依据上述最高法院〔厨余处理设备〕所示，既然只要是真正发明人并未提出专利申请，则于授予发明专利权之后不得请求转让该发明专利权，故根据未提出专利申请此一相同理由，即使是于授予发明专利权之前，如解为此际并未提出专利申请的真正发明人仍可藉由判决确认专利申请权的归属以至享有将专利申请人的名义变更为自己名义的权利，则与上述最高法院〔厨余处理设备〕所示未提出专利申请之人不得请求转让发明专利权的解释平仄不合。然而，虽然解释上存在着不合平仄的问题，但判例上就包括未提出专利申请之人在内所提专利申请权利的确认请求，法院并未广泛地以无诉之利益迳予裁定驳回，而是进入实体判断。就此点疑虑有详加说明的判例为东京地方法院平成22年11月29日判决·平成21（ワ）9793［螺丝］。该判决阐释，作为专利局的实务运作，在发明的专利申请程序中，真正权利人另以该发明的专利申请名义人为对照，经由诉讼获得该发明的专利申请权利归属的确认判决，并以该确定的确认判决向专利局申请变更该发明的专利申请人名义时，从承认回复专利申请人名义予以处理的观点来看，则当事人间就权利归属有所争议而请求确认专利申请权利的确认诉讼，应认并无欠缺确认利益。然而，确认诉讼有无诉之利益，原本理应先行判断专利局的实务运作是否符合法律规定，既然该当冒认专利申请，专利局原则上对该冒认申请即应当予以驳回而无再依确认判决回复专利申请人名义的问题，故该判决所附理由实失诸正鹄。

另外，判决阐释得以专利申请权利受侵害为由，对冒认专利申请之人依据侵权行为向其请求损害赔偿（但最终结论则以消灭时效为由驳回请求。参照最高法院平成5年2月16日判决·判时1456号第150页［自行车用幼儿乘坐架子〔设计专利〕］）。判例上，依据委任合同而负有义务以原告名义提出专利申请的被告，冒认为发明人而以自己名义提出专利申请的案件，判决以原告可于适当时期提出专利申请并接受专利局判断之法的利益受侵害，由于被告此一侵权行为，以致原告因之受有不得不主张证明被告的专利申请该当冒认专利申请，以及由于该冒认专利申请导致专利内容被公布所生新颖性丧失等的不利益为理由，肯认50万元的精神抚慰金（东京高等法院平成12年11月28日判决·判例工业所有权法〔2期版〕1161之第6页［水质净化剂］）。该判决撤销了以被冒认的发明并无发明专利性为由驳回原告请求的原判决（浦和地方法院平成12年4月27日判决·判例工业所有权法〔2期版〕1161之第2页［同一审］）并加以改判此点，特别具有意义。然而，于该案系因原告容许专利产品的销售而最终导致新颖性的丧失，所以因冒认专利申请导致丧失新颖性的被告行为，已非原告无法被授予发明专利权并予登记的原因，从而即使是精神抚慰金的请求，亦应予以驳回为宜（虽系关于否定成立不当得利的判决，且系以附带意见的方式论述，参照大阪地方法院平成6年7月21日判决·判例工业所有权法〔2期版〕第1173页［包装用容器（设计专利）］）。

四、发明人记载的修改

不同于专利申请权的权利归属问题，实务上亦存在请求书中发明人的记载如有错误时，有无给予真正发明人任何救济管道的问题（附带说明，东京地方法院平成 23 年 3 月 24 日判决・平成 21（ワ）21841 [光集成电路] 指出，在专利局的实务运作上，因为制式的请求书就关于发明人记载的格式，无法特定各个权利要求项的发明人，所以仅涉及特定权利要求项的发明人，与涉及全部权利要求项的发明人未予区别，而一律记载为请求书上的发明人）。提出专利申请之人如已因继受而取得专利申请权利时，即使发明人的记载有误，该错误亦非应当予以驳回申请的理由或专利无效的理由（参照第 49 条第 7 项、第 123 条第 1 款第 6 项。相关判列，参照大阪高等法院平成 6 年 5 月 27 日判决・知裁集 26 卷 2 号第 447 页 [买钳〔设计专利〕]、东京高等法院平成 10 年 1 月 14 日判决・判例工业所有权法〔2 期版〕3193 之第 2 页 [挂肩提包（设计专利）]）。但是，即使是真正发明人转让其专利申请权利时，亦存在只争执可否修改发明人记载的情况。

判例上，判决阐释第 36 条第 1 款第 2 项、第 64 条第 2 款第 3 项、第 66 条第 3 款第 3 项系以发明人享有发明人名誉权（发明人写明权）为其规定的前提，从而认为在专利申请程序系属于专利局时，发明人可以要求专利申请人对其请求书所记载的发明人修改为真实的发明人（大阪地方法院平成 14 年 5 月 23 日判决・判时 1825 号第 116 页 [稀土类—取自铁系合金的有用元素回收方法]）。关于该修改，于请求书所载发明人名义由 A 发明人修改为 B 发明人时，因为在专利局的实务运作上是由请求书所载原发明人 A 出具有关切合"发明人 B 为真正发明人，发明人 A 并非发明人"意旨的证明文件，因此 B 亦得依该切合的证明文件对 A 得请求确认其为真正发明人（上述大阪地方法院 [稀土类—取自铁系合金的有用元素回收方法]）。不论在哪个场合，作为判决要旨的理论构成因为并未拘泥于专利申请权利的原始归属，所以判决所谓的真正发明人，亦包括因继受而取得专利申请权利之人在内。不过，一经授予发明专利权并予登记者，则申请人仅限于得就请求书所附明细书的记载或书面提出修改（第 126 条第 1 款），但就请求书本身的记载并无得为修改的救济手段，因此判决的射程范围不得不理解为不及于发明专利权授予登记之后（参照判时 1825 号第 118 页的〈评论〉）。

另外，有基于以侵害发明人的名誉权为由请求侵权行为损害赔偿的案件

（大阪地方法院平成 22 年 2 月 18 日判决・判时 2078 号第 148 页［抗 CD20 单克隆抗体Ⅱ］准以 10 万元作为精神损害）。判例中，有判决阐释在专利申请程序中，即使所为发明有不符发明专利要件的可能性，仍受发明人名誉权之法的保护效力所及（东京地方法院平成 19 年 3 月 23 日判决・平成 17（ワ）8359［玻璃多孔体及其制造方法］）。然而，如肯定请求权人的名誉权受法律保护，则就所提名誉权侵害解为根本与发明专利法无关，不是更为直接？（另外，知识产权高等法院平成 20 年 5 月 29 日判决・平成 19（ネ）10037［玻璃多孔体及其制造方法控诉审］以原告原本即非发明人为由，驳回请求撤销原判决的上诉）。

第二节 共　　有

因共同发明，或是继承等的法定继受，或是发明专利权的份额转让等，发明专利权将成为共有的状态。

在发明专利权为共有时，除了以下所说明的适用发明专利法上特别规定的情形外，准用作为财产法上一般原则的民法共有的相关规定（民法第 264 条）。例如，在判例上，有关共有发明专利的独占实施许可合同的解除行为，因为该当关于共有物的管理行为（民法第 252 条本文），故应以按共有份额合计过半数的决定为必要。某共有人所持共有份额因未达 1/2，判决乃认定除另有特殊情事外，该共有人不得单独行使解除权（东京地方法院平成 12 年 11 月 28 日判决・判例工业所有权法〔2 期版〕1915 之第 3 页［斜面切取工法］、东京高等法院平成 14 年 11 月 25 日判决・平成 13（ネ）107［斜面切取工法控诉审］）。

且说鉴于发明专利权的特质，发明专利法对于共有的处理设有特别规定（第 73 条。准用实用新型法第 26 条、设计专利法第 36 条）。

特别规定之一为，在专利申请权利为共有时，提出专利申请（第 38 条）或对驳回专利申请决定不服的请求复审（第 132 条第 3 款）者，应取得共有人全体的同意始得为之。虽无法律明文规定，但根据同一理由，由数个最高法院判决所形成的判例法理认为，对维持驳回专利申请决定的复审决定不服所提之撤销诉讼，因该当固有必要共同诉讼，从而仅有部分的共有人提起撤销诉讼时，应以起诉不合法为由裁定驳回诉讼（最高法院昭和 36 年 8 月 31 日判决・民集 15 卷 7 号第 2040 页、最高法院昭和 55 年 1 月 18 日判决・判时 956 号第

50 页、最高法院平成 7 年 3 月 7 日判决·民集 49 卷 3 号第 944 页［磁気治疗器上告审］）。不过，对宣告专利权无效决定不服所提之撤销诉讼，最高法院以该撤销诉讼该当得由各共有人单独为之的共有物保存行为（民法第 252 条但书）为由，认定各共有人得单独提起撤销诉讼（有关宣告登记商标权无效决定的判决，参照最高法院平成 14 年 2 月 22 日判决·民集 56 卷 2 号第 348 页［ETNIES］、最高法院平成 14 年 2 月 28 日判决·判时 1779 号第 87 页［水泽乌冬］。有关基于发明专利权声明异议所为宣告专利权无效决定不服所提之撤销诉讼，参照最高法院平成 14 年 3 月 25 日判决·民集 56 卷 3 号第 574 页［柏青哥（弹珠）游戏机设备］）。忖度在被授予发明专利权并予登记之前，除非共同享有专利申请权利的共有人之间统一步调，否则就不容许提出专利申请或对驳回专利申请决定不服请求复审此一发明专利法的立法意旨，可推知除非共有人全体同意起诉，否则亦不容许对维持驳回专利申请决定的复审决定提起撤销诉讼。但一旦经授予专利权并予登记之际，则承认各共有人均单独享有维持发明专利权的权限。不过，对于驳回申请延长专利权存续期间的决定不服请求复审，或对提出修改的决定请求复审（订正复审），则因为发明专利法对之定有请求复审须共同为之的相关规定（第 132 条第 3 款），从而对于请求复审的决定不服所提之撤销诉讼，亦解为该当固有必要共同诉讼。

　　特别规定之二为，发明专利法规定，除合同另有规定外（例如，名古屋地方法院平成 5 年 7 月 16 日判决·判例工业所有权法〔2 期版〕第 1931 页［陶瓷臭氧化发生器］），各共有人可以自行实施发明专利而无须征得其他共有人的同意（发明专利法第 73 条第 2 款）。作为发明专利权规制对象的实施行为因为并无物理上的限制，所以观念上无法直接套用民法第 249 条所定各共有人按其共有份额对共有物为使用的概念。尽管如此，有关各共有人的自行实施如须征得其他共有人的同意者，将妨害发明专利的利用。共有人中之一人即使自行实施发明，物理上并不会妨害到其他共有人同时为发明的实施，为此，发明专利法乃规定各共有人就其自行实施发明得自由为之（不过，在案例事实为共有人间签订协议，合意共有人中之一人不为实施，而其他共有人在实施发明时另外支付依协议所定对价的案件中，判决命令支付法院所算定的对价。参照大阪地方法院平成 16 年 3 月 25 日判决·平成 12（ワ）5238［活体内分解吸收性外科用材料及其制造法］）。

　　另一方面，取决于实施时的资力等，共有人间实施行为的规模可能存在极大的差异，如容许各共有人得自由地实施发明者，则就谁是共有人的此一问题，将为其他共有人所关注。因此，发明专利法规定，各共有人非经其他共有人的同意，不得以其共有份额为让与或设定质权（第 73 条第 1 款）。判决认为，除非有特别情事，否则由让与人承担征得其他共有人同意的义务（虽为附带意见，但于结论肯认当事人间存有免除让与人该等义务的特别合意。参照大阪地方法院平成 20 年 5 月 21 日判决·平成 19（ワ）16411［SHP］）。

根据与共有份额转让相同的意旨，发明专利法规定非经其他共有人同意，各共有人就共有的发明专利权不得订立专利实施许可合同而许可他人为独占实施或普通实施（第 73 条第 3 款）。

从而，于自行实施时，各共有人虽得自由为之，但于许可他人实施时，则必须征得其他共有人的同意。各共有人事前未得其他共有人同意而擅自许可他人实施者，该他人必须承担其他共有人基于专利侵权所为差止、赔偿损失请求的风险。

问题在于，得自由为之的自行实施，与须征得其他共有人同意的许可他人实施间如何加以区别。虽为共有人的承包人，但作为共有人的单位，在共有人的指挥监督下制造专利产品，之后所为产品全部提交该共有人而并未自为销售该专利产品者，最高法院判例认为该等情形仍在共有人自行实施的范围内，而无须征得其他共有人的同意（判例 92）。此外，作为职务发明补偿金请求权的前提问题，在算定共有发明专利权人的雇主所受应得利益的数额时，就相应于其他共有人许可其承包人制造的部分能否取得许可使用费此一问题的判断，参照东京地方法院平成 20 年 2 月 20 日判决·判时 2009 号第 121 页［磁气记录再生设备］。有关旧法的适用，另参照大審院昭和 13 年 12 月 22 日判决·民集 17 卷第 2700 页［花样线衣］）。

另有判例认为，虽非共有人本人的自行实施，但经其他共有人同意而获许可得为实施的普通实施权人再为转包时，亦适用相同法理（最高法院平成 9 年 10 月 28 日判决·判例工业所有权法〔2 期版〕2269 之第 26 页［金属型铸造］）。具体而言，发明专利权的共有人中之一人在征得其他共有人（原告）的同意后，与由自己担任董事长之诉外公司订立普通实施许可合同的案件里，被告按照其与诉外公司间的承包合同，就其使用金属型（原告主张该金属型落入发明专利之创造发明的技术范围内）所为制造的产品，全部向诉外公司交纳。最高法院判决认为，被告上述行为主要是为了诉外公司的事业，而以"解为自行实施的实施权行使应属妥适"为由，否定侵权行为的成立。然而，这是因为有普通实施权人此一缓冲介入共有人和转承揽人之间，所以原本应是有关普通实施许可合同所为同意实施之范围的解释问题（第二章第一节三（四）4）。不过，因为虑及问题之普通实施权人既为共有人个人经营的公司，且其他共有人对此当然有所认识而仍为共同提出专利申请等理由，至少在该案件中存有可将普通实施权人等同视之为共有人的情事者，则或可另当别论。

且说对于共有份额的转让，必须征得其他共有人的同意，有如上述。但对于共同发明人之一人来说，如该发明是为了雇主所完成的职务发明，且雇主基于勤务规则等规定继受取得其专利申请权利时，该转让是否仍须征得其他共有人的同意，成为论点（参照后述第三节【实务指南】）。判例上，于共同发明人中之一人 A 将其专利申请权转让于由自己担任董事长的家族公司（原告）的案件里，受原告委托并完成该共同发明之 B，在知悉发明的原委以及 A 系以作为原告公司董事长而为研究发明的同时，交纳专利产品予原告。并且，被告公司在继受 B 的专利申请权而提出发明专利申请时，并未征得 A 的同意。对此，判决认为被告依诚实信用原则，不得对 A 和原告间之共有份额的转让主张异议（大阪地方法院平成 12 年 7 月 25 日判决·判例工业所有权法〔2 期版〕1173 之第 7 页［滚轮链条使用的最上端金属板］）。但二审判决则以该不同意转让难谓违反诚实信用原则为由，将原判决予以撤销（大阪高等法院平成 13 年 5 月 10 日判决·判例工业所有权法〔2 期版〕1201 之第 21 页［滚轮链条使用的最上端金属板控诉审］）。

另外，关于共有的发明专利权遭受侵害时的损害赔偿额算定，参照第二编第四章第三节八（三）。

判例91 仙台高等法院秋田支部昭和 48 年 12 月 19 日判决·判时 753 号第 28 页［马蹄铁］

【对于为共有人计算，在共有人的指挥监督下制造专利产品，并将所制造的专利产品全部交纳予共有人经营公司的行为，判决否定成立侵害实用新型专利权】

〈案件事实〉

就 Y 的实施是否属于实用新型专利权的共有人即诉外人 A 自行实施的范围，双方发生争执。原审秋田地方法院昭和 47 年 2 月 7 日判决·无体集 4 卷 1 号第 19 页［马蹄铁］予以否定，而肯认实用新型专利权的其他共有人 X 的请求。Y 上诉。

〈判决要旨〉

诉外人 A 和 Y 之间的关系定性为带有强烈承揽合同色彩的制作物供给合同，应属妥适。虽然供制造的机器设备等系由 Y 所有，且由 Y 自费采购了材料，但产品的价款实质上不应视为买卖价款，而应解为包含了材料费、设备折旧费以及工资的性质。另征诸诉外人 A 就原料的购入、产品销售、品质等有详尽的指挥监督，并且全部产品依诉外人 A 的指示交纳予主要系由 A 经营的上述 B 商行，而并无售予第三人等诸事实，则应解为 Y 乃作为系争实用新型专利权的共有人中之一人即诉外人 A 的一机关组织而从事马蹄铁的制造，诉外人 A 系为自己计算、于自己的支配管理下实施了系争实用新型专利权，否定 Y 系作为独立事业而为系争实用新型专利的实施。

〈评论〉

如否定各共有人得为转包，则专利法第 73 条第 2 款规定各共有人就自行实施得自由为之的立法意旨，恐归于画饼。另一方面，不论任何形态的承包均得自由为之者，则第 73 条第 3 款规定非经其他共有人同意各共有人不得许可他人为普通实施的立法意旨将被埋没。对此，判决要旨不但着眼于指挥监督，就共有人是否为自己计算此点亦予重视，似是为了谋求二者的平衡。关于此点，原判决着眼于 Y 系自费采购材料，如于指定的单价内 Y 可获得利润，但发生亏损时亦是由 Y 自行负担，从而解为 Y 系作为独立事业为自己计算而制造专利产品。相对于原判决，二审判决中法院认定了材料价格如大幅变动时，由 A 和 A 指定的材料制造人及 Y 三方共同协议以决定材料价格的新事实。不知是否因为该新事实的发现，二审判决就产品的价款实质上并非买卖价款，从而得出 A 系为自己计算而为实施的结论。

但是，亦有评论指出，判决要旨对于 A 系为自己计算此点的认定不仅稍微无理，且本来在转承揽交易的实务上，从可定性为制作物供给合同到无法定性为制作物供给合同等，存在各式各样的契约关系，并且，亦有因情况而为合同内容变更的情事。因此，以是否为自己计算作为指标据以决定是否该当自行实施，徒然只是招致混乱而已（岸本达二："评释"，载《判例特许侵害法》，发明协会 1983 年版，第 633～635 页）。另关于材料采购对象和产品单价为指挥监督之要求，亦由于转包价款支付迟延等防止法第 4 条第 1 款第 5 项、第 6 项规定的关系，而根本不得为强度的指挥监督（岸本达二："评释"，载《判例特许侵害法》，发明协会 1983 年版，第 635 页）。

鉴于我国转包产业广泛存在的实际情况，如以计算云云作为指标，则自己未拥有制造设备的共有人，其所享有的自行实施的权利恐有名无实（岸本达二："评释"，载《判例特许侵害法》，发明协会 1983 年版，第 636 页）的指摘，值得倾听。而如存有制造出来的产品全部交纳共有人此一关系，则最后将视共有人自身的销售能力以决定其实施规模，同时如再要求产品的相关规格、品质等须由共有人对之为指挥监督者，则足以防止第三人以共有人为其傀儡，藉由销售的介入而为大量制造的事态。若按如此理解，则只须上述二要件的存在即可迳予认定系属共有人自行实施的范围，在此之上不再追究系争制造是为何人计算的问题，亦无明显损及第 73 条第 3 款的立法意旨（岸本达二："评释"，载《判例特许侵害法》，发明协会 1983 年版，第 636 页）。

另外，以上所述终归是共有人委由他人制造的情形。买进共有人所为制造产品之人，就该产品而为使用，或将该产品转卖予他人的情形，并无如共有人委由他人制造时须得其他共有人同意的限制规定，当然得自由为之。亦请参照有关先使用权的 判例 70 〈评论〉。

第三节　职务发明

一、概说

员工完成发明时，因为发明人终归是员工，所以享有专利申请权利之人亦为完成该发明的员工。然而，为引诱雇主投资发明，第 35 条第 1 款乃规定，员工就性质上系属雇主业务范围内的过去或现在职务上所完成的发明，经授予发明专利权者，雇主对之当然享有普通实施权。

更进一步，雇主如欲取得超越普通实施权的专利申请权、发明专利权或该发明的独占实施权者，除合同以外，亦得基于"勤务规则或其他规定"以之继受取得有关该职务发明的专利申请权、发明专利权或该发明的独占实施权（第 35 条第 2 款的反对解释，判例 93），但雇主应支付相当对价（第 35 条第 3 款）。另外，雇主就员工所完成职务发明以外的发明，通过预先订定合同或勤务规则等继受取得发明专利权等权利者，该合同或勤务规则所定条款为无效（第 35 条第 2 款）。

鉴于近来离职员工请求支付继受职务发明之相当对价的事件相继发生，且出现承认高额补偿金的判例，因此于 2004 年修法，关于按照勤务规则所为算定相当对价时，修正为对该对价的算定予以一定程度的尊重（2004 年修正第 35 条第 4 款）。同时，有关相当对价于算定时所应考虑的内容，亦应当斟酌与该发明有关之雇主所为贡献与员工的待遇等（2004 年修正第 35 条第 5 款）。应予注意的是，本次修法，于修正规定的施行日即 2005 年 4 月 1 日以后所为之专利申请权、发明专利权的继受，或该发明的独占实施权的设定许可，始有新法的适用（2004 年修正附则第 2 条第 1 款）。于施行日前所为之发明专利权的继受或独占实施权的设定许可，仍然适用旧法规定。

二、职务发明的认定

员工所完成的发明如该当"其性质上系属雇主业务范围内的雇主所属员工过去或现在职务上所完成的发明"者，雇主对之享有法定普通实施权。此外，雇主就员工所完成的发明，得通过预先订定合同、勤务规则或其他规定转让有关该发明的专利申请权等权利，亦限于职务发明的范围。具体纷争为，员工因离职等原因而与雇主公司诀别之后，对雇主所为发明的实施行为，员工以自己所享有的发明专利权为据提起侵权诉讼，雇主则主张第 35 条第 1 款所定普通实施权加以对抗。另外，后述三所示关于合同、勤务规则等所请求转让专利申请权等权利的有效性，或者于该等权利转让为有效时之员工对价请求权的存否，亦产生争议。

按照雇主指示负责产品改良之人，如就该产品完成相关发明时，容易认定该发明系属职务发明（大阪地方法院昭和 54 年 5 月 18 日判决·判例工业所有权法 2113 之第 54 页 [连续混练机]）。虽然头衔是营业部部长但分掌工事课，作为设计的负责人参与完成发明时，该发明亦被认为是职务发明（名古屋地方法院平成 8 年 9 月 2 日判决·判时 1609 号第 137 页 [倾斜地板型的自动立体停车场的地板结构Ⅰ发回后一审]）。

问题是，并无关于技术改良的具体指示或命令时，如何认定为职务发明。

即使并无相关的具体指示或命令，但有基于职务的性质而当然可认为是职务发明的情形。例如，在担任公司董事长的同时，且从事公司制造技术的研发与改良之人；或者曾担任技术部门的最高负责人，其完成了系属公司业务范围内的发明（大阪地方法院昭和 47 年 3 月 31 日判决·判时 678 号第 71 页 [软质合成树脂接合耐压软管]；东京地方法院昭和 60 年 2 月 22 日判决·判夕559 号第 284 页 [起跑机]、东京高等法院昭和 60 年 9 月 25 日判决·判夕576 号第 90 页［起跑机控诉审］亦予维持；东京高等法院昭和 63 年 2 月 17 日判决·判时 1273 号第 115 页［热硬化成型］；神户地方法院平成元年 12 月 12 日决定·无体集 21 卷 3 号第 1002 页［油压式倒卧门］、大阪高等法院平成 2 年 9 月 13 日决定·无体集 22 卷 3 号第 569 页［油压式倒卧门控诉审］；东京地方法院平成 16 年 7 月 23 日判决·平成 14（ワ）22594 等［抗二噁英健康食品］）。即使不是公司董事长，例如，在制造公司以提高生产力作为公司经营方针，而担任技术方面的董事同时亦为公司技术部门的最高负责人时，判决认为公司即使并无特别地仰仗该负责人应予完成发明的命令或指示，但该负责人基于其地位当然对于成为提高生产力所不可欠缺之前提要件的相关技术负有尽力予以改良的职责（判例93）。类似的肯定例有，东京地方法院昭和 58 年 12 月 23 日判决·无体集 15 卷 3 号第 844 页［连续覆盖设备］）。虽非董事但担任商品检验所的所长，就公司所研发的产品进行反复检验以确认产品的良莠。判决同时考虑其在上班时间使用商品检验所内的各种实验设备，并在部下及其他员工的协助下完成发明等情事，从而肯认该当职务发明（大阪地方法院平成 6 年 4 月 28 日判决·判时 1542 号第 115 页［不锈钢制及钢制真空二重容器］）。此外，作为临近境界线的案例，其事实为发明人之员工隶属于所掌业务包括研发在内的岗位，为公司内唯一负责电磁打罐式及距离式的罐检测机器的制造、交纳及修理。判决认为，就该发明人与雇主间的关系而言，解决之前罐检测机器所存在的问题点而完成系争发明，一般是可被预想与期待的。从而虽然未受有具体的命令或指示，且系在自家想到发明的原理并用自己所有的设备进行实验，但仍归结出系属职务范围的结论（东京地方法院平成 14 年 9 月 10 日判决·平成 13（ワ）10442［密封容器的密封不良检测方法］）。然而，法院另外亦同时考虑了本案发明人系经由报名参加公司所举办有关发明、实用新型专利的构思招募活动的形式而向公司报告系争发明的构思，其后征得公司同意在上班时间内确认发明的原理，并于载明合意系争发明的专利申请权转让予公司的转让证书上签名盖章等情事，因此该判决的射程范围并不广泛。

作为一特殊考量的案件：曾在被告公司从事半导体发光元件研发工作的员工即原告，违背被告公司总经理因认为系争研发的成功可能性不高而要求改为进行其他研究的业务命令，仍继续从事原青色发光二极管的研究，结果完成了系争发明。尽管违背命令，但判决认为既然系争发明为原告员工于上班时间在被告公司的建物设施内使用公司的设备与其他员工的劳力等所为完成，故无碍于职务发明的认定（东京地方法院平成 14 年 9 月 19 日判决·判时 1802 号第

30页［青色发光二极管中间判决］）。该案件事实为系争员工因负有从事半导体发光元件等的研发任务，所以即使违反具体的业务命令，但抽象观之可认为仍在所属职务的范围内。且考虑到利用了公司的设备与员工，如否定职务发明的成立，则无异违反公司具体命令之人却反而取得发明专利权利而因此得利，则判决对此等结论的采用自不得不有所踌躇而须再三推敲。

另一方面，如为专业经营销售业务而无制造部门的公司，且发明人的职务亦与技术方面无关时，当然不认为该发明系属职务发明。例如，并无从事生产制造，而是为了经营珐琅制的化学机器、浴缸等制造公司的销售业务所设立的销售公司。作为该销售公司的化工机部长，并曾就市场开发、销售企划、关系企业的经营提供意见。其所为有关浴缸之实用新型的发明创造，非属职务发明（东京高等法院昭和44年5月6日判决·判タ237号第305页［浴缸］）。在上述场合，应有与完成发明相关之特别的具体指示或命令，方得认定为职务发明。

条文上虽规定员工过去职务上所属的发明亦为职务发明，但离职后的发明不被认为系属职务发明。确实，如规定离职后的发明系属职务发明，而在雇主基于勤务规则等规定就职务发明的专利申请权等享有请求转让的权利时，则员工在竞争对手公司从事与发明相关的职务，事实上将变得不可能，而有削减发明诱因的问题。然而，即使是赞同上述通说的观点，但因发明只须于离职前完成即为已足，纵然专利申请系于离职后始为提出，亦无碍职务发明的认定（上述大阪地方法院［连续混练机］、名古屋地方法院平成5年5月28日判决·判例工业所有权法〔2期版〕1287之第16页［沥青合成木材的再制处理设备］）。反之，虽然离职前已想到发明的基本构想，但直到离职后在新公司上班而执行公司业务的过程中，才达到具体的实用化程度而完成发明者，判决认定该发明为新公司的职务发明，新公司取得法定的普通实施权（上述名古屋地方法院［倾斜地板型的自动立体停车场的地板结构Ⅰ发回后一审］。名古屋地方法院平成4年12月21日判决·判タ814号第219页［同一审］亦大致同旨）。

另外，发明人于任职后就其已提出专利申请之专利申请权的部分权利转让予雇主的案件中，判决认为因到职前双方已就系争发明专利的实施许可达成合意，所以任职之后所为转让权利的合意，至多仅系以专利申请权之部分权利的转让取代原实施许可的合同内容变更，从而以之为由否定发明专利法第35条第3款的类推适用（但肯认当事人间存在以"社会上一般认为相当的数额"

为对价的无名合同,参照东京高等法院平成 16 年 9 月 29 日判决・平成 15 (ネ) 2747 [油压动作型刀具])。如采弱者救济的观点,则既然系属进入从属关系之际所为的合意,或许得为类推适用发明专利法第 35 条。但是,第 35 条的立法意旨如系谋求对企业组织的发明活动赋予适当诱因者,则就与企业组织无关联之发明的完成,应无第 35 条类推适用的余地。

此外,在判例中,有案件事实为,被告公司的前员工所转职的新公司虽非被告公司的子公司(投资比率为 40%),但被告公司就该新公司所涉及发明之稀土类回收的相关业务有指挥监督的权限。前员工在转职后于该新公司完成了职务发明。虽然被告公司就该发明受让了前员工的专利申请权利,但并无有关对价方面的合意。判决鉴于第 35 条的立法意旨,认为即使前员工与被告公司间现无直接的雇佣关系,但可基于职务发明等同视之,从而肯认相当对价的请求(大阪地方法院平成 14 年 5 月 23 日判决・判时 1825 号第 116 页 [稀土类—取自铁系合金的有用元素回收方法])。法律之所以介入相当对价的规定,其根据既然在于如委由并无对等交涉能力的劳资间以合同自行决定相当对价的有无或其数额者,则员工从事发明的诱因恐将大幅削减,从而专利申请权利的继受之人如与雇主享有同等之得为执指挥命令的权限时,此时类推第 35 条第 3 款应是可被容许的。反过来说,以享有该同等的指挥命令权限为据而为有利雇主(以及可与雇主等同视之的人)的解释,亦即,类推适用第 35 条主张可与雇主等同视之的人亦得于事前以勤务规则规定的方式,单方片面地要求继受非其所属员工的专利申请权利者,应是不被容许的。

|判例 92| 最高法院昭和 43 年 12 月 13 日判决・民集 22 卷 13 号第 2972 页 [石灰氮制造炉]

【原审认为负责技术部门的最高负责人应遵循公司所揭示提高生产力的经营方针,即使并无具体的指示,但该人对于作为生产力前提的石灰氮制造炉有关实用新型之发明创造的改良,当然负有尽力完成的义务。最高法院也认定原审上述判断均属正确】

〈**案件事实**〉

原告以其实用新型专利权受侵害为由,向被告公司请求损害赔偿。被告公司抗辩系争实用新型的发明创造系属原告上一代的职务发明,被告公司享有法定普通实施权。在系争实用新型的发明创造当时及其前后的时空范围内,原告的上一代 A 虽于被告公司担任技术方面的董事而在支术阵营里占有领导性的地位，但被告公司未曾命令或指示 A 应为系争实用新型的发明创造。一、二审均判决原告败诉。原告上诉。

〈判决要旨〉

上诉人的上一代 A，于昭和 26 年 3 月完成有关石灰氮制造炉之系争实用新型的发明创造当时，因为享有作为以制造销售石灰氮等为业之被上诉公司技术部门的最高负责人的地位，并且基于该地位，负有为提高被上诉公司石灰氮的生产力而试图改良作为其前提要件的石灰氮制造炉，以尽力提高石灰氮制造炉生产效率的具体任务，所以 A 完成系争实用新型的发明创造，应可认为系属 A 身为被上诉公司董事所属的任务。从而，依旧实用新型法（大正 10 年法 97 号）第 26 条、旧发明专利法（大正 10 年法 96 号）第 14 条第 2 款规定，被上诉公司就系争实用新型专利享有实施权。原审所为上述的解释判断，均属正确。

〈评论〉

因为存有：公司采用谋求提高生产力的经营方针、实用新型的发明创造人曾为该公司技术部门的最高负责人、问题的实用新型正是作为提高公司生产力所不可欠缺的前提条件之有关石灰氮制造炉的发明创造等情事，所以即使并无应完成系争实用新型之发明创造的具体指示或命令，系争实用新型的发明创造亦属职务发明。反过来说，对于与提高公司生产力并无关联的发明，或者虽然担任董事但并未负责技术部门等情形，判决并非都认为无须具体的指示或命令。

三、基于职务发明而取得法定普通实施权

员工取得之发明专利权利所涉及的发明如为职务发明者，雇主依第 35 条第 1 款规定当然取得普通实施权，而无须支付对价。判例上，在共同发明人之员工分别隶属于不同雇主的案件中，判决并未特别深究第 35 条第 1 款与第 73 条第 3 款所定非经其他共有人同意各共有人不得许可他人为普通实施之规定间的关系，即认定每一雇主均得基于职务发明而享有法定的普通实施权（参照大阪地方法院昭和 62 年 1 月 26 日判决·判夕 640 号第 217 页［刚性物质凿洞用钻孔机（设计专利）［实务指南］二）。

基于职务发明所取得普通实施权的范围，及于第 2 条第 3 款所定义实施行为的全部（关于实用新型的职务发明创造，参照东京高等法院昭和 60 年 9 月

25 日判决・判夕576 号第 90 页［起跑机］）。虽然同为法定的普通实施权，但基于职务发明所取得的普通实施权不同于基于先使用的普通实施权，并不受事业目的范围的限制。

享有法定普通实施权的公司与另一家公司共同设立合资企业而承揽工事，而享有普通实施权的公司系处于主导的立场，另一家公司只不过是在其指示下参与制造时，判决认定该工事所完成的物件为按普通实施权的实施所为建筑之物（名古屋地方法院平成 5 年 11 月 29 日判决・判列工业所有权法〔2 期版〕第 2271 页［倾斜地板型的自动立体停车场的地板结构Ⅱ］）。

另外，对于按法定普通实施权的实施所完成的物件，即使另一家公司受领该物件而为使用，亦不构成发明专利权的侵害（上述名古屋地方法院［倾斜地板型的自动立体停车场的地板结构Ⅱ］）。就基于设计专利的职务发明创造而享有法定普通实施权之人所为制造、销售的产品，第三人于买进该产品后再为销售的行为，判决亦依据权利耗尽理论认定不构成设计专利权的侵害（大阪地方法院昭和 62 年 1 月 26 日判决・判夕640 号第 217 页［刚性物质凿洞用钻孔机〔设计专利〕］）。

四、基于合同、勤务规则等而取得专利申请权、发明专利权、独占实施权

雇主如欲取得超越第 35 条第 1 款法定普通实施权的权利时，必须另谋他法。而发明专利法第 35 条第 2 款规定的前提可解为：就职务发明，雇主可通过预先订定"合同、勤务规则或其他规定"以取得其专利申请权、发明专利权、独占实施权。

虽此处所称"勤务规则或其他规定"所指为何并不明确，但由所举合同以外的其他例示以观，鉴于为了促进雇主投资研发，可预期如仅取得普通实施权将无法满足雇主需求，因亡不限于合同，亦承认雇主得单方片面地以某些规定取得发明专利权等权利（东京地方法院平成 14 年 9 月 19 日判决・判时 1802 号第 30 页［青色发光二极管中间判决］，判例94）。从而，雇主对于职务发明得通过预先订定合同、劳动协约或者就业规则、其他的规定，继受取得发明专利权等权利。于此，就业规则亦得规定在发明完成的同时，雇主当然地继受取得该发明的专利申请权（上述大阪地方法院［连续混练机］）。发明人违反该规定自行提出专利申请者，判决肯认雇主得起诉请求确认其专利申请的权利（大阪地方法院昭和 54 年 5 月 18 日判决・判例工业所有权法 2113 之第 54 页

[连续混练机])。在此，虽然发明人于其提出专利申请时已非享有专利申请权之人，但这并不意味着专利局因此就应当驳回其专利申请，此观诸第49条第7项的条文规定亦可明了（但是，上述大阪地方法院 [连续混练机] 则慎重地回避对此问题的判断）。

不过，并非只要一有合同或规则的订定，雇主就可为所欲为而不受任何的限制。为防止雇主压榨员工，发明专利法设有限制的规定。

第一，专利法第35条第2款的条文结构上，在未预先订定规则时，雇主无法单方片面地转让员工的专利申请权等权利，因此回归一般原则，雇主必须与员工签订转让权利的合同，方得受让员工的专利申请权等权利。因为一旦肯认雇主得单方片面地转让员工的专利申请权等权利者，则无法避免完成职务发明的员工将受有不测的事态。

且因为专利法所要求"预先"订定规则的立法意旨在保障员工的预见可能性，所以为了能够被认定已预先订定规则，而达员工就系争规则的存在于其想要知道时就能知道的程度，雇主有必要将系争规则予以公告或周知。判例上，并非所有判决都有论述到规程的有效要件，但有斟酌被告雇主已按照其发明管理规程对原告与共同发明人为补偿金的支付，原告等对之亦无异议等情事，从而推认同规程已为员工所周知（大阪地方法院平成15年11月27日判决·平成14（ワ）5323 [喹诺酮诱导体制造方法]）。将作为公司规定之一的规程散发于各部门，以阅览可能的状态加以备置，判决据以认定该规程的内容已处于员工得以认识的状态（前揭东京地方法院 [青色发光二极管中间判决]）。

并未预先订定规则时，即使是职务发明，雇主为继受取得该发明的专利申请权利，必须另与发明人的员工订立转让合同。问题是，该转让合同可否以默示方式为之？因为如轻易地肯定默示合意的成立者，则专利法所要求欲单方片面地继受职务发明的专利申请权利者，必须"预先"订定规则的立法意旨恐遭埋没。

判例上，判决忖度发明专利法第35条的立法意旨，虽然雇主一方曾考虑无偿且当然地将职务发明的专利申请权归属于公司，但是在无法认定员工等有为明示的意思表示，或有得以推认默示意思存在的明显事实者，则迳于推认专利申请权的转让符合员工合理意思实属困难，从而推翻采相反结论的原判决（东京地方法院平成5年10月22日判决·知裁集26卷2号第729页参照 [FM信号复调设备Ⅰ]、东京高等法院平成6年7月20日判决·知裁集26卷2号

717 页 [FM 信号复调设备 I 控诉审]。最高法院平成 7 年 1 月 24 日判决・判例工业所有权法〔2 期版〕第 1278 页 [FM 信号复调设备 I 上告审] 亦予维持）。另一方面，于未有关于权利归属之明示条款的案件中，判决依据雇主与全体员工的团体默示合同（原本理应进一步检讨其作为劳资习惯的正当化基础），从而肯认权利的转让（判决同时阐述发明专利法第 35 条所定之合同，因为亦可包括劳动合同以外的契约关系在内，所以要求明示劳动条件的劳动基准法第 15 条无法直接适用于本案。参照上述东京地方法院 [青色发光二极管中间判决]）。但同时，该案判决阐述公司有关发明规定的结构上，是以雇主继受员工的权利为其前提（发明人向负责处理发明的部门提出，负责处理发明的部门进行专利申请程序的检查及律师、专利代理人的委任事宜，明定对发明人支付奖金），并且根据发明人于系争发明的相关转让证书上签名等事实，据以认定转让合同的成立，所以该判决的射程范围应是有限的。虽然亦有判决以：员工明知系以被告雇主的名义提出专利申请却无异议，员工亦自陈如被告雇主未提出专利申请时则可由原告员工以个人名义提出专利申请等情为由，从而肯认员工默示同意就其发明转让专利申请权等权利予雇主。但该判决另外肯定了解决本案纷争之和解协议的有效性，归根结底该判决的射程范围应有所限定为宜（大阪地方法院平成 15 年 9 月 11 日判决・平成 14（ワ）3694 [扳手]）。尽管不应轻易地肯定默示合意的成立，但于以雇主名义所提专利申请程序中，由员工为雇主制作说明书并且受领发明奖金者，则应无碍于认定就员工发明的专利申请权有为默示的转让（东京地方法院平成 12 年 9 月 27 日判决・判例工业所有权法〔2 期版〕1271 之第 11 页 [巴布剂]、东京高等法院平成 13 年 3 月 15 日判决・判例工业所有权法〔2 期版〕1271 之第 35 页 [巴布剂控诉审]）。

且判例上，未订定规则的雇主对拒绝转让发明专利申请权的受雇人予以解雇的案件中，虽然判决不认为构成解雇权的滥用（东京地方法院昭和 34 年 7 月 14 日判决・劳民 10 卷 4 号第 645 页 [丹顶布料用涂料]），但一旦承认得以解雇为手段强迫员工为专利申请权的转让者，无异违反发明专利法所定单方片面地转让权利的规则必须预先订定的立法意旨。为了不构成解雇权的滥用，无论如何应以员工负有合同上的转让义务为必要。举例言之，发明实用新型处理规则中，明订就职务发明的专利申请权利必须转让予公司时，员工未答应公司的转让要求者，因为该当违反适法的职务命令而扰乱公司秩序，所以即使是对员工为不利益处分，判决认为该处分对员工并不构成侵权行为（东京地方法院平成 3 年 11 月 25 日判决·判时 1434 号第 98 页 [气体吸引方法])。

第二，即使是有预先订定合同或勤务规则等之场合，雇主如就员工所完成职务发明以外的发明通过预先订定合同或勤务规则等继受取得其专利申请权、发明专利权、该发明的独占实施权者，该合同或勤务规则的相关条款为无效（第 35 条第 2 款）。如勤务规则等系以包括职务发明在内的较为广泛范围，规定员工所完成发明的专利申请权等权利转让予雇主时，判决认为只是就职务发明除外的其余发明的部分无效而已，有关职务发明的规定仍为有效而拘束员工（上述大阪地方法院 [连续混练机]）。

第三，以合同、勤务规则或其他规定继受取得有关职务发明的专利申请权、发明专利权或该发明的独占实施权时，雇主应支付员工相当对价（第 35 条第 3 款）。虽然雇主继受取得了职务发明的专利申请权等权利，但未支付相当对价时，员工得依据本款规定请求支付相当对价（判例93 及其他）。反之，既然享有此类的对价支付请求权，则即使合同或勤务规则等所定对价明显极为低廉，但因为员工可就差额部分向雇主请求，所以不得以合同或勤务规则等违反公序良俗为由，据以争论不发生继受取得专利申请权等权利的法律效果（东京地方法院平成 14 年 9 月 19 日判决·判时 1802 号第 30 页 [青色发光二极管中间判决]）。基于相同理由，即使是未支付相当对价，姑且不论得就差额部分请求支付，亦不得以履行迟延为由据以解除合同（上述东京地方法院 [青色发光二极管中间判决] 所附理由为：即使曾为合同的签订，但权利的继受取得解为系属第 35 条所定的法律效果，则继受之后无法以意定合同的解除为由，推翻该法定继受取得权利的效果）。

五、相当对价请求权

（一）相当对价请求权的发生要件

雇主继受取得职务发明的专利申请权等权利时，为了使员工享有相当对价的支付请求权，第 35 条第 3 款的条文上，只要继受的对象为职务发明即为已足，在此之上并无必要就该职务发明进一步地取得发明专利权。

从而，只要职务发明具备发明的实质要件即为已足。于此，雇主继受取得专利申请权，员工则享有对价支付请求权，在此之上并不以雇主实际上就系争发明提出专利申请为要件（东京地方法院昭和 58 年 12 月 23 日判决·无体集 15 卷 3 号第 844 页 [连续覆盖设备]）。雇主为维护自己商业上的利益，将员工所完成的发明作为诀窍予以隐匿而与员工合意唯有雇主得为独占实施者，依据本条规定亦发生员工对雇主的对价请求权（参照上述东京地方法院［连续覆盖设备］。该判决虽然肯认对价请求权的发生，但同时认定消灭时效，因此严格说来系属附带意见）。即使决定作为诀窍予以隐匿，但因为员工就系争发明已不得提出专利申请此事并未改变，所以法律上应评价为专利申请权已转让予雇主（而且已由雇主决定不为专利申请）为宜。如将此论理再加以推展，虽作为诀窍但未予隐匿，但正是因为雇主已继受取得了专利申请权，所以竞争对手公司因虑及雇主于将来或能取得发明专利权的授予登记故而暂不实施系争发明的事态既然可能发生，则即使最终未能取得发明专利权的授予登记，亦与有无隐匿毫不相干，而有解释为基于专利申请权的继受取得而使雇主因之受有利益的可能。判例上，判决斟酌因专利申请人并未请求实质审查，所以发明专利无法授予登记而程序至此终结的可能性亦属极高等情事，而为削减相当对价的处理并乘以 1/20 的此一系数（该数值亦斟酌了其他情事），但判决最终仍以绝对值 200 万日元的金额认定为相当对价额（大阪地方法院平成 14 年 5 月 23 日判决·判时 1825 号第 116 页［稀土类—取自铁系合金的有用元素回收方法］）。该判决亦涉及得为算定雇主所受的应得利益系自提出专利申请时，抑或是专利申请公布时的此一论点（参照（四）1）。

（二）无效主张的可否

发明专利权授予登记是否为必要的论点以外，另存有系争职务发明是否以值得授予发明专利权为必要的论点。近来，该论点是以于员工所提起的职务发明补偿金诉讼中，雇主可否主张职务发明的相关发明专利权系属无效的形式，加以争论。

1. 无效主张肯定说

判例上，于此问题表面化后的较早时期，在以丧失新颖性（已为公开使用）为由宣告专利权无效的决定确定，且被宣告无效的权利要求项乃涉及发明创造之基本构成的案件中，诸如除去该无效部分后剩余的权利要求项的相关发明价值变低、于实用新型的专利权评价报告中显示该实用新型缺乏新颖性、创造性等，从而以该实用新型专利权经判断欠缺新颖性、创造性为理由，于算定雇主等所受应得利益时将所乘以之使用费率减半（1.5%）（水戸地方法院土浦派出法庭平成 15 年 4 月 10 日判决·判时 1857 号第 120 页［油压动作型刀具］、东京高等法院平成 16 年 9 月 29 平成 15（ネ）2747［油压动作型刀具控诉审］）。判决要旨是否意味着在全部的权利要求项均被宣告为无效时，果真据以认定相当对价的数额为零，并不明确，但至少可理解为提出无效主张是被容许的。

2. 当然参酌说

判例上对于具有无效理由的发明，就其补偿金虽然不直接予以否定，但无效理由的存在影响金额的算定，对价数额将变得低廉的此一主张，一时成了主流（除以下介绍的判例以外，另参照东京地方法院平成18年3月9日判决・判时1948号第136页［丰田中央研究所］）。例如，判决对于虽然提出了专利申请，但因为遭驳回以致未能取得发明专利权的职务发明，并非无条件地否定其对价请求权，而是将对价的数额视为问题后，以雇主所受利益极少为理由，从而认定以专利申请补偿（5000日元）作为相当的对价（大阪地方法院平成5年3月4日判决・知裁集26卷2号第405页［绕上中空系线的弦］）。再者，就问题的发明专利权所进行的修改，（依专利申请当时是否容许修改的判断基准）可说几乎确实该当变更原专利的保护范围，因之被断定存有无效事由的盖然性极高。判决考量上述情事，以被告雇主和他人订立专利实施许可合同之际未重视系争发明专利权难谓有何不合理之处为由，将相当对价朝削减数额方向斟酌的同时，另以对照雇主业与数家公司订立以系争发明专利权为合同对象（之一）的专利实施许可合同的情事，则难谓系争发明专利权毫无价值或雇主并未因之受有任何利益为由，算定雇主因系争发明专利权所得的利益为5000万日元，相当对价的数额为250万日元（东京高等法院平成13年5月22日判决・判时1753号第23页［奥林巴斯光学工业］）。不过，即使采当然参酌说，但雇主最终并未自行实施，亦未许可他人实施，且有关照相用的底片出现了代替技术，在随着数码相机的普及原本即导致照相用底片市场加速缩小的情况下，将来亦无自行实施或许可他人实施的可能性时，判决乃据以认定雇主结果并无所受的应得利益，相当对价的请求权自无从发生（东京地方法院平成18年1月26日判决・判时1943号第85页［柯尼卡美能达控股公司］）。

3. 限定参酌说

其后，出现采取如下观点的判决，改变了上述可以称得上是采当然参酌说的判例趋势：发明专利权即使是具有无效理由，但发明专利权既然存在，可认为雇主因基于继受取得该发明专利权而享有事实上的排他利益，所以除非无效理由被竞争对手知悉而可判断并无事实上的排他利益，否则无法否认雇主因继受取得发明专利权所得享有的利益。明文采此观点的判决为东京地方法院平成19年4月18日判决・平成17（ワ）11007［兄弟工业］。同判决所持理由为：作为形式上有效的发明专利权，以得对第三人行使禁止权的状态继续存在时，即使是具有无效理由，但诸如许可他人实施而因此获得使用费收入者，则被告企业现时仍享有独占利益，自无法否定其受有因继受发明专利所得的超过利益。另一方面，由于判决公布的结果，就无效理由被知悉以后的相应于将来预期利益的部分，则相反地否认有超过利益。具体算定亦是法院对于有问题的国内外发明专利权检讨无效理由的存否，而就部分的发明以其具有无效理由作为低估其自行实施的超过销售额的参酌要素。但对于他人所支付的使用费收入，则未将无效理由的存在列入考虑（亦参照大阪地方法院平成21年1月27日判决·平成18（ワ）7529［丸子］）。基于相同理由，亦有判决对于宣告专利权无效决定确定后的发明以2%的假想使用费率乘以超过销售额，但对断定并不存在无效事由的发明则以较高的3%的假想使用费率乘以超过销售额（知识产权高等法院平成21年11月26日判决·平成21（ネ）10020［丸子］）。之所以区别自行实施与许可他人实施而为不同的处理，其理由在于发明专利如具有无效理由即意味着与公知技术等的距离相近，所以基于独占所因之获得的利益事实上系属低廉，因此关于自行实施发明专利权等权利的继受利益，不得不认为系属有限。但另一方面，现实上既已获得他人所支付的使用费收入，则具有无效理由的此一事实不得作为削减使用费的理由。此外，亦出现下列判例：判决虽阐明难谓发明专利权一具有无效理由即一律认定不存在独占利益，但对于系争二件发明专利权，尽管只要就其说明书所举具体实施例予以追加实验即可容易判明该等专利权具有无效理由（违反发明专利法第36条第4款第2项的实施可能要件），但竞争对手公司既然并未以之为由请求宣告该发明专利权无效，即表示系争发明专利权对业界并无影响力，故雇主因继受该等权利所受的应得利益实属微小，从而以之为由认定雇主所支付的补偿金额已十分足够（大阪地方法院平成19年3月27日判决·平成16（ワ）11060［东洋纺］）。判决以可推认竞争对手公司已知悉无效理由为依据，认定以雇主所支付员工的补偿金额作为相当对价，已十分足够（大阪地方法院平成18年3月23日判决·判时1945号第112页［日本电气机械设备］）。判决指出，可推认对所属技术领域的技术人员而言专利权明显具有无效理由的此一情事，可作为认定并无超过利益的理由之一（大阪地方法院平成19年7月26日判决·平成18（ワ）7073［日本星电］）。此外，亦有判决赞同上述采限定参酌说的判决趋势，阐述虽然发明专利权具有无效理由以致于判断超过利益时对使用费率的算定有所影响，但是该影响仅限于例外的情况（知识产权高等法院平成21年6月25日判决·判时2084号第50页［兄弟工业］）。

然而，若非发明专利法上值得保护的发明，则并无承认相当对价请求权或进而对该发明赋予诱因的必要（前揭东京高等法院［奥林巴斯光学工业］亦是被告雇主的负责处理发明专利之人对原告发明人的提案内容进行修改的结果，导致具有该当变更原专利保护范围的无效理由的案例。因为作出无效原因的责任在于雇主而非发明人，所以该案判决发明专利权虽具有无效理由但雇主仍受有应得的利益，或有予以正当化的可能）。因为已支付员工薪饷，所以实无理由认为员工于遂行雇佣合同义务的过程中，每当其完成通常可为期待的种种诀窍时均分别发生相当对价的支付请求权，或是解为有保护至如此程度的必要（虽非以第 35 条第 3 款为争点，而系涉及职前的合同解释问题的案件中，对于进被告公司担任技术部部长的原告，判决斟酌其任职原委，认定原告所主张诀窍的程度，依据雇佣合同当然应提供予雇主，从而否定在薪饷之外对于该诀窍的提供另有支付对价的合意存在。参照前揭东京高等法院［油压动作型刀具］）。从而，应认为职务发明的相当对价请求权的发生虽不以实际上有无提出专利申请或经授予登记发明专利权为必要，但必须是发明本身已满足发明专利的要件。

以上所介绍的是涉及曾经授予登记发明专利权但具有无效理由的相关议论，另关于授予登记发明专利权之前即被驳回专利申请的发明，得否请求补偿金亦成为问题。如采虽具有无效理由但只要是发明即为已足的观点加以审视者，则该发明的对价尽管会变得廉价，但仍可承认一定数额（例如，实务上的专利申请补偿）的对价请求。然而，判例上，对于分别以欠缺创造性、未具备实施可能要件为由决定驳回专利申请并经确定的发明，判决就前者以即使实施亦无起因于独占所生的利益，就后者以未曾实施为由，据以驳回补偿金的请求（大阪地方法院平成 22 年 7 月 15 平成 21（ワ）15068［日本制钢所］）。

（三）与勤务规则等所定对价的关系

判例93 阐释，通过预先订定合同或勤务规则等继受取得职务发明的专利申请权等权利，如同时亦明定有关对价条款者，则法院得斟酌该条款所定对价是否相当，如该对价未满相当的数额时，员工得就差额部分请求雇主支付。

以 判例93 为契机，关于发明专利法第 35 条的解释，是否理解为依勤务规则等所定的对价，其数额即使仅有少许的不足，亦总是肯认员工享有相当对价的支付请求权？但如此解释，恐招致下述严厉批评：雇佣发明人的企业，将彻底背负着事前无法预期的风险。对此，本案高等法院的原判决则认为，如对照发明专利法第35条，公司所定对价条款系属合理且对于具体个案金额的涵摄亦属适当者，则认定员工已受领相当对价的支付，因此不得再就所谓差额的部分请求（虽属附带意见，参照前揭东京高等法院［奥林巴斯光学工业］）。原判决的上述见解虽未为 判例93 所引用，但亦无必要将 判例93 阐述的上述意旨解读至：最高法院系否定原判决的上述见解，表明雇主的企业就相当对价的订定毫无任何裁量的余地。

无论如何，2004年的修法回应了上述批评，将发明专利法第35条第4款的规定修改为："就前项的对价如于合同、勤务规则或其他规定另有订定时，依该规定所为对价的支付，应考虑雇主与员工间于订定算定基准时的协议情形、算定基准的开示情形、算定对价数额时听取员工等意见的情形等，而不得有不合理的情事。"

此外，亦有关于可否以晋级、高升等公司内的待遇提升，或是提高退休金的方式代替相当对价支付的论点。于2004年修法前的判例，关于前者，判决以发明规程中已明文以补偿金的形式支付对价，或者当初总之系以董事的待遇作为迎进公司的条件等为由，据以否定雇主得以支付排名公司第二高薪的高额董事报酬此一事由，主张其已为相当对价的支付（东京地方法院昭和58年9月28日判决·无体集15卷3号第620页［东急式PC拉毛织物］）。关于后者，作为事实认定问题，判决否定了提高退休金系属相当对价的（部分）清偿（大阪高等法院平成6年5月27知裁集26卷2号第356页［绕上中空系线的弦］）。对于此点，2004年修正之第35条第5款虽系于按照勤务规则等所为的对价支付经判断为不合理之后，由法院决定相当对价数额时所考虑情事的文脉中，规定了必须考虑"员工等的待遇"以之算定相当数额。但是，于判断按照勤务规则等的对价支付是否合理时，员工的待遇也是应予考虑的情事。

同时，也有关于员工得否放弃相当对价数额请求权的论点。判例上，判决认为如员工有效地放弃对价请求权者，则无法请求相当对价的支付（虽为附带意见，参照上述东京高等法院［奥林巴斯光学工业］、上述东京地方法院［密封容器的密封不良检测方法］）。不过，诸如：以1万日元的受领作为职务发明的对价（上述东京地方法院［密封容器的密封不良检测方法］）、当初任职时曾提出誓约书宣誓遵守公司的就业规则及其他的诸规程、只是无异议地按照被告的规定受领数次的奖金（上述东京高等法院［奥林巴斯光学工业］）、就对价的数额曾为某些的合意等，判决均认为上述情形难以认定员工有到放弃对价请求权的地步。

判例93　最高法院平成15年4月22日判决·民集57卷4号第477页[奥林巴斯光学工业]

【即使勤务规则等有明定关于对价的支付，但是该对价未满足发明专利法第35条所定相当对价的数额时，员工得就差额部分请求雇主支付】

〈案件事实〉

本案为：原告（二审上诉人兼被上诉人、三审被上诉人）乃被告（二审被上诉人兼上诉人、三审上诉人）的前员工，被告继受取得原告在职中所完成职务发明的专利申请权，原告向被告请求支付相当对价。对于系争发明的继受取得，按照发明实用新型管理规定，于1978年1月5日以3000日元作为提出专利申请的补偿、1989年3月14日以8000日元作为授予登记发明专利权的补偿、1992年10月1日以20万日元作为取得工业所有权的补偿，以上合计支付21万1000日元。原告于1995年3月3日对被告提起系争诉讼，一审（东京地方法院平成11年4月16日判决·判时1690号第145页）及二审（东京高等法院平成13年5月22日判决·判时1753号第23页）判决均否定消灭时效的完成，并认定系争发明的相当对价数额为250万日元（算定被告所受应得利益的数额为5000万日元，其中雇主的贡献程度占95%），从而命令被告支付差额228.9万日元（2 500 000～211 000）。

〈判决要旨〉

1. 按照勤务规则所为支付的数额未满相当对价的数额时，肯认员工得就差额部分请求

发明专利法第35条，系以有关职务发明的专利申请权原始归属于完成该发明的员工等为前提（参照发明专利法第29条第1款），对于职务发明的专利申请权及发明专利权（以下简称发明专利申请权等权利）的归属及其利用，在保护雇主等与员工等个别利益的同时，亦谋求二者间利害关系调整的规定……准此，不论员工是否同意由雇主等继受取得其有关职务发明的发明专利申请权等权利，雇主等均得预先通过勤务规则或其他规定（以下简称勤务规则等）订定发明专利申请权等权利由雇主等继受取得之相关意旨的条款。再者，亦无碍于雇主就该继受得为订定支付对价及该对价的数额、支付时期等。然而，在职务发明尚未完成而得为继受取得的发明专利权等权利的内容或价值尚未具体化之前，很明显地无法预先订定确定的对价数额，对照上述同条的立

法意旨及其规定内容，亦无法理解为容许雇主预先确定对价的数额。换言之，姑且不论勤务规则等所定对价得理解为该当同条第 3 款、第 4 款所定相当对价的一部分，但因为无法直接将之视为相当对价的全部，所以唯有勤务规则等所定对价的数额与同条第 4 款的立法意旨、内容相吻合，才能理解为该当同条第 3 款、第 4 款所定的相当对价。从而，基于勤务规则等由雇主等继受取得员工有关职务发明的发明专利申请权等权利时，即使系争勤务规则等订有雇主等对员工等应为支付对价的相关条款，但依该条款所为支付对价的数额如未满按照同条第 4 款规定所算定对价的数额时，依据同条第 3 款的规定，理解为员工得就差额部分请求支付相当的对价，均属适当。

2. 否定消灭时效的完成

勤务规则等订有对价的支付时期时，在按照勤务规则等所定支付时期届至之前，存有作为关于受领相当对价支付的权利行使的法律上障碍事由，而应认为无法请求该相当对价的支付。准此，勤务规则等订有关于雇主等对员工等应为支付对价的支付时期等条款者，该支付时期理解为受领相当对价支付的权利消灭时效起算点，均属适当。

于本案，上诉人规定如上诉人继续地受有来自他人的工业所有权收入时，以自收入开始日起的二年期间为对象，支付以一次为限的补偿。上诉人自平成 2 年 10 月以后，收取有关系争发明的使用费，……有如上述。准此，因为按照上诉人的规定，应为上述补偿的时点乃为本案受领相当对价支付权利的消灭时效起算点，所以直至被上诉人提起系争诉讼的平成 7 年 3 月 3 日为止，关于被上诉人的权利很明显地并未超过消灭时效期间。

〈评论〉

如本文先前所述，虽然本判决乃为促成 2004 年修法的契机之一，但于此再次指出，应无必要将本判决解读至其系排斥下述见解：勤务规则等所定相当对价的数额如有相应的合理性时，则就该规则所定的数额应予尊重。此外，依据同修正附则第 2 条第 1 款规定，就 2005 年 4 月 1 日以前已为完成的权利继受，因为仍有修正前发明专利法第 35 条第 3 款、第 4 款规定的适用，所以即使是有关相当对价数额的算定，本判决暂不失其先例上的意义，对此点亦应予以留意。

(四) 相当对价数额的算定

对于继受的对价数额如未通过勤务规则等为规定，或"按照规则所为对价的支付经依据前款规定认定为不合理时",则关于第 3 款的对价数额 "应考虑雇主等因该发明所受应得利益,雇主等就该发明所为相关的负担、贡献,以及员工等的待遇暨其他情事以定之"(2004 年修正第 35 条第 5 款)。

1. 关于"雇主等所受应得利益的数额"的算定作业。

第一,于雇主许可他人实施其受让自员工的发明专利时,许可他人实施所可得的使用费收入,该当"所受应得利益的数额"(东京地方法院昭和 58 年 9 月 28 日判决・无体集 15 卷 3 号第 620 页［东急式 PC 拉毛织物］,东京地方法院平成 14 年 11 月 29 日判决・判时 1807 号第 33 页［日立制作所 I］、东京高等法院平成 16 年 1 月 29 日判决・判时 1848 号第 25 页［日立制作所 I 控诉审］,东京地方法院平成 15 年 8 月 29 日判决・判时 1835 号第 114 页［铁—稀土类—氮系永久磁石］,东京地方法院平成 16 年 2 月 24 日判决・判时 1853 号第 38 页［味之素］)。于此场合,如存有职务发明只不过是利用发明而附随于另一基本发明作为专利实施许可合同对象的情事者,则朝低估金额的方向斟酌(同时亦斟酌因意旨变更而为无效的可能性,参照东京地方法院平成 11 年 4 月 16 日判决・判时 1690 号第 145 页［奥林巴斯光学工业］)。

职务发明与其他多数的发明专利一同为专利实施许可合同的对象时,雇主所受应得利益的数额为:雇主因该合同所取得的使用费总额,乘以系争职务发明于订立专利实施许可合同时的贡献率后所得的数额(上述东京地方法院［日立制作所 I］、上述东京高等法院［日立制作所 I 控诉审］,上述东京地方法院［味之素］)。虽无使用费收入,但是雇主受有财团法人东京都中小企业振兴公社所交付的经营、技术活化补助金 447.8 万日元的案件中,判决考虑了种种情事,认定雇主所受利益为 400 万日元(亦同时斟酌在不久的将来有商品化的可能性,参照东京地方法院平成 16 年 7 月 23 日判决・平成 14（ワ）22594 等［抗二噁英健康食品］)。

再者,如以一揽子交叉专利实施许可合同(并未一一特定个别的发明,而是对于每一产品领域里的发明专利互为同意实施许可的合同)方式许可他人实施职务发明时,则如何算定雇主所受的应得利益,亦产生争议。

关于此点,上述东京高等法院［日判决・立制作所 I］阐述:虽得以雇主就其因实施一揽子交叉专利实施许可合同的相对人复数发明专利所原本应支付予相对人的使用费金额,乘以系争发明在雇主许可相对人实施的复数发明专利全体所占的贡献比率后的所得金额,据以算定雇主所受应得利益的数额。但亦得直接以相对人就系争发明的实施所原本应支付予雇主的使用费金额代替

（亦参照民事诉讼法第 248 条）。该判决阐释了就系争发明专利经由相对人的实施，相应于客观上对相对人的销售额有所贡献的部分，可直接评价为雇主所受的应得利益，并据以为相当对价的算定。

其后陆续出现的东京地方法院平成 18 年 6 月 8 日判决·判时 1966 号第 102 页［三菱电机］，东京地方法院平成 19 年 1 月 30 日判决·判时 1971 号第 3 页［佳能 I］、知识产权高等法院平成 21 年 2 月 26 日判决·判时 2053 号第 74 页［佳能 I 控诉审］，作为该等判决理由中的抽象议论似主张：应以于订立一揽子交叉专利实施许可合同时，合同当事人主观上所认识系争发明专利对合同签订的贡献程度为基准，据以算定雇主所受的应得利益。然而，在实际具体涵摄时，诸如以客观上合同相对人并未实施系争发明专利为由而否定相当对价（上述东京地方法院［三菱电机］），或相对人实施系争发明专利时以其实施的限度为据算定相当对价（上述东京地方法院［佳能］、上述知识产权高等法院［佳能控诉审］），故就结果而言，相较于以客观上相对人有无实施系争发明专利为基准的场合，并无得出不同的结论（东京地方法院平成 22 年 7 月 8 平成 18（ワ）27879［佳能 II］亦沿袭此一趋势）。不过，于最近的判例上，则出现判决（东京地方法院平成 22 年 6 月 23 日判决·平成 18（ワ）23550［日立制作所 III］）就合同相对人并未实施的系争发明，不仅是在抽象议论上，就连具体涵摄时亦以系争发明专利用于作为签订一揽子交叉专利实施许可合同的谈判筹码为理由，据以算定雇主所受的应得利益。至此，判例的趋势难以预测或掌握。

然而，以前关于发明专利法第 35 条的判例，系于"雇主所受的应得利益"的名义下，实际上算定雇主"已受利益"的数额。换言之，并非于职务发明的继受时点，亦即并非于当事人所持情报极为有限的事前时点算定相当对价，而系尽可能地参酌事后的关联情事据以算定相当对价。此理亦应及于应否加以考虑于一揽子交叉专利实施许可合同订立时的此一特定时点的当事人主观情事。从而，上述东京高等法院［日立制作所 I］未重视合同订立时的主观情事，而系聚焦于合同订立后客观上有无实施的此一问题焦点，均属正确。

第二，即使雇主自行实施发明专利，其因自行实施所得利益的总额，并非第 35 条第 5 款所称"雇主等所受的应得利益"。因为雇主原本依据第 35 条第 1 款规定即可无偿地实施职务发明，所以雇主更进一步地因受让发明专利权所得的利益，换言之，其未受让发明专利权与受让发明专利权之间利益状态的差异，乃在于前者只不过是得为自行实施，而后者则可以法律上排除第三人的实施。因此，此处所称"雇主等因该发明所受的应得利益"，非指雇主因实施发明所得的利益，而系指基于得禁止第三人实施之地位所得的利益。基于相同理由，于继受专利申请权时所称"雇主等因该发明所受的应得利益"，亦非指雇主因实施发明所可得的预期利益，而系指因提出专利申请而经授予登记发明专利权或基于作为诀窍予以隐匿等，所取得法律上或事实上得为独占排他地实施发明之地位所生的利益（东京地方法院昭和58年12月23日无体集15卷3号第844页［连续覆盖设备］，东京地方法院平成4年9月30日判决·知裁集24卷3号第777页［三角板］，大阪地方法院平成5年3月4日判决·知裁集26卷2号第405页［绕上中空系线的弦］、大阪高等法院平成6年5月27知裁集26卷2号第356页［绕上中空系线的弦控诉审］，大阪地方法院平成6年4月28日判决·判时1542号第115页［不锈钢制及钢制真空二重容器］ 判例94）。

问题在于该利益的算定方法，对此判例的处理手法大致为两种方式。

首先，最初有力的处理手法为上述东京地方法院［连续覆盖设备］所采用，将雇主自行实施所得的销售总额乘以系争发明专利的使用费率，以所得出的金额于观念上套用为雇主所受的应得利益（销售总额×使用费率方式）。其理由为：为了算定因享有排他地位所受有的利益，相较于雇主自行制造、销售发明专利产品的所得利益，毋宁于假设雇主以有偿方式许可他人实施的情况下所可获得的使用费此一资料，较值得参酌。然后，再考虑雇主的贡献度据以算定对价（其他判例有，东京地方法院平成14年9月10平成13（ワ）10442［密封容器的密封不良检测方法］，东京地方法院平成15年11月26日判决·判时1846号第83页［影响解析设备］）。

随后出现的处理手法，乃上述大阪高等法院［绕上中空系线的弦］所阐释，之所以能够增加制造、销售的实绩，虽有部分是由于享有法定的普通实施权，但亦有部分系因继受取得权利而得为独占实施所致，故判决先认定起因于独占实施的部分占销售总额的1/2，然后再乘以使用费率（超过销售额×使用费率方式）（其他同样采用超过销售额×使用费率方式的判例中，上述东京地方法院［三角板］认定起因部分占销售总额的1/2，上述大阪地方法院［不锈钢制及钢制真空二重容器］，水户地方法院土浦派出法庭平成15年4月10日判决·判时1857号第120页［油压动作型刀具］、东京高等法院平成16年9月29日判决·平成15（ネ）2747［油压动作型刀具控诉审］则认定占销售总额的1/3）。然而，上述大阪高等法院［绕上中空系线的弦］既然采用了起因部分据以算定雇主的所受利益，但判决却将作为销售总额 1/2 的"超过销售额"此一起因部分再乘以通常的使用费率，以所得的数额作为相当于许可第三人实施时的使用费收入，并认定该数额为"雇主等所受应得利益的数额"，则其就相当对价基准的"雇主等所受应得利益的数额"的算定，反而是采用了其他判例（以销售总额×使用费率方式）的所得数额再乘以 1/2 的手法。因为对于销售额曾有如何程度贡献的此一情事，在算定使用费的费率时理应已有所参酌，所以如采超过销售额×使用费率方式此一手法者，非无就同一事由而为重复减额计算的疑虑。不过，同判决于斟酌下述"雇主所为的贡献程度"时，就相当数额在减额处理时所保留予员工的比例为 40%，与其他案件相比，其员工贡献度的比例设定较高（同样认定起因部分占销售额 1/2 的上述东京地方法院［三角板］，对于雇主所为的贡献程度估计为 65%（即保留予员工的比例为 35%）；认定起因部分占销售额 1/3 的上述大阪地方法院［不锈钢制及钢制真空二重容器］，对于雇主所为的贡献程度估计为 20%（即保留予员工的比例为 80%））。

不清楚是否因为意识到本书的上述指摘（初见于本书初版第 354～355 页），采用后者手法（超过销售额×使用费率方式）的判例，于最近尝试理论性地说明自己所持的观点。例如，判例94 阐释之所以乘以 1/2 的理由为：假设雇主许可竞争对手公司实施系争发明专利者，则因为至少有基于全由自行实施所得的销售总额中相当于 1/2 金额的产品，可被认为系由竞争对手公司所销售，因此起因于得为禁止第三人实施系争发明专利所增加的销售额，应不少于全由自行实施所得的销售总额的 1/2。再者，对于依此计算所得销售总额的 1/2 此一金额（超过销售额）再乘以使用费率的理由，判例94 阐述，虽然亦有采用超过销售额乘以利益率此一方案的可能性，但因为欠缺对于直接算定利益率所需的证据，所以改以使用费率替代利益率（作为先例的判例，参照大阪地方法院平成 14 年 5 月 23 日判决·判时 1825 号第 116 页［稀土类—取自铁系合金的有用元素回收方法回收方法］）。确实，抽象议论而言，如果使用费的金额竟高于实施发明专利所可得的利益者，则取得发明专利的实施许可恐将失其意义。因此，平均而言，相对于利益率，以使用费率估算的金额应较为"保守（低额）"（［日亚化学工业终局判决］所阐明）。如证明利益率所需的证据并不十分充分者，则改以对主张权利请求对价的员工而言稍微不利的使用费率替代利益率，或许符合事理。之后，超过销售额×使用费率方式落实于裁判实务而成为主流（例如：大阪地方法院平成 17 年 7 月 21 日判决・判夕 1206 号第 257 页［藤井合金制作所］，大阪地方法院平成 18 年 3 月 23 日判决・判时 1945 号第 112 页［日本电气机械设备］，东京地方法院 18 年 9 月 12 日判决・判时 1985 号 106 页［JSR 公司］，东京地方法院平成 18 年 12 月 27 日判决・平成 17（ワ）12576［三菱化学］、知识产权高等法院平成 20 年 5 月 14 日判决・判时 2025 号第 118 页［三菱化学控诉审］，大阪地方法院平成 19 年 10 月 30 日判决・平成 17（ワ）1238［冈田组］、知识产权高等法院平成 20 年 7 月 17 日判决・平成 20（ネ）10099［冈田组控诉审］，知识产权高等法院平成 20 年 10 月 20 日判决・平成 20（ネ）10033［日信化学工业］，上述知识产权高等法院［佳能 I］，大阪地方法院平成 21 年 1 月 27 日判决・平成 18（ワ）7529［丸子］，知识产权高等法院平成 21 年 6 月 25 日判决・判时 2084 号第 50 页［兄弟工业］、东京地方法院平成 21 年 12 月 25 日判决・平成 19（ワ）31700［和光纯药工业］）。

然而，判决要旨之所以采用超过销售额×使用费率方式，如果只不过是一时的权宜手段，则意味着利益率或利益额可为清楚判明时，则宜使用该利益率或利益额。实际上，其后的判例中出现判决不采超过销售额应乘以使用费率（5%）的主张，而认为应乘以雇主所销售系争产品的利益率（10%）（东京地方法院平成 19 年 6 月 27 日判决・平成 17（ワ）2997［东芝］、知识产权高等法院平成 20 年 2 月 21 日判决・平成 19（ネ）10061［东芝控诉审]）（超过销售额×利益率方式）。亦有判决阐释应选择利益率与使用费率二者其中较高额的一方据以算定，而将以使用费率为基准所算定的金额（1140 万日元）朝上方修正（上述东京地方法院［三菱化学］）。亦有判决一方面认为现实的利益率仅为算定使用费率时的参考要素之一，但于具体涵摄阶段则算定较原审所认定费率（3%）为高额的费率（5%）（上述知识产权高等法院［三菱化学］。虽然未见对于具体金额为有意的影响，但东京地方法院平成 19 年 4 月 18 日判决・平成 17（ワ）11007［兄弟工业］的抽象议论亦为相同意旨的阐释）。

此外，采用超过销售额×使用费方式的判例，于 判例 94 以前，为算定超过销售额，乃对基于自行实施所得的销售额大致上一律无条件地乘以 1/2、1/3 等数字，但为何认定为 1/2 乃至 1/3，并不明确。此一趋势在 判例 94 之后亦未间断，大部分的判例于 1/2～1/3 程度的范围内，据以算定自行实施所得销售额中的超过部分比例。例如，认定为 50%（知识产权高等法院平成 20 年

10月20日判决·平成20（ネ）10033［日信化学工业］。涉及部分的发明，上述大阪地方法院［日本电气机械设备］，大阪地方法院平成21年1月27日判决·平成18（ワ）7529［丸子］、知识产权高等法院平成21年11月26日判决·平成21（ネ）10020［丸子控诉审］）。认定为40%（东京地方法院平成20年3月31日判决·判时2020号第138页［东京精密］，东京地方法院平成18年12月27日判决·平成17（ワ）12576［三菱化学］、知识产权高等法院平成20年5月14日判决·判时2025号第118页［三菱化学控诉审］。涉及部分的发明，东京地方法院平成18年9月12日判决·判时1985号第106页［JSR公司］，上述东京地方法院［和光纯药工业］）。认定为1/3（大阪地方法院平成18年2月21日判决·平成16（ワ）13073［积水化学工业］、知识产权高等法院平成19年1月25日判决·平成18（ネ）10025［积水化学工业控诉审］，东京地方法院平成20年3月31日判决·判时2020号第138页［东京精密］）。认定为30%（大阪地方法院平成17年7月21日判决·判夕1206号第257页［藤井合金制作所］。涉及用途发明，虽未取得药事法上的承认，但现实上为了促销系争用途而为宣传的案件，参照知识产权高等法院平成18年11月21日判决·平成17（ネ）10125［大塚制药］）。认定为20%（大阪地方法院平成19年10月30日判决·平成17（ワ）1238［冈田组］、知识产权高等法院平成20年7月17日判决·平成20（ネ）10099［冈田组控诉审］。涉及部分的发明，上述大阪地方法院［日本电气机械设备］。涉及部分复数发明的合计，大阪地方法院平成21年8月27日判决·平成17（ワ）1598［新日本理化］）。以上所述判例中，虽然有不少判决在未详细说明的情况下即径予认定超过销售额占销售总额的比例，但于最近，如所认定的比例较低时，则相对而言附有较为详细理由说明的判决有所增加（上述大阪地方法院［冈田组］、上述知识产权高等法院［冈田组控诉审］，大阪地方法院平成21年8月27日判决·平成17（ワ）1598［新日判决·本理化］）。

其中，特别是上述东京地方法院［东芝］、上述知识产权高等法院［东芝控诉审］判决，阐述了详细理由。同判决首先就雇主形式上的国内市占率，于扣除制造输出用产品事业部的销售额后，认定其实质的国内市占率为57.0%。其次，包括雇主在内共有6家公司进入系争发明对象的产品市场，假设这6家公司为大致上势均力敌者，则每家公司的市占率应为16.7%（1/6），故认定雇主所享有57.0%市占率中，超过市占率为40.3%（57.0%～16.7%）。从而，判决据以评价雇主的超过销售额占其销售总额的70.7%（=

0.403/0.570），而就该 70.7% 比例的其中，归功于技术能力的部分占 1/2，因此最终认定超过销售额占其销售总额的 35.4%。就该最后的 1/2 系数，无非亦是试图就因受让发明专利权的排他地位所生对于提高市占率的贡献程度所为的认定，于此虽然与以前的判例相同，均使用 1/2 此一较为粗略的系数，但是本案由先认定雇主原本享有大幅超越其他竞争对手的高市占率开始，而之后方进入超过比例的认定，为该判决的特征。之所以认定最终 35.4% 的超过比例，正是因为先认定当初的超过市占率为 70.7%。反过来说，在未有承认如此高比例的超过市占率的案件里，自无法维持 35.4% 比例的认定。

其后的判例上，亦有判决以：无法认定对于散热器的鳍片模式在提高散热效率及其他效果等表现上，系争发明比竞争对手公司所享有的替代技术较有技术上的优势，或者雇主就其空调产品因实施系争发明而带来市占率增加等事实为由，据以否定超过销售额或超过利益的存在（东京地方法院平成 23 年 1 月 28 日判决·平成 20（ワ）22178［散热器］）。

且不论系采取哪个观点，均有基于自行实施所得的利益应自何时开始起算的论点。判例上，对于专利申请公布后的基于自行实施所得的利益，判决以得为行使补偿金请求权为理由，或者在得为实质地排除其他公司而为自行实施的意义上，从而肯认自专利申请公布后即受有超越基于法定普通实施许可的实施所得利益（上述东京地方法院［味之素］，大阪地方法院平成 17 年 7 月 21 日判决·判夕 1206 号第 257 页［藤井合金制作所］、知识产权高等法院平成 19 年 1 月 25 平成 18（ネ）10025［藤井合金制作所控诉审］，上述大阪地方法院［日本电气机械设备］，上述大阪地方法院［新日本理化］）。可是，其中亦有判决以在专利申请公布后的时点与发明专利权授予登记后的时点，二者的独占程度并不相同为由而再乘以 2/3（上述知识产权高等法院［丸子］），或再乘以 1/2（大阪地方法院平成 18 年 2 月 21 日判决·平成 16（ワ）13073［积水化学工业］），或再乘以 1/10（上述大阪地方法院［丸子］）。判例中有将此一理论再加以深化，认为既然雇主继受取得了专利申请权，则即使是基于作为诀窍而将技术隐匿，亦因之享有独占的利益，所以并无必要将成为对价算定对象的销售额限定于专利申请的公布日以后（上述大阪地方法院［不锈钢制及钢制真空二重容器］）。亦有判决对系属于专利局审查程序而尚未授予专利权的专利申请所涉及的发明，阐述如鉴于美国或欧洲已授予发明专利权的情事者，则日本亦承认发明专利权的可能性颇高，然后以专利申请公布后固然享有独占的地位，但即使是于专利申请公布之前，基于诀窍与隐匿的技术亦得享有事实上的独占地位为由，从而肯认相当对价的请求（上述东京地方法院［三菱化学］。虽未说明理由，但就发明专利权于授予登记前的超过销售额亦算入雇主所受的应得利益，参照 判例94 ）。上述问题的解决，取决于应该重视事实上所取得的独占利益？抑或是应该重视法律上所取得之抑制第三人实施的权利？如将第35条第3款理解为并非因员工事实上完成发明的对价，而是肯认员工所享有法律上的发明专利权利转让于雇主的对价者，则应解为最终以发明专利权的授予登记为前提要件，于发明专利权经授予登记时往前溯及专利申请的公布日为限度，据以算定自行实施所得的利益为宜。

此外，雇主于争取接受调查业务的委托时，虽曾利用所享有的系争实用新型于该营业活动，但判决认为不应考虑该营业面上的所得利益（上述东京地方法院［影响解析设备］）。判决所持上述理由宜解为：实际上基于实施系争实用新型的专利产品销售额据以算定的所得利益，已对于系争实用新型穷尽评价。不过，如存有当初以竞争对手就系争发明无法实施而只有自己公司得为实施作为卖点以争取接受调查业务的委托，而因为实际上实施了其他发明，则仅以基于实施系争发明的专利产品销售额据以算定所得利益，将无法正当评价发明专利权的继受对雇主所得利益的贡献程度等特殊情事者，则应另当别论。

作为特殊事件，案件事实为雇主最终将其发明关联事业转让于同一母公司所辖的关系企业，因之受有该关系企业所支付的使用费收入。判决斟酌同一企业集团内的间接利益还原，认定双方所约定的使用费额过于低廉，为矫正该偏差，乃以该关系企业因实施发明所得的销售额，乘以假设于许可他人实施时的假想使用费率，据以算定雇主所受的应得利益（上述知识产权高等法院［三菱化学］）。

第三，雇主既自行实施发明，且亦许可他人实施时，应如何算定雇主所受的应得利益？判例中有持下述观点为其判决的前提（以下虽多少有些背离判决原意，但如浅显易懂地解释此一观点者）：自行实施时，所谓因发明专利所得的利益系指基于排除第三人实施所得的利益，则于许可他人实施时，因为并未享有此类排他地位，所以相应于自行实施的部分并未受有因发明专利所得的应得利益，故只有取自他人所支付的使用费收入，方为因发明专利所得的利益（另于同时自行实施与许可他人实施的案例中，判决就自行实施所列入的损失亦予斟酌。参照东京高等法院平成16年4月27日判决·判时1872号第95页［铁—稀土类—氮系永久磁石］）。该观点可谓是采用超过利益说的一种理论归结（另外，判决以雇主许可他人实施为由，从而否定雇主受有应得的利益，参照大阪地方法院平成17年9月26平成16（ワ）10584［三省制药］）。

不过，发明专利权人中，因为亦可能存有鉴于竞争地区、顾客层、被许可人的销售量及其他情事，一方面考虑许可实施与自行实施间的均衡，另一方面保留一定程度的排他权效果，企图将基于许可实施所得收益与基于自行实施所得利益的合计额予以最大化，而在一定的方针下为许可实施的情况。因此，即使是自行实施，亦犹有无法否定受有基于发明专利权所得利益的情况。故之后的判例乃试着寻找在雇主许可他人实施时，雇主基于自行实施所得的超过利益，是否因许可他人实施而完全消灭，或尚有残留此二种情形的区别基准。

为嚆矢的判决乃上述东京地方法院［三菱电机］。同判决展开下述抽象的议论：应考量发明专利权人于许可他人实施时，是否采用"开放的实施许可策略"（凡是有提出请求许可之人均一律同意其许可实施的方针）？抑或是采用"限定的实施许可策略"（仅限特定之人同意其许可实施的方针）？替代技术与发明专利间就作用效果有无技术上的明显差异？有无订立一揽子交叉专利实施许可合同以及于合同相对人的发明专利或替代技术的实施状况、于发明专利权人自身的发明专利或替代技术的实施状况等，据以斟酌有无因发明专利权此一禁止权所获得的超过销售额。而有关具体涵摄亦是在被告企业与竞争对手企业订立专利实施许可合同，且被告企业自身几乎未实施系争发明专利的案例事实下，判决认定被告企业就系争发明专利系采开放的实施许可策略，而被告企业与一揽子交叉专利实施许可合同的相对人企业实际上均有为替代技术的实施，从而归结出被告企业并无相应于自行实施部分的超过利益的结论。

其后，赞同上述见解的判例陆续出现。具体而言，于自行实施的同时亦许可他人实施的案例事实，判决采与上述东京地方法院［三菱电机］相同意旨，斟酌：被告企业就系争发明专利权采用了开放的实施许可策略，加上实际上与大多数的竞争对手订立一揽子交叉专利实施许可合同，并且存在替代技术等情事，从而认定并无相应于自行实施部分的超过利益（上述东京地方法院［佳能Ⅰ］）。判决斟酌：被告企业除就系争发明专利权采用开放的实施许可策略外，从以前开始即为替代技术的实施（与发明专利并行实施），另一方面，一揽子交叉专利实施许可合同的相对人企业实际上并未实施系争发明专利，发明专利相较于替代技术并非可作出较为优越的薄型产品等情事，据以否定超过利益（东京地方法院平成20年9月29日判决·判时2027号第143页［索尼］）（其他判例，参照上述东京地方法院［兄弟工业］）。以上判例可评价为留意并应因具体案例事实而为对价的算定。

然而，对抗上述将超过销售额×使用费方式予以相对化的一系列判例，另有判例主张即使是同时许可他人实施的情形，就其中自行实施发明部分仍以50%～60%的超过利益为原则，而要求出示特别情事始得再为削减数额的见解。

最初表态要求出示特别情事始得再为削减数额的判决是上述知识产权高等法院［佳能Ⅰ］。作为抽象议论，该判决展开：为算定超越当然得为无偿实施系争发明专利部分的"超过利益"，"通常应为50%～60%程度的削减数额"的一般论述，然后阐述应就相对人公司对系争发明专利的实施程度、替代技术的有无及其实施程度、实施许可策略等情事予以综合考量的意旨。相较于其他判例，判决后半部分的说明虽无不同之处，但前半部分议论的特征在于以50%～60%的超过利益为起算点。起算点的不同不仅在于抽象议论，于具体算定对价时亦有其影响力。该判决阐述仅因采用开放的实施许可策略并无法否定获有独占的实施利益，且以替代技术的价值并未明显高于系争发明专利等为由，虽就相应于自行实施部分为90%的减额处理，但最后仍归结出残留10%限度的超过利益，以致得出与原审（上述东京地方法院［佳能Ⅰ］）相异的结论。其后接着出现的判决（上述知识产权高等法院［兄弟工业］），一面沿袭着上述知识产权高等法院［佳能Ⅰ］所采见解，一面认定被告产品直到市场上出现竞争产品之前曾为独占市场、竞争产品出现后被告产品仍维持一定的销售额、从技术的观点审视被告产品亦有其优越性。但另一方面，判决鉴于被告产品销售额的变迁、销售当时的情况、竞争产品的销售情况、标签打印机市场的饱和情况等，指出至平成11年左右为止竞争产品于市场上获得了不可动摇的地位。就结论而言，判决认定关于被告产品主体的销售额中，超过销售额所占的比例至平成11年3月31日为止的对象期间为50%，平成11年4月1日以后的对象期间为40%。亦出现判决（知识产权高等法院平成22年8月19日判决·平成20（ネ）10082［索尼］）阐明并非如上述判决所采原则上以50%～60%为起算点，但另一方面在系争发明的专利价值极低而完全无法设想有谁会使用系争发明的情况时，或因为存在相当多的替代技术，所以由市场整体观之可以无视于系争发明专利存在的特别情事等情况除外，不得仅因采用开放的实施许可策略或存在与系争发明专利同等的替代技术为由，否定超过利益。在此抽象议论之下，判决变更了否定超过利益的原判决，而改判肯认1/3限度的超过利益。

然而，如上述与并无说明特别理由即径行认定所谓1/2、1/3超过比例的过去判例诀别，提示挂心于因应被告产品市占率等具体案例事实而采柔软认定判断手法的东京地方法院［东芝］、上述知识产权高等法院［东芝控诉审］，该等判决的处理方式如适用于上述一连串的案件者，则即使是采许可他人实施的方针，但鉴于并无太多许可实施的申请，且存在着竞争的替代技术，故可推认大部分的竞争对手并无实施系争发明专利的意图，从而发明专利权的有无对被告企业基于自行实施所得的销售额并无重要的影响。在此情况下，所应重视者乃为被告产品的市占率，则于竞争对手公司享有极高市占率的案例事实之下，欲承认基于自行实施仍享 50% 乃至 40% 的超过比例，实属困难。

第四，雇主既未实施系争发明，亦未许可他人实施时，除有特别情事外，雇主所受应得利益的估计数额应为仅少。判例上，对于未实施的职务发明，判决以专利申请补偿（5000 日元）或专利权登记补偿（1.5 万日元）为据估计相当对价（上述大阪地方法院［绕上中空系线的弦］、上述大阪高等法院［绕上中空系线的弦控诉审］。同旨，上述大阪地方法院［不锈钢制及钢制真空二重容器］）。雇主所实施的产品实际非属职务发明的技术范围时，原则上视为未实施发明而算定相当对价（有关设计专利的判决，虽为附带意见，参照水户地方法院土浦派出法庭平成 15 年 4 月 10 日判决・判时 1857 号第 120 页［油压动作型刀具］、东京高等法院平成 16 年 9 月 29 平成 15（ネ）2747［油压动作型刀具控诉审］）。不过，即使雇主所实施的方法非属继受取得的职务发明的技术范围，但在特定课题的解决上，系争职务发明乃为遂行决定性作用的技术者，则因为起因于禁止竞争对手公司实施发明而获得了优越的地位，所以因该优越地位所得的超过销售额，可以肯认为系属基于系争发明专利权的取得而因之受有的利益（虽为附带意见，参照 判例94）。

经由上述所有类型的检讨，如雇主自身或他人所实施的产品并非系争发明专利的专利产品（例如，标签打印机主体搭配盒式纸带一起销售的搭售产品），而系仅止于间接侵权的组成物（只有标签打印机主体或盒式纸带）时，则产生就该搭售产品的销售额或使用费可否作为雇主所受的应得利益而予以算入相当对价的此一论点。虽然系属间接侵权的范围，但仍为发明专利权人得为禁止第三人行为的范围，此点与直接侵权并无不同之处，因此明显地应算入雇主所受的应得利益（上述知识产权高等法院［兄弟工业］）。发明专利为涉及方法的发明（胆红素测定方法），雇主制造销售专供系争方法发明所使用的产品（胆红素测定试药）时，亦同（东京地方法院平成 21 年 12 月 25 日判决・平成 19（ワ）31700［和光纯药工业］）。

再者，虽既未构成直接侵权，亦未该当间接侵权的要件，但是如为曾购买系争发明专利产品的用户会一起购买的关联产品者，宜解为：以与发明专利权的排他权间存有因果关系者为限，就该关联产品的销售额或使用费亦得算入雇主所受的应得利益（上述知识产权高等法院［兄弟工业］）。

亦有论点为：是否容许以诸如雇主未为充分地实施系争发明专利，或雇主怠于取得、维持发明专利权等情事为由，主张以假设雇主有为适当实施时的预期收益为基础，据以算定相当对价的数额？

直接处理此一问题的判例为上述东京高等法院［铁—稀土类—氮系永久磁石］。雇主原本可获得被许可人所应支付 6000 万日元的使用费收入，但最后双方合意削减数额至 1000 万日元，因此员工之发明人于该案件主张应以 6000 万日元为基准算定相当对价。判决以难以想象营利事业会在毫无任何合理理由的情况下订立以极端便宜的使用费为内容的专利实施许可合同，且亦无证据证明雇主原本可获得 6000 万日元的使用费为由，从而认定应以 1000 万日元为基准算定相当对价。亦有判决阐述：职务创造的相关设计专利即使最终未为授予登记，但因为设计专利的专利申请权的继受取得乃意味着受让决定是否为设计专利登记的权利，所以否定职务创造的原告得向雇主的被告请求损害赔偿（该案件为原告主张因第三人得为自由实施所导致相应于原告的补偿金请求权遭减额处理的部分，该当损害。参照上述水户地方法院土浦派出法庭［油压动作型刀具］）。另外，除合同或规则另有特别规定外，因为转让专利申请权的对价请求权系于转让时发生，所以应以该权利转让时为基准时，据以算定相当对价的数额。亦有判决以上述理由为据，对于因为雇主未为提出专利申请以致未取得发明专利权（东京地方法院昭和 58 年 12 月 23 日判决・无体集 15 卷 3 号第 844 页［连续覆盖设备］），或雇主现实上未为有偿的实施许可（东京地方法院平成 4 年 9 月 30 日判决・知裁集 24 卷 3 号第 777 页［三角板］）、雇主事后放弃了发明专利权（东京地方法院平成 4 年 9 月 30 日判决・知裁集 24 卷 3 号第 777 页［三角板］）等情事，认为均系发生于转让之后，故无须予以特别参酌。后三个判决将基准时设定为继受时，以之为由否定应参酌继受时点以后的情事，姑且不论就其所附理由犹有疑问（后述 3），但就结论而言，以上所举判例否定得以雇主未为活用发明的此一情事而为靳削减相当对价数额的方向予以斟酌此点，系属一致。

如不承认雇主就何等发明应为如何予有效利用享有相应的裁量权限者，则企业活动恐无法维持（亦参照上述东京高等法院［铁—稀土类—氮系永久磁石〕的说明)。因此,原则上应肯认雇主就关于销售策略所为的裁量,而例外得以雇主所采利用方法以外的其他选择更能提高利益为由,据以算定较高的相当对价数额者,应以雇主所采销售策略的变更明显是纯粹出于为减少支付员工相当对价数额的目的等情形为限(大阪地方法院平成21年1月27日判决·平成18(ワ)7529〔丸子〕)。于该例外情形,不仅可藉由假设的预期收益数额的算出,亦得以低估雇主的贡献程度(后述2)的方式加以对应,据以算定相当对价。

同理,关于放弃亦鉴于如欲维持发明专利权者,则须缴纳年费等一定费用,故明显无法强制雇主维持发明专利权,但有必要探求放弃的意图是否合理。判例中有为类此处理者,例如判决阐述:虽然并不具有无效理由,但就销售额不多且呈持续减少趋势的发明,得认为发明专利权的放弃存有合理的理由。另一方面,对既不具有无效理由,且如未为放弃权利则现在仍对超过销售额有所贡献的发明,应将之视为并未放弃发明专利权而据以算定相当对价的数额(东京地方法院平成19年4月18日判决·平成17(ワ)11007〔兄弟工业〕)。不过,关于合理性的判断方法,于语感上存有细微的差别。有判决虑及雇主于涉及职务发明的补偿金请求诉讼中,仅基于策略目的而故意放弃发明专利权的可能性,从而认定除非说明因系争发明专利权的维持将格外地致使雇主遭受不利益的该当情事,否则不得以权利放弃为由据以对抗员工(知识产权高等法院平成21年6月25日判决·判时2084号第50页〔兄弟工业控诉审〕,该判决推翻原判决的判断)。可是,即使是赞同上述观点,仍须注意有判决(东京地方法院平成20年3月31日判决·判时2020号第138页〔东京精密〕)斟酌雇主虽已放弃权利,但放弃权利后至竞争对手公司实施系争发明为止的相应期间内,雇主事实上仍继续地享有独占利益的此一可能性,从而认定至该相应期间(判决认定为6个月)为止的专利产品的销售额中含有超过销售额(基于相同理由,大阪地方法院平成21年8月27日判决·平成17(ワ)1598〔新日本理化〕,认定该相应期间为至专利权期限届满为止或权利放弃后起6个月的期间)。

另外,判例中对于研究活动费用或发明专利的申请、维持费用,专利实施许可合同的签订费用等难以举证其个别的金钱价值时,判决阐述并非于算定"雇主等所受应得利益的数额"时将之作为费用予以扣除,而系将之作为下述"雇主等所为贡献的程度"的一项情事予以考虑,即为足以(上述东京地方法院〔铁—稀土类—氮系永久磁石〕、上述东京高等法院〔铁—稀土类—氮系永久磁石控诉审])。该见解应可评价为符合现实的处理方案。

2. 关于斟酌"雇主等所为贡献的程度"的作业

总而言之,相较于诸如转让发明专利权予完全无关系的第三人或为该第三人设定独占实施许可的情形,因为须就"雇主等所为贡献的程度"部分进行斟酌,所以相当对价的数额亦须相应地予以低估(因此,判决阐述所为算定相当对价的数额,即使与假设专利申请权于买卖时的客观市场价格相异,亦无违反宪法第 14 条第 1 款的规定。参照东京地方法院平成 14 年 11 月 29 日判决·判时 1807 号第 33 页[日立制作所Ⅰ],东京地方法院平成 16 年 2 月 24 日判决·判时 1853 号第 38 页[味之素])。因为若非如此解释,则将规避第 35 条所定为促进对发明活动的投资,雇主就职务发明当然得为无偿实施,并且不限于合同而得通过预先订定勤务规则等为转让发明专利权等权利规定的立法意旨。与对侵权人请求赔偿使用费的情形有极大不同之处,并且一般而言雇主和员工不同,其承担发明及将发明予以事业化的相关风险,就此一情事可朝高估雇主所为贡献程度的方向予以斟酌(大阪地方法院平成 17 年 9 月 26 日判决·平成 16(ワ)10584[三省制药])。更进一步,例如,就职务发明系于上班时间所完成、运用雇主的实验设备或其员工等情事,可朝削减相当对价的方向予以斟酌(东京地方法院昭和 58 年 9 月 28 日判决·无体集 15 卷 3 号第 620 页[东急式 PC 拉毛织物],东京地方法院平成 4 年 9 月 30 日判决·知裁集 24 卷 3 号第 777 页[三焦板],大阪地方法院平成 5 年 3 月 4 日判决·知裁集 26 卷 2 号第 405 页[绕上中空系线的弦],大阪高等法院平成 6 年 5 月 27 日判决·知裁集 26 卷 2 号第 356 页[绕上中空系线的弦控诉审],大阪地方法院平成 6 年 4 月 28 日判决·判时 1542 号第 115 页[不锈钢制及钢制真空二重容器],上述东京地方法院[日立制作所Ⅰ],水户地方法院土浦派出法庭平成 15 年 4 月 10 日判决·判时 1857 号第 120 页[油压动作型刀具]、东京高等法院平成 16 年 9 月 29 平成 15(ネ)2747[油压动作型刀具控诉审],东京地方法院平成 15 年 8 月 29 日判决·判时 1835 号第 114 页[铁—稀土类—氮系永久磁石],东京地方法院平成 15 年 11 月 26 日判决·判时 1846 号第 83 页[影响解析设备],上述东京地方法院[味之素])。有关发明的课题系由雇主所提示,且至完成系争职务发明为止在雇主的计划下研发了数个关联技术,而系争职务发明即为该延长线上的技术思想等情事,亦同为朝削减相当对价的方向予以斟酌(上述东京地方法院[铁—稀土类—氮系永久磁石],上述大阪地方法院[不锈钢制及钢制真空二重容器],上述东京地方法院[日立制作所

Ⅰ］）。发明人自任职以来即受惠于雇主所提供使其得为始终一贯地从事关联研究的工作环境，以至增长其专业见识、洞察力、构想力等结果的情事，亦同为朝高估雇主贡献度的方向予以斟酌（东京高等法院平成16年4月27日判决·判时1872号第95页［铁—稀土类—氮系永久磁石］）。

反之，就诸如系争发明归功于员工个人构想的比例颇大（上述东京地方法院［日立制作所Ⅰ］，上述东京地方法院［铁—稀土类—氮系永久磁石］，上述东京地方法院［味之素］），有关实验是由部门的工作人员在发明人员工的指导下进行（上述东京地方法院［日立制作所Ⅰ］），更进一步，发明人系于自家突发灵感而使用自己的设备进行实验（东京地方法院平成14年9月10日判决·平成13（ワ）10442［密封容器的密封不良检测方法］）等情事，则朝低估雇主贡献度的方向予以斟酌。

虽将判决过度的一般抽象化实属危险，且亦应顾虑判决所为具体算定金额的绝对数值，但如欲指出判例上的大致趋势者，在雇主为使发明成功而捐出巨额的研究费，并使发明人得以最大限度地活用雇主的研究设备及部门所属工作人员的案例事实之下，如无其他特别情事者，则为压低相当对价所占的比例。即使存有系争发明实属优秀的此一特别情事，但是发明人以外的其他员工的贡献亦极其重大时，同样呈现压低相当对价所占比例的趋势。例如，2%（上述大阪地方法院［三省制药］），2.5%（虽然判决认定员工的贡献度为75%，但同时考虑新药的成功概率不高的此一情况，而为90%的减额处理。参照东京地方法院平成18年12月27日判决·平成17（ワ）12576［三菱化学］），3%（东京地方法院平成19年1月30日判决·判时1971号第3页［佳能Ⅰ］），4%（东京地方法院平成22年6月23日判决·平成18（ワ）23550［日立制作所Ⅲ］），5%（上述东京地方法院［东急式PC拉毛织物］，上述东京地方法院［味之素］，大阪地方法院平成17年7月21日判决·判夕1206号第257页［藤井合金制作所］，大阪地方法院平成18年2月21日判决·平成16（ワ）13073［积水化学工业］，知识产权高等法院平成19年1月25日判决·平成18（ネ）10025［积水化学工业控诉审］，大阪地方法院平成18年3月23日判决·判时1945号第112页［日本电气机械设备］，东京地方法院平成19年4月18日判决·平成17（ワ）11007［兄弟工业］、知识产权高等法院平成21年6月25日判决·判时2084号第50页［兄弟工业控诉审］，东京地方法院平成19年6月27日判决·平成17（ワ）2997［东芝］、知识产权高等法院平成20年2月21日判决·平成19（ネ）10061［东芝控诉审］，东京地方法院平成 20 年 2 月 20 日判决・判时 2009 号第 121 页［磁気記録再生设备］），6%（知识产权高等法院平成 21 年 2 月 26 日判决・判时 2053 号第 74 页［佳能Ⅰ］），7%（上述东京地方法院［兄弟工业］、上述知识产权高等法院［兄弟工业控诉审］），8%（大阪地方法院平成 21 年 8 月 27 日判决・平成 17（ワ）1598［新日本理化］），10%（上述东京地方法院［铁—稀土类—氮系永久磁石］、上述东京高等法院［铁—稀土类—氮系永久磁石控诉审］，知识产权高等法院平成 18 年 11 月 21 日判决・平成 17（ネ）10125［大塚制药］，东京地方法院平成 18 年 3 月 9 日判决・判时 1948 号第 136 页［丰田中央研究所］，知识产权高等法院平成 19 年 3 月 29 日判决・判时 1972 号第 135 页［丰田中央研究所控诉审］，东京地方法院 18 年 9 月 12 日判决・判时 1985 号第 106 页［JSR 公司］，东京地方法院平成 20 年 3 月 31 日判决・判时 2020 号第 138 页［东京精密］，知识产权高等法院平成 20 年 5 月 14 日判决・判时 2025 号第 118 页［三菱化学］，知识产权高等法院平成 20 年 10 月 20 日平成 19（ネ）10033［日信化学工业］，知识产权高等法院平成 20 年 10 月 30 日判决・平成 20（ネ）10035［磁気記録再生设备］，东京地方法院平成 21 年 12 月 25 日判决・平成 19（ワ）31700［和光纯药工业］）等。

虽曾有如下判决认定高比例的相当对价：20%（上述大阪地方法院［不锈钢制及钢制真空二重容器］），30%（上述水户地方法院土浦派出法庭［油压动作型刀具］、上述东京高等法院［油压动作型刀具控诉审］），40%（上述大阪地方法院［绕上中空系线的弦］、上述大阪高等法院［绕上中空系线的弦控诉审］），但此为导入超过销售额方式后不久的过渡时期的判例，或可推测系相较于采用销售总额方式的场合，为了不让于采用超过销售额方式计算所得的补偿金额过低而为权衡的调整。但于超过销售额方式落实于裁判实务而成为主流的现在，已未见有采类此调整方法的判决。虽然亦散见承认相对而言系属高比例的相当对价判决，例如：案例事实为发明当时企业方面既投入研究资金，亦使发明人得活用雇主的研究设备及部门所属工作人员，并且与发明有关的课题本身亦是由企业提供，原应予压低相当对价所占的比例，但判决以能完成发明，有极大部分归功于发明人的构想为由，从而认定以雇主所受应得利益的 20% 为相当对价（上述东京地方法院［日立制作所Ⅰ］、东京高等法院平成 16 年 1 月 29 日判决・判时 1848 号第 25 页［日立制作所Ⅰ控诉审］）。以超过销售额方式计算，认定以雇主所受应得利益的 50% 为相当对价（如换算为销售总额方式者，则为 25%）（大阪地方法院平成 14 年 5 月 23 日判决・判时

1825 号第 116 页［稀土类—取自铁系合金的有用元素回收方法回收方法］)等。但归根结底，仍应将上述判例定位于超过销售额方式尚未落实于裁判实务之前的过渡时期判决为宜。

超过销售额方式落实于裁判实务成为主流之后，仍肯认高比例的相当对价判决，乃涉及研究用设备的大部分系由员工自己准备，且并无活用雇主部门所属工作人员的案例。例如，于研发之际，既系员工自行私下购买市场上所销售的内衣并使用自家的工业用缝纫机，且有关计算机辅助设计的知识、见识或关于系争发明的基础构想均系员工自行取得，而与雇主所属业务无关。判决以之为由认定雇主所受的应得利益中，保留予员工作为相当对价的比例为 20%（东京地方法院平成 21 年 1 月 27 日判决・平成 18（ワ）7529［丸子］、知识产权高等法院平成 21 年 11 月 26 日判决・平成 21（ネ）10020［丸子控诉审］)。此外，雇主的技术合作合同的相对人公司为了发明而为研究计划的企划，遂行该计划时并未使用雇主的设备，除了系争员工以外，雇主所属员工并未直接参与发明。判决斟酌以上情事，肯认 30% 的比例（东京地方法院平成 18 年 5 月 29 日判决・判时 1967 号第 119 页［NTT 高端科技］)。不过，可否基于技术合作合同相对人方面的贡献，得出增加员工应得份额结论的问题点，尚犹有予以检讨的必要。

以下判决系属特例：案例事实为，于雇主即被告设立之前，发明人即原告几乎已完成发明的基础部分，之后原告以知识产权出资的方式设立被告（另外，现任的董事长则出资 300 万日元)，研发系争研究的相关商品。判决据此认定被告的贡献度为 40%（换言之，发明人的贡献度为 60%)，从而以雇主所受应得利益 400 万日元中的 192 万日元（复数发明人中，原告的贡献度以 80% 计算）作为相当对价（东京地方法院平成 16 年 7 月 23 日判决・平成 14（ワ）22594 等［抗二噁英健康食品］)。判决考虑下述情事：公司内部既无设置新产品的研发部门，且发明人亦未得其他部门所属工作人员的协助，其所完成的发明创造乃发明人于出差时在火车上或汽车驾驶途中、午休时间、下班后晚上的私人时间等大部分非属上班时间进行研究、思索的结果。雇主负担的研究费，只有依赖公共机关实施试做产品的强度检验费用（10 万日元程度)，从而认定以依据超过销售额方式所算定的雇主所受应得利益的 65%（如换算为销售总额方式，则为 32.5%）为相当对价（上述东京地方法院［三角板])。案例事实为员工违背雇主公司总经理的业务命令，单独继续进行研究的结果，完成了产业界期待的世界发明。对应于因继受取得发明专利权所得超过销售额的使用费额（1200 亿余日元），判决评价发明人的贡献占其中的 50%（如换算为销售总额方式，则为 25%），从而算定以 600 亿余日元的金额作为相当对价（判例 94）。另外，虽亦有判决考虑发明人从事包含实用新型专利产品在内的系统整体的研发等情事而认定 50% 的案例（上述东京地方法院［影响解析设备］），或考虑系于自家使用自己所有的设备想到发明而认定 60% 的案例（上述东京地方法院［密封容器的密封不良检测方法］），但金额上各仅止于以 53 万余日元、120 万余日元为相当对价。

关于其他的考虑情事。

作为明文斟酌雇主所承担商业风险的判决（东京地方法院平成 18 年 12 月 27 日判决·平成 17（ワ）12576［三菱化学］），以新药研发的成功概率未满万分之一，且即使达到临床实验的阶段，最终批准制造的概率为 11%～13% 等情事为由，所认定的补偿金亦朝 1/10 的方向而为斟酌。

于发明专利权的申请过程，或为了取得系争发明专利产品的医药部外品的制造批准，而为作成申请资料的过程中，即使发明人进行主体中心的行动而有极大的贡献，判决认定此为遂行身为雇主公司所属员工的职务，因此并非发明人所为的贡献，毋宁应将之视为雇主所为的贡献而予以掌握（上述大阪地方法院［三省制药］）。另一方面，亦有判决就发明人员工自身于事业化之际，为举证专利侵权而为设备的制作，并参加雇主与他公司间为专利实施许可合同的谈判等情事，将之视为发明人的贡献予以评价，并朝低估雇主贡献度的方向而为斟酌（上述东京地方法院［日立制作所Ⅰ］、上述东京高等法院［日立制作所Ⅰ控诉审］）。以上所述均属发明人身为员工，为了雇主所从事的行为，但正因为唯有发明人才能完成的贡献，所以才允许法院予以参酌（上述东京高等法院［日立制作所Ⅰ控诉审］）。反之，既然非属发明行为，如仍加以参酌，非无疑问。

且说 2004 年修法前，因条文规定为：考虑雇主就"关于完成该发明"所为贡献的程度，所以对于发明完成之后的情事，例如，专利申请、为权利化之际有关雇主所为修改等的努力、专利实施许可合同的谈判，或关于专利产品销售的营业上努力等，曾有解为不予斟酌的可能性。实际上，判例中并非无采用参酌否定说而为判决（判决指出，无论如何，总之至登记为止的过程乃身为专利申请人的通常对应，且并无因事业化所生特别风险的存在，从而采用参酌否定说，参照判例 94）。然而，多数判例并未拘泥于文言解释，就完成发明之后的情事亦广泛地加以考虑。例如，雇主的发明专利负责人就权利要求项的专利保护范围进行修改的结果，使得各公司的设备皆为实施系争发明等情事（上述东京地方法院［奥林巴斯光学工业］、东京高等法院平成13年5月22判时1753号第23页［奥林巴斯光学工业控诉审］）。雇主于专利化之前花费庞大劳力、时间、费用，或因雇主确立生产技术并取得美国食品药物管理局的批准以至专利实施许可合同得以订立等情事（上述东京地方法院［味之素］）。参酌有关专利申请、权利化的贡献度，订立专利实施许可合同时的贡献度（上述东京地方法院［铁—稀土类—氮系永久磁石］、上述东京高等法院［铁—稀土类—氮系永久磁石控诉审］）。接连不断地举办新产品的上市宣传等促销活动（判决虽予以参酌，但因完成发明的员工所为的贡献极为显著，所以该等促销活动被视为通常的营业活动而未受到特别重视。参照上述知识产权高等法院［丸子］)等（另外，斟酌有关专利申请的贡献，参照上述大阪地方法院［稀土类—取自铁系合金的有用元素回收方法］，上述东京地方法院［密封容器的密封不良检测方法］，上述东京地方法院［JSR公司］，上述东京地方法院［佳能Ⅰ］，上述东京地方法院［日立制作所Ⅲ］。斟酌有关事业化的贡献，参照上述东京地方法院［佳能Ⅰ］、上述知识产权高等法院［佳能Ⅰ控诉审］，东京地方法院平成19年6月27日判决・平成17（ワ）2997［东芝］、知识产权高等法院平成20年2月21日判决・平成19（ネ）10061［东芝控诉审］，上述东京地方法院［日立制作所Ⅲ］)。2004年修正发明专利法第35条第5款，将关于考虑情事的文言修改为"雇主等就该发明所为相关的负担、贡献"。该修正被理解为采用了参酌肯定说。

对于取得雇主许可而得为实施的被许可人其销售力等第三人的情事，应以系属雇主或发明人何者的情事予以参酌，亦产生争议。判例上，判决仅止于阐释雇主所得的使用费收入即使存有依靠被许可人营业能力的情事，亦无理由以之否定雇主所受应得利益的该当性（在此意义上乃为有利于发明人的解释）（参照上述东京地方法院［味之素］）。选择被许可人的选择人既然是雇主，该选择的优劣结果亦应归属雇主。如选择了优秀的被许可人时则可高估雇主的贡献，反之该选择明显错误时则可低估雇主的贡献，但就应支付发明人的相当对价不宜有过度影响的处理。虽经济变动等系属不论是雇主或发明人皆无法参与选择的情事，但如认为因经济变动所生的利益或不利益应归属于得为分散风险的雇主者，则宜为不影响相当对价数额的处理。

另外，对于雇主因员工完成发明而给予发明人升职或加薪等薪资或其他待遇方面的礼遇等情事，有判决将之作为评价雇主所为贡献程度时的参酌对象（上述东京地方法院［铁—稀土类—氮系永久磁石］、上述东京高等法院［铁—稀土类—氮系永久磁石控诉审］，上述东京地方法院［味之素］，上述东京地方法院［JSR 公司］。反之，亦有判决采否定见解：上述东京地方法院［NTT 高端科技］，上述东京地方法院［丸子］）。由条文所定就该发明"雇主所为的贡献程度"的规定观之，文言上欲斟酌上述情事非无难处。关于此点因 2004 年修正第 35 条第 5 款所定法院必须考虑"员工等的待遇"以之算定相当对价数额的规定，而拂拭了疑问。不过，既然所容许的是朝低估相当对价数额的方向而为斟酌，则此处所称"员工的待遇"，应解为限于可认为与发明完成有对价性的待遇为宜，而不应容许斟酌与发明完成无关联的待遇。判例上，虽为 2004 年修法前的案件，判决对于辞任董事之后担任技术顾问所领受 600 万日元的报酬，否认其具有作为发明完成的对价性质，从而于算定相当对价数额时就该情事不予考虑（上述大阪地方法院［稀土类—取自铁系合金的有用元素回收方法］）。

3. 关于算定的基准时

关于算定时得为考虑情事的范围，如前所述多数的判例对于发明之后，雇主所取得的使用费、雇主因自行实施所得的销售额，更进一步地，裁判的时点以后至发明专利权期限届满为止，雇主基于自行实施的预期销售额（判例94）等情事均纳入考虑。虽有认为在无特别规定时，支付请求权乃于权利继受的时点发生，因此有关对价的数额亦应以在该时点的客观的相当数额来加以算定。但亦有判决明文即使是继受时点以后所生的情事，亦属得为认定客观的相当对价数额的资料（大阪地方法院平成 5 年 3 月 4 日判决・知裁集 26 卷 2 号第 405 页［绕上中空系线的弦］，大阪高等法院平成 6 年 5 月 27 日判决・知裁集 26 卷 2 号第 356 页［绕上中空系线的弦控诉审］，大阪地方法院平成 6 年 4 月 28 日判决・判时 1542 号第 115 页［不锈钢制及钢制真空二重容器］。亦参照知识产权高等法院平成 18 年 11 月 21 日判决・平成 17（ネ）10125［大塚制药］）。为了算定反映发明经济价值的对价，以之作为给予员工相应于发明经济价值的诱因，则得为参考的资料当然越多越好（水户地方法院土浦派出法庭平成 15 年 4 月 10 日判决・判时 1857 号第 120 页［油压动作型刀具］，亦参照东京高等法院平成 16 年 9 月 29 平成 15（ネ）2747［油压动作型刀具控诉审］的阐释）。判例中，于雇主所定发明规程里有明文斟酌实施成绩或使用费收入的实绩而为实绩奖金的支付，虽有判决以该规定的有效作为依据

（东京高等法院平成16年4月27日判决・判时1872号第95页［铁—稀土类—氮系永久磁石］），但即使未有支付实绩奖金规定的上述情事，一般而言并无否定按照实际销售额或使用费收入而为相当对价数额算定的必要。

不过，有判例认为，虽然雇主所受的应得利益系指发明专利权的存续期间中，基于雇主所获得的超过销售额的利益，但于勤务规则等订有对价的支付时期者，则除有特别情事外，以该支付时期的金额于扣除中间利息后为相当对价的算定，系属适当（判例94）。基于相同理由而扣除中间利息的判例：大阪地方法院平成18年2月21日判决・平成16（ワ）13073［积水化学工业］，知识产权高等法院平成19年1月25日判决・平成18（ネ）10025［积水化学工业控诉审］，东京地方法院平成18年12月27日判决・平成17（ワ）12576［三菱化学］、知识产权高等法院平成20年5月14判时2025号第118页［三菱化学控诉审］）。雇主于勤务规则等所定的支付时期支付了职务发明的对价者，于斟酌所支付的金额是否该当相当对价时，因为如经判断犹有不足者则肯认员工得就差额部分为请求，所以为了作比较，不得不算定于该支付时期的相当对价的数额。而且，另自该支付时期起发生相应于法定利息的迟延损害金（上述知识产权高等法院［三菱化学］）。准此，案例事实为发明规程所订的实绩补偿系以获得使用费收入时以一年为单位予以算定，至获得使用费收入为止前员工无法为权利行使的案件，判决认为系争收入额不应按贴现率予以折算回权利继受时的时间（东京地方法院平成15年8月29日判决・判时1835号第114页［铁—稀土类—氮系永久磁石］）。何况尽管实际上使用费收入已确定发生，却回溯权利继受时并以之为基准时，用反映以将来是否发生与否并不确定为由的不确实性所涉投资风险的贴现率，据以换算为基准时的贴现现金流法（贴现价值法），则更不被允许使用（东京高等法院平成16年4月27日判决・判时1872号第95页［铁—稀土类—氮系永久磁石］）。

另有判例以除合同或规则另有特别规定外，转让专利申请权所生的对价请求权系于转让时发生为由，就下述情事：雇主因并未提出专利申请故未取得发明专利权（东京地方法院昭和58年12月23日判决・无体集15卷3号第844页［连续覆盖设备］），雇主现实上并未为有偿的实施许可（东京地方法院平成4年9月30日判决・知裁集24卷3号第777页［三角板］），或者雇主放弃发明专利权（知识产权高等法院平成18年11月21日判决・平成17（ネ）10125［大塚制药］），并未加以参酌，即径为算定对价的数额。然而，此应视为在显然系出自雇主的错误而未活用发明时，可否因之据以贬低应支付于员工的相当对价的数额问题，加以议论为宜（参照上述1）。

4．其他论点

就系争职务发明除了原告以外尚有其他共同发明人时，判决以全部发明人所受应得相当对价的数额乘以原告对系争发明创造的寄予率乃至贡献度所得的数额，作为原告得为请求支付的对价（东京地方法院昭和58年9月28日判决·无体集15卷3号第620页［东急式PC拉毛织物］，东京地方法院平成14年11月29日判决·判时1807号第33页［日立制作所Ⅰ］，东京高等法院平成16年1月29日判决·判时1848号第25页［日立制作所Ⅰ控诉审］，东京地方法院平成16年2月24日判决·判时1853号第38页［味之素］，东京地方法院平成16年7月23日判决·平成14（ワ）22594等［抗二噁英健康食品］）。如不清楚原告对系争发明创造的贡献度的详细情事者，则只能简单地按发明人的人数均分（上述大阪地方法院［绕上中空系线的弦］，上述大阪地方法院［不锈钢制及钢制真空二重容器］，上述水户地方法院土浦派出法庭［油压动作型刀具］，东京高等法院平成16年9月29日判决·平成15（ネ）2747［油压动作型刀具控诉审］）。

作为算定对象的雇主的销售额中，如系争职务发明以外的其他发明亦有贡献时，则如何处理亦产生争议。例如，以实际上受领自他人的使用费收入为基础算定雇主所受的应得利益时，如该使用费中包含系争职务发明以外的其他发明等的使用费时，则有必要算定该使用费中所对应于系争职务发明部分的金额。判例上，判决系将使用费收入乘以系争发明的"贡献率"。于具体算定该"贡献"率时，判决斟酌于专利实施许可合同订立当时，当事人对系争发明所为重视的程度（上述东京地方法院［日立制作所Ⅰ］、上述东京高等法院［日立制作所Ⅰ控诉审］），或斟酌发明的技术内容等（上述东京地方法院［味之素］）。虽然是关于算定自行实施时的雇主所受应得利益，亦有判决以使用费率再乘以贡献率而为处理（上述东京地方法院［味之素］）。当然，即使是关系到复数发明的实施，但如能单独算出系争职务发明个别的使用费率（例如，0.2%），而不必采用再乘以贡献率的手法者（例如，就复数发明全体的使用费率为10%，其中系争职务发明的贡献率为5%），则对价数额的调整到此结束，只要直接乘以单独个别的使用费率即可，在此之上并无再按贡献率而为比例分配的必要（自行实施的案例，参照上述水户地方法院土浦派出法庭［油压动作型刀具］，上述东京高等法院［油压动作型刀具控诉审］）。不用贡献率或使用费率，而直截了当地算定复数发明中雇主因系争职务发明所受有的利益时，亦同。例如，判决在认定雇主获有巨额的使用费收入（1990年~1996年度，每年度将近10亿~30亿日元）后，斟酌于专利实施许可合同订立之际成为重点谈判的对象并非系争职务发明，而是作为系争职务发明前提的其他发明，从而认定雇主因系争职务发明所受有的利益为5000万日元（东京地方法院平成11年4月16日判决·判时1690号第145页［奥林巴斯光学工业］、东京高等法院平成13年5月22日判决·判时1753号第23页［奥林巴斯光学工业控诉审］）。

  （五）消灭时效

  对价请求权的消灭时效，自请求权发生的专利申请权的继受时起算。判决认为，于雇主提出专利申请的场合，雇主至迟于专利申请时起继受取得该专利申请权（大阪地方法院平成5年3月4日判决·知裁集26卷2号第405页［绕上中空系线的弦］，大阪高等法院平成6年5月27知裁集26卷2号第356页［绕上中空系线的弦控诉审］，最高法院平成7年1月20日判决·判例工业所有权法〔2期版〕1297之第43页［绕上中空系线的弦上告审］亦予维持，名古屋地方法院平成11年1月27日判决·判夕1028号第227页［连续倾床型自走式立体驻车场］。虽为附带意见，参照东京地方法院平成16年2月24日判决·判时1853号第38页［味之素］）。

  然而，既然提出专利申请之后是否经授予登记发明专利权、公司如何实施该职务发明等情事均有影响到对价的算定者，则该对价的金额是否大到值得甘冒与公司发生争执的风险，大多数的场合于提出专利申请时尚不明确。判例上，对于1978年提出专利申请的发明，判决虑及雇主最初系于1990年起方受有使用费收入等情事，从而认定至雇主实际获得工业所有权收入而于1992年10月1日支付员工报酬时为止，因为员工可受领雇主多少报酬的数额并不确定，所以就对价请求权的行使现实上无法期待，故将消灭时效的起算点错开延后至1992年10月1日以后（亦同时斟酌雇主的发明实用新型管理规定经过数次的变更，东京地方法院平成11年4月16日判决·判时1690号第145页［奥林巴斯光学工业］、东京高等法院平成13年5月22日判决·判时1753号第23页［奥林巴斯光学工业控诉审］）。上述判决的特征在于，就消灭时效的认定进行了利益衡量（类似判决，参照东京地方法院平成14年11月29日判决·判时1807号第33页［日立制作所Ⅰ］）。

  不过，［奥林巴斯光学工业］三审的最高法院判决（判例93），则仅是简单地说明于勤务规则等订有对价的支付时期时，因为于该支付时期截止前无法请求相当对价的支付，因此以该支付时期为消灭时效的起算点（承袭该判例的判决，参照东京地方法院平成16年9月30日判决·平成15（ワ）26311［热水器用不锈钢制罐体］。东京高等法院平成16年1月29日判决·判时1848号第25页［日立制作所Ⅰ］并认为，即使有关支付时期的规定系于继受权利之后始为订定者，此理亦无改变之处）。大部分的案件系于离职后始提起诉讼，判例93 未明文利益衡量即径为认定应以所订支付时期为消灭时效的起算点，应是考量即使将消灭时效的起算点错开延后至诸如雇主实际获得使用费收入而现实上可以期待员工行使对价请求权之日以后，亦仍有消灭时效完成之虞，故无法等到那个时候。

必须注意的是，即使依 判例93 所示意旨，但于未订有支付时期时，则仍是回归原则而以自专利申请权的继受时起算消灭时效。判例上，判决以至迟于发明专利权经授予登记的时点作为继受取得的时点，从而肯认10年的消灭时效业已完成（大阪地方法院平成21年8月27日判决·平成17（ワ）1598［新日本理化］）。

此外，于订有支付时期时，依据 判例93 所示意旨，虽非自专利申请的时点起即立刻为时效期间的进行，但此处所称支付时期的届至，则发生争议。判例上，案例事实为发明管理规程只订有于实施发明之后检讨其效果并为发给补偿金的实绩补偿规定，支付次数或支付时期皆未明定。对此，判决解为发明专利权经授予登记后，被告雇主开始实施发明的时点为支付时期的届至，从而肯认时效消灭（大阪地方法院平成15年11月27日判决·平成14（ワ）5323［喹诺酮诱导体制造方法］。同旨，大阪地方法院平成17年4月28日判决·判时1919号第151页［住友化学］，大阪高等法院平成17年6月28日判决·平成16（ネ）35［大塚制药］。东京地方法院平成18年5月29日判决·判时1967号第119页［NTT高端科技］）。于此，如登记的时点晚于实施的时点者，则时效期间自登记的时点起算（东京地方法院平成17年11月16日判决·判时1927号第119页［大塚制药］，知识产权高等法院平成18年11月21日判决·平成17（ネ）10125［大塚制药控诉审］，大阪地方法院平成19年3月27日判决·平成16（ワ）11060［东洋纺］，知识产权高等法院平成20年8月6日判决·平成19（ネ）10039［东洋纺控诉审］，大阪地方法院平成19年3月29日判决·平成18（ワ）4183［郡是］，东京地方法院平成20年2月29日判决·平成19（ワ）12522［二苯基乙烷类］，东京地方法院平成20年9月29

日判决·判时2027号第143页［索尼］)，但如认定自专利申请的公布时起为实绩补偿者，则消灭时效的起算点应溯及专利申请的公布时点（不过，即使就外国发明专利权的登记受有实绩表彰的补偿，但判决在斟酌案件特有的情事后，认为就日本的发明专利，其消灭时效尚未起算。参照知识产权高等法院平成22年8月19日判决·平成20（ネ）10082［索尼］)。另外，于规程订有实绩补偿的支付时期时，其所称支付时期届至的实施时点，一般虽以"开始"实施的时点加以处理，但假如规程所订并非于开始实施时即为一次付清，而是在继续实施的期间内，每经过一定期间依实绩而为算定补偿金的支付方式者，则自各该期间起算消灭时效（例如，东京地方法院平成19年4月18日判决·平成17（ワ）11007［兄弟工业］，上述大阪地方法院［新日本理化］)。判例上，判决参考于员工离职后所施行的发明专利奖金处理规则，认定开始实施后经过5年始起算消灭时效，从而否定消灭时效的成立（知识产权高等法院平成20年10月29平成20（ネ）10039［二苯基乙烷类］，而将承认消灭时效的原判决予以撤销)。

如于时效完成后基于发明规程支付实绩补偿者，判决认为雇主已为相当对价的部分支付，因此该当债务的承认，对照诚实信用原则，雇主不得援用消灭时效的抗辩（上述东京地方法院［味之素］。虽为附带意见，参照东京地方法院平成14年11月29日判决·判时1807号第33页［日立制作所Ⅰ])。作为雇主支付了原无必要支付的补偿金，因此反而无法受有消灭时效的利益。

另一方面，关于作为时效完成前之时效中断事由的债务承认（民法第147条第3项），判例上则采不同观点，认为必须对债务的存在有所认识。例如，判决否定雇主于支付实施补偿金时知悉员工另享有发明专利法第35条第3款所定支付相当对价的请求权利，亦即，判决否定雇主知悉其基于发明规程所支付的上述补偿金额系未满按照（当时）第35条第4款所定相当对价数额的此一情事，从而认定雇主所为支付不该当债务的"承认"（上述东京地方法院［NTT高端科技])。亦有判决认为，即使雇主基于发明奖金规程等，于各支付时期支付了对应于该段期间的实绩奖金，但与在此之前的期间所对应的相当对价无关，因此难谓该当时效完成前的债务承认（上述东京地方法院［兄弟工业])。

如上所述，现在的判例虽就时效完成前后分别采不同观点而为处理，但即使是时效完成后所为的支付，总之，过去虽曾有基于发明而给予作为表彰功绩付赏的金钱，但该表彰制度就发明以外的贡献亦有给于付赏时，如肯认系争付赏并不具有职务发明对价的性质者，则难谓该当债务的承认（上述大阪地方法院［住友化学］）。

关于时效期间，有见解主张雇主为公司时，作为商人的公司（参照商法第52条、第4条）的附属商行为（商法第503条）所生的债权，应适用商事债权的相关消灭时效5年（商法第522条）的规定。然而，判例的趋势乃认定时效期间为10年（民法第167条第1款）（东京地方法院昭和58年12月23日判决·无体集15卷3号第844页［连续覆盖设备］，上述大阪地方法院［绕上中空系线的弦］、上述大阪高等法院［绕上中空系线的弦控诉审］、最高法院平成7年1月20日判决·判例工业所有权法〔2期版〕1297之第43页［绕上中空系线的弦上告审］亦予维持，名古屋地方法院平成11年1月27日判决·判夕1028号第227页［连续傾床型自走式立体駐車場］，上述东京高等法院［日立制作所Ⅰ］，上述大阪地方法院［住友化学］，上述大阪高等法院［大塚制药］，东京地方法院平成19年8月28日判决·平成19（ワ）14650［日立制作所Ⅲ］，上述大阪地方法院［新日本理化］）。理由为对价请求权系依发明专利法第35条所为承认的法定权利（上述东京地方法院［味之素］，上述东京地方法院［热水器用不锈钢制罐体］，上述东京地方法院平［NTT高端科技］，上述东京地方法院［二苯基乙烷类］，上述知识产权高等法院［二苯基乙烷类控诉审］，知识产权高等法院平成21年6月25日判决·判时2084号第50页［兄弟工业］）。

附带说明，判例93乃对价请求权的发生至该诉讼提起为止尚未经过5年的案件，最高法院只认定至今时效尚未消灭，至于就消灭时效期间的年数问题，则保持沉默。

（六）迟延损害金

判例就迟延损害金亦非适用周年利率6%的商事法定利率（商法第514条），而是仍以法定债权为由适用关于普通债权的周年利率5%的法定利息（民法第404条）（东京地方法院平成14年11月29日判决·判时1807号第33页［日立制作所Ⅰ］、上述东京高等法院［日立制作所Ⅰ控诉审］，大阪地方法院平成14年5月23日判决·判时1825号116页［稀土类—取自铁系合金的有用元素回收方法］）。

判例94 东京地方法院平成16年1月30日判决·判时1852号第36页
[青色发光二极管]

〈**案件事实**〉

被告公司的前员工就其在职中所完成的发明专利,于先位声明的部分请求中,主张被告并未继受取得系争发明的专利申请权,故请求系争发明专利权的部分(共有份额)的转让登记等。同时,于备位声明中,主张假设被告已继受取得专利申请权者,则为发明相当对价的一部请求即200亿日元暨其迟延损害金的支付(为了说明上的方便,已将实际的请求予以简略)。该案件的中间判决即东京地方法院平成14年9月19日判时1802号第30页,因为已认定系争发明为职务发明而驳回原告对被告的转让登记请求,所以终局判决的本案判决的主要争点为相当对价的数额。

〈**判决要旨**〉

容认200亿日元暨迟延损害金的支付请求

(1)至发明专利产品的发明专利权(平成9年4月18日登记)期限届满(平成22年10月25日)为止的预期销售额(以被告公司规定的对价支付日即登记日为基准,对于登记日以后的金额予以扣除中间利息),经认定为12 086亿127万日元。

在本案中,以平成9年4月18日为基准,作为算出相当对价的基础的合计销售额,经认定为关于氮化镓系发光二极管的上述11 054亿3540万日元,与关于氮化镓系半导体激光二极管的上述1031亿6587万日元,合计二者的销售额为12 086亿127万日元。

(2)认定起因于禁止竞争对手公司实施系争发明专利的超过销售额,为上述销售额的1/2。

被告公司面临竞争对手公司的丰田合成及美国科锐,之所以能够持续制造优于一般亮度的高亮度青色发光二极管及半导体激光二极管而保有市场优越性,一方面系因被告公司实施了系争发明专利而为半导体结晶膜的制造,另一方面则因为系争发明专利权的存在而使竞争对手公司的丰田合成及美国科锐无法使用系争发明专利于半导体结晶膜的制造。亦即,高亮度青色发光二极管及半导体激光二极管的市场,特别是就高收益性的高亮度青色发光二极管,被告公司于市场上面临其他公司之所以能够保持优越地位,应认为是被告公司独占了系争发明专利的实施,而发挥了阻止其他公司进入市场的强大抑制力作用的结果。

青色发光二极管及半导体激光二极管的市场，乃由被告公司、丰田合成及美国科锐三家公司所占有而形成的寡占市场，证据上，此三家公司间除了产品本身的竞争力以外，并不存在其他大到足以影响销售额的情事（例如，企业规模或销售力的明显差别等）。

如考虑上述诸情事，假设被告公司许可竞争对手公司的丰田合成及美国科锐实施系争发明专利者，则上述……的销售额中至少相当于 1/2 金额的产品，将由丰田合成及美国科锐所销售。亦即，上述……销售额中，被告公司因得为禁止竞争对手公司实施系争发明专利所获得超过销售额的所占比例，认定至少不下于 1/2，应属适当（另外，上述……销售额中，于系争发明专利权授予登记日的平成 9 年 4 月 18 日之前的氮化镓系发光二极管的销售额，虽为发明专利权生效之前的销售额，但因为被告公司得为独占实施系争发明专利的状况，与系争发明专利权授予登记之后的状况相同，所以就该专利权授予登记前的销售额，亦应与登记后的销售额为相同的处理）。

（3）以上述超过销售额乘以使用费率（20%）的方式，算定被告的独占利益为 1208 亿 6012 万日元。

于是，以上述认定为前提，据以算定有关系争发明专利权的被告公司的独占利益。其算定方法有二：①以被告公司由上述超过销售额中所获得的利益，算定独占利益。②假设许可丰田合成及美国科锐实施系争发明专利时，根据在该情形所能获得的使用费收入，算定独占利益。

采用方法①时，算定被告公司由上述超过销售额（上述……销售额的 1/2）中所获得的利益时，于本案，不论是就上述销售额中所能获得的利益率，或者是在与发光二极管及半导体激光二极管领域的其他发明专利的关系上，系争发明专利在各产品中所占的贡献率，能够予以清楚证明的证据均不存在……再者，依此方法，虽系算定因被告公司自行从事制造销售所得增加的收益，但将来的设备投资或资金筹措的风险等诸要素，亦有加以考虑的必要。

与之相对的，采用方法②时，因为系由他公司所支付的使用费收入，所以相较于被告公司因自行从事制造销售所得增加的利益额（即上述方法①），在金额上虽属较为保守估计的数额，但因为系属基于他公司的销售额的一定比例所为支付的收入，且被告公司自己无须再为设备投资或资金筹措等，所以与之相伴随的风险等诸要素亦无考虑的必要。

于本案，如前所述，因为采用方法①时并无充分的证据等，所以采用方法②，据以算定被告公司的独占利益。

其次，就使用费率虽有争议，但如前所述，被告公司面对竞争对手公司的丰田合成及美国科锐，之所以能够持续制造优于一般亮度的高亮度青色发光二极管及半导体激光二极管而保有市场优越性，乃因独占系争发明专利所致。再者，如上述……诸情事亦一并加以考虑者，则假设被告公司许可竞争对手公司的丰田合成及美国科锐实施系争发明专利时，就该使用费率，即使是低估，亦不少于销售额的20%。

准此，假设被告公司许可竞争对手公司的丰田合成及美国科锐实施系争发明专利者，则因为上述……的销售额中至少相当于1/2金额的产品，将由丰田合成及美国科锐所销售，所以作为使用费额算定前提的丰田合成及美国科锐的销售额，如上述②所示为被告公司销售额的1/2。亦即，就平成6年度起至平成22年度为止被告公司青色发光二极管及半导体激光二极管的相关实际销售额及预期销售额，以平成9年4月18日时点的价值为基准所计算出12 086亿127万日元此一数值的1/2。从而，以上述时点（平成9年4月18日）的价值所算定的使用费额，系将12 086亿127万日元的1/2再乘以系争发明专利的使用费率20%，而为1208亿6012万日元。

（4）认定发明人的贡献度为50%。

被告公司虽然多少有所积累关于红色发光二极管的原材料精制等的技术，但对于研发青色发光二极管的必要技术则完全未有积累的情况下，原告选择青色发光二极管作为研发主题，之后以氮化镓系化合物作为其素材，并进一步地以金属有机化合物化学气相沉淀为其结晶膜的成长方法，仅凭个人力量就金属有机化合物化学气相沉淀设备为反复地改良，以致完成了系争发明专利。

另一方面，稽诸系争发明专利的发明原委，可列举作为被告公司的具体贡献的是：负担原告的美国留学费用、负担……包括购置于市场上销售的金属有机化合物化学气相沉淀设备在内共3亿日元余的初期设备的投资费用、负担原告于进行青色发光二极管的研发期间中的实验研发费用。就结果而言，被告公司容认了醉心于从事并无立即带来利益可能的青色发光二极管研究的原告，使其得为自由地使用公司的实验设备，并提供了辅助的工作人员等。

依上所述，竞争对手公司的丰田合成或美国科锐于青色发光二极管领域，基于先行研究的技术情报已多所积累，并设置安排有丰富工作人员的研发部门。与之相对的，被告公司则不论是在有关青色发光二极管的技术情报的积累，或是于研究方面并无指导乃至帮助原告的工作人员的情况下，可说是原告仅凭个人力量，完全基于独自的构思始为系争发明专利的完成。本案与在基于相关领域的先行研究而已多所积累高端的技术情报，设置不论于人力或物力上均有丰富阵容的研发部门的大企业里，倚靠其他技术人员的高端知识见识乃至实验能力所为指导或帮助下而为发明完成的案例完全不同。作为职务发明，本案系属于小企业的贫乏的研究环境下，基于发明人之员工个人能力与独创的构思，领先于以竞争对手公司为首的世界级的研究机关，率先完成了产业界期望的世纪发明的稀有案例。如鉴于本案如此特殊的情事，应认为发明人的原告对于系争发明专利的贡献度，至少不下于50%。

（5）结论：认定本案的相当对价数额为604亿3006万日元。准此，对于转让系争发明的专利申请权的相当对价数额（发明专利法第35条第4款）……系将被告公司的独占利益1208亿6012万日元（上述……合计算定的使用费额）乘以发明人的贡献度50%，而为604亿3006万日元。

〈评论〉

本案乃以青色发光二极管诉讼或中村诉讼为名而广为人知的著名判决。判决主文命为支付的数额为200亿日元，理由中认定500亿日元的超高额补偿金，震撼了社会。不过，如亦参阅上述东京地方法院［青色发光二极管中间判决］的认定，则本案系属员工违背公司总经理的业务命令，单靠个人力量继续进行研究的结果，以至完成了产业界期望的世纪发明的稀有案例。判决要旨亦系考虑了本案固有的特别情事，故判决的射程范围绝非广泛。

另外，本案于二审成立诉讼上的和解，双方达成由被告公司支付原告发明人包括相应于其他关联发明在内共计6亿857万日元的对价，以及迟延损害金2亿3534万日元的合意（参照判时1879号第141页）。虽然金额大幅减少，但尽管如此仍是既往以来最高额的补偿金额。

如细读法院所公布的和解劝告（东京高等法院平成17年1月11日和解劝告案·判时1879号第141页），可知具体的金额大幅减少的理由主要为：首先较原判决低估将来的预期收益，然后理论上最值得注意的是，法院强调应给予发明人极高评价贡献度的同时，却又以补偿金额的绝对数值已属高额为由，从而估计"雇主的贡献度"为95%（原判决为50%）。

有关较为详细的理由说明，和解劝告书开展下述的抽象议论：对价的数额既应足以充分地作为对员工从事发明的诱因，且亦应使承担种种风险的企业得为继续地发展。该抽象议论均属正确。然后，和解劝告书于其前言，将东京高等法院平成16年1月29日判决·判时1848号第25页［日立制作所Ⅰ］（评价雇主的贡献度占8成，于共同发明人间的原告的贡献度占7成之后，估计相当对价的数额为 1 亿 6516 万 4300 日元的案例）、东京地方法院平成 16 年 2 月 24 日判决·判时 1853 号第 38 页［味之素］（评价雇主的贡献度为 95%，原告于共同发明人间的贡献度占 5 成之后，估计相当对价的数额为 1 亿 9935 万日元的案例），这两个判例作为给予发明人贡献度的评价系属极高的先例而引为例证的同时，认为应将本案原告的贡献视为史无前例而给予极高评价，故相当对价的数额亦应大幅超越上述二先例。和解劝告书并附带提及本案将雇主的贡献度评价为 95%，并非否定上述二先例就其关于雇主贡献度的所为判断。总而言之，本案所为判断乃对价的绝对数值越高者，则应减低发明人之员工的贡献度比例（同旨，参照东京地方法院平成 18 年 6 月 8 日判决·判时 1966 号第 102 页［三菱电机］，东京地方法院平成 19 年 1 月 30 日判决·判时 1971 号第 3 页［佳能Ⅰ］。对此采反对见解，参照知识产权高等法院平成 21 年 2 月 26 日判决·判时 2053 号第 74 页［佳能Ⅰ］）。

既然考虑了随着对价金额的绝对数值的提高，则对员工因受有追加报酬所生的追加效果将随之减少（资产效果）。故根据诱因论，随着雇主所受应得利益的绝对数额的提高，亦不妨低估应分配予员工的比例。和解劝告案的上述构思，乃射中正鹄。

六、实务指南

（一）经营阵容的革新与职务发明的处理

完成职务发明之人为公司董事长，当其辞去董事长及公司的经营职务时，如何处理发明专利申请权等权利或公司所享有的法定普通实施权，乃发生争议。

于此场合，在发明专利权人的董事长下台之际，即使公司与董事长签订合同而合意公司之后不为继续实施者，类此内容的合同签订该当于公司与该董事长间的利益冲突行为（判决认为依据当时的商法第 265 条规定，必须经董事会的承认。大阪地方法院昭和 47 年 3 月 31 日判决·判时 678 号第 71 页［软质合成树脂接合耐压软管］）。

再者，案件事实涉及专利申请权由发明人的董事长转让予公司的合同，于该合同中保留约定解除权予董事长，因此当董事长于辞任时行使该解除权的结果，专利申请权自雇主处重回发明人（东京高等法院昭和 63 年 2 月 17 日判决·判时 1273 号第 115 页［加热急硬性水硬性接合材及其成形法］）。对于辞去董事长职务的发明人而言,尽管当时将发明的专利申请权转让予自己经营的公司,但为了以防万一而保留约定解除权,所以产生了专利申请权重回发明人的效果。反过来说,对公司的新经营阵容而言,只因为曾有解除权的保留约定,就不得不面临失去专利申请权的不测事态(对此,一审认为违背诚实信用原则故不容许为解除权的行使,参照横滨地方法院昭和60年3月29日判决·无体集17卷1号第116页[同一审]。但二审对照该案的事实经过,否定有违诚实信用原则)。不过,于该案件因为公司仍享有残存的法定普通实施权(上述东京高等法院[加热急硬性水硬性接合材及其戚形法]),新经营阵容仍旧得为系争发明专利的实施。

(二) 共同发明与职务发明的处理

复数员工共同完成发明时,按有关共同发明的一般原则,员工全体共有系争发明的专利申请权(参照第38条)。如复数员工全体皆受雇于同一雇主时,则就雇主得享有法定的普通实施权此点,并无争议。再者,如雇主通过规定由自己继受取得系争发明的专利申请权等权利者,就其结果,雇主得单独以自己名义提出专利申请进而取得发明专利权。

然而,如该复数员工的雇主并不相同时,则产生争议。

第一,关于发明专利权为共有时,因为如非经其他共有人同意则不得许可他人为普通实施(第73条第3款),所以该规定对基于职务发明的法定普通实施权是否适用,可能发生争议。判例上,判决并未特别拘泥于共同发明人的员工系属不同雇主,而仍就其中之一的雇主承认其享有基于职务发明的法定普通实施权(大阪地方法院昭和62年1月26日判决·判夕640号第217页[刚性物质凿洞用钻孔机(设计专利)])。基于职务发明所享有的普通实施权,因并非依专利实施许可合同所生,于共同发明人间因为对其他发明人而言得以预料系争发明是为了特定雇主所完成的职务发明,所以此处并因无虑及如擅自许可他人为普通实施将发生不测事态的第73条第3款所预定的状况。鉴于保障投资诱因的第35条第1款的立法意旨,自宜解为各雇主得享有法定的普通实施权。

第二,各雇主如以合同或规则规定由自己继受取得系争发明的专利申请权者,则问题将变得更为复杂。作为合同等的合理解释,虽有可能解释为员工所享有的专利申请权的共有份额可由雇主继受取得,但仍存有非经其他共有人(此处为共同发明人之其他员工)的同意,则理应无法转让共有份额的法定障碍(第33条第3款)。再者,即使得藉由诸如征得同意等方法而克服此一障碍，但基于继受规定所为转让的权利仅为共有份额，总之无论如何，仍存在只要并非共有人全体共同提出专利申请则无法取得发明专利权的第二个法定障碍（第38条）。因此，归根结底，与同为共有人的其他共同发明人或者发明人的雇主间的意见如未能达成一致，则恐将无法取得发明专利权（相关判例，参照第三节）。

为避免纷争，于共同组建有关技术开发的研究项目之际，最理想的是预先订定关于完成共同发明时应为如何处理的规定。例如，可有如下的对策：就共同发明，要求各雇主应预先规定当然继受其相应各员工的共有份额，并负有事先取得其他共同发明人的共有份额得由其各自的雇主继受取得所涉及第33条第3款所需之同意的义务，基于此则可克服第一个法定障碍。然后，成为共有人的各雇主当中，即使有雇主反对提出系争发明的专利申请，也可通过预先订定赞成提出专利申请的雇主得请求收买反对之雇主其共有份额的相关规定，以克服第二个法定障碍。

第二章 实施许可

第一节 概　　说

　　发明专利法为了便于许可他人实施系争发明专利，设有登记制度，并承认发明专利的普通实施权（第78条）以及独占实施权（第77条）。

　　普通实施权人虽得为自行实施发明，但对第三人所为发明的实施无法请求差止。

　　与之相对的，于享有独占实施权时，依发明专利法规定，独占实施权人得对第三人所为发明的实施请求差止（第100条）。亦即，普通实施权只不过是普通实施权人得请求发明专利权人对己不为排他权行使的债权请求权；但与之相对的，独占实施权则为独占实施权人得对第三人所为发明专利的实施请求差止的物权请求权（第77条第2款），对该实施发明的侵权行为亦得请求损害赔偿（民法第709条、第102条）。但是，因为独占实施权以登记为生效要件，所以不只是请求差止，包括请求损害赔偿的对象，亦仅限于独占实施权于登记簿上登记之后的侵权行为（名古屋地方法院昭和58年3月18日判决・判夕514号第291页［打击练习用球的自动回收及供应设备］。不过，如系完全独占的普通实施权人者，则亦得对侵权人请求损害赔偿，参照后述第二节二）。独占实施权经设定登记后，包括发明专利权人在内亦不得实施其发明专利（第68条但书。判决肯认独占实施权人之破产公司的破产管理人，得对发明专利权人请求差止及损害赔偿。参照东京地方法院平成19年8月24日判决・平成18（ワ）9708［回转打击美容滚轮按摩器］、知识产权高等法院平成21年1月27日判决・平成19（ネ）10075［回转打击美容滚轮按摩器控诉审］)，但如另外经由独占实施权人许可实施而享有普通实施权者，则可为系争发明的实施。另外，过去曾有发明专利权人因独占实施权的设定登记而使自己亦不得自行实施发明时，其得否对侵权人请求差止的论点。以前虽散见采否定说的判决（东京地方法院平成 14 年 4 月 16 日判决·平成 12（ワ）8456 等［用于吊起重物的挂钩设备］，东京地方法院平成 15 年 2 月 6 日判决·判时 1870 号第 107 页［活体高分子—配体分子之安定复合体构造的探索方法］），但以承认享有差止请求权的判例较占优势（东京地方法院昭和 39 年 3 月 18 日判决·判时 377 号第 63 页［裤子腰里之结构］，东京高等法院平成 16 年 2 月 27 日判决·判时 1870 号第 84 页［活体高分子—配体分子之安定复合体构造的探索方法］）。之后，最高法院平成 17 年 6 月 17 日判决·平成 16（受）997［活体高分子—配体分子之安定复合体构造的探索方法］阐释："发明专利权人即使就其发明专利权设定登记独占实施权，但解释为仍得基于发明专利权而为差止的请求权行使，应属适当"，明显采用了肯定说。该最高法院判决所持理由为：发明专利权人因侵权行为而受有使用费收入减少的不利益，以及为了防备独占实施权的消灭而有排除侵害的利益（此外，上述东京高等法院［活体高分子—配体分子之安定复合体构造的探索方法］则指出，因为发明专利权人对独占实施权人负有排除侵害的义务）。

　　实务上，有关独占实施权的设定登记件数并不多，毋宁是于订立普通实施许可合同之际，以附加专利权人不得再为许可他人实施系争发明的特别约定方式较为常见，学说上称之为独占的普通实施权。再者，独占的普通实施权中，如另以特别约定发明专利权人亦不得自行实施系争发明者，则特别称之为完全独占的普通实施权。虽然订立了发明专利的独占实施许可合同，但未办理独占实施权的登记者，判决认定按照合同当事人间约定的意旨，得转换为具有独占的普通实施权效力（东京地方法院平成 22 年 2 月 5 日判决·平成 21（ワ）7735［冷冻系统］、知识产权高等法院平成 22 年 7 月 20 日判决·平成 22（ネ）10022［冷冻系统控诉审］）。

第二节　通常实施权人的差止、损害赔偿请求

一、非独占的普通实施权人的差止、损害赔偿请求

　　因为普通实施权只不过是普通实施权人得请求发明专利权人对己不为排他权行使的债权请求权，为对抗侵害发明专利权的侵权人，普通实施权人得否对之请求差止或损害赔偿，乃发生争议。

非独占的普通实施权者，裁判实务上就损害赔偿及差止的请求多均予以否定（判例95）。虽曾有判决对是否为独占的普通实施权未予特别认定，即径容认普通实施权人得为损害赔偿请求（参照横滨地方法院横须贺派出法庭昭和53年2月22日判决·无体集13卷1号第304页［拟饵］），但为二审判决撤销（可是，该二审判决撤销原判决的理由为请求权人未举证证明损害额。参照东京高等法院昭和56年3月4日判决·无体集13卷1号第271页［拟饵控诉审］）。

判例95　大阪地方法院昭和59年4月26日判决·无体集16卷1号第271页［架构材的安装金属零件］
【对于非独占的普通实施权人的损害赔偿请求及基于债权人代位的差止请求，均为否定】
〈案件事实〉
实用新型专利的非独占的普通实施权人，对未经许可擅自实施的第三人所为系争实用新型的实施，以构成侵权行为为由，请求损害赔偿及基于债权人代位请求差止。

〈判决要旨〉
关于以构成侵权行为为由请求损害赔偿：普通实施许可合同的许可人负有容忍被许可人即普通实施权人以实施系争实用新型为业的义务。亦即，许可人仅限于对普通实施权人所为的实施行为负有不为行使差止、损害赔偿请求权的不作为义务，在此之外许可人对于普通实施权人并不当然负有排除未经许可擅自实施的第三人所为实施行为，以避免普通实施权人致生损害的义务。再者，理所当然的，订立了普通实施许可合同的许可人，既有权再许可复数的第三人实施系争实用新型专利，且亦享有对未经许可擅自实施系争实用新型专利的第三人加以放任的自由。从而，非独占的普通实施权人经常处于可能来自享有相同权利之人的竞争实施的结果，而因之受有销售额减少等损害的境地。姑且不论第三人是否有为具体地妨害实施权人的举动，但如果第三人只是未得实用新型权人的许可而擅自实施系争实用新型专利，则尚无法认定为系对非独占的普通实施权人的权利侵害。归根结底，非独占的普通实施权人终归并不享有对于侵害实用新型专利权的侵权行为的损害赔偿请求权。

有关基于债权人代位的差止请求：判决阐述本案并不该当为保全特定债权

而得例外允许代位权行使的情形,"非独占的普通实施权人对许可人所享有的请求权,乃具有容忍普通实施权人实施系争实用新型的不作为请求权的性质,第三人侵权行为的有无,与许可人对实施权人的债务履行或不履行并无关联……综上,普通实施权人藉由代位行使许可人所享有对侵权人的差止请求权,与确保许可人对实施权人的债务履行,二者间因为并无关联性……归根结底,应认为实施权人对许可人欠缺基于债权人代位的保全必要性"。

〈评论〉

即使订立了非独占的普通实施许可合同,依该合同并未禁止发明专利权人再为许可普通实施权人以外之人实施发明专利。从而,即使第三人未经许可擅自实施了发明专利,对非独占的普通实施权人而言,姑且不论有无经济上的利害关系,其并无任何可受侵害的法律地位。非独占的普通实施权人只要得为自行实施则其债权即为满足,在此之外并未享有得再要求发明专利权人对未经许可擅自实施之人请求差止的债权。因此,既然欠缺被保全的债权,自不得基于债权人代位而代替发明专利权人为差止请求或损害赔偿请求。判决要旨,应属正确。

另外,二审就本案判决亦予维持(大阪高等法院昭和59年12月21日判决·无体集16卷3号第843页[架构材的安装金属零件])。

二、独占的普通实施权人的差止、损害赔偿请求

关于独占的普通实施权人,判决阐述:独占的普通实施权人享有得请求发明专利权人使自己得为独占的实施发明专利的债权时,则其主张该债权为被保全债权,基于债权人代位权的行使(民法第423条),以代替发明专利权人对实施发明的第三人为差止请求权的行使,系属可能(虽为附带意见,参照东京地方法院昭和40年8月31日判决·判夕185号第209页[凸轮设备])。另外,虽非直接涉及上述问题的处理,亦有判决肯认享有独占实施权的设定登记请求权之人,得代位设计专利权人行使注销基于虚伪转让所为设计专利权的转让登记请求(京都地方法院昭和60年8月30日判决·无体集17卷2号第399页[包装用带]、大阪高等法院昭和61年6月20日判决·无体集18卷2号第217页[包装用带控诉审])。凡观念上可为套用被保全债权此一概念时,则皆有承认债权人代位的可能性(虽为附带意见,参照东京地方法院平成14年10月3日判决·平成12(ワ)17298[荞麦面的制造方法])。虽亦有判决以并未

办理独占实施权的登记为由，在此之上并未再检讨普通实施权的有无或其内容，即径驳回差止等的请求（东京高等法院平成9年5月22日判决·判例工业所有权法〔2期版〕2229之第81页），但是于该案件中当事人并未主张独占的普通实施权，债权人代位的可能性亦未成为争点。然而，未约定在市面上有侵权产品出现时，许可人负有排除侵害义务的案例事实中，亦有判决以因为欠缺被保全债权为由，从而否定独占的普通实施权人得基于债权人代位，而为差止请求权的行使（判例96）。

与之相对的，关于损害赔偿请求，有判决认为，如独占的普通实施权可与独占实施权等同视之时，独占的普通实施权人得不基于债权人的代位，而是直截了当地基于该独占的普通实施权而为损害赔偿的请求（大阪地方法院昭和54年2月28日判决·无体集11卷1号第92页［人工植发用植发器］、大阪高等法院昭和55年1月30日判决·无体集12卷1号第33页［人工植发用植发器控诉审］）。基于相同理由，虽然订立了独占实施许可合同，但诸如并未办理登记，或是因为尚于专利申请公布期间，且就暂时保护的权利亦无法办理独占实施权的登记，所以仅止于享有完全独占的普通实施权时，判决肯认得基于完全独占的普通实施权而为损害赔偿的请求（判例96、大阪高等法院昭和61年6月20日判决·无体集18卷2号第210页［发刷］、判例88、大阪高等法院平成4年12月4日判决·知裁集24卷3号第881页［二轴强制混合机］亦予维持。虽为附带意见，参照神户地方法院昭和62年3月18日判决·判夕645号第234页［桩子的埋设方法］。另外，有关肯定基于完全独占的普通实施权所为损害赔偿请求的判决，参照静冈地方法院平成6年3月25日判决·判例工业所有权法〔2期版〕2623之第47页［1α, 25-二羟基维生素D3］）。再者，亦有判决并未特别拘泥于是否为完全独占的普通实施权，而直截了当地肯认得基于独占的普通实施权而为损害赔偿的请求（京都地方法院昭和62年12月21日判决·判例工业所有权法2305之139之第393页［布料染色花样的成型方法］，东京地方法院昭和63年4月22日判决·判时1274号第117页［风力螺旋桨设备］，大阪地方法院平成3年11月27日判决·判例工业所有权法〔2期版〕5457之第14页［食品包装的包装袋］，东京地方法院平成10年5月29日判决·判时1663号第129页［O型腿步行矫正工具］，东京地方法院平成10年10月12日判决·知裁集30卷4号第709页［抗消化性溃疡药制剂］，大阪地方法院平成11年7月6日判决·判例工业所有权法〔2期版〕

5385 之第 135 页［包装用浅盘］，大阪高等法院平成 12 年 12 月 22 日判决·平成 11（ネ）2603 等［包装用浅盘控诉审］，东京地方法院平成 12 年 3 月 24 日判决·平成 9（ワ）28053［大腿骨颈部骨骨折固定器具］。关于商标权的独占的普通实施权，参照大阪地方法院平成 3 年 12 月 25 日判决·判例工业所有权法〔2 期版〕8353 之第 18 页［运动衣］）。

例外的，虽为涉及商标权的判决，但该判决阐释：独占的普通实施权人基于合同上的地位而享有事实上独占注册商标实施权的事实状态，乃作为承认独占的普通实施权人享有固有的损害赔偿请求权的前提。于案件事实的具体涵摄则是有关商标权人违反独占的普通实施许可合同而再为许可竞争对手公司使用注册商标，判决驳回了独占的普通实施权人对侵权人（与受有商标权人所为许可使用注册商标的竞争对手公司不同为一人）的损害赔偿请求（判决据以驳回独占的普通实施权人的损害赔偿请求的另一理由为：附有含系争"花粉"文字在内之标识的多数竞争商品充斥于市场上，以致注册商标的商标本身并不具有很强的来源识别作用，从而认定无法确定因侵权行为使销售额受有何种程度的影响。参照东京地方法院平成 15 年 6 月 27 日判决·判时 1840 号第 92 页［花粉喉糖］）。然而，独占使用的许可即意味着于此有值得保护的法律上利益，因此即使是商标权人违反独占使用许可合同而再为许可他人使用，似难谓得据以否定独占的实施权人所享有固有的损害赔偿请求权。

另外，承认独占的普通实施权人得请求损害赔偿时，关于赔偿额的算定，特别是就与发明专利权人的损害赔偿请求间的金额分配，参照第二编第四章第三节八（二）。

再者，关于发明专利法第 103 条过错推定规定的适用，判例的见解大致为二。

一方面，有判决否定适用同样设有过错推定的设计专利法第 40 条的规定，具体结论亦以并无证据证明有侵害独占的普通实施权的故意或过错为由，据以驳回请求（神户地方法院平成 8 年 9 月 9 日判决·判例工业所有权法〔2 期版〕6691 之第 180 页［窄幅花边质地］）。亦有判决虽然明示侵害独占的普通实施权并无发明专利法第 103 条过错推定规定的适用，但斟酌原告独占的普通实施权人对被告侵权人曾为侵权警告等事实，据以认定被告就其侵害原告的独占的普通实施权至少有过错（上述静冈地方法院［1α，25 - 二羟基维生素 D3］）。判决鉴于实用新型专利权人与独占的普通实施权人曾以联名的方式进行广告宣传，侵权人就该专利权曾提出登记异议等诸事情，从而肯定侵权人对于独占的普通实施权人亦存有过错（神户地方法院平成 9 年 1 月 22 日判决・判例工业所有权法〔2 期版〕5385 之第 75 页［替换刀片式锯子的背金结构］。另外，非适用过错推定的规定，而系根据证据与全辩论意旨，认定侵权人对其专利侵权行为存有过错的判决有上述大阪地方法院［食品包装的包装袋］，判例88，上述大阪高等法院［二轴强制混合机］）。判例中，不知是否为了要与对债权的存在必须有所认识的民法传统理解平仄相合，有判决认为，有关第三人侵害债权的侵权行为成立要件中，所要求故意或过错的认识对象与发明专利权人请求损害赔偿时的情形根本不同，亦即并非关于侵害发明专利权存有故意或过错，而是要求对侵害完全独占的普通实施权有所认识（自设计专利权登记前起曾对侵权人为警告的案例，参照判例96）。

然而，另一方面，亦有判例肯定第 103 条过错推定规定的适用。例如，独占的普通实施权人乃许可人个人所经营的公司，而可与独占实施权人等同视之时，判决肯定同条推定规定的类推适用（涉及商标法第 39 条规定，上述大阪地方法院［运动衣］。虽为附带意见，参照上述大阪地方法院［人工植发用植发器］）。再者，亦有并未论及可否与独占实施权人等同视之的类此情事，即轻易地适用同条过错推定规定的判决（上述京都地方法院［布料染色花样的成型方法］）。

在上述见解分歧的判例中，上述东京地方法院［O 型腿步行矫正工具］阐释："因为过错推定规定的根据乃在于发明专利权的存在及其内容的公示，而非在于是由何人享有该权利的公示，所以虽然所涉及的是侵害与发明专利权相关，但未为公示的独占的普通实施权人法益的侵权行为，但应类推适用过错推定的规定（该案为依平成 5 年修正前的实用新型法第 30 条规定准用发明专利法，进而类推适用发明专利法第 103 条的相关案例）。判决要旨颇具说服力，可期待于今后成为经常被援引的代表性案例（其后，阐述相同意旨的判决为：大阪地方法院平成 13 年 10 月 9 日判决・平成 10（ワ）12899 等［电动式导管折弯设备］，东京地方法院平成 17 年 5 月 31 日判决・平成 15（ワ）11238［诱导电力分配系统］。虽理论上有不清楚之处，判决以因为小规模公司的独占的普通实施权人为发明专利权人所实质支配，故普通实施权人的实施可与发明专利权人的实施等同视之为由，从而类推适用过错推定的规定。参照东京地方法院平成 16 年 4 月 27 日判决・平成 14（ネ）4448［烧结轴受材的制造法］）。

判例96 大阪地方法院昭和59年12月20日判决・无体集16卷3号第803页［发刷］

【于许可人对实施权人并不负有侵害排除义务时，判决虽否定了完全独占的普通实施权人的固有的差止请求或基于债权人代位的差止请求，但承认固有的损害赔偿请求】

〈案件事实〉

设计专利权的完全独占的普通实施权人，对侵害设计专利权的侵权人请求差止及损害赔偿。而专利实施许可合同中，并无关于就市场上出现侵权产品时，设计专利权人的诉外人A负有排除侵害义务的特约。

〈判决要旨〉

关于基于完全独占的普通实施权的固有的差止请求：尽管是完全独占的普通实施权，但其本质为普通实施权，只不过是于此附加专利权人既不得自行实施，亦不得再许可第三人实施发明专利的不作为义务的特约，除此之外，上述普通实施权的性质并无任何改变。实施权人所享有的权利并无排他性，……只要是普通实施权人，即使是完全独占的普通实施权人，亦不享有固有的差止请求权。

有关基于债权人代位的差止请求，判决阐述本案并不该当为保全特定债权而得例外允许代位权行使：完全独占的普通实施权人对专利权人所享有的请求权，并非得请求专利权人排除无实施权限的第三人的擅自实施行为，而只不过是得就系争设计专利的实施请求应予容忍的权利（于本案如上述认定所示，并不承认专利权人A负有排除第三人侵权行为的作为义务）。普通实施权人藉由代位行使专利权人所享有对侵权人的差止请求权，与确保专利权人对普通实施权人的债务履行，二者间因为并无关联性……归根结底，应认为欠缺基于债权人代位的保全必要性。

关于损害赔偿请求：依完全独占的普通实施许可合同，专利权人对实施权人不仅负有不得许可实施权人以外的第三人实施发明专利的义务，而且负有专利权人自己亦不得实施的义务。其结果使实施权人享有得以独占相关专利产品的制造、销售之市场与利益的地位，并可为期待独占该市场与利益，……由于无实施权限的第三人所为系争设计专利的实施，有害实施权人的上述地位，并剥夺实施权人的期待利益，故于产生损害时，理解为完全独占的普通实施权人得以其固有的权利（不必依靠债权人代位），直接对该侵权人为损害赔偿的请求，均属适当。

〈评论〉

姑且不论就一般而言可否容许独占的普通实施权人基于债权人代位而为差止请求权的行使，但至少于依据合同解释发明专利权人负有应对侵权人采取侵害排除措施的义务时，解释为独占的普通实施权人得以该债权作为被保全债权，基于债权人代位权的行使（民法第423条），代替发明专利权人对实施发明的第三人为差止请求权的行使。于此场合，因为独占的普通实施权人自始至终行使的是发明专利权人的权利，所以实施发明专利的第三人以该当侵害发明专利权的侵权人为必要。于该第三人受有发明专利权人的许可而得为实施的场合（＝该第三人亦享有普通实施权时），则以此抗辩对抗独占的普通实施权人的结果，差止的代位请求将遭驳回。与之不同的是，如为独占实施权者，则解为该第三人只是受有发明专利权人的许可，但该许可无法对抗独占实施权人。独占的普通实施权既然并无登记公示，作为平衡而与独占实施权区别对待，应属妥当。

应如何处理损害赔偿的请求？依据所签订独占的普通实施许可合同的解释，即使是承认发明专利权人负有应对侵权人采取差止等措施的义务，但发明专利权人至多只负有于适当时期采取差止措施的义务，因此普通实施权人以发明专利权人不履行该债务为由所得请求者，理应仅限于发现侵权行为后，尽管经过了相当期间但发明专利权人却未对侵权人采取差止等措施，以致普通实施权人受有损害的赔偿。故即便以之为被保全债权，欲解释为独占的普通实施权的代位发明专利权人，对侵权人请求横跨整个侵权期间因侵权人的实施行为所致损害数额的全部者，理论上系属困难。亦有根本不承认发明专利权人对普通实施权人负有排除侵害义务的情形。从而，基于债权人代位的理论所构成损害赔偿的请求，有其无理之处。本判决亦是直截了当地承认，得基于固有的独占的普通实施权，而为损害赔偿的请求。

三、独占性的认定

从而，对普通实施权人而言，其享有的普通实施权为独占与否，乃决定其是否得对发明专利的侵权人请求损害赔偿的重要事项（判决依据合同解释，否定享有独占的普通实施权的案例，参照东京地方法院昭和50年9月29日判决·判例特许实用新案法第1245页［能量色散X－射线分析法排水处理设备］）。

判例上，案件事实为：发明专利权人与发明专利的侵权人或有侵权嫌疑的六家公司协议和解的结果，以致除了独占的普通实施权人以外，亦有其他第三人获发明专利权人的许可而得为实施系争发明专利。判决认为，尽管如此，亦未改变独占的普通实施权人得对未获发明专利权人许可的其他侵权人为损害赔偿的请求（东京地方法院平成10年10月12日判决·知裁集30卷4号第709页〔抗消化性溃疡药制剂〕）。的确，复数侵权人中有人先为和解因之受有发明专利权人许可而得为实施时，如仅以此为理由认定残留的其他侵权人将可免于独占的普通实施权人的损害赔偿请求者，则侵权人恐将失去先为接受和解的意欲（参照同判决的说明）。盖如对照独占实施权人即使与第三人订立了普通实施许可合同，亦不改变其享有独占实施权的事实者（第77条第4款），则即使是发明专利权人与第三人签订了普通实施许可合同，但如该专利实施许可合同的订立须得独占的普通实施权人同意者，则宜理解为除非是发明专利权人未得同意擅自与第三人订立普通实施许可合同，否则独占的普通实施权人的独占性尚可评价为值得法律保护的利益（上述东京地方法院〔抗消化性溃疡药制剂〕亦是忖度该和解已反映了独占的普通实施权人的意向）。

实务上，在由发明专利权人个人所经营的公司实施发明专利时，连有关专利实施许可的明文合同亦不存在的情形并不少见。当然，欲解为存有普通实施的默示许可并不困难，但如只是享有普通实施权，则普通实施权人之公司并无法请求损害赔偿。另一方面，发明专利权人个人（即普通实施权人公司的代表人）因为并无实施发明专利，所以并无法依据第102条第1款的推定规定请求基于营业额减少的所失利益的赔偿。加上依裁判实务的见解，未实施发明专利的权利人亦无法享有适用第2款的推定规定的利益，所以最终仅得请求第3款的相当于使用费的金额。面对上述情况，判决诸如将发明专利权人个人所经营的公司与独占实施权人等同视之（大阪地方法院昭和54年2月28日判决·无体集11卷1号第92页〔人工植发用植发器〕，大阪高等法院昭和55年1月30日判决·无体集12卷1号第33页〔人工植发用植发器控诉审〕，大阪地方法院平成4年9月29日判决·判例工业所有权法〔2期版〕5329之第5页〔地表埋设模子用之提高加固预制板〕），或认定成立默示的独占的普通实施许可合同（大阪地方法院平成3年11月27日判决·判例工业所有权法〔2期版〕5457之第14页〔食品包装的包装袋〕，大阪地方法院平成11年7月6日判决·判例工业所有权法〔2期版〕5385之第135页〔包装用浅盘〕）等为由，据以承认第1款（上述大阪地方法院〔包装用浅盘〕）或第2款（于此揭示的全部判例）的赔偿。然而，并非只要是发明专利权人个人所经营的公司就必然如此认定（东京高等法院昭和56年3月4日判决·无体集13卷1号第271页〔拟饵〕。亦参照广岛地方法院平成7年10月25日判决·判例工业所有权法〔2期版〕5359之第52页〔点焊之电极研磨工具〕），判例的趋势难以预测。

另外，判例中，发明专利权人个人与实质上为一体的家族公司制造销售专利产品时，判决阐述应肯定发明专利权人个人拥有102条第1款的实施能力，从而承认其得基于推定规定请求所失利益的赔偿（但于发明专利权人与公司订立独占实施许可合同之后，则只有公司享有赔偿请求权。参照东京地方法院平成14年4月16日判决·平成12（ワ）8456等〔用于吊起重物的挂钩设备〕）。但是，既然公司收入与个人收入的口袋并不相同，则无法徒然将二者等同视之。应谋求以公司作为事实上的独占的普通实施权人，藉由承认公司有第1款的适用，以之解决此一问题为宜。

第三节　围绕实施许可合同的诸问题

一、许可范围

所许可之实施权的范围为何，特别是实施权的对象产品为何，围绕此一问题而引发纷争的情形并不少见。

对于就美国发明专利及其"相同内容之物"为独占实施许可意旨的和解协议对象，判决认定化学结构式等不相同的其他发明专利并不包含在内（东京地方法院平成元年5月31日判决·无体集21卷2号第435页〔有机锗聚合物〕、东京高等法院平成2年4月12日判决·无体集22卷1号第291页〔有机锗聚合物控诉审〕、最高法院平成3年11月8判例工业所有权法〔2期版〕1973之第15页〔有机锗聚合物上告审〕亦予维持）。合同就"发明专利产品"的制造、销售，订有应支付约定使用费的规定。判决以实施权人所制造、销售的产品并不属于发明专利的技术范围为由，驳回支付使用费的请求（东京地方法院昭和56年6月8日判决·判例工业所有权法2189之第35页〔核对用印刷卡〕）。基于相同理由，依据普通实施许可合同（已办理登记）请求未付的使用费案件，亦有判决以经认定为实用新型专利产品的衣架为限，承认使用费的请求（东京地方法院平成18年4月18平成16（ワ）2661〔衣服用衣架])。

依据合同的规定，当事人明确地规定专利实施许可合同的对象。

另外，普通实施权的登记簿上所记载的范围（例如："全部"），与两当事人间的合意范围（例如：以实施"C型设计专利"为限）发生龃龉时，普通实施权的范围以所为合意的范围为准（虽严格而言系属附带意见，参照东京地方法院昭和53年4月12日判决·判例工业所有权法2585之第232页［滤茶网]）。登记仅为对抗要件，既然并无创设权利的效力，则与合意的范围发生龃龉时以合意范围为准，均属理所当然。

二、专利实施许可合同的对象和发明专利的技术范围并不相同时的处理

合同所订负有使用费支付义务的产品，实际上并未抵触专利权者，则发生是否尽管如此但仍负支付使用费义务的争议。归根结底，宜穷尽合同的解释。

（一）专利实施许可合同的对象产品，明显实际上并未落入专利权的技术范围

当事人误以系争产品落入专利权的技术范围为前提而签订实施许可合同时，类此合同可能因错误而为无效。判例上，对于轮船所配备的船体结构并未落入实用新型专利权的技术范围，判决阐述因为就该轮船的使用所为支付使用费的相关约定并无根据，所以应予清算，如实施权人提出解约的表示者，则合同应予解除（神户地方法院昭和63年5月27日判决·判夕687号第242页［装卸船]）。再者，实施权人的委托加工的对象厂商与发明专利权人间争讼中的另案诉讼，确定了争议的加工方法并未侵害发明专利权时，判决以按照特约所订发明专利权人应返还部分既已受领使用费的意旨，从而承认该部分使用费的返还请求（大阪地方法院昭和55年7月18日判决·判例工业所有权法2189之第23页［布匹形成防水性皮膜的方法]）。

反之，为了解决围绕着是否该当侵权产品的此一纷争，作为和解协议而签订专利实施许可合同时，多数合同的意旨可认为系以之后不再争执是否落入发明专利权的技术范围并为使用费的支付。于订立类此合同而之后解除合同的案件中，判决对于就解约前的实施行为所支付的使用费的返还问题不以为意，只容认得就解约后的实施行为所支付的使用费请求返还（东京地方法院昭和63年10月21日判决·判例工业所有权法2157之第3页［碾米机的自动停止设备]）。可是，侵权产品与否本身并未成为争点，所订立的合同是以该当侵权

产品为前提而为赔偿额的约定者,则另当别论。于判明并非侵权产品时,则有承认因错误而为无效主张的可能(大阪地方法院昭和48年11月28日判决·判夕308号第278页〔掸子〔设计专利〕)。

(二) 就专利申请中的相关发明订立了专利实施许可合同,但其后,因专利申请的修改而改变了原专利的保护范围,或根本未被授予登记发明专利权等情况

当事人如以发明专利权的授予登记为前提而订立合同者,则被许可人负有支付使用费义务的对象,仅限于最后落入权利要求项的专利保护范围的产品制造及销售。最高法院平成5年10月19日判决·判时1492号第134页〔付锚栓之挖掘设备上告审〕阐述,对于伴随技术公开以致他人实施可能的技术事项,如只有禁止合同当事人的上诉人实施并非合理,因此在并无特殊情事的本案,随着合同订立后权利要求项的专利保护范围的缩减,成为不作为义务对象的设备亦以落入该缩减后之专利保护范围为限(判决对采相反结论的东京高等法院平成3年11月7日判决·判例工业所有权法〔2期版〕2009之第25页〔付锚栓之挖掘设备控诉审〕的原判决予以撤销并发回重审。发回后重审的判决,参照东京高等法院平成6年3月30日判决·判例工业所有权法〔2期版〕2009之第46页〔同发回后控诉审〕)。

与之相对的,如为开示诀窍的相关实施许可合同等,在合同不以发明专利权的授予登记为其前提时,所约定应负使用费支付义务的对象,则与权利要求项的专利保护范围无关。判决考虑作为实施许可合同对象的发明等不论有无授予登记,因被许可人并非信赖合同对象的专利申请中的发明可获专利权的授予登记,且许可人就该发明亦保有一定的诀窍,从而据以认定实施许可合同非因错误而为无效(虽为附带意见,参照东京地方法院昭和48年1月31日判决·判夕302号第302页〔换穿用娃娃〕)。同样的,案件事实为有关专利申请中的发明实施产品的制造委托合同中,存在包含"其类似之物"在内亦不得制造销售的特约,而该发明专利尚系属于专利申请程序。判决以该发明专利的授予登记并非合同内容为由,否定欺诈、错误的成立(同时,斟酌包含诀窍在内等情事而认定亦不违反独占禁止法,参照大阪地方法院平成18年4月27日判决·平成16(ワ)7539〔二酸化炭素含有粘性组成物〕)。另外,否定错误无效主张的判决,参照东京高等法院昭和52年7月20日判决·判时868号第46页〔大理石〕)。因进行修改而缩减了原专利的保护范围,以致有关被许可人的部分产品变为并未落入发明专利权的技术范围的案件,判决以不论是基于实

施许可之发明专利权的无效、系争实施许可合同的解除或其他任何理由，发明专利权人皆以不返还所受领使用费的不返还条款的存在为由，据以否定发明专利权人须返还所受领的使用费（该案件亦存有被许可人对发明专利权人并不负有开示实施产品态样义务的此一情事，判决系于否定被许可人得主张使用费的返还以之对抗发明专利权人主张的约定使用费与损害赔偿请求的抵消抗辩的文脉下为判断，参照大阪地方法院平成21年4月7日判决·平成18（ワ）11429［导热性硅酮橡胶组成物］）。另外，知识产权高等法院平成22年3月31日判决·平成21（ネ）10033［导热性硅酮橡胶组成物控诉审］因为根据技术范围的解释而驳回发明专利权人的请求，所以关于作为抵消抗辩的已受领使用费应否返还的论点，并未深入予以检讨）。

另外，签订专利实施许可合同的专利申请人，如就发明专利的申请负有努力取得发明专利权的义务者，则因其未为请求实质审查的结果，该申请被视为撤回时，判决认定专利申请人对被许可人负有债务不履行责任（名古屋地方法院平成4年6月5日判决·判例工业所有权法〔2期版〕1221之第12页［永久保存立体植物标本］）。

（三）发明专利权因宣告专利权无效的决定而为无效时，虽然被宣告无效的专利权被视为自始即不存在，但就该被宣告无效的发明专利权的被许可人，得否请求发明专利权人返还其既已支付的使用费，乃发生争议

判例上，原判决（东京地方法院平成20年8月28日判决·平成19（ワ）17344［石浴缸设备］）以订有不返还既已支付使用费的特约为由，否定得以宣告专利权无效决定的确定为由主张不当得利的返还。但对于以作为合同对象的产品并未落入发明专利的技术范围为由主张错误无效，则承认合同因内容误解的错误而为无效，故容认既已支付契约金的不当得利的返还请求。但知识产权高等法院平成21年1月28日判决·平成20（ネ）10070［石浴缸设备控诉审］则撤销原判决，并以系争案例事实并无内容误解的错误，或是错误系出于重大过错所致，从而否定了基于合同无效的不当得利的返还请求。总之，无论如何，连同承认返还请求的原判决，上述二判决皆非以有无受有事实上的利益而系以有无法律上的原因作为判断的标准，均属正确。此外，普通实施权人主张因登记的实用新型专利权被宣告为无效，所以普通实施许可合同有因内容误解的错误而为无效，故以不当得利为由请求实用新型专利权人返还其既已支付的使用费的案件中，亦有判决认定原本自合同签订时起就登记的实用新型专利权的有效性即存在纷争，尽管认识该纷争的存在但却仍为既已支付的使用费

不问任何理由皆不予返还此一约定,故以之为由否定错误而为无效的主张(东京地方法院昭和 57 年 11 月 29 日判决·判时 1070 号第 94 页[附有茶杯的方便食品容器]。基于相同理由的判决,参照大阪地方法院昭和 52 年 1 月 28 日判决·判夕353 号第 272 页[滑轮用塑料横条])。如专利实施许可合同的使用费系包含相应于提供诀窍的对价在内,则亦宜否认不当得利的返还请求。

三、实施权的登记

实施权人因享有实施权,所以是否享有即刻请求发明专利权人为实施权登记的权利,乃发生争议。

如前所述,因登记为独占实施权的生效要件,所以应理解为独占实施许可合同一经签订,则许可人之发明专利权人立即负有办理独占实施权登记的义务为宜(容认独占实施权人对发明专利权人得请求办理登记的判决,参照东京地方法院昭和 57 年 7 月 23 日判决·判例特许实用新案法 1248 之第 13 页[自来水中的溶解氧的除去方法],东京地方法院昭和 57 年 10 月 15 日判决·判例特许实用新案法 1248 之第 25 页[可同时进行旋转及上下运动的搅拌机])。

问题在于普通实施权的场合。相异于独占实施权,登记并非普通实施权的生效要件,而只不过是对抗其后取得发明专利权或独占实施权之权利人的对抗要件,因此基于实施权的性质所得对此问题的解答亦会有所不同。对于协商撤回专利权声明异议时所为的无偿普通实施许可,最高法院昭和 48 年 4 月 20 日判决·民集 27 卷 3 号第 580 页[隧道管冲压工法]阐释:"应认为实施权人并不当然得请求发明专利权人应为办理普通实施权的相关登记程序,得为请求办理登记者,应以有办理登记意旨的特约存在者为限。"以该最高法院的判例意旨为据,经审理的结果认定办理登记的特约并不存在,从而判决容认发明专利权人所提注销普通实施权的暂时登记的请求(静冈地方法院滨松派出法庭昭和 53 年 3 月 29 日判决·判夕369 号第 403 页[自动二轮车用燃料箱制造方法])。二审亦是否定存在默示特约而维持原判决(东京高等法院昭和 54 年 5 月 9 日判决·判例工业所有权法 2185 之第 9 页[自动二轮车用燃料箱制造方法控诉审])。其他否认特约存在的判例,参照东京地方法院昭和 55 年 4 月 9 日判决·判例工业所有权法 2139 之第 20 页)。

四、其他诸义务

(一) 使用费支付义务

如因欲藉以免除应支付的使用费而过少申报专利产品的制造、销售台数者，当然构成债务不履行。于此，过少申报之人如为实施权人之公司的负责人时，判决认定该负责人所为该当侵权行为，就未付的使用费负有损害赔偿的义务（东京地方法院昭和51年11月19日判决·判夕353号第252页[捆包机]）。

另外，于专利实施许可合同中预定被许可人委托的第三人亦得为专利产品的制造，而按照专利产品的台数支付实施许可对价的案件里，判决虽认定因为被许可人实际上自受领第三人的交货时起才负有使用费的支付义务，所以并非按照第三人所制造专利产品的台数算定使用费（东京地方法院平成12年4月27日判决·判例工业所有权法〔2期版〕2009之第73页[负载转矩模拟控制方法]、东京高等法院平成13年3月21日判决·判例工业所有权法〔2期版〕2009之第90页[负载转矩模拟控制方法控诉审]）。归根结底，应作为合同解释的问题而依不同个案事实加以处理。

(二) 技术指导义务

如未于专利实施许可合同中约定有关技术指导的义务者，判决认为许可人并不当然对被许可人负有技术指导的义务（但同时认定事实上曾为指导。参照东京地方法院平成10年8月27日判决·判夕989号第258页[接触滤材]，东京高等法院平成11年4月20判例工业所有权法〔2期版〕2009之第65页[接触滤材控诉审]亦予维持）。

(三) 与他人权利间的关系

第三人对独占实施权人发函警告其所制造的产品系属侵权产品时，判决认定依据合同解释，发明专利权人负有纷争处理的义务，但因发明专利权人未为履行该纷争处理义务的结果，独占实施权人得以其对发函侵权警告的第三人所不得不支付的和解金作为损害，向发明专利权人请求赔偿（大阪地方法院平成元年8月30日判决·判例工业所有权法〔2期版〕1983之第7页[饮用水的矿泉水化设备]）。

(四) 不争义务

关于实施权人得否对其受有实施许可的系争发明专利请求宣告专利权无效的此一争议，参照第二编第三章第六节二。判例上，案件事实并非请求宣告专利权无效，而是为了对抗于侵权诉讼中所提的无效抗辩，而引用当事人间过去签订的和解协议中所订就系争发明专利权的有效性不为争执条款（针对该案疑似侵权的产品与和解对象的纷争中发生争执的产品并不相同，判决乃据以认定并非连对该疑似侵权的产品行使发明专利权时亦放弃争执专利权有效性的利益，故就无效抗辩为实质的审理判断。参照东京地方法院平成23年1月21日判决·平成21（ワ）18507［幼童用辅助马桶座］）。

与不争义务相关的，发明专利权人为因应第三人所提的请求宣告专利权无效，乃提出复审请求修改（订正复审）与之对抗，但普通实施权人不同意该修改（依据第128条规定，普通实施权人的同意为提出复审请求修改的条件）。判决以普通实施权人的不予同意并未违反实施许可合同中所订就第三人侵害负有协助排除义务的相关条款，亦不以违反诚实信用原则为由，否定发明专利权人得为解除实施许可合同（东京地方法院平成16年4月28日判决·判时1866号第134页［雨水等的存积渗透槽］。于二审，亦驳回所为追加预备声明的征求同意的请求，参照东京高等法院平成16年10月27日判决·平成16（ネ）2995［雨水等的存积渗透槽控诉审］）。上述见解与至目前为止的判例趋势：并非仅凭受有普通实施权的许可，即得遽以认定实施权人请求宣告专利权无效系违反诚实信用原则，亦相吻合。因为如允许普通实施权人得自行请求宣告专利权无效者，则就发明专利权人为对抗由他人请求的宣告专利权无效所提出的复审请求修改，普通实施权人对之并无同意或加以协助的义务。不过，关于发明专利法第128条，原本于提出复审请求修改之际，除独占的普通实施权人外，为何必须取得对于发明专利权的排他权范围并未享有值得保护的法律上利益的普通实施权人的同意，难以有合理的说明。故同条所称的普通实施权人，宜限缩解释为独占的普通实施权人。

（五）侵害排除义务

为实施许可的发明专利权人就第三人的侵害是否负有排除义务，虽发生争议，但不能仅凭曾为实施许可一事就据以承认发明专利权人负有该等义务为宜。虽有判决阐述除有相反的特约外，许可普通实施权的发明专利权人负有侵害排除的义务，但于具体涵摄时，只不过是以此为由肯认普通实施权人对于发明专利权人所申请的诉前临时禁令有辅助参加的利益（大阪地方法院昭和39年12月26日判决·下民集15卷12号第3121页［聚丙烯］）。但是，独占的普通实施权者，依据合同解释，应有承认该等义务的余地为宜（参照本章第二节）。关于独占实施权，由第三人发函警告有关独占实施权人的专利产品系属侵权产品时,判决认定依据合同解释,发明专利权人负有纷争处理的义务,但因发明专利权人未为履行该纷争处理义务的结果,独占实施权人得以其对发函侵权警告的第三人所不得不支付的和解金作为损害,向发明专利权人请求赔偿(大阪地方法院平成元年8月30日判决·判例工业所有权法〔2期版〕1983之第7页〔饮用水的矿泉水化设备〕)。

(六)专利产品的制造商或交易对象的限制

仅就专利产品的销售为普通实施许可,而就该专利产品的制造商的实施许可预定于今后另以协议定之,因此否定实施权人就该专利产品的制造亦获有许可时,判决认定就有关实施权人委由承包人制造专利产品的行为,该当侵害实用新型专利权的侵权行为(大阪地方法院昭和60年6月28日判决·判夕567号第280页〔建物用换气口模子桦〕)。该判决系阐明实施权人得否委由承包人制造专利产品,归根结底,应视实施许可合同的解释而定(就涉及此一争点的最高法院平成9年10月28日判决·判例工业所有权法〔2期版〕2269之第26页〔鋳造金型〕的定位,参照本章第二节)。

再者,实施权人销售专利产品予实施许可合同所为限制的交易对象以外的第三人时,判决认为是违反合同而应负债务不履行之责任(大阪高等法院昭和44年7月17日判决·判夕240号第279页〔帘子〕)。

五、与违反独占禁止法间的关系

于订立专利实施许可合同(=许可协议)时虽订有种种的义务,但根据情况可能涉及独占禁止法(反垄断法)的规律。就此一争议,公正取引委员会(反垄断委员会)于平成19年公布了"有关知识产权利用的指导路线"。因为由该指导路线得以知晓公正取引委员会的执法立场,所以实务上相当重要。但配合本书性质,以下仅止于摘要少数相关联的判例。

首先,有关独占禁止法第21条所定发明专利权等权利的行使,不适用独占禁止法规律的此一规定,可能发生争议。判例上,以下判决展开:"对于潜脱为鼓励发明、实用新型、设计专利的发明创造,以促进产业发展……为目的之发明专利制度等的立法意旨,或者有违上述目的之不当权利的行使,并不在独占禁止法所定除外适用的范围内"的抽象议论(知识产权高等法院平成18年7月20日判决·平成18(ネ)10015〔进人孔铁盖〕(参照青柳由香:"判批",载《知的财产法政策学研究》第20号(2008年),东京高等法院平成13年7月19日判决·判例工业所有权法〔2期版〕2009之第93页〔老虎机专利池])。

关于具体涵摄,判例的案例事实为:为满足部分地方县市就进人孔铁盖所为指定的相关规格明细,而有必要实施特定的发明专利权。本身亦为进人孔铁盖的制造销售业者的发明专利权人,与竞争对手业者的被告间订立普通实施许可合同,一面课予被告得为制造销售的上限数量,同时约定于该上限数量内得为无偿实施;一面课予被告如超过该上限数量而为销售者,则限制该超过部分的产品的制造必须委由原告代工为定点生产等。因为被告所为的实施超过了许可的上限数量,所以原告以债务不履行为由请求损害赔偿等。被告主张有关上限数量的许可限制违反独占禁止法、公序良俗而为无效,但大阪地方法院平成18年1月16日判决·判时1948号第108页[进人孔铁盖]、上述知识产权高等法院[进人孔铁盖控诉审]皆否定有违独占禁止法。特别是二审,尽管认定原告系先推定各地方县市就铁盖的总需要数量,在扣除相应于25%的原告应得份额后,就所剩余的75%,按原告以外的认定业者数目为均等分配,据以决定许可的上限数量,但法院阐述:"原告之所以对于系争发明专利权等订定得为无偿实施的上限数量,而就超过部分课予被告必须委托原告制造的义务,乃藉由受托制造获取相应的利益,用以确保相当于许可实施系争发明专利的使用费,该做法本身作为系争发明专利权的行使,并非不当。再者,并不存在得确切证明原告操纵调整铁盖价格的证据"(上述知识产权高等法院[进人孔铁盖])。本案虽可说是揭示了在何情况下该当独占禁止法第21条所定正当权利之行使意义的事例,但也可能或许是出于对本案若以违反独占禁止法为由认定许可数量的限制为无效时的善后处理,感到不安而已(作为对价的使用费将由法院作出决定)。

其他的判例,于涉及老虎机的发明专利权、实用新型专利权的专利池相关合同是否违反独占禁止法第3条成为争点之一的案件中,判决阐述:除非专利池的运用方针系排除新进业者进入市场者则另当别论,否则专利池合同的存在本身并不当然违反独占禁止法第3条(争执专利池合同有违反独占禁止法之虞,而是否该当拒绝合同更新事由的"合同难以继续的特殊情事",参照上述东京高等法院[老虎机专利池])。于涉及同一专利泡的相关合同争议的另一案件中,判决以合同对象的发明专利权并非关联发明专利权人所享有发明专利权的全部,且对于制造老虎机而言专利池管理公司所管理的发明专利权难谓不可欠缺等为理由,据以认定尚未违反独占禁止法(于发明专利权的侵权诉讼中,提出涉及专利池的实施许可合同作为抗辩。得否主张该合同有违反独占禁止法之虞，因此存有"合同难以继续的特殊情事"而得拒绝更新，以致实施许可合同届期终止，乃为该案争点。参照东京地方法院平成 14 年 6 月 25 日判决·判时 1819 号第 137 页［自动赌博机Ⅲ］、东京高等法院平成 15 年 6 月 4 日判决·平成 14（ネ）4085［自动赌博机Ⅲ控诉审］）。

六、有关实施许可合同纷争的案例

专利实施许可合同亦与一般合同相同，发生多种多样的法律纷争。以下仅稍微介绍涉及发明专利权特有的法律问题的判例。

因发明专利权人提起侵权诉讼或请求注销实施权登记等，以致相对人提出实施许可合同的抗辩时，就该实施许可合同的成立、有效性、解除的有无，乃发生争议。

例如，涉及合同成立的争议：受任人依据研究委托合同对委任人负有移交义务的研究成果，乃关于有机锗的药效、毒性等试验的结果，而对于受任人的代表人所提出与此相异内容的发明专利申请，判决认定受任人并不负有订立独占实施许可合同的义务（东京地方法院平成元年 5 月 31 日判决·无体集 21 卷 2 号第 435 页［有机锗聚合物］、东京高等法院平成 2 年 4 月 12 日判决·无体集 22 卷 1 号第 291 页［有机锗聚合物控诉审］。最高法院平成 3 年 11 月 8 日判决·判例工业所有权法〔2 期版〕1973 之第 15 页［有机锗聚合物上告审］亦予维持）。涉及许可的有无的相关争议：关于表见代理法理适用的判例上，在发明专利权侵权以及不正当竞争（商品等主体混淆行为）的侵权行为案件里，判决虽认定并无关于表见董事的商法第 262 条规定的适用（另外，判明并非信赖相对人的头衔而为交易。参照大阪地方法院平成 8 年 2 月 29 日判决·判时 1573 号第 113 页［瓦斯感知元件］），但享有代表权乃至代理权之人如于事后同意系争发明专利的实施者，则作为该意思表示的效果，不得以侵害发明专利权或商品等主体混淆行为为由，请求差止或损害赔偿。因此，该等争议毫无疑问的系属有关表见代理的问题。

涉及合同终止的争议：案例事实为在发明专利申请中，与发明人订有独占实施许可合同的独占实施权人，于其后再与发明人签订变更合同，合意将专利申请人名义变更为发明人与独占实施权人的共同名义。判决阐述因为就专利申请人的名义变更的申报，以发明人的协助为必要，所以在完成变更之前独占实施许可合同尚犹有予以存续的意义，从而归结出并不因订立了共同名义的变更合同就当然地解除独占实施许可合同的结论（横滨地方法院平成 8 年 1 月 31

日判决·判例工业所有权法〔2 期版〕1973 之第 30 页〔导航系统〕、东京高等法院平成 8 年 12 月 19 日判决·判例工业所有权法〔2 期版〕1973 之第 36 页〔导航系统控诉审〕、最高法院平成 9 年 6 月 19 日判决·判例工业所有权法〔2 期版〕1973 之第 39 页〔导航系统上告审〕）。此外，涉及关于无偿的普通实施许可合同可否类推适用民法第 597 条第 3 款（使用借贷的出借人得随时请求返还）及其他使用借贷规定的问题，判决阐明因为普通实施权设有登记制度、普通实施权人死亡时由继承人继承（第 94 条第 1 款）等规定，而与并无登记制度且因借用人死亡即消灭借贷关系的使用借贷的法律性质有极大差别，所以不应类推适用使用借贷的规定，从而驳回发明专利权人所提确认普通实施权不存在的请求（东京高等法院昭和 54 年 5 月 9 日判决·判例工业所有权法 2185 之第 9 页〔自动二轮车用燃料箱制造方法〕）。该判决要旨亦指出，虽说是无偿，但系争实施许可合同乃以不提出专利权声明异议为条件所订立。判断无偿的普通实施许可合同不应类推适用使用借贷的规定，均属正确。

发明专利权人基于实施许可合同请求支付使用费者，则由实施权人主张系争合同不成立、无效、因解除而终止合同关系。例如，虽然受有实施许可，但最终因未能解决技术问题，以致无法实施系争发明专利于自己主要营业项目的佛具人天盖的案件中，判决肯认合同因内容误解的错误而为无效，并容认实施权人就其已支付的使用费得为不当得利的返还请求（东京地方法院昭和 52 年 2 月 16 日判决·判例工业所有权法 2189 之第 7 页〔佛具人天盖〕、东京高等法院昭和 53 年 4 月 26 日判决·判例工业所有权法 2189 之第 15 页〔佛具人天盖控诉审〕）。再者，关于诀窍的合同，判决肯认得以存有技术瑕疵为由解除合同，而容认既已支付使用费的返还请求（神户地方法院昭和 60 年 9 月 25 日判决·判夕 575 号第 52 页〔曼陀罗技术〕。关于认定构成债务不履行的东京地方法院平成 8 年 9 月 27 日判决·判时 1611 号第 84 页〔蚀刻法化学合成镀金诀窍〕的判决定位，参照小泡丰："评释"，载《判例ライセンス法》，发明协会 2000 年版，第 215～第 222 页）。同样有关诀窍的合同，亦有判决承认默示的合意解约，而容认实施权人得请求返还既已支付的使用费（东京地方法院昭和 61 年 3 月 28 日判决·判夕 616 号第 179 页〔土地净化法〕）。

另一方面，在认定技术上可为实施而不至于不能实施的案件里，判决以实施权人主张的效用并非合同的预定效用为由，据以否定错误无效的成立，同时肯认不保证可为实施的合同条款的有效性（判决阐明欲于工业上乃至商业上实施发明专利，一般而言其他的技术情报系属必要，因此除非特约另有明订，否则许可人并不负有瑕疵担保责任。参照东京地方法院平成 10 年 8 月 27 日判决·判夕989 号第 258 页［接触滤材］。东京高等法院平成 11 年 4 月 20 日判决·判例工业所有权法〔2 期版〕2009 之第 65 页［接触滤材控诉审］亦予维持）。

此外，涉及公司法所定利益冲突交易规律的相关争议：判决以附带意见的方式阐述，董事为公司就自己所有的实用新型专利权签订专利实施许可合同，该合同既然约定了使用费的支付义务，则当时商法第 265 条所称利益冲突的"交易"（东京地方法院昭和 36 年 11 月 29 日判决·判夕125 号第 74 页［卫生科学研究所］）。反之，实施许可如为无偿时，则不该当同法所称的"交易"（严格而言系属附带意见，另参照东京高等法院昭和 42 年 5 月 23 日判决·判例工业所有权法 2535 之 5 之第 337 页［卡片容器文件袋］）。

七、实务指南

裁判实务上，虽然非独占的普通实施权人对发明专利权的侵权人，不论是差止或者是损害赔偿均无法请求，但至少独占的普通实施权人得为损害赔偿的请求。再者，专利实施许可合同的解释上，如存有许可人之发明专利权人负有侵害排除义务的特约者，则可基于债权人代位，请求差止（参照第二节）。

从而，普通实施权为独占与否，对实施权人而言系属重要事项。由发明专利权人个人所经营的公司实施发明专利时，连有关专利实施许可的明文合同亦不存在的情形并不少见。但为了享受基于公司销售额减少的所失利益的损害赔偿或第 102 条第 2 款所定以侵权人的所得利益为损害的推定规定的利益，实务上仍以备齐独占的普通实施许可合同文件为宜（参照第二节）。另外，应注意公司与董事间的专利实施许可合同，只要并非无偿的实施许可，原则上该当利益冲突交易，而有公司法第 356 条第 1 款第 1 项的适用，以取得股东大会或董事会的承认为必要（参照第三节六）。

第三章 转 让

发明专利权人的转让专利申请权或发明专利权。

判例上，关于转让合同是否成立的争议案例有：被告公司委托原告公司从事产品的设计开发，虽由原告公司继受取得原告公司的代表人所完成职务发明的专利申请权，但与该发明有关的原告公司的代表人的提案为被告公司所采用，然后由被告公司以原告公司的代表人为发明人，被告公司为申请人提出专利申请。判决据以认定原告公司已将其继受取得的专利申请权默示转让于被告公司（东京地方法院平成12年9月28日判决·判例工业所有权法〔2期版〕1271之第25页〔控制钥匙设备〕）。

虽然成立转让合同，但当事人未明示决定转让对价时，应如何处理？关于此问题的判例有：发明人于到职前即与雇主间就其已为申请专利的发明达成实施许可的合意，待发明人任职后，经认定二者间有以专利申请权的部分权利的转让，取代原实施许可的合同内容变更的默示同意。虽可推知二者间对于对价的数额主张有所差距，但判决认定二者间达成以"社会上一般认为相当的数额"作为对价的合意（东京高等法院平成16年9月29日判决·平成15（ネ）2747〔油压动作型刀具〕。亦参照水户地方法院土浦派出法庭平成15年4月10日判决·判时1857号第120页〔同一审〕）。再者，于认定存有专利申请权的默示转让合同的案件中，当对价的数额发生问题时，判决考虑到原告公司曾向被告公司表明希望以收取使用费作为转让权利的对价，且尽管被告公司对依此方式计算的对价数额似乎不菲而感到惊慌，但该专利产品的设计工作仍然持续进行，最终并为制造等情事，从而认定有关依据收取使用费的方式算定转让金一事已为默示同意，然后斟酌当时预计的销售台数及其他情事，据以算出对价的数额（上述东京地方法院〔控制钥匙设备〕）。

所继受取得者为专利申请前的专利申请权时，其对抗第三人的要件乃提出该专利的申请。专利申请后的继受取得专利申请权的对抗要件，继承等法定继受的情形除外，则为向专利局提出申报（第34条第4款）。除有关发明专利权的转让，继承等法定继受的情形外，登记为其生效要件（第 98 条第 1 款第 1 项）。

发明专利权人 A 将其发明专利权转让登记予 B 之后，A 又将系争发明专利权设定质权予 Y 并办理登记时，因为 Y 无法对登记在先的 B 主张质权设定的效力，故 Y 对其后再由 B 受让系争发明专利权转让登记的 X，亦无法主张质权设定的效力，所以 X 得基于所受让的系争发明专利权对 Y 请求注销质权的设定登记。于此，提出质权设定的登记申请虽先于 A 转让发明专利权予 B，但因为未能立即于专利登记簿上登记，以致该质权设定的登记晚于 A 转让发明专利权予 B 的转让登记时，判决认为尽管专利局之后以"发现遗漏"、"应予登记为第一顺位的职权构成登记的追加"为由而为职权修改的登记，亦不发生溯及的效力（东京地方法院平成 10 年 7 月 24 日判决·判例工业所有权法〔2 期版〕2133 之第 6 页〔桥梁施工方法Ⅰ〕）。另外，于其后请求国家赔偿的案件中，虽然系争发明专利权的事业化最终并未成功而归于消灭，但判决认为算定损害额的基准时即被担保债权陷于履行迟延当时，因作为有产出事业收益可能性的发明得予以相应的经济评价，且就基于实行系争质权的相应回收有所预期，所以应依民事诉讼法第 248 条规定据以认定损害额。参照最高法院平成 18 年 1 月 24 日判决·判时 1926 号第 65 页〔桥梁施工方法Ⅱ〕）。

第四编　专利法的国际层面

随着经济跨越国境进行竞争，与专利权相关的国际纠纷案件也在不断增加。在处理专利权国际纠纷时，首先要考虑究竟适用哪国法律作为准据法的问题（第一章）。在处理侵害知识产权的国际纠纷案件时，一般适用"属地原则"，但是在适用"属地原则"的依据和效果上却存在争议（第一章第一节）。对职务发明（第一章第二节）和实施许可合同（第一章第三节）则有必要进行单独探讨。为了方便读者理解，本编第二章将涉猎国际审判管辖权问题。此外，本篇第三章对判例中累积出现的平行进口问题也会做一些探讨。

第一章 准 据 法

第一节 侵害专利权

一、属地原则

国际上还不存在完全统一的专利法，专利法内容因国家不同而存在差异。在这种情况下，专利法的适用采取属地原则是合理的。判断在某地域实施发明的行为是否构成侵害专利权的行为，如果适用统治该地域国家以外的法律，法律关系可能变得错综复杂，而且是否需要专利权人许可这一问题也可能变得无法判断。即使能够判断，由于被许可人必须请求根据多个国家法律产生的多个权利人授予许可，无论结果如何，都可能出现妨碍发明利用的结果。因此，为了保证使用者的可预测性，发明的利用行为是否侵权还是要根据统治该地区国家的法律来进行判断为宜。所谓属地原则应理解为表现以上法理的原则，例如，在日本实施专利发明的行为是否构成侵害专利权的行为，只能根据日本专利法来进行判断，在德国实施专利发明的行为是否构成侵害专利权的行为，也只能根据德国专利法来进行判断。为了使属地原则发挥实效，根据日本专利法获得的专利权，效力就只能及于在日本国内实施该专利发明的行为，根据德国专利法获得的专利权，效力只能及于在德国国内实施该专利发明的行为。

在判例中，关于在日本国内制造，然后面向国外出口的行为，有如下判例，该判决认定应该对由上述出口行为造成的损害进行赔偿（该案件为2006年专利法修改将出口行为追加在第2条第3款第1项中之前的案件，见大阪地方法院平成22年1月28日判决·判时2094号第103页［组合计量装置］）。

二、共同侵权行为

按照属地原则，对于直接侵权行为发生在日本国内，而教唆、帮助行为发生在日本国外的共同侵权行为,依据法例第 11 条第 1 款的解释可知,仍然可以基于直接侵权行为发生地的日本的侵权责任法责令损害赔偿。由于这些行为(指教唆、帮助行为)的目的是针对发生在日本的直接侵权行为,因此对这些行为苛以损害赔偿责任,在适用法的选择上并没有让行为人陷入不可预测的状况,应该并不违反属地原则。

但是,在日本制造享有美国专利权的产品,然后出口至美国,美国专利权人以帮助侵害美国专利权(相当于日本的间接侵权)为由提起诉讼的案件中,判例97判决认为,对于基于美国的专利权提出的差止和废弃侵权结果物及侵权工具请求,既然将法律关系的性质认定为专利权的效力问题,自然应当将与该专利权具有最密切联系国家的法律,即获得该件专利权的美国专利法作为该案件的准据法,基于美国专利权允许针对发生在日本的侵权行为的差止请求,实质上意味着美国专利权的效力延及美国域外的日本,违反了属地原则,不符合法例第 33 条规定的公共秩序保留原则。另外,对于损害赔偿请求也作出了如下判决:既然认定了法律性质属于侵权行为,那么依据法例第 11 条第 1 款选择准据法的话将适用本案中的事实发生地法,即发生直接侵权行为并产生侵权结果的美国的法律,但按照属地原则适用日本法的情况下,由于日本法律中并没有像美国专利法第 276 条(b)一样的可以将专利权效力延及发生在本国领域以外的积极引诱行为的相关规定,因此在日本法下上述行为并不违法,而是符合法例第 11 条第 2 款"发生在国外的侵权行为依据日本的法律并不侵权"的规定,不适用美国专利法的规定。本案虽然是有关侵害美国专利权的案件,但要注意的是,该案判决要旨是以下理解为前提的,即认为侵害日本专利权的教唆、帮助行为发生在外国时,按照日本法该教唆、帮助行为并不构成违法。

判例97以前,下级审作出过如下判决:间接侵权的认定,需要直接实施专利发明的行为发生在日本国内,被告产品如果销售给日本国内则认定为间接侵权,而本案中的产品是出口销售给美国,因此否定间接侵权(参照大阪地方法院平成 12 年 10 月 24 日判决·判夕1081 号第 241 页[制面包机]。第 2 编第二章第一节三(一)中介绍的大阪地方法院平成 12 年 12 月 21 日判决·判夕1104 号第 270 页[聚烯烃组合物],大阪高等法院平成 13 年 8 月 30 日判决·判例工业所有权法[2 期版]2533 之第 41 页[聚烯烃组合物控诉审])。如果适用判例97的解释,则准据法应为美国专利法,此时基于法例第 33 条和法例第 11 条，针对出口至美国的产品，还是不能认可原告的请求。

[判例97] 最高法院平成 14 年 9 月 26 日判决·民集 56 卷 7 号第 1551 页 [FM 信号复原装置 Ⅱ]

【根据法例第 33 条，基于美国专利权对发生在日本国内的侵权行为提出的差止请求不予认可，另外，根据法例第 11 条第 2 款，对损害赔偿请求也不予认可】

〈案件事实〉

被告（被控诉人、被上诉人）通过美国的子公司将其在日本国内生产制造的产品出口到美国，原告（控诉人、上诉人）认为，该行为属于引诱侵犯其在美国享有的专利权的行为，要求差止，废弃已生产产品，并请求损害赔偿。一审东京地方法院平成 11 年 4 月 22 日判决·判时 1691 号第 131 页，二审东京高等法院平成 12 年 1 月 27 日判决·判时 1711 号第 131 页，均驳回原告请求。

〈判决要旨〉

驳回上诉

（1）对于差止和废弃已生产产品的请求，在以美国专利法为准据法时，基于美国专利法命令发生在日本国内的行为差止，这是违反属地原则的，而且也违反了法例第 33 条中所说的公共秩序。因此，最后还是不能适用美国专利法。

关于专利权的效力应该如何运用准据法，法例中并没有直接规定，但基于法理可以理解为，应该适用与该专利权关系最密切国家的法律，即获得该专利权国家的法律。但是，①专利权在每个国家都是经过申请和授权而获得的权利；②对于专利权采取属地原则的国家居多，根据属地原则，专利权的成立、转移和效力都由各国法律规定，专利权的效力仅及于该国领域内；③既然专利权的效力仅在该国领域内得到认可，请求保护该专利权的国家为授予该专利权的国家，与该专利权关系最为密切的国家，就应当合理地理解为授予该专利权的国家。

因此，基于专利权提出的差止和废弃请求的准据法应该理解为授予该专利权的国家的法律，本案中差止请求和废弃已生产产品的请求的准据法为授予该专利权的美国法律。

"但是在日本，对于专利权采用属地原则，根据属地原则，各国专利权仅在各国领土内发生效力，在本案中，基于美国专利权对发生在日本国内的侵权行为承认差止，这实质上等于将本案中美国专利权的效力延伸至美国领土以外的日本，这种行为违反日本采用的属地原则。此外，日本与美国之间并没有签订互相承认其专利权效力的条约。对在日本国内从事的积极引诱侵犯美国专利权的行为适用美国专利法的结果是命令发生在日本国内的行为差止或废弃日本的产品，这种做法与日本专利法中秩序的基本理念相矛盾。

总之，适用美国专利法的上述各规定命令被上诉人差止或者废弃已生产的产品违反了日本法例第33条规定的公共秩序原则，因此本案不能适用美国专利法的上述各规定。"

（2）关于损害赔偿请求，虽然按照法例第11条第1款规定将以美国法为准据法，但另一方面，既然在日本法下专利权的效力不及于本国以外，那么基于法例第11条第2款规定，最终还是不适用美国专利法。

"关于本案中的损害赔偿，法例第11条第1款规定的'作为原因的事实发生地'，应当理解为实施直接侵犯美国专利权的行为和侵权结果发生地的美国，因此应该适用美国的法律为准据法。但是，①发生在日本国内的被告的行为在美国属于积极引诱侵权的行为时，侵权结果视为发生在美国国内；②即使准据法被确定为美国专利法，被告人只要预计通过美国分公司向美国出口以及出售产品，也不会有损被告人的可预测性。"

"日本法律采用属地原则，并且没有像美国专利法第271条（b）那样的可以将专利权效力延伸至本国以外领域的积极引诱行为的相关规定，也没有承认彼此国家专利权效力的条约，因此不能认为发生在本国专利权不发生效力的国外的积极引诱侵害专利权的行为属于违法行为，也不能理解为该行为具备了侵权行为的成立要件。

因此，本案中侵犯美国专利权的事实，符合法例第11条第2款'生在外国的事实，如果依据日本法律认定为不侵权，则不违法'的规定，因此对于被告的行为不适用美国专利法的上述各规定。"

〈评论〉

上述案件为卡式读卡器事件，是很著名的判决。

本案并没有采用以美国专利权并不基于日本法律获得为由而否定适用第11条第2款（第二章第一节中介绍的东京地方法院昭和28年6月12日判决·下民集4卷6号第847页［多极真空球］）的论证方法，既然根据日本法律不存在将发生在日本国外的行为认定为侵犯日本专利权的法理，那么根据法例第

11条第2款也不允许将发生在美国国外的行为认定为侵犯美国专利权。但即使按照该判决的论证逻辑，对于发生在美国国内的侵犯美国专利权的案件，仍然有可能认可原告的请求〔高部真规子："判解"，载《Law & Technology》2003年19号，第94页〕。

此外，对于该判决的理论构成，有不少评论从不同角度进行了批判性考察，在此不得不省略（对这些评论进行概括的文章请参照田村善之："与职务发明相关的抵触法上的课题"，载《专利法的理论》，有斐阁2009年版）。

第二节 职 务 发 明

如何适用职务发明的准据法，存在如下争论。一种观点认为，应当以第三人使用发明的地点为焦点（属地主义），由各个国家做出不同规定。例如，第三人在A国使用该发明的行为，根据A国专利法有关职务发明的规定，使用者为专利权人，第三人在B国使用该发明的行为，根据B国专利法的规定，从业者为专利权人。另一种观点认为，应当根据使用者和从业者的劳动关系来选择如何适用准据法，进行一元化处理。根据第一种观点，日本国内的日本企业中的从业者在作出职务发明时，日本专利法第35条仅适用于在日本申请专利权的权利和专利权的承继，因此对于作为使用者的企业继承了在国外申请该职务发明专利权的权利和专利权的情形，由于规范该法律关系的法律为该外国的法律，因此至少不会发生日本专利法第35条第3款中规定的相应对价请求权。

在判例中虽然没有直接承认取得相应对价的请求，但仍然不断进行一元化处理（本书第三版第491~492页）。第一次正面采用多元化处理的判例为东京地方法院平成14年11月29日判决·判时1807号第33页［日立制作所］案。该案件中，法院认为，在外国申请职务发明专利权的权利的归属，是否享有实施权，是否可以权利转让及其要件，对价的支付义务，应该根据各国专利法的规定而定，因此撤销了转让外国专利权补偿金的请求。该判决与之前的判例不同，采用了多元化的处理方式。

但是，该案二审东京高等法院平成16年1月29日判决·判时1848号第25页［日立制作所控诉审］认为，应该根据从业者和使用者所属国家的法律进行一元化处理，否定了一审判决。随后，东京地方法院平成16年2月24日判决·判时 1853 号第 38 页［味之素］也作出如下判决，根据法例第 7 条的规定，"雇用合同的准据法"应该根据被告的意愿进行选择。另外，根据法理，作为从业者的原告提供劳务，作为使用者的被告创建公司，则认为完成本件发明的地点为日本，而且无论选择哪个国家的法律为准据法都应该适用符合绝对强制规定的劳动法规的专利法第 35 条。但是，也有这样一个判例，即根据法例第 7 条的规定，当事人的意思是选择日本法为准据法，依据专利法第 35 条第 3 款的解释，向外国申请专利权的权利不适用该款规定（按照使用者规定的发明规则，转让外国的权利应该给予奖赏，对此在抽象论上没有予以否定，见东京地方法院平成 18 年 9 月 8 日判决·判时 1988 号第 106 页［大塚制药Ⅲ］））。

虽然实际判例中存在相互对立的判决，但最高法院平成 18 年 10 月 17 日判决·民集 60 卷 8 号第 2853 页［日立制作所上告审］案件中，当事人默示选择日本法律为准据法，同时根据日本专利法第 35 条第 3 款、第 4 款（现在的第 5 款），对于转让向国外专利申请权所伴随的对价请求也类推适用各项规定，明确了应该进行一元化处理。

此后，出现了一系列按照最高法院平成 18 年 10 月 17 日判决·民集 60 卷 8 号第 2853 页［日立制作所上告审］判决思路做出的判决：东京地方法院平成 18 年 12 月 27 日判决·平成 17（ワ）12576［三菱化学］、知识产权高等法院平成 20 年 5 月 14 日判决·判时 2025 号第 118 页［三菱化学控诉审］、东京地方法院平成 19 年 4 月 18 日判决·平成 17（ワ）11007［兄弟工业］、东京地方法院平成 19 年 6 月 27 日判决·平成 17（ワ）2997［东芝］，对国外专利是否具有无效理由进行判断，并能够将其反映至补偿金额上，见知识产权高等法院平成 21 年 6 月 25 日判决·判时 2084 号第 50 页［兄弟工业控诉审］。

此外，在上述东京地方法院［味之素］一案中，由于在未获得专利权的亚洲和中南美地区销售的产品，是将在日本国内能够实施的专利发明（方法发明和产品发明）实施生产后出口至上述地区的产品，因此法院判决，在这些地区的销售量应当作为在日本国内的实施行为获得的利益而涵盖在使用者应该获得的收益中。与该判决的思考方法不同，有人提出，在亚洲和中南美地区销售获得的收益，要么是在亚洲和中南美地区享有专利权的情况下，通过该专利权保护获得的收益，要么是在上述地区不享有专利权的情况下，没有收到任何专利权保护获得的收益，不管属于哪种情况，这种收益都应当作为使用者通过承继日本专利权获得的收益计算。但是，专利权人不仅能决定在何地销售专利产品，还能决定在何处制造专利产品，在受到专利权保护的状态下，在技术实施条件优越或者生产成本较低的地区实施，生产出具有市场竞争力的专利产品无可厚非，但是寄希望于不享有专利权的出口地的销售额也不是不可能的。完全否定该判决的思路有些困难。虽然如此，专利法第 35 条第 5 款"使用者应该获得的利益"应该是指通过承继专利权获得的超额利润（第三编第一章第一节五（三）①），但如果不存在例外情况，通常来说，通过承继制造地区的专利权而获得的超额利润应该不会是特别高额的利益。

判例 98　最高法院平成 18 年 10 月 17 日判决・民集 60 卷 8 号第 2853 页
[日立制作所]
【本案肯定了转让外国专利申请权类推适用专利法第 35 条】
〈案件事实〉
　　本案中，被告公司的原从业人员将其在职期间作出的职务发明的专利申请权转让给被告公司，并要求获得相应报酬。涉案职务发明（多个）不仅在日本获得了专利权，而且在美国、加拿大、英国、法国和荷兰均获得了专利权。本案争论点为，转让在日本以外的国家专利申请权，是否能够以日本专利法第 35 条第 3 款为依据，请求支付相应报酬。东京地方法院平成 14 年 11 月 29 日判决・判时 1807 号第 33 页一审判决，依据属地原则，专利法第 35 条不适用于向国外申请专利等，但二审东京高等法院平成 16 年 1 月 29 日判决・判时 1848 号第 25 页判决认为，应该根据"从业者与使用者所属国家的法律"进行一元化处理。
〈判决要旨〉
　　外国专利申请权也类推适用专利法第 35 条
　　"转让外国专利申请权，转让人能否请求受让人支付对价、对价多少等与转让专利申请权相关的问题，不仅涉及当事人之间属于何种债权债务关系，还涉及当事人之间转让原因关系的合同以及其他债权法律行为的效力问题。根据法例第 7 条第 1 款规定，准据法首先应当根据当事人之间的意思来确定。
　　此外，作为转让对象的专利申请权，各国如何处理以及该权利具有何种效力的问题，应当与作为转让当事人之间转让原因关系的问题区别对待，按照专利权属地主义原则，准据法应理解为是，基于该专利申请权授予专利权的国家的法律。"
　　"本案中，关于转让合同的成立及其效力的准据法，由于上诉人和被上诉人之间默示同意以日本法为准，因此，被上诉人能否请求上诉人支付包括外国专利申请权在内的转让对价,以及基于转让合同转让专利申请权的对价问题,应该以我国法律作为准据法。"

"使用者从作出该发明的从业人员那里承继专利申请权时,双方当事人之间很难以平等地位进行交易,从这一点来看,作为转让对象的日本专利申请权和外国专利申请权并无不同。而且,虽然各个国家将专利申请权认定为另外一个权利,……但是,社会事实是,实际上是从同一发明中产生出来的权利。另外,作出该发明的从业人员向使用者转让专利申请权,……也包含了外国专利申请权,对于该发明,承认使用者的专利申请权,进而对作出该发明的从业人员与使用者之间的法律关系做出一元化处理,是符合当事人正常的意思的。

因此,从业人员等将专利法第35条第1款规定的职务发明的外国专利申请权转让给使用者等时,伴随外国专利申请权的转让提出对价请求,类推适用该条第3款和第4款规定是合理的。"

〈**评论**〉

对于职务发明,各国的规定并不统一。根据本案一审判决,对于职务发明,在每个国家应该适用不同法律,但是这样就很难确保当事人的可预测性。像日本专利法第35条这样,在没有合同约定的情况下,仅仅根据发明规程或者使用者一方的意思表示决定专利申请权和专利权的承继,这种法理绝不普遍。在这种情况下,根据属地原则选择准据法就成为各国普遍的做法,专利法第35条虽然做出了预告承继的规定,但如有的国家不承认该规定的效力,结果则会与使用者的期待相违背。进一步来说,考虑到该种结果,相应地创设符合每个国家不同规定的手续,则不会给使用者造成过大成本。如果进行利益衡量,认定知识产权法中较为合理的属地原则确保了上述知识产权利用者的预测可能性,那么也必须考虑作为第三人的使用者与从业者之间的预测可能性。使用者与从业者之间关于职务发明的法律关系,包括外国专利申请权和外国专利权的法律关系,应当根据使用者和从业者之间劳动关系选择的准据法国家的专利法进行一元化处理(田村善之:"职务发明的抵触法上的课题",载《专利法的理论》,有斐阁2009年版)。

本判决作出一元化处理,借助了当事人之间默示合意的法理。当时,除了有关法律行为一般原则的法例第7条以外,并没有关于劳动合同的特殊规定。与此不同的是,现在的[与法适用相关的通则法]第12条规定,如果劳动者对使用者表示过应该适用与劳动合同具有最密切联系地点的强制性规定的意愿,则应该适用该强制性规定。值得注意的是,该判决后半部分的理由是为了帮助理解为何将专利法第 35 条第 3 款和第 4 款（现在的第 5 款）作为该强行规定（参照东京地方法院平成 16 年 2 月 24 日判决·判时 1853 号第 38 页 [味之素]）。

第三节 实施许可合同

关于如何选择实施许可合同的准据法，在如下判决中（东京高等法院平成 2 年 9 月 26 日判决·无体集 22 卷 3 号第 613 页 [液体燃料组合物控诉审]、最高法院平成 3 年 10 月 24 日判决·判例工业所有权法 [2 期版] 1983 的第 39 页 [液体燃料组合物上告审] 维持原判决），法院判决认为，当事人虽对独占实施许可合同没有明示合意，但由于该合同属于在日本国内实施专利发明的合同，合同语言为日语，基于合同在东京缔结，因而推定当事人之间存在将日本法作为准据法的默示合意。还有一个关于侵犯英国专利权纠纷案件的判决，当事人双方在日本法院达成和解并选择和解的准据法时，由于和解合同是用日语在日本法院缔结的，因此法院认定当事人默示选定日本法为准据法，依据《与法适用相关的通则法》第 7 条，选择日本法为准据法（对于当事人之间的诚实信用义务，认定其与合同本身一样，基于当事人的意思选择日本法律作为准据法，大阪地方法院平成 19 年 3 月 29 日判决·平成 18（ワ）6264 [自动定量计量装置]）。

此外，在国际课税问题上，发生过关于实施合同中约定的专利权许可使用费是否属于日本国内所得（参照所得税法第 161 条第 7 号）的案件。这个案件中，合同中确定许可使用费的方法没有区分国内销售部分和出口部分，但规定实施权人在制造产品后，在日本国内流通的最初阶段就负担支付义务，因此，认定之后向美国出口的产品的许可使用费也包括在国内所得（东京地方法院昭和 60 年 5 月 13 日判决·判夕 577 号第 79 页 [压缩机]）。而最高法院平成 16 年 6 月 24 日判决·判时 1872 号第 46 页 [银色精工上告审] 认为，应该重视当事人解决美国专利权纷争的意思表示，在美国销售享有美国专利权的装置，因此支付的许可使用费属于实施美国专利权的许可使用费，因而不能认定该许可使用费为日本国内所得。根据 2003 年修订的日美租税条约第 12 条，使用费原则上应在居住地国家课税，不能成为日本国内税收的对象。

第四节　转让合同

关于著作权转让合同的准据法，按照法例第 7 条第 1 款规定，以当事人之间的合意（含默示）为准（因为重视日本著作权转让合同，因此选择日本法），对第三人具有排他效力（具体来说为双重转让规则），以保护国法（日本法）为准据法。据此判决的案件有：东京高等法院平成 13 年 5 月 30 日判决·平成 12（ネ）7（最高法院 HP）[丘比特玩偶 I 控诉审]，东京高等法院平成 13 年 5 月 30 日判决·平成 11（ネ）6345（最高法院 HP）[丘比特玩偶 II 控诉审]，东京高等法院平成 15 年 5 月 28 日判决·判时 1831 号第 135 页 [萨尔瓦多·达利]，东京地方法院平成 21 年 4 月 30 日判时 2061 号第 83 页 [苦菜花]）。关于专利权转让的准据法，是否沿袭上述立场众说纷纭（在转让职务发明专利申请权时，东京地方法院平成 16 年 2 月 24 日判决·判时 1853 号第 38 页 [味之素]，判例98）。将作为物权变动原因的法律行为和物权变动本身相区别，前者根据该法律行为选择准据法，后者根据物权变动选择准据法，已是国际私法上的通说。

另一方面，在学说中也存在如下主张，至少在合同当事人之间应该适用合同的准据法。在判例中，虽然没有明示赞同学术界的观点，但如下案件表明了该种观点，该案件为，以解除约旦的商标权转让合同或以该合同不存在为由，请求撤销转让登记，该案判决，仅适用日本法律为转让合同的准据法（在约旦的另一个案件中，引用了最高法院认定转让合同为合法转让且按照正规程序登记的判决，东京地方法院平成 16 年 3 月 4 日判决·平成 13 年（ワ）4044 [FUJIKA 一审]、东京高等法院平成 16 年 8 月 9 日判决·平成 16 年（ネ）1627 [FUJIKA 控诉审]）。

第二章　国际审判管辖

第一节　与属地原则的关系

上一章我们讨论了侵权行为应该适用哪国专利法这种实体法上的问题，本章探讨国际审判管辖问题。关于审判管辖，需要讨论的问题是，究竟什么情况下才能对发生在国外的侵权行为所产生的损害向日本法院请求赔偿。

下面这个案件有点久远，东京地方法院昭和28年6月12日判决·下民集4卷6号第847页［多极真空球］（石黑一宪："评释"，载《特许判例百选》，有斐阁1985年版），本案中，原告在日本和伪满洲国均享有专利权，被告在日本购买经过许可生产销售的专利产品后在伪满洲国出售，原告以该行为侵犯了其在伪满洲国享有的专利权为由请求损害赔偿。判决指出，既然双方都承认"专利独立原则"（相当于本书中的属地原则），那么"根据上述法例第11条第2款的规定，不能根据日本法律认定上述行为为侵权行为"。但是，既然在伪满洲国侵害了伪满洲国的专利权，考虑到日本法律中侵权责任法对故意或过失侵犯专利权的行为也进行规制，因此即使适用了法例第11条第2项，也应该认定上述行为构成侵权行为（还存在平行进口的问题）。当然，关于侵犯外国专利权的案件，希望熟悉该外国法律的法院进行处理的情况居多，但是如果专利权人的住所在日本，侵权人又将其侵权行为发生地的营业所搬走，其大部分财产均在日本，这种情况日本法院管辖更为合适（特别在本案中，在伪满洲国已经灭亡的情况下很难接受伪满洲国的私法救济）。判决本身并没有对审判管辖的问题进行讨论，但应该注意的是，根据日本的法律结构，并不能否定日本法院不能基于国外的专利权来认定侵权行为。

关于这点，判例97与上述［多极真空球］不同，判决指出，并不是以美国专利权不是基于日本法律获得为由来否定适用第11条第2款，而仅仅是以日本法律中不存在将发生在日本国外的行为认定为侵犯日本专利法的法理，因此，根据法例第 11 条第 2 款，不能认定发生在美国以外的行为侵犯了美国专利法。需要注意的是，在该论证方法下，对于在美国国内发生的侵害美国专利权的行为成为问题的案件，是可以认定请求的。

而且，最近如下案件值得注意，该案件确认基于美国专利权的停止请求权不存在。进入实体程序后，判定不侵犯美国的专利权，因此认定确认不存在停止请求权请求成立（东京地方法院平成 15 年 10 月 16 日判决·平成 14（ワ）1943［增强健康的组合物］）。本案中，通过权利要求解释，认定侵犯了美国专利权，则即使驳回不存在确认请求，也不能认为与判例 97 相违背，这种理解可以作为前提。

第二节 侵权诉讼

根据属地原则如果不能否定审判管辖，则在专利侵权案件中，根据一般的国际审判管辖原理也能判断是否可以管辖。

关于国际审判管辖，学说上并不拘泥于关于国内审判管辖的日本民事诉讼法的规定，从程序法的角度来看，也提倡综合考虑各种情况来判断是否可以管辖（管辖分配说），判例中采取的立场则是，"国际上没有统一规则，国际惯例也不是很成熟，因此，在具体案例中，日本是否承认国际审判管辖，应该根据当事人之间的公平、裁判的公正以及高效等理念来确定。而且，在日本法院提起诉讼的案件中，如果日本的民事诉讼法规定的任意一个裁判地都在日本，则只要审判之时不存在对当事人不公平、违背公正迅速裁判理念的特殊情况，日本就对该诉讼案件享有管辖权"（引用最高法院判决，东京地方法院平成 15 年 10 月 16 日判决·平成 14（ワ）1943［增强健康的组合物］）。根据日本民事诉讼法的相关规定来判断是否承认审判管辖，在此基础之上，还要从当事人之间是否公平以及裁判是否公正、高效的观点来考察是否存在特殊情况再进行修正。原本，日本民事诉讼法中与管辖相关的规定是针对国内案件作出的规定，虽然如此，该规定也考虑了国内案件当事人之间的公平、审判制度的运作效率等观点，因此，在确定国际审判管辖时也可以参照，不过鉴于案件是国际性案件，因此应在适当修正的基础上进行参照（修正逆推定说）。基于上述立场，下面介绍基于民事诉讼法的各种规定来判断如何确定国际审判管辖。

一、被告所在地（民诉法第4条第1款、第5款）法院管辖的可能性

在上述原则下，被告是在日本国内设置了总公司的日本法人，被告的审判地在日本国内时（民诉法第4条第4款），如果没有特殊情形，认定日本具有国际审判管辖权较为合理（上述东京地方法院［增强健康的组合物］）。

如果被告在日本国内有事务所和营业所，根据平成22年提交给国会的民事诉讼法修正案第3条之3第1款第4项规定，在对日本国内的事务所或营业所提起的诉讼中，对其相关业务认定具有普通管辖权，但附带业务关联性要件。

并非被告自身，仅与被告有关联性的第三人在日本国内有事务所和营业所时，应该如何处理呢？在实际判例中，被告100%出资的子公司冒称租金是由被告负担的"营业所"，即使存在这种情况，也不应该否定该子公司的法人资格形同虚设，既然如此，那就不能判定被告的一般管辖地为日本（作为附带意见，东京地方法院平成19年11月28日判决·平成16（ワ）10667［数据传输方式］）。

二、主观合并（民诉法第7条、第38条前段）的管辖可能性

根据民诉法的条文，具有该法第38条前段规定的关系（作为诉讼标的的权利义务相同，基于同一事实上、法律上的因果关系），则具有主观合并管辖的可能性，但是直接将该规定扩展至国际审判管辖权问题上是否合理，存在争议。有关专利权的具体判例中，向共同被告分别提出的不同请求之间，认定属于必要共同诉讼或具有与必要共同诉讼类似程度的关联性的情况下，国际审判管辖的认定应当严格符合当事人之间的公平以及法院公正、高效审理案件的理念（认定与被告产品的流通不相关，作为附带意见，上述东京地方法院平成19年11月28日判决·平成16（ワ）10667［数据传输方式］）。考虑到认定国际审判管辖被告应诉的不便，只有在确实存在需要统一解决的必要性的案件中，才能认定审判管辖。

三、侵权行为地（民诉法第5条）的管辖可能性

以侵权行为地为由要求管辖时，以管辖原因为基础的事实有时与本案的请求原因事实重合，在管辖的审理阶段要求在多大程度上需要对此进行证明成为难题，最高法院平成13年6月8日判决·民集55卷4号727页［元谷制品上

告审]中，原则上只要证明被告实施的行为在日本国内侵犯到原告的法益即可（东京地方法院平成19年11月28日判决·平成16（ワ）10667［数据传输方式］）。

具体的适用为，被告代理人向原告在日本国内的客户发出警告书，该警告书的内容为，该客户的子公司在国外利用著作权的行为侵犯了被告的著作权，对原告的法益造成损害的客观事实关系成立，因此原告以被告送附警告书妨碍了原告的业务为由，对基于该侵权行为产生的损害请求赔偿，确认日本法院可以国际裁判管辖（上述最高法院［元谷制品上告审］）。根据该判例，假设日本企业侵犯了中国企业在中国享有的专利权，则如果中国企业对该日本企业在日本国内的客户发出警告，则可能会认定日本法院可以进行国际审判管辖。但是应该注意的是，即使存在该判决，但如果中国企业对该日本企业或者该日本企业在中国国内的客户发出了警告，也不能肯定国际审判管辖。

另外，着眼于销售的案件，有如下肯定审判管辖的案件，该案件涉及共同侵权行为，即明知被告将他人在美国销售的侵权产品直接组装至ADSL调制解调器后出口到日本然后再转让给其他人，仍然积极地从事销售侵权产品的活动，这些行为被认定为帮助或者教唆他人侵权的行为（最后，由于不属于专利权的保护范围，因此驳回请求，上述［数据传送方式］）。另外，在基于专利权侵权请求差止和损害赔偿的案件中，民诉法第5条第9款中的"侵权行为发生地"包含加害行为地和侵害结果发生地，但是，决定国际审判管辖的是，发出或接受申请这种结果的发生作为客观事实行为是否发生在日本国内，在展开这种一般论的基础上，考虑到"被告开设英文网站，将侵权产品作为其产品公开，同时公开该网站为其"销售咨询（Sales Inquiry）"、"销售总部（Sales Headquarter）"，在日文网站上也可以对购买进行咨询，被告经营顾问的日文名片上标注被告公司名称和日本国内的地址，组装有被告侵权产品的制品在日本国内流通的可能性很高"这些因素，判定被告发出或者接受申请的行为结果发生在日本是比较合理的，同时考虑到被告是在全世界展开业务的三星集团，因此认定不存在否定日本的国际审判管辖的特殊情况（大阪地方法院平成21年11月26日判决·判时2081号第131页［发动机］中否定了审判管辖，知识产权高等法院平成22年9月15日判决·判夕1340号第265页［发动机控诉审］中撤销了一审判决）。原判决对侵权行为的损害赔偿请求引用民诉法第5条第9款，对于差止请求，采取了与 判例97 类似的处理方法（上述大阪地方法院［发动机］），二审判决应双方请求根据侵权行为的管辖规则进行了判断。

　　此外，关于国际审判管辖，还有如下案件（东京地方法院平成13年5月14日判决·判时1754号第148页［眼压下降剂案④］），该案件中，原告主张被告Y1（对Y1提起）在国内销售制剂的行为侵犯了原告的独占实施权，除此之外，原告对Y1将侵权产品输出的对象公司Y2和Y1所属（100%）的总公司Y3也提起了诉讼，在此案中，为了肯定审判管辖，需要原告对Y2、Y3在日本侵犯本件专利的独占实施权的具体行为进行举证，Y1的法人人格不能形式化，也不能仅以在外国的制造行为和作为集团的一员为理由，强求在日本没有营业地的Y2和Y3在日本应诉，这样会给Y2和Y3带来负担。如上所述，如果根据 判例97，并不是说只要主张在外国制造面向日本销售的产品就不会构成（共同）侵权行为。于是，本判决关注的是发生在日本国内的侵权行为，因此能够展开判例法理中没有的论证方法。

　　还有一个案例，其判决并未直接说明国际审判管辖的竞合，原告专利权人和其关联公司将被告侵权人的客户作为被告在欧洲基于欧洲的专利权请求损害赔偿，判决认定，在该诉讼中，原告基于第102条第2款只能请求将被告侵权人所获的利益作为赔偿金额，不得请求将被告的客户所获的利益也作为赔偿金额，以防止重复赔偿（大阪地方法院平成22年1月28日判决·判时2094号第104页［组合计量装置］）。

第三节　请求权利的归属和转移的诉讼

　　与专利权的归属和转移相关的审判管辖，在实际中存在下面两类判例。

　　一类涉及获得美国专利权的问题，这属于专利权在美国的归属问题，因此不存在认定日本法院国际管辖的可能性（东京地方法院平成15年9月26日判决·平成15（ワ）14128［环己六醇的制造方法］）。另一类与国际审判管辖的问题无关，而是基于日本法作出的判决（该案撤销了与职务发明相关的美国专利权的转移登记手续的请求，在审判管辖方面不存在争议，但东京高等法院平成6年7月20日判决·知裁集26卷2号第717页［FM信号复原装置Ⅰ控诉审］，以及对约旦国的商标转移登记请求，当事人之间不存在合意选择审判管辖为日本的条款，却存在争议。东京地方法院平成16年3月4日判决·平成13（ワ）4044［FUJIKA一审］、东京高等法院平成16年8月9日·平成16（ネ）1627［FUJIKA控诉审］）。

平成23年国会通过的修正民事诉讼法案第3条之5第2款虽然明确规定，登记地在日本时，与登记相关的诉讼管辖地专属于日本法院，但并没有明确规定有关在外国登记的权利的管辖权问题，因此存在解释空间。

第四节　请求无效登记的诉讼

宣告本国专利权无效或者撤销本国专利权的权力，是专属于本国专利局或者法院管辖的问题，但仍存在如下问题，即虽然上述机关的专属管辖已经取得了一致同意（上述民事诉讼法第3条之3第3款规定，日本法院专属管辖日本知识产权的确权问题），但是在专利侵权诉讼中可以酌情考虑外国专利是否存在无效理由（参照第104条之3）。

第三章 平行进口

有不少企业，为了获得更多收益，会根据各国的物价水平、收入水平或者消费者的行动模式，在不同国家执行不同的价格政策，但将该企业在外国销售的商品通过在外国当地购入后"平行进口"（该词来源于区分经由代理商进口的路径和其他进口路径）至日本国内，这样的价格政策就无法贯彻了。详言之，如果低廉的平行进口商品充斥市场，此前依靠高价格销售而维持的商品品牌形象将有可能崩塌。而且，对于与外国企业签订了在日本国内总代理合同的总代理商而言，通过自己销售的商品数量将减少，对其而言有着阻止平行进口的独自的利益。这种情况下，专利权等知识产权将被作为阻止平行进口商品流入的手段予以运用。

比如，外国企业就其部分商品获得了日本的发明专利。平行进口商品当然包含实施发明专利的商品。外国企业获得日本专利权的情况下，他人将包含实施发明专利的商品进口到日本国内或在日本国内进行销售的行为，从条文上来看将构成专利权的侵害行为。因而需要事前获得专利权人的同意，否则外国企业可以基于专利权请求停止对平行进口商品的进口、销售（第68条、第2条第3款）。但是，在国内专利权人对专利产品进行了生产、销售的情况下，此后无论该商品如何流通，根据专利权用尽理论将不构成专利权的侵害（第二编第三章四（二））。这样的话，对于专利权人在国外生产、销售了的专利产品，经过不断流通被进口到国内并进行销售的时候，是否会构成专利权的侵害，对此存在争论（国际用尽理论）。

判例最初是不认可国际用尽的。比如，在澳大利亚和日本同一个人就同一内容的发明拥有专利权的案件中，澳大利亚的使用许可人生产并置于流通领域的商品被平行进口的情况下，法院认可了基于日本的专利权所提出的请求（大阪地方法院昭和44年6月9日判决·无体集1卷第160页［中古钻孔用自动插销装置］）。

最近出现了这样一个案件，即日本的专利权人就同一专利发明在德国也拥有专利权，有人将该专利权人在德国生产、销售的商品平行进口到日本。对此，一审东京地方法院平成 6 年 7 月 22 日判决·知裁集 26 卷 2 号第 733 页［BBS 专利平行进口］依然不承认国际用尽，最终认可了专利权人对平行进口商提出的差止等请求。但是，在二审时，东京高等法院平成 7 年 3 月 23 日判决·知裁集 27 卷 1 号第 195 页［BBS 专利平行进口］认为，"确保公开发明获得补偿的机会"有一次就足够了，虽说跨越了国境，但也没有必要再次认可专利权的行使，从而对国际用尽予以了承认，允许了平行进口。当事人对二审判决不服提起上诉，等待上告审进行判断。

上告审最高法院的 判例 99 虽然允许了本案中的平行进口行为，但在论证方法上却与东京高等法院完全不同。其在否定国际用尽的同时，以国内的专利权人应该认识到在现代国际交易中产品通过流通会流入到国内的情况为理由，判示了日本的专利权人或者能够被视为专利权人的人在国外将专利产品进行转让时，除非在专利产品上明确标示了禁止平行进口到日本的内容，否则对于该产品不得在日本行使专利权。最高法院将这种法律构成称为"不受专利权限制的对该产品进行支配的权利"的"默示性""授予"，但并不局限于从周围的情况来看推定对平行进口有着默示性承诺的情况，对于即便是什么都没说或是有反对意思的情况，只要未将反对的合意明确标示在专利产品上，就不能够阻止平行进口。对此倒不如将这种法律构成称为"承诺拟制说"可能更为合适（持同样观点的判决，见 判例 61 ）。

但是，拟制的承诺仅限于与专利权人等在国外生产销售的产品相同的产品。该产品因修理被循环利用等情形，若被认为是新生产了专利产品时，对于该平行进口行为专利权人可以行使专利权。而且，对于是否符合这里所说的新的生产，采取与国内用尽成立与否相同的判断标准（ 判例 61 ）。

判例 99　最高法院平成 9 年 7 月 1 日判决·民集 51 卷 6 号第 2299 页［BBS 专利平行进口］

【判示了对于专利权人自己在国外转让的专利产品，除非在专利产品上明确标示了反对平行进口的内容，否则对于平行进口到日本的该专利产品不得行使日本的专利权，从而允许了平行进口的案例】

〈案件事实〉

德国著名的汽车轮毂制造商 BBS 公司，对于有关轮毂的同一项发明在德国和日本都拥有专利权。BBS 公司对于将该公司在德国国内生产销售的产品实施平行进口的进口商,以及将上述平行进口产品在日本进行销售的销售商,基于其在日本拥有的专利权请求差止等和损害赔偿。如上所述,一审遭到败诉的平行进口商提起了二审控诉,二审法院认可了控诉请求,并将一审判决取消,驳回了专利权人的请求。对此,专利权人进行了上告。

〈判决要旨〉

(1) 国际用尽理论的否定。虽然承认国内的权利用尽理论,"但是,我国专利权人在国外将产品进行了转让的情况,不能与上述理论相提并论。即专利权人在转让专利产品的所在国,并不一定拥有与在我国所拥有的专利权相同的专利权(以下称为对应专利权),即使是拥有对应专利权,由于在我国拥有的专利权与在转让地所在国拥有的对应专利权是不同的权利,因此即使专利权人基于在我国享有的专利权,针对对应专利权上的产品去行使权利,这也不能直接被认为是获得了双重利益。"

(2) 承诺拟制说的采用。但是,考虑到"国际交易中商品的流通与专利权人的权利之间的调整","我国专利权人或者能够等同视为专利权人的人在外国将专利产品进行了转让的情况下,对于受让人而言,除非专利权人与受让人之间有合意将我国从该产品的销售区域或使用地域中排除,对于从受让人处获得专利产品的第三人及此后的转让获得者而言,除非专利权人与受让人之间存在上述内容的合意且将该内容明确标示在专利产品上,否则专利权人在我国不得针对受让人或者从受让人处获得专利产品的第三人及此后的转让获得者就该产品行使专利权。即①……专利产品在国外被转让之后又被进口到我国的这一情况是应该当然预想到的,专利权人在未附着保留信息的情况下就将专利产品在国外进行转让时,对于受让人以及之后的转让获得者而言,在我国不受转让人所拥有的专利权的限制,而是默示地被授予了支配该产品的权利。②目光投向专利权人的权利时,专利权人在国外转让专利产品时应该允许其对在我国行使专利权的权利予以保留,专利权人在进行上述转让行为时,若和受让人之间就专利产品的销售区域或使用地域中将我国予以排除一事达成合意,且产品上明确标示了该内容的情况下,即使有转让获得者或者是产品的流通过程中的其他人介入其中,由于其能够认识到该产品上附着的标示有上述内容的限制信息,那么就会以该产品上存在上述限制为前提,根据自己的自由意志决定是否购入该产品。③子公司或关联公司等能够等同视为专利权人的人,其在国外转让专利产品时,应当将该行为解释为专利权人自己转让专利产品的行为。④应该保护专利产品的受让人对自由流通的信任，这不因在最初的转让地专利权人是否就该专利产品拥有对应专利权而有所不同。"

（3）结合本案案情的说明。"本案中的各产品都是拥有涉案专利权的上告人自己在德意志联邦共和国销售的产品。而且，在本案中，关于上告人在销售涉案各产品时与受让人之间达成的将我国从销售区域或使用地域中予以排除的合意的事实，以及将该合意内容在涉案各产品上进行了明示的事实，上告人对这些事实均未进行主张和举证。因此，上告人基于涉案专利权就涉案各产品要求差止等和损害赔偿的请求不应该获得认可。"

〈评论〉

虽然将判决要旨的法律构成作为专利法内在的解释论从而使该判旨更加正当化还存在困难，但最高法院的判决既然已做出，那么在实务中遇到各种情况时，判旨的效力范围就很重要（详细评述，参照田村善之："评释"，载《竞争法的思考形式》，有斐阁1999年版，第107～130页）。

①关于专利权人以外的人生产销售的情况。判决要旨明确说道，"子公司或关联公司等能够等同视为专利权人的人，其在国外转让专利产品时，应当将该行为解释为专利权人自己转让专利产品的行为。"

如判旨所述的那样，从专利权人的承诺中寻求专利权人不得行使专利权的依据，在这种论证方法下，发明者是否享有获得对价的机会并不是问题。问题在于，专利权人的承诺，能否视为其在未对产品销售区域和使用地域进行限制的情况下进行的转让做出的（虽说是拟制的）承诺。因专利权的转让使得国内外的专利权人不是同一人时，视为获得了日本专利权人的承诺恐怕是困难的。判旨之所以并未着眼于与专利权人具有该产品许可关系的企业，而是着眼于子公司或关联公司这样的与专利权人存在资本关系的，虽说是独立法人，但在事实上可以与专利权人等同视之的这类企业，恐怕正是这个原因。

但是，判旨并未谈到如下情况，即在流通地生产销售该产品的人是经日本的专利权人同意的被许可人时，只要专利权人未在产品上明确标示销售区域或使用地域的限制，那么是否仍然解释为无法阻止对该产品的平行进口。根据判旨的立场，在不是专利权人的受让人，而是像被许可人那样的与专利权人之间存在接受专利权人就生产销售的产品做出各种指示的关系的情况下，对于未限定销售区域或使用地域进行转让的产品，也应该允许拟制为存在专利权人的承诺。

另外，对于基于强制实施权等制度由第三人生产销售的产品，由于不存在专利权人的承诺，所以在判旨那样的立场下，当然地应该就能够阻止平行进口。

②关于生产销售地所在的外国没有对应专利权的情况。根据判旨，"应该保护专利产品的受让人对自由流通的信任，这不因在最初的转让地专利权人是否就该专利产品拥有对应专利权而有所不同"。在高度国际化的商品流通交易领域，既然是在不附加任何限制的情况下使该产品进行流通，那么无论最初的流通地有无对应专利权，都不允许行使日本的专利权。

③关于明确的标示。根据判旨，为了能够对平行进口的产品行使专利权，需要将"反对的合意"在该产品上予以"明确的标示"。

但是，出于设计上的考虑或者其他原因，直接在产品上附着标示有时恐怕是困难的。根据具体情况，是否可以考虑在包装或附带的说明书中附上明确的标示？

问题是，若"明确的标示"在流通过程中被抹消了，这种情况如何处理？也许有观点认为标示被抹消之后专利权就不得行使，但从专利权人的角度来看，针对标示被抹消构筑有效的对策在物理上或者在法律上存在困难的情况下，难道不是应该允许专利权的行使吗？

另外，有人指出"明确的标示"必须使用日语。但是，致力于向日本出口的进出口商们未必精通日语。倒是流通地或是国际通用的语言，对于受让人而言，属于"明确的"标示，这种情况更为普遍。究竟用什么语言为好，恐怕还得依靠常识进行判断。

译 后 记

田村善之是日本著名知识产权法专家，毕业于东京大学，长期在日本北海道大学法学研究科任教，是我见过的真学者，为学术至今仍孤身一人，实可谓学术人生。加上学术，田村善之共有四个爱好，其他三件是收集奥特曼玩具、喝可乐和尝美食。无论表里，田村善之都是一个童心满满、以识以德服人的学者，堪称学者之楷模。

田村善之可谓著作等身，研究涉猎知识产权法全部领域，且民法功底深厚，至今已出版专著近二十部，发表论文几百篇，影响及于欧美，亦为中国IP圈所熟知，在日本几乎所有重要IP团体或者协会都有重要兼职，当下日本IP圈后进多以拜会、跟他学习为人生中极重要之事件。

《日本专利案例指南》为田村善之众多著作中之一部，亦是他第一部关于专利之著作，在日本至今已出版发行至第四版。该书网罗在日本已产生重大影响且被IP圈内外反复研讨的尽百个专利案例，配合日本专利法条文，详加解读和评析，是了解和把握日本专利法理论和实务的最好工具。

《日本专利案例指南》之翻译初衷发端于2009年笔者在田村善之主持的日本文部科学省厚重财力支持的GCOE工作之时，动议完成于2013年底，参与者除本人外，皆为田村善之的博士研究生，都了解、掌握田村善之的真实意思表达，这基本保证了即使对日本读者来说亦属最难阅读之专业著作（因田村善之最得意的手法是喜用长句）翻译的准确性，由此亦可见该项翻译工作之艰辛，各位译者可谓呕心沥血。当然，该译著付出最多的还是许清博士，他在紧张撰写博士论文的同时，整理、校对了译稿初稿之全部。笔者则对译著进行了最后整理和校对。

译后记

　　译著的最终出版亦得益于知识产权出版社王润贵副总编、知识产权编辑室卢海鹰主任的鼎力支持，以及法律编辑室雷春丽编辑的辛勤编辑工作。在此我代表所有译者对他（她）们表达最诚挚的谢意。

　　是为译后记。

李　扬

2015 年 7 月 25 日

于东京日本知的财产研究所